中|华|国|学|文|库

墨子间诂

〔清〕孙诒让 撰

孙启治 点校

中华书局

图书在版编目(CIP)数据

墨子间诂/(清)孙诒让撰;孙启治点校. —北京:中华书局,2021.10(2025.6 重印)
(中华国学文库)
ISBN 978-7-101-15362-0

Ⅰ.墨…　Ⅱ.①孙…②孙…　Ⅲ.《墨子》-研究　Ⅳ.B224.5

中国版本图书馆 CIP 数据核字(2021)第 190296 号

书　　名	墨子间诂
撰　　者	〔清〕孙诒让
点 校 者	孙启治
丛 书 名	中华国学文库
责任编辑	石　玉
责任印制	陈丽娜
出版发行	中华书局 (北京市丰台区太平桥西里 38 号　100073) http://www.zhbc.com.cn E-mail:zhbc@zhbc.com.cn
印　　刷	河北新华第一印刷有限责任公司
版　　次	2021 年 10 月第 1 版 2025 年 6 月第 3 次印刷
规　　格	开本/880×1230 毫米　1/32 印张 21¾　插页 2　字数 580 千字
印　　数	4501-5500 册
国际书号	ISBN 978-7-101-15362-0
定　　价	86.00 元

中华国学文库出版缘起

《中华国学文库》的出版缘起，要从九十年前说起。

1920年，中华书局在创办人陆费伯鸿先生的主持下，开始编纂《四部备要》。这套汇集三百三十六种典籍的大型丛书，精选经史子集的“最要之书”，校订成“通行善本”，以精雅的仿宋体铅字排印。一经推出，《四部备要》即以其选目实用、文字准确、品相精美、价格低廉的鲜明特点，最大限度地满足了国人研治学问、阅读典籍的需要，广受欢迎。丛书中的许多品种，至今仍为常用之书。

中华人民共和国成立之后，党和国家倡导系统整理中国传统文献典籍。六十馀年来，在新的学术理念和新的整理方法的指导下，数千种古籍得到了系统整理，并涌现出许多精校精注整理本，已成为超越前代的新善本，为学界所必备。

同时，随着中华民族以前所未有的自信快速发展，全社会对中国固有的学术文化——国学，也表现出前所未有的关注和重视。让中华文化的优秀成果得到继承和创新，并在世界范围内进行传播和弘扬，普惠全人类，已经成为中华民族的历史使命。当此之时，推出符合当代国民阅读需要的权威的国学经典读本，实为当务之急。于是，《中华国学文库》应运而生。

《中华国学文库》是我们追慕前贤、服务当代的产物，因此，它自当具备以下三个基本特点：

一、《文库》所选均为中国学术文化的"最要之书"。举凡哲学、历史、文学、宗教、科学、艺术等各类基本典籍，只要是公认的国学经典，皆在此列。

二、《文库》所选均为代表当代学术水平的"最善之本"，即经过精校精注的整理本。其中既有传统旧注本的点校整理本，如朱熹《四书章句集注》，也有获得学界定评的新校新注本，如余嘉锡《世说新语笺疏》。总之，不以新旧为别，惟以善本是求。

三、《文库》所选均以新式标点、简体横排刊印。中国古籍向以繁体竖排为标准样式。时至当代，繁体竖排的标准古籍整理方式仍通行于学术界，但绝大多数国人早已习惯于现代通行的简体横排的图书样式。《文库》作为服务当代公众的国学读本，标准简体字横排本自当是恰当的选择。

中华书局自1912年成立，至今已近百岁。我们将《中华国学文库》当作向中华书局百年诞辰敬献的一份贺礼，更是向致力于中华民族和平崛起、实现复兴大业的全国人民敬献的一份厚礼。我们自当努力，让《中华国学文库》当得起这份重任，这份荣誉。

中华书局编辑部

2010年12月

目　录

前　言

墨子是研究先秦墨家学派及其创始人墨子思想学说的重要著作，内容主要记载墨子的言论与活动。还有一部分涉及逻辑学、自然科学的论述，是后期墨家著作。书中也掺入了一些后人伪作，如亲士、修身等篇即是。至于书中谈论守城拒敌方法的篇文，容或有汉人文字羼入，但大体保存了一些墨家的守城技术与方法〔一〕。总之，墨子是先秦诸子书中内容最为丰富的著作之一。

墨子名翟，生卒年于史无载。根据清代及近代学者研究，他是春秋、战国之际的人，时代略后于孔子。至其籍贯，载记说法不一，一般认为他是鲁国人〔二〕。

墨子思想最具代表性的观点是"兼爱"，即一视同仁地

〔一〕墨子各篇时代及真伪，参看本书有关各篇的题注及孙诒让自序。又吴毓江墨子校注附墨子各篇真伪考，汇集清代及近代学者的研究，大体已有结论，可以参看。

〔二〕参看本书后语上墨子传略、墨子年表。又吴毓江墨子校注附墨子姓氏生地考，汇集资料较多，也可参看。

爱一切人〔一〕。由于主张兼爱，必然导致他的“非攻”思想，反对一切侵伐别国的战争，不仅口头反对，而且付诸行动，积极讲究守城御敌的方法。他又反对贵族生活的奢侈化，提倡节省财力，减轻下层劳作者的负担，于是导致他的“节用”、“节葬”、“非乐”等主张。而儒家的繁文缛礼、厚葬久丧正是耗费财物人力的因素之一，于是导致他的“非儒”思想。他还提出“尚贤”、“尚同”的政治学说，主张用人唯贤是举，不偏党父兄亲贵。他的“为贤之道”是什么呢？就是“有力者疾以助人，有财者勉以分人，有道者劝以教人”（见本书兼爱下篇），换句话说也就是实行“兼爱”。他提出，自百姓、里长、乡长、国君直至最高统治者天子，由下而上层层服从，都要遵守同一个最高准则，即他所谓的“天志”，而这个上天的意志不是别的，正是他自己“兼相爱、交相利”思想的神格化。最后，不论是他宣扬鬼神能赏善罚暴的“明鬼”思想，还是认为国家的治乱兴亡、个人的贫富荣辱都非命里所定的“非命”思想，目的都在告诫统治者勤政行善。

墨家学派与先秦其他学派一样，是在一定历史环境下产生的。春秋至战国以来，周天子的独尊地位日益衰落，渐至有名无实。随着代表王权的礼乐制度大坏，王权的观念早已淡化。当其时，诸侯割据为政，群龙无首，弱肉强

〔一〕孟子滕文公上、告子下及吕氏春秋不二谈到墨子，均说他“兼爱”、“贵兼”。孟子批评墨子最为激烈，斥之为“禽兽”，所指的也是“兼爱”，可见都把“兼爱”看作墨子的最具代表性观点。

食。历史正向割据者提出问题：怎样才能生存自强？于是在这个旧秩序已坏、新秩序未立的权威空白时代，社会各阶层都想说出自己的话。于是反映不同阶层利益和思想情绪的各种政治与人生观的学说，便随同其代表人物应运而生，形成“百家争鸣”的思想活跃局面。墨子的思想反映了社会下层的愿望，因之受到占社会大多数的人群的欢迎。所以墨学能够与儒学一起，成为战国时期最有声望的两大学派〔一〕。

然而秦汉以后，王权重新建立，儒学因能适应中央集权的新秩序而空前发展，墨学则完全不能适应。本来，历史上任何时代，愈是能反映社会下层利益的学说，其空想成分就愈多。“兼爱”自然是空想，简单地说是社会制度不容，根本上说是社会生产力还达不到实行“兼爱”的要求。墨学在权威空白时代可以少干扰地主要流行于下层，一旦王权建立并巩固，在一个从制度上、观念上把人分成等级的统一社会中，“兼爱”的空想性质就更明显，而宣传这个空想是统治者不能接受的。墨子提出的不分等级地用人、节俭省用等主张，也是统治者做不到的。所以秦汉以后，墨学毕竟不适合封建统治需要，终于衰落下去。

墨学是先秦诸子学中唯一反映下层利益、反贵族化最鲜明的学说。墨学虽有空想成分，但其书的说理过程有很强逻辑性，尤其在经、说、大取、小取等六篇中已归纳成理

〔一〕韩非子显学说：“世之显学，儒墨也。”“显”即显赫的意思。孟子滕文公下也说“墨翟之言盈天下”。

论。墨学又是最重实践的学说，在上述六篇中可以看到有关力学、光学、几何学等论述，而在论城守诸篇中可以看出这些学科的应用。这些，在古代尤其先秦著作中并不多见。所以要了解、研究中国古代思想史、自然科学史、军事工程学及逻辑学，都要涉及到墨子这部书。

由于历代统治者不提倡墨学，自秦汉直至清代中叶，二千多年来研究墨子的人很少。先秦各大学派的代表性著作大多有唐宋以上人作的旧注，唯独墨子无旧注〔一〕。据汉书艺文志，汉代墨子尚存七十一篇，今本则为五十三篇。且不仅篇文有亡佚，该书因少有人研究，所以在钞、刻流传中产生的讹误就难得到纠正，尤其经、说、大取、小取及论城守诸篇错讹严重，几至不能句读者。

毕沅是清代首先整理墨子全书的人〔二〕。他以明道藏本为底本，参校了几种明刻本及传注、类书的引文，校正一些错字，并作简要注释，刊布于乾隆四十八年。毕氏的工作虽疏漏不少，但此书经他一番整理并加刊布，为后人进一步研读、整理打下了基础。自毕刻通行，清儒始注意研读墨子，朴学名家如王念孙、引之父子及俞樾诸人均就毕刻进行研究，颇多成绩。然而他们做的都是札记工作，并未通治全书。最后，晚清著名学者孙诒让以其覃思十年之功，考校文字，征引文献，训诂名物，兼采王俞等十余家之

〔一〕西晋时，鲁胜曾注墨辩（即经说四篇），见晋书卷九十四。又通志艺文略载乐台注墨子三卷。二人均非通注全书，其注今亦不传。

〔二〕清汪中也有墨子校本（见述学墨子序），早于毕氏，但此书未流传，大概未刊行。

说，撰墨子间诂十卷及目录、附录、后语凡四卷，初以活字印行，至宣统二年刊布定本。梁启超评孙氏此书说："盖自此书出，然后墨子人人可读。现代墨学复活，全由此书导之。古今注墨子者固莫能过此书，而仲容一生著述，亦以此书为第一也。"（中国近三百年学术史）这一高度评价，大致公允。墨子间诂不仅是清代墨学研究的总结，更是推动近代以来墨学研究空前发展的先导。孙诒让著作中对后世影响最大的，当推此书。

孙诒让（一八四八——一九〇八）字仲容，号籀庼（庼），浙江瑞安人。他精于考据之学，在文字学、训诂学方面功底深厚，为晚清著名学者。一生著述宏富，已刊定的即有二十多种，其中以墨子间诂、周礼正义、札迻最为称著。此外，他研治金文、甲骨文亦有成就，所著名原，为后来古文字研究习用的"偏旁分析法"之开派性著作。所著契文举例，则是我国最早的一部甲骨文研究专著。

在孙诒让之前，学者已就毕刻本做了不少校释工作，因而墨子间诂得以在踏实的基础上进行。孙氏本就精通校勘训诂，又谙熟古文献，所以他能归纳众家校说，取长补短，融会贯通到全书的注释中去，正如黄绍箕跋中所说："集毕氏及近代诸儒之说，从善匡违，增补扁略。"孙氏以其深厚的经学、小学、古文字学功底，校正了本书不少讹误，往往发人所未发，多为后人视为定论。例如兼爱下"且不惟誓命与汤说为然"，汤说已见上文，而誓命并不见上文，此处从何提起？校释者多不能明。孙氏谓"誓命"当依上文作“禹誓”，因“禹”字古文作“[illegible]”，与“命”字形似而讹，后人不悟，臆乙“命誓”为“誓命”。按孙说甚是。三体石经（品字式）书益稷之“禹”字古体作“[illegible]”，隶变作“[illegible]”（汉书艺文志）、“[illegible]”（敦煌唐写本尚书释文），均与“命”或其六朝别体“[illegible]”（北齐成世猷造像）相似。又如尚同中“是以先王之书术令之道曰”云云，以往校释者都放过“术令”二字不置一辞，而孙氏指出术令即尚书逸篇说命，“术”与“说”、“命”与“令”皆音近相通，引礼记缁衣“术令”作“兑命”为证。按孙说是。古文“命”、“令”本为一字。“术（術）”从“术”得声，“说”从“兑”得声，皆舌音字，一声之转。史记南越列传“不可以说好语入见”，索隐“说”作“悦”，云“汉书作‘怵’”，亦足证孙说。他如兼爱中之“召之邸”即周礼夏官职方氏之“昭余祁”，非攻中之“不著何”即逸周书王会篇之“不屠何”，非攻下“有神人面鸟身，若瑾以侍”之“若瑾”乃“奉珪”之误，耕柱篇“菾薪雉已”今本讹作“翁难乙”等等，皆言之有据。大抵溯其籀篆变迁之源以还旧观，循其声音通转之理以揭本字，发滞解疑，类此者所在多多。

墨子间诂主要不足之处，是孙氏写书时能看到的墨子版本很少，除以毕刻为底本外，仅据明吴宽残钞本、道藏本、日本宝历本残帙等参校。而道藏本尚未见原书，仅据顾广圻等人写的校记。孙氏所见异本既很有限，以至毕刻的文字讹误往往为间诂所承袭而未纠正。例如七患篇“为者疾，食者众，则岁无丰”，俞樾说“疾”字当作“寡”。孙谓俞说未确，当作“为者疾，食者寡，则岁无凶。为者缓，食者众，则岁无丰”，凭空增出“食者寡”至“为者缓”十字，不知作“疾”者乃毕刻误字，墨子各本均作“寡”。孙因限于版本缺乏，判断失误。以他的才识，倘当时能多见异本，其书成就可更大。近代以来，墨学研究经历了空前发展时期，尤其对经、说、大取、小取六篇的研究，已有多种专著问世，超过了孙书的成就。至于通治全书，近人吴毓江的墨子校注完全可以同孙书媲美，在蒐集版本异文、考订文字方面比孙氏更进一步。但作为一部集清代墨学大成的汇解性质的书，孙书保存了丰富的资料，近代著作无一不是在孙书的基础上完成的。所以孙书仍然是注释墨子的代表著作，为研究者所必需参考。

墨子间诂的定本刊刻于清宣统二年，以后出版的影印、排印本均据宣统本。一九八六年中华书局出版了新的标点本。我在整理吴毓江墨子校注时，发现新版墨子间诂中标点讹误及文字失校处颇多，遂汇为一编，寄交中华书局，于是中华书局约我重新点校此书。这里有两点要向读者交待：

一、本书以上海商务印书馆涵芬楼影印清宣统二年刊定本墨子间诂为底本，毕沅校刻墨子为主校本，道藏等本为参校本。宣统本刻错的字，凡有版本依据的，则改正并出校记；无版本依据的，除个别明显版刻错字外，一仍其旧，但出校记说明。对于孙氏引用各书或他人之说者，均取原书对勘，若有讹误之处则据以订正，亦出校记说明。

二、正文各篇多有以“子墨子言曰”起首，有的篇中还连续出现“子墨子言曰”，基本上是墨家弟子记载或转述墨子的思想言论。这次标点，“子墨子言曰”下只加冒号，不加引号。文中自设问答、或与假设的对立面问答之辞，凡起讫易明的，也不加引号。但文中明确引书及他人言论，则加引号。这样做是为了避免正文中单、双引号出现太频繁，徒然乱人眼目而实无必要。至于“子墨子言曰”下的文字哪些可认作是墨子的言论，哪些是后人掺入的议论，是学术观点问题。本书施加标点，仅有助于文意显豁，属技术问题而已。

古籍点校头绪纷拏，整理工作的失误在所难免，读者指正是荷。

一九九八年四月　孙启治

俞　序

孟子以杨墨并言，辟而辟之，然杨非墨匹也。杨子之书不传，略见于列子之书，自适其适而已。墨子则达于天人之理，熟于事物之情，又深察春秋、战国百余年间时势之变，欲补弊扶偏，以复之于古。郑重其意，反复其言，以冀世主之一听。虽若有稍诡于正者，而实千古之有心人也。尸佼谓孔子贵公，墨子贵兼，其实则一。韩非以儒墨并为世之显学，至汉世犹以孔墨并称，尼山而外，其莫尚于此老乎！墨子死而墨分为三，有相里氏之墨，有相夫氏之墨，有邓陵氏之墨。今观尚贤、尚同、兼爱、非攻、节用、节葬、天志、明鬼、非乐、非命，皆分上、中、下三篇，字句小异，而大旨无殊。意者此乃相里、相夫、邓陵三家相传之本不同，后人合以成书，故一篇而有三乎？墨氏弟子网罗放失，参考异同，具有条理，较之儒分为八，至今遂无可考者，转似过之。乃唐以来，韩昌黎外无一人能知墨子者，传诵既少，注释亦稀。乐台旧本，久绝流传，阙文错简，无可校正，古言古字更不可晓，而墨学尘薶终古矣。

国朝镇洋毕氏始为之注，嗣是以来，诸儒益加雠校。涂径既辟，奥窔粗窥，墨子之书稍稍可读。于是瑞安孙诒让仲容乃集诸说之大成，著墨子间诂。凡诸家之说，是者从之，非者正之，阙略者补之。至经说及备城门以下诸篇尤不易读，整纷剔蠹，脉摘无遗，旁行之文，尽还旧观，讹夺之处，咸秩无紊，盖自有墨子以来未有此书也。以余亦尝从事于此，问序于余，余何足序此书哉。窃尝推而论之，墨子惟兼爱是以尚同，惟尚同是以非攻，惟非攻是以讲求备御之法。近世西学中光学、重学，或言皆出于墨子，然则其备梯、备突、备穴诸法，或即泰西机器之权舆乎？嗟乎！今天下一大战国也，以孟子反本一言为主，而以墨子之书辅之，傥足以安内而攘外乎。勿谓仲容之为此书，穷年兀兀，徒敝精神于无用也。

光绪二十一年夏，德清俞樾。

自　序

汉志墨子书七十一篇，今存者五十三篇。鲁问篇墨子之语魏越云："国家昏乱，则语之尚贤、尚同；国家贫，则语之节用、节葬；国家憙音湛湎，则语之非乐、非命；国家淫僻无礼，则语之尊天、事鬼；国家务夺侵凌，则语之兼爱、非攻。"今书虽残缺，然自尚贤至非命三十篇，所论略备，足以尽其旨要矣。经说上下篇，与庄周书所述惠施之论及公孙龙书相出入，似原出墨子，而诸钜子以其说缀益之。备城门以下十余篇，则又禽滑厘所受兵家之遗法，于墨学为别传。惟修身、亲士诸篇，谊正而文靡，校之它篇殊不类。当染篇又颇涉晚周之事，非墨子所得闻，疑皆后人以儒言缘饰之，非其本书也。墨子之生盖稍后于七十子，不得见孔子，然亦甚老寿，故前得与鲁阳文子、公输般相问答，而晚及见田齐太公和，又逮闻齐康公兴乐及楚吴起之乱。身丁战国之初，感悕于犷暴淫侈之政，故其言谆复深切，务陈古以剀今。亦喜称道诗、书及孔子所不修百国春秋。惟于礼则右夏左周，欲变文而反之质，乐则竟屏绝之，此其与儒家四术六艺必不合者耳。至其接世，务为和同，而自处绝艰苦，持之太过，或流于偏激，而非儒尤为乖盭。然周季道术分裂，诸子舛驰。荀卿为齐、鲁大师，而其书非十二子篇于游、夏、孟子诸大贤，皆深相排笮。洙、泗龂龂，儒家已然，墨儒异方，跬武千里，其相非宁足异乎？综览厥书，释其纰驳，甄其纯实，可取者盖十六七。其用心笃厚，勇于振世救敝，殆非韩、吕诸子之伦比也。庄周天下篇之论墨氏曰："不侈于后世，不靡于万物，不晖于数度，以绳墨自矫而备世之急。"又曰："墨子真天下之好也，将求之不得也，虽枯槁不舍也。才士也夫！"斯殆持平之论与！墨子既不合于儒术，孟、荀、董无心、孔子鱼之伦咸排诘之。

汉、晋以降，其学几绝，而书仅存，然治之者殊尟，故脱误尤不可校。而古字古言，转多沿袭未改，非精究形声通假之原，无由通其读也。旧有孟胜、乐台注，今久不传。近代镇洋毕尚书沅始为之注，藤县苏孝廉时学复刊其误，创通涂径，多所谌正。余昔事雠览，旁摭众家，择善而从，于毕本外又获见明吴宽写本，黄丕烈所景钞者，今臧杭州丁氏，缺前五卷，大致与道臧本同。顾千里校道臧本，臧本，明正统十年刊，毕本亦据彼校定，而不无舛漏。顾校又有季本，传录或作李本，未知孰是。明椠诸本大氐皆祖臧本，毕注略具，今并不复详校。又尝得倭宝历间放刻明茅坤本，并为六卷，而篇数尚完具，册耑附校异文，间有可采，惜所见本残缺，仅存后数卷。用相勘核，别为写定。复以王观察念孙、尚书引之父子，洪州倅颐煊，及年丈俞编修樾，亡友戴茂才望所校，参综考读。窃谓非儒以前诸篇，谊旨详焯，毕王诸家校训略备，然亦不无遗失。经、说、兵法诸篇，文尤奥衍凌杂，检揽旧校，疑滞殊众，擘核有年，用思略尽，谨依经谊字例，为之诠释。至于订补经说上下篇旁行句读，正兵法诸篇之讹文错简，尤私心所窃自喜，以为不缪者，辄就毕本更为增定，用遗来学。昔许叔重注淮南王书，题曰鸿烈间诂。据宋椠本淮南子及晁公武读书志。间者，发其疑牾；诂者，正其训释。今于字谊多遵许学，故遂用题署，亦以两汉经儒本说经家法笺释诸子，固后学所睎慕而不能逮者也。

光绪十有九年，岁在癸巳十月，瑞安孙诒让序。

墨子书旧多古字，许君说文举其"蕃𦃳"二文，今本并改易不见。则其为后人所窜定者，殆不知凡几。盖先秦诸子之讹舛不可读，未有甚于此书者。今谨依尔雅、说文正其训故，古文篆隶校其文字。若尚同篇引术令，即书说命之佚文。魏晋人作伪古文尚书，不知"术"为"说"之假字，遂摭其文，窜入大禹谟矣。兼爱篇"注召之邸虖池之渎"，"召之邸"，即孙炎本尔雅释地之"昭余底"，亦即周礼职方氏之"昭余祁"。今本"召"讹为"后"，其义不可解，毕氏遂失其句读矣。非攻篇之"不著何"，即周书王会之"不屠何"，毕氏不憭，依俗本改为"中山"，遂与墨子旧文不合矣。明鬼篇"迓无罪人乎道路术径"，"迓"即孟子"御人于国门之外"之"御"。非乐篇"折壤坦"，"折"即周礼硩蔟氏之"硩"。今本"迓"讹为"退"，"折"讹为"拆"，毕苏诸家各以意校改，遂重恈貤缪，不可究诘矣。耕柱〔一〕篇“夏后启使蓏靳雉已，卜于白若之龟”，“靳”即“嗌”之籀文，亦即伯益，与汉书述尚书古文伯益字正合。今本“蓏靳雉已”讹作“翁难雉乙”，又脱“雉”字，遂以“翁难乙”为人姓名矣。非攻下篇说禹攻有苗，“有神人面鸟身，奉珪以侍”，此与秦穆公所见句芒同。奉珪者东方之玉，与礼经祀方明东方以珪之义合。而今本“奉珪”误作“若瑾”，其义遂不可通矣。若此之类，辄罄蠡管，证厥违迕。它若经说篇之“蝜”为“蚼”，“虎”为“霍”，兵法诸篇之“幎”为“顺”，又为“类”，“芒”为“芸”，“桴”为“杯”，其跂互尤不易理董。覃思十年，略通其谊，凡所发正，咸具于注。凡讹脱之文，旧校精塙者，径据补正，以资省览。其以愚意订定者，则箸其说于注，不敢专辄增改，以昭详慎。世有成学治古文者，傥更宣究其旨，俾二千年古子厘然复其旧观，斯亦达士之所乐闻与？

校写既竟，复记于后，诒让。

此书写定于壬辰、癸巳间，逮甲午夏，属吴门梓人毛翼庭以聚珍版印成三百部，质之通学，颇以为不谬，然多苦其奥衍，浏览率不能终卷。惟吾友黄中弢学士为详校一过，举正十余事，多精塙，亦今之张伯松矣。余亦自续勘得賸义逾百事，有前误读误释，覆勘始觉之者，咸随时移录别册存之。

〔一〕“耕柱”，原误“公孟”，据本书改。

此书最难读者莫如经、经说四篇。余前以未见皋文先生经说解为憾，一日得如皋冒鹤亭孝廉广生书，云武进金湝生运判武祥臧有先生手稿本，急属鹤亭驰书求假录。金君得书，则自校写一本寄赠，得之惊喜累日。余前补定经下篇句读，颇自矜为创获，不意张先生已先我得之。其解善谈名理，虽校雠未宷，不无望文生义之失，然固有精论，足补正余书之阙误者。金、冒两君惠我为不浅矣。既又从姻戚张文伯孝廉之纲许，假得阳湖杨君葆彝经说校注，亦间有可取，因与张解并删简补录入册。凡余旧说与两家有暗合者，皆改从之。盖深喜一得之愚与前贤冥符遥契，固不敢攘善也。

窃谓先秦古子谊旨深远，如登岳观海，莫能穷其涯涘。毕王张苏诸家于此书掔校亦良勤矣，然其偶有不照，为后人所匡正者，不可偻指数。余幸生诸贤之后，得据彼成说，以推其未竟之绪。然此书甫成，已有旋觉其误者，则其不自觉而待补正于后人，殆必有倍蓰于是者，其敢侈然以自足邪！

甲辰春，取旧写别册，散入各卷，增定为此本，并识之，以见疏陋之咎，无可自掩，且以睎望于后之能校读是书者。

光绪丁未四月，籀庼居士书。

墨子间诂卷一

亲士第一

毕沅云："众经音义云：'仓颉篇曰：亲，爱也，近也。'说文解字云：'士，从一，从十。孔子曰：推十合一为士。'玉篇云：'传曰：通古今，辩然不，谓之士。'此与修身篇无称'子墨子云'，疑翟所著也。"案：毕说未塙。此书文多阙失，或称"子墨子曰"，或否，疑多非古本之旧，未可据以定为墨子所自著之书也。又此篇所论，大抵尚贤篇之余义，亦似不当为第一篇。后人因其持论尚正，与儒言相近，遂举以冠首耳。以马总意林所引校之，则唐以前本已如是矣。

入国而不存其士，则亡国矣。说文子部云："存，恤问也。"见贤而不急，则缓其君矣。非贤无急，非士无与虑国。说文思部云："虑，谋思也。"缓贤忘士，而能以其国存者，未曾有也。

昔者文公出走而正天下，毕云："正，读如征。"王念孙云："毕读非也。尔雅曰：'正，长也。'晋文为诸侯盟主，故曰'正天下'，与下'霸诸侯'对文。又广雅：'正，君也。'尚贤篇曰'尧舜禹汤文武之所以王天下正诸侯者'，凡墨子书言'正天下'、'正诸侯'者，非训为长，即训为君，皆非征伐之谓。"案：王说是也。吕氏春秋顺民篇云"汤克夏而正天下"，高诱注云"正，治也”，亦非。**桓公去国而霸诸侯，越王句践遇吴王之丑，**苏时学云：“丑犹耻也。”诒让案：吕氏春秋不侵篇“欲丑之以辞”，高注云：“丑，或作耻。”**而尚摄中国之贤君。**毕云：“尚与上通。摄，合也，谓合诸侯。郭璞注尔雅云：‘聂，合。’摄同聂。”案：毕说未允。摄当与慑通，左襄十一年传云“武震以摄威之”，韩诗外传云“上摄万乘，下不敢敖乎匹夫”。此义与彼同，谓越王之威足以慑中国贤君也。**三子之能达名成功于天下也，皆于其国抑而大丑也。**毕云：“犹曰安其大丑。广雅云：‘抑，安也。’”俞樾云：“抑之言屈抑也。‘抑而大丑’与‘达名成功’相对，言于其国则抑而大丑，于天下则达名成功，正见其由屈抑而达，下文所谓‘败而有以成’也。毕注于文义未得。”案：俞说是也。**太上无败，**毕云：“李善文选注云：‘河上公注老子云：太上，谓太古无名之君也。’”案：“太上”对“其次”为文，谓等之最居上者，不论时代今古也。毕引老子注，义与此不相当。**其次败而有以成，此之谓用民。**言以亲士，故能用其民也。

吾闻之曰：“非无安居也，我无安心也；非无足财也，我无足心也。”毕云：“言不肯苟安，如好利之不知足。”**是故君子自难而易彼，**毕云：“言自处于难，即躬自厚而薄责人之义。”**众人自易而难彼。君子进不败其志，内究其情，**“内”下毕增“不”字，云：“旧脱此字，据上文增。疚、究同，犹云内省不疚。”俞云：“‘内’当作‘衲’，即‘退’字也。‘进不败其志，退究其情’正相对成文，所谓大行不加，穷居不损也。因‘退’从或体作‘衲’，又阙坏而作‘内’，毕氏遂据上句增入‘不’字，殊失其旨。”案：俞说近是。**虽杂庸民，终无怨心，**毕云：“言遗佚不怨。”**彼有自信者也。是故为其所难者，必得其所欲焉；未闻为其所欲，而免其所恶者也。是故偪臣伤君，**国语周语韦昭注云：“偪，迫也。”偪臣，谓贵臣权重迫君。然此与“谄下”同举，而对“弗弗之臣”为文，则不当云“偪臣”，“偪”疑“佞”之讹。**谄下伤上。**毕云：“言佞人病国与偪臣同。”**君必有弗弗之臣，**弗读为咈，说文口部云：“咈，违也。”**上必有詻**

諮之下。广雅释训云："諮諮，语也。"周礼保氏郑康成注云："军旅之容，暨暨諮諮。"庄子人间世篇释文引崔撰云："逆击曰諮。"案：諮，洪颐煊谓与"谔"同，近是，详后。毕云："礼记云'言容諮諮'，郑君注云：'教令严也。'说文云'论讼也'，玉篇云'鱼格切'。"**分议者延延，而支苟者諮諮，**毕云："'支苟'二字疑误。"洪颐煊云："延延，长也。'支苟'当是'致敬'之讹。諮諮与谔谔同。言分议者皆延延以念久长，而致敬者又谔谔以尽其诚，即上文所谓'上必有諮諮之下'也。"苏云："'支苟'二字，疑'敬'字之讹。"俞云："'支苟'乃'稽稶'二字之假音，说文禾部：'稶，稽稶也。'徐锴曰：'稽稶，不伸之意。'然则稽稶者諮諮，殆谓在下位者，或为上所凌压而不得申，亦必諮諮然自伸其意而后已，上文所谓'上必有諮諮之下'是也。"案：洪谓"苟"为"敬"字之讹，是也。而以"支"为"致"，则未塙。俞说尤误。以文义推之，"支"疑当为"交"，形近而讹。经说上篇"圜，规写交也"，今本"交"亦误"支"，是其证。敬读为儆。交儆，谓交相儆戒也。"苟"即"敬"之坏字。国语楚语"左史倚相见申公子亹曰：唯子老耄，故欲见以交儆子"，韦注云："交，夹也。"**焉可以长生保国。**王云："'焉'字下属为句，焉犹乃也。言如是乃可以长生保国也。"**臣下重其爵位而不言，近臣则喑，**毕云："当为'瘖'，说文云：'瘖，不能言也。''喑，宋齐谓儿泣不止曰喑'，非此义。玉篇云'瘖，於深切，不能言'，'喑，於金、於甘二切，啼极无声也'。则作'喑'亦是。"诒让案：喑、瘖字同，尚贤下篇有"瘖"字。晏子谏下篇云"近臣嘿，远臣瘖"，又云"朝居严，则下无言。下无言，则上无闻矣。下无言，则吾谓之瘖。上无闻，则吾谓之聋"。说苑正谏篇"晏子云：下无言则谓之喑"，"喑"即"瘖"也。又穀梁文六年传云"下暗则上聋"，暗与喑、瘖字亦通。**远臣则唫，**范望太玄经注云："唫犹噞也。"亦与吟同，文选苏子卿古诗李善注引仓颉篇云："吟，叹也。"汉书息夫躬传颜师古注云："唫，古吟字。"毕云："与'噤'音义同。史记'蒯通曰：吟而不言'，索隐云：'吟，音户荫反，又音琴。'"**怨结于民心，**苏云："喑、唫、心为韵。"**谄谀在侧，善议障塞，**苏云："侧、塞亦为韵。"**则国危矣。桀纣不以其无天下之士邪？杀其身而丧天下！故曰："归国**

宝，毕云："归，读如'齐人归女乐'之'归'。"不若献贤而进士。"

今有五锥，说文金部云："锥，锐也。"释名释用器云："锥，利也。"此其铦，毕云："史记集解云：'徐广曰：思廉反。骃案汉书音义曰：铦，谓利。'"铦者必先挫；有五刀，此其错，广雅释诂云："错，磨也。"毕云："言磨错之利。"错者必先靡。"礳"之假字，今省作"磨"，谓销磨也。毕云："挫、靡为韵，靡字麻声。"是以甘井近竭，招木近伐，毕云："招与乔音相近。竭、伐为韵。"案：毕说是也。经说下篇"桥衡"之"桥"亦作"招"，可证。灵龟近灼，神蛇近暴。毕云："灼、暴为韵。"俞云："四'近'字皆'先'字之误。上文曰：'今有五锥，此其铦，铦者必先挫；有五刀，此其错，错者必先靡。'然则'甘井'四喻正承上文而言，亦必是'先'字明矣。'先'篆书作'[篆]'，'近'字古文作'岓'，篆书作'[篆]'，两形相似而误。"案：俞说是也。意林引此二句，"近"正作"先"。庄子山木篇亦云："直木先伐，甘井先竭。"暴蛇者，盖以求雨。淮南子齐俗训云"牺牛粹毛，宜于庙牲，其于以致雨，不若黑蜧"，许慎注云："黑蜧，神蛇也，潜于神渊，能兴云雨。"春秋繁露求雨篇云："春旱求雨，暴巫聚蛇。"是故比干之殪，其抗也；抗、亢声类同。庄子刻意篇云"刻意尚行，离世异俗，高论怨诽，为亢而已矣"，释文："李颐云：'穷高曰亢。'"苏云："抗犹抗直。"孟贲之杀，其勇也；孟子公孙丑篇伪孙奭疏引皇甫谧帝王世纪云："秦武王好多力之人，齐孟贲之徒并归焉。孟贲生拔牛角。"史记范雎传集解引许慎、汉书东方朔传颜师古注并云孟贲卫人。案：依世纪说，则贲在墨子后。此文盖后人所增窜。西施之沉，其美也；苏云："案吴越春秋逸篇云：'吴亡后，越浮西施于江，令随鸱夷以终。'其言与此合，是吴亡西施亦死也。墨子书记当时事必有据，后世乃有五湖随范蠡之说，诬矣。"诒让案：吴越春秋逸文，见杨慎丹铅录引修文殿御览。吴起之裂，其事也。淮南子缪称训云"吴起刻削而车裂"，亦见氾论训及韩诗外传一、吕氏春秋执一篇高注。史记本传不云车裂，盖文不具。毕云："谓事功。"苏云："墨子尝见楚惠王，而吴起之死当悼王二十一年，上距惠王之卒已五十一年，疑墨子不及见此事，此盖门弟子之词也。”汪中说同。案：鲁问篇墨子及见田齐大公和，和受命为诸侯，当楚悼王十六年，距起之死仅五年耳。况非乐上篇说“齐康公兴乐万”，康公之薨复在起死后二年。然则此书虽多后人增益，而吴起之死非墨子所不及见，明矣。苏说考之未审。故彼人者，寡不死其所长，故曰“太盛难守”也。

故虽有贤君，不爱无功之臣；虽有慈父，不爱无益之子。是故不胜其任而处其位，非此位之人也；不胜其爵而处其禄，非此禄之主也。良弓难张，然可以及高入深；良马难乘，然可以任重致远；良才难令，然可以致君见尊。是故江河不恶小谷之满已也，说文谷部云：“泉出通川为谷。”尔雅释水云：“水注川曰谿，注谿曰谷。”故能大。圣人者，事无辞也，物无违也，故能为天下器。是故江河之水，非一源之水也；毕本作“非一水之源也”，云：“旧云‘非一源也’，据初学记江引此增二字，裘引此与旧同。艺文类聚引作‘非一水之源’，北堂书钞引作‘非一源之水’。古无‘源’字，本书修身云‘原浊者流不清’，只作‘原’，此类俗写乱之，非旧文也。”王云：“此本作‘江河之水，非一源之水也’，今本脱‘之水’二字，而‘一源’二字则不误。北堂书钞衣冠部三、初学记器物部引此并作‘非一源之水’。初学记地部中引作‘非一源之流’，‘流’字虽误，而‘一源’二字仍与今本同。毕谓初学记作‘一水之源’，误也。太平御览服章部十一引作‘江河之水非一源，千镒之裘非一狐’，皆节去下二字，而‘一源’二字亦与今本同。其艺文类聚衣冠部引作‘非一水之源’者，传写误耳。”案：王说是也，今据补正。千镒之裘，毕云：“镒，从金，俗写。本书贵义云‘待女以千益’，只作‘益’。文选注云：‘贾逵国语注曰：一溢，二十四两。’汉书食货志云‘黄金以溢为名’，孟康曰：‘二十两为溢也。’”案：贵义篇本作“千盆”，非“益”字，毕误。非一狐之白也。玉藻云：“君衣狐白裘。”淮南子说山训云：“天下无粹白之狐，而有粹白之裘，掇之众白也。”晏子春秋外篇云：“景公赐晏子狐白之裘，玄豹之茈，其赀千金。”汉书匡衡传颜注云：“狐白，谓狐腋下之皮，其毛纯白，集以为裘，轻柔难得，故贵也。”**夫恶有同方取不取同而已者乎？**毕云：“恶读如乌，言圣人之与士同方相合，犹江河同源相得，乌有不取诸此而自止者。”俞云：“‘取不’二字传写误倒，‘而’字当在‘取同’二字之上，‘已’当为人己之‘己’。此文本云‘夫恶有同方不取，而取同己者乎’。同方，谓同道也；同己，谓与己意同也。圣人但取其与道同，而不必其与己意同，故曰‘夫恶有同方不取，而取同己者乎’。传写错误，遂不可读，毕曲为之说，非是。”案：俞说近是。**盖非兼王之道也。是故天地不昭昭，**说文日部云：“昭，日明也。”中庸郑注云：“昭昭犹耿耿，小明也。”**大水不潦潦，**毕云：“说文云：‘潦，雨大皃。’然此义与明了同。老子云‘水至清则无鱼也’。”**大火不燎燎，王德不尧尧者，**毕云：“说文云：‘尧，高也。从垚在兀上，高远也。’白虎通云：‘尧犹峣峣，至高之貌。’”**乃千人之长也。**此与上云“王德”不相冡，疑上句“者”字当为“若”，“若乃”连读，为更端之词，下三语即承此言之。**其直如矢，其平如砥，不足以覆万物。是故谿陕者速涸，**说文谷部云：“谿，山渎无所通者。”𨸏部云：“陕，隘也。”俗作“陿”、“狭”，非。毕云：“说文云：‘涸，渴也。读若狐貈之貈。’”**逝浅者速竭，**王引之云：“‘逝浅’二字义不相属，‘逝’当为‘遊’。俗书‘游’字作‘遊’，与‘逝’相似而误。‘遊’即‘流’字也。曲礼注‘士视得旁遊目五步之中’，释文‘遊’作‘游’，云‘徐音流’。‘流浅’与‘谿陕’对文。”俞云：“‘逝’当读为澨，古字通也。诗有杕之杜篇‘噬肯适我’，释文曰：‘噬，韩诗作逝。’然则‘逝’之通作‘澨’，犹‘逝’之通作‘噬’也。成十五年左传‘则决睢澨’，楚辞湘夫人篇‘夕济兮三澨’，杜预、王逸注并曰：‘澨，水涯。’‘澨浅’与‘谿陕’对文，因假‘逝’为‘澨’，其义遂晦。”案：王说近是。**墝埆者**毕云：“‘墝埆’当为‘硗确’，磬石也，见说文。俗写从土。何休公羊学曰：‘墝埆不生五谷。’”**其地不育。王者淳泽不出宫中，**淮南子齐俗训高注云：“淳，厚也。”**则不能流国矣。**

脩身第二

毕云："脩治之字从彡。从肉者，脩脯字，经典假借多用此。"

君子战虽有陈，而勇为本焉；丧虽有礼，而哀为本焉；士虽有学，而行为本焉。俞云："'君子'二字衍文也。此盖以'战虽有陈'、'丧虽有礼'二句，起'士虽有学'一句，若冠以'君子'二字，则既言'君子'，不必又言'士'矣。马总意林作'君子虽有学，行为本焉；战虽有陈，勇为本焉；丧虽有礼，哀为本焉'，与今本不同。然有'君子'字，即无'士'字，亦可知今本既言'君子'又言'士'之误矣。'士虽有学'与'君子虽有学'，文异而义同。"案：说苑建本篇载孔子语与此略同，"君子"似非衍文，亦见家语六本篇。是故置本不安者，无务丰末；置与植通，诗商颂那"置我鞉鼓"，郑笺云："置读曰植。"方言云："植，立也。"俞云："'者'衍字也。下文'近者不亲，无务来远；亲戚不附，无务外交；事无终始，无务多业；举物而暗，无务博闻'，上句并无'者'字，是其证。"近者不亲，无务来远；亲戚不附，曲礼云"兄弟、亲戚，称其慈也"，孔颖达疏云："亲指族内，戚言族外。"案：古多称父母为亲戚，详兼爱下篇。此则似通内外族姻言之，与孔义同。无务外交；事无终始，无务多业；尔雅释诂云："业，事也。"举物而暗，无务博闻。是故先王之治天下也，必察迩来远。君子察迩而迩脩者也。见不脩行，毕读句。见毁，毕读句。而反之身者也，此以怨省而行脩矣。谮慝之言，无入之耳；"之"，毕本讹"于"，今据道藏本正，王校同。毕云："玉篇云：'慝，他得切，恶也。'经典多此字，古只作'匿'。"王云："谮慝即谗慝，僖二十八年左传'间执谗慝之口'是也。谗与谮古字通，故小雅巷伯篇'取彼谮人'，缁衣注及后汉书马援传并引作'取彼谗人'。无入之耳，言不听谗慝之言也。故下文曰'虽有诋讦之民，无所依矣'。"批扞之声，广雅释诂云："批，击也。"易林睽之贲云"批捍之言，我心不快”，批扞即批捍也。毕云：“说文云：‘扞，忮也。’玉篇云：‘忓，古安切，又胡旦切，扰也。’”**无出之口；杀伤人之孩，**毕云：“当读如根荄。”**无存之心，虽有诋讦之民，**毕云：“说文云：‘诋，诃也。’‘讦，面相斥罪也。’玉篇云：‘诋，都礼切；讦，居谒切，攻人之阴私也。’”**无所依矣。故君子力事日强，愿欲日逾，**逾当读为偷，同声假借字，此与“力事日强”文相对。礼记表记云“君子庄敬日强，安肆日偷”，郑注云：“偷，苟且也。”此义与彼正同。**设壮日盛。**毕云：“‘设壮’疑作‘饰庄’。”**君子之道也，贫则见廉，富则见义，**毕云：“字当为‘羛’，说文云‘墨翟书“义”从弗’，则汉时本如此。今书‘义’字皆俗改也。”王引之云：“‘弗’于声义均有未协，‘弗’当作‘𢦏’。‘𢦏’，古文‘我’字，与‘弗’相似，故讹作‘弗’耳。周晋姜鼎铭‘我’字作‘𢦏’，是其明证。羛之从𢦏声，与义之从我声，一也。说文‘我’字下，重文未载古文作‘𢦏’，故于此亦不知为‘𢦏’字之讹。盖钟鼎古篆，汉人亦不能遍识也。”**生则见爱，死则见哀，四行者不可虚假，反之身者也。藏于心者无以竭爱，动于身者无以竭恭，出于口〔一〕者无以竭驯，**驯犹雅驯。史记五帝本纪云“不雅驯”，张守节正义云：“驯，训也。”案：驯、训字通。周礼地官叙官郑众注云：“训读为驯。”训与尔雅释训义同，谓出口者皆典雅之言。**畅之四支，**说文肉部云：“职，体四职也。或作肢。”支即肢之省。易坤文言云“美在其中，而畅于四支”，孔颖达疏云：“四支，犹言手足。”**接之肌肤，**小尔雅广诂云：“接，达也。”亦与挟通，仪礼乡射礼郑注云：“古文‘挟’皆作‘接’。”俗作“浃”，义并同。吕氏春秋谕威篇云“其藏于民心，捷于肌肤也，深痛疾固”，高注云：“捷，养也。”案：捷、接字亦通，高失其义。**华发隳颠**道藏本“颠”作“巅”，非。后汉书边让传李贤注云：“华发，白首也。”毕云：“‘隳’字当为‘堕’。”诒让案：说文髟部云：“鬌，发堕也。”页部云：“颠，顶也。”堕与鬌通，堕颠即秃顶。新序杂事篇云：“齐宣王谓闾丘卬曰：

〔一〕“口”，原误“日”，据毕沅刻本改。

士亦华发堕颠而后可用耳。”**而犹弗舍者，其唯圣人乎！**

志不强者智不达，言不信者行不果。毕云：“文选注云：‘许君注淮南子云：果，成也。’”**据财不能以分人者，不足与友；守道不笃、遍物不博**、俞云：“遍亦辩也。仪礼乡饮酒礼‘众宾辩有脯醢’，燕礼‘大夫辩受酬’，少牢馈食礼‘辩擩于三豆’，今文‘辩’皆作‘遍’，是‘辩’与‘遍’通用。物言遍，是非言辩，文异而义同。”**辩是非不察者，不足与游。本不固者末必几，**毕云：“广雅云：‘几，微也。’或‘禾’字之假音，说文云：‘禾，木之曲头，止不能上也。’”王云：“尔雅：‘几，危也。’言木本不固者，其末必危也。毕引广雅‘几，微也’，已非塙诂，又引说文以‘几’为‘禾’，则失之愈远矣。”**雄而不脩者**毕云：“雄犹勇。”**其后必惰，原浊者流不清，行不信者名必秏。**毕云：“旧从‘耒’，非。玉篇云：‘秏，可到切，减也，败也。诗云：秏斁下士。’又云：‘耗，正作秏。’”**名不徒生，而誉不自长，功成名遂，名誉不可虚假，反之身者也。务言而缓行，虽辩必不听；多力而伐功，虽劳必不图。**苏云：“图，谋也。春秋传曰：‘劳之不图，报于何有。’”**慧者心辩而不繁说，多力而不伐功，此以名誉扬天下。言无务为多而务为智，无务为文而务为察。故彼智无察，**毕云：“‘彼’当为‘非’。”**在身而情，**当为“惰”，形近而误。上云：“雄而不脩者，其后必惰。”**反其路者也。**“路”当为“务”，即冢上“务为智”、“务为察”而言，谓违反其所当务之事。明鬼下篇云“今执无鬼者曰‘鬼神者固无有’，则此反圣王之务”，此义与彼同。毕读“在身而情反其路者也”九字句，云：“言非智无察，则所欲反其道。说文云：‘情，人之阴气有欲者。’”失之。**善无主于心者不留，行莫辩于身者不立。名不可简而成也，誉不可巧而立也，君子以身戴行者也。**戴、载古通，春秋隐十年经“伐戴”，穀梁作“伐载”。释名释姿容云：“戴，载也。”**思利寻焉，**仪礼有司彻贾公彦疏引服虔左传注云：“寻之言重也，温也。”毕云：“寻，习。”**忘名忽焉，可以为士于天下者，未尝有也。**

所染第三

毕云：“吕氏春秋有当染篇，文略同。”苏云：“篇中言中山尚、宋康，皆墨子后事，而禽子为墨子弟子，至与傅说并称，此必非墨子之言，盖亦出于门弟子。”汪中云：“宋康之灭在楚惠王卒后一百五十七年，墨子盖尝见染丝者而叹之，为墨之学者增成其说耳。”案：此篇固不出墨子，但中山尚疑即桓公，时代正与墨子相及，苏说未审。

子墨子言见染丝者而叹，曰：“言”字疑衍。公羊隐十一年何休注云：“称子冠氏上者，著其为师也，其不冠子者他师。”列子天瑞篇张注云：“载子于姓上者，首章是弟子之所记故也。”**染于苍则苍，**广雅释器云：“苍，青也。”**染于黄则黄，**韩诗外传云：“蓝有青，而丝假之，青于蓝；地有黄，而丝假之，黄于地。”淮南子说林训云：“墨子见练丝而泣之，为其可以黄，可以黑。”**所入者变，其色亦变，五入必，**考工记钟氏“染羽，三入为纁，五入为緅，七入为缁”，郑注云：“玄，其六入者与？”尔雅释器云：“一染谓之縓，再染谓之赪，三染谓之纁。”必读为毕，左隐元年传“同轨毕至”，白虎通义崩薨篇引“毕”作“必”，是其证。言五入毕，而为五色也。高诱云：“一入一色。”毕云：“一本无‘必’字。”**而已则为五色矣。**毕云：“吕氏春秋无‘则’字，后汉书注引作‘五入之则为五色’，太平御览引作‘五入则为五色’。”**故染不可不慎也！**治要作“可不慎耶”。

非独染丝然也，国亦有染。毕云：“太平御览、吴淑事类赋俱作‘治国亦然’，有节文。”**舜染于许由、**高诱云：“许由，阳城人，尧聘之，不至。”**伯阳，**毕云：“高诱注吕氏春秋云：‘伯阳盖老子也，舜时师之者也。’杨倞注荀子云：‘老子姓李，字伯阳，号聃，著书五千言。’案：此云‘舜染’，则非聃也。”诒让案：吕氏春秋本味篇云“尧、舜得伯阳、续耳然后成”，注云：“伯阳、续耳皆贤人，尧用之以成功也。”御览八十一引尸子云：“舜事亲养老为天下法，其游也，得六人，曰雒陶、方回、续耳、伯阳、东不识、秦不空，皆一国之贤者也。”陶潜圣贤群辅录引皇甫谧逸士传“舜友七子”，亦有伯阳。韩非子说疑篇作“晋伯阳”，汉书古今人表作“柏阳”，北堂书钞四十九引尸子作“柏杨”。此伯阳自是舜时贤人，高以为老子，缪。**禹染于皋陶、伯益，汤染于伊尹、仲虺，**高诱云：“仲虺居薛，为汤之左相。”**武王染于太公、周公。此四王者所染当，**高诱云：“所从染得其人，故曰当。”**故王天下，立为天子，功名蔽天地。**高诱云：“蔽犹极也。”**举天下之仁义显人，必称此四王者。**高诱云：“称美其德，以为喻也。”**夏桀染于干辛、**毕云：“吕氏春秋云‘夏桀染于羊辛’，又慎大云‘桀为无道，干辛任威，陵轹诸侯，以及兆民’，高诱曰：‘干辛，桀之谀臣。’说苑云‘桀用干莘’，班固古今人表云‘干辛、崇侯与之为恶则行’。表又作‘干莘’，同说苑。”诒让案：吕氏春秋知度篇云：“桀用羊辛。”汉书颜注云：“干莘，桀之勇人也。”抱朴子良规篇亦作“干辛”。**推哆，**毕云：“本书明鬼云‘王手禽推哆、大戏’，下又云‘推哆、大戏，主别兕虎，指画杀人’，古今人表作‘雅侈’。”诒让案：“推哆”，晏子春秋谏上篇、贾子新书连语篇作“推侈”，韩子说疑篇又作“侯侈”，淮南子主术训又作“推移”。惟抱朴子良规篇作“推哆”，与此同。**殷纣染于崇侯、恶来，**高诱云：“崇，国；侯，爵；名虎。恶来，嬴姓，飞廉之子，纣之谀臣。”史记秦本纪云：“蜚廉生恶来，恶来有力，蜚廉善走，父子俱以材力事殷纣。周武王之伐纣，并杀恶来。”**厉王染于厉公长父**、治要作“文”，误。毕云：“吕氏春秋‘厉’作‘虢’，注云：‘虢、荣，二卿士。’”洪云：“案荀子成相篇杨倞注引墨子作‘蠣公长父’，吕氏春秋当染篇‘厉王染于虢公长父’，‘蠣’即‘虢’字之讹。今本作‘厉’字，又后人所改。”苏云：“厉公，虢君谥。”诒让案：荀子成相篇云“孰公长父之难，厉王流于彘”，杨注引此云：“蠣公与孰公不同，不知孰是。或曰孰公长父即诗云‘皇父’也，‘孰’或作‘郭’。”案：荀子别本作“郭”，与吕览合，是也。虢、郭古通。洪以“蠣”为“虢”之讹，亦近是。苏以“厉”为虢公谥，未塙。竹书纪年“厉王三年，淮夷侵洛，王命虢公长父伐之，不克”，后汉书东夷传作"虢仲",今本纪年出于摭拾,未知足据否? **荣夷终,** 吕氏春秋当染同。国语周语"厉王说荣夷公,为卿士",韦注云:"荣,国名;夷,谥也。"书叙有荣伯。史记周本纪集解引马融云:"荣伯,周同姓,畿内诸侯为卿大夫也。"夷公盖荣伯之后。毕云:"'终'一本作'公'。史记'厉王好利,近荣夷公'。"苏云:"终,或荣夷公名。" **幽王染于傅公夷、** 治要作"几"。苏云:"傅公夷无考。国语惠王时有傅氏,注曰:'傅氏,貍姓也,在周为傅氏。'" **蔡公谷。** 毕云:"'蔡'一本作'祭'。吕氏春秋作'虢公鼓'、'祭公敦'。"诒让案:高诱谓虢公鼓即虢石父,见国语晋语、郑语,未知是否。苏云:"蔡公谷,吕览作'祭公敦',窃谓当从吕览作'祭公'为是。祭为周畿内国,周公少子所封,自文公谋父〔一〕以下,世为卿士于周,隐元年所书'祭伯来'者,即其后也。若蔡,当幽王时唯有釐侯所事,不闻更有名谷者。"案:苏说是也。 **此四王者,所染不当,故国残身死,为天下僇。** 高诱云:"不当者,不得其人。僇,辱也。""僇",治要作"戮"。毕云:"此戮字假音。" **举天下不义辱人,必称此四王者。** 旧本"称"下脱"此"字,今据道藏本补,与上文及治要合,吕氏春秋当染亦同。高诱云:"称其恶以为戒也。" **齐桓染于管仲、鲍叔,晋文染于舅犯、高偃,** "齐桓"、"晋文"下治要并有"公"字。毕云:"未详。吕氏春秋'高'作'郤',疑当为'郤'。晋有郤氏。"王云:"'高'当为'𩫏','𩫏'即城郭之'郭',形与'高'相近,因讹为'高'。贾子过秦篇'据亿丈之𩫏',今本'𩫏'讹作'高'。墨子多古字,后人不识,故传写多误耳。左传晋大夫卜偃,晋语作'郭偃',韦注曰:'郭偃,晋大夫卜偃也。'商子更法篇、韩子南面篇并与晋语同。吕氏春秋作'郤偃','郤'即'郭'之讹,非郤氏之'郤'也。太平御览治道部一引吕氏春秋正作'郭偃'。梁玉绳云:'高与郭,声之转也。'"俞云:"高亦可读如郭,诗绵篇毛传曰'王之郭门曰皋门',郭偃之为高偃,犹'郭门'之为'皋门'也。" **楚庄染于孙叔、** 左宣十一年传"楚令尹蒍

〔一〕"文公谋父",苏时学墨子刊误卷一原文如此。然作"文公",与上下文意全不合,且史书亦无"文公谋父"其人。今按"文"应是"祭"之误,祭公谋父见国语周语上,为周穆王卿士。

艾猎城沂”，孔颖达疏引服虔云：“艾猎，芀贾之子孙叔敖也。”洪适隶释汉孙叔敖碑云“楚相孙君，讳饶，字叔敖”，不知何据。**沈尹**，毕云：“吕氏春秋作‘沈尹蒸’，又赞能有沈尹茎，楚庄王欲以为令尹，沈尹茎辞曰：‘期思之鄙人有孙叔敖者，圣人也。’又尊师云‘楚庄王〔一〕师孙叔敖、沈申巫’，高诱曰：‘沈县大夫。’新序作‘沈尹竺’。案申、尹，茎、巫、竺，皆字之误。”李惇云：“宣十二年左传邲之战，孙叔敖令尹也，而将中军者为沈尹，注云：‘沈或作寝，寝县也。’韩诗外传所载楚樊姬事，与淮南子、新序正同，但淮南、新序并曰‘虞邱子’，惟外传则曰‘沈令尹’，乃知沈尹即虞邱子。令尹者其官，沈者其氏或食邑也。”案：李说是也。沈尹茎，吕氏春秋察传篇又作“沈尹筮”，字形并相近，未知孰为正也。至余知古渚宫旧事作“沈尹华”，以吕氏春秋去宥篇考之，乃楚威王臣，盖误并为一也。**吴阖闾染于伍员**、闾，吕氏春秋当染篇作“庐”，左昭二十七年传、史记吴世家同。此及后非攻中篇并作“闾”，与史记十二诸侯年表、淮南子泰族训、吴越春秋同。**文义**，当染作“文之仪”。毕云：“吕氏春秋尊师云‘吴王阖闾师伍子胥、文之仪’，高诱曰：‘文，氏；之仪，名。’案：彼有‘之’字者，如庾公差，孟子云‘之斯’；专诸，史记云‘设诸’，音之缓急。”**越句践染于范蠡**、高诱云：“范蠡，楚三户人也，字少伯。”**大夫种**。毕云：“高诱注吕氏春秋云：‘大夫种，文氏，字子禽，楚之邹人。’”诒让案：文选豪士赋序李注引吴越春秋云“文种者，楚南郢人也，姓文，字少禽”，太平寰宇记说同。吕览注“邹”即“郢”之讹。**此五君者所染当**，旧脱“者”字，今据治要增，与吕氏春秋合。**故霸诸侯，功名传于后世**。治要无“功”字。**范吉射染于长柳朔、王胜**，治要“长”作“张”。毕云：“吕氏春秋‘长’作‘张’，‘胜’作‘生’字。高诱注云：‘吉射，晋范献子鞅之子昭子也。张柳朔、王生二人者，吉射家臣也。’”诒让案：左哀五年传“初，范氏之臣王生恶张柳朔，言诸昭子，使为柏人”，此长柳朔、王胜，即张柳朔、王生，吕览与左传同。长柳，古复姓，汉书艺文志有长柳占梦。但据左传，则朔、生乃范氏之贤臣，朔并死范氏

〔一〕“王”字原脱，据吕氏春秋尊师补。

之难，与此书异，或所闻不同。**中行寅染于籍秦、高强**，毕云："吕氏春秋作'黄藉秦'，非。高诱注云：'寅，晋大夫中行穆子之子荀子也。黄藉秦、高强，其家臣。高强，齐子尾之子，奔晋，为中行氏之臣。'史记索隐云：'系本：籍秦，晋大夫籍游之孙，籍谈之子。'"诒让案：吕览注"荀子"当作"荀文子"，即寅谥也，见定八年左传。**吴夫差染于王孙雒**、雒，毕校改"雄"，云："旧误作'雒'。"卢文弨云："今外传吴语'王孙雄'，旧宋本作'王孙雒'，墨子所染篇同。吴越春秋夫差内传、句践伐吴外传、越绝请籴内传皆作'王孙骆'。说苑杂言篇作'公孙雒'，唯吕氏春秋当染篇作'王孙雄'。史记越世家作'公孙雄'，宋公序作国语补音，定作'雄'字，且为之说曰：'汉改"洛"为"雒"，疑"雒"字非吴人所名。'今按宋说殊误，周礼职方氏'豫州其川荧雒'，春秋文八年经书'公子遂会雒戎'，传作'伊雒之戎'，宣三年传'楚子伐陆浑之戎，遂至于雒'，是汉以前本有'雒'字，岂东京创制此字乎？以'骆'字证之，则'雒'字是矣。"顾广圻校同。王云："卢说是也。隶书'雄'字或作'雄'，与'雒'相似，故'雒'讹为'雄'。困学纪闻左氏类引国语、吕氏春秋并作'雒'。韩子说疑篇有吴王孙頟，'頟'即'雒'之讹，则其字之本作'雒'益明矣。"**太宰嚭**，定四年左传云："伯州犁之孙嚭为吴太宰。"毕云："高诱注吕氏春秋云：'嚭，晋伯宗之孙，楚州犁之子。'"诒让案：嚭为伯州犁孙，史记吴世家、越绝书、吴越春秋、杜预春秋释例说并同，唯高诱吕氏春秋当染、重言两篇注以为州犁之子，误也。国语吴语韦注误与高同。**知伯摇染于智国、张武**，毕云："摇，一本作'瑶'。"诒让案：吕氏春秋当染亦作"瑶"，高诱注云："智瑶，宣子申之子襄子也。国、武二人，其家臣。"国语晋语云："三卿宴于蓝台，知襄子戏韩康子而侮段规，知伯国闻之，谏曰：主不备，难必至矣！"韦注云："伯国，晋大夫知氏之族。"左哀二十三年传"晋荀瑶伐齐，将战，长武子请卜"，杜注云："武子，晋大夫。"案：知国、张武，盖即知伯国、长武子也。长、张字通。淮南子人间训云："张武教智伯夺韩、魏之地，而擒于晋阳。"**中山尚染于魏义、偃长**，毕云："偃，吕氏春秋作'椻'，高诱注云：'尚，魏公子牟之后，魏得中山以邑之。义、长，其二臣。'"苏云："中山为魏之别封，非春秋时之鲜虞也。魏文侯灭中山而封其少子挚，至赧王二十年，为赵武灵王所灭，其君有武公、桓公，见世本。

此名尚者，当为最后之君。”案：中山即春秋之鲜虞，左传定四年始见于传。其初亡于魏，文侯十七年使乐羊围中山，三年灭之，以其地封子击，后击立为太子，改封次子挚，后中山复国，又亡于赵，则惠文王四年灭之，并见史记魏、赵世家及乐毅传。据水经滱水郦道元注及太平御览百六十一引十三州志，并谓中山桓公为魏所灭，则尚或即桓公，墨子犹及见之。高、苏以为魏别封，非也。至列子仲尼篇、庄子让王篇、吕氏春秋审为篇、淮南子道应训并云魏中山公子牟，高诱、张湛皆谓魏伐中山，以邑子牟，然魏牟与赵平原君、秦魏冉、范雎同时，其时中山入赵已久，安得尚属魏？则牟所封必非鲜虞之中山，而尚亦必非牟后，殆无疑义。张湛又以子牟为魏文侯子，盖掍牟与挚为一人，其说尤谬，则杨倞已疑之矣。毕引高说，而不审校其时代，亦其疏也。**宋康染于唐鞅、佃不礼。**“佃”，道藏本作“伷”，非。毕云：“吕氏春秋‘佃’作‘田’，是；‘礼’作‘禮’，误。”诒让案：宋王偃为齐湣王所灭，谥康，见国策宋策。吕氏春秋作宋康王，荀子王霸篇又作宋献。佃不礼，荀子解蔽篇杨注引亦作田不禮。汉书古今人表有田不礼，则似据赵世家也。吕氏春秋淫辞篇云：“宋王谓其相唐鞅曰：‘寡人所杀戮者众矣，而群臣愈不畏，其故何也？’唐鞅对曰：‘王之所罪，尽不善者也，罪不善，善者故为不畏。王欲群臣之畏也，不若无辨其善与不善，而时罪之，若此则群臣畏矣。’居无几何，宋君杀唐鞅。”荀子解蔽篇亦云“唐鞅蔽于欲权而逐戴子”，又云“唐鞅戮于宋”，皆其事也。史记赵世家载赵主父使田不礼相太子章，后为李兑所杀事，当宋康之末年，或即一人先仕宋而后仕赵与？苏云：“宋康之亡，当楚顷襄王十一年，上去楚惠王之卒一百四十三年，此不独与墨子时世不值，且与中山之亡相距止数年，而皆在孟子之后。孟子言方千里者九，则中山未亡；言宋王行仁政，则宋亦未亡。若此书为墨子自著，则墨子时世更在孟子之后，不知孟子之辟墨子，正在墨学方盛之时，其必不然也审矣。”**此六君者所染不当，故国家残亡，**毕云：“家，吕氏春秋作‘皆’。”**身为刑戮，宗庙破灭，绝无后类，**荀子礼论篇云“先祖者，类之本也”，杨注云：“类，种也。”逸周书尝麦篇云：“殷无类于冀州。”**君臣离散，民人流亡，举天下之贪暴苛扰者，**毕云：“扰，‘擾’字之误，经典通用此。”**必称此六君也。凡君之所以安者，何也？以其行理也。**广雅释诂云："理，道也。"行理性于染当。毕云："'性'当为'生'，一本作'在'，误。"诒让案：治要及吕氏春秋并作"生"。故善为君者，劳于论人，高诱云："论犹择也。"而佚于治官。"佚"，治要作"逸"。不能为君者，伤形费神，愁心劳意，然国逾危，身逾辱。逾，治要并作"愈"。吕氏春秋当染同，高诱云："愈，益也。"此六君者，非不重其国、爱其身也，以不知要故也。高诱云："不知所行之要约也。"不知要者，所染不当也。高诱云："所从染不得其人也。"

非独国有染也，士亦有染。以后至篇末，与吕氏春秋当染篇文绝异。其友皆好仁义，淳谨畏令，则家日益，身日安，名日荣，处官得其理矣，毕云："理犹治。"诒让案：理亦道也。则段干木、毕云："吕氏春秋云：'田子方学于子贡，段干木学于子夏。'"诒让案：吕览尊师篇又云："段干木，晋国之大驵也，学于子夏。"史记老子传集解云："'段干'是魏邑名也，魏世家有'段干木〔一〕'，盖因邑为姓。"风俗通氏姓注云"姓段名干木〔二〕"，恐或失之矣。禽子、详公输篇。毕云："吕氏春秋云：'禽滑厘学于墨子，许犯学于禽滑厘。'此称禽子，则墨子门人小子之文矣。"傅说之徒傅说，见尚贤中篇。此与段干木、禽子并举，似不类，疑后人所增窜也。是也。其友皆好矜奋，荀子正名篇云"有兼听之明，而无奋矜之容"，又子道篇杨注云："奋，振矜也。"创作比周，左文十八年传云"顽嚚不友，是与比周"，杜注云："比，近也。周，密也。"则家日损，身日危，名日辱，处官失其理矣，则子西、易牙、竖刀之徒是也。苏云："春秋时子西有三：一为郑公孙夏，一为楚斗宜申，一为楚公子申。兹所举，盖斗宜申也。"毕云："经传或作'竖貂'，此作'刀'者，'貂'省文。旧作'刁'，非。玉篇云：'刀，丁幺切，亦姓，俗作刁。'"案：论语宪问篇"或问子西，曰：彼哉彼哉"，集解："马融

〔一〕"段干木"下原衍"本"字，据史记老子传集解删。
〔二〕今本风俗通已佚氏姓篇，此注当本齐东野语卷一所引。

云：子西，郑大夫，或曰楚令尹子西。”此子西或亦斥楚公子申，苏说未塙。易牙、竖刀并见公羊僖十八年传。左僖二年传作“寺人貂”，杜注云：“寺人，奄官竖貂也。”貂、刀字通。**诗曰“必择所堪，**毕云：“‘堪’当为‘媅’字假音。”王云：“媅训为乐，与染义无涉。‘堪’当读为湛，湛与渐渍之渐同。说文作‘瀸’，云：‘渍也。’月令‘湛炽必絜’，郑注曰：‘湛，渍也。’内则说八珍之渍云‘湛诸美酒’，注曰：‘湛，亦渍也。’考工记钟氏‘以朱湛丹秫’，注曰：‘郑司农云：湛，渍也。玄谓湛读如渐车帷裳之渐。’是湛与渐同。湛、渍皆染也。楚辞七谏‘日渐染而不自知兮’，王注曰：‘稍渍为渐，污变为染。’考工记钟氏注曰‘渍’，亦染也。必择所湛，犹云必择所染耳。荀子劝学篇曰：‘兰槐之根是为芷，其渐之滫中，君子不近，庶人不服，其质非不美也，所渐者然也。’晏子春秋杂篇曰：‘今夫兰本三年而成，湛之苦酒，则君子不近，庶人不佩，湛之麋醢，而贾匹马矣。非兰本美也，所湛然也。愿子之必求所湛。’说苑杂言篇曰：‘今夫兰本三年，湛之以鹿醢，既成，则易以匹马，非兰本美也。愿子详其所湛，既得所湛，亦求所湛。’义并与墨子同。”案：王说是也。苏云：“此盖逸诗。”**必谨所堪”者，此之谓也。**

法仪第四

毕云：“法，说文云：‘灋，刑也，平之如水，从水。廌，所以触不直者去之。法，今文省。’此借为法度之义。仪，义如浑天仪之仪。说文云：‘檥，干也。’仪与檥音相近。又说文云：‘仪，度也。’亦通。”诒让案：尔雅释诂云：“仪，干也。”与说文“檥”说解同。管子形势解篇云：“法度者，万民之仪表也。”此篇所论，盖天志之余义。

子墨子曰：天下从事者不可以无法仪，无法仪而其事能成者，无有也。旧本脱，今据群书治要增。**虽至士之为将相者皆有法，虽至百工从事者亦皆有法。百工为方以矩，为圆以规，直以绳，正以县。**毕云：“此县挂正字。”诒让案：考工记舆人云

"圜者中规，方者中矩，立者中县，衡者中水"，庄子马蹄篇云"匠人曰：我善治木，曲者中钩，直者应绳"，即此义。**无巧工不巧工，皆以此五者为法。**俞云："'五'当作'四'，上文'百工为方以矩，为圆以规，直以绳，正以县'，并无五者。"诒让案：以考工记校之，疑上文或当有"平以水"三字，盖本有五者，而脱其一与？**巧者能中之，**毕云："史记索隐云：'仓颉篇云：中，得也。'"**不巧者虽不能中，放依以从事，**毕云："说文云：'仿，相似也。'放与仿同。"**犹逾已**〔一〕。毕云："犹胜于已。"**故百工从事，皆有法所度。**治要无"所"字，下同。**今大者治天下，其次治大国，而无法所度，此不若百工辩也。**毕云："说文云：'辩，治也。'"

然则奚以为治法而可？当皆法其父母奚若？当与尝通。尝，试也。详天志下篇。王引之云："'当'并与'傥'同。"毕云："奚若与何如同。"**天下之为父母者众，而仁者寡，若皆法其父母，此法不仁也。法不仁，不可以为法。当皆法其学奚若？**学谓师也。**天下之为学者众，而仁者寡，若皆法其学，此法不仁也。法不仁，不可以为法。当皆法其君奚若？天下之为君者众，而仁者寡，若皆法其君，此法不仁也。法不仁，不可以为法。故父母、学、君三者，莫可以为治法。**下旧有"而可"二字。王云："既言莫可以为治法，则不当更有'而可'二字，此涉下句而衍。"案：王说是也，今据删。

然则奚以为治法而可？故曰莫若法天。天之行广而

〔一〕"已"，墨子明刻诸本及毕刻、本书均同。毕氏注文亦作"已"。民国时，四部备要等本误解毕注，改正文及注文"已"字作"己"，嗣后各翻印本及今流行各本多有从之作"己"者，实误。"已"字训止，在此意指无作为。"犹逾已"，谓犹胜过止而不为也。用现在的话说，即"总比不做强"。论语阳货："不有博弈者乎，为之，犹贤乎已。"贤、逾均胜过之意，"犹贤乎已"与"犹逾已"意同。孟子尽心上："为期之丧，犹逾于已。""犹逾于已"亦即本文之"犹逾已"。是此为古人成语，凡今通行本或作"己"者，均误。

无私，其施厚而不德，治要作“息”。其明久而不衰，故圣王法之。既以天为法，动作有为必度于天，天之所欲则为之，天所不欲则止。然而天何欲何恶者也？天必欲人之相爱相利，而不欲人之相恶相贼也。奚以知天之欲人之相爱相利，而不欲人之相恶相贼也？以其兼而爱之、兼而利之也。奚以知天兼而爱之、兼而利之也？治要“知天”下有“之”字。以其兼而有之、兼而食之也。今天下无大小国，“大小”，治要作“小大”。皆天之邑也。人无幼长贵贱，皆天之臣也。此以莫不犓羊、毕云：“当云‘牛羊’。”豢犬猪，毕云：“说文云：‘犓，以刍茎养牛也。’‘豢，以谷圈养豕也。’玉篇云：‘犓，则俱切，今作刍。’陆德明庄子音义云：‘司马云：牛羊曰刍，犬豕曰豢。’”苏云：“案‘犓’乃‘刍’、‘牛’两字而误合为一者，文当云‘刍牛羊’。”絜为酒醴粢盛，毕云：“‘洁’字正作‘絜’。说文云：‘粢，稷也。’‘粢，稻饼也。’然则‘粢盛’之字作‘齍’。”以敬事天，此不为兼而有之、兼而食之邪？天苟兼而有食之，夫奚说以不欲人之相爱相利也！故曰爱人利人者，天必福之；恶人贼人者，天必祸之。曰杀不辜者，得不祥焉。夫奚说人为其相杀而天与祸乎？是以知天欲人相爱相利，旧本无“知”字，治要同。王云：“‘是以’下有‘知’字，而今本脱之，则文义不明。上文曰‘奚以知天之欲人之相爱相利，而不欲人之相恶相贼也’，‘奚以知’正与‘是以知’相应。”案：王说是也，今据增。而不欲人相恶相贼也。

昔之圣王禹汤文武，兼爱天下之百姓，毕云：“旧脱‘爱’字，以意增。”率以尊天事鬼，其利人多，故天福之，使立为天子，天下诸侯皆宾事之。广雅释诂云：“宾，敬也。”暴王桀纣幽厉，兼恶天下之百姓，率以诟天侮鬼，广雅释诂云：“诟，骂也。”左昭十三年传“楚灵王投龟诟天而呼”，释文云：“诟，詈辱也。”其贼人多，“其贼”，旧本作"贼其"。俞云:"按当作'其贼人多',与上文'其利人多,故天福之'相对。"案:俞校是也,今据乙。**故天祸之,使遂失其国家,**遂与队通。易震"遂泥",释文云:"'遂',荀本作'队'。"俗作"坠",义同。淮南子天文训高注云:"队,陨也。"**身死为僇于天下,**"僇",治要作"戮"。大学"辟则为天下僇矣",孔颖达疏云:"僇谓刑僇也。"荀子非相篇云"为天下大僇",杨注云:"僇与戮同。"**后世子孙毁之,至今不息。故为不善以得祸者,桀纣幽厉是也;爱人利人以得福者,禹汤文武是也。爱人利人以得福者有矣,恶人贼人以得祸者亦有矣。**

七患第五

以下二篇所论皆节用之余义。

子墨子曰:国有七患。七患者何?城郭沟池不可守,而治宫室,一患也;边国至境,毕云:"当为'竟'。本书耕柱云'楚四竟之田',只作'竟'。"洪云:"'边'当是'適'字之讹,古'敌'字多作'適'。言敌国至境,而四邻莫救,故可患也。"**四邻莫救,二患也;先尽民力无用之功,赏赐无能之人,民力尽于无用,财宝虚于待客,三患也;仕者持禄,游者爱佼,**旧本"持"讹"待","爱佼"讹"忧反"。群书治要引"待"作"持","反"作"佼"。王云:"'待'当为'持','忧反'当为'爱交'。吕氏春秋慎大篇注:'持犹守也。'言仕者守其禄,游者爱其交,皆为己而不为国家也。管子明法篇曰'小臣持禄养交,不以官为事',晏子春秋问篇曰'士者持禄,游者养交','养交'与'爱交'同意。今本'持'作'待','爱交'作'忧反',则义不可通。逸周书大开篇'祷无爱玉',今本'爱'讹作'忧'。隶书'交'字或作'**亣**',与'反'相似而讹。"俞云:"王说是矣,然以'忧'为'爱'字之误,恐未必然。古书多言持禄养交,尠言持禄爱交者。且持、养二字同义,荀子劝学篇'除其害者以持养之',荣辱篇'以相群居,以相持养',议兵篇'高爵丰禄以持养之’，吕氏春秋长见篇‘申侯伯善持养吾意’，并以‘持养’连文。墨子天志篇亦云‘持养其万民’。然则此文既云‘持禄’，必云‘养交’，不当云‘爱交’也。墨子原文盖本作‘恙交’，‘恙’即‘养’之假字，古同声通用，后人不达假借之旨，改其字作‘忧’，而墨子原文不可复见矣。”案：王校是也，今据正。“佼”即“交”，字通，今从治要正。管子七臣七主篇云“好佼友而行私请”，又明法篇云“以党举官，则民务佼而不求用”，明法解云“群臣相推以美名，相假以功伐，务多其佼，而不为主用”，并以“佼”为“交”。此云“爱佼”，犹管子云“好佼”、“务佼”也。韩非子三守篇云“群臣持禄养交”，荀子臣道篇云“偷合苟容，以之持禄养交而已耳”，诸书并云“持禄”，与此书同，而“养交”之文，则与此书微异。俞校必欲改“忧”为“恙”，以傅合之，则又求之太深，恐未塙。**君修法讨臣，臣慑而不敢拂，**旧本“臣”字不重，今据群书治要补。拂，治要作“咈”。案：“咈”正字，“拂”假字。说文手部云：“拂，过击也。”口部云：“咈，违也。”荀子臣道篇云“事暴君者，有补削，无挢拂”，杨注云：“拂，违也。”贾子保傅篇云：“洁廉而切直、匡过而谏邪者谓之拂。拂者，拂天子之过者也。”书尧典“咈哉”，伪孔传云：“咈，戾也。”**四患也；君自以为圣智而不问事，自以为安强而无守备，四邻谋之不知戒，五患也；所信者不忠，所忠者不信，**上句“信”字旧本讹“言”，又无两“者”字，今据群书治要补正。**六患也；畜种菽粟**“畜”，治要作“蓄”，字通。毕云：“菽，正为‘尗’。”**不足以食之，大臣不足以事之，**毕云：“旧脱‘以’字，一本有。”诒让案：群书治要亦有“以”字。荀子正名篇杨注云：“事，任使也。”**赏赐不能喜，诛罚不能威，七患也。以七患居国，必无社稷；**“无”疑当为“亡”。毕云：“国、稷为韵。”**以七患守城，敌至国倾。**毕云：“城、倾为韵。”**七患之所当，国必有殃。**毕云：“当、殃为韵。”

凡五谷者，民之所仰也，君之所以为养也。故民无仰则君无养，毕云：“仰、养为韵。”**民无食则不可事。**毕云：“食、事为韵。”**故食不可不务也，地不可不力也，用不可不节也。**力，毕本作"立",云:"立、节为韵。"案:毕本讹,今据道藏本及明刻本正。王云:"毕说非也。古音'立'在缉部,'节'在质部,则立、节非韵。原本'立'作'力','力'在职部,力、节亦非韵。"**五谷尽收,则五味尽御于主,**独断云:"御者,进也。凡饮食入于口曰御。"**不尽收,则不尽御。**白虎通义谏诤篇云:"阴阳不调,五谷不熟,故王者为不尽味而食之。"毕云:"主、御为韵。"王云:"古音'主'在厚部,'御'在御部,则主、御非韵。"**一谷不收谓之馑,二谷不收谓之旱,**俞云:"按旱者不雨也,不得为二谷不收之名。疑'旱'乃'罕'字之误。一谷不收谓之馑,二谷不收谓之罕。馑也,罕也,皆稀少之谓。馑犹仅也,故襄二十四年穀梁传作'一谷不升谓之嗛'。嗛犹歉也。然则二谷不收谓之罕,其义正一律矣。"**三谷不收谓之凶,四谷不收谓之馈,**毕云:"汉书食货志云'负担餽饟',师古曰:'餽亦馈字。'言须馈饷。"邵晋涵云:"馈与匮通。郑注月令曰:'匮,乏也。'"王云:"'须餽饷'不得谓之餽,毕说非,邵说是也。"**五谷不收谓之饑。**毕云:"太平御览引作'飢',误。此飢饿字。"又毕本此下增"五谷不孰谓之大侵"八字,云:"八字旧脱,据艺文类聚增。穀梁传云:'一谷不升谓之嗛,二谷不升谓之饑,三谷不升谓之馑,四谷不升谓之康,五谷不升谓之大侵。'尔雅云:'谷不孰为饑,蔬不孰为馑,果不孰为荒。'与此异。"王云:"既言五谷不收谓之饑,则不得又言五谷不孰谓之大侵。艺文类聚百谷部引墨子'五谷不孰谓之大侵'者,乃涉上文引穀梁传'五谷不升谓之大侵'而衍,故太平御览时序部二十、百谷部一引墨子皆无此八字。墨子所记本与穀梁传不同,不可强合也。下文'饑则尽无禄',毕依类聚于'饑'下增'大侵'二字,亦御览所无。"案:王说是也。释慧苑华严经音义二引"饑"亦作"飢",下无"五谷不孰谓之人侵"八字。**岁馑,则仕者大夫以下皆损禄五分之一。旱,则损五分之二。凶,则损五分之三。馈,则损五分之四。饑,**毕据艺文类聚增"大侵"二字,误,今不从。**则尽无禄,稟食而已矣。**稟食,谓有稍食而无禄也。说文㐭部云:"稟,赐谷也。"周礼司士郑注云:"食,稍食也。"又宫正注云:"稍食,禄稟。"**故凶饑存乎国,人君彻鼎食五分之五,**曲礼郑注云:"彻,去也。”“五分之五”义不可通，疑当作“五分之三”。玉藻云：“诸侯日食特牲，朔月少牢。”此五鼎则少牢也。以礼经考之，盖羊一、豕二、伦肤三、鱼四、腊五，五者各一鼎。彻其三者，去其牢肉，则唯食鱼腊，不特杀也。白虎通义谏诤篇云：“礼曰：一谷不升彻鹑鷃，二谷不升彻凫雁，三谷不升彻雉兔，四谷不升损囿兽，五谷不升不备三牲。”白虎通盖据天子而言，故云三牲。大荒不特杀，则不止不备而已。**大夫彻县，**周礼小胥云“卿大夫判县”，郑注谓左右县。曲礼云“大夫无故不彻县”，孔疏云：“彻亦去也。”**士不入学，**周书籴匡篇云：“成年，余子务艺；年俭，余子务穑。”是不入学也。**君朝之衣不革制，**君朝之衣，天子皮弁服，诸侯则冠弁服也。周礼司服云“眡朝则皮弁服”，郑注云：“视朝，视内外朝之事。皮弁之服，十五升白布衣，积素以为裳。”又“凡甸冠弁服”，注云：“冠弁委貌，其服缁布衣，亦积素以为裳，诸侯以为视朝之服。”是也。周书大匡篇云：“大荒，祭服漱不制。”朝服轻于祭服，不制明矣。苏云：“革，改也。”**诸侯之客，四邻之使，雍食而不盛，**毕云：“‘雍食’疑一‘饔’字。说文云：‘饔，孰食也。’”王云：“‘雍食’当为‘雍飧’。周官外饔‘凡宾客之飧饔饔食之事’，郑注曰：‘飧，客始至之礼。饔，既将币之礼。’飧饔即饔飧也。饔、雍古字通。”案：王说是也。籴匡篇云：“年俭，宾祭以中盛；年饑，则勤而不宾；大荒，宾旅设位有赐。”与此略同。**彻骖騑，**毕云：“高诱注吕氏春秋云：‘在中曰服，在边曰騑。’”**涂不芸，**穀梁襄二十四年传云“大侵之礼，廷道不除”，范宁注云：“廷内道路不修除也。”毕云：“‘涂’俗写从土，本书非攻中云‘涂道之修远’，只作‘涂’。芸，薉省文。”**马不食粟，婢妾不衣帛，此告不足之至也。**

今有负其子而汲者，队其子于井中，毕云：“此‘坠’正字。说文云：‘队，从高队也。’井读如阱。”案：阱不当云汲，毕误。**其母必从而道之。**苏云：“道与导同，谓引也。”**今岁凶、民饑、道饿，重其子此疚于队，**毕云：“言重于其子。”王引之云：“‘重其子此疚于队’当作‘此疚重于队其子’。疚，病也。言此病较之队其子者为尤重也。今本颠倒，不成文义。”

案：王说是也，苏说同。**其可无察邪？故时年岁善，**毕云："说文云：'秊，谷孰也。'故曰时年。"案：年岁连读，年即岁也，毕非。**则民仁且良；时年岁凶，则民吝且恶。夫民何常此之有？**句。**为者疾，食者众，则岁无丰。**俞云："'疾'当为'寡'。为之者寡，食之者众，则虽有丰年不足以供之，故岁无丰也。今作'为者疾'，则不可通矣，盖后人据大学以改之，而不知其非也。"案：俞说未塙，此疑当作"为者疾，食者寡，则岁无凶。为者缓，食者众，则岁无丰"。此上文咸以"岁善"与"岁凶"对举，是其证。今本脱"食者寡"至"为者缓"十字，文义遂舛牾不合矣。**故曰："财不足则反之时，食不足则反之用。"故先民以时生财，**礼记坊记郑注云："先民，谓上古之君也。"书伊训孔疏引贾逵国语注云："先民，古贤人也。"**固本而用财，则财足。故虽上世之圣王，岂能使五谷常收，而旱水不至哉？然而无冻饿之民者，何也？其力时急，而自养俭也。故夏书曰"禹七年水"，殷书曰"汤五年旱"，**毕云："管子权数云'管子曰：汤七年旱，禹五年水'，与此文互异。庄子秋水云'汤之时八年七旱'，荀子王霸云'禹十年水，汤七年旱'，贾谊新书忧民云'禹有十年之蓄，故免九年之水。汤有十年之积，故胜七年之旱'，淮南子主术云'汤之时七年旱'，又异。"诒让案：吕氏春秋顺民篇云："昔者汤克夏而正天下，天大旱，五年不收，汤乃以身祷于桑林。"与此书所言正合。王充论衡感虚篇亦云："书传言汤遭七年旱，或言五年。"是古书本有二说也。**此其离凶饿甚矣，**毕云："离读如罗。"诒让案："凶饿"当作"凶饑"，即冢上三谷四谷不收而言。下云"不可以待凶饑"，又云"民见凶饑则亡"，皆其证也。此涉下"冻饿"而误。**然而民不冻饿者，何也？其生财密，其用之节也。**

故仓无备粟，不可以待凶饑。仓，旧本讹"食"，俞云："'食'乃'仓'字之误，'仓无备粟'与下句'库无备兵'文正相对，若作'食'字，失其旨矣。下文云'食者国之宝也，兵者国之爪也'，'食'字即此文'粟'字，不得据彼而疑此文当作'食'也。"案：俞校是也，今据正。**库无备兵，虽有义不**

能征无义。城郭不备全，不可以自守。心无备虑，不可以应卒。是若庆忌无去之心，不能轻出。要离杀吴王子庆忌，见吕氏春秋忠廉篇，高注云："庆忌者，吴王僚之子也，有力捷疾，而人皆畏之，无能杀之者。"案：淮南子说山训高注及吴越春秋阖闾内传并以庆忌为王僚子，惟淮南诠言训许注以为僚之弟子，未知孰是。毕云："言庆忌虽勇，犹轻出致死。昔吴王患庆忌之在邻国，恐合诸侯来伐，要离诈以负罪出奔，戮妻子，断右手，如卫，求见庆忌，与东之吴，渡江中流，顺风而刺庆忌。事见吴越春秋阖闾内传。"苏云："'去'下据上文当脱'备'字。"夫桀无待汤之备，故放；纣无待武之备，故杀。王引之云："御敌谓之待。鲁语'帅大仇以惮小国，其谁云待之'，楚语'其独何力以待之'，韦注并云：'待，御也。'"桀纣贵为天子，富有天下，然而皆灭亡于百里之君者，何也？孟子公孙丑篇云："汤以七十里，文王以百里。"有富贵而不为备也。故备者国之重也，食者国之宝也，兵者国之爪也，城者所以自守也，毕云："宝、爪、守为韵。"此三者国之具也。故曰以其极赏周书命训篇云："极赏则民贾其上，贾其上则民无让，无让则不顺。"以赐无功，虚其府库以备车马衣裘奇怪，苦其役徒以治宫室观乐，死又厚为棺椁，毕云："旧作'槨'，俗写。"多为衣裘，生时治台榭，毕云："当为'谢'。荀子王霸云'台谢甚高'，杨倞曰：'谢、榭同。'陆德明左氏音义云：'榭，本亦作谢。'知古无榭字。"死又修坟墓，故民苦于外，府库单于内，毕云："史记云'王之威亦单矣'，集解云：'徐广曰：单亦作殚。'索隐云：'按单音丹。单，尽也。'"上不厌其乐，下不堪其苦。故国离寇敌则伤，毕云："离读如罗。"民见凶饥则亡，此皆备不具之罪也。且夫食者，圣人之所宝也。故周书曰："国无三年之食者，国非其国也；家无三年之食者，子非其子也。"此之谓国备。毕云："周书云：'夏箴曰：小人无兼年之食，遇天饑，妻子非其有也；

大夫无兼年之食，遇天饑，臣妾舆马非其有也；国无兼年之食，遇天饑，百姓非其有也。'墨盖夏教，故义略同。"案：毕据周书文传篇文，此文亦本夏箴而与文传小异。考穀梁庄二十八年传云"国无三年之畜，曰国非其国也"，与此文略同。疑先秦所传夏箴文本如是也。又御览五百八十八引胡广百官箴叙云"墨子著书称夏箴之辞"，盖即指此。若然，此书当亦称夏箴，与周书同，而今本脱之。

辞过第六

毕云："辞受之字从受，经典假借用此。过，谓'宫室'、'衣服'、'饮食'、'舟车'、'蓄私'五者之过也。"诒让案：此篇与节用篇文意略同，群书治要引并入七患篇，此疑后人妄分，非古本也。

子墨子曰：古之民毕云："太平御览引作'上古之民'。"**未知为宫室时，**毕云："旧脱'室'字，据太平御览增。"诒让案：赵蕤长短经适变篇引亦有"室"字。礼运云："昔者先王未有宫室，冬则居营窟，夏则居橧巢。"**就陵阜而居，穴而处，**"穴"上疑脱一字。**下润湿伤民，故圣王作为宫室。**毕云："王，太平御览引作'人'。"**为宫室之法，**毕云："太平御览引作'制'。"**曰："室高足以辟润湿，**谓堂基之高。旧本脱"室"字，今据群书治要补。辟，治要、长短经并作"避"。"湿"字治要无。毕云："辟，避字假音。"**边足以圉风寒，**毕云："边，太平御览引作'中'，非。圉，李善注左思赋引作'御'，太平御览引作'禦'。玉篇云：'圉，禁也。'"**上足以待雪霜雨露，**王引之云："待，御也。节用篇'待'作'圉'，圉即御字也。"**宫墙之高**礼记儒行郑注云："宫谓墙垣也。"毕云："太平御览引作'墙高'二字。"**足以别男女之礼。"谨此则止，**毕云："谨，廑字假音。"**凡费财劳力，不加利者，不为也。**旧本脱"凡"字，今据治要补。毕云："此下旧接‘是故圣王作为宫室’云云，今移。”役，毕云：“当云‘以其常役’，上脱三字。”修其城郭，则民劳而不伤；以其常正，苏云：“正同征。”收其租税，则民费而不病。道藏本“则民”作“民则”。民所苦者非此也，苦于厚作敛于百姓。旧本此三十九字在“作诲妇人治”之下，卢文弨校云：“当在此。”毕据移正。王云：“‘作敛’与‘籍敛’同。籍，古读若昨。节用上篇：‘其籍敛厚。’”是故圣王作为宫室，便于生，治要作“使上”二字，误。毕云：“太平御览引作‘以便生’。”不以为观乐也；作为衣服带履，便于身，治要作“使身”，误。不以为辟怪也。毕云：“辟，僻字假音。”故节于身，诲于民，是以天下之民可得而治，长短经作“故天下之人”，无“可得而治”四字。财用可得而足。长短经有“也”字。当今之主，长短经作“王”。其为宫室则与此异矣。必厚作敛于百姓，治要、长短经并无“作”字。暴夺民衣食之财，以为宫室台榭曲直之望、青黄刻镂之饰。毕云：“已上六句，太平御览节。”为宫室若此，故左右皆法象之。长短经“法”下有“而”字。是以其财不足以待凶饥，振孤寡，“振”，旧本作“赈”，俗字，今据治要正。故国贫而民难治也。长短经“治”作“理”，盖避唐讳改。君实欲天下之治而恶其乱也，实，治要作“诚”。当为宫室不可不节。王引之云：“当犹则也。”

古之民未知为衣服时，衣皮带茭，毕云：“‘衣皮’，艺文类聚引作‘衣皮毛’，非。说文云：‘茭，干刍。’”王云：“干刍非可带之物，毕说非也。说文：‘筊，竹索也。’其草索则谓之茭。尚贤篇曰‘傅说被褐带索’，谓草索也。此言带茭，犹彼言带索矣。”诒让案：礼运说上古云：“未有麻丝，衣其羽皮。”带茭，疑即丧服之“绞〔一〕带”，传云：“绞带者，绳带也。”冬则不轻而

〔一〕“绞”，原误“茭”，据仪礼丧服改。

温，长短经作“煖”。案：下文“轻”、“煖”常见，似是。夏则不轻而凊。曲礼“冬温而夏凊”，释文云：“凊，七性反，字从冫，秋冷也。本或作水旁，非也。”说文仌部云：“凊，寒也。”圣王以为不中人之情，情，治要作“温凊”二字，误。故作诲妇人长短经“作”上有“圣人”二字，与下文同。但上已云“圣王”，则此不当重复，恐不足据。治丝麻、毕云：“‘治’下旧有‘役修其城郭’云云四十八字，今移前。”梱布绢，毕云：“‘梱’字当为‘稛’，说文云：‘絭束也。’”诒让案：非乐上作“捆布縿”，非命下作“捆布縿”，此“梱”或当为“捆”，亦“稛”之假字。“绢”当为“绡”，绡与缲通，故彼二篇又误“縿”，详非乐篇。以为民衣。为衣服之法：“冬则练帛之中，说文糸部云：“练，湅缯也。”“缯，帛也。”毕云：“中读去声。”案：毕说非也。中即中衣，凡上服以内之衣，通称中衣。深衣郑目录云“大夫以上，祭服中衣用素”，练帛即素也。诗唐风扬之水孔颖达疏云：“中衣者，朝服〔一〕、祭服之里衣也，其制如深衣。”仪礼聘礼贾疏云：“凡服四时不同，假令冬有裘，衬身有禅衫，又有襦绔，襦绔之上有裘，裘上有裼衣，裼衣之上有上服，皮弁祭服之等。若夏以絺绤，絺绤之上则有中衣，中衣之上加以上服也。”案：裼衣亦通谓之中衣。冬或服裘，或服袍襺，皆有中衣。中，经典亦作“衷”。说文衣部云：“衷，里亵衣。”穀梁宣九年传云“或衣其衣，或衷其襦”，范注云：“衷者，襦在里也。”是对文衷为里衣，散文则通言衣，故节用中篇云：“冬服绀緅之衣，足以为轻且暖。”足以为轻且煖；毕云：“文选注引作‘烦’。”诒让案：后文“烦”字两见。说文火部煖、烦并训温也。长短经仍作“煖”。夏则絺绤之中，说文糸部云：“絺，细葛也。”“绤，粗葛也。”礼家说以絺绤上加中衣，此即以絺绤为中衣，则内衣通得谓之中也。足以为轻且凊。”旧本脱“煖”至“且”十二字，毕本据北堂书钞增“煖夏则絺绤轻且”七字。王云：“‘夏则絺绤轻且凊’，本作‘夏则絺绤之中，足以为轻且凊’，与‘冬则练帛之中，足以为轻且煖’对文。北堂书钞衣冠部三引作‘冬则练帛轻且煖，夏则絺绤轻且凊’，省文也。若下二句内独

〔一〕“服”字原脱，据诗唐风扬之水孔疏补。

少'之中足以为'五字，则与上二句不对矣。群书治要所引上下皆有此五字，当据补。"案：王校是也。长短经引云"夏则絺綌，足以为轻清"，亦有"足以为"三字。**谨此则止。故圣人之为衣服，**旧本脱"之"字，今据治要补。**适身体、和肌肤**毕云："北堂书钞引云'以适身体，以和肌肤'。"**而足矣，非荣耳目而观愚民也。**长短经"非"下有"以"字。**当是之时，坚车良马不知贵也，刻镂文采不知喜也。何则？其所道之然。故民衣食之财，家足以待旱水凶饥者，何也？得其所以自养之情，而不感于外也。**感，治要同。案：当为"惑"之误。"也"字治要无。**是以其民俭而易治，**长短经引"俭"上有"用"字。**其君用财节而易赡也。**毕云："吕氏春秋适音云'不充则不詹'，高诱曰：'詹，足也。詹读如澹然无为之澹。'文选注云：'许君注淮南子云：澹，足也。'古无从贝字，此俗写。"**府库实满，足以待不然；**不然，谓非常之变也。汉书司马相如传"发巴蜀之士各五百人以奉币，卫使者不然"，颜注引张揖云："不然之变也。"治要作"不极"，苏云"'不然'疑当作'不时'"，并误。**兵革不顿，**襄四年左传"甲兵不顿"，杜注云："顿，坏也。"**士民不劳，足以征不服，故霸王之业可行于天下矣。当今之主，**旧本作"王"，长短经同，今据治要正，与上下文合。**其为衣服，则与此异矣。冬则轻煗，**治要作"煖"，下同。**夏则轻清，皆已具矣。必厚作敛于百姓，**长短经无"作"字。**暴夺民衣食之财，以为锦绣文采靡曼之衣，**旧本倒作"衣之"。俞云："'衣之'当作'之衣'，此十字一句读。"诒让案：长短经正作"以为文彩靡曼之衣"，今据乙。小尔雅广言云："靡，细也。"汉书韩信传"靡衣偷食"，颜注云："靡，轻丽也。"文选七发李注云："曼，轻细也。"**铸金以为钩，珠玉以为珮，**大戴礼记保傅篇云："玉佩上有葱衡，下有双璜，冲牙玭珠以纳其间，琚瑀以杂之。"珮，治要作"佩"，长短经同。毕云："当为'佩'，古无此字。"**女工作文采，男工作刻镂，以为身服。**治要作“以身服之”。**此非云益燠之情也，**俞云：“情犹实也。燠之情，犹言燠之实。云益者，有益也。广雅释诂曰：‘云，有也。’‘此非云益燠之情’，犹曰‘此非有益煖之实’。上文曰‘冬则轻燠，夏则轻清’，而此独言燠者，衣固以燠为主耳。”**单财劳力，**单亦尽也，详上篇。**毕归之于无用也。**旧本脱，今据治要增。**以此观之，**以，长短经作“由”。**其为衣服，非为身体，皆为观好。**长短经下有“也”字。**是以其民淫僻而难治，其君奢侈而难谏也。夫以奢侈之君御好淫僻之民，**治要、长短经并无“好”字。**欲国无乱，不可得也。君实欲天下之治而恶其乱，**实，治要作“诚”。**当为衣服不可不节。**

古之民未知为饮食时，治要无“时”字。**素食而分处，**素食，谓食草木。管子禁藏〔一〕篇云：“果蓏素食当十石。”素，疏之假字。淮南子主术训云：“夏取果蓏，秋畜疏食。”“疏”俗作“蔬”，月令“取蔬食”，郑注云：“草木之实为蔬食。”礼运说上古云“未有火化，食草木之实”，即此素食也。**故圣人作诲男耕稼树艺，**毕云：“古只作‘埶’，说文云：‘埶，种也，从坴、丮，持而种之。’”**以为民食。其为食也，足以增气充虚、强体适腹而已矣。**吕氏春秋重己篇云：“昔先圣王之为饮食酏醴也，足以适味充虚而已矣。”**故其用财节，其自养俭，民富国治。**治要“故”字在“民富”上。**今则不然，厚作敛于百姓，**治要无“作”字。**以为美食刍豢，蒸炙鱼鳖，**蒸与烝通，毛诗小雅瓠叶传云：“炕火曰炙。”礼记礼运郑注云：“炙，贯之火上。”治要无“鱼鳖”二字。毕云：“太平御览引此‘炙’作‘庖’，‘鼈’作‘鳖’。”**大国累百器，小国累十器，前方丈，**毕本作“美食方丈”，云：“旧作‘前方丈’三字，今据文选注两引改‘美食方丈’。太平御览作‘前则方丈’。”案：毕据文选七命及应璩与从弟君苗君胄书注所引校也。王云：“‘美食’二字与上文相复，毕改非也。群书治要引作‘前方丈’，则魏征所

〔一〕“禁藏”，原引误作“七臣七主”，据管子改。

见本正与今本同。文选注引作'美食方丈'者,此以上文之'美食'与下文之'方丈'连引,而节去'刍豢'以下十七字,乃是约举其词,不得据彼以改此也。太平御览治道部八引作'前则方丈',句法较为完足。"诒让案:孟子尽心篇云"食前方丈",赵岐注云:"极五味之馔食,列于前方一丈。"**目不能遍视,手不能遍操,口不能遍味,冬则冻冰,夏则饰饐。**毕云:"饰,若覆食之幂是也。饐,说文云:'饭伤湿也。'"洪云:"案'饰饐'与'冻冰'对文,皆言其食味之坏。'饰饐'当作'餲饐'。尔雅释器'食饐谓之餲',郭璞注:'饭秽臭。'论语乡党'食饐而餲',孔注:'饐、餲,臭味变也。''饰'本作'饬','餲'、'饬'字形相近。"俞说同。张文虎云:"覆食之幂,义不当为饰。饰饐,群书治要引作'馂饐',是也。玉藻'日中而馂',注云:'馂,食朝之余也。'论语郑注云:'食余曰馂。'馂饐者,谓食余而致坏也。"案:洪说近是。饰,治要作"馂",则疑"酸"之借字。荀子正名篇云"香臭、芬郁、腥臊、洒〔一〕酸、奇臭以鼻异",杨注云:"酸,暑浥之酸气也。"于此义亦得通。张望文生训,不足据。**人君为饮食如此,故左右象之,是以富贵者奢侈,孤寡者冻馁,**毕云:"当为'餧',说文云:'餧,饥也。'"**虽欲无乱,**毕云:"旧脱'虽'字,据太平御览增。"**不可得也。君实欲天下治而恶其乱,**实,治要作"诚"。"治"上王校增"之"字。**当为食饮**当作"饮食"。**不可不节。**

古之民未知为舟车时,重任不移,远道不至,故圣王作为舟车,以便民之事。其为舟车也,全固轻利,毕云:"全,太平御览引作'完'。"诒让案:治要引亦作"完",意林同。**可以任重致远。其为用财少,而为利多,是以民乐而利之。法令不急而行,**令,治要作"禁"。"法"上旧本有"故"字。王云:"上'故'字涉下'故'字而衍,群书治要无。"**民不劳而上足用,**毕云:"'上'旧作'止',一本如此。"诒

〔一〕"洒",原误"酒",据荀子正名改。按:"洒"应为"漏"(见荀子杨倞注),谓马膻气。又按:下"酸"字王念孙谓当是"庮"之误,牛羶气(见王先谦荀子集解),与孙引杨(倞)注说不同。

让案：治要亦作“上”。“足”下治要有“以”字。故民归之。当今之主，其为舟车与此异矣。全固轻利皆已具，全，治要亦作“完”。“具”下有“矣”字。必厚作敛于百姓，以饰舟车，治要作“以为舟车饰”。饰车以文采，饰舟以刻镂。女子废其纺织而修文采，故民寒；男子离其耕稼而修刻镂，故民饑。治要作“飢”，下同。人君为舟车若此，故左右象之，是以其民饑寒并至，故为奸衺。治要作“邪”。奸衺多则刑罚深，此句首旧本无“奸衺”二字。王云：“旧本两‘奸衺’脱其一，则义不可通。今据群书治要补。”刑罚深则国乱。治要“国”上衍“固”字。毕云：“太平御览引云‘而国乱矣’。”君实欲天下之治而恶其乱，实，治要作“诚”。当为舟车不可不节。

凡回于天地之间，“回”字讹，苏云“当作‘同’”，亦未塙。包于四海之内，天壤之情，阴阳之和，莫不有也，虽至圣不能更也。何以知其然？圣人有传：天地也，则曰上下；四时也，则曰阴阳；人情也，则曰男女；禽兽也，则曰牡牝雄雌也。真天壤之情，虽有先王不能更也。虽上世至圣，必蓄私不以伤行，私，谓妾媵私人。顾云：“晏子春秋内篇谏下‘古圣王畜私不伤行’。”故民无怨。宫无拘女，故天下无寡夫。小尔雅广议云：“凡无妻无夫，通谓之寡，寡夫曰茕[一]。”左襄二十七年传云“齐崔杼生成及强而寡”，杜注云：“偏丧曰寡。寡，特也。”内无拘女，外无寡夫，故天下之民众。当今之君，毕云：“上俱作‘主’。”其蓄私也，大国拘女累千，小国累百，是以天下之男多寡无妻，女多拘无夫，男女失时，毕云：“‘女’，旧作‘子’，一本如此。”故民少。君实欲民之众而恶其寡，当蓄私不可不节。

〔一〕“茕”，原误“索”，据小尔雅广义（在孔丛子中）改。

凡此五者，圣人之所俭节也，小人之所淫佚也。俭节则昌，淫佚则亡，此五者不可不节。夫妇节而天地和，风雨节而五谷孰，衣服节而肌肤和。

三辩第七

毕云："此辩圣王虽用乐，而治不在此。三者，谓尧舜及汤及武王也。"诒让案：此篇所论盖非乐之余义。

程繁毕云："太平御览引作'程子'。"诒让案：公孟篇亦作"程子"，盖兼治儒墨之学者。**问于子墨子曰："夫子曰：**旧本无此三字，王云："'圣王'上当有'夫子曰'三字，而今本脱之，则文义不明。下文'今夫子曰：圣王不为乐'，是其证。"案：王说是也，今据增。**'圣王不为乐。'昔诸侯倦于听治，息于钟鼓之乐；**"钟鼓"谓金奏。**士大夫倦于听治，息于竽瑟之乐；**周礼小胥云："卿大夫判县，士特县。"曲礼云"大夫无故不彻县，士无故不彻琴瑟"，孔颖达疏以为不命之士，若命士，则特县。若然，士大夫之乐亦有钟鼓。考贾子新书审微篇云"大夫直县，士有琴瑟"，公羊隐五年何注引鲁诗传云"大夫士曰琴瑟"，白虎通义礼乐篇云"诗传曰：大夫士琴瑟御〔一〕。大夫士北面之臣，非专事子民，故但琴瑟而已"，曲礼疏引春秋说题辞亦谓"乐无大夫士制"。此书义盖与鲁诗、春秋纬略同。**农夫春耕夏耘，**毕云："说文云：'耘，除苗间秽也。薅，或字。'此省文。"**秋敛冬藏，**毕云："古只作'臧'。"**息于聆缶之乐。**毕云："'聆'当为'瓴'。'聆缶'，太平御览引作'吟谣'，是也。'缶'是'畚'字之坏。"王云："今本墨子作'聆缶'者，'聆'乃'瓵'字之讹，'瓵'即'瓴'字也，但移瓦于左，移令于右耳。北堂书钞乐部七缶下、钞本太平御览乐部三及二十二缶下引墨子并作'吟缶'。'吟'亦'瓵'

〔一〕"御"，原误"也"，据白虎通义礼乐改。

之讹。盖墨子书'瓴'字本作'瓵',故今本讹作'聆',诸类书讹作'吟',而'缶'字则皆不讹也。其刻本御览作'吟谣'者,后人不知'吟'为'瓵'之讹,遂改'吟缶'为'吟谣'耳。上文云'诸侯息于钟鼓,士大夫息于竽瑟',此云'农夫息于瓵缶',钟鼓、竽瑟、瓵缶皆乐器也。淮南精神篇'叩盆拊瓴,相和而歌',盆即缶也。若吟谣则非乐器,不得言吟谣之乐矣。"案:王说是也。说文瓦部云:"瓴,罌也,似瓶者。"又缶部云:"缶,瓦器,所以盛酒浆,秦人鼓之以节歌。"诗陈风宛丘篇"坎其击缶",毛传云:"盎谓之缶。"尔雅释器同,郭注云:"盆也。"史记李斯传云:"击瓮叩缻,真秦之声也。"瓴、瓮同物,缻即缶之俗。**今夫子曰'圣王不为乐',此譬之犹马驾而不税,**方言云:"税,舍车也。赵、宋、陈、魏之间谓之税。"郭璞注云:"税犹脱也。"毕云:"太平御览作'脱',同。"**弓张而不弛,无乃非有血气者之所不能至邪?"**俞云:"'非'字衍文。"

子墨子曰:"昔者尧舜有茅茨者,毕云:"'茅茨'旧作'第期',今据太平御览改。"俞云:"茅茨土阶,是言古明堂之俭,不得云'且以为礼,且以为乐'也。下文曰:'周成王之治天下也,不若武王;武王之治天下也,不若成汤;成汤之治天下也,不若尧舜。故其乐逾繁者,其治逾寡。'然则其说尧舜亦当以乐言,不当以宫室言也。疑后人不达'第期'之义而臆改之,未可为据,仍当从原文而阙其疑。"案:俞说非也。若"第期"专以乐言,则下文不当云"且以为礼"。毕校不误。诗小雅甫田郑笺云:"茨,屋盖也。"孔疏云:"墨子称茅茨不翦,谓以茅覆屋。"**且以为礼,且以为乐;汤放桀于大水,**苏云:"案列女传云'流于海,死于南巢之山',尚书大传云'国,君之国也,吾闻海外有人。与其属五百人去〔一〕',与此言合。"**环天下自立以为王,事成功立,无大后患,因先王之乐,又自作乐,命曰护,又修九招;**毕云:"'修'旧作'循',今以意改。已上十六字旧脱,今据太平御览增。吕氏春秋云:'汤命伊尹作为大护,歌晨露,修九招、六列。'"案:道藏本虽亦有脱

〔一〕陈寿祺辑本尚书大传卷二下云:"桀曰:'国,君之有也,吾闻海外有人。'与五百人俱去。"苏引文句首当缺"桀曰"二字。

文，然尚有“自作乐命曰九招”七字，则未全脱也，毕说未审。风俗通义声音篇云“汤作护，护言救民也”，艺文类聚帝王部引春秋元命苞云：“汤之时，民大乐其救于患害，故护者救也”，白虎通义礼乐篇云“汤曰大护者，言汤承衰能护民之急也”，公羊隐五年何注云“殷曰大护，殷时民乐，大其护己也”，并与此同。周礼大司乐“护”作“濩”，汉书礼乐志同。“护”、“濩”字亦通。九招即书皋陶谟“箫韶九成”，舜乐也。史记夏本纪云“禹兴九招之乐”，吕氏春秋古乐篇云“喾作九招，舜令质修之”，山海经大荒西经云“启始歌九招”，周礼大司乐作“九磬”。招、韶、磬字并通。**武王胜殷杀纣，环天下自立以为王，事成功立，无大后患，因先王之乐，又自作乐，命曰象；**毕云：“吕氏春秋云‘周公为三象’，乃成王之乐。此云象又是武王作，未详。”案：毛诗周颂序云“维清，奏象舞也”，郑笺云：“象，用兵时刺伐之舞，武王制焉。”礼记文王世子“下管象”，郑注云：“象，周武王伐纣之乐。”春秋繁露三代改制质文篇云：“文王作武乐，武王作象乐，周公作汋乐。”淮南子氾论训云“周武象”，高注云：“武王乐也。”白虎通义礼乐篇云：“周公曰酌，武王曰象者，象太平而作乐，示已太平也，合曰大武。”此皆以象为武王所作。毕专据吕览古乐篇以疑此书，殊为失考。周礼大司乐六乐有大武而无象，则大武自为周之正乐，象盖舞之小者。周颂孔疏谓象舞象文王之事，大武象武王之事，大武之乐亦为象，傅合武、象为一，非也。左襄二十九年传云“见舞象箾、南籥者”，杜注云：“象箾，舞所执，文王之乐。”杜又以象为文王乐。史记吴世家集解引贾逵、诗周颂疏引服虔说并同，盖皆传闻之异。**周成王因先王之乐，又自作乐，命曰驺虞。**王云：“御览引作‘周成王因先王之乐，又自作乐，命曰驺吾’，是也。上文云‘汤因先王之乐，又自作乐，命曰护。武王因先王之乐，又自作乐，命曰象’，即其证。今本脱去‘又自作乐’四字，则义不可通，困学纪闻所引已同今本。书传中‘驺虞’字多作‘驺吾’，故困学纪闻诗类引墨子尚作‘驺吾’。今作‘驺虞’者，后人依经典改之。”案：王说是也，今据增。钞本御览乐部三引此书“驺虞”又作“邹吾”，字并通。诗召南有驺虞篇，盖作于成王时，故墨子以为成王之乐，凡诗皆可入乐也。周礼大司乐“大射令奏驺虞”，郑注云：“驺虞，乐章名。”**周成王之治天下也，不若武王；武王之治天**

下也，不若成汤；成汤之治天下也，不若尧舜。故其乐逾繁者，其治逾寡。自此观之，乐非所以治天下也。”

程繁曰：“子曰‘圣王无乐’，此亦乐已，若之何其谓圣王无乐也？”

子墨子曰：“圣王之命也，命与令义同。苏云：“此下有阙文、误字。”多寡之。此疑当作“多者寡之”。言凡物病其多者，则务寡之。食之利也，以知饥而食之者智也，因为无智矣。今圣有乐而少，此亦无也。”毕云：“言人所以生者，食之利，但必以知饥而食之，否则非智。今圣人虽用乐而少，此亦无违于圣人。‘无’下疑有脱字。”案：毕说非也。“因”当作“固”，“今圣”下当有“王”字。此言食为人之利，然人饥知食，不足为智，若因饥知食而谓之为智，则所知甚浅，固为无智矣，以喻圣王虽作乐而少，犹之无乐也。末句“无”下似无脱字。

墨子间诂卷二

尚贤上第八

经典释文叙录引郑康成书赞云:“尚者,上也。”淮南子氾论训云:“兼爱、上贤、右鬼、非命,墨子之所立也,而杨子非之。”汉书艺文志亦作“上贤”。毕云:“说文云:‘贤,多才也。’玉篇云:‘有善行也。’尚与上同。”

子墨子言曰:今者王公大人为政于国家者,今者,旧本作“古者”。王云:“此谓今之王公大人,非谓古也。‘古者’当依群书治要作‘今者’,义见下文。”案:王说是也,今据正。礼运云“大人世及以为礼〔一〕”,郑注云:“大人,诸侯也。”孔疏云:“易革卦‘大人虎变’对‘君子豹变’,故大人为天子。相见礼云‘与大人言,言事君’,对士又云事君,故以大人为卿大夫。”**皆欲国家之富,人民之众,刑政之治。然而不得富而得贫,不得众而得寡,不得治而得乱,则是本失其所欲,得其所恶,是其故何也?**

子墨子言曰:是在王公大人为政于国家者,不能以尚贤事能为政也。苏云:“‘事’当作‘使’,二字形近而讹。”案:事、使义同。

〔一〕“礼”,原误“国”,据礼记礼运改。

汉书高帝纪如淳注云："事谓役使也。"非讹字。是故国有贤良之士众，则国家之治厚；贤良之士寡，则国家之治薄。故大人之务，将在于众贤而已。

曰：然则众贤之术将奈何哉？

子墨子言曰：譬若欲众其国之善射御之士者，必将富之贵之，敬之誉之，然后国之善射御之士"后"，群书治要作"後"，下同。将可得而众也。王引之云："此'将'字犹乃也，与上'将'字异义。"况又有贤良之士厚乎德行、辩乎言谈、博乎道术者乎，此固国家之珍，而社稷之佐也。毕云："'佐'当为'左'。"钮树玉云："佐字见汉刻石门颂。"亦必且富之贵之，敬之誉之，然后国之良士亦将可得而众也。后，道藏本作"後"。

是故古者圣王之为政也，旧本脱"也"字，今据治要补。言曰："不义不富，不义不贵，不义不亲，不义不近。"治要"不富"、"不贵"、"不亲"、"不近"并在"不义"上。是以国之富贵人闻之，皆退而谋曰："始我所恃者，富贵也，今上举义不辟贫贱，治要作"避"，下并同。苏云："辟，读如避，下同。"然则我不可不为义。"亲者闻之，亦退而谋曰："始我所恃者亲也，今上举义不辟疏，"疏"上旧本有"亲"字，治要同。王云："'亲'字涉上文而衍，'不避疏'义见上下文。"案：王说是也，今据删。然则我不可不为义。"近者闻之，亦退而谋曰："始我所恃者近也，今上举义不辟〔一〕远，旧本作"近"，治要作"远近"。王云："'近'字涉上文而误，'近'当为'远'。'不辟远'，见下文。"案：王说是也，今据正。盖故书本衍一"近"字，后人误删"远"存"近"，遂不可通。然则我不可不为义。"远者闻之，亦退而谋

〔一〕"辟"，原作"避"，据活字本改，与墨子原文合。

曰："我始以远为无恃，今上举义不辟远，然则我不可不为义。"逮至远鄙郊外之臣、"远鄙"即下"四鄙"，谓都鄙、县鄙也。书文侯之命孔疏引郑注云："鄙，边邑也。"周礼载师杜子春注云："五十里为近郊，百里为远郊。"又引司马法云："王国百里为郊。"门庭庶子、说文广部云："庭，宫中也。"周礼宫伯"掌王宫之士庶子凡在版者"，郑众注云："庶子，宿卫之官。"郑康成云："王宫之士，谓王宫中诸吏之適子也。庶子，其支庶也。"案：士庶子，即公族及卿大夫之子宿卫宫中者也。新序杂事二〔一〕云："楚庄王中庶子曰：臣尚衣冠御郎十三年矣。"盖凡宿卫位署，皆在路寝内外朝门庭之间，故此书谓之"门庭庶子"。新序云"御郎"，郎谓郎门，即路寝门也。凡宿卫子弟，已命者谓之士，未命者谓之庶子，说详周礼正义。国中之众、周礼乡大夫郑注云："国中，城郭中也。"四鄙之萌人，汉书刘向传颜注云："萌与甿同，无知之貌。"管子山国轨篇尹注云："萌，田民也。"一切经音义云："萌，古文氓同。"史记三王世家"奸巧边萌"，索隐云："'萌'一作'甿'。"说文民部云："氓，民也，读若盲。"又："甿，田民也。"毕云："萌，'氓'字之假音。"闻之皆竞为义。是其故何也？曰：上之所以使下者，一物也；下之所以事上者，一术也。譬之富者，毕云："富，旧作'异'，一本如此。"有高墙深宫，墙立既，"墙立既"疑当作"宫墙既立"。"宫"字涉上而脱，"既立"又误作"立既"，遂不可通。谨上为凿一门，"谨上"疑当为"谨止"，辞过篇云"谨此则止"。谨止为凿一门，谨与仅通。言于墙间才开一门，不敢多为门户也。有盗人入，阖其自入而求之，毕云："自入，言所从入之门。"盗其无自出。是其故何也？则上得要也。

故古者圣王之为政，列德而尚贤，小尔雅广诂云："列，次也。"国语周语韦注云："列，位次也。"虽在农与工肆之人，论语子张篇云："百工居肆，以成其事。"有能则举之，高予之爵，重予之禄，任

〔一〕"杂事二"，原误作"杂事一"，据新序改。

之以事，断予之令，礼记乐记郑注云："断，决也。"谓其令必行。曰："爵位不高则民弗敬，蓄禄不厚则民不信，政令不断则民不畏。"举三者授之贤者，非为贤赐也，欲其事之成。故当是时，治要无此二字。以德就列，论语季氏篇云"陈力就列"，集解引马融云："当陈其才力，度己所任，以就其位。"亦释列为位。以官服事，周礼大司徒郑众注云："服事，谓为公家服事者。"以劳殿赏，殿，治要作"受"。毕云："殿，读如'奔而殿'。"俞云："毕读非也。论功行赏，劳者当在前，安得反云殿乎？殿者，定也。殿与定一声之转，文选江赋注曰：'澱与淀古字通。'殿之与定，犹澱之与淀也。诗采菽篇'殿天下之邦'，毛传曰：'殿，镇也。'镇即有定义。小尔雅广言：'殿，填也。'填与奠通。礼记檀弓篇'主人既祖填池'，郑注：'填池当为奠彻。'是也。奠亦定也。周官司士职曰'以久奠食'，此云'以劳殿赏'，句法一律，殿、奠文异而义同。"量功而分禄。故官无常贵，而民无终贱，终，治要作"恒"。有能则举之，无能则下之，举公义，辟私怨，辟，治要亦作"避"。毕云："辟，读如辟举之辟。"俞云："毕说非也。岂有私怨者，不问其贤否而概辟举之乎？小尔雅广言：'辟，除也。'辟私怨，谓惟公义是举，而私怨在所不问，故除去之也。又礼记郊特牲篇'有由辟焉'，郑注曰：'辟，读为弭。'此辟字或从郑读，亦通。"此若言之谓也。王云："若亦此也。古人自有复语。管子山国轨篇曰'此若言何谓也'，地数篇曰'此若言可得闻乎'，轻重丁篇曰'此若言曷谓也'，此书节葬篇曰'以此若三圣王者观之'，又曰'以此若三国者观之'，皆并用'此若'二字。"故古者尧举舜于服泽之阳，毕云："未详其地。服与蒲，音之缓急，或即蒲泽，今蒲州府。"诒让案：文选曲水诗序李注引帝王世纪云："尧求贤而四岳荐舜，尧乃命于顺泽之阳。"疑即本此书。史记五帝本纪"就时于负夏"，集解引郑玄云："负夏，卫地。"孟子离娄篇"舜生于诸冯，迁于负夏"，赵注云："诸冯、负夏皆地名，负海也。"案：服泽疑即负夏。赵岐云"负海"，必有所本。授之政，天下平；禹举益于阴方之中，毕云："未详其地。"授之政，九州成；

苏云："成与平为韵。"**汤举伊尹于庖厨之中，**史记殷本纪："阿衡欲奸汤而无由，乃为有莘氏媵臣，负鼎俎，以滋味说汤。"毕云："韩非子云：'上古有汤，至圣也。伊尹，至智也，然且七十说而不受，身执鼎俎为庖宰，昵近习亲，汤乃仅知其贤而举之。'文选注云：'鲁连子曰：伊尹负鼎佩刀以干汤得意，故尊为宰舍。'又云：'文子曰：伊尹负鼎而干汤。'"**授之政，其谋得；文王举闳夭、泰颠于罝罔之中，**书君奭云："惟文王尚克修和我有夏。亦惟有若虢叔，有若闳夭，有若散宜生，有若泰颠，有若南宫括。"伪孔传云："闳、泰，氏；夭、颠，名。"诗周南兔罝叙云："兔罝，后妃之化也。关雎之化行，则莫不好德，贤人众多也。"毛传云："兔罝，兔罟也。"毕云："事未详。或以诗兔罝有'公侯腹心'之语〔一〕而为说，恐此诗即赋闳夭、泰颠事。古者书传未湮，翟必有据。"苏云："罝，即诗所谓'兔罝'，当为闳夭而作。泰颠，当即太公望也。罝属夭，则罔属颠，与太公钓渭遇文王事亦合。迨马融注'十乱'，以泰颠与太公望并举，后世以为二人。然文王诸臣，自以太公为称首。书君奭篇唯以泰颠与诸臣并举，而不及太公，逸周书克殷篇亦然。若使果为二人，岂容都不道及？是颠即望无疑也。"案：罝、罔通称，苏分属二人，非也。太颠即太公，乃宋吴仁杰之谬说。考诗大雅绵孔疏引郑君奭注云："不及吕望，太师也。教文王以大德，谦不以自比焉。"是马、郑并以泰颠与太公非一人。周书克殷篇有泰颠，又有尚父，尤其塙证。吴说不足据，苏从之，傎矣。**授之政，西土服。**苏云："服与得为韵。"**故当是时，虽在于厚禄尊位之臣，莫不敬惧而施；**毕云："下疑脱一字。"俞云："毕非也。施当读为惕，尚书盘庚篇'不惕予一人'，白虎通号篇引作'不施予一人'是也。'敬惧而施'即敬惧而惕，文义已足，非有阙文。"**虽在农与工肆之人，莫不竞劝而尚意。**"意"疑当为"悳"，形近而讹。"悳"正字，"德"假借字。**故士者，所以为辅相承嗣也。**大戴礼记曾子立事篇云"使子犹使臣也，使弟犹使承嗣也"，卢辩注云："承嗣，谓冢子也。"孔广森云："承，丞也，左传曰'请承'。嗣读为司。丞

〔一〕"语"，原误"诗"，据活字本改，与毕刻合。

司者，官之偏贰，故弟视之。臣则私臣，自所谒除也，可以子视之。”案：孔说是也。此云“辅相承嗣”，中篇云“承嗣辅佐”，承嗣亦皆非嗣子。承当与文王世子“师保疑丞”之丞同。大戴礼记保傅篇以道、充、弼、承为四圣，云：“博闻强记，接给而善对者谓之承，承者，承天子之遗忘者也。”书益稷“钦四邻”，孔疏引郑康成云：“四近，谓左辅右弼，前疑后承。”文王世子孔疏引尚书大传“承”作“丞”。此承义并与彼同。**故得士则谋不困，体不劳，名立而功成，美章而恶不生，**旧本作“名立而功，业彰而恶不生”。王云：“群书治要引作‘名立而功成，美章而恶不生’，是也。‘功成’与‘名立’对文，‘恶不生’与‘美彰’对文，今本脱‘成’字，‘美’字又讹作‘业’，则文不对，而句亦不协矣。‘美’、‘业’字形相似，故讹。汉书贾谊传‘一动而五美附’，今本‘美’讹作‘业’。”案：王说是也，今据补正。**则由得士也。**

是故子墨子言曰：得意贤士不可不举，不得意贤士不可不举，尚欲祖述尧舜禹汤之道，王引之云：“尚与傥同。”案：王说未塙。“尚”疑与“上”同，下篇云“上欲中圣人之道”。**将不可以不尚贤。夫尚贤者，政之本也。**

尚贤中第九

子墨子言曰：今王公大人之君人民、主社稷、治国家，欲修保而勿失，故不察尚贤为政之本也？毕云：“故，一本作‘胡’。”苏云：“‘胡’是也，下同。”诒让案：下文两见，一作“胡”，一作“故”。卢云：“当云‘尚贤之为政本’。”王云：“卢说非也。下文曰‘胡不察尚贤为政之本也？且以尚贤为政之本者，亦岂独子墨子之言哉’，与此文同一例。则不得倒‘之’字于‘为政’上矣。故与胡同，故下文又曰‘故不察尚贤为政之本也’。管子侈靡篇‘公将有行，故不送公’，亦以‘故’为‘胡’。”**何以知尚贤之为政本也？曰：自贵且智者为政乎愚且贱者则治，自愚贱者**

为政乎贵且智者则乱，“愚”下依上文亦当有“且”字。是以知尚贤之为政本也。故古者圣王甚尊尚贤而任使能，不党父兄，不偏贵富，不嬖颜色，贤者举而上之，富而贵之，以为官长；不肖者抑而废之，贫而贱之，以为徒役。是以民皆劝其赏，畏其罚，相率而为贤，者以贤者众而不肖者寡，俞云：“‘相率而为贤’绝句，‘者’字乃‘是’字之误，属下读。惟其相率而为贤，是以贤者众而不肖者寡也。两句皆用‘是以’字，古人行文不避重复。今误作‘相率而为贤者’，则是民之相率为贤，以贤者众而不肖者寡之故，于义不可通矣。”此谓进贤。毕云：“谓，一本作‘为’。”诒让案：“进贤”依上文当作“尚贤”。然后圣人听其言，迹其行，察其所能，而慎予官，此谓事能。事与使同，详上篇，上文作“使能”。故可使治国者，使治国；可使长官者，使长官；可使治邑者，使治邑。凡所使治国家、官府、邑里，此皆国之贤者也。

贤者之治国也，毕云：“‘国’下一本有‘家’字。”诒让案：道藏本“国”下有“者”字。蚤朝晏退，毕云：“‘蚤’字同‘早’。”听狱治政，是以国家治而刑法正。贤者之长官也，夜寝夙兴，收敛关市、山林、泽梁之利，以实官府，是以官府实而财不散。贤者之治邑也，蚤出莫入，耕稼树艺，聚菽粟，是以菽粟多而民足乎食。故国家治则刑法正，官府实则万民富。上有以絜为酒醴粢盛，以祭祀天鬼；外有以为皮币，与四邻诸侯交接；内有以食飢息劳，飢，旧本作“饑”，今依道藏本正。将养其万民，俞云：“‘将’当作‘持’。持养乃古人恒言，详见七患篇。此作‘将养’，形似而误。天志中篇正作‘内有以食饥息劳，持养其万民’，可据以订正。非命上篇‘将养老弱’，亦持养之误。”外有以怀天下之贤人。王云：“‘外有以’三字，涉上文‘外有以为皮币’而衍。下文曰‘内者万民亲之，贤人归之’，是养民与怀贤皆内事，非外事也。”是故上者天鬼富之，外者诸侯与之，内者万民亲之，贤人归之，以此谋事则得，举事则成，入守则固，出诛则强。故唯昔三代圣王尧舜禹汤文武之所以王天下、正诸侯者，正，长也，义详亲士篇。此亦其法已。

既曰若法，未知所以行之术，则事犹若未成，毕云：“若犹顺。”王云：“‘曰’者，‘有’之坏字也。若法，此法也。言既有此法，而无术以行之，则事犹然未成也。毕以若法为顺法，失之。若与此同义。犹若即犹然。”俞云：“王非也。‘曰’字乃‘云’字之误。云者，有也，说见辞过篇。‘既云若法’即既有此法。浅人不达‘云’字之义，谓是‘云曰’之‘云’，疑本书皆用‘曰’字，此不当用‘云’字，故改‘云’作‘曰’耳。”是以必为置三本。何谓三本？曰：爵位不高则民不敬也，蓄禄不厚则民不信也，政令不断则民不畏也。故古圣王高予之爵，重予之禄，任之以事，断予之令，夫岂为其臣赐哉，欲其事之成也。诗曰：“告女忧恤，诲女予爵，旧本“爵”误“郁”，卢以意改为“序爵”，毕从之。王云：“‘郁’为‘爵’之讹，‘予’则非讹字也。上文言‘古圣王高予之爵，重予之禄’，下文言‘今王公大人之用贤，高予之爵，而禄不从’，此引诗‘诲女予爵’，正与上下文‘予’字同义，则不得改‘予’为‘序’矣。毛诗作‘告尔忧恤，诲尔序爵，谁能执热，逝不以濯’，今墨子两‘尔’字皆作‘女’，‘序’作‘予’，‘谁’作‘孰’，‘逝’作‘鲜’，‘以’作‘用’，是墨子所见诗固有异文也。”案：王说是也。王应麟诗考引亦作“序爵”，卢盖兼据彼文。然王考多以意改，未必宋本“予”果作“序”也，今不据改。毛诗大雅桑柔传云：“濯所以救热也，礼亦所以救乱也。”郑笺云：“恤亦忧也，逝犹去也。我语女以忧天下之忧，教女以次序贤能之爵，其为之，当如手持热物之用濯。谓治国之道，当用贤者。”孰能执热，鲜不用濯。”诗考引“孰”作“谁”，盖亦王氏所改。苏云：“案诗大雅桑柔篇‘孰’作‘谁’，‘鲜’作‘逝’，‘用’作‘以’。”则此语古者国君、诸侯之不可以不执善承嗣辅佐也，王云：“善，谓善待此承嗣辅佐之人，即上文所云'高予之爵，重予之禄，任之以事，断予之令'也。盖'善'上不当有'执'字，涉上下文'执热'而衍。"案：王说非也。执犹亲密也。曲礼云"执友称其仁也"，郑注云："执友，志同者。"吕氏春秋遇合篇云"故嫫母执乎黄帝"，列女传辩通篇齐钟离春传云"炫嫁不售，流弃莫执"，执并与亲义相近。此执善亦言亲善也。**譬之犹执热之有濯也，将休其手焉。**尔雅释诂云："休，息也。"**古者圣王唯毋得贤人而使之，**唯，旧本作"惟"，今据王校改。毋，毕本改"毌"，云："毌读如贯习之贯。"王云："毕改非也。毋，语词耳，本无意义。'唯毋得贤人而使之'者，唯得贤人而使之也。若读毋为贯习之贯，则文不成义矣。下篇曰：'今唯毋以尚贤为政其国家百姓，使国之为善者劝，为暴者沮。'又曰：'然昔吾所以贵尧舜禹汤文武之道者，何故以哉？以其唯毋临众发政而治民，使天下之为善者可而劝也，为暴者可而沮也。'尚同中篇曰：'上唯毋立而为政乎国家，为民正长，曰人可赏，吾将赏之。若苟上下不同义，上之所赏，则众之所非。上唯毋立而为政乎国家，为民正长，曰人可罚，吾将罚之。若苟上下不同义，上之所罚，则众之所誉。'下篇曰：'故唯毋以圣王为聪耳明目与〔一〕？岂能一视而通见千里之外哉？一听而通闻千里之外哉？'非攻中篇曰：'今师徒唯毋兴起，冬行恐寒，夏行恐暑，此不可以冬夏为者也。春则废民耕稼树艺，秋则废民获敛。今唯毋废一时，则百姓饥寒冻馁而死者不可胜数。'节用上篇曰：'且大人唯毋兴师以攻〔二〕伐邻国，久者终年，速者数月，男女久不相见，此所以寡人之道也。'节葬下篇曰：'今虽毋法執厚葬久丧者言，以为事乎国家。'又曰：'今唯无以厚葬久丧者为政。'天志中篇曰：'故唯毋明乎顺天之意，奉而光施之天下，则刑政治，万民和，国家富，财用足，百姓皆得暖衣饱食，便宁无忧。'非乐上篇曰：'今王公大人虽无造为乐器，以为事乎国家。'又曰：'今王公大人唯毋处高台厚榭之上而视之。'又曰：'今王公大人唯毋为乐，亏夺民衣食之财，以拊乐如此多也。'又曰：'今唯毋在乎王公大人说乐而听之，即必不能蚤朝晏退，听狱治政。''今唯毋在乎士君子说乐而听之，即必不能竭股肱之力，亶其思虑之智，内治官府，外收敛关市、山林、泽梁之

〔一〕"与"，原误"为"，据尚同下篇改。
〔二〕"攻"，原误"及"，据节用上篇改。

利，以实仓廪府库。’‘今唯毋在乎农夫说乐而听之，即必不能蚤出暮入，耕稼树艺，多聚菽粟。’‘今唯毋在乎妇人说乐而听之，即必不能夙兴夜寐，纺绩织纴，多治麻丝葛绪，捆布縿。’以上诸篇其字或作‘毋’，或作‘无’，皆是语词，非有实义也。孟康注汉书货殖传曰：‘无，发声助也。’管子立政九败解篇曰：‘人君唯毋听寝兵，则群臣宾客莫敢言兵；人君唯毋听兼爱之说，则视天下之民如其民，视国如吾国；人君唯无好全生，则群生皆全其生，而生又养；人君唯无听私议自贵，则民退静隐伏，窟穴就山，非世间上，轻爵禄而贱有司；人君唯无好金玉货财，必欲得其所好，则必易之以大官尊位，尊爵重禄；人君唯毋听群徒比周，则群臣朋党，蔽美扬恶；人君唯毋听观乐玩好，则败；人君唯毋听请谒任誉，则群臣皆相为请；人君唯无听谄谀饰过之言，则败。’以上诸条，其字或作‘毋’，或作‘无’，并与墨子同义。”案：王说是也，洪说同。苏疑“毋”为“务”字之假借，非。**般爵以贵之，**毕云：“般，读如颁赐之颁。”**裂地以封之，终身不厌。贤人唯毋得明君而事之，竭四肢之力以任君之事，终身不倦。若有美善则归之上，是以美善在上而所怨谤在下，宁乐在君，**毕云：“当为‘寍’，经典通用此。”**忧戚在臣。故古者圣王之为政若此。**

今王公大人亦欲效人以尚贤使能为政，效人，谓效古人之为政也。**高予之爵，而禄不从也。夫高爵而无禄，民不信也，曰：“此非中实爱我也，假藉而用我也。”**汉书薛宣朱博传赞“假借用权”，宋祁校云：“借，萧该谓本作‘藉’字。”大戴礼记卫将军文子篇云：“使其臣如藉。”毕云：“古无‘借’字，只用‘藉’。说文序有假借字，从人，俗写乱之。”**夫假藉之民，将岂能亲其上哉！故先王言曰：“贪于政者**毕云：“‘贪’，旧作‘食’，一本如此。”**不能分人以事，厚于货者不能分人以禄。”事则不与，禄则不分，请问天下之贤人将何自至乎王公大人之侧哉？若苟贤者不至乎王公大人之侧，则此不肖者在左右也。不肖者在左右，则其所誉不当贤，**

而所罚不当暴。王公大人尊此以为政乎国家，则赏亦必不当贤，而罚亦必不当暴。若苟赏不当贤而罚不当暴，则是为贤者不劝而为暴者不沮矣。是以入则不慈孝父母，国语齐语云："不慈孝于父母，不长弟于乡里。"王引之云："贾子道术篇云：'亲爱利子谓之慈，子爱利亲谓之孝。'孝与慈不同，而同取爱利之义，故孝于父母亦可谓之孝慈。庄子渔父篇曰：'事亲则慈孝。'"出则不长弟乡里，居处无节，出入无度，节、度义同。非命上篇云："坐处不度，出入无节。"男女无别。使治官府则盗窃，守城则倍畔，君有难则不死，出亡则不从。使断狱则不中，分财则不均。与谋事不得，举事不成，入守不固，出诛不强。故虽昔者三代暴王上文云"故唯昔三代圣王尧舜汤文武之所以王天下、正诸侯者"。王引之云："虽即唯也，古字通。"桀纣幽厉之所以失措其国家，倾覆其社稷者，王云："'措'字义不可通，当是'损'字之误，大戴记曾子立事篇曰'诸侯日旦思其四封之内，战战恐惟失损之'。损读为抎，故非命篇作'失抎'。说文：'抎，有所失也。'"已此故也。毕云："古字'以'、'已'通，一本作'以'，非。"何则？皆以明小物而不明大物也。周礼大司徒郑注云："物犹事也。"

今王公大人有一衣裳不能制也，必藉良工；有一牛羊不能杀也，必藉良宰。吕氏春秋不苟篇"与良宰遗之"，高注云："宰谓膳宰。"故当若之二物者，王公大人未知以尚贤使能为政也。王云："'未知'当作'未尝不知'，义见上下文。"苏云："'未知'当作'未有不知'。"诒让案："未"疑"本"之误。逮至其国家之乱，社稷之危，则不知使能以治之。苏云："'使能'上当脱'尚贤'二字。"亲戚则使之，无故富贵、面目佼好则使之。诗陈风月出篇"佼人僚兮"，释文云："'佼'字又作'姣'，好也。"毕云："佼，姣字假音。说文云：'姣，好也。'玉篇云：'姣音狡，妖媚也。'"俞云："'无故富贵'义不可通，'无'乃衍字。'故富贵'，谓本来富贵者也。不问其贤否，而惟故富贵者是使，则非尚贤之谓矣。

上文曰'故古者圣王甚尊尚贤而任使能,不党父兄,不偏富贵,不嬖颜色',此云'亲戚则使之',是党父兄矣;'故富贵、面目佼好则使之',是偏富贵而嬖颜色矣。后人不达'故富贵'之义,而妄加'无'字,殊失其旨。下篇同。"案:"无故富贵",中下两篇屡见,群书治要引同。"无"似非衍文,俞说未塙。窃疑"故"当为"攻",即"功"之借字。下篇云"其所赏者,已无故矣","故"亦"攻"之讹,可以互证。夫无故富贵、面目佼好则使之,岂必智且有慧哉?说文心部云:"慧,儇也。"王云:"'智且慧'与前'贵且智'、'愚且贱'文同一例。'慧'上不当有'有'字,盖后人所加。"若使之治国家,则此使不智慧者治国家也,国家之乱既可得而知已。且夫王公大人有所爱其色而使,据下文,下当有"之"字。其心不察其知而与其爱,是故不能治百人者使处乎千人之官,不能治千人者使处乎万人之官。此其故何也?曰:"处若官者爵高而禄厚,故爱其色而使之焉。""处若"旧本倒。王云:"'若'与'故'义不相属,'若处官者'当为'处若官者'。若官,此官也。言以处此官者,爵高而禄厚,故特用其所爱也。下文曰'虽日夜相接以治若官',是其证。若与此同义,说见上文。"夫不能治千人者,使处乎万人之官,则此官什倍也。夫治之法将日至者也,日以治之,日不什修,小尔雅广言云:"修,长也。"什修,谓十倍其长。知以治之,知不什益,而予官什倍,则此治一而弃其九矣。虽日夜相接以治若官,官犹若不治。此其故何也?则王公大人不明乎以尚贤使能为政也。故以尚贤使能为政而治者,夫若言之谓也;王云:"夫亦此也。"诒让案:此"夫"对"吾"为文,疑当训彼。汉书贾谊传颜注云:"夫犹彼人耳。"以下贤为政而乱者,"下贤"下当有"不使能"之语,而今脱之。若吾言之谓也。"若吾言"疑亦当作"吾若言"。

今王公大人中实将欲治其国家,欲修保而勿失,胡不察尚贤为政之本也？且以尚贤为政之本者，亦岂独子墨子之言哉！此圣王之道，先王之书距年之言也，毕云："距年，下篇作'竖年'，犹云远年。"案：毕说未塙。传曰："求圣君哲人，以裨辅而身。"国语晋语云"裨辅先君"，韦注云："裨，补也。"此下篇云"晞夫圣武知人，以屏辅尔身"，文义较详备，此约述之。裨辅不当有圣君，"君"盖亦"武"之讹。苏云："伊训云'敷求哲人，俾辅于尔后嗣'，与此略同。"诒让案：伊训伪孔传云："布求贤智，使师辅于尔嗣王，言仁及后世。"汤誓曰：书叙云："伊尹相汤伐桀，升自陑，遂与桀战于鸣条之野，作汤誓。"今汤誓无此文，伪古文摭此为汤诰，谬。"聿求元圣，与之戮力同心，汤诰伪孔传云："聿，遂也。大圣陈力，谓伊尹。"孔疏云："戮力犹勉力也。"案：说文力部云："勠，并力也。"戮，勠之借字。以治天下。"苏云："今书汤诰篇无'同心'以下六字。"则此言圣之不失以尚贤使能为政也。"圣"下当有"王"字。故古者圣王唯能审以尚贤使能为政，无异物杂焉，天下皆得其利。道藏本作"列"。案：上篇云"列德而尚贤"，又云"以德就列"，则此云"皆得其列"或谓尊卑贤否皆得其等列，无僭越也。此义亦得通，而不及作"利"之长，故今不据改。古者舜耕历山，史记五帝本纪同。毕云："史记集解云：'郑玄曰：在河东。'水经注云：'河东郡南有历山，谓之历观，舜所耕处也。有舜井，妫、汭二水出焉。'二说在今山西永济县。高诱注淮南子云：'历山在沛阴成阳也。一曰济南历城山也。'水经注又云：'周处风土记曰：记云：耕于历山，而始宁、剡二县界上，舜所耕田，于山下多柞树，吴越之间名柞为枥，故曰历山。'与郑说异。括地志云：'蒲州河东县历山南有舜井。'又云：'越州余姚县有历山舜井，濮州雷泽县有历山舜井，二所又有姚墟，云生舜处也。及妫州历山舜井，皆云舜所耕处，未详也。'案：说各不同。"陶河濒，吕氏春秋慎人篇云"陶于河滨"，高注云："陶，作瓦器。"史记五帝本纪"濒"亦作"滨"。毕云："此古'滨'字，见说文。史记集解云：'皇甫谧曰：济阴，定陶西南陶丘亭是也。'正义曰：'按于曹州滨河作瓦器也。括地志云：陶城在蒲州河东县北三十里，即舜所都也，南去历山不远，或耕或陶，所在则可，何必定陶方得为陶也？舜之陶也，斯或一焉。’按：守节说本水经注，是也。雷泽则亦以山西永济说为强也。”诒让案：水经济水注云：“陶丘，墨子以为釜丘也。”今检勘全书，无釜丘之文，疑古本此文或作“陶釜丘”矣。**渔雷泽**，史记五帝本纪同。毕云：“太平御览、玉海引作‘濩泽’。地理志：河东郡有濩泽。应劭曰：‘泽在西北。’通典云：‘泽州阳城县有濩泽水。’史记集解云：‘郑玄曰：雷夏，兖州泽，今属济阴。’案：今山西永济县南四十里雷首山下有泽，亦云舜所渔也。”王云：“雷泽本作濩泽，此后人习闻舜渔雷泽之事，而以其所知改其所不知也。汉书地理志：河东郡濩泽县。应劭曰：‘有濩泽在西北。’穆天子传‘天子四日休于濩泽’，郭璞曰：‘今平阳濩泽县是也。濩音获。’水经沁水注曰：‘濩泽水出濩泽城西白涧渠，东迳濩泽，墨子曰舜渔濩泽，又东迳濩泽县故城南，盖以泽氏县也。’初学记州郡部正文出‘舜泽’二字，注曰：‘墨子曰舜渔于濩泽，在濩泽县西。’今本初学记作‘雷泽’，与注不合，明是后人所改。又元和郡县志河东道下、太平寰宇记河东道下、太平御览州郡部九、路史疏仡纪引墨子并作‘濩泽’。是墨子自作‘濩泽’，与他书作‘雷泽’者不同。濩泽在今泽州府阳城县西，嶕峣山下。下篇‘渔于雷泽’，亦后人所改。”**尧得之服泽之阳**，服泽，详上篇。**举以为天子，与接天下之政，治天下之民。伊挚，有莘氏女之私臣**，诗商颂长发孔疏引郑康成书注云：“伊尹名挚，汤以为阿衡，以尹天下，故曰伊尹。”史记殷本纪云：“伊尹名阿衡，欲奸汤而无由，乃为有莘氏媵臣，负鼎俎，以滋味说汤。”索隐云：“孙子兵书：伊尹名挚。孔安国亦曰‘伊挚’。然解者以阿衡为官名，非名也。”案：孙子用间篇云“殷之兴也，伊挚在夏”，即小司马所本也。伊挚亦见楚辞离骚、天问二篇。毕云：“‘莘’，汉书作‘嫢’。玉篇：‘嫢、婖二同，色臻切，有嫢国。’说文云：‘吕不韦曰：有侁氏以伊尹侨女。’案：吕氏春秋本味云：‘有侁氏女子采桑，得婴儿于空桑之中，献之其君，其君令烰人养之，长而贤。汤闻伊尹，使人请之有侁氏，有侁氏不可。伊尹亦欲归汤。于是请取妇为婚，有侁氏喜，以伊尹为媵送女。’高诱曰：‘侁，读曰莘。’有莘在今河南陈留县。括地志云：‘古莘国，在汴州陈留县东五里，故莘城是也。陈留风俗传云：陈留外黄有莘昌亭，本宋地，莘氏邑也。’或云在陕西郃阳，非。”**亲为庖人**，周礼天官庖人郑注云：“庖之言苞也，裹肉曰苞苴。”说文广部云：“庖，厨也。”庄子庚桑楚篇云“伊尹以胞人笼汤”，吕氏春秋本味篇作“烰人”，“胞”、“烰”并“庖”之借字。**汤得之，举以为己相，与接天下之政，治天下之民。傅说被褐带索，庸筑乎傅岩，**毕云：“庸，史记索隐引作‘佣’。孔安国书传云：‘傅岩在虞、虢之界。’史记索隐云：‘在河东太阳县。又夏靖书云：倚氏六十里黄河[一]西岸吴阪下，便得隐穴，是说所潜身处也。’案：今在山西平陆县东二十五里。”诒让案：贾谊传索隐引“被”作“衣”，“乎”作“于”，义并通。书叙云“高宗梦得说，使百工营求诸野，得诸傅岩”，孔疏引马融云：“高宗始命为傅氏。”又郑康成云：“得诸傅岩，高宗因以傅命说为氏。”说文夏部引书叙释之云：“傅岩，岩穴也。”伪古文说命云：“说筑傅岩之野。”伪孔传云：“傅氏之岩，在虞、虢之界。通道所经，有涧水坏道，常使胥靡刑人筑护此道。说贤而隐，代胥靡筑之以供食。”孔疏引皇甫谧云：“高宗梦天赐贤人，胥靡之衣，蒙之而来，且曰我徒也，姓傅名说。明以梦示百官，百官皆非也。乃使百工写其形象，求诸天下，果见筑者胥靡衣褐带索，执役于虞虢之间、傅岩之野，名说。以其得之傅岩，谓之傅说。”水经河水注云：“沙涧水出虞山，东南迳傅岩，历傅说隐室前，俗谓之圣人窟。”史记殷本纪“傅岩”作“傅险”，音近字通。**武丁得之，举以为三公，**国语楚语云“武丁使以象梦求四方之贤圣，得傅说以来，升以为公”，韦注云：“公，上[二]公也。”史记殷本纪云：“武丁得而与之语，果圣人。举以为相，殷国大治。”**与接天下之政，治天下之民。此何故始贱卒而贵，始贫卒而富？则王公大人明乎以尚贤使能为政。是以民无饥而不得食，寒而不得衣，劳而不得息，乱而不得治者。故古圣王以审以尚贤使能为政，而取法于天。虽天亦不辩贫富贵贱、远迩亲疏，贤者举而尚之，不肖者抑而废之。**

〔一〕“黄”字原脱，据史记屈原贾生列传索隐补。
〔二〕“上”，原误“三”，据国语楚语上改。

然则富贵为贤以得其赏者，谁也？曰：若昔者三代圣王尧舜禹汤文武者是也。所以得其赏何也？曰：其为政乎天下也，兼而爱之，从而利之，又率天下之万民以尚尊天事鬼，爱利万民，是故天鬼赏之，立为天子，以为民父母，万民从而誉之曰“圣王”，至今不已。则此富贵为贤以得其赏者也。

然则富贵为暴以得其罚者，谁也？曰：若昔者三代暴王桀纣幽厉者是也。何以知其然也？曰：其为政乎天下也，兼而憎之，从而贼之，贼，旧本讹“贱”。王云：“‘贱’当为‘贼’，字之误也。尚同篇‘则是上下相贼也’，天志篇‘上诟天，中诟鬼，下贼人’，非儒篇‘是贼天下之人者也’，今本‘贼’字并误作‘贱’。此言桀纣幽厉之为政乎天下，兼万民而憎恶之，又从而贼害之，非谓贱其民也。上文云‘尧舜禹汤文武之为政乎天下也，兼而爱之，从而利之’，爱利与憎贼正相反。天志篇曰：‘尧舜禹汤文武之兼爱天下也，从而利之；桀纣幽厉之兼恶天下也，从而贼之。’故知‘贱’为‘贼’之误。”案：王说是也，今据正。又率天下之民以诟天侮鬼，贼傲万民，贼，旧本亦讹“贱”。王云：“‘贱’亦当为‘贼’，‘傲’当为‘杀’。说文‘敖’字本作‘𢼸’，‘杀’字古文作‘𢿆’，二形相似。‘𢿆〔一〕’误为‘敖’，又误为‘傲’耳。墨子多古字，后人不识，故传写多误。此说桀纣幽厉之暴虐，故曰‘诟天侮鬼，贼杀万民’，非谓其贱傲万民也。上文言尧舜禹汤文武‘尊天事鬼，爱利万民’，爱利与贼杀亦相反。法仪篇曰：‘禹汤文武兼爱天下之百姓，率以尊天事鬼，其利人多；桀纣幽厉兼恶天下之百姓，率以诟天侮鬼，其贼人多。’故知‘贱傲’为‘贼杀’之误。鲁问篇‘贼敖百姓’，太平御览兵部七十七引‘贼敖’作‘贼杀’，是其明证也。”案：王说是也，今并据正。是故天鬼罚之，使身死而为刑戮，子孙离散，室家丧灭，绝无后嗣，万民从而非之曰“暴王”，至今不已。则此富贵为暴而

〔一〕“𢿆”，原误“敖”，据王念孙读书杂志改。

以得其罚者也。

然则亲而不善以得其罚者，谁也？曰：若昔者伯鲧，帝之元子，大戴礼记五帝德篇云："禹，高阳之孙，鲧之子也。"帝系篇云："颛顼产鲧。"史记夏本纪云"鲧之父曰帝颛顼"，三代世表亦云"颛顼生鲧"，索隐云："皇甫谧云：'鲧，帝颛顼之子，字熙。'系本亦以鲧为颛顼子。汉书律历志则云：'颛顼五代而生鲧。'按鲧既仕尧，与舜代系殊悬，舜即颛顼六代孙，则鲧非是颛顼之子。盖班氏之言近得其实。"案：小司马说于理近是。汉志亦引帝系，而与今本大戴礼舛异。楚辞离骚王注引帝系及淮南子原道训高注，说并与汉志同。吴越春秋越王无余外传亦以鲧为颛顼之后。山海经则云："黄帝生骆明，骆明生白马，白马是为鲧。"则又以鲧为黄帝之孙，诸文错互。此书云帝之元子，疑墨子于鲧之世系亦同世本说，未能审校其年代也。废帝之德庸，既乃刑之于羽之郊，左传襄二十五年杜注云："庸，用也。"书尧典、孟子万章篇、史记五帝本纪并云："殛鲧于羽山。"晋语韦注云："殛，放而杀也。"楚辞天问云："永遏在羽山，夫何三年不施？"王注云："言尧长放鲧于羽山，绝在不毛之地，三年不舍其罪也。"案：此"刑"亦谓放，故下云"乃热照无有及也"。山海经云"杀鲧于羽郊"，亦谓鲧放而死也。毕云："郭璞注山海经云：'今东海祝其县西南有羽山。'案：在今山东蓬莱县。"诒让案：史记正义引括地志云："羽山在沂州临沂县。"乃热照无有及也，毕云："言其罪绩用弗成，亦正见有所不及耳。"案：此似言幽囚之，日月所不照，毕说殊缪。帝亦不爱。则此亲而不善以得其罚者也。

然则天之所使能者，谁也？曰：若昔者禹稷皋陶是也。何以知其然也？先王之书吕刑道之书叙云："吕命，穆王训夏赎刑，作吕刑。"曰："皇帝清问下民，有辞有苗。书释文引马融云："清问，清讯也。"伪孔安国传云："帝尧详问民患，皆有辞怨于苗民。"孔疏引郑康成说，亦以此皇帝为尧。毕云："孔书作'鳏寡有辞于苗'。"曰：'群后之肆在下，毕云："肆，孔书作'逮'。"孙星衍云："说文云：'肆，极陈也。'"诒让案：肆，正字作“肆”，与逮声类同，古通用。此“肆”即“逮”之假字。伪孔传云：“群后诸侯之逮在下国。”**明明不常，**毕云：“孔书‘不’作‘棐’，传云‘辅’，据此当作‘匪’。”孙星衍云：“不常，言非常明察。”案：明明，谓明显有明德之人。不常，犹言立贤无方也。书作“棐”者，“匪”之假字。匪、不义同。毕说得之。讹孔传云“皆以明明大道辅行常法”，非经义，孙说亦非。**鳏寡不盖，**今书“群后”以下十四字在“皇帝清问下民”上。伪孔传云：“使鳏寡得所，无有掩盖。”**德威维威，**毕云：“孔书作‘畏’。”诒让案：维，孔书作“惟”，下同。礼记表记引甫刑二“畏”字亦并作“威”，与此同。**德明维明。’**伪孔传云：“言尧监苗民之见怨，则又增修其德。行威则民畏服，明贤则德明，人所以无能名焉。”表记郑注云：“德所威则人皆畏之，言服罪也；德所明则人皆尊宠之，言得人也。”**乃名三后，**名、命通。说文口部云：“名，自命也。”毕云：“孔书‘名’作‘命’。”**恤功于民。**伪孔传云：“尧命三君，忧功于民。”**伯夷降典，哲民维刑。**书释文引马融云：“折，智也。”王引之云：“折之言制也，‘折’正字，‘哲’借字。”毕云：“孔书‘哲’作‘折’。”诒让案：伪孔传云：“伯夷下典礼教民，而断以法。”汉书刑法志引“折”作“悊”，“悊”、“哲”字同，与此书合。**禹平水土，主名山川。**伪孔传云：“禹治洪水，山川无名者主名之。”**稷隆播种，**隆，毕本依吕刑改为“降”。王云：“古者‘降’与‘隆’通，不烦改字。非攻篇‘天命融隆火于夏之城’，亦以‘隆’为‘降’。丧服小记注‘以不贰降’，释文：‘降，一本作隆。’荀子赋篇‘皇天隆物，以示下民’，‘隆’即‘降’字。魏策‘休祲降于天’，曾、刘本作‘休烈隆于天’。说文：‘隆，从生，降声。’书大传‘隆谷’，郑注：‘隆，读如庞降之降。’是隆、降古同声，故‘隆’字亦通作‘降’。荀子天论篇‘隆礼尊贤而王’，韩诗外传‘隆’作‘降’。史记司马相如传‘业隆于襁褓’，汉书‘隆’作‘降’。淮南泰族篇‘攻不待冲降而拔’，‘冲降’即‘冲隆’。”案：王说是也，今不据改。**农殖嘉谷。**伪孔传云：“后稷下教[一]民播种农亩，生善谷。”孙星衍云：“农者，广雅释诂云‘勉也’；殖者，

〔一〕“教”，原误“降”，据尚书吕刑孔传改。

文选藉田赋注引苍颉篇云‘种也’。”案：孙说是也，王念孙、刘逢禄说同。**三后成功，维假于民。”**毕云：“假，一本作‘殷’。孔书亦作‘殷’。”王鸣盛云：“疑隶变相似而误。”诒让案：伪孔传云：“各成其功，惟所以殷盛于民。言礼教备，衣食足。”此作“假”，盖与“嘏”通。士冠礼释文云：“嘏，本或作‘假’。”尔雅释诂云：“嘏，大也。”礼记郊特牲云：“嘏，长也。”说文古部云：“嘏，大远也。”“维嘏于民”，言其功施于民者大且远，下文所谓“万民被其利”也。王应麟汉书艺文志考证引墨子亦作“假”，则宋本固如是。今本或作“殷”，乃据孔书改，非其旧也。**则此言三圣人者，谨其言，慎其行，精其思虑，索天下之隐事遗利以上事天，则天乡其德，**毕云：“乡读如向。”案：乡当读为享，明鬼下篇云“帝享女明德”。毕读非。**下施之万民，万民被其利，终身无已。故先王之言曰：“此道也，大用之天下则不窕，**旧本误“究”。毕云：“一本作‘窕’，非。”王云：“作‘窕’者是也。”诒让案：尚同中篇亦云“大用之治天下不窕”，今据正。管子宙合篇“其处大也不窕”，今本亦误“究”，与此正同，说详尚同中篇。**小用之则不困，修用之则万民被其利，终身无已。”周颂道之曰：“圣人之德，若天之高，若地之普，其有昭于天下也。若地之固，若山之承，**承与丞通。说文収部云：“丞，翊也。从卪，从収，从山，山高奉承之义。”“若山之承”，亦言如山之高也。**不坼不崩。若日之光，若月之明，与天地同常。”**常，犹言保守也。诗鲁颂閟宫篇“鲁邦是常”，郑笺云：“常，守也。”俞云：“此文疑有错误，当云：‘圣人之德，昭于天下，若天之高，若地之普，若山之承，不坼不崩，若日之光，若月之明，与天地同常。’盖首四句下、普隔句为韵，中二句承、崩，末三句光、明、常，皆每句协韵。‘昭于天下’句传写脱去，而误补于‘若地之普’下，则首二句无韵矣。又增‘其有也’三虚字，则非颂体矣。既云‘若地之普’，又云‘若地之固’，重复无义，故知其错误也。”**则此言圣人之德章明博大，埴固以修久也。**淮南子泰族训云：“勇者可令埴固。”毕云：“埴训黏土，坚牢之意。”**故圣人之德**

盖总乎天地者也。

今王公大人欲王天下，正诸侯，正，长也，详亲士篇。夫无德义，将何以哉？其说将必挟震威彊。今王公大人将焉取挟震威强哉？倾者民之死也？此冢上"将焉取挟震威强〔一〕"，为问辞。倾者，"者"当为"诸"之省，"也"古与"邪"通。汉书田蚡传"欲以倾诸将相"，颜注云："倾，谓逾越而胜之也。"此云"倾诸民之死"，亦言驱民使必死以相倾也。民，生为甚欲，死为甚憎，所欲不得而所憎屡至，毕云："'屡'即'屡'字省文。史记或作'屡'，汉书或作'娄'，皆训数。"自古及今，未有尝能有以此王天下、正诸侯者也。苏云："上'有'衍字。"今大人欲王天下，正诸侯，将欲使意得乎天下，名成乎后世，故不察尚贤为政之本也？"政"上旧本脱"为"字，王据上文补。"故"亦与"胡"同。毕云"当云'不可不察'"，非。此圣人之厚行也。

尚贤下第十

子墨子言曰：天下之王公大人皆欲其国家之富也，人民之众也，刑法之治也，然而不识以尚贤为政其国家百姓，王公大人本失尚贤为政之本也。若苟王公大人本失尚贤为政之本也，则不能毋举物示之乎？今若有一诸侯于此，为政其国家也，曰："凡我国能射御之士，我将赏贵之；不能射御之士，我将罪贱之。"问于若国之士，孰喜孰惧？我以为必能射御之士喜，不能射御之士惧。我赏因而诱之矣，"赏"当为"尝"。尝，试也。此句为下文发端。书中"尝"字多讹为"赏"，详尚

〔一〕"强"，原误"彊"，据正文改。

同下篇。曰："凡我国之忠信之士，我将赏贵之；不忠信之士，我将罪贱之。"问于若国之士，孰喜孰惧？我以为必忠信之士喜，不忠不信之士惧。今惟毋以尚贤为政其国家百姓，毕本"毋"改"毌"，云："'毌'同'惯'，下同。"案：毕校非也。毋，语词，说详中篇。使国为善者劝，为暴者沮，大以为政于天下，毕云："大，一本作'夫'。"使天下之为善者劝，为暴者沮。然昔吾所以贵尧舜禹汤文武之道者，何故以哉？以其唯毋临众发政而治民，使天下之为善者可而劝也，毕云："高诱注淮南子云：'而，能也，古通。'"陈寿祺说同。王云："可而犹可以也。下文曰'上可而利天，中可而利鬼，下可而利民'，与此文同一例。"案：王说是也。尚同下篇云："尚用之天子，可以治天下矣；中用之诸侯，可而治其国矣；下用之家君，可而治其家矣。"上句作"可以"，下二句并作"可而"，可证。为暴者可而沮也。然则此尚贤者也，与尧舜禹汤文武之道同矣。

而今天下之士君子，居处言语皆尚贤，逮至其临众发政而治民，莫知尚贤而使能，我以此知天下之士君子明于小而不明于大也。上"于"字旧本脱，今据群书治要增，与下文合。何以知其然乎？治要作"也。"今王公大人有一牛羊之财毕云："同'材'。"不能杀，必索良宰；有一衣裳之财不能制，必索良工。当王公大人之于此也，虽有骨肉之亲、无故富贵、"无"疑当为"毋"，下同。详中篇[一]。面目美好者，实知其不能也，不使之也。是何故？恐其败财也。当王公大人之于此也，则不失

〔一〕孙注疑有笔误。中篇云"无故富贵、面目佼好则使之"，孙注云："窃疑'故'当为'攻'，即'功'之借字。"是孙以"无故富贵"即无功富贵之意。此注云："'无'疑当为'毋'，下同。详中篇。"然与中篇之注全不相符，故知系孙偶有笔误，本当云："'故'疑当为'攻'，下同。详中篇。"

尚贤而使能。王公大人有一罢马不能治，罢，治要作"疲"，下同。案：罢、疲字同。国语齐语云"天下诸侯罢马以为币"，韦注云："罢，不任用也。"管子小匡篇作"疲马"，尹知章注云："疲，谓瘦也。"必索良医；有一危弓不能张，考工记弓人云"丰肉而短，宽缓以荼，若是者为之危弓"，郑注云："危犹疾也。"必索良工。当王公大人之于此也，虽有骨肉之亲、无故富贵、面目美好者，实知其不能也，实，治要作"诚"。必不使。是何故？恐其败财也。当王公大人之于此也，则不失尚贤而使能。逮至其国家则不然，逮至，治要作"至建"。王公大人骨肉之亲、无故富贵、面目美好者，则举之，则王公大人之亲其国家也，亲，疑并当作"视"。不若亲其一危弓、罢马、衣裳、牛羊之财与？下句"其"字治要无。我以此知天下之士君子皆明于小而不明于大也。毕云："旧脱'明'字，一本有。"案：道藏本、季本并有。此譬犹瘖者而使为行人，说文疒部云："瘖，不能言也。"聋者而使为乐师。

是故古之圣王之治天下也，其所富，其所贵，未必王公大人骨肉之亲、无故富贵、面目美好者也。是故昔者舜耕于历山，陶于河濒，渔于雷泽，当作"濩泽"，说详上篇。灰于常阳，毕云："疑即恒山之阳。"洪云："'灰'当是'贩'字之讹，尚书大传'贩于顿丘'。史记五帝本纪'就时于负夏'，索隐：'就时犹逐时，若言乘时射利也。'义亦与贩相近。"俞云："'灰'疑'反'字之误。'反'者'贩'之假字，贩从反声，古文以声为主，故止作'反'也。"尧得之服泽之阳，立为天子，使接天下之政，而治天下之民。昔伊尹为莘氏女师仆，毕云："仆，侯也。女师，见诗云'言告师氏'。"王云："'仆'即'倂'之讹。此谓有莘氏以伊尹媵女，非以为仆也。说文：'倂，送也。吕不韦曰：有侁氏目伊尹倂女。'侁、莘同。今本吕氏春秋本味篇'倂'作'媵'。经传皆作'媵'，而'倂'字罕见。

唯墨子书有之，而字形与‘仆’相似，因讹而为‘仆’。淮南时则篇‘其曲栚筥筐’，今本‘栚’作‘扑’，误与此同。”俞云：“‘师’当为‘私’，声之误。仆犹臣也。礼记礼运篇‘仕于公曰臣，仕于家曰仆’，是臣、仆一也。私仆犹曰私臣。中篇曰‘伊挚，有莘氏女之私臣’。”案：王说近是。使为庖人，汤得而举之，立为三公，使接天下之政，治天下之民。昔者傅说居北海之洲，毕云：“书正义云：‘尸子云：傅岩在北海之洲。’孔传云：‘傅岩在虞、虢之界。’‘洲’当为‘州’。”诒让案：虞、虢界近南河，距北海绝远，墨子、尸子说盖与汉晋以后地理家异。圜土之上，毕云：“史记殷本纪云‘说为胥靡，筑于傅岩’，孔传云‘说贤而隐，代胥靡筑之以供食’，故此云圜土也。”诒让案：吕氏春秋求人篇亦云：“傅说，殷之胥靡也。”周礼大司徒郑注云：“圜土，谓狱也。狱城圜。”又比长注云：“圜土者，狱城也。狱必圜者，规主仁，以仁心求其情。古之治狱者，闵于出之。”释名释宫室云：“狱又谓之圜土，言筑土表墙，其形圜也。”月令孔疏引郑记崇精问〔一〕曰：“狱，周曰圜土，殷曰羑里，夏曰均台。”案：周以圜土为系治罢民之狱。据此书，则殷时已有圜土之名，不自周始矣。衣褐带索，庸筑于傅岩之城，武丁得而举之，立为三公，使之接天下之政，而治天下之民。是故昔者尧之举舜也，汤之举伊尹也，武丁之举傅说也，岂以为骨肉之亲、无故富贵、面目美好者哉？惟法其言，惟，治要作“唯”。用其谋，行其道，上可而利天，而犹以也。毕云“‘而’同‘能’”，非。中可而利鬼，下可而利人，是故推而上之。

古者圣王既审尚贤，欲以为政，故书之竹帛，琢之槃盂，尔雅释器云：“雕谓之琢。”韩非子大体篇云：“至安之世，不著名于图书，不录功于盘盂。”传以遗后世子孙。于先王之书吕刑之书然，

〔一〕礼记月令孔疏引仅称篇名崇精问。据隋书经籍志，有郑记六卷，郑玄弟子撰。又有郑志十一卷，魏侍中郑小同（玄孙）撰。二书今均佚，此引崇精问实郑志篇名，孙补“郑记”二字，盖偶误。

王曰:"於! 毕云:"孔书作'吁'。"诒让案:伪孔传云:"吁,叹也。"释文引马融本作"于",云:"于,於也。"来,有国有土〔一〕,孔传云:"有国土诸侯。"毕云:"孔书'国'作'邦'。"诒让案:史记周本纪亦作"国"。告女讼刑,段玉裁云:"讼刑,公刑也,古讼、公通用。"毕云:"孔书'女'作'尔','讼'作'详'。"王鸣盛云:"墨子作'讼',从'详'而传写误。"案:王说是也。今书又改作"祥"。孔传云:"告汝以善用刑之道。"周礼大宰大司寇郑注引并作"详"。后汉书刘恺传李注引郑书注云:"详,审察之也。"此"讼"疑即"详"之误。在今而安百姓,毕云:"孔书'而'作'尔',是。"女何择言人? 毕云:"孔书无'女'字,作'何择非人'。"王引之云:"'言'当为'否',篆书'否'字作'𠰞','言'字作'䇂',二形相似。隶书'否'字或作'吾','言'字或作'音',亦相似,故'否'误为'言'。'否'与'不'古字通,故下二句云'何敬不刑,何度不及'也。今书作'何择非人? 何敬非刑? 何度非及',非、否、不并同义。"段玉裁云:"'言人'当是'吉人'之讹,谓何择非吉人乎? 冢上苗民罔择吉人言之。"案:王说是也。何敬不刑? 何度不及?"孔传云:"在今尔安百姓兆民之道,当何所择,非惟吉人乎? 当何所敬,非惟五刑乎? 当何所度,非惟及世轻重所宜乎?"释文引马融云:"度,造谋也。"案:以此下文推之,则墨子训"不及"为不及尧舜禹汤文武之道,犹言何虑其不能逮也,与孔说异。毕云:"孔书两'不'字作'非'。"能择人而敬为刑,尧舜禹汤文武之道可及也。是何也? 则以尚贤及之。于先王之书竖年之言然,曰:毕云:"竖,距字假音。""晞夫圣武知人,毕云:"晞,疑当从目。"苏云:"晞,当从口作'唏'。唏夫,叹词,犹呜呼也。"案:毕说是也。说文目部云:"睎,望也。"圣武,谓圣人与武人也。知与智通。逸周书皇门篇云:"乃方求论择元圣武夫,羞于王所。"以屏辅而身。"此言先王之治天下也,必选择贤者以为其群属辅佐。曰:今也天下之士君

〔一〕"土",原误"士",据毕沅刻本改。

子，皆欲富贵而恶贫贱。之，旧本讹“言”。王云：“‘言’当为‘之’，‘今天下之士君子，皆欲富贵而恶贫贱’，又见下文。草书‘言’与‘之’相似，故‘之’讹为‘言’。”案：王说是也，今据正。曰：然女何为而得富贵而辟贫贱？毕云：“辟同避。”莫若为贤。为贤之道将奈何？曰：有力者疾以助人，有财者勉以分人，有道者劝以教人。若此，则饥者得食，寒者得衣，乱者得治。若饥则得食，寒则得衣，乱则得治，此安生生。王引之云：“安犹乃也。言如此乃得生生也。”

今王公大人其所富，其所贵，皆王公大人骨肉之亲、无故富贵、面目美好者也。今王公大人骨肉之亲、无故富贵、面目美好者，焉故必知哉。论语子路皇侃义疏云：“焉犹何也。”颜子推家训音辞篇引葛洪字苑云：“焉字训何，训安，音於愆反。”若不知，使治其国家，则其国家之乱可得而知也。今天下之士君子皆欲富贵而恶贫贱，然女何为而得富贵而辟贫贱哉？曰：莫若为王公大人骨肉之亲、无故富贵、面目美好者。旧本脱此八字，王据上下文补，今从之。王公大人骨肉之亲、无故富贵、面目美好者，此非可学能者也。王校“能”上增“而”字。使不知辩，旧本脱“知”字，今据道藏本补。德行之厚若禹汤文武不加得也，王公大人骨肉之亲、躄瘖聋暴为桀纣，不加失也。说文止部云：“壁，人不能行也。”吕氏春秋尽数篇高注云：“躄，不能行也。”“躄”即“壁”之或体。“躄、瘖、聋”皆废疾，不宜与“暴”并举。且荀子非相篇称桀、纣长巨姣美，则必无此诸疾，疑“聋”下脱一字，下“暴为桀、纣”自为句。“为”又“如”之误，二字草书相近。“躄、瘖、聋”，言其有恶疾。“暴如桀、纣”，言其有恶行也。又案：“聋”下或脱“瞽”字，耕柱篇亦云“聋瞽”。是故以赏不当贤，罚不当暴，其所赏者已无故矣，王云：“‘故’乃‘攻’字之误，‘攻’、‘故’

字相似，又涉上文'无故富贵'而误。攻即功字也，'无功'与'无罪'对文。"其所罚者亦无罪。是以使百姓皆攸心解体，毕云："攸，一本作'放'。"诒让案：攸与悠通，言悠忽也。淮南子修务训高注云："悠忽，游荡轻物也。"沮以为善，垂其股肱之力，"垂"义不可通，字当作"舍"，草书二字形近而误。尚同中篇云"至乎舍余力不以相劳，隐匿良道不以相教，腐死余财不以相分"，与此文意正同。节葬下篇亦云"无敢舍余力，隐谋遗利，而不为亲为之者矣"。此以下六句，即舍力、遗利、隐谋之事。而不相劳来也；尔雅释诂云："劳来，勤也。"孟子滕文公篇云："劳之来之。"史记周本纪云："武王曰：日夜劳来，定我西土。"说文力部云："勑，劳勑也。""劳来"即劳勑。腐臭余财，毕云："臭，殠省文。"而不相分资也；战国策齐策高诱注云："资，与也。"庄子大宗师篇郭象注云："资者，给济之谓。"隐慝良道，尚同上、中并作"隐匿良道"。毕云："'慝'即'匿'字异文。隐匿之字，亦写从心，知经典慝恶字即匿也。"而不相教诲也。若此，则饥者不得食，寒者不得衣，乱者不得治。旧本脱此十二字，王据上文补，今从之。推而上之以。王云："此五字与上下文义不相属，盖涉上文'推而上之'而衍。"

是故昔者尧有舜，舜有禹，禹有皋陶，汤有小臣，此即上文所谓伊尹为有莘氏女师仆也。楚辞天问云"成汤东巡，有莘爰极，何乞彼小臣，而吉妃是得"，王注云："小臣，谓伊尹也。"吕氏春秋尊师篇云"汤师小臣"，高注云："小臣谓伊尹。"武王有闳夭、泰颠、南宫括、散宜生，闳夭、泰颠、南宫括、散宜生，并见书君奭篇。散宜生亦见孟子尽心篇，赵注云："散宜生，文王四臣之一也。散宜生有文德而为相。"大戴礼记帝系篇云："尧娶于散宜氏之女。"散宜盖以国为氏也。毕云："纣拘文王于羑里，于是散宜生乃以千金求天下之珍怪，得驺虞鸡斯之乘，玄玉百工，大贝百朋，玄豹黄罴，青豻白虎，文皮千合，以献于纣。以费仲而通，纣见而悦之，乃免其身，杀牛而赐之。见淮南子道应训。"而天下和，庶民阜。是以近者安之，远者归之。日月之所照，舟车之所及，雨露之所渐，广雅释诂云："渐，渍也。”**粒食之所养，**王云：“自‘而天下和’至此，凡三十七字，旧本误入下文‘国家百姓之利’之下，今移置于此。”案：王校是也，今依乙正。粒食，谓食谷之人。小尔雅广物云：“谷谓之粒。”书益稷云“烝民乃粒”，伪孔传云：“米食曰粒。”天志上篇云：“四海之内，粒食之民。”王制云：“西方曰戎，被发衣皮，有不粒食者矣。北方曰狄，衣羽毛穴居，有不粒食者矣。”**得此莫不劝誉。且今天下之王公大人士君子，中实将欲为仁义，求为上士，上欲中圣王之道，下欲中国家百姓之利，**王云：“自‘得此莫不劝誉’至此，凡四十五字，旧本误入上文‘而天下和’之上，今移置于此。‘得此莫不劝誉’，旧本脱‘莫’字，今补。‘求为上士’，旧本脱‘上’字，今据各篇补。”案：王校是也，今依乙补。**故尚贤之为说，而不可不察此者也。**治要作“是故尚贤之为说，不可不察也”。**尚贤者，天鬼百姓之利，而政事之本也。**

墨子间诂卷三

尚同上第十一

"尚"亦与"上"通,汉书艺文志作"上同",注:"如淳云:言皆同,可以治也。"赵岐孟子章指云"墨子玄同质而违中",亦指此。毕云:"杨倞注荀子'尚'作'上'。"

子墨子言曰:古者民始生未有刑政之时,道藏本"刑"作"形",字通。盖其语"人异义"。俞云:"此本作'古者民始生,未有政长之时,盖其语曰:天下之人异义',中篇文同,可据订。"是以一人则一义,二人则二义,十人则十义,其人兹众,其所谓义者亦兹众。苏云:"兹、滋古通用,是书皆作'兹'。"诒让案:说文草部云:"兹,草木多益。"水部云:"滋,益也。"古正作"兹",今相承作"滋"。是以人是其义,以非人之义,故交相非也。是以内者父子兄弟作怨恶,毕云:"'非也是',旧作'非是也',字倒,今以意改。"离散不能相和合。天下之百姓皆以水火毒药相亏害,小尔雅广言云:"亏,损也。"至有余力不能以相劳,尔雅释诂云:"劳,勤也。"孟子滕文公篇赵注云"共井之家,各相营劳也",即此"相劳"之义。腐死余财不以相分,尚贤下作"腐臭余财"，"臭"、"殀"亦声近。毕云："旧本'殀'俱作'列'，非。说文云：'殀，腐也。'"隐匿良道不以相教，天下之乱，若禽兽然。

夫明虖天下之所以乱者，说文虍部云："虖，哮虖也。"此借为"乎"字。生于无政长。毕云："'政'当为'正'。"是故选天下之贤可者，王云："'选'下有'择'字，而今本脱之，下文及中下二篇皆作'选择'。太平御览皇王部二引此同。"立以为天子。天子立，以其力为未足，又选择天下之贤可者，置立之以为三公。天子三公既以立，以、已通。以天下为博大，远国异土之民、是非利害之辩，不可一二而明知，故画分万国，毕云："说文云：'画，界也。'"立诸侯国君。诸侯国君既已立，以其力为未足，又选择其国之贤可者，置立之以为正长。尔雅释诂云："正，长也。"书立政云"立民长伯，立政"，"政"与"正"同。此"正长"，即中篇所云左右将军大夫及乡里之长，与上文"正长"通天子诸侯言者异。淮南子修务训云："且古之立帝王者，非以奉养其欲也；圣人践位者，非以逸乐其身也。为天下强掩弱，众暴寡，诈欺愚，勇侵怯，怀知而不以相教，积财而不以相分，故立天子以齐一之。为一人聪明而不足以遍烛海内，故立三公九卿以辅翼之。绝国殊俗、僻远幽闲之处，不能被德承泽，故立诸侯以教诲之。是以地无不任，时无不应，官无隐事，国无遗利。"盖本此书。正长既已具，天子发政于天下之百姓，言曰："闻善而不善，毕云："而与如同。"王引之云："而犹与也，言善与不善也。而、与声之转。故庄子外物篇'与其誉尧而非桀'，大宗师篇'与'作'而'。"皆以告其上。上之所是必皆是之，所非必皆非之。上有过则规谏之，下有善则傍荐之。毕云："则，一本作'必'。"案：傍与访通，王训为遍，非也。义详中篇。上同而不下比者，乐记郑注云："比犹同也。"此上之所赏而下之所誉也。意若闻善而不善，不以告其上。上之所是弗能是，上之所非弗能非。

上有过弗规谏，下有善弗傍荐。下比不能上同者，此上之所罚而百姓所毁也。”韩非子难三篇云：“明君求善而赏之，求奸而诛之，其得之一也。故以善闻之者，以说善同于上者也；以奸闻之者，以恶奸同于上者也，此宜赏誉之所及也。不以奸闻，是异于上而下比周于奸者也，此宜毁罚之所及也。”与此说略同。上以此为赏罚，甚明察以审信。甚，旧本讹“其”。王云：“‘其’当为‘甚’，‘甚明察以审信’见中篇。”案：王校是也，今据正。是故里长者，里之仁人也。此“里”为乡之属别，与周礼地官六遂所属里异。里长发政里之百姓，言曰：“闻善而不善，必以告其乡长。乡长之所是必皆是之，乡长之所非必皆非之。去若不善言，学乡长之善言；去若不善行，学乡长之善行。”则乡何说以乱哉？察乡之所治者，何也？“所”下，据下文当有“以”字。乡长唯能壹同乡之义，壹，中下篇并作“一”，字通。是以乡治也。乡长者，乡之仁人也。乡长发政乡之百姓，言曰：“闻善而不善者，必以告国君。国君之所是必皆是之，国君之所非必皆非之。去若不善言，学国君之善言；去若不善行，学国君之善行。”则国何说以乱哉？察国之所以治者，何也？国君唯能壹同国之义，是以国治也。国君者，国之仁人也。国君发政国之百姓，言曰：“闻善而不善，必以告天子。天子之所是皆是之，天子之所非皆非之。去若不善言，学天子之善言；去若不善行，学天子之善行。”则天下何说以乱哉？察天下之所以治者，何也？天子唯能壹同天下之义，是以天下治也。

天下之百姓皆上同于天子，而不上同于天，子，旧本作“一”。苏云：“‘一’当作‘子’。”俞云：“‘而’字乃‘夫’字之误，‘夫’字篆书作‘’，与‘而’相似，故误。‘一夫不上同于天’，谓有一夫不与天同也。尚同下篇‘使天下之民，若使一夫’，以‘一夫’对‘天下之民’言，与此一律，可证。”戴云：“依中篇‘夫既上同乎天子’云云，当如苏说。”案：苏、戴校是也，今据正。**则菑犹未去也。**“菑”上，依中篇当有“天”字。毕云：“菑，‘巛’字之假音。菑，不耕田也，见说文。”**今若天飘风苦雨，**王云：“‘今若天’，‘天’当为‘夫’。‘夫’与‘天’字相似，篇内又多‘天’字，故‘夫’误为‘天’。今若夫犹言今夫。兼爱篇曰‘今若夫攻城野战，杀身而为名，此天下百姓之所皆难也’，又曰‘今若夫兼相爱、交相利，此自先圣六王者亲行之’，又曰‘今若夫兼相爱、交相利，此其有利且易为也，不可胜计也’，鸿烈览冥篇曰‘今若夫申、韩、商鞅之为治也’，皆其证矣。”案：王说亦通。但中篇云“故当若天降寒热不节，雪霜雨露不时，五谷不孰，六畜不遂，疾菑戾疫，飘风苦雨，荐臻而至者，此天之降罚也”，则此“天”字似非讹文。尔雅释言云：“迴风为飘。”诗大雅何人斯毛传云：“飘风，暴起之风。”释文云：“疾风也。”左庄四年传云“春无凄风，秋无苦雨”，杜注云：“霖雨为人所患苦。”礼记月令云：“苦雨数至，五谷不滋。”**溱溱而至者，**毕云：“‘溱’同‘臻’。太平御览作‘臻’。史记三王世家云‘西溱月氏’，正义云：‘溱音臻。’”诒让案：溱溱，言风雨之盛也。诗小雅无羊云“室家溱溱”，毛传云：“溱溱，众也。”广雅释言云：“蓁蓁，盛也。”“溱”、“蓁”声同字通。中篇作“荐臻”。**此天之所以罚百姓之不上同于天者也。**

是故子墨子言曰：古者圣王为五刑，请以治其民。俞云：“‘请’字衍文。‘古者圣王为五刑以治其民’十一字为一句。中篇曰‘昔者圣王制为五刑以治天下’，是其证也。”案：“请”与“诚”通，此书“诚”多作“请”，详下篇。俞以为衍文，非。**譬若丝缕之有纪，**毕云：“说文云：‘纪，丝别也。’”诒让案：纪，本义为丝别，引申之，丝之统总亦为纪。说文糸部云：“统，纪也。”礼记乐记郑注云：“纪，总要之名也。”礼器云“纪散而众乱”，注云：“丝缕之数有纪。”**罔罟之有纲，**毕云：“说文云：‘纲，维纮绳也。’”**所连收天下之百姓不尚同其上者也。**俞云：“‘所’下夺‘以’字。‘所以连收天下之百姓不尚同其上者也’，若无‘以’字，则不成义。中篇曰‘将以运役天下淫暴而一同其义也’，彼云‘将以’，此云‘所以’，文法虽异而实同。”

尚同中第十二

子墨子曰：方今之时，复古之民始生未有正长之时，易杂卦传云："复，反也。"谓反而考之古之民始生之时。盖其语曰"天下之人异义"。是以一人一义，十人十义，百人百义，其人数兹众，其所谓义者亦兹众。是以人是其义，而非人之义，故相交非也。戴云："当从上篇作'交相非也'。"内之父子兄弟作怨仇，皆有离散之心，不能相和合。至乎舍余力不以相劳，隐匿良道不以相教，腐死余财不以相分，毕云："死，旧作'列'，见上。"天下之乱也，至如禽兽然。无君臣上下长幼之节、父子兄弟之礼，是以天下乱焉。

明乎民之无正长以一同天下之义而天下乱也，是故选择天下贤良圣知辩慧之人，立以为天子，使从事乎一同天下之义。天子既以立矣，以为唯其耳目之请，毕云："'请'当为'情'，下同。"顾云："史记乐书'情文俱尽'，徐广曰：'古情字或假作请，诸子中多有此比。'"洪云："列子说符篇'发于此而应于外者唯请'，张湛注：'请当作情。'荀子成相篇〔一〕'听之经，明其请'，杨倞注：'请当为情。''言'古文''，与'心'字篆文''字形近，故'情'字多为'请'。"不能独一同天下之义，是故选择天下赞阅贤良圣知辩慧之人，汉书东方朔传颜注云："赞，进也。"太玄经范望注云："阅，简也。"置以为三公，与从事乎一同天下之义。天子三公既已立矣，以为天下博大，山林远土之民不可得而一也，是故靡分天下，俞云："'靡'当为

〔一〕"成相篇"，原误"成用篇"，据荀子改。

'历',字之误也。大戴记五帝德篇'历离日月星辰',是历与离同义。此云'历分天下',与彼云'历离日月星辰',文义正同。若作'靡'字则无义矣。非攻下篇'禹既已克有三苗焉,磨为山川,别物上下',天志中篇'磨为日月星辰,以昭道之',两'磨'字皆'磿'字之误,'磿'即'历'之假字也。"**设以为万诸侯国君,使从事乎一同其国之义。国君既已立矣,又以为唯其耳目之请,不能一同其国之义,是故择其国之贤者,置以为左右将军大夫,**将军,谓卿也。周礼夏官"军将皆命卿"。春秋战国时,侯国亦皆以卿为将,通谓之将军。非攻中篇云"晋有六将军",即六卿也。管子立政篇云"将军大夫以朝",水经河水郦注引竹书纪年云"邯郸命将军大夫、適子、戍[一]吏皆貂服",并称卿大夫为将军大夫。**以远至乎乡里之长,**"远"当为"逮",形近而误。后文云"逮至有苗之制五刑,以乱天下",尚贤上篇云"逮至远鄙郊外之臣、门庭庶子、国中之众、四鄙之萌人,闻之皆竞为义",与此文例正同。**与从事乎一同其国之义。天子诸侯之君,**天子,"子"疑当作"下"。**民之正长,既已定矣。天子为发政施教曰:"凡闻见善者必以告其上,闻见不善者亦必以告其上。上之所是必亦是之,上之所非必亦非之。已有善傍荐之,**祭义云"卿大夫有善,荐于诸侯",郑注云:"荐,进也。"谓在位之人,已有善,则告进之于上也。"傍"当为"访"之借字,二字皆从方得声,古多通用。鲁问篇云:"所谓忠臣者,上有过则微之以谏,已有善则访之上,而无敢以告外。匡其邪而入其善,尚同而无下比。"与此上下文义并略同,可证。"傍荐"之义,上篇亦同。王云:"'已'字义不可通。'已'当为'民',字之误也。傍者,溥也,遍也。说文:'旁,溥也。'旁与傍通。言民有善则众共荐之,若尧典所云'师锡'也。上篇曰'上有过则规谏之,下有善则傍荐之',下亦民也。"案:此"已"字可通,不必与上篇同义,王失检鲁问篇文,故不得其解。**上有过规**

[一]"戍",原误"代",据郦注引竹书纪年改。

谏之。尚同义其上，“义”当作“乎”，下文云“尚同乎乡长，尚同乎国君”，可证。而毋有下比之心，管子小匡篇云：“公又问焉曰：于子之乡有不慈孝于父母，不长弟于乡里，骄躁淫暴，不用上令者，有则以告，有而不以告，谓之下比。”尹注云：“下与有众者比，而掩盖之。”上得则赏之，万民闻则誉之。意若闻见善不以告其上，闻见不善亦不以告其上。上之所是不能是，上之所非不能非。己有善不能傍荐之，王云“‘己’亦‘民’之误”，非。上有过不能规谏之。下比而非其上者，上得则诛罚之，万民闻则非毁之。”故古者圣王之为刑政赏誉也，甚明察以审信。是以举天下之人，皆欲得上之赏誉，而畏上之毁罚。

是故里长顺天子政，而一同其里之义。里长既同其里之义，率其里之万民以尚同乎乡长，曰：“凡里之万民，皆尚同乎乡长，而不敢下比。乡长之所是必亦是之，乡长之所非必亦非之。去而不善言，学乡长之善言；去而不善行，学乡长之善行。”乡长固乡之贤者也，举乡人以法乡长，夫乡何说而不治哉？察乡长之所以治乡者，何故之以也？曰：唯以其能一同其乡之义，是以乡治。

乡长治其乡，而乡既已治矣。王云：“旧本脱‘乡长治’三字，下文曰‘国君治其国，而国既已治矣’，今据补。”案：王校是也，苏说同。有率其乡万民，有读为又，下并同。以尚同乎国君，曰：“凡乡之万民，皆上同乎国君，而不敢下比。国君之所是必亦是之，国君之所非必亦非之。去而不善言，学国君之善言；去而不善行，学国君之善行。”国君固国之贤者也，举国人以法国君，夫国何说而不治哉？察国君之所以治国而国治者，何故之以也？曰：唯以其能一同其国之义，是以国治。

国君治其国，而国既已治矣。旧本“而”下脱“国”字，今据王校补。有率其国之万民，以尚同乎天子，曰：“凡国之万民，上同乎天子，而不敢下比。天子之所是必亦是之，天子之所非必亦非之。去而不善言，学天子之善言；去而不善行，学天子之善行。”天子者，固天下之仁人也，举天下之万民以法天子，夫天下何说而不治哉？毕云：“下，旧作‘子’，一本如此。”察天子之所以治天下者，何故之以也？曰：唯以其能一同天下之义，是以天下治。

夫既尚同乎天子，而未上同乎天者，则天菑将犹未止也。故当若天降寒热不节，王云：“‘天’亦‘夫’字之误。‘降’字则因下文‘降罚’而衍。”案：“天降”二字，盖通贯下文言之，王说未塙。雪霜雨露不时，五谷不孰，道藏本作“熟”，非。六畜不遂，国语齐语云“牺牲不略，则牛羊遂”，韦注云：“遂，长也”。疾菑戾疫，汉书食货志颜注云：“戾，恶气也。”案：“戾疫”即兼爱下篇之“疠疫”，戾、疠一声之转。毕云“戾，沴字之假音”，亦通。飘风苦雨，荐臻而至者，荐、薦同。毛诗大雅节南山传云：“荐，重也。”尔雅释诂云：“臻、仍，乃也。”仍与重义亦同。易坎象“水荐至”，释文引京房“荐”作“臻”。此天之降罚也，将以罚下人之不尚同乎天者也。故古者圣王，明天鬼之所欲，而避天鬼之所憎，而，旧本误“不”，今据道藏本正，天志中篇同。以求兴天下之利，除天下之〔一〕害。是以率天下之万民，齐戒沐浴，齐，道藏本作“斋”。洁为酒醴粢盛，毕云：“本书多作‘絜’，俗从水。”以祭祀天鬼。其事鬼神也，酒醴粢盛不敢不蠲洁，周礼宫人郑注云：

〔一〕以上“利除天下之”五字原误脱，据毕沅刻本补。

"蠲犹絜也。"吕氏春秋尊师篇云:"临饮食,必蠲絜。"牺牲不敢不腯肥,曲礼云"豚曰腯肥",郑注云:"腯亦肥也。腯,充貌也。"左桓六年传云"吾牲牷肥腯",又云"奉牲以告曰:博硕肥腯"。珪璧币帛不敢不中度量,珪璧有度,若考工记玉人云"四圭尺有二寸以祀天,两圭五寸有邸以祀地"之属是也。币帛有度,若汉书食货志云"周法,布帛广二尺二寸为幅"、周礼内宰郑注引天子巡守礼云"制币丈八尺纯四𦀩"是也。王制云:"布帛幅广狭不中度量,不粥于市。"春秋祭祀不敢失时几,听狱不敢不中,毕云:"几,读如'关市讥'。"俞云:"毕以'几'字属下'听狱不敢不中'读,然关市与狱讼不当并为一事,殆失之矣。'几'字仍当属上读。几者,期也。诗楚茨篇'如几如式',毛传训几为期,是也。不敢失时几者,不敢失时期也。国语周语注曰:'期,将事之日也。'是期以日言。不敢失时,并不敢失日,故曰不敢失时几。"分财不敢不均,居处不敢怠慢。曰:其为正长若此,是故上者天鬼有厚乎其为政长也,下云"天鬼之所深厚",则此"厚"上疑脱"深"字。下者万民有便利乎其为政长也。天鬼之所深厚,而能强从事焉,则王云:"自'上者天鬼'以下至此,凡三十八字,旧本误入下文'入守固'之下,今移置于此。'而能强从事焉',旧本脱'能'字,今据下文补。"案:王校是也,苏说同,今从乙补。天鬼之福可得也。万民之所便利,而能强从事焉,则万民之亲可得也。其为政若此,是以谋事得,毕云:"旧脱此字,据后文增。"举事成,入守固,出诛胜者,何故之以也?曰:唯以尚同为政者也。故古者圣王之为政若此。

今天下之人曰:方今之时,王云:"自'出诛胜'以下至此,凡三十八字,旧本误入上文'上者天鬼'之上,今移置于此。"案:王校是也,苏说同,今从乙正。天下之正长犹未废乎天下也,而天下之所以乱者,何故之以也?子墨子曰:方今之时之以正长,则本与古者异矣,譬之若有苗之以五刑然。毕云:"苗,旧作'量',据下改。"

昔者圣王制为五刑，书舜典伪孔传云："五刑：墨、劓、剕、宫、大辟。"**以治天下，**毕云："文选注引此云'画衣冠，异章服，而民不犯'，疑此间脱文。"**逮至有苗之制五刑，**此即下五杀之刑。**以乱天下。**俞云："'之'衍字。"**则此岂刑不善哉？用刑则不善也。是以先王之书吕刑之道**毕云："当云'道之'。"案：下文两云"之道"，此疑不倒。**曰："苗民否用练，折则刑，**毕云："孔书作'弗用灵，制以刑'，'灵''练'、'否''弗'、'折''制'音同。"钱大昕云："古书弗与不同，否即不字。灵、练声相近。缁衣引作'匪用命'，'命'当是'令'之讹，令与灵古文多通用。令、灵皆有善义。郑康成注礼解为政令，似远。"王鸣盛云："古音灵读若连，故转为练也。折为制，古字亦通。古文论语云'片言可以折狱'，鲁论'折'作'制'是也。"段玉裁云："灵作练者，双声也。依墨子上下文观之，练亦训善，与孔正同。"诒让案：伪孔传云："三苗之君〔一〕，习蚩尤之恶，不用善化民，而制以重刑。三苗，帝尧所诛。"吕刑及缁衣孔疏引书郑注云："苗民，谓九黎之君也。九黎之君于少昊氏衰而弃善道，上效蚩尤重刑。必变九黎言苗民者，有苗，九黎之后，颛顼代少昊诛九黎，分流其子孙，为居于西裔者三国。至高辛之衰，又复九黎之君，恶。尧兴，又诛之。尧末又在朝，舜时又窜之。后禹摄位，又在洞庭逆命，禹又诛之。后王深恶此族三生凶恶，故著其氏而谓之民。民者，冥也，言末见仁道。"又郑缁衣注云："命，谓政令也。高辛氏之末，诸侯有三苗者作乱，其治民不用政令，专制御之以严刑，乃作五虐蚩尤之刑，以是为法。"案：郑书、礼二注不同，书注与此合，于义为长。战国策魏策："吴起云：昔者三苗之居，左彭蠡之波，右洞庭之水，文山在其南，而衡山在其北，恃此险也，为政不善，而禹放逐之。"史记吴越传作"左洞庭，右彭蠡"。五帝本纪张守节正义据彼云："今江州、鄂州、岳州，三苗之地也。"案：古三苗国当在今湖南、湖北境。**唯作五杀之刑，曰法。"**伪孔传云："惟为五虐之刑，自谓得法。"毕云："孔书'杀'

〔一〕此引伪孔传，见尚书吕刑"苗民弗用灵，制以刑"云云一段之下。传文首"三苗之君"四字，原作"三苗之主顽凶，若民"八字，乃吕刑下段伪孔传之首八字而误置于此，今据伪孔传原文改正。

作'虐'。"孙星衍云:"虐、杀义相同。"诒让案:吕刑下文云"杀戮无辜,爰始淫为刵、劓、椓、黥",则止四刑。书尧典孔疏引今文夏侯等书作"膑、宫割、劓、头庶剠",膑一,宫割二,劓三,头庶剠四,亦无五刑。以吕刑五刑之"辟"校之,惟少大辟,盖即以杀戮晐大辟矣。**则此言善用刑者以治民,不善用刑者以为五杀。则此岂刑不善哉?用刑则不善,故遂以为五杀。是以先王之书术令之道曰:"唯口出好兴戎。"**苏云:"出书大禹谟。"诒让案:"术令"当是"说命"之假字。礼记缁衣云"兑命曰:惟口起羞,惟甲胄起兵,惟衣裳在笥,惟干戈省厥躬",郑注云:"'兑'当为'说',谓殷高宗之臣傅说也。作书以命高宗,尚书篇名也。羞犹辱也。惟口起辱,当慎言语也。"案:此文与彼引兑命辞义相类,"术""说"、"令""命"音并相近,必一书也。晋人作伪古文书不悟,乃以窜入大禹谟,疏缪殊甚。近儒辩古文书者,亦皆不知其为说命佚文,故为表出之。伪孔传云:"好谓赏善,戎谓伐恶。言口,荣辱之主。"**则此言善用口者出好,不善用口者以为谗贼寇戎。则此岂口不善哉?用口则不善也,故遂以为谗贼寇戎。**

故古者之置正长也,将以治民也。譬之若丝缕之有纪,而罔罟之有纲也,将以运役天下淫暴而一同其义也。王云:"'运役'二字义不可通,当依上篇作'连收',字之误也。'连收'二字,正承丝缕罔罟而言。"**是以先王之书相年之道曰:**毕云:"'相年'当为'拒年'。"**"夫建国设都,乃作后王君公,否用泰也,**论语子罕皇疏云:"泰,骄泰也。"王引之云:"否,非也。"**轻大夫师长,**毕云:"'轻'当为'卿'。"卢云:"下篇作'奉以卿',字误也。"**否用佚也,维辩使治天均。"**辩、辨字通。周易集解引易郑注云:"辩,分也。"谓分授以职,使治天均。王念孙释辩为遍,未塙,详下篇。诗大雅节南山"秉国之均",毛传云:"均,平也。"庄子寓言篇云"天均者,天倪也",非此义。下篇作"治天明"。又案:王引之尚书述闻据广雅释诂训此辩为使,则辞义重复,亦不可从。**则此语古者**

上帝鬼神之建设国都立正长也，非高其爵、厚其禄、富贵佚而错之也，王云："'佚'上有'游'字，而今本脱之，则语意不完。下篇曰'非特富贵游佚而择之也'，是其证。游佚即淫佚，语之转耳。"毕云："错，读如举措。"将以为万民兴利除害、富贵贫寡、此与上下文例不合，疑当作"富贫众寡"。安危治乱也。故古者圣王之为若此。戴云："'为'下疑脱'政'字。"

今王公大人之为刑政，则反此。戴云："'刑'字衍。"政以为便譬，政与正同。毕云："譬读如僻。"洪云："论语'季氏友便辟'，马、郑皆读辟为譬，谓巧为譬谕，以求容媚。义即本此。"宗于父兄故旧，"宗于"疑"宗族"之误。以为左右，置以为正长。戴云："'政以为便譬'三句，当作'宗于便譬父兄故旧，立以为左右，置以为正长'。'便譬'误写在'宗'字上，'以为左右'上之'立'字又误作'政'，'政以为'三字又误在句首，故不可通。'便譬'谓巧为譬喻，见公羊定四年疏引论语郑注。或当为'便嬖'，亦通。宗读为是崇。'立'字与'正'相似，故误为'正'，又误沾攴旁耳。"案：戴说未塙。民知上置正长之非正以治民也，戴云："'非'下'正'字衍。"是以皆比周隐匿，比周，详前篇。而莫肯尚同其上，是故上下不同义。若苟上下不同义，赏誉不足以劝善，而刑罚不足以沮暴。何以知其然也？曰：上唯毋立而为政乎国家，为民正长，王云："唯与虽同。"诒让案：毋，语词，详尚贤中篇。曰："人可赏，吾将赏之。"若苟上下不同义，上之所赏，则众之所非，曰人众与处，于众得非。则是虽使得上之赏，未足以劝乎！上唯毋立而为政乎国家，为民正长，曰："人可罚，吾将罚之。"若苟上下不同义，上之所罚，则众之所誉，曰人众与处，于众得誉。则是虽使得上之罚，未足以沮乎！若立而为政乎国家，为民正长，赏誉不足以劝善，而刑罚不沮暴,“沮暴”上亦当有“足以”二字。则是不与乡吾本言民始生未有正长之时同乎?若有正长与无正长之时同,则此非所以治民一众之道。

故古者圣王唯而审以尚同毕云:“而读与能同。旧脱‘审’字,文选注引作‘能审以尚同’,今据增。”以为正长,是故上下情请为通。毕云:“‘文选注引作‘是故上下通情’,旧脱‘故’字,今据增。”王云:“此本作‘是故上下请通’,‘请’即‘情’字也。墨子书多以‘请’为‘情’,今作‘情请为通’者,后人旁记‘情’字,而写者遂误入正文,又涉上文‘以为正长’而衍‘为’字耳。文选东京赋注引‘情通’作‘通情’者,乃涉赋文‘上下通情’而误。”顾校同。俞云:“惟‘以为正长’句亦有衍字,下文曰:‘故古者圣王之所以济事成功,垂名于后世者,无它故异物焉,曰唯能以尚同为政者也。’然则此文当云:‘唯而审以尚同为政’,上下文义始相应。因涉上文屡言‘正长’,遂误作‘以为正长’,上下不应矣。且既云‘审以尚同’,又云‘以为正长’,一句中两用‘以’字,义亦未安。上文曰‘其为正长若此,是故出诛胜者,何故之以也?曰唯以尚同为政者也’,然则‘为正长’以人言,‘为政’以事言,明为正长者当以尚同为政也,若作‘尚同以为正长’,即失其义矣。下篇云‘圣王皆以尚同为政,故天下治’,亦其证也。”案:俞校未塙。上有隐事遗利,隐事遗利,与节葬篇“隐谋遗利”义同。下得而利之;下有蓄怨积害,上得而除之。是以数千万里之外有为善者,其室人未遍知,乡里未遍闻,天子得而赏之。数千万里之外有为不善者,其室人未遍知,乡里未遍闻,天子得而罚之。是以举天下之人皆恐惧振动惕栗,不敢为淫暴,曰:“天子之视听也神。”毕云:“子,旧作‘下’,一本如此。”先王之言曰:“非神也,夫唯能使人之耳目助己视听,使人之吻助己言谈,说文口部云:“吻,口边也。”以上句文例校之,“吻”上疑有“唇”字。非命下篇云:“今天下之士君子之为文学出言谈也,非将勤劳其喉舌,而利其脣呡也。”呡与吻字同。使人之心助己思虑，使人之股肱助己动作。”助之视听者众，则其所闻见者远矣；助之言谈者众，则其德音之所抚循者博矣；荀子富国篇云“拊揗之”，杨注云：“拊与抚同。抚循，慰悦之也。”助之思虑者众，则其谈谋度速得矣；王云：“‘谋度’上不当有‘谈’字，盖涉上文‘言谈’而衍。”案：王说是也，苏说同。助之动作者众，即其举事速成矣。旧本“其”在“举”下。苏云：“当作‘则其举事速成矣’。”俞云：“此本作‘即其举事速成矣’。上文三言‘则其’，此言‘即其’，即、则古通用也。今作‘即举其事’，误。”案：俞说是也，今据乙。

故古者圣人之所以济事成功，垂名于后世者，无他故异物焉，异物，犹言异事。韩非子右储说上篇云：“晋文公一举而八有功，所以然者，无他故异物，从狐偃之谋，假颠颉之脊也。”曰：唯能以尚同为政者也。是以先王之书周颂之道之曰：古书诗、书多互偁。“载来见彼王，诗载见叙云：“诸侯始见乎武王庙也。”毛传云：“载，始也。”郑笺云：“诸侯始见君子，谓见成王也。”毕云：“一本作‘载见辟王’，同诗。”聿求厥章。”道藏本“聿”字缺。苏云：“聿，诗作‘曰’。”诒让案：聿、曰古通用。郑笺云：“求车服礼仪之文章制度也。”则此语古者国君诸侯之以春秋来朝聘天子之廷，受天子之严教。退而治国，政之所加，莫敢不宾。尔雅释诂云：“宾，服也。”当此之时，本无有敢纷天子之教者。广雅释诂云：“纷，乱也。”谓不敢变乱天子之教令。诗曰：“我马维骆，尔雅释畜云：“白马黑鬣，骆。”六辔沃若。毛诗卫风氓传云：“沃若，犹沃沃然。”载驰载驱，周爰咨度。”毛诗小雅皇皇者华传云：“咨礼义所宜为度。”又曰：“我马维骐，毛诗鲁颂駉传云：“苍綦曰[一]骐。”六辔若丝。毛传云：“言调忍也。”苏云：“若，诗作‘如’。”载驰载驱，周

〔一〕“曰”，原误“日”，据鲁颂駉毛传改。

爰咨谋。”毛传云：“咨事之难易为谋。”即此语也王云：“即与则同，语犹言也。‘则此语’三字文义直贯至‘以告天子’而止。则语下不当有‘也’字。凡墨子书用‘则此语’三字者，‘语’下皆无‘也’字，此盖后人不晓文义而妄加之。”古者国君诸侯之闻见善与不善也，皆驰驱以告天子，是以赏当贤，罚当暴，不杀不辜，不失有罪，则此尚同之功也。

是故子墨子曰：今天下之王公大人士君子，请将欲富其国家，王云：“请即诚字。”案：说详节葬下篇。俞云：“‘请’上夺‘中’字。墨子书多以‘请’为‘情’，中请即中情也。下篇曰‘今天下王公大人士君子，中情将欲为仁义’，是其证也。后人不知请之当读为情，故误删‘中’字耳。尚贤篇曰‘且今天下之王公大人士君子，中实将欲为仁义’，中实亦即中情也。”众其人民，治其刑政，定其社稷，当若尚同之不可不察，此之本也。毕云：“当云‘此为政之本也’。”俞云：“‘若’字衍文，‘不可不察’上夺‘说’字，‘此’下夺‘为政’二字，当据下篇补。”案：毕、俞校是也。惟“若”字实非衍文，当若犹言当如。尚贤中篇云“古当若之二物者，王公大人未知以尚贤使能为政也”，兼爱下篇云“当若兼之不可不行也，此圣王之道而万民之大利也”，非攻下篇云“当若繁为攻伐，此实天下之巨害也”，又云“故当若非攻之为说，而将不可不察者此也”，节葬下篇云“故当若节丧之为政，而不可不察此者也”，明鬼下篇云“当若鬼神之有也，将不可不尊明也”，非命下篇云“当若有命者之言，不可不强非也”，皆其证。俞以“若”为衍文，失之。

尚同下第十三

毕云：“中兴书目云‘一本自亲士至上同凡十三篇’者，即此已上诸篇，非有异本。”

子墨子言曰：知者之事，必计国家百姓所以治者而为之，必计国家百姓之所以乱者而辟之。毕云：“辟同避。”然计国家百姓之所以治者，何也？上之为政，得下之情则治，不得下之情则乱。何以知其然也？上之为政得下之情，则是明于民之善非也。若苟明于民之善非也，毕云："'若苟'二字旧倒，据下文改。"则得善人而赏之，得暴人而罚之也。善人赏而暴人罚，则国必治。上之为政也，不得下之情，则是不明于民之善非也。若苟不明于民之善非，则是不得善人而赏之，不得暴人而罚之。善人不赏而暴人不罚，为政若此，国众必乱。故赏不得下之情，苏云："'赏'下当脱'罚'字。"俞校同。而不可不察者也。俞云："'而不可'当作'不可而'，犹言不可以也。"

然计得下之情将奈何可？故子墨子曰：唯能以尚同一义为政，然后可矣。何以知尚同一义之可而为政于天下也？而，陈寿祺读为能。今案：而亦犹以也，说详尚贤下篇。下文"诸侯可而治其国"、"家君可而治其家"，同。然胡不审稽古之治为政之说乎？王云："然犹则也。'然胡不'，则胡不也。"俞云："'治'字乃'始'字之误。下文曰'古者天之始生民，未有正长也'云云，是从古之始为政者说，故此云'胡不审稽古之始为政之说乎'。"古者天之始生民，未有正长也，百姓为人。戴云："此人字，读如'人偶'之人。"若苟百姓为人，是一人一义，十人十义，百人百义，千人千义，逮至人之众不可胜计也，则其所谓义者亦不可胜计。此皆是其义而非人之义，是以厚者有斗而薄者有争。毕云："薄，旧作'荡'，一本如此。"是故天下之欲同一天下之义也，上"天下"二字，疑当作"天"。毕云："文选注引作'古者同天之义'。"是故选择贤者立为天子。文选王元长三月三日曲水诗序注引此作"上圣立为天子"，盖李善所改易。又袁彦伯三国名臣序赞注引则并与此同。天子以其知力为未足独治天下，是以选择其次立为三公。三公又以其知力为未足独左右天子也，是以分国建诸侯。诸侯又以其知力为未足独治其四境之内也，是以选择其次立为卿之宰。之犹与也。卿之宰又以其知力为未足独左右其君也，是以选择其次立而为乡长家君。是故古者天子之立三公、诸侯、卿之宰、乡长家君，非特富贵游佚而择之也，择，当依中篇读为“措”。将使助治乱刑政也。“治”下“乱”字疑衍。故古者建国设都，乃立后王君公，奉以卿士师长，此非欲用说也，王云：“‘说’字义不可通。‘说’当为‘逸’，字之误也。中篇曰‘夫建国设都，乃作后王君公，否用泰也。卿大夫师长，否用佚也’，否用佚即非用逸，是其证。否犹非也，说见尚贤下。伪古文说命‘建邦设都，树后王君公，承以大夫师长，不惟逸豫’，即用墨子而小变其文。”案：王说是也。伪孔传云：“言立国设都，立君臣上下，不使有位者逸豫民上，言立之主使治民。”唯辩而使助治天明也。旧本“助治天”下有“助”字。王云：“下‘助’字衍。‘唯辩而使助治天明’者，辩读为遍，古‘遍’字多作‘辩’。天明，天之明道也，哀二年左传曰‘二三子顺天明’。言所以设此卿士师长者，唯遍使助治天道也。中篇作‘维辩使治天均’。”案：王谓下“助”字衍，是也，今据删。辩当训为分，王读为遍，尚未得其义。左传哀二年孔疏释“天明”为天之明道，即王说所本。大戴礼记虞戴德篇云“法于天明，开施教于民”，左昭二十五年传云“则天之明”，义并略同。伪古文书说命作“惟以乱民”，疑伪孔读“天明”为“天民”。

今此何为人上而不能治其下，为人下而不能事其上？则是上下相贼也。贼，旧本讹“贱”，今依王校正，说详尚贤中篇。苏云：“‘贱’当作‘残’，或‘残贼’二字各脱其偏傍。”非。何故以然？则义不同也。若苟义不同者有党，上以若人为善，将赏之，毕云：“赏，旧作‘毁’，一本如此。”若人唯使得上之赏，唯、虽字通。而辟百姓之毁，辟、避字亦同，后文辟、避错出。是以为善者必未可使劝，见有赏也。上以若人为暴，将罚之，若人唯使得上之罚，而怀百姓之誉，是以为暴者必未可使沮，见有罚也。故计上之赏誉，不足以劝善；计其毁罚，不足以沮暴。此何故以然？则义不同也。

然旧本脱此六字。王云："'此何故以然'是问词，'则义不同也'是答词，'然则欲同一天下之义，将奈何可'又是问词，旧脱中六字，则上下文皆不可通矣。今据上文补。"案：王校是也，今从之。则欲同一天下之义，将奈何可？故子墨子言曰：然胡不赏使家君试用家君发宪布令其家，王云："'赏'字义不可通，'赏'当为'尝'。'尝'、'赏'字相似，又涉上下文'赏罚'而误。'使家君'三字，则涉下文'使家君'而衍。既言'用家君'，则不得又言'使家君'。'胡不尝试用家君发宪布令其家'作一句读。"案：王校是矣。然下文说国君发宪布令，则云"故又使家君总其家之义，以尚同于国君"；说天子发宪布令，则云"故又使国君选其国之义，以尚同于天子"，则此文疑亦当云"胡不尝使家人总其身之义，以尚同于家君，试用家君发宪布令其家"，前后文例乃相应。盖今本"胡不尝使家"下脱十一字，"使家君"三字非衍文也。发宪，犹言布宪。宪者，法也。非命上篇云："先王之书，所以出国家布施百姓者，宪也。"曰："若见爱利家者必以告，若见恶贼家者亦必以告。若见爱利家以告，亦犹爱利家者也，上得且赏之，众闻则誉之；若见恶贼家不以告，亦犹恶贼家者也，上得且罚之，众闻则非之。"是以遍若家之人，毕云："遍，旧作'祸'，一本如此。下同。"皆欲得其长上之赏誉，辟其毁罚。是以善言之，不善言之，毕云："旧脱四字，一本有。"家君得善人而赏之，得暴人而罚之。善人之赏，而暴人之罚，则家必治矣。然计若家之所以治者，何也？唯以尚同一义为政故也。

家既已治，国之道尽此已邪？则未也。国之为家数也甚多，国之，旧本作"天下"。毕云："'天下'下当脱'之'字。一本'天下'作'国之'。"诒让案："国之"是，下文云"天下之为国数也甚多"，则此不当作"天下”明矣，今据正。此皆是其家而非人之家，是以厚者有乱，而薄者有争。故又使家君总其家之义，毕云:“旧脱此字，一本有。”以尚同于国君。国君亦为发宪布令于国之众，曰:“若见爱利国者必以告，若见恶贼国者亦必以告。若见爱利国以告者，亦犹爱利国者也，上得且赏之，众闻则誉之；若见恶贼国不以告者，亦犹恶贼国者也，上得且罚之，众闻则非之。”是以遍若国之人，皆欲得其长上之赏誉，避其毁罚。是以民见善者言之，见不善者言之，国君得善人而赏之，得暴人而罚之。善人赏而暴人罚，则国必治矣。然计若国之所以治者，何也？唯能以尚同一义为政故也。

国既已治矣，天下之道尽此已邪？则未也。天下之为国数也甚多，此皆是其国毕云:“旧脱‘其’字，一本有。”而非人之国，是以厚者有战，而薄者有争。故又使国君选其国之义，以尚同于天子。旧本“以”下有“义”字，毕云:“一本无此字，是。”俞云:“下‘义’字衍文，上文云‘故又使家君总其家之义，以尚同于国君’，下文云‘天子又总天下之义，以尚同于天’，并无下‘义’字，是其证也。上下文并言‘总’，而此言‘选’，选亦总也。诗猗嗟篇‘舞则选兮’，毛传训选为齐。‘选其国’之义，犹齐其国之义。曰总，曰选，文异而义同也。史记仲尼弟子列传‘任不齐，字选’，是选有齐义。贾子等齐篇曰‘撰然齐等’，撰与选通。”戴说同。案:一本是也，今据删。天子亦为发宪布令于天下之众，曰:“若见爱利天下者必以告，若见恶贼天下者亦以告。若见爱利天下以告者，亦犹爱利天下者也，上得则赏之，众闻则誉之；若见恶贼天下不以告者，亦犹恶贼天下者也，上得且罚之，毕云:“且，一本作‘则’。”众闻则非之。”是以遍天下之人，皆欲得其长上之赏誉，避其毁罚，是以见善、不善者告之。天子得善人而赏之，得暴人而罚之，善人赏而暴人罚，天下必治矣。然计天下之所以治者，何也？唯而以尚同一义为政故也。毕云："一本无'而'字，非。而同能。"

天下既已治，毕云："既，一本作'计'，非。"天子又总天下之义，以尚同于天。旧本"天下"亦作"天子"。俞云："当作'天子又总天下之义，以尚同于天'，义见上下文。"案：俞校是也，今据正。故当尚同之为说也，同，旧本作"用"，盖与下文互讹。苏云"'用'当作'同'"，是也，今据正。尚用之天子，旧本"用"作"同"，毕云："一本作'上同'。"王改"尚用"，云："旧本'用'作'同'，涉上句而误，今据下文改。"案：王校是也，今从之。苏云："当作'上用'。"可以治天下矣；中用之诸侯，可而治其国矣；王引之云："而与以同义，故二字可以互用。"案：王说是也，详尚贤下篇。小用之家君，可而治其家矣。王引之云："'小用之'当作'下用之'，与'尚用之'、'中用之'对文，下文'小用之'则与'大用之'对文。今本'下用'作'小用'者，即涉下文'小用之'而误。"是故大用之治天下不窕，小用之治一国一家而不横者，毕云："尔雅云：'窕，间也。'犹云无间。"王云："毕说非也。窕，不满也。横，充塞也。孔子闲居'以横于天下'，郑注：'横，充也。'祭义曰：'置之而塞乎天地，溥之而横乎四海。'以小居大则窕，以大入小则塞。唯此尚同之道，则大用之治天下而不窕，小用之治一国一家而不塞也。大戴记王言篇曰：'布诸天下而不窕，内诸寻常之室而不塞。'"又云："广雅曰：'窕，宽也。'昭二十一年左传'钟小者不窕'，杜注曰：'窕，细不满也。'吕氏春秋适音篇'不詹则窕'，高注云：'窕，不满密也。'"若道之谓也。故曰：治天下之国若治一家，使天下之民若使一夫。意独子墨子有此，而先王无此其有邪？疑当作"无有此邪"，"其"字衍。则亦然也。圣王皆以尚同为政，故天下治。何以知其然也？于先王之书也大誓之言然，书叙云："惟十有一年，武王伐殷。一月戊午，师渡孟津，作泰誓。"古书"泰"皆作"大"，伪孔传云"大会以誓众"，则作"大"是。曰："小人见奸巧乃闻，不言也，发罪钧。"毕云："孔书无此文。"苏云："'发'当作'厥'，今泰誓云：'厥罪惟钧。'"江声云："发，谓发觉也。钧，同也。言知奸巧之情而匿不以告，比事发觉，则其罪与彼奸巧者同。"此言见淫辟不以告者，其罪亦犹淫辟者也。

故古之圣王治天下也，其所差论以自左右羽翼者皆良，王云："差、论皆择也。尔雅〔一〕曰：'既差我马。差，择也。'所染篇曰'故善为君者，劳于论人，而佚于治官'，吕氏春秋当染篇同，高注：'论犹择也。'非攻篇'差论其爪牙之士，比列其舟车之众'，义与此同。"外为之人"外为"二字疑误。助之视听者众。故与人谋事，先人得之；与人举事，先人成之；光誉令闻，先人发之。光，旧本作"先之"。毕云："二字一本作'光'，是，今据改。"俞云："光、广古通用，光誉即广誉。孟子曰'令闻广誉施于身'。"案：俞校是也。非命下篇作"光誉令问"，问与闻字通。礼记孔子闲居郑注云："令，善也，言以名德善闻。"唯信身而从事，故利若此。古者有语焉，曰："一目之视也，毕云："旧脱'之'字，一本有。"不若二目之视也。一耳之听也，不若二耳之听也。以下二句文例校之，疑"二目之视"，"视"当作"睹"；"二耳之听"，"听"当作"聪"，今本皆传写掍之。一手之操也，不若二手之强也。"毕云："旧脱'之'字，一本有。"夫唯能信身而从事，故利若此。是故古之圣王之治天下也，千里之外有贤人焉，其乡里之人皆未之均闻见也，说文土部云："均，平遍也。"此与中篇云"室人未遍知，乡里未遍闻"义同。圣王得而赏之。千里之内有暴人焉，其乡里毕云："据上文，当有'之人'二字。"未之均闻见也，圣王得而罚之。故唯毋以圣王为聪耳明目与？王云："唯亦与虽同。"案：毋，语词，详尚贤中篇。岂能

〔一〕此引尔雅，见释畜篇。

一视而通见千里之外哉！一听而通闻千里之外哉！圣王不往而视也，不就而听也。然而使天下之为寇乱盗贼者，周流天下无所重足者，诗无将大车郑笺云："重犹累也。"何也？其以尚同为政善也。

是故子墨子曰：凡使民尚同者，爱民不疾，以下文校之，"不疾"疑当作"必疾"，或当云："不可不疾。"吕氏春秋尊师篇高注云："疾，力也。"民无可使，曰必疾爱而使之，致信而持之，致，旧本讹"畋"，今据道藏本正。苏云"'畋'当作'敬'"，非。国语越语韦注云："持，守也"富贵以道其前，明罚以率其后。为政若此，唯欲毋与我同，唯，毕本作"虽"，云："旧作'唯'，以意改。"王云："古者虽与唯通，不烦改字。"王引之云："礼记少仪'虽有君赐'，郑注曰：'虽，或为唯。'说文'虽'字以'唯'为声，故虽可通作唯，唯亦可通作虽。"将不可得也。是以子墨子曰：今天下王公大人士君子，中情将欲为仁义，王云："情即诚字。言诚将欲为仁义，则尚同之说不可不察也。尚贤篇曰'且今天下之王公大人士君子，中实将欲为仁义'，实亦诚也。非攻篇曰'情不知其不义也，故书其言以遗后世。若知其不义也，夫奚说书其不义以遗后世哉'，'情不知'即诚不知。凡墨子书中'诚'、'情'通用者不可枚举。又齐策'臣知诚不如徐公美'，刘本'诚'作'情'。吕氏春秋具备篇'三月婴儿，慈母之爱谕焉，诚也'，淮南缪称篇'诚'作'情'。汉书礼乐志'正人足以副其诚'，汉纪'诚'作'情'。此皆古书诚、情通用之证。"洪云："'中情欲'三字书中屡见，或作'中请欲'，请即情字；或作'中实欲'，情，实也，其义并同。"求为上士，"士"上旧本无"上"字，王据各篇补。上欲中圣王之道，下欲中国家百姓之利，故当尚同之说而不可不察。旧本作"而不察"，毕云："当云'不可不察'。"王亦据补。尚同为政之本，而治要也。毕云："当云'治之要也'。"

墨子间诂卷四

兼爱上第十四

邢昺尔雅疏引尸子广泽篇云:“墨子贵兼。”毕云:“㤅好之字作㤅。从夊者行皃,经典通用此。”

圣人以治天下为事者也,必知乱之所自起,句。焉能治之;王引之云:“言知乱之所自起,乃能治之也。”顾云:“三‘焉’字皆下属。”案:王、顾读是也。焉训乃,说详亲士篇。不知乱之所自起,则不能治。譬之如医之攻人之疾者然,小尔雅广诂云:“攻,治也。”必知疾之所自起,句。焉能攻之;不知疾之所自起,则弗能攻。治乱者何独不然?必知乱之所自起,句。焉能治之;不知乱之所自起,则弗能治。

圣人以治天下为事者也,不可不察乱之所自起。当察乱何自起?当读为尝,同声假借字。荀子君子篇“先祖当贤”,杨注云:“当,或为尝。”孟子万章篇“是时孔子当厄”,说苑至公篇引“当厄”作“尝厄”,是其证。尝,试也。下篇云“姑尝本原若众害之所自生”,语意与此同。起不相爱。臣子之不孝君父,所谓乱也。子自爱不爱父,故亏父而自利；故，意林引作“欲”，下同。弟自爱不爱兄，故亏兄而自利；臣自爱不爱君，“不”下旧衍“自”字，今依道藏本删。上下文凡言“不爱”者，“不”下皆无“自”字。故亏君而自利，此所谓乱也。虽父之不慈子，兄之不慈弟，君之不慈臣，此亦天下之所谓乱也。父自爱也不爱子，故亏子而自利；兄自爱也不爱弟，故亏弟而自利；君自爱也不爱臣，故亏臣而自利。是何也？皆起不相爱。虽至天下之为盗贼者亦然，盗爱其室，不爱其异室，王云：“下句不当有‘其’字，盖涉上下文而衍。下文‘不爱异家’、‘不爱异国’，皆无‘其’字，是其证。意林引无‘其’字。”故窃异室以利其室；贼爱其身，不爱人，故贼人以利其身。俞云：“两‘人’字下并夺‘身’字，本作‘贼爱其身，不爱人身，故贼人身以利其身’，方与上句一律。下文云‘视人身若其身，谁贼’，亦以‘人身’、‘其身’对言。中篇云‘今人独知爱其身，不爱人之身，是以不惮举其身以贼人之身’，并可证‘人’下当有‘身’字也。”此何也？皆起不相爱。虽至大夫之相乱家、诸侯之相攻国者，亦然。大夫各爱其家，旧本无“其”字。毕云：“一本云‘爱其家’。”诒让案：以下文校之，有者是也，今据增。不爱异家，故乱异家以利其家；旧本无“其”字。毕云：“一本云‘利其家’。”诒让案：以下文校之，亦当有“其”字，今据增。诸侯各爱其国，不爱异国，故攻异国以利其国，天下之乱物具此而已矣。物亦事也，言天下之乱事毕尽于此。察此何自起？皆起不相爱。

若使天下兼相爱，爱人若爱其身，句首“爱”字旧本脱，今依卢校补。犹有不孝者乎？视父兄与君若其身，旧本脱“犹有”以下十四字，王据下文校补“犹有不孝者乎？视父若其身”十一字。今案：当于“父”下更补“兄与君”三字，盖墨子此文以“无不孝”晐“无不忠不弟”，犹下文以“无不慈”晐“无不惠不和”也。上文亦云“臣子之不孝君父，所谓乱也”，可证。王因下云“不孝”，故但补“父”而不及“兄与君”，则与下“无不慈”之兼子弟臣言者不相对矣。恶施不孝？犹有不慈者乎？视弟子与臣若其身，恶施不慈？故不孝不慈亡有。王云：“旧本脱‘故’、‘不’、‘慈’、‘有’四字，毕据下文补‘有’字。今以上下文考之，当作‘故不孝不慈亡有’。‘不孝不慈亡有’，总承上文而言。下文曰‘故盗贼亡有’、‘故大夫之相乱家、诸侯之相攻国者亡有’，与此文同一例，今补。”犹有盗贼乎？故视人之室若其室，“故”字疑衍。谁窃？视人身若其身，谁贼？故盗贼亡有。毕云：“二字旧倒，非，下同。”犹有大夫之相乱家、诸侯之相攻国者乎？视人家若其家，谁乱？视人国若其国，谁攻？故大夫之相乱家、诸侯之相攻国者亡有。若使天下兼相爱，国与国不相攻，家与家不相乱，盗贼无有，君臣父子皆能孝慈，若此则天下治。故圣人以治天下为事者，恶得不禁恶而劝爱？故天下兼相爱则治，交相恶则乱。旧本脱“交”字，王据下二篇补。故子墨子曰：不可以不劝爱人者，此也。

兼爱中第十五

子墨子言曰：仁人之所以为事者，必兴天下之利，除去天下之害，以此为事者也。然则天下之利何也？天下之害何也？子墨子言曰：今若国之与国之相攻，家之与家之相篡，说文厶部云：“屰而夺取曰篡。”人之与人之相贼，君臣不惠忠，父子不慈孝，兄弟不和调，此则天下之害也。然则崇此害亦何用生哉？俞云：“‘崇’字无义，乃‘察’字之误。何用生者，何以生也。一切经音义卷七引苍颉篇曰：‘用，以也。’诗桑柔篇‘逝不以濯’，尚贤篇引作

'鲜不用濯',即其证也。言国与国相攻,家与家相篡,人与人相贼,以及君臣父子兄弟之不惠忠,不慈孝,不和调,当察其害之何以生,故曰'然则察此害亦何用生哉'。上篇曰'当察乱何自起',与此同义。"案:俞说是也。苏云"'用'疑当作'由'",非。**以不相爱生邪?**俞云:"'以不相爱生邪'当作'以相爱生邪',乃反言以问之,起子墨子之正对也。下篇云'姑尝本原若众害之所自,此胡自生?此自爱人利人生与?即必曰非然也,必曰从恶人贼人生',又云'姑尝本原若众利之所自生,此胡自生?此自恶人贼人生与?即必曰非然也,必曰从爱人利人生',皆以反言发问而起正对,正与此同。若如今本,则文义复沓矣。"**子墨子言:以不相爱生。今诸侯独知爱其国,不爱人之国,是以不惮举其国以攻人之国。今家主独知爱其家,**家主,谓卿大夫也。周礼春官叙官郑注云:"家,谓大夫所食采地。"又大宰郑众注云:"主,谓公卿大夫世世食采不绝者。"**而不爱人之家,是以不惮举其家以篡人之家。今人独知爱其身,不爱人之身,是以不惮举其身以贼人之身。是故诸侯不相爱则必野战,家主不相爱则必相篡,人与人不相爱则必相贼,君臣不相爱则不惠忠,父子不相爱则不慈孝,兄弟不相爱则不和调。天下之人皆不相爱,强必执弱,**以下文校之,此下疑脱"众必劫寡"四字。**富必侮贫,贵必敖贱,**毕云:"敖,一本作'傲',此傲字假音。"**诈必欺愚。凡天下祸篡怨恨,其所以起者,以不相爱生也,是以仁者非之。**

既以非之,何以易之?子墨子言曰:以兼相爱、交相利之法易之。然则兼相爱、交相利之法将奈何哉?子墨子言:视人之国若视其国,视人之家若视其家,视人之身若视其身。是故诸侯相爱则不野战,家主相爱则不相篡,人与人相爱则不相贼,君臣相爱则惠忠,父子相爱则慈孝,兄弟

相爱则和调。天下之人皆相爱，强不执弱，众不劫寡，富不侮贫，自“君臣相爱”以下至此，凡四十字，旧本误入下文“今天下之士”之下，王置移于此，是也，今从之。贵不敖贱，诈不欺愚。凡天下祸篡怨恨可使毋起者，以相爱生也，是以仁者誉之。

然而今天下之士自“贵不敖贱”以下至此，凡三十八字，旧本误入上文“君臣相爱”之上，王移置于此。又“凡天下祸篡怨恨可使毋起者，以相爱生也，是以仁者誉之”，旧本脱去“以相爱生也是”六字，王据上文云“凡天下祸篡怨恨，其所以起者，以不相爱生也，是以仁者非之”补六字，是也，今并从之。君子曰：王云：“‘然而今天下之士君子曰’为一句，旧本‘君子曰’作‘子墨子曰’，此因与下文‘子墨子言曰’相涉而误。下文云‘然而今天下之士君子曰’，今据改。”案：王校是也。毕本作“子墨子言曰”，尤误。道藏本无“言”字。然，句。乃若兼则善矣。王引之云：“乃若，转语词也。”虽然，天下之难物于故也。于，旧本作“於”，今据道藏本正。俞云：“‘于故’二字当为衍文。下文云‘然而今天下之士君子曰：然，乃若兼则善矣。虽然，不可行之物也’，正与此文一律。惟其为难物，故为不可行之物也，今衍‘于故’二字，则无义矣。”案：“于故”虽难通，然非衍文也。窃疑“于”即“迂”之借字，文王世子云“况于其身以善其君乎”，郑注：“于读为迂。”是其证。故者，事也。迂故，言迂远难行之事。尚同中篇云“故古者圣人之所以济事成功，垂名于后世者，无他故异物焉”，此云“难物迂故”，与“他故异物”文例正同。子墨子言曰：天下之士君子，特不识其利、辩其故也。俞云：“‘辩其’下脱‘害’字。下文：‘爱人者人必从而爱之，利人者人必从而利之，是其利也；恶人者人必从而恶之，害人者人必从而害之，是其害也。’”案：“害”字似不必增。今若夫攻城野战，杀身为名，此天下百姓之所皆难也。苟君说之，则士众能为之。况于兼相爱、交相利，则与此异。夫爱人者，人必从而爱之；利人者，人必从而利之；恶人者，人必从而恶之；害人者，人必从而害之。此何难之有？特上弗以为政，士不以为行故也。

昔者晋文公好士之恶衣，毕云："太平御览引作'服'。"故文公之臣毕云："太平御览引作'大夫'二字。"皆牂羊之裘，诗小雅苕之华云"牂羊坟首"，毛传云："牂羊，牝羊也。"毕云："尔雅云：'羊：牝，牂。'"韦以带剑，毕云："旧作'钱'，据太平御览改。"诒让案：公孟篇正作"剑"。汉书东方朔传云"孝文皇帝以韦带剑"，颜注云："但空用韦，不加饰。"练帛之冠，练帛，详辞过篇。毕云："太平御览引此'练'作'大'。"诒让案：练帛盖即大帛，左闵二年传"卫文公大帛之冠"，杜注云："大帛，厚缯。"后汉书马皇后传李注云："大练，大帛也。"入以见于君，出以践于朝。旧本"践"下脱"于"字，王据上句补。毕云："淮南子齐俗训云：'晋文君大布之衣，牂羊之裘，韦以带剑，威立于海内。'"王云："'练帛之冠'下当有'大布之衣，且苴之屦'八字，而今本脱之。上文曰'晋文公好士之恶衣'，此但言冠而不言衣，则与上文不合。'入以见于君'是总承上文而言，'出以践于朝'则专指且苴之屦而言，今本脱'且苴之屦'四字，则'践'字义不可通。下篇曰'大布之衣，牂羊之裘，练帛之冠，且苴之屦，入见文公，出以践之朝'，是其证。"是其故何也？君说之，故臣为之也。王云："'为'上脱'能'字。下文'君说之，故臣能之也'，'能'下脱'为'字。前文曰'苟君说之，则士众能为之'，后文曰'若苟君说之，则众能为之'，皆其证。"昔者楚灵王好士细要，毕云："旧作'腰'，俗写。后汉书注引此云：'楚灵王好细腰，而国多饿人。'"诒让案：晏子春秋外篇云："楚灵王好细腰，其朝多饿死人。"韩非子二柄篇云："楚灵王好细腰，而国中多饿人。"后汉书注疑涉彼二书而误。故灵王之臣"故"字毕本脱，今据道藏本补。皆以一饭为节，毕云："太平御览引此'一'作'三'。"诒让案：战国策楚策"莫敖子华曰：昔者先君灵王好小腰，楚士约食，冯而后能立，式而后能起"，吴师道校注引此云"楚灵王好士细腰，故其臣皆三饭为节"，与御览同。胁息然后带，毕云："胁，旧作'肱'，据太平御览改。"案：战国策校注引亦不误。扶墙然后起，两"然"字，战国策校注引并作"而"。比

期年，朝有黧黑之色。毕云："'黧'非古字，当为'黎'。吕氏春秋行论云'禹官为司空，以通水潦，颜色黎黑'，只作'黎'。玉篇云：'黧，亦作黎。'"色，旧本作"危"，王引之云："'危'与'黧黑'二字义不相属，'危'当为'色'。人瘦则面色黧黑，义见上文。"案：王校是也，苏说同，今据正。**是其故何也？**何，旧本讹"是"，苏云"当作'何'"，今据正。**君说之，故臣能之也。**"能"下王校补"为"字，说详上。**昔越王句践好士之勇，教驯其臣，**驯读为训，详修身篇。**和合之**此三字无义，疑当作"私令人"，属下读。**焚舟失火，**舟非藏宝之所，御览宫室部引墨子作"自焚其室"。疑"舟"当为"内"，内谓寝室。吕氏春秋用民篇云"句践试其民于寝宫，民争入水火，死者千余矣，遽击金而却之"，刘子新论阅武篇同。韩非子内储说上篇亦云"焚宫室"，并与此事同。"内"、"舟"形近而讹。非攻中篇"徙大舟"，"舟"讹作"内"，与此可互证。下篇亦同。黄绍箕云："御览引作'焚其室'，窃疑本当作'焚舟室'。越绝外传记越地传云：'舟室者，句践船宫也。'盖即教舟师之地。故下篇云'伏水火而死者，不可胜数也'，言或赴火，或蹈水，死者甚众也。后人不喻舟室之义，则误删'舟'字，校本书者又删'室'字，遂致歧互矣。"案：黄说亦通。**试其士曰："越国之宝尽在此！"越王亲自鼓其士**毕本"鼓"改"鼓"，云："鼓击之字从攴，钟鼓之字从𡴀。"案：周礼小师郑注云："出音曰鼓。"此与六鼓之鼓字同，而义小异，经典凡钟鼓〔一〕与鼓击字通如此作。说文攴部虽别有"鼓"字，而音义殊异，毕从宋毛晃说，强为分别，非也。**而进之。**毕云："旧此下有'曰'字，衍文。"**士闻鼓音，破碎乱行，**碎，疑"萃"之借字，萃亦行列之谓。穆天子传"七萃之士"，郭璞注云："萃，集也，聚也。"盖凡卒徒聚集部队，谓之萃。破萃乱行，皆谓凌躐其曹伍，争先赴火也。**蹈火而死者左右百人有余。**毕云："太平御览引云：'越王好士勇，自焚其室，曰：越国之宝悉在此中，王自鼓，蹈火而死者百余人。'"**越王击金而退之。**

〔一〕以上二"鼓"字，原均误"鼓"，据孙注文义改。

是故子墨子言曰：乃若夫少食恶衣，杀身而为名，王引之云："乃若，发语词也。"此天下百姓之所皆难也。若苟君说之，则众能为之。况兼相爱、交相利与此异矣。夫爱人者，人亦从而爱之；利人者，人亦从而利之；恶人者，人亦从而恶之；害人者，人亦从而害之。此何难之有焉？特上〔一〕不以为政，而士不以为行故也。

然而今天下之士君子曰：然，乃若兼则善矣。虽然，不可行之物也，譬若挈太山越河济也。淮南子俶真训高注云："挈，举也。"孟子梁惠王篇云"挟泰山以超北海，语人曰我不能，是诚不能也"，与此语意相类。毕云："此'济'字当为'泲'，即出山西垣曲县王屋山之沇水也。从'齐'者，石济水，出直隶赞皇县也。"子墨子言：是非其譬也。夫挈太山而越河济，可谓毕劫有力矣，淮南子览冥训云"体便轻毕"，高注云："毕，疾也。""劫"于义无取，疑当为"劼"之误。广韵十八黠云："劼，用力也。"或当为"劲"，下篇及非乐上篇并有"股肱毕强"之文，劲与强义亦同。自古及今未有能行之者也。况乎兼相爱、交相利则与此异，古者圣王行之。何以知其然？古者禹治天下，西为西河、渔窦，书禹贡"黑水、西河惟雍州"，又云"浮于积石，至于龙门西河，会于渭汭"，伪孔传云："龙门之河在冀州西。"孔疏云："在冀州西界，故谓之西河。王制云：'自东河而东，至于西河，千里而近。'是河相对而为东西也。"毕云："西河在今山西、陕西之界。渔窦，疑即龙门。"诒让案："渔"疑即"渭"之讹。以泄渠孙皇之水；毕云："未详其水。"诒让案：此章所举江、河、淮、汉、嘑池、孟诸、五湖，皆周礼职方氏九州川浸泽薮之名，此渠孙皇亦必雍州大川泽之一。以职方考之，疑当作蒲弦泽，即雍州泽薮之弦蒲也。郑注云："弦蒲在汧。"郑众云："弦或为汧，蒲或为浦。"汉书地理志云："右扶风汧北有蒲谷

〔一〕"上"，原误"士"，据毕沅刻本改。

乡弦中谷，雍州弦蒲薮。汧水出西北，入渭。”蒲、渠字并从水旁，因而致误。“弦”正字作“弜”，亦类“孙”字。“泽”作“皇”者，泽从睪声，古书“睪”或捏作“皋”，史记天官书“泽”字作“滜”，封禅书“泽山”，集解引徐广云“泽，一作‘皋’”，左襄十七年传“泽门”，释文云“泽或作皋”，皆其证也。颜元孙干禄字书云“皋俗作睾，通作皐”，汉孔彪碑又作“皐”，与“皇”字并绝相似，故传写讹互矣。据汉志，弦即汧水，入渭，渭复入河，故西河、渭渎可泄此泽之水。而蒲谷乡与弦中谷合而名泽，故弦蒲亦可倒称蒲弦。参互审校，似无疑义。弦蒲薮在今陕西陇州西四十里。**北为防原泒，**说文𨸏部云：“防，堤也。”周礼稻人云：“以防止水。”原，亦水名，无考。毕云：“泒，疑即雁门泒水也。”诒让案：说文水部云：“泒水，起雁门葰人戍夫山，东北入海。”即嘑池之原。此举其原，下又详其委也。**注后之邸、**毕读“注”属上句，非，此与下“注五湖之处”文例正同。后之邸，疑即职方氏并州泽薮之昭余祁也。尔雅释地十薮，燕有昭余祁，释文引孙炎本“祁”作“底”。祁、底、邸并音近相通。“昭”作“后”者，疑省“昭”为“召”，又误作“后”。之、余音亦相转。汉书地理志：“太原郡邬，九泽在北，是为昭余祁，并州薮。”在今山西太原府祁县东七里。**嘑池之窦，**职方氏“并州，其川虖池”，郑注云：“虖池出卤城。”案：汉书地理志亦作“虖池”。礼记礼器作“恶池”，注云：“恶当为呼，声之误也。”“嘑”、“呼”字同。战国策秦、韩、中山策并作“呼池”。毕云：“即虖沱河，出今山西繁畤县。古无‘池’字，即‘沱’异文，故此亦以池为沱也。”顾云：“‘窦’即‘渎’字，周礼大宗伯注‘四窦’，释文：‘本亦作渎。’”**洒为底柱，**“洒”与下文“灑”同，当读所宜反。“底”当作“厎”，禹贡“东至于厎柱”，伪孔传云：“厎柱，山名。河水分流，包山而过，山见水中，若柱然，在西虢之界。”洒即谓分流也。毕云：“说文云：‘灑，泛也。’洒，假音字。水经云：‘砥柱山在河东大阳县东河中。’括地志云：‘底柱山俗名三门山，硖石县东北五十里黄河之中。’案：在今山西平陆县东五十里，三门山东。”**凿为龙门，**毕云：“水经云：‘龙门山在河东皮氏县西。’括地志云：‘龙门山在同州韩城县北五十里。’山在今河津、韩城二县界。”**以利燕、代、胡、貉与西河之民；**毕云：“貉，非攻中作‘貊’，是。疑左传云‘狄之广莫，于晋为都'，广即少广，莫即貊也。"案：毕说非也。貊，貉之俗，说文豸部云："貉，北方豸穜也。"职方氏有九貉〔一〕，汉书高帝纪颜注云："貉在东北方，三韩之属皆貉类也。"考工记郑注云："胡，今匈奴。"**东方漏之陆**，以上下文例校之，东方，"方"当作"为"，与"西为"、"北为"、"南为"文正同。"漏之陆"疑当作"漏大陆"。淮南子本经训说禹治水云"鸿水漏，九州干"，言大陆之水漏而干也。毕读"漏之陆防"句，云"陆防疑即大陆，在今山东钜鹿县。"案：毕说不误，而读则非。**防孟诸之泽**，禹贡"豫州：导菏泽，被孟猪"，史记夏本纪作"明都"，汉书沟洫志作"盟诸"。职方氏云"青州，其泽薮曰望诸"，尔雅释地云"宋有孟诸"，此与尔雅字同。汉书地理志云："孟豬在梁国睢阳县东北。"毕云："泽在今山东虞城县西北十里，有孟诸台，接商邱县界。水经云：'明都泽在梁郡睢阳县东北。'明、孟，诸、都音相近。"**灑为九浍**，毕云："此'巜'字之假音。尔雅云：'水注沟曰浍。'说文以浍为水名。案：九巜即九河也。"诒让案：灑、釃字通。汉书沟洫志云"禹乃釃二渠，以引其河"，注："孟康云：釃，分也。分其流，泄其怒也。"史记河渠书"釃"作"厮"，索隐云："厮，汉书作'灑'。史记旧本亦作'灑'，字从水。韦昭云：疏决为灑。"此与史、汉旧本字正同。汉书司马相如传"决江疏河，灑沉淡灾"，颜注云："灑，分也，所宜反。"淮南子要略云："禹剔河而道九岐。"**以楗东土之水**，毕云："说文云：'楗，门限。'则此盖言限也。玉篇：'渠偃切。'"诒让案：吕氏春秋爱类篇云："禹于是疏河决江，为彭蠡之障，干东土，所活者千八百国。"**以利冀州之民**；尔雅释地云："两河间曰冀州。"说文北部云："冀，北方州也。"案：古通以中土为冀州。穀梁桓五年传云："郑，同姓之国也，在乎冀州"，杨士勋疏云："冀州者，天下之中州，唐、虞、夏、殷皆都焉。"逸周书尝麦篇云："在大国有殷，是威厥邑，无类于冀州。"晏子春秋问上篇云："桓公抚存冀州。"淮南子墬形训云"正中冀州曰中土"，高注云："冀，大也。四州之主，故曰中土。"又览冥训注云："冀，九州中，谓今四海之内。"山海经大荒北经郭注云："冀州，中土也。"**南为江、汉、淮、汝，东流之，注五湖之处**，玉海地理门引作"东流

〔一〕"貉"，原误"貊"，据周礼夏官职方氏改。

注之五湖"，范成大吴郡志同。淮南子要略云："禹凿江而通九路，辟五湖而定东海。"职方氏"扬州，其浸五湖"，郑注云："五湖在吴南。"国语越语韦注云："五湖，今太湖。"此云"注五湖"，盖专据江汉言之。水经沔水郦注云："南江东注于具区，谓之五湖口。五湖，谓长荡湖、太湖、射湖、贵湖、滆湖也。"又引虞翻说太湖云："是湖有五道，故曰五湖。"案：晋、唐人释五湖名多差异，要不出太湖之枝别，今不具论。毕云："文选注云：'张勃吴录曰：五湖者，太湖之别名也，周行五百余里。'今案：江南吴、吴江、宜兴、武进、无锡，浙江乌程、长兴七县，皆濒此湖也。"**以利荆、楚、干、越**干，毕本作"于"，云："四字旧作'楚荆越与'，据文选注改。"王云："毕改非也，文选江赋注本作'荆楚干越之民'，干，古寒反。今本墨子作'楚荆越与南夷之民'，但[一]误倒'荆楚'二字，又脱'干'字耳。若'与南夷'之'与'，则不误也。上文云'燕代胡貉与西河之民'，此文云'荆楚干越与南夷之民'，'与'非误字明矣。南夷，谓荆楚干越以南之夷，故曰'荆楚干越与南夷'，文选注无'与南夷'三字，省文耳。毕误以'楚荆越与'连读，故删去'与'字耳。干越即吴越，非春秋所谓'於越'也。毕改'干越'为'于越'，亦非。"又云："庄子刻意篇曰'夫有干越之剑者'，释文：'司马彪云：干，吴也。吴越出善剑也。'案：吴有谿名干谿。荀子劝学篇曰'干越夷貉之子'，杨倞曰：'干越犹言吴越。'淮南原道篇曰'干越生葛絺'，高注曰：'干，吴也。'是干越即吴越也。干越为二国，若春秋之'於越'即是越而以'於'为发声，与干越不同。"刘台拱云："'干'与哀九年左传'吴城邗沟通江淮'之'邗'同。"案：王、刘说是也。干，邗之借字。说文邑部云："邗，国也，今属临淮，一曰邗本属吴。"管子内业篇云"昔者吴、干战"，据管子说，则吴干本二国，后干为吴所灭，遂通称吴为干，故此云干越矣。**与南夷之民。**毕云："江、淮、汝在荆，五湖在越也。"**此言禹之事，吾今行兼矣。昔者文王之治西土，若日若月，乍光于四方，于西土，**下篇引作泰誓。苏云："此与泰誓略同，疑有脱误。"诒让案：今伪古文即采此书。伪孔传云："言其明德充塞四方，明著岐周。"义互详下篇。**不为大国侮小国，**

〔一〕"但"，原误"也"，据活字本改。

不为众庶侮鳏寡，不为暴势夺穑人黍稷狗彘。毕云：“说文云：‘啬，忢濇也。从来，从亩。来者，亩而臧之，故田夫谓之啬夫。’穑与啬通。”天屑临文王慈，以上疑并出古泰誓，今伪古文止采下篇，故无之。后汉书马廖传李注云：“屑，顾也。”毕云：“汉书武帝纪云：‘屑然如有闻。’”是以老而无子者，有所得终其寿；连独无兄弟者，毕云：“连同鳏，音相近，字之异也。经典或作‘茕’，或作‘惸’，皆假音。”王引之云：“无兄弟不得谓之鳏。鳏、茕、惸三字声与连皆不相近，毕说非。连与独文义不伦，‘连’疑当作‘逴’，与‘连’相似而误。逴犹独也，故以‘逴独’连文。庄子大宗师篇‘彼特以天为父，而身犹爱之，而况其卓乎’，郭注曰：‘卓者，独化之谓也。’秋水篇‘吾以一足跉卓而行’。玉篇：‘逴，敕角切，蹇也。’蹇者，独任一足，故谓之逴。逴与卓通，汉书河间献王传‘卓尔不群’，说苑君道篇‘踔然独立’。说文‘稺，特止’，徐锴曰：‘特止，卓立也。’卓、踔、稺并与逴同声，皆独貌也。”洪云：“尔雅释畜‘未成鸡，僆’，郭璞注：‘江东呼鸡少者曰僆。’连与僆同，连独犹言幼独也。”俞云：“连当读为离。连与离一声之转，淮南子原道篇‘终身运枯形于连嵝列埒之门’，高注曰：‘连嵝，犹离嵝也。’是其证也。又本经篇‘愚夫惷妇皆有流连之心’，注曰：‘流连犹烂漫，失其职业也。’然则流连即流离也，亦其证也。”诒让案：连疑当读为矜，一声之转，犹史记龟策传以苓叶为莲叶。尔雅释言〔一〕云：“矜，苦也。”诗小雅鸿雁云“爰及矜人”，毛传云：“矜，怜也。”又何草不黄云：“何人不矜。”连独，犹言穷苦茕独耳。矜从令声，今经典并从今，误。有所杂于生人之间；杂，读为集。广雅释诂云：“集，成也，就也。”言连独之人得以成就其生业。少失其父母者，有所放依而长。放、依义同。檀弓：“子贡曰：哲人其萎，则吾将安放？”此文王之事，以上下文校之，“此”字下亦当有“言”字。则吾今行兼矣。昔者武王将事泰山隧，广雅释诂云：“将，行也。”周礼小宗伯云：“将事于四望。”毕云：“‘隧’或为‘队’。穆天子传云‘钘山之队’。玉篇云：‘队，以醉切，掘地通路也，或作

〔一〕“言”，原误“诂”，据尔雅改。

䦟。'案:'队'、'隧'字皆说文'䦟'字之省。"阎若璩云:"玩其文义,乃是武王既定天下后,望祀山川,或初巡守岱宗祷神之辞,非伐纣时事也。"**传曰:"泰山!有道曾孙周王有事,**伪古文书武成袭此文云"告于皇天后土、所过名山大川,曰:惟有道曾孙周王发",孔疏云:"自称'有道'者,圣人至公,为民除害,以纣无道,言己有道,所以告神求助,不得饰以谦辞也。称'曾孙'者,曲礼说诸侯自称之辞云:'临祭祀外事,曰曾孙某侯某。'哀二[一]年左传,蒯聩祷祖亦自称曾孙,皆是己承籍上祖奠享之意。"**大事既获,**小尔雅广言云:"获,得也。"**仁人尚作,**说文人部云:"作,起也。"**以祗商夏蛮夷丑貉。**伪武成云"予小子既获仁人,敢祗承上帝,以遏乱略,华夏、蛮貊罔不率俾",伪孔传云:"仁人,谓太公、周、召之徒。言诛纣敬承天意,以绝乱路。"案:祗当读为振。内则"祗见孺子",郑注云:"'祗'或作'振'。"国语周语云"以振救民",韦注云:"振,拯也。"此谓得仁人,以拯救中国及四夷之民。伪书改为"祗承上帝",失其旨矣。丑貉者,九貉类众多,尔雅释诂云:"丑,众也。"**虽有周亲,不若仁人。万方有罪,维予一人。"**苏云:"书泰誓篇'若'作'如','万方有罪'作'百姓有过','维'作'在'。"诒让案:伪古文泰誓即误采此文。伪孔传云:"周,至也。言纣至亲虽多,不如周家之少仁人。民之有过,在我教不至。"又论语尧曰篇云"虽有周亲,不如仁人,百姓有过,在予一人",集解:"孔安国云:亲而不贤不忠,则诛之,管、蔡是也。仁人,谓箕子、微子,来则用之。"又说苑贵德篇云:"武王克殷,问周公曰:'将奈其士众何?'周公曰:'使各宅其宅,田其田,无变旧新,惟仁是亲,百姓有过,在予一人。'"尚书大传、韩诗外传、淮南子主术训文并略同。群书治要引尸子绰子篇云"文王曰:苟有仁人,何必周亲",则以为文王语,与墨子、韩诗、说苑并异。**此言武王之事,吾今行兼矣。**

是故子墨子言曰:今天下之君子,忠实欲天下之富毕云:"忠,一本作'中'。旧云'士富','士'字衍。"诒让案:忠、中通。**而恶其**

[一]"二",原误"六",据武成疏及左传改。

贫,欲天下之治而恶其乱,当兼相爱,交相利。此圣王之法,天下之治道也,不可不务为也。

兼爱下第十六

子墨子言曰:仁人之事者,必务求兴天下之利,除天下之害。然当今之时,天下之害孰为大?曰:若大国之攻小国也,大家之乱小家也,强之劫弱,众之暴寡,诈之谋愚,贵之敖贱,毕云:"敖,一本作'傲'。"此天下之害也。吕氏春秋侈乐篇云"故强者劫弱,众者暴寡,勇者凌怯,壮者慠幼,从此生矣",语意与此同。又与为人君者之不惠也,又与,旧本作"人与"。王云:"'人与'当依下文作'又与',广雅:'与,如也。'上文'若大国之攻小国也'云云,若,如也。此文两言'又与',亦谓又如也。毕反欲改下'又与'为'人与',傎矣。"案:王校是也,苏说同。臣者之不忠也,父者之不慈也,子者之不孝也,此又天下之害也。又与今人之贱人,王云:"'今'下衍'人'字。"执其兵刃毒药水火,以交相亏贼,此又天下之害也。姑尝本原若众害之所自生,旧脱此字,今依下文"众利"章补。此胡自生?此自爱人利人生与?即必曰非然也,必曰从恶人贼人生。分名乎天下恶人而贼人者,兼与?别与?即必曰毕云:"旧脱此字,据上文增。"别也。然即之交别者,即、则同。交别,犹言交相别。果生天下之大害者与?是故别非也。

子墨子曰:俞云:"此本作'是故子墨子曰:别非也',下文'是故子墨子曰:兼是也',与〔一〕此为对文,可证。"非人者,必有以易之。若非

〔一〕"与",原误"为",据俞樾诸子平议卷九改。

人而无以易之，譬之犹以水救火也，毕云："一本作'火救水'。"顾校季本同。苏云："'火救水'是也，当据改。"俞云："'以水救火'何不可之有？毕校云'一本作火救水'，然墨子此譬，本明无以易之之不可。若水火是相反之物，无论以水救火，以火救水，皆是有以易之，与设喻之旨不合。疑墨子原文本作'犹以水救水，以火救火也'，故曰'其说将必无可'。今本作'水救火'，别本作'火救水'，皆有脱文。"案：俞说近是。其说将必无可焉。是故子墨子曰：兼以易别。然即兼之可以易别之故何也？曰：借为人之国若为其国，夫谁独举其国以攻人之国者哉？为彼者由为己也。毕云："由同犹。"为人之都若为其都，夫谁独举其都以伐人之都者哉？为彼犹为己也。为人之家若为其家，夫谁独举其家以乱人之家者哉？为彼犹为己也。然即国都不相攻伐，人家不相乱贼，此天下之害与？天下之利与？即必曰天下之利也。姑尝本原若众利之所自生，此胡自生？此自恶人贼人生与？即必曰非然也，必曰从爱人利人生。分名乎天下爱人而利人者，别与？兼与？即必曰兼也。然即之交兼者，果生天下之大利者与？是故子墨子曰兼是也。且乡吾本言曰：毕云："乡，曏字省文。说文云：'曏，不久也。'郑君注仪礼云：'曏，曩也。'"仁人之事者，旧本"事"讹"是"，今据道藏本正。必务求兴天下之利，除天下之害。今吾本原兼之所生天下之大利者也，旧本脱，今据道藏本补。吾本原别之所生天下之大害者也。是故子墨子曰别非而兼是者，出乎若方也。乐记郑注云："方犹道也。"毕云："乎，旧作'平'，以意改。"

今吾将正求与天下之利而取之，苏云："'与'当作'兴'。"以兼为正。是以聪耳明目相为〔一〕视听乎，旧本“是”下衍“故”字，今据道藏本删，与下句文例正同。是以股肱毕强毕，与中篇云“毕劫有力”义同。相为动宰乎，毕云：“旧‘动’下有‘为’字，一本无。”诒让案：“宰”疑当作“举”，尚同中篇云“使人之股肱助己动作”，动举与动作义同。而有道肆相教诲。尔雅释言云：“肆，力也。”文选东京赋“厥庸孔肆”，薛综注云：“肆，勤也。”言勤力相教诲。是以老而无妻子者，有所侍养以终其寿；俞云：“‘侍’当为‘持’。古书多言持养，浅人不达而改为‘侍’，非是。”案：俞校是也，详七患及非命下篇，下并同。幼弱孤童之无父母者，有所放依以长其身。今唯毋以兼为正，旧本“今”讹“令”。苏云：“‘令’当作‘今’。”戴云：“毋，语词。”案：道藏本作“今”，今据正。即若其利也。戴云：“若，此也。”不识天下之士毕云：“旧作‘事’，一本如此。”所以皆闻兼而非者，“非”下当有“之”字。其故何也？

然而天下之士非兼者之言犹未止也，曰：即善矣。虽然，岂可用哉？子墨子曰：用而不可，虽我亦将非之。虽我，旧本作“难哉”。王云：“‘难哉’二字与下文义不相属，‘难哉’当为‘虽我’，字之误也。言兼爱之道，如其用而不可，则虽我亦将非之也。下文曰‘我以为当其于此也，天下无愚夫愚妇，虽非兼者，必从兼君是也’，是其证。”案：王说是也，苏校同，今据正。且焉有善而不可用者？姑尝两而进之。谁以为二士，王引之云：“‘谁’字义不可通，‘谁’当为‘设’，言设为二士于此，而使之各执一说也。隶书‘设’字作‘䛹’，‘谁’字作‘誰’，二形略相似，故‘设’误为‘谁’。”使其一士者执别，使其一士者执兼。是故别士之言曰：“吾岂能为吾友之身若为吾身，为吾友之亲若为吾亲。”是故退睹其友，饥即不食，寒即不衣，陈澧云：“此谓友饥

〔一〕“为”，原误“与”，据毕沅刻本改。

而不馈以食，友寒而不赠以衣也。”**疾病不侍养，死丧不葬埋。**毕云：“当为‘薶’。说文云：‘薶，瘗也。’玉篇云：‘埋与薶同。’本书或作‘貍’。”**别士之言若此，行若此。兼士之言不然，行亦不然，曰：“吾闻为高士于天下者，必为其友之身若为其身，为其友之亲若为其亲，然后可以为高士于天下。”**旧脱“于”字，毕云：“一本有。”案：有者是也，今据增。**是故退睹其友，饥则食之，寒则衣之，疾病侍养之，死丧葬埋之。兼士之言若此，行若此。若之二士者，言相非而行相反与？**旧本无“士”字，毕云：“一本有‘士’字，是。”今据增。**当使若二士者，**王引之云：“当与傥同。若，此也。言傥使此二士之言行相合，则无言而不行也。”诒让案：“当”疑当为“尝”之借字，详上篇。戴云“依下文，‘当’宜作‘常’”，非。**言必信，行必果，使言行之合犹合符节也，无言而不行也。然即敢问，今有平原广野于此，被甲婴胄，**汉书贾谊传颜注云：“婴，加也。”毕云：“说文云：‘婴，颈饰也。’”**将往战，死生之权**权，疑当作“机”。**未可识也；又有君大夫之远使于巴、越、齐、荆，**左传桓九年杜注云：“巴国在巴郡江州县。”常璩华阳国志云：“巴，黄帝、高阳之支庶，世为侯伯。周武王克商，封其宗姬于巴，爵之以子。七国称王，巴亦称王。周慎王五年，秦遣张仪、司马错伐蜀，灭之。因取巴，执王以归，置巴郡。”**往来及否未可识也，**旧本重“及否未”三字，王云：“此当作‘往来及否未可识也’。”案：王校是也，今据删。**然即敢问不识将恶也？**俞云：“‘恶’下脱‘从’字。将恶从也，犹云将何从也。下文曰‘不识将择之二君者，将何从也’，是其证。”苏云：“句有脱误，‘也’字疑当作‘托’。”戴云：“‘也’字乃‘宅’之误，二形相似。宅，居也。或云‘侂’字误，侂即托。”案：俞校近是，据此则下文“家室”上当有脱文。下云“寄托”，则此不当云托。苏、戴说非。**家室，奉承亲戚，**钱大昕云：“古人称父母为亲戚，大戴礼记曾子疾病篇：‘亲戚既没，虽欲孝，谁为孝？’孟子尽心篇：'人莫大焉亡亲戚君臣上下。'"案：钱说是也，亦见节葬下、非命上、中篇。**提挈妻子，而寄托之，不识于兼之有是乎？于别之有是乎？**戴云："'有'字皆'友'之声误。"**我以为当其于此也，**我，旧本讹"哉"。王云："'哉'亦当为'我'。"苏校同，今据正。**天下无愚夫愚妇，虽非兼之人，必寄托之于兼之有是也。此言而非兼，择即取兼，即此言行费也。**毕本"费"改"拂"，云："旧作'兼费'，一本如此。"王云："古者拂与费通，不烦改字。大雅皇矣篇'四方以无拂'，郑笺曰：'拂犹佹也。'中庸'君子之道费而隐'，注曰：'费犹佹也。'释文：'费，本又作拂，同，扶弗反。'是其证。"顾说同。**不识天下之士所以皆闻兼而非之者，其故何也？**

然而天下之士非兼者之言犹未止也，曰："意可以择士，而不可以择君乎？"旧本作"子"，王云："'子'当为'乎'，字之误也。'乎'与'意'文义相承。下文曰'意不忠亲之利而害为孝乎'，是其证。"案：王校是也，今据正。**姑尝两而进之，谁以为二君，**谁，亦当依上文王校作"设"。**使其一君者执兼，使其一君者执别。**"其"字旧本脱，道藏本有，与上句同，今据补。**是故别君之言曰：**旧本脱，今据道藏本补。**"吾恶能为吾万民之身若为吾身，**旧本脱"若"字，今据道藏本补。**此泰非天下之情也。**毕云："泰，一本作'大'。"**人之生乎地上之无几何也，譬之犹驷驰而过隙也。"**三年问云"若驷之过隙"，郑注云："喻疾也。"庄子知北游篇云"人生天地之间，若白驹之过郤，忽然而已"，释文云："郤，本亦作'隙'。隙，孔也。"又盗跖篇云："天与地无穷，人死者有时，操有时之具，而托于无穷之间，忽然无异骐骥之驰过隙也。"毕本"隙"改"郤"，云："郤，旧作'隙'。据文选注引作'郄'，云'古隙字'，郄即郤也。说文云：'隙，壁际孔也。''郤，节郤也。'节郤，言节之会，亦际缝之意，皆通。"诒让案：隙、郤通，不必改。**是故退睹其万民，饥即不食，寒即不衣，疾病不侍养，死丧不葬埋。别君之言若此，行若此。兼君之言**

不然，行亦不然，曰："吾闻为明君于天下者，必先万民之身，毕云："先，旧作'万'，一本如此。"后为其身，然后可以为明君于天下。"是故退睹其万民，毕云："旧脱'其'字，以意增。"饥即食之，寒即衣之，疾病侍养之，死丧葬埋之。兼君之言若此，行若此。然即交若之二君者，戴云："'然即交'三字无义，当是衍文。"案：以上文校之，疑当作"然即交兼交别，若之二君者"，今本交下脱三字耳，戴校未塙。言相非而行相反与？常使若二君者，苏云："据上文，'常'宜作'当'。"案：常，王亦读为傥，疑当读为尝，详前。言必信，行必果，使言行之合犹合符节也，无言而不行也。然即敢问，今岁有疠疫，万民多有勤苦冻馁，毕云："当作'餧'。"转死沟壑中者，孟子公孙丑篇云"凶年饥岁，子之民，老羸转于沟壑"，赵注云："转，转尸于沟壑也。"国语吴语云"子之父母将转于沟壑"，韦注云："转，入也。"逸周书大聚篇云"死无传尸"，淮南子主术训作"转尸"，高注云："转，弃也。"案：高说为允。既已众矣。不识将择之二君者，将何从也？我以为当其于此也，天下无愚夫愚妇，虽非兼者，"者"，旧本作"君"，王校改"者"，云："涉上下文兼君而误。"案：王校是也，今据正。必从兼君是也。言而非兼，择即取兼，毕云："二字[一]旧脱，据上文增。"案：毕校是也，然以上文校之，下句首仍当有"即"字，因两"即"相涉而误脱耳。此言行拂也。不识天下所以皆闻兼而非之者，其故何也？

然而天下之士非兼者之言也，犹未止也，毕云："犹，旧作'独'，一本如此。"曰：兼即仁矣，义矣。虽然，岂可为哉？吾譬兼之不可为也，犹挈泰山以超江河也。毕云："泰，一本作'太'。"

〔一〕"二字"，原误"旧字"，据毕沅刻本改。按："二字"指正文"取兼"二字。

诒让案：中篇作“譬若挈太〔一〕山越河济也”，“泰”亦作“太”。非攻中篇、备梯篇又并作“大山”。**故兼者，直愿之也，夫岂可为之物哉？子墨子曰：夫挈泰山以超江河，自古之及今，**戴云：“‘之’字衍。”**生民而来未尝有也。今若夫兼相爱、交相利，此自先圣六王者亲行之。**下文止有四王，此“六”疑“四”篆文之误，下同。**何知先圣六王之亲行之也？**毕云：“‘何’下，太平御览引有‘以’字。”**子墨子曰：吾非与之并世同时，亲闻其声，见其色也。以其所书于竹帛，镂于金石，琢于槃盂，**文选广绝交论李注引云“琢之盘盂，铭于钟鼎，传于后世”，疑兼用鲁问篇文。吕氏春秋求人篇云“功绩铭乎金石，著于盘盂”，高注云：“金，钟鼎也；石，丰碑也。盘盂之器，皆铭其功。”**传遗后世子孙者知之。**毕云：“遗，刘逵注左思赋引作‘于’。”诒让案：天志中、非命下及贵义、鲁问四篇皆作“遗”，刘引非。**泰誓曰：**尚同下篇、天志中篇、非命上、中、下篇并作“大誓”，此作“泰”，与今伪孔本同，疑后人所改。**“文王若日若月乍照，光于四方，于西土。”**于，旧本并作“於”，今据道藏本改。毕云：“孔书云：‘唯我文考，若日月之照临，光于四方，显于西土。’”孙星衍云：“‘乍’，古与‘作’通。”**即此言文王之兼爱天下之博大也，譬之日月兼照天下之无有私也，即此文王兼也。虽子墨子之所谓兼者，**虽与唯通，下并同。**于文王取法焉。**

且不唯泰誓为然，唯，旧本作“惟”，今据道藏本改。**虽禹誓**毕云：“大禹谟文。云禹誓者，禹之所誓也。”诒让案：今大禹谟出伪古文，即采此书为之。惠栋云：“皋陶谟言‘苗顽勿即功’，则舜陟后，禹当复有征苗誓师之事。”**即亦犹是也。禹曰：“济济有众，**孔安国云：“济济，众盛之貌。”**咸听朕言，**毕云：“孔书作‘命’。”**非惟小子敢行称乱，**孔安国云：

〔一〕“太”，原作“泰”，据本书兼爱中篇改。

"称,举也。"毕云:"孔书无此八字。"苏云:"二语今见汤誓,'惟'作'台'。"**蠢兹有苗,**尔雅释训云:"蠢,不逊也。"孔安国云:"蠢,动也。"**用天之罚,**毕云:"孔书无此四字。"**若予既率尔群对诸群以征有苗。"**毕云:"孔书作'肆予以尔众士奉辞伐罪'。群犹众。"惠栋云:"群犹君也。周书:'大子晋云:侯能成群谓之君。'尧典言'群后'。"苏云:"'群'字疑误,或为'辟'。辟,君也。"案:惠说近是。此"群对诸群",当读为群封诸君。封与邦古音近通用,"封"、"对"形近而误。群封诸君,言众邦国诸君也。**禹之征有苗也,非以求以重富贵、**戴云:"下'以'字衍。"**干福禄、**诗小雅假乐篇"干禄百福",郑笺云:"干,求也。"**乐耳目也,以求兴天下之利,除天下之害,即此禹兼也。虽子墨子之所谓兼者,于禹求焉。**求,以上下文校之,当作"取法"。

且不唯禹誓为然,唯,旧本亦作"惟",今据道藏本改。**虽汤说即亦犹是也。**周礼大祝六祈,六曰"说",郑注云:"说,以辞责之,用币而已。"此下文亦云"以祠说于上帝鬼神"。若然,则说礼殷时已有之。论语尧曰篇集解"孔安国云墨子引汤誓"、国语周语内史过引汤誓,与此下文略同。韦注云:"汤誓,商书伐桀之誓也。今汤誓无此言,则已散亡矣。"案:孔安国引此作汤誓,或兼据国语文。尚贤中篇引汤誓,今书亦无之。**汤曰:**毕云:"今汤诰文。"**"惟予小子履,**论语尧曰篇无"惟"字,孔注云:"履,殷汤名。此伐桀告天之文。"案:孔以此为伐桀时事,白虎通义三正篇及周语韦注说同。然据此后文,则是汤祷旱之辞,孔说盖误。大戴礼记少间篇云"乃有商履代兴",白虎通义姓名篇云:"汤王后更名,为子孙法,本名履也。"毕云:"孔书作'肆台小子'。"**敢用玄牡,告于上天后**论语作"敢昭告于皇皇后帝",孔注云"殷家尚白,未变夏礼,故用玄牡。皇,大;后,君也。大大君帝,谓天帝也。"白虎通义三正篇云:"论语曰'予小子履'云云,此汤伐桀,告天以夏之牲也。"与论语孔注说同。书汤诰孔疏云:"郑玄解论语云'用玄牡者,为舜命禹事,于时总告五方之帝,莫适用,用皇天大帝之牲',其意与孔异。"国语周语"皇天嘉禹，胙以天下"，韦注亦引论语"帝臣不蔽"二语。又诗閟宫孔疏云："论语曰：皇皇后帝。论语说帝受终文祖，宜总祭五帝也。"并从郑以此为禹事，与墨子、尸子说异。御览八十三引帝王世纪载此文作"告于上天后土"，疑此"后"下亦脱"土"字。毕云："孔书作'上天神后'。"**曰：今天大旱，即当朕身履，**帝王世纪云："汤自伐桀后，大旱七年，祷于桑林之社，其辞如此。"毕云："详此文，是汤祷旱文，孔书亦无此十字。"**未知得罪于上下。**毕云："孔书作'未知获戾于上下'。"**有善不敢蔽，有罪不敢赦，简在帝心。**论语集解："包咸云：'顺天奉法，有罪者不敢擅赦。'何晏云：'言桀居帝臣之位，罪过不可隐蔽，以其简在天心故。'"案：论语作"帝臣不蔽"，何氏以为指桀，与此义不合，非也。伪汤诰云"尔有善，朕弗敢蔽。罪当朕躬，弗敢自赦。惟简在上帝之心"，孔传云："所以不蔽善人，不赦己罪，以其简在天心故也。"孔疏云："郑玄注论语云：'简阅在天心，言天简阅其善恶也。'"毕云："皆与孔书微异。"**万方有罪，即当朕身。朕身有罪，无及万方。"**孔安国云："无以万方，万方不与也。万方有罪，我身之过。"群书治要引尸子绰子篇云"汤曰：朕身有罪，无及万方。万方有罪，朕身受之"，帝王世纪云"万方有罪，罪在朕躬。朕躬有罪，无及万方。无以一人之不敏，使上帝鬼神伤民之命"，并与此文小异。毕云："俱与孔书微异。孔安国注论语'有罪不敢赦，帝臣不蔽，简在帝心。朕躬有罪，无以万方。万方有罪，罪有朕躬'云：'墨子引汤誓，其辞若此。'国语周语内史过引汤誓云：'余一人有罪，无以万夫。万夫有罪，在余一人。'"诒让案：伪汤诰云"其尔万方有罪，在予一人，予一人有罪，无以尔万方"，孔传云："在予一人，自责化不至；无用尔万方，言非所及。"**即此言汤贵为天子，富有天下，然且不惮以身为牺牲，以祠说于上帝鬼神，**吕氏春秋顺民篇云："昔者汤克夏而正天下，天大旱，五年不收，汤乃以身祷于桑林，曰：'余一人有罪，无及万夫。万夫有罪，在余一人。无以一人之不敏，使上帝鬼神伤民之命。'于是翦其发，鄜其手，以身为牺牲，用祈福于上帝。"与此文合。则汤说即祷桑林之辞也。御览八十三引尸子及帝王世纪说，与吕略同。**即此汤兼也。虽子墨子之所谓兼者，于汤取**

法焉。

且不惟誓命与汤说为然，誓命，依上文当作“禹誓”。汉书艺文志“禹”作“佘”，颜注云：“古‘禹’字。”此书多古字，盖亦作“佘”，与“命”相似而讹，校者不悟，又移著“誓”下，遂与上文不合矣。周诗即亦犹是也。周诗曰：“王道荡荡，不偏不党。王道平平，不党不偏。苏云：“见书洪范篇，四‘不’字作‘无’。兹称‘周诗’，或有据。”诒让案：洪范云“无偏无党，王道荡荡。无党无偏，王道平平”，伪孔传云：“荡荡，言开辟。平平，言辩治。”吕氏春秋贵公篇高注云：“荡荡，平易也。”史记张释之冯唐传、说苑至公篇引书“无”并作“不”，与此同。古诗、书亦多互称，战国策秦策引诗云“大武远宅不涉”，即逸周书大武篇所云“远宅不薄”，可以互证。其直若矢，其易若底，君子之所履，小人之所视。”苏云：“诗大东篇作‘周道如砥，其直如矢’，下无两‘之’字。”诒让案：亲士篇云“其直如矢，其平如砥”，“底”仍作“砥”，与毛诗同。小雅大东毛传云：“如砥，贡赋平均也。如矢，赏罚不偏也。”郑笺云：“此言古者天子之恩厚也，君子皆法效而履行之，其如砥矢之平。小人又皆视之、共之无怨。”孟子万章篇引诗“砥”亦作“底”，字通。赵注云：“底，平。矢，直。视，比也。周道平直，君子履直道，小人比而则之。”案：底，道藏本作“底”，讹。说文厂部云：“厎，柔石也。”重文作“砥”。又广部云：“底，山居也，下也。”二字迥别，今经典多互讹。若吾言非语道之谓也？古者文武为正，正与政同。均分赏贤罚暴，勿有亲戚弟兄之所阿，吕氏春秋高义篇高注云：“阿，私也。”即此文武兼也。虽子墨子之所谓兼者，于文武取法焉。不识天下之人所以皆闻兼而非之者，其故何也？

然而天下之非兼者之言犹未止，曰：意不忠亲之利，而害为孝乎？苏云：“‘忠’当作‘中’，读去声。”戴云：“中当训为得。”子墨子曰：姑尝本原之孝子之为亲度者。吾不识孝子之为亲度者，亦欲人爱利其亲与？意欲人之恶贼其亲与？苏云：“意读如抑，下文亦然。”以说观之，即欲人之爱利其亲也。然即吾恶先从事即得此？若我先从事乎爱利人之亲，然后人报我爱利吾亲乎？“爱利”上当有“以”字。意我先从事乎恶人之亲，俞云：“‘恶’下脱‘贼’字，当据上文补。”然后人报我以爱利吾亲乎？即必吾先从事乎爱利人之亲，然后人报我以爱利吾亲也。然即之交孝子者，之交孝子，犹上云交兼、交别。果不得已乎毋先从事爱利人之亲者与？意以天下之孝子为遇，“遇”当为“愚”，同声假借字。毕云：“一本作‘偶’。”而不足以为正乎？姑尝本原之旧本脱此字，今据道藏本补。先王之所书“所”字疑衍，尚同中篇云“是以先王之书周颂之道之曰”，是其证。大雅之所道曰：“无言而不仇，无德而不报。大雅抑毛传云：“雠，用也。”郑笺云：“教令之出如卖物，物善则其售贾贵，物恶则其售贾贱。”苏云：“大雅抑篇无两‘而’字。”投我以桃，报之以李。”郑笺云：“此言善往则善来，人无行而不得其报也。投犹掷也。”即此言爱人者必见爱也，而恶人者必见恶也。不识天下之士所以皆闻兼而非之者，其故何也？旧本“兼”作“爱”，误，今据道藏本正。意以为难而不可为邪？尝有难此而可为者。昔荆灵王好小要，毕云：“旧作‘腰’，非。”当灵王之身，荆国之士饭不逾乎一，固据而后兴，毕云：“固，一本作‘握’。”诒让案：“固据”属下读。说文手部云：“据，杖持也。”别本盖读“一握”句，非。扶垣而后行。故约食为其难为也，俞云：“‘其’当作‘甚’，下二句并同。甚难为，即至难为也。下文曰‘是故约食、焚舟、苴服，此天下之至难为也’，是其证。”然后为而灵王说之，“后”疑当作“众”。中篇云“若苟君说之，则众能为之”，是其证，下并同。未逾于世而民可移也，“逾”当作“渝”，下并同。尔雅释言云：“渝，变也。”言世未变而民俗已为之移也。非命上篇云“此世未易，民未渝，在于桀纣则天下乱，在于汤武则天下治”，又中篇云“此世不渝而民不改，上变政而民易教”，又下篇云“此世不渝而民不易，上变政而民改俗”，此云“未渝于世”，犹彼云“世不渝”也。即求以乡其上也。乡与向字通。昔者越王句践好勇，教其士臣三年，以其知为未足以知之也，苏云：“上‘知’字当读如智。”焚舟失火，“舟”疑当作“内”，详上篇。鼓而进之，其士偃前列，广雅释诂云：“偃，僵也。”仪礼乡射礼郑注云：“偃犹仆也。”伏水火而死有不可胜数也。王云：“‘有’字文义不顺，‘有’当为‘者’，字之误也。中篇曰‘士闻鼓音，破碎乱行，蹈火而死者左右百人有余’，是其证。”案：王说是也，苏校同。当此之时，不鼓而退也，“退”上疑脱“不”字。谓士争进前赴火，虽止不鼓，而仍不肯退也。越国之士可谓颤矣。颤，当读为惮。非攻下篇云“以譂其众”。“颤”、“譂”并与“惮”同。毕云：“玉篇云：‘颤，动也。’言其惊畏。”故焚身为其难为也，“其”亦当作“甚”。然后为之越王说之，毕云：“上‘之’字据前后文当为‘而’。”未逾于世而民可移也，即求以乡上也。昔者晋文公好苴服，苴、粗字通，犹中篇云“恶衣”。当文公之时，晋国之士，大布之衣，左闵二年传“卫文公大布之衣”，杜注云：“大布，麤布。”淮南子齐俗训许注义同。牂羊之裘，练帛之冠，二句中篇同。且苴之屦，毕云：“‘且’，当为‘粗’。”王云：“‘且苴’即麤粗。麤，仓胡反。粗，才户反。广雅释诂：‘粗、麤，大也。’”案：王说是也。春秋繁露俞序篇云“始于麤粗，终于精微”，晏子春秋谏下篇云“缦密不能蔍苴”，论衡量知篇云：“夫竹木，麤苴之物也。”说文角部云：“𧢼，角长貌。读若麤。”“𧢼”与“且”、“苴”并声近字通。入见文公，出以践之朝。故苴服为其难为也，“其”亦当作“甚”。然后为而文公说之，未逾于世而民可移也，即求以乡其上也。是故约食、焚舟、苴服，焚舟，依上文当作“焚身”。此天下之至难为也，然后为而上说之，未逾于世而民可移也。何故也？即求以乡其上也。今若夫兼相爱、交相利，旧本脱

"爱交相"三字,今依王校补。此其有利且易为也,不可胜计也。我以为则无有上说之者而已矣,苟有上说之者,劝之以赏誉,威之以刑罚,我以为人之于就兼相爱、交相利也,苏云:"'于就'当作'就于'。"案:"于就"不误,苏校非。譬之犹火之就上、水之就下也,不可防止于天下。

故兼者圣王之道也,王公大人之所以安也,万民衣食之所以足也。故君子莫若审兼而务行之,为人君必惠,为人臣必忠,为人父必慈,为人子必孝,为人兄必友,为人弟必悌。毕云:"当为'弟',此俗写。"故君子莫若欲为惠君、忠臣、慈父、孝子、友兄、悌弟,王云:"'若[一]欲为惠君、忠臣'云云,'若'上不当有'莫'字,盖涉上文'莫若'而衍。"当若兼之不可不行也,当若,犹言当如,详尚同中篇。戴云"'若'字疑'知'字误",非。此圣王之道而万民之大利也。

〔一〕"若",原误"皆",据活字本改。

墨子间诂卷五

非攻上第十七

淮南子氾论训高注云："非犹讥也。"

今有一人，入人园圃，毕云："说文云：'园所以树果。''种菜曰圃。'"**窃其桃李，众闻则非之，上为政者得则罚之。此何也？以亏人自利也。至攘人犬豕鸡豚者，**穀梁成五年范宁注云："攘，盗也。"**其不义又甚入人园圃窃桃李。是何故也？以亏人愈多，**依下文当有"苟亏人愈多"五字。**其不仁兹甚，**兹、滋古今字，详尚同上篇。**罪益厚。至入人栏厩，**栏，即阑之借字。说文门部云："阑，门遮也。"广雅释室云："栏，牢也。"毕云："说文无'栏'字。玉篇云：'木栏也。'"**取人马牛者，其不仁义又甚攘人犬豕鸡豚。**依上下文，此句疑不当有"仁"字。**此何故也？以其亏人愈多。苟亏人愈多，其不仁兹甚，罪益厚。至杀不辜人也，拖其衣裘，**毕云："'拖'读如'终朝三拕'之'拕'。陆德明易音义云：'褫，郑本作"拕"，徒可反。''拖'即'拕'异文。"王云："'也'即'拖'字之误而衍者。"诒让案：说文手部云："拕，曳也。"淮南子人间训云"秦牛缺径于山中而遇盗，拖其衣被"，许注云："拖，夺也。”“拖”即“拕”之俗。取戈剑者，其不义又甚入人栏厩、取人马牛。此何故也？以其亏人愈多。苟亏人愈多，其不仁兹甚矣，罪益厚。当此，天下之君子毕云：“旧脱此字，据后文增。”皆知而非之，谓之不义。今至大为攻国，毕云：“据后文云‘大为不义攻国。’”则弗知非，毕云：“知，一本作‘之’。旧脱‘非’字，据后文增。”案：道藏本、季本并不脱。从而誉之，谓之义。此可谓知义与不义之别乎？可，旧本作“何”。毕云：“一本作‘可’，是。”今据正。

杀一人谓之不义，必有一死罪矣。荀子正论篇云：“杀人者死，伤人者刑，是百王之所同也。”若以此说往，杀十人十重不义，必有十死罪矣；杀百人百重不义，必有百死罪矣。当此，天下之君子皆知而非之，谓之不义。今至大为不义攻国，则弗知非，旧本“知”作“之”，下又衍“而”字。毕云：“一本无‘而’字，是。”王云：“‘之’当为‘知’，俗音‘知’、‘之’相乱，故‘知’误为‘之’。上文‘皆知而非之’，正与‘弗知非’相对。且上下文皆作‘弗知非’，则‘之’为‘知’之误明矣。”案：王校是也，今据正。从而誉之，谓之义。情不知其不义也，王云：“情、诚通用。”故书其言以遗后世。若知其不义也，夫奚说书其不义以遗后世哉？奚说，言何辞以解说也。毕云“奚说犹言何乐”，失之。今有人于此，少见黑曰黑，多见黑曰白，则以此人不知白黑之辩矣；依下文，“则”下当有“必”字，“人”下当有“为”字。少尝苦曰苦，多尝苦曰甘，则必以此人为不知甘苦之辩矣。今小为非，则知而非之。大为非攻国，则不知非，旧本“不知”下衍“而”字，今据王、苏校删。从而誉之，谓之义。毕云：“旧‘之谓’二字倒，一本如此。”此可谓知义与不义之辩乎？旧本“可”上脱“此”字，又“谓”误“为”。毕云：“一本作‘谓’，是。”案：道藏本“可”上有“此”字，“为”正作“谓”，今据补正。季本“谓”亦不误。是以知天下之君子也，“也”字疑衍。辩义与不义之乱也。

非攻中第十八

子墨子言曰：古者王公大人为政于国家者，情欲誉之审，赏罚之当，刑政之不过失。情亦与诚通，下并同。王云：“‘古者’当为‘今者’，说见尚贤篇。‘誉’上有‘毁’字，而今本脱之，则文义不明。尚同篇‘举天下之人，皆欲得上之赏誉，而畏上之毁罚’，是其证。‘过失’下有脱文，下文曰：‘今者王公大人情欲得而恶失，欲安而恶危，故当攻战而不可不非。’”

是故子墨子曰：古者有语：“谋而不得，则以往知来，论语学而篇云：“告诸往而知来者。”以见知隐。”谋若此，可得而知矣。今师徒唯毋兴起，徒，旧本误“徙”，今据道藏本正。唯毋，毋，语词，详尚贤中篇。冬行恐寒，夏行恐暑，此不可以冬夏为者也。春则废民耕稼树艺，秋则废民获敛。此下依上文，或当有“此不可以春秋为者也”句。今唯毋废一时，则百姓饥寒冻馁而死者，不可胜数。今尝计军上，尝犹试也，下同。“上”字误，疑当作“出”。国策齐策云：“军之所出，矛戟折，镮弦绝，伤弩、破车、罢马，亡矢[一]之大半。”竹箭、羽旄、幄幕、毕云：“说文云：‘楃，木帐也。’‘幄’当从木。”诒让案：幄，节葬下篇作“屋”，此俗作。周礼幕人郑注云：“在旁曰帷，在上曰幕，四合象宫室曰幄。”甲盾、拨劫，史记孔子世家索隐云：“拨音伐，谓大盾也。”“劫”未详，疑当作“鉣”，古书从缶、从去之字多互讹。备蛾传篇“法”讹作“浤”，此“鉣”讹作“劫”，可以互证。说文刀部云：“鉣，刀把也。”即礼记少仪之拊也。刀把或以木为之，故有靡敝腐烂之患。往而靡弊腑冷不反者，毕云：“往，旧

〔一〕“矢”，原误“失”，据战国策齐策五改。

作'住',一本如此。'腑'即'腐'字异文。'冷'、'烂'音相近,当为'烂'。"诒让案:战国策秦策高注云:"弊,坏也。"此与少仪"国家靡敝"义微异。不可胜数;又与矛戟戈剑乘车,"与"下当依下文补"其"字。其列住碎折靡弊而不反者,"列住"二字误。毕以意改"歺往",盖以"往"属下为句,与上文同。然"其歺"二字仍与上下文并不属,窃疑当作"往则",读"其往则碎折靡弊而不反者"十一字句。今本"往"讹"住","则"讹"列",又倒其文,遂不可通耳。不可胜数;与其牛马肥而往、瘠而反,往死亡而不反者,王云:"下'往'字涉上'往'字而衍。"诒让案:"往"字似不必删。不可胜数;与其涂道之修远,粮食辍绝而不继,毕云:"粮,俗。玉篇云:'粮同糧。'"诒让案:周礼廪人"凡邦有师役之事,则治其糧,与其食",郑注云:"行道曰糧,谓糒也。止居曰食,谓米也。"孟子梁惠王篇云"师行而糧食,饥者弗食,劳者弗息",赵注云:"行军皆远转糧食而食之。"百姓死者,不可胜数也;与其居处之不安,食饭之不时,王云:"'食饭'当为'食饮'之误。食饮不时,见下篇。"饥饱之不节,百姓之道疾病而死者,不可胜数。丧师多不可胜数,丧师尽不可胜计,则是鬼神之丧其主后后与後字通。王制云"天子诸侯,祭因国之在其地而无主后者",郑注云"绝无后为之祭主者",即此义。洪云:"'后'当作'石',即'祏'字省文。左氏昭十八年传'使祝史徙主祏于周庙',杜预注:'祏,庙主石函。'说文:'祏,宗庙主也,周礼有郊宗石室。一曰:大夫以石为主。从示,从石,石亦声。'"案:洪说未塙。亦不可胜数。

国家发政,夺民之用,废民之利,若此甚众,然而何为为之?曰:"我贪伐胜之名,及得之利,故为之。"子墨子言曰:计其所自胜,无所可用也。计其所得,反不如所丧者之多。今攻三里之城,七里之郭,杂守篇云"率万家而城方三里",孟子公孙丑篇亦云"三里之城,七里之郭"。战国策齐策云"即墨,三里之城,七里之郭",又作"三里之城,五里之郭"。攻此不用锐,且无杀而徒得,此然也。杀人多必数于万，寡必数于千，然后三里之城、七里之郭且可得也。今万乘之国，虚数于千，毕云："虚，墟字正文，俗从土。"诒让案："虚"下疑脱"城"字，下文云"以争虚城"。不胜而入；毕云："旧作'人'，以意改。"广衍数于万，毕云："王逸注楚辞曰：'衍，广大也。'"不胜而辟。毕云："此辟字之〔一〕假音，'入'、'辟'为韵。"然则土地者，所有余也；王民者，所不足也。王云："'王民'二字义不可通，当是'士民'之误。'士民'与'土地'对文，下文'王民'同。"今尽王民之死，严下上之患，以争虚城，则是弃所不足，而重所有余也。为政若此，非国之务者也。

饰攻战者言曰：毕云："旧作'也言'，一本如此。"南则荆吴之王，"吴"当作"越"，墨子时吴已亡，故下文以夫差亡吴事为戒，不宜此复舍越而举吴也。下篇云"今天下好战之国齐、晋、楚、越"，节葬下篇云"诸侯力征，南有楚、越之王，而北有齐、晋之君"，皆其证也。北则齐晋之君，始封于天下之时，其土地之方，旧脱"地"字，今据道藏本补。未至有数百里也；人徒之众，未至有数十万人也。以攻战之故，土地之博至有数千里也，人徒之众至有数百万人。故当攻战而不可为也。俞云："'不可为也'当作'不可不为也'，方与上文语意相属。此是饰攻战者之言，非子墨子之言也。今脱'不'字，义不可通。"案：下文云"故当攻战而不可不非"，则此文当作"故当攻战而不可非也"，俞校未塙。子墨子言曰：虽四五国则得利焉，犹谓之非行道也。譬若医之药人之有病者然。句。今有医于此，和合其祝药之于天下之有病者而药之，毕云："'祝'谓祝由，见素问。或云'祝药'犹言疰药，非。一本无'祝'字，非也。"案：毕说非也。周礼疡医"掌肿疡、溃疡、金疡、

〔一〕"之"下原重"之"字，据毕沅刻本删。

折疡之祝药"，郑注云："'祝'当为'注'，读如注病之注，声之误也。注谓附著药。"彼"祝"药为剑疡附著之药，此下文云"食"，则与彼义异。毕云"祝由"，又与此书及周礼义并不合，不可信也。惠士奇谓"祝药"犹行药，亦未知是否。**万人食此，若医四五人得利焉，犹谓之非行药也。**苏云："食者多而利者少，则非常行之药。"**故孝子不以食其亲，忠臣不以食其君。古者封国于天下，尚者以耳之所闻，**毕云："尚同上。"**近者以目之所见，以攻战亡者不可胜数。何以知其然也？东方有莒之国者，**毕云："今山东莒州。"**其为国甚小，间于大国之间，不敬事于大，大国亦弗之从而爱利。是以东者越人夹削其壤地，**国策齐策云"莒恃越而灭"，与此异。**西者齐人兼而有之。计莒之所以亡于齐越之间者，以是攻战也。**杜预春秋释例云："莒国嬴姓，少昊之后，周武王封兹舆期于莒。十一世兹平公方见春秋，共公以下微弱，不复见，四世楚灭之。"苏云："史记云'楚简王元年，北伐灭莒'，据此则莒实为齐灭，故其地在战国属齐。"诒让案：战国策西周策云"邾莒亡于齐"，亦其证。**虽南者陈蔡，其所以亡于吴越之间者，**左传鲁哀公十七年楚灭陈，史记管蔡世家"蔡侯齐四年，楚惠王灭蔡"。案：在贞定王二十二年。**亦以攻战。虽北者且、不一著何，**道藏本如此，毕本作"中山诸国"，云："四字旧作'且一不著何'五字，一本如此。史记赵世家云'惠文王三年灭中山，迁其王于肤施'，表作四年。元和郡县志云：'定州，战国时为中山国。中山之地方五百里，城中有山，故曰中山。'今直隶定州是。"苏云："中山之亡当魏文侯世，墨子与子夏子门人同时，此事犹当及见之。毕引史记赵惠文王三年灭中山，非是。"诒让案：中山初灭于魏，后灭于赵，详所染篇。然此"中山诸国"四字乃后人肊改，实当作"且不著何"四字。旧本作"且一"，道藏本作"且不一"，并衍"一"字。"且"疑"柤"之借字，国语晋语"献公田，见翟柤之氛"，韦注云："翟柤，国名。"是也。不著何亦北胡国。周书王会篇云"不屠何青熊"，孔晁注云："不屠何亦东北夷也。"管子小匡篇"败胡貉，破屠何"，尹注云："屠何，东胡之先也。"刘恕通鉴外纪："周惠王三十三年，齐桓公救燕，破屠何。""屠"、"著"声类同,不著何即不屠何也。又王会伊尹献令,正北有且略、豹胡。且略即此且及左传[一]"翟相",豹胡亦即不屠何。"豹"、"不","胡"、"何",并一声之转。不屠何,汉为徒河县,属辽西郡,故城在今奉天锦州府锦县西北。相,据国语,为晋献公所灭,所在无考。**其所以亡于燕代胡貊之间者,**貊,貉之俗,详兼爱中篇。**亦以攻战也。是故子墨子言曰:古者王公大人,情欲得而恶失,**古者,亦当从王校作"今者",说见前。情与诚通,详非攻下篇。**欲安而恶危,**毕云:"欲,旧作'故',以意改。"**故当攻战而不可不非。**

饰攻战者之言曰:彼不能收用彼众,是故亡。我能收用我众,以此攻战于天下,谁敢不宾服哉?子墨子言曰:子虽能收用子之众,子岂若古者吴阖閭哉?閭,左传昭二十七年作"庐",字通,详所染篇。**古者吴阖閭教七年,**毕云:"案史记'阖閭九年入郢',吴越春秋云'九年十月,楚二师陈于柏举',即此是也。"俞云:"'教'下疑脱'士'字。"**奉甲执兵,奔三百里而舍焉,**吕氏春秋简选篇云"吴阖庐选多力者五百人,利趾者三千人,以为前陈",此云"奉甲执兵,奔三百里而舍",即多力利趾者也。俞云:"'奉甲执兵,奔三百里而舍',即教士之法,乃古所谓武卒者。荀子议兵篇:'魏氏之武卒,以度取之,衣三属之甲,操十二石之弩,负矢五十个,置戈其上,冠軸带剑,赢三日之粮,日中而趋百里,中试则复其户,利其田宅。'今据墨子之言,则阖閭先有此法矣。"**次注林,出于冥隘之径,**左传定四年"吴伐楚,舍舟于淮汭,自豫章与楚夹汉。左司马戌谓子常曰:我悉方城外以毁其舟,还塞大隧、直辕、冥厄",释文云:"厄,本或作'隘'。"杜注云:"三者汉东之隘道。"案:此"冥隘"即左传之"冥厄"。史记苏秦传云"塞鄳厄",亦即此,集解引徐广云:"鄳,江夏鄳县。"注林地无考,以左传校之,疑当作淮汭。"淮"、"注"形近,"汭"篆文作"汭",与"林"亦相近,因而致误。

〔一〕上文孙引"翟相"系据国语晋语,此云左传,偶误。"翟相"见晋语一。

毕云："淮南子地形训作'渑厄'，高诱曰：'渑厄，今宏农渑池是也。'则在今河南永宁县。史记魏世家云'秦攻冥厄之塞'，集解云：'徐广曰：或以为江夏鄳县。'又杜预注左传云：'汉东之隘道。'括地志云：'石城山在申州钟山县东南二十一里。魏攻冥厄，即此山。'吕氏春秋、淮南子'九塞'，此其一也。玉海：'在信阳军东南五十里。'今在河南信阳州东南九十里。"**战于柏举，**事见春秋定四年经。柏举，杜注云："楚地。"吕氏春秋首时篇高注云："柏举，楚南鄙邑。"毕云："在今湖北麻城县。元和郡县志云：'麻城县黾头山，在县东南十八里，举水之折出也。春秋吴、楚战于柏举，即此地也。'"**中楚国而朝宋与及鲁。**苏云："'及鲁'二字误倒，'鲁'字属上句，'及'字属下句也。"案：苏校近是。左传阖闾时无宋、鲁朝吴事，疑因哀七年夫差会鲁于鄫、征宋鲁百牢事傅会之。**至夫差之身，北而攻齐，舍于汶上，战于艾陵，**见春秋哀十一年经。毕云："在今山东泰安县东南。史记吴太伯世家云：'夫差七年，北伐齐，败齐师于艾陵，至缯。'"**大败齐人而葆之大山；**苏云："大山即太山，篇中'太'多作'大'，鲁问篇'齐太王'作'大王'是也。"**东而攻越，济三江五湖，**毕云："史记索隐云：'韦昭云：三江，谓松江、钱塘江、浦阳江。'史记正义云：'顾夷吴地记云：松江东北行七十里，得三江口。东北入海为娄江，东南入海为东江，并松江为三江。'"诒让案：汉书地理志云"会稽郡吴：南江在南，东入海。毗陵：北江在北，东入海。丹阳郡芜湖：中江西南，东至阳羡入海"，此即书禹贡、周礼职方氏扬州之三江也。国语越语云"吴之与越也，三江环之"，韦昭别据松江、浙江、浦阳江为释，即张守节[一]所引是也。水经沔水郦注云："松江自太湖东北流迳七十里，江水奇分，谓之三江口。吴越春秋称范蠡去越乘舟，出三江之口，入五湖之中者也。"此与顾夷说同，要皆非古之"三江"。窃谓禹贡中江、北江并于吴境入海，南江入海又兼涉越境，则三江下流自足环吴越。水经注又引郭璞云"三江者，岷江、松江、浙江也"，此即据禹迹下流言之。近代胡渭、金榜并援以说越语之三江，最为塙当。毕考之未

〔一〕张守节所引为顾夷吴地记，韦昭注乃司马贞索隐所引。此"张守节"当是"司马贞"之误。

审。五湖，详前兼爱中篇。**而葆之会稽。**左传哀元年"吴王夫差败越于夫椒，遂入越。越子以甲楯五千保于会稽"，杜注云："上会稽山也，在会稽山阴县南。"葆、保字通。会稽山，详节葬下篇。毕云："今浙江山阴会稽山。"**九夷之国莫不宾服。**尔雅释地云："九夷、八狄、七戎、六蛮，谓之四海。"王制孔疏云："九夷，依东夷传九种，曰：畎夷、于夷、方夷、黄夷、白夷、赤夷、玄夷、风夷、阳夷。李巡注尔雅云：一曰玄菟，二曰乐浪，三曰高骊，四曰满饰，五曰凫臾，六曰索家，七曰东屠，八曰倭人，九曰天鄙〔一〕。"案：王制疏所云，皆海外远夷之种别，此"九夷"与吴楚相近，盖即淮夷，非海外东夷也。书叙云："成王伐淮夷，遂践奄。"韩非子说林上篇云："周公旦攻九夷，而商盖服。"商盖即商奄，则九夷亦即淮夷。故吕氏春秋古乐篇云："成王立，殷民反，王命周公践伐之。商人服象，为虐于东夷，周公遂以师逐之，至于江南。"又乐成篇云"犹尚有管叔、蔡叔之事，与东夷八国不听之谋"，高注云："东夷八国附从二叔，不听王命。周公居摄，三年伐奄，八国之中最大，著在尚书，余七国小，又先服，故不载于经也。"案：东夷八国，亦即九夷也。春秋以后盖臣属楚、吴、越三国，战国时又专属楚。说苑君道篇说越王句践与吴战，大败之，兼有九夷。淮南子齐俗训云"越王句践霸天下，泗上十二诸侯皆率九夷以朝"，战国策秦策云"楚苞九夷，方千里"，魏策云"张仪曰：楚破南阳九夷，内沛，许、鄢陵危〔二〕"，文选李斯上秦始皇书说秦伐楚，包九夷，制鄢、郢"，李注云："九夷，属楚夷也。"若然，九夷实在淮泗之间，北与齐、鲁接壤，故论语"子欲居九夷"。参互校核，其疆域固可考矣。**于是退不能赏孤，**说文子部云："孤，无父也。"月令"立冬赏死事，恤孤寡"，郑注云："死事，谓以国事死者。孤寡，其妻子也。"**施舍群萌，**毕云："此氓字之假音。"诒让案：尚贤中篇云"四鄙之萌人"。舍、予声近字通，"施舍"犹赐予也。左昭十三年传云"施舍宽民"，又云"施舍不倦"，杜注云："施舍，犹云布恩德。"**自恃其力，伐其功，誉其智，怠于教，**

〔一〕王制孔疏原文与孙氏所引出入甚大，孙氏所引乃尔雅释地邢昺疏，其中"李巡注尔雅云"六字亦邢疏所无。

〔二〕"危"，原误"死"，据战国策魏策一改。

遂筑姑苏之台，七年不成。国语吴语说吴王夫差云“高高下下，以罢民于姑苏”，韦注云：“姑苏，台名，在吴西，近湖。”案：国语以筑姑苏为夫差事，与此书正合。毕云：“史记集解云：‘越绝书曰：阖闾起姑苏之台，三年聚材，五年乃成，高见三百里。’颜师古注汉书伍被传云：‘吴地记云：因山为名，西南去国三十五里。’今江南苏州府治。”诒让案：越绝以姑苏为阖闾所筑，疑误。及若此，则吴有离罢之心。苏云：“罢读如疲。”越王句践视吴上下不相得，收其众以复其仇，入北郭，徙大内，王云：“‘徙大内’三字义不可通，‘大内’当为‘大舟’，隶书‘舟’字或作‘月’，与‘内’相似而误。吴语‘越王句践袭吴，入其郛，焚其姑苏，徙其大舟’，韦注曰：‘大舟，王舟。’吴越春秋夫差内传亦作‘徙其大舟’。”案：王说是也。吴语韦注云：“郛，郭也。徙，取也。”此哀十三年越入吴事，与二十年围吴事不相涉，此类举之耳。围王宫，国语吴语云“越师入吴国，围王宫”，韦注云：“王宫，姑苏。”而吴国以亡。左传哀二十年十一月，越围吴。二十二年十一月，越灭吴。昔者晋有六将军，六将军，即六卿为军将者也。春秋时通称军将为将军，穀梁文六年传云“晋使狐射姑为将军”是也。淮南子道应训云：“赵文子问于叔向曰：晋六将军，其孰先亡乎？”又人间训云“张武为智伯谋曰：晋六将军，中行文子最弱”，许注云：“六将军：韩、赵、魏、范、中行、智伯也。”而智伯莫为强焉。计其土地之博，人徒之众，欲以抗诸侯，以为英名。攻战之速，故差论其爪牙之士，皆列其舟车之众，王云：“‘皆’当为‘比’。天志篇‘比列其舟车之卒’，是其证。下篇‘皆列’同。”案：王说是也，又旧本“列”下脱“其”字，王据上句补，今从之。以攻中行氏而有之。以其谋为既已足矣，又攻兹范氏而大败之。“兹”字疑衍。中行氏即荀氏，范氏即士氏。左传定十三年“晋逐荀寅、士吉射”，乃知伯瑶祖文子跞事。此及鲁问篇并通举，不复析别。淮南子人间训亦谓张武为智伯谋伐范、中行，灭之。并三家以为一家，而不止，又围赵襄子于晋阳。事在鲁悼公十五年。及若此，则韩魏亦相从而谋曰：“古者有语:'唇亡则齿寒。'战国策赵策、淮南子人间训并以此为张孟谈说韩魏之君语。榖梁僖二年传"虞宫之奇曰:语曰唇亡则齿寒",左僖五年传"语"作"谚"。赵氏朝亡,我夕从之;赵氏夕亡,我朝从之。毕云:"我,旧作'吾',一本如此。"诗曰:'鱼水不务,务,疑当读为"骛",东魏嵩阳寺碑"朝野倾务","务"、"骛"字通。淮南子主术训云"鱼得水而骛",高注云:"骛,疾也。"又或当作"斿",即"游"之省。陆将何及乎!'"王云:"'陆将何及乎',不类诗词。'乎'字盖浅人所加。"苏云:"此盖逸诗。"是以三主之君一心戮力,毕云:"戮,勠字假音。"辟门除道,苏云:"辟同闢。"奉甲兴士,韩魏自外,赵氏自内,击智伯,大败之。毕云:"事俱见韩非子。"

是故子墨子言曰:古者有语曰:"君子不镜于水,而镜于人。镜于水见面之容,镜于人则知吉与凶。"苏云:"书酒诰篇云'古人有言曰:人无于水监,当于民监',太公金匮阴谋有武王镜铭云'以镜自照见形容,以人自照见吉凶',二书所云与此合,盖古语也。"诒让案:国语吴语云:"申胥曰:王盍亦鉴于人,无鉴于水。"今以攻战为利,则盖尝鉴之于智伯之事乎?毕云:"盖同盍。"此其为不吉而凶,既可得而知矣。

非攻下第十九

子墨子言曰:今天下之所誉善者,其说将何哉?旧本脱"哉"字。王云:"天志篇曰'天下之所以乱者,其说将何哉',今据补。"为其上中天之利,而中中鬼之利,而下中人之利,故誉之与?旧本作"誉",王引之据下改"与",是也,今从之。苏云:"下'誉'当作'与',读平声。"意亡非为其上中天之利,而中中鬼之利,而下中人之利,故誉之与?王引之云:“意与抑同,亡与无同,皆词也。非命篇曰:‘不识昔也三代之圣善人与?意亡昔三代之暴不肖人与?’”苏说同。虽使下愚之人,毕云:“旧‘愚之’二字倒,以意移。”必曰:“将为其上中天之利,而中中鬼之利,而下中人之利,故誉之。”今天下之所同义者,毕云:“义,旧作‘养’,一本如此。”圣王之法也。今天下之诸侯将犹多皆免攻伐并兼,俞云:“‘免’字衍文。天志篇云‘今天下之诸侯,将犹皆侵凌攻伐兼并’,无‘免’字,可证。”则是有誉义之名,而不察其实也。此譬犹盲者之与人同命白黑之名,而不能分其物也,则岂谓有别哉?是故古之知者之为天下度也,必顺虑其义而后为之行。是以动则不疑,速通成得其所欲,戴云:“‘成’下当脱‘则’字。”案:戴说未塙,“速通成得其所欲”,疑当作“远迩咸得其所欲”。而顺天鬼百姓之利,则知者之道也。毕云:“知读智。”是故古之仁人有天下者,必反大国之说,“反”当作“交”,二字形近,详七患篇。此谓与大国交相说。下文云“以此效大国,则小国之君说”,交、效字通。一天下之和,总四海之内,句。焉率天下之百姓,戴云:“焉犹乃也。”以农臣事上帝山川鬼神。洪云:“左氏襄十三年传‘小人农力以事其上’,管子大匡篇‘耕者用力不农,有罪无赦’。广雅释诂:‘农,勉也。’”利人多,功故又大,戴云:“‘故’即‘功’之衍文,盖‘功’一本作‘攻’,因误为‘故’,而写者合之耳。”是以天赏之,鬼富之,毕云:“鬼,旧作‘愚’,以意改。”人誉之,使贵为天子,富有天下,名参乎天地,至今不废。此则知者之道也,先王之所以有天下者也。

今王公大人、天下之诸侯则不然,将必皆差论其爪牙之士,皆列其舟车之卒伍,“皆”亦当作“比”,详上篇。于此为坚甲利兵,以往攻伐无罪之国。入其国家边境,芟刈其禾稼,斩其树木,堕其城郭,说文𨸏部云:“败城𨸏曰隓。”篆文作“墮”。“堕”

即"墉"之变体。左传僖三十二年杜注云:"堕,毁也。"毕云:"堕,一本作'坠'。"**以湮其沟池**,毕云:"'湮塞'之字当为'垔'。"**攘杀其牲牷**,周礼牧人"掌牧六牲,而阜蕃其物,以共祭祀之牲牷",郑注云:"六牲谓牛、马、羊、豕、犬、鸡。牷,体完具。"郑众云:"牷,纯色。"**燔溃其祖庙**,王引之云:"'燔'与'溃'义不相属,'燔溃'当为'燔燎'。隶书'尞'字或作'尞',与'贵'字相似,故字之从尞者或误从贵。史记仲尼弟子传索隐引家语有'申缭',今本家语七十二弟子篇作'申缋';赵策'魏杀吕辽',下文又作'吕遗',皆其类也。'尞'与'贵'隶相似,故'燎'误为'熉',又误为'溃'耳。此篇云'攘杀其牲牷,燔燎其祖庙',天志篇云'焚烧其祖庙,攘杀其牺牷',文异而义同也。"**刭**〔一〕**杀其万民**,左传定四年杜注云:"刭,取其首。"史记陈涉世家索隐引三苍郭璞注云:"刭,刺也。"下文云"刺杀天民",与此义同。毕云:"刭字从刀。"**覆其老弱**,逸周书周祝篇孔注云:"覆,灭也。"**迁其重器**。孟子梁惠王篇文同,赵注云:"宝重之器。"**卒进而柱乎斗**,戴云:"'柱'乃'极'字误,草书'极'与'柱'相似。'乎'字衍。极,亟字之借。"**曰:"死命为上,多杀次之,身伤者为下,又况失列北桡乎哉,罪死无赦!"**旧本"失"作"先","赦"作"杀"。王云:"'先列'二字义不可通,当是'失列'之误,谓失其行列也。'罪死无杀'义亦不可通,当作'罪死无赦',此涉上下文'杀'字而误。"毕本"桡"作"挠",云:"'北'谓奔北也,北之言背驰。挠之言曲行,谓逗挠。"案:王校是也,今据正。"挠"俗字,据道藏本正。国语吴语韦注云:"军败奔走曰北。"左成二年传"师徒桡败",杜注云:"桡,曲也。"**以譂其众**。毕云:"说文、玉篇无譂字。古字言、心相近,即惮字。"案:毕说是也。国语周语韦注云:"惮,惧也。"国策秦策云"王之威亦惮矣",贾子新书解县篇云"陛下威惮大信"。**夫无兼国覆军**,汉书货殖传注:"孟康云:无,发声助也。"案:无与"唯无"辞意同,苏云"'无'疑当作'务'",非。**贼虐万民,以乱圣**

〔一〕"刭",原误"劲",据毕沅刻本改。

人之绪。广雅释诂云："绪，业也。"意将以为利天乎？夫取天之人，以攻天之邑，此刺杀天民，剥振神之位，倾覆社稷，攘杀其牺牲，王云："'剥'与'振'义不相属，'振'当为'搌'，字之误也。说文：'剥，裂也。'广雅：'搌，裂也。'曹宪音'必麦反'。是'剥'、'搌'皆裂也，故曰'剥搌神位'。自'刺杀天民'以下皆以四字为句，今本作'剥振神之位'，'之'字涉上文'取天之人，攻天之邑'而衍。'攘杀其牺牲'，'其'字亦涉上文'攘杀其牲牷'而衍。"则此上不中天之利矣。意将以为利鬼乎？夫杀之人，毕云："旧作'神'，据后文改。"戴云："'杀'下脱'天'字。"灭鬼神之主，废灭先王，贼虐万民，百姓离散，则此中不中鬼之利矣。意将以为利人乎？夫杀之人，为利人也博矣。戴云："'杀'下脱'天'字。"俞云："'博'疑当作'薄'。言杀人以利人，其利亦薄也。若作'博'字，则不可通。"案：俞校是也。此疑当作"夫杀人之为利人也，薄矣"，与上文不同，戴说非。又计其费，此为周生之本，王云："'周'字义不可通，'周'当为'害'。财者生之本也，用兵而费财，故曰害生之本。隶书'害'字或作'害'，与'周'相似而误。"竭天下百姓之财用不可胜数也，则此下不中人之利矣。

今夫师者之相为不利者也，曰将不勇，士不分，毕云："同忿。"诒让案："分"疑"奋"，声近假借字。兵不利，教不习，师不众，率不利和，俞云："率，读为将率之率。'利'即'和'字之误而衍者。"威不圉，圉与疆圉〔一〕义同。逸周书谥法篇云"威德刚武曰圉"，孔注云："圉，御也。"害之不久，"害"疑当作"围"，形近而误。争之不疾，孙之不强。"孙"无义，疑当作"系"。国语吴语韦注云："系，缚也。"盖谓系累民人。

〔一〕"疆圉"，原文如此，义不可通。"疆"当作"彊"，彊与强同。强圉，谓强而多力。楚辞离骚"浇身服而强圉兮"，王逸注云："强圉，多力也。"疑孙书本作"彊圉"，误刻成"疆圉"。

植心不坚,与国诸侯疑。与国诸侯疑,则敌生虑而意羸矣。偏具此物,毕云:"'偏'当为'遍'。"王云:"古多以'偏'为'遍',不烦改字。非儒篇'远施周偏',公孟篇'今子偏从人而说之',皆是'遍'之借字。益象传'莫益之遍辞也',本或作'偏'。檀弓'二名不偏讳',大戴记劝学篇'偏与之而无私',魏策'偏事三晋之吏',汉书礼乐志'海内偏知上德',皆以'偏'为'遍'。又汉书郊祀志'其游以方遍诸侯',张良传'天下不足以遍封',张汤传'遍见贵人',史记并作'偏'。若诸子书中以'偏'为'遍'者,则不可枚举。汉三公山碑'兴云肤寸,偏雨四海',亦以'偏'为'遍'。然则'遍'之为'偏',非传写之讹也。"而致从事焉,则是国家失卒,毕云:"一本作'足'。"而百姓易务也。今不尝观其说好攻伐之国,若使中兴师,君子,此下有脱字,疑当云"君子数百"。庶人也必且数千,徒倍十万,然后足以师而动矣。久者数岁,速者数月,是上不暇听治,士不暇治其官府,农夫不暇稼穑,妇人不暇纺绩织纴〔一〕,毕云:"说文云:'纺,网丝也。''绩,缉也。''织,作布帛之总名也。''纴〔二〕,机缕也。纴,或字。'"则是国家失卒,而百姓易务也。然而又与其车马之罢弊也,幔幕帷盖,说文巾部云:"幔,幕也。"广雅释器云:"幔,帐也。"幕帷,详中篇。三军之用,甲兵之备,五分而得其一,则犹为序疏矣。"序疏"二字义不可通,疑当为"厚余",皆形之误。厚余,言多余也。孙子作战篇:"国之贫于师者,力屈财殚,中原内虚于家。百姓之费,十去其七。公家之费,破车罢马,甲胄、矢弓、戟楯、矛橹、丘牛、大车,十去其六。"此说与彼略同。然而又与其散亡道路,道路辽远,疑衍"道路"二字,说文辵部云"辽,远也。"粮食不继傺,食饮之时,毕云:"王逸注楚辞云:'傺,住也。楚人名住曰傺。'"王云:"'傺'字与上下文义不相属,

〔一〕"纴",原误"纴",据毕沅刻本改。按:墨子旧本均作"纴","纴"即说文"纴"字之或体"絍",见毕注。
〔二〕"纴",原误"纴",据说文改。按说文,"纴"为正篆,"纴"为或体。

未详。'之时'当为'不时','食饮不时'与'粮食不继'对文。"俞云:"'傺'即'际'字,张迁碑'臈正之傺'是也。昭四年左传'尔未际',孟子万章篇'敢问交际何心也',杜预、赵岐注并曰:'际,接也。'疑墨子原文本作'粮食不傺','不傺'即不接也,与中篇所云'粮食辍绝而不继'文异义同。后人不达'傺'字之义,据中篇改为'不继',而写者两存之,遂作'不继傺'耳。"案:王、俞说近是。**厕役以此饥寒冻馁疾病,而转死沟壑中者,**王云:"'厕役'二字,义无所取,当为'厮役'之误。宣〔一〕十二年公羊传'厮役扈养死者数百人',是其证。"**不可胜计也。此其为不利于人也,天下之害厚矣。而王公大人乐而行之,则此乐贼灭天下之万民也,岂不悖哉!今天下好战之国,齐晋楚越,若使此四国者得意于天下,此皆十倍其国之众,而未能食其地也,**食,谓治田以耕者。周礼遂师云:"经牧其田野,办其可食者。"言四国荒土多,民不能尽耕之也。**是人不足而地有余也。今又以争地之故而反相贼也,然则是亏不足而重有余也。**重,旧本讹"动",道藏本作"重",与中篇合,今据正。

今遝夫好攻伐之君,旧本"遝"作"还"。洪云:"明鬼下篇'逮至昔三代',文与此同。'还'当是'遝'之讹。遝、逮古字通用。"戴云:"'还'当是'儇'字之误。王逸注楚词云:'儇,佞也。'则儇夫犹佞人也。"案:洪说是也,今据正。下文云"则〔二〕夫好攻伐之君",可证。**又饰其说以非子墨子曰:以攻伐之为不义,**毕云:"'以攻伐之',据后文,当云'子以攻伐'。"**非利物与?昔者禹征有苗,汤伐桀,武王伐纣,此皆立为圣王,是何故也?子墨子曰:子未察吾言之类,未明其故者也。**大取篇云:"辞以故生,以理长,以类行。"荀子非十二子篇杨注云:"类谓比类。"**彼非所谓攻,谓诛也。**依下文,"谓"上亦当有"所"字。说文言

〔一〕"宣"字,原误"宜",据公羊传改。
〔二〕"则"下原衍"且"字,据本篇下文删。

部云:“诛,讨也。”谓讨有罪与攻战无罪之国异。**昔者三苗大乱,**旧本“者”下有“有”字,王云:“即‘者’字之误而衍者。今据开元占经、太平御览引删。”**天命殛之,日妖宵出,**“日妖”不可通,“日”疑当为“有”之讹,下云“妇妖宵出,有鬼宵吟”。通鉴外纪引随巢子、汲冢纪年云“三苗将亡,日夜出,昼日不出”,则疑“妖”是衍文。**雨血三朝,**开元占经三引太公金匮云:“有苗时,天雨血,沾衣。”**龙生于庙,犬哭乎市,**旧本脱“于”字,又“犬”作“大”。王云:“‘龙生庙’当作‘龙生于庙’,方合上下句法。太平御览礼仪部十引此正作‘龙生于庙’。‘大哭乎市’文义不明。‘大’当为‘犬’,‘犬哭乎市’与‘龙生于庙’对文。开元占经犬占引墨子曰‘三苗大乱,犬哭于市’,太平御览兽部十七引随巢子曰‘昔三苗大乱,龙生于庙,犬哭于市’,皆其证。”案:王校是也,今据正。通鉴外纪引随巢子、汲冢纪年云“青龙生于庙”。**夏冰,地坼及泉,**毕云:“太平御览引此云‘三苗欲灭时,地震坼泉涌’。”**五谷变化,民乃大振。**毕云:“同‘震’。”**高阳乃命玄宫,**毕云:“舜,高阳第六世孙,故云。”王云:“此当作‘高阳乃命禹于玄宫’,下文禹征有苗正承此文而言,又下文‘天乃命汤于镳宫’,与此文同一例。今本脱‘禹于’二字,则文义不明。”诒让案:艺文类聚符命部引随巢子云“天命夏禹于玄宫,有大神人面鸟身”云云,则非高阳所命也,此文疑有脱误。今本竹书纪年:“帝舜三十五年,帝命夏后征有苗,有苗氏来朝。”**禹亲把天之瑞令,**毕云:“把,文选注引作‘抱’。说文云:‘瑞,以玉为信也。’”诒让案:令,文选东京赋李注引作“命”。说文手部云:“把,握也。”**以征有苗。四电诱祇,**未详,疑当为“雷电悖振”。“雷”坏字为“田”,又误为“四”。“悖”、“诱”,“振”、“祇”,形并相近。“悖”、“勃”,“振”、“震”,字通。书无逸云“治民祇惧”,史记鲁世家“祇”作“震”,是其证也。**有神人面鸟身,若瑾以侍,**人面鸟身之神,即明鬼下篇秦穆公所见之句芒也。“若瑾以侍”义不可通,“若瑾”疑“奉珪”之误。若,钟鼎古文作“”;奉,篆文作“”,二形相似。“珪”、“瑾”亦形之误。仪礼觐礼记方明六玉云“东方圭”,周礼大宗伯礼四方玉云“东方以青圭”,白虎通义文质篇云“珪位在东方”,是珪于方位属东。句芒亦东方之神,故奉珪，犹国语晋语说西方之神蓐收执钺矣。或云"瑾"当作"璜"，于形亦近，但于四方之玉不合。艺文类聚符命部引随巢子云："有大神人面鸟身，降而福之：司禄益富而国家实，司命益年而民不夭。"疑即指此事。**搤矢有苗之祥，**疑当作"将"。"将"或通作"牂"，与"祥"形近而讹。玉篇手部云："牂，今作'将'，同。"搤矢，未详。**苗师大乱，後乃遂几。**道藏本"後"作"后"。说文丝部云："几，微也。"言三苗之后世遂衰微也。**禹既已克有三苗，**句。**焉磨为山川，别物上下，**王云："'焉'字下属为句，焉犹于是也，乃也。下文'汤焉敢奉率其众'，'武王焉袭汤之绪'，义并与此同。"又云："'磨'字义不可通，'磨'当为'磿'。'磿'与'历'通。周官遂师注曰：'磿者，适历。'中山经'历石之山'，郭注：'或作磨。'史记高祖功臣侯表'磨简侯程黑'，汉表作'历'。春申君传'濮磿之北'，新序善谋篇作'历'。乐毅传'故鼎反乎磿室'，燕策作'历'。历之言离也。大戴五帝德篇曰'历离日月星辰'，是'历'与'离'同义。淮南精神篇曰：'别为阴阳，离为八极。'然则'磿为山川'，亦谓离为山川也。'离'与'磿'皆分别之义，故曰'磿为山川，别物上下'。世人多见'磨'，少见'磿'，故书传中'磿'字多讹作'磨'。史记及山海经注'磿'字，今本皆讹作'磨'。又逸周书世俘篇'伐磿'，楚策'远自弃于磿山之中'，今本亦讹作'磨'。颜氏家训勉学篇曰'太山羊肃读世本"容成造磿"，以"磿〔一〕"为碓磨之磨'，则以'磿〔二〕'为'磨'，自古已然矣。"**卿制大极，**毕云："说文云：'卿，章也。'"诒让案：疑当为"乡制四极"，"乡(鄉)"与"卿"形近。"四"，篆文作"𠔀"，与"大"篆文亦近，故互讹。乡即饗之省。尔雅释地云："东至于泰远，西至于邠国，南至于濮铅，北至于祝栗，谓之四极。"郭注云："皆四方极远之国。"**而神民不违，天下乃静，则此禹之所以征有苗也。** **遝至乎夏王桀，**毕云："文选注引作'夏桀时'。"遝，旧本作"还"。王云："'还'字义不可通，或曰'还'即'旋'字。案：禹、桀相去甚远，不得言旋至乎

〔一〕"磿"，原误"磨"，据颜氏家训改。
〔二〕"磿"，原误"磨"，据颜氏家训改。

桀。'还'当为'遝',遝与逮同。逮,及也。'遝[一]'与'还(還)'字形相似而误,下文'还至乎商王纣'同。"又云:"'遝'之误为'还',犹'鰥'之误为'鱞'。汉书律历志'丙午遝师',今本误作'还'。中庸'所以逮贱也',释文'逮'作'遝'。哀十四年公羊传'祖之所逮闻也',汉石经'逮'作'遝'。"案:王说是也,洪说同,今据正。**天有軲命,**毕云:"'軲'当是'诰'字。"诒让案:軲疑当为"酷",谓严命也。说文告部云:"嚳,急告之甚也。"白虎通义号篇云:"嚳者,极也。"嚳、酷字亦通。一切经音义云:"酷,古文俈、嚳、焙三形。"**日月不时,寒暑杂至,**易释文引孟喜云:"杂,乱也。"谓寒暑错乱而至,失其恒节。**五谷焦死,**史记龟策传说桀纣云:"天数枯旱,国多妖祥,螟虫岁生,五谷不成。"**鬼呼国,**王云:"'呼'下当有'于'字,方合上下句法。"诒让案:御览八十三引帝王世纪亦云"鬼呼于国"。**鹳鸣十夕余。**鹳,旧本作"鸛"。卢云:"'鸛'字未详,若作'鸖',与'鹤'同。"案:卢说是也,道藏本、季本并作"鸖",今据改。"鹤"字,唐姚元景造象记作"鸖",楚金禅师碑作"鸛",并俗书讹变。通鉴外纪夏纪云"鹤鸣于国,十日十夕不止",即本此文。通志夏纪"鹤"作"鹳",疑误。**天乃命汤于镳宫,**毕云:"旧脱'天'字,据文选注增。镳,艺文类聚引作'骊',文选注作'镳'。"王绍兰云:"'镳宫'即孟子'牧宫'。天乃命汤于镳宫,往而诛之,即'天诛造攻自牧宫'也。"案:孟子万章篇赵注云:"牧宫,桀宫。"似与此"镳宫"异,王说未塙。**用受夏之大命:"夏德大乱,予既卒其命于天矣,往而诛之,必使汝堪之。"**毕云:"文选注、艺文类聚引作'戡',此'㦰'字之假音。说文云:'㦰,杀也。'尔雅云:'堪,胜也。'"案:"夏德大乱"以下四句,文义与下文重复,疑校书者附记异同,遂与正文淆混。文选辩命论、褚渊碑文注两引亦无此数语。毕所校乃下文之异文也。**汤焉敢奉率其众,是以乡有夏之境,**王引之云:"焉犹乃也。言汤既受天命,乃敢伐夏也。"王绍兰云:"'焉'之为言于是也。"**帝乃使阴暴毁有夏之城。**阴,疑"降"之误。**少少,有神来告**

〔一〕"遝",原误"还",据王念孙读书杂志改。

曰："夏德大乱，往攻之，予必使汝大堪之。予既受命于天，天命融隆火毕云："隆，疑作'降'，言命祝融降火。"王云："'降'与'隆'通，不烦改字，详尚贤中篇。"诒让案：国语周语内史过说夏亡，"回禄信于聆隧"，韦注云："回禄，火神；聆隧，地名。"左昭十八年传郑灾，"禳火于玄冥、回禄"，孔疏云："楚之先吴回为祝融，或云回禄即吴回也。"是融即回禄，此与周语所云即一事也。于夏之城间西北之隅。"备城门篇云："城四面四隅，皆为高磿𢶪。"考工记匠人"城隅之制九雉"，郑注云："城隅，谓角浮思也。"诗邶风静女篇"俟我于城隅"。汤奉桀众以克有，苏云："'有'下脱'夏'字。"属诸侯于薄，礼记经解郑注云："属犹合也。"毕云："此作'薄'，是也。管子地数云'汤有七十里之薄'，周书殷祝解云'汤放桀而复薄'，荀子议兵云'古者汤以薄，武王以滈'，吕氏春秋云'汤尝约于郼薄'，皆作'薄'。地理志云'河南偃师尸乡，殷汤所都'，是今河南偃师也。史记集解云：'皇甫谧曰：梁国谷孰为南亳，即汤都也。'括地志云：'宋州谷孰县西南三十五里南亳故城，即南亳，汤都也。宋州北五十里大蒙城为景亳，汤所盟地，因景山为名。河南偃师为西亳，帝喾及汤所都，盘庚亦从都之。'又案：薄，惟孟子作'亳'，非正字也。亳，京兆杜陵亭，见说文。别有亳王号汤，在今陕西三原县，地各不同。"荐章天命，尔雅释诂云："荐，进也。"仪礼士冠礼郑注云："章，明也。"通于四方，而天下诸侯莫敢不宾服，则此汤之所以诛桀也。

遝至乎商王纣，遝，旧本亦作"还"，今依王校正，详上。毕云："文选注引作'商王纣时'，太平御览作'纣之时'。"天不序其德，王云："序，顺也。言天不顺纣之德，非乐篇引汤之官刑曰'上帝不顺'是也。尔雅曰：'顺，叙也。'叙与序同。法言问神篇曰'事得其序之谓训'，训与顺同。周语曰'周旋序顺'，序亦顺也。逸周书序曰'文王告武王以序德之行'。"俞云："'序'乃'享'字之误。庄子则阳篇'随序之相理'，释文曰：'序，一本作享。'是其例也。'天不享其德'，文义甚明。字误作'序'，不可通矣。"案：俞说是也。尚贤中篇云"则天乡其德"，乡亦与享通。祀用失时，史记龟策传说桀、纣云"逆乱四时，先〔一〕百鬼尝”，盖言祭祀不以时举也。**兼夜中**，有脱误。**十日雨土于薄**，毕云：“太平御览引作‘亳’，假音字。”诒让案：李淳风乙巳占亦引墨子曰：“商纣不德，十日雨土于亳。”今本纪年：“帝辛五年，雨土于亳。”**九鼎迁止，妇妖宵出，有鬼宵吟**，文选苏子卿古诗李注引苍颉篇云：“吟，叹也。”**有女为男，天雨肉**，吕氏春秋慎大篇说殷亡之妖，云“天雨血”。**棘生乎国道**，国道，谓国中九经九纬之涂也。**王兄自纵也**。王云：“兄与况同。况，益也。言纣益自放纵也。小雅常棣篇‘况也永叹’，毛传曰：‘况，兹也。’兹与滋同。滋，益也。晋语‘众况厚之’，韦注曰：‘况，益也。’无逸‘则皇自敬德’，汉石经‘皇’作‘兄’，王肃本作‘况’，云‘况滋益用敬德’。大雅桑柔篇‘仓兄填兮’，召闵篇‘职兄斯引’，传并曰：‘兄，兹也。’”案：王说是也，顾说同。苏谓即微子出奔之事，误。**赤乌衔珪**，毕云：“乌，太平御览引作‘雀’。珪，初学记引作‘书’。”诒让案：太平御览时序部引尚书中候云：“周文王为西伯，季秋之月甲子，赤雀衔丹书入丰，止于昌户。王乃拜稽首受取，曰：姬昌苍帝子，亡殷者纣也。”宋书符瑞志同。史记周本纪正义〔二〕引尚书帝命验云“季秋之月甲子，赤爵衔丹书入于酆，止于昌户，其书云‘敬胜怠者吉’”云云，与大戴礼记武王践阼篇丹书文同，与此异。以上诸书，并作“衔书”，与初学记同。吕氏春秋应同篇云“文王之时，赤乌衔丹书，集之周社”，亦与此书降岐社事同，疑皆一事，而传闻缘饰不免诡异耳。**降周之岐社**，今本纪年：“帝辛三十二年，有赤乌集于周社。”**曰：“天命周文王伐殷有国。”**毕云：“太平御览云‘命曰：周文王伐殷’，事类赋云‘命伐殷也’。”**泰颠来宾**，苏云：“孟子云：‘太公避纣，居北海之滨，闻文王作兴，曰：盍归乎来！’即来宾之事也。”案：泰颠与太公非一人，详尚贤上篇。**河出绿图**，北堂书钞地部引随巢子云“姬氏之兴，河出绿图”，吕氏春秋观表篇云“绿图幡薄从此生矣”，淮南子俶

〔一〕“先”，原误“失”，据史记龟策传改。

〔二〕“正义”上原衍“集解”二字，据史记周本纪删。按：引尚书帝命验者乃张守节史记正义，非裴骃史记集解。

真训云“至德之世，洛出丹书，河出绿图”，易纬乾凿度云“昌以西伯受命，改正朔，布王号于天下，受箓应河图”。绿、箓通。**地出乘黄。**周书王会篇云：“白民乘黄。乘黄者似狐，其背有两角。”山海经海外西经同。宋书符瑞志云：“帝舜即位，地出乘黄之马。”刘赓稽瑞引孙氏瑞应图云：“王者德御四方，舆服有度，秣马不过所业，则地出乘黄。”淮南子云“黄帝治天下，飞黄服皂”，高注云：“飞黄，乘黄。”**武王践功，**“践功”疑“践阼”之误。**梦见三神，曰：**毕云：“旧脱此字，据文选注、艺文类聚增。”**“予既沉渍殷纣于酒德矣，**书微子“我用沉酗于酒”，孔疏云：“人以酒乱，若沉于水，故以耽酒为沉也。”史记宋世家“纣沉湎于酒”。诗小雅释文云：“渍，淹也。”一切经音义引通俗文云：“水浸曰渍。”毕云：“渍，艺文类聚引作‘渎’。”**往攻之，予必使汝大堪之。”**毕云：“堪，艺文类聚、文选注引作‘戡’。”**武王乃攻狂夫，反商之周，**“攻狂夫”疑当作“往攻之”，上文屡见。“往”、“狂”，“之”、“夫”，形近而误，“攻”字又误移著“乃”下，遂不可通耳。戴云“‘狂夫’疑‘独夫’之误”，非。**天赐武王黄鸟之旗。**毕云：“赐，太平御览引作‘锡’。北堂书钞引随巢子云‘天赐武王黄鸟之旗’，抱朴子云‘武王时兴，天给之旗’。”诒让案：黄鸟之旗，疑即周礼巾车之“大赤”，亦即司常之“鸟隼为旟”。考工记辀人云“鸟旟七斿，以象鹑火也”，国语吴语谓之“赤旟”。曲礼云“行前朱雀而后玄武”，“朱雀”即指鸟旟言之，黄与朱色近，故赤旟谓之“黄鸟之旗”。大赤为周正色之旗，流俗缘饰，遂以为天锡之祥矣。**王既已克殷，成帝之来，**周书商誓篇云：“武王曰：予惟甲子克致天之大罚，□帝之来，革纣之□□，予亦无敢违大命。”与此文意略同。毕云：“‘来’当为‘赉’。”**分主诸神，祀纣先王，**明鬼下篇云：“昔者武王之攻殷诛纣也，使诸侯分其祭，曰：使亲者受内祀，疏者受外祀。”是其事也。**通维四夷，**“维”当作“于”，上文说汤云“通于四方”。**而天下莫不宾，**句。**焉袭汤之绪，**诗鲁颂閟宫云“缵禹之绪”，毛传云：“绪，业也。”王引之云：“言武王乃袭汤之绪也。”**此即武王之所以诛纣也。若以此三圣王者观之，则非所谓攻也，所谓诛也。**

则夫好攻伐之君，又饰其说以非子墨子曰：子以攻伐为不义，非利物与？昔者楚熊丽毕云："史记楚世家云：'鬻熊子事文王，蚤卒，其子曰熊丽。'"**始讨此睢**〔一〕**山之间，**毕云："'讨'字当为'封'。睢山，即江汉沮漳之沮。"诒让案：史记楚世家"熊绎当周成王之时，举文武勤劳之后嗣，而封熊绎于楚蛮"，是始封楚者，为熊丽之孙绎，与此书不同。梁玉绳云："丽是绎祖，睢为楚望，然则绎之前已建国楚地，成王盖因而封之，非成王封绎始有国耳。"**越王繄亏**卢云："即无餘也。繄，旧作'紧'，非，以意改。"案：毕本亦依卢校，今从之。史记周本纪"共王名繄扈"，与此相类。"无餘"见越绝书外传记地篇，吴越春秋越王无余外传字作"余"，同。依卢校，繄亏即无餘。疑无餘本名无亏，左传僖十七年齐有公子无亏，越王名或与彼同。古语"无"，长言之或曰"繄无"。周礼职方氏"幽州山镇〔二〕医无闾"，医亦与繄音同。续汉书郡国志辽东属国无虑县有医无闾山，是医无闾短言之曰无虑。则无亏长言之亦可云繄无亏，短言之又可云繄亏。亏、餘亦声相转也。但无餘远在夏世，而史记越世家则谓句践始为越王。史记正义引舆地志云："周敬王时，有越侯夫谭，子曰允常，拓土始大，称王。"案：允常为句践父，汉书古今人表亦云"越王允常"，并与史记不同。此越王或当是允常，亦未能决定也。又案国语、世本并以越为芈姓，则疑繄亏或即执疵，详后。**出自有遽，**史记越世家云："其先禹之苗裔，而夏后帝少康之庶子也，封于会稽，以奉守禹之祀。"吴越春秋云："少康恐禹迹宗庙祭祀之绝，乃封其庶子于越，号曰无餘。"水经渐江水注云"夏后少康封少子杼，以奉禹祠，为越"，则与帝杼同名，疑误。水经注又云："秦望山，南有嶕岘，岘里有大城，越王无餘之旧都也。故吴越春秋'句践语范蠡曰：先君无餘，国在南山之阳'。"则郦氏亦兼据赵说矣。但此云"出自有遽"，古籍无征。国语郑语云"芈姓夔越"与史记不同。吴语韦注

〔一〕"睢"，原作"雎"，据毕沅注云"即江汉沮漳之沮"，则"雎"本应作"睢"。按：左传哀公六年"江汉睢漳，楚之望也"，睢、沮字同，此毕注所本。墨子旧本如明嘉靖唐尧臣刻本等亦作"睢"，今据改正。注文内"睢"字并同。"睢"、"雎"形似，古书刻本多混同，实则睢、雎二字音义迥别。今通行墨子各印本或亦沿误作"雎"。

〔二〕"山镇"，原误倒为"镇山"，据周礼职方氏改。

云:“越王句践,祝融之后,允常之子,芈姓也。”又引世本亦云:“越,芈姓也。”汉书地理志颜注引臣瓒,亦据世本明越非禹后。大戴礼记帝系篇云:“陆终产六子,其六曰季连,是为芈姓。季连产付祖氏,付祖氏产穴熊,九世至于渠。娄鲧出自熊渠,有子三人,其孟之名为无康,为句亶王;其中之名为红,为鄂王;其季之名为疵,为戚章王。”史记楚世家云:“熊渠立其长子康为句亶王,中子红为鄂王,少子执疵为越章王。”孔广森云:“娄鲧或当为夔越,越即越章也。戚章,字形之误。”诒让案:以世本、帝系证之,则国语之说不为无征。左僖二十六年传“夔子曰:我先王〔一〕熊挚”,汉书古今人表及史记正义引宋均乐纬注,并谓熊挚亦熊渠子。窃疑夔越同出,孔说似可通。若然,此“出自有遽”或当云“出自熊渠”,犹帝系云“娄鲧出自熊渠”也。渠、遽声近,古通用。**始邦于越,唐叔与吕尚邦齐晋。此皆地方数百里,今以并国之故,四分天下而有之。**苏云:“墨子当春秋后,其时越方强盛,而晋尚未亡,故以荆越齐晋为四大国。不数秦者,时秦方衰乱故也。此可征墨子在孔子后而未及战国也。凡书中涉战国时事者,皆其徒为之尔。”**是故何也?子墨子曰:子未察吾言之类,未明其故者也。古者天子之始封诸侯也,万有余。**毕云:“吕氏春秋用民云:‘当禹之时,天下万国,至于汤而三千余国。’”戴云:“当补‘国’字,文义始足。”**今以并国之故,万国有余皆灭,**戴云:“‘万国有余’当作‘万有余国’。”**而四国独立。此譬犹医之药万有余人,而四人愈也,则不可谓良医矣。**

则夫好攻伐之君又饰其说曰:我非以金玉、子女、壤地为不足也,我欲以义名立于天下,以德求诸侯也。毕云:“求,一本作‘来’,下同。”**子墨子曰:今若有能以义名立于天下,以德求诸侯者,天下之服可立而待也。夫天下处攻伐久矣,譬若傅子之为马然。**傅,毕本改“传”,云:“传子,言传舍之人。”王云:“毕

〔一〕“王”,原误“生”,据左传改。

说非也。傅当为'僮',字之误也。僮,今童字也。说文:'僮,未冠也。'鲁语曰'使僮子备官',史记乐书曰'使僮男、僮女七十人俱歌',宋世家曰'彼狡僮兮',玉篇曰:'僮,今为童。'耕柱篇曰:'大国之攻小国,譬犹童子之为马也。童子之为马,足用而劳。今大国之攻小国也,攻者农夫不得耕,妇人不得织,以守为事。攻人者亦农夫不得耕,妇人不得织,以攻为事。故大国之攻小国也,譬犹童子之为马也。'是其证。"洪云:"'傅子'当是'倀子'之讹。方言:'燕、齐之间,养马者谓之倀。'后汉书杜笃传李注引方言:'倀,养马人也。'"案:道藏本、季本作"傅",王说近是,苏校同。"傅"或当为"孺","孺"俗作"㜸",与"傅"形近。孺子、僮子义同。**今若有能信效先利天下诸侯者,**效读为交,同声假借字。信交,谓相交以信。周礼大行人云:"凡诸侯之邦交,岁相问也,殷相聘也,世相朝也。"**大国之不义也,则同忧之;大国之攻小国也,则同救之;小国城郭之不全也,必使修之;布粟之绝,则委之;**王云:"'之绝'二字不词,当是'乏绝'之误。月令曰'赐贫穷,振乏绝'是也。委读委输之委,后汉书千乘贞王伉传'租委鲜薄',注:'委,谓委输也。'"案:王说是也,周礼小行人云:"若国凶荒,则令赒委之。"**币帛不足,则共之。**毕云:"共同供。"**以此效大国,则小国之君说。**效亦读为交。此云"交大国",则不宜云"小国之君说",疑"小国"亦当为"大国"。上文云"是故古之仁人有天下者,必交大国之说",是其证。**人劳我逸,则我甲兵强。宽以惠,缓易急,民必移。**吕氏春秋义赏篇云"赏重则民移之",高注云:"移犹归也。"**易攻伐以治我国,攻必倍。**"攻"当为"功"之借字。**量我师举之费,以争诸侯之毙,**争,旧本作"诤"。王云:"涉下文'诸'字从言而误,今改。"苏云:"诤,义与征同。"案:王校是也。说文犬部云:"獘,顿仆也。或作'毙',从死。"左襄二十七年传"以诬道蔽诸侯",释文引服虔作"毙",云:"毙,踣也。一曰罢也。"**则必可得而序利焉。**王引之云:"'序利'当为'厚利',隶书'厚'字或作'厚',见汉荆州刺史度尚碑;又作'厚',见三公山碑,形与'序'相似而误。诗序'厚人伦',

释文:‘厚,本或作序,非。’荀子王霸篇‘桀纣即厚于有天下之埶’,盐铁论国病篇‘无德厚于民’,今本‘厚’字并讹作‘序’。此言量我兴师之费,以争诸侯之毙者,则厚利必可得也。明鬼篇曰‘岂非厚利哉’,今本‘厚’作‘序’,则义不可通。”俞云:“‘序’亦‘享’字之误。”案:俞说是也,详前。**督以正,**说文目部云:“督,察也。”尔雅释诂云:“督,正也。”郭注云:“督谓御正。”**义其名,**即上文云“我以义名立于天下也”。**必务宽吾众,信吾师,以此授诸侯之师,**“授”字无义,疑当为“援”。礼记儒行郑注云:“援,犹引也,取也。”**则天下无敌矣,其为下不可胜数也。**苏云:“句有脱字,当作‘其为利天下,不可胜数也’。”**此天下之利,而王公大人不知而用,则此可谓不知利天下之巨务矣。**毕云:“巨,旧作‘臣’,以意改。”案:顾校季氏本正作“巨”。

是故子墨子曰:今且天下之王公大人士君子,王引之云:“今且,今夫也。”**中情将欲求兴天下之利,除天下之害,当若繁为攻伐,此实天下之巨害也。今欲为仁义,求为上士,尚欲中圣王之道,**尚、上字通。**下欲中国家百姓之利,故当若非攻之为说,而将不可不察者此也。**毕云:“旧脱下‘不’字,以意增。”王云:“‘不可不察者此也’,本作‘不可不察此者也’。‘此’字指非攻之说而言,言欲为仁义,则不可不察此非攻之说也。今本‘此者’二字倒转,则与上文‘今欲’二字义不相属矣。节葬篇‘故当若节丧之为政,而不可不察者此也’,‘者此’亦‘此者’之误。尚贤篇‘故尚贤之为说,而不可不察此者也’,明鬼篇‘故当鬼神之有与无之别,以为将不可以不明察此者也’,‘此者’二字皆不误。”

墨子间诂卷六

节用上第二十

圣人为政一国，一国可倍也；毕云："言利可倍。"大之为政天下，天下可倍也。其倍之，非外取地也，因其国家去其无用之费，旧本脱"用之费"三字，王据下文及中篇补。足以倍之。圣王为政，其发令兴事、使民用财也，使，旧本作"便"。王云："'便民'二字与下句文意不合，'便民'当为'使民'，言必有用之事，然后使民为之也。"案：王校是也，今据正。无不加用而为者，是故用财不费，民德不劳，德与得通，下同。其兴利多矣。

其为衣裘何？以为冬以圉寒，夏以圉暑。圉、御字通，详辞过篇。凡为衣裳之道，冬加温、夏加清者，芊䱉不加者去之。毕云："'芊䱉'二字凡四见，疑一'鲜'字之误。鲜，少也，言少有不加于温清者去之，即下篇云'诸加费不加于民利者，圣王弗为'是也。不加，犹云无益。"洪云："篇中言为'宫室'、'甲盾'、'五兵'、'舟车'，'芊䱉'字凡四见，其文义皆同。以中篇言'衣服'、'舟楫'、'宫室'句证之，'芊䱉'当是'则止'二字之讹。'则'讹为'鲜'，'止'讹为'且'，传写者又割裂，讹为'芊䱉'。"俞云："'芊䱉'二字凡四见，疑当作'鲜且'，盖'鲜'字左旁之'鱼'误移在'且'字左旁耳。且读为䗎。鲜且者，鲜䗎也。说文黹部：'䗎，合五采鲜色。从黹，虘声。诗曰：衣裳䗎䗎。'鲜色谓之䗎，故合而言之曰鲜䗎。今诗作'楚楚'，毛传曰：'楚楚，鲜明貌。'然则鲜䗎连言，正古义也。鲜且不加，谓徒为华美而无益于用。毕云'不加'犹言无益，是也。䗎从虘声，虘从且声，故䗎得以且为之。如籀文'遣'，小篆作'退'，或作'徂'，而诗溱洧篇'士曰既且'，释文曰：'且，往也。'则即以且为之，是其例矣。"案：俞说近是。公孟篇云"楚庄王鲜冠组缨"，"芊䱹"、"鲜组"并"鲜䗎"之异文。又疑当为"华驵"，晏子春秋谏下篇云"今君之服驵华，不可以导众"，又云"圣人之服，中侻而不驵"。此"䱹"字从鱼，且声，旧本并同。俞正燮谓"羊[一]"乃"善"脱，"䱹"乃"但"误，则误仞为从旦，又读"羊"属上为句，并谬。苏云"或作'鲜有'二字"，亦非。**其为宫室何？以为冬以圉风寒，夏以圉暑雨，有盗贼加固者，芊䱹不加者去之。其为甲盾五兵何？**周礼司兵云"掌五兵五盾"，又"军事，建车之五兵"，郑众注云："五兵者，戈、殳、戟、酋矛、夷矛。"郑康成云："步卒之五兵，则无夷矛而有弓矢。"司马法定爵篇云："弓矢围，殳矛守，戈戟助。凡五兵，当长以卫短，短以救长。"案：五兵古说多差异，惟郑君与司马法合，当为定论。此甲盾、五兵并举，而卫宏汉旧仪说五兵有甲铠，周礼肆师贾疏引五经异义公羊说、穀梁庄二十五年范宁注、曾子问孔疏引礼记隐义、扬雄大玄经玄数说五兵并有盾，皆非也。**以为以圉寇乱盗贼，若有寇乱盗贼，有甲盾五兵者胜，无者不胜，**毕云："者，旧作'有'，以意改。"**是故圣人作为甲盾五兵。凡为甲盾五兵，加轻以利、坚而难折者，芊䱹不加者去之。其为舟车何？以为车以行陵陆，舟以行川谷，以通四方之利。凡为舟车之道，加轻以利者，芊䱹不加者去之。凡其为此物也，无不加用而为者，**旧无"不"字。俞云："上文云'无不加用而为者'，此脱'不'字。"案：俞校是也，今据补。

〔一〕俞氏所谓"羊"，指正文"芊"字，非所见本有异文。"羊"字篆作"𦍌"，隶变作"芊"，今楷作"羊"。

是故用财不费，民德不劳，其兴利多矣。有去大人之好聚珠玉鸟兽犬马，旧本无“矣”字。戴云：“‘多’下当依上文补‘矣’字。‘有’疑‘者’字之误，‘者’上脱‘今’字。‘去’字乃‘王公’二字之误。”案：戴校“多”下补“矣”字，是也，今据增。有当读为又。此承上文，言圣人为衣裳、宫室、甲盾、五兵、舟车，既去其芊䱉不加者而不为，又去珠玉、鸟兽、犬马之玩好，以益为衣裳五者，故其数自倍增也。戴说并非。以益衣裳、宫室、甲盾、五兵、舟车之数，于数倍乎？若则不难。戴云：“若犹此也。‘则不难’下有脱文。”案：审校文义，似无脱文。

故孰为难倍？唯人为难倍。然人有可倍也。昔者圣王为法曰：“丈夫年二十，毋敢不处家。明吴宽钞本作“不敢毋处家”。左文十八年传云“男有家”，周礼大司徒郑注云：“有夫有妇，然后为家。”女子年十五，吴钞本作“二十”，误。毋敢不事人。”周礼媒氏“令男三十而娶，女二十而嫁”，贾疏引王肃圣证论云：“前贤有言：丈夫二十不敢不有室，女子十五不敢不有其家。”王肃语本于此。此圣王之法也。韩非子外储说右篇：“齐桓公下令于民曰：丈夫二十而室，妇人十五而嫁。”亦见说苑贵德篇。墨子此说与彼同。国语越语亦云：“女子十七不嫁，其父母有罪；丈夫二十不娶，其父母有罪。”齐、越之令，或亦本圣王之法与？圣王既没，于民次也。次读为恣，言恣民之所欲。其欲蚤处家者，有所二十年处家；其欲晚处家者，有所四十年处家。王云：“所犹时也。言有时二十年，有时四十年也。文十三年公羊传注曰：‘所犹时也。’”以其蚤与其晚相践，玉藻郑注云：“‘践’当为‘翦’，声之误也。”吕氏春秋制乐篇高注云：“翦，除也。”戴云：“践读如‘笾豆有践’之践，传曰：‘践，行列皃。’行列有比校之义。”案：戴说未允。后圣王之法十年。若纯三年而字，子生可以二三年矣。周礼玉人注云：“纯，犹皆也。”说文子部云：“字，乳也。”苏云：“字犹养也。下‘年’字疑当作‘人’。盖圣王之法，二十而处家，今后十年，彼早处家者当有二三子也。”戴云：“虞氏注易屯卦云：‘字，妊娠也。'下'年'字乃'人'字之误。"**此不惟使民蚤处家**惟,吴钞本作"唯"。**而可以倍与?且不然已。**此文未足,必有脱字。明鬼下篇云"且不惟此为然",此"且不"下疑亦脱"惟此为"三字。

今天下为政者,其所以寡人之道多。其使民劳,其籍敛厚,王引之云:"籍敛,税敛也。大雅韩奕篇'实亩实籍',笺曰:'籍,税也。'正义引宣十五年公羊传曰'什一而籍'。"**民财不足,冻饿死者不可胜数也。且大人惟毋兴师以攻伐邻国,**惟毋,吴钞本作"唯无"。毕本"毋"改"毌",云"毌"同"贯"。案:毕校非也。唯毋,毋,语词,说详尚贤中篇。**久者终年,速者数月,男女久不相见,此所以寡人之道也。与居处不安、饮食不时、作疾病死者,有与侵就傻橐、**有读为又。"侵就"未详。橐,以举火攻城之具,见备穴篇。韩非子八说篇云"干城距冲,不若堙穴伏橐",疑此"傻"亦当为"伏"之讹。毕云:"'傻'即'援'字异文。"**攻城野战死者,不可胜数。此不令为政者所以寡人之道数术而起与?**毕云:"'令'当为'今'。"戴云:"不犹非也。"**圣人为政特无此,**"此"字疑当重,误脱其一。**不圣人为政,其所以众人之道亦数术而起与?故子墨子曰:去无用之费,**王云:"旧本脱'费'字,中篇曰'诸加费不加于民利者,圣王弗为',今据补。"**圣王之道,天下之大利也。**

节用中第二十一

子墨子言曰:古者明王圣人所以王天下、正诸侯者,彼其爱民谨忠,说文言部云:"谨,慎也。"此盖与信义近。**利民谨厚,忠信相连,又示之以利,是以终身不餍,**吴钞本作"厌"。**殁世而不卷。**殁,吴钞本作"没"。世,旧本作"二十"二字,卢云"二字疑当为

'世'",今据正。苏云:"'卷'当为'倦'。"诒让案:正字当作"劵",说文力部云:"劵,劳也。"考工记辀人郑注云:"劵,今倦字也。"卷即劵之假字。**古者明王圣人,其所以王天下、正诸侯者,此也。**正,长也,详亲士篇。

是故古者圣王制为节用之法,曰:"凡天下群百工,轮、车、鞼、匏、毕云:"鞼,说文云:'韦绣也。''匏'当为'鞄',说文云:'柔革工也,读若朴。'王云:"'鞼'即考工记'函鲍韗韦裘'之'韗',非谓韦绣也。轮、车、梓、匠为攻木之工,陶为抟埴之工,冶为攻金之工,然则'鞼、匏'即韗、鲍,为攻皮之工也。凡文、吻、问与脂、旨、至,古音多互相转,故'韗'字或作'鞼'。'鞄'之为'匏',亦借字耳,故考工记又借作'鲍'。"案:王说近是。说文革部云:"韗,攻皮治鼓工也。或从韦,作'韗'。"又云:"鞄,柔革工也。周礼曰:柔皮之工鲍氏。""鞄"即"鲍"也,此假"鞼、匏"字为之。非儒篇有"鲍、函、车、匠",字亦作"鲍"。或云考工记"设色之工画缋","鞼"即"缋"之借字,亦通。**陶、冶、梓、匠,使各从事其所能。"曰:"凡足以奉给民用,则止。"诸加费不加于民利者,圣王弗为。**毕云:"旧'民用'下作'诸加费不加民利则止',今据后文改。史记李斯列传'李斯曰:凡古圣王,饮食有节,车器有数,宫室有度,出令造事加费而无益于民利者,禁',即用此义。"

古者圣王制为饮食之法,曰:"足以充虚继气,强股肱,毕云:"太平御览引有'使'字。"**耳目聪明,则止。"不极五味之调、芬香之和,**毕云:"芬字同芬。"**不致远国珍怪异物。**怪,旧本作"恢"。毕云:"恢,一本作'怪',太平御览引同。说文云:'恢,大也。'亦通。"诒让案:作"怪"是也,今据正。恢,篆文相近而讹。公羊昭三十一年传"有珍怪之食",何注云:"珍怪,犹奇异也。"荀子正论篇云"食饮则重大牢而备珍怪",淮南子精神训云"珍怪奇异,人之所美也,而尧粝粢之饭,藜藿之羹"。**何以知其然?古者尧治天下,南抚交阯,**吴钞本作"趾"。案:阯,趾之假字。大戴礼记少间篇、韩非子十过篇、淮南子修务训并作"趾"。高注云:"交趾,南方之国。"荀子杨注引尸子及贾子新书并作"阯"。案:交阯,即今越南国。**北降幽都,**王云:"'降'字义不可通,'降'当为'际'。尔雅:'际、接，捷也。'郭注曰：'捷，谓相接续也。''际'、'降'字形相似，故传写易讹。周易集解丰象传'天降祥也'，王弼本'降祥'作'际翔'。"案：王校是也。淮南子修务训高注云："阴气所在，故曰幽都，今雁门以北是。"庄子在宥篇云"尧流共工于幽都"，释文引李颐云："即幽州也。尚书作幽州，北裔也。"**东西至日所出入**，毕云："谓旸谷、昧谷。"诒让案：荀子王霸篇杨注引尸子云"尧南抚交阯，北怀幽都，东西至日月之所出入"，韩非子十过篇云"昔者尧有天下，其地南至交趾，北至幽都，东西至日月之所出入者，莫不宾服"，文并略同。又大戴礼记少间篇云"昔虞舜以天德嗣尧，朔方幽都来服，南抚交趾，出入日月，莫不率俾"，淮南子修务训云"尧北抚幽都，南通交趾"，贾谊新书修政语上云"尧抚交阯，北中幽都"，亦与此文大同小异。**莫不宾服，逮至其厚爱。黍稷不二，羹胾不重**，说文肉部云："胾，大脔也。"诗鲁颂閟宫"毛炰胾羹"，毛传云："胾，肉也；羹，大羹，铏羹也。"管子弟子职"羹胾中别"，尹注云："胾，谓肉而细切。"案：不重，谓止一品，不多重也。**饭于土熘**，饭，旧本讹"饮"。王云："土熘乃饭器，非饮器，'饮'乃'饭'字之误。"案：王校是也，今据正。毕云："'熘'当为'溜'，太平御览引此云'饭土轨'。史记李斯列传二世责问李斯曰'吾有所闻于韩子也，曰：尧饭土匦，啜土铏'，徐广曰：'匦，一作溜。'说文无'熘'字，玉篇云：'力又切，瓦饭器也。'"诒让案：史记秦始皇本纪云"饭土簋"，索隐本"簋"作"熘"，云："如字，一音镂，一作'簋'。"又叙传云"食土簋"，集解："徐广云：一作'熘'。"与此字并同。韩非子十过篇云"尧饭于土簋，饮于土铏"，即李斯所本。韩诗外传三又云"舜饭乎土簋，啜乎土型"，文并大同小异。**啜于土形**，毕云："太平御览引作'铏'。郑君注周礼云：'铏，羹器也。'后汉书注引此云：'尧舜堂高三尺，土阶三等，茅茨不翦，采椽不斫，饭[一]土簋，歠土铏，粝粱之饭，藜藿之羹，夏日葛衣，冬日鹿裘，是约己也。'文选注亦以为此文。案：出韩非子。"顾云："秦本纪正作'土形'，太史公自序作'刑'。"诒让案：说文口部云："啜，尝也。""形"、"刑"并"铏"之假字。史记叙传司马谈论六家要指云："墨者亦尚尧舜道，言其德行，曰：堂高三尺，土阶

〔一〕"饭"，原误"饮"。按：毕所谓"后汉书注"，见后汉书赵典传李贤注，今据改正。

三等，茅茨不翦，采椽不刮，食土簋，啜土刑，粝粱之食，藜藿之羹，夏日葛衣，冬日鹿裘。"后汉书注所引疑即本史记文。史记正义引颜氏云："刑，所以盛羹也。土，谓烧土为之，即瓦器也。"秦始皇本纪作"啜土形〔一〕"，集解引如淳云："土形〔二〕，饭器之属，瓦器也。"李斯传作"铏"，韩非子十过篇同，韩诗外传又作"型"。**斗以酌。**王云："'斗'上脱一字。此与下文义不相属，'酌'下必多脱文，不可考。"诒让案：诗大雅行苇云"酌以大斗"。说文木部云："枓，勺也。"勺部云："勺，挹取也。"此"斗"、"酌"即"枓"、"勺"之假借字，谓以枓挹酒浆也。**俛仰周旋威仪之礼，**毕云："说文云：'頫，低头也。或从人免。'"**圣王弗为。**此句上，以上下文例校之，当亦有"诸加费不加于民利者"九字。

古者圣王制为衣服之法，曰："冬服绀緅之衣，轻且暖；毕云："说文云：'绀，帛深青扬赤色。'玉篇：'绀，古憾切。'案：'緅'非古字，当为'才'。考工记云'五入为緅'，郑君注云：'今礼俗文作爵，言如爵头色。'说文'才'云'帛雀头色'，与郑注'緅'义合。说文无'緅'字，是知当为'才'。"**夏服絺绤之衣，轻且清，则止。"诸加费不加于民利者，圣王弗为。**

古者圣人为猛禽狡兽暴人害民，广雅释诂云："狡，健也。"吕氏春秋恃君篇"服狡虫"，高注云："狡虫，虫之狡害者。"此"狡兽"与彼"狡虫"义同。**于是教民以兵行，日带剑，为刺则入，**"日"疑当为"曰"。**击则断，旁击而不折，此剑之利也。甲为衣则轻且利，动则兵且从，**"兵"字无义，疑当作"弁"，与"兵"形近而误。弁者，变之假字。书尧典"于变时雍"，汉孔宙碑作"于亓时痈"，"亓"即"弁"之隶变，是其证也。考工记函人"为甲，衣之无龄，则变也"，郑注云："变，随人身便利。"此"变且从"之义。**此甲之利也。车为服重致远，乘之则安，引之则利，安以不伤人，利以速至，此车之利也。古者圣王为大川**

〔一〕〔二〕"形"，原并误"刑"，据活字本改，与史记合。

广谷之不可济，于是利为舟楫，王云："'利'字义不可通，'利'当为'制'，隶书'制'字或作'利'，与'利'相似而误。"足以将之则止。广雅释诂云："将，行也。"止，旧讹"上"，今据道藏本正。虽上者三公诸侯至，毕[一]云："上，旧作'止'，以意改。"舟楫不易，津人不饰，说文水部云："津，水渡也。"津人，盖掌渡之吏士。左传昭[二]二十四年，'王子朝用成周之宝珪于河。甲戌，津人得诸河上"，列子黄帝篇云"津人操舟若神"，刘向列女传辩通篇"赵津女娟者，赵河津吏之女"。此舟之利也。

古者圣王制为节葬之法，曰："衣三领，意林作"三领之衣"，荀子正论篇杨注云："三领，三称也。礼记'君陈衣于序东，西领南上'，故以领言。"足以朽肉。棺三寸，意林作"三寸之棺"，说详节葬下篇。足以朽骸。荀子正论篇云："世俗之为说者曰：太古薄葬，棺厚三寸，衣衾三领，葬田不妨田，故不掘也。"盖战国时相传有是语，不独墨家言也。堀穴深不通于泉，意林"不"作"则"，误。堀，吴钞本作"掘"，下同。毕云："说文云：'堀，兔窟也。'此'窟'字假音。"案：毕说非也。说文土部别有"堀"字，训"突也"，引诗曰"蜉蝣堀阅"，段玉裁注本校改"堀"篆作"堀"，而删"堀，兔窟也"一条，最为精审。此"堀穴"则借为"窟"字。战国策楚策云"堀穴穷巷"，汉书邹阳传"则士有伏死堀穴岩薮之中耳"，颜注云："堀与窟同。"流不发泄，则止。毕云："流，疑当为'气'，据下篇有云'气无发泄于上'。"死者既葬，生者毋久丧用哀。"

古者人之始生，未有宫室之时，因陵丘堀穴而处焉。圣王虑之，以为堀穴，曰："冬可以辟风寒。"毕云："辟同避，言堀穴但可以避冬日风寒而已。"逮夏，毕云："'逮'，旧作'建'，以意改。"下润湿，上熏烝，"熏"，道藏本、吴钞本作"重"，误。恐伤民之气，于是

〔一〕"毕"，原误"旧"，今正。按：所引为毕沅注。
〔二〕"昭"，原误"云"，据活字本改。

作为宫室而利。于，吴钞本作“於”。戴云：“下有脱文。”然则为宫室之法将奈何哉？子墨子言曰：其旁可以圉风寒，上可以圉雪霜雨露，其中蠲洁，可以祭祀，蠲洁，详尚同中篇。宫墙足以为男女之别，则止。诸加费不加民利者，圣王弗为。下疑有脱文。

节用下第二十二阙

节葬上第二十三阙

节葬中第二十四阙

节葬下第二十五

毕云：“说文云：‘葬，臧也。从死在茻中，一其中，所以荐之。易曰：古之葬者，厚衣之以薪。’又云：‘节，竹约也。’经典借为约之义。”

子墨子言曰：仁者之为天下度也，辟之无以异乎孝子之为亲度也。毕云：“辟同譬。”今孝子之为亲度也，将奈何哉？曰：“亲贫则从事乎富之，人民寡则从事乎众之，众乱则从事乎治之。”当其于此也，亦有力不足、财不赡、智不智此字与“知”通，下同。毕云：“一本作‘知’。”然后已矣，无敢舍余力，隐谋遗利，而不为亲为之者矣。隐谋，谓隐匿其智谋，犹尚同上篇云“隐匿良道，不以相教”也。荀子王制篇云：“无隐谋，无遗善，而百事无过，非君子莫能。”若三务者，毕云：“旧脱此字，据后文增。”孝子之为亲度也，既若此矣。虽仁者之为天下度，毕云：“旧脱‘为’字，一本有。”亦犹此也，曰：“天下贫则从事乎富之，人民寡则从事乎众之，众而乱则从事乎治之。”当其于此，亦有力不足、财不赡、智不智然后已矣，无敢舍余力，隐谋遗利，而不为天下为之者矣。若三务者，此仁者之为天下度也，句首“此”字，据上文不当有。毕云：“旧脱‘也’字，据上文增。”既若此矣。

今逮至昔者三代圣王既没，卢云：“‘今逮至昔者’连下为文，亦见下篇。”天下失义，后世之君子，或以厚葬久丧以为仁也，义也，孝子之事也；或以厚葬久丧以为非仁义，非孝子之事也。曰二子者，言则相非，毕云：“‘则’字据下当为‘即’。”诒让案：二字古通。行即相反，即，吴钞本作“则”。皆曰：“吾上祖述尧舜禹汤文武之道者也。”而言即相非，行即相反，于此乎后世之君子皆疑惑乎二子者言也。若苟疑惑乎之二子者言，然则姑尝传而为政乎国家万民而观之，传，道藏本、吴钞本并同。毕本作“傅”。王云：“‘傅’字义不可通，当依旧本作‘传’，传与转通。吕氏春秋必己篇‘若夫万物之情，人伦之传’，高注曰：‘传犹转。’庄子天运篇‘无方之传，应物而不穷’，汉书刘向传‘禹稷与咎繇传相汲引’，传并与转同。淮南主术篇‘生无乏用，死无转尸’，逸周书大聚篇‘转’作‘传’。襄二十五年左传注‘传写失之’，释文：‘传，一本作转。’言若疑惑乎二子之言，则试转而为政乎国家万民以观之也。”计厚葬久丧，奚当此三利者？我意若使法其言，用其谋，厚葬久丧实可以富贫众寡、定危治乱乎？此仁也，义也，孝子之事也，毕云：“旧脱此字，据前后文增。”为人谋者不可不劝也。毕云：“此下旧有‘仁者将求兴天下，谁霸而使民誉之’云云，共六十四字，与下文复出，今删。”案：吴钞本亦衍，“霸”作“伯”。仁者将兴之天下，“将”下当依俞校补“求”字。谁贾而使民誉之，终勿废也。“谁贾”义不可通，当为“设置”之误。兼爱下篇“设以二士”，设，今本亦讹作“谁”，可证。“置”与“贾”亦形近而讹。毕校一本作“霸”，尤讹谬不可据也。下文云“仁者将求除之天下，相废而使人非之”，“兴”与“除”、“置”

与"废"、"誉"与"非",文并相对也。俞云:"此上旧有'仁者将求兴天下,谁霸而使民誉之'云云,毕氏删之,是也。惟'将'下当有'求'字,下文云'仁者将求除天下之相废而使人非之,终身勿为',与此为对文,可证也。此当云'仁者将求兴天下之利,而使民誉之,终身勿废也'。"案:"将"下俞校补"求"字,是也,余并非。**意亦使法其言,用其谋,厚葬久丧实不可以富贫众寡、定危理乱乎?**毕云:"理,前作'治'。"诒让案:唐人避讳改。**此非仁非义,非孝子之事也,为人谋者不可不沮也。仁者将求除之天下,**毕本作"除天下之",今据道藏本、吴钞本乙正,与上文"仁者将兴之天下"句法正同。**相废而使人非之,**"相废"义难通。"相"疑当为"措",与"废"义同。书微子之命叙云"殷既错天命",释文引马融云:"错,废也。"非命上篇云:"今虽毋求执〔一〕有命者之言,不必得,不亦可错乎?""措"、"错"字通,今本作"相",形近而讹。**终身勿为。**俞云:"此当云'仁者将求除天下之害,而使人非之,终身勿为也'。"案:句末当依俞校补"也"字,余并非是。

且故兴天下之利,王云:"'且故'二字文义不顺,当为'是故'之误。兴利除害,正承上文而言。"案:王说是也,俞谓"终身勿为"下旧有"也"字,"且"即"也"字之误,失之。**除天下之害,令国家百姓之不治也,自古及今未尝之有也。**当作"未之尝有也"。**何以知其然也?今天下之士君子,将犹多皆疑惑厚葬久丧之为中是非利害也。**穆天子传郭璞注云:"中犹合也。"**故子墨子言曰:然则姑尝稽之。今虽毋法执厚葬久丧者言,**毋,语词。毕改"毌",非,详尚贤中篇。王云:"'虽'与'唯'同。"苏云:"'虽'字误,当从下文作'唯'。"案:王说是也。**以为事乎国家。此存乎王公大人有丧者,曰棺椁必重,**毕云:"椁,旧作'槨',以意改。"诒让案:檀弓云"天子之棺四重,柏

〔一〕"执"字原脱,据本书非命上篇补。

椁以端长六尺”，郑注云：“诸公三重，诸侯再重，大夫一重，士不重。”荀子礼论篇云“天子棺椁十重，诸侯五重，大夫三重，士再重”，杨注云：“礼记云‘天子之棺四重’，今云‘十重’，盖以棺椁与抗木合为十重也。诸侯以下，与礼记多少不同，未详也。”案：庄子天下篇述丧礼作“天子棺椁七重”，余与荀子同。**葬埋必厚，衣衾必多，**丧大记云：“小敛，君锦衾，大夫缟衾，士缁衾，皆一，衣十有九称。大敛，君陈衣百称，大夫五十称，士三十称。”**文绣必繁，**“文绣”，谓棺饰，若帷荒之属。周礼缝人郑注云：“孝子既启见棺，犹见亲之身。既载饰而以行，遂以葬，若存时居于帷幕而加文绣。”是也。**丘陇必巨。**说文土部云：“垅，丘垅也。”礼记曲礼郑注云：“丘，垄也。垄，冢也。”陇，垄之假字。淮南子说林训云：“或谓冢，或谓陇，名异实同也。”吕氏春秋安死篇云：“世俗之为丘垄也，其大若山，其树之若林。”**存乎匹夫贱人死者，**匹，旧本讹作“正”。毕云：“正同征。”王云：“毕说非也，‘正’当为‘匹’。白虎通义曰‘庶人称匹夫’。上文‘王公大人’为一类，此文‘匹夫贱人’为一类，无取于征夫也。隶书‘匹’字或作‘疋’，与‘正’相似而误。礼器‘匹士大牢而祭谓之攘’，释文：‘匹，本或作正。’缁衣‘唯君子能好其正’，注：‘正当为匹。’”案：王说是也，今据正。**殆竭家室。**庄子养生主释文向秀云：“殆，疲困也。”**乎诸侯死者，**毕云：“乎，当云‘存乎’。”**虚车府，然后金玉珠玑比乎身，**比，旧本讹“北”，今依道藏本、吴钞本正。俞云：“‘车’乃‘库’字之误。汉书王尊传师古注曰：‘比，周也。’比乎身，犹言周乎身。”**纶组节约，车马藏乎圹，**淮南子齐俗训云“古者非不能竭国麋民，虚府殚财，含珠鳞施，纶组节束，追送死也”，许注云：“纶，絮也。束，缚也。”案：节约与淮南书“节束”义同。**又必多为屋幕、**吴钞本作“幄幙”。案：屋，非攻中篇亦作“幄”，“幄”俗字，古止作“屋”。诗大雅抑“尚不愧于屋漏”，郑笺云“屋，小帐也”，史记周本纪云“有火自上复于下，至于王屋”，并以“屋”为“幄”。幙，俗“幕”字。**鼎鼓、几梴、壶滥、**梴，道藏本、吴钞本并作挺，从手，误。毕云“梴同筵。吕氏春秋节丧有云‘壶滥’，高诱曰：‘以冰置水浆于其中为滥，取其冷也。’”卢文弨云："'壶滥'，盖器名，高注似臆说。吕览慎势篇云：'功名著乎盘盂，铭篆著乎壶鉴。'"梁履绳云："周礼'春始治鉴'，集韵'鉴'或从水。"案：卢、梁说是也。**戈剑、羽旄、齿革，**吕氏春秋节丧篇云："国弥大，家弥富，葬弥厚。含珠鳞施，夫玩好货宝，钟鼎壶鉴，轝马衣被戈剑，不可胜其数，诸养生之具，无不从者。"**寝而埋之，**后文云"扶而埋之"，扶，王引之校改"挟"，此"寝"字疑亦"挟"字之误。**满意。**满、意义同。说文心部云："意，满也。"**若送从，**此当从公孟篇作"送死若徙"，荀子礼论篇云"具生器以适墓，象徙道也。"此脱"死"字，"送"字误箸"若"字之下，"徙"又误"从"，遂不可通。**曰："天子杀殉，**毕云："古只为'徇'。"诒让案："天子"下疑当有"诸侯"二字。**众者数百，寡者数十。将军大夫杀殉，**将军大夫即卿大夫，详尚同中篇。**众者数十，寡者数人。"处丧之法将奈何哉？曰："哭泣不秩，声翁，**尔雅释诂云："秩，常也。"仪礼士丧记云"哭昼夜无时"，杂记云"中路婴儿失其母焉，何常声之有"。毕云："言声无次第。'翁'义未详。"洪云："毕读作'翁缞绖'句。案'翁'字属'声'为句，'声翁'当是'声嗌'之讹。说文：'嗌，咽也。'籀文作𦏧，与'翁'字形相近。"案：洪说是也。**缞绖，**毕云："说文云：'缞服长六寸，博四寸，直心。'郑君注仪礼云：'麻在首、在要，皆曰绖。'说文云：'绖，丧首戴也。'"**垂涕，处倚庐，寝苫枕凷。"**礼丧服传及士丧记云"居倚庐，寝苫枕块"，郑注云："倚木为庐，在中门外东方北户。苫，编稿。块，堛也。"释文："块，本又作'凷'。"案："凷"本字，"块"或体。**又相率强不食而为饥，**间传云："斩衰三日不食，齐衰二日不食，大功三不食，小功缌麻再不食。"**薄衣而为寒，使面目陷陬，**毕云："当为'陬'。陬之训阪隅，言面瘦棱棱也。"卢云："玉篇有'殧'字，先外切，云'瘦病也'，则当为'殧'。"诒让案：庄子天地篇云"卑陬失色"，释文云："李云：卑陬，愧惧貌。一云颜色不自得也。"此"陬"疑亦与"陬"同，皆形容阻丧之貌，与瘦异也。**颜色黧黑，**黧，黎之俗，详兼爱中篇。**耳目不聪明，手足不劲强，不可用也。又曰："上士之操丧也，必扶而能起，杖而能行，**

丧服四制云“百官备，百物具，不言而事行者，扶而起；言而后事行者，杖而起”，郑注云：“扶而起，谓天子、诸侯也；杖而起，谓大夫、士也。”**以此共三年。”若法若言，行若道，**王引之云：“若犹此也。”**使王公大人行此，则必不能蚤朝。**俞云：“‘蚤朝’下脱‘宴退’二字。‘蚤朝晏退’与下‘蚤出夜入，夙兴夜寐’对文。若无‘宴退’二字，文义未完。尚贤中篇、非乐上篇、非命下篇并有‘蚤朝晏退’之文。尚贤篇与‘夜寝夙兴，蚤出莫入’相对，非乐篇、非命篇与‘蚤出暮入，夙兴夜寐’相对，是其证也。”案：俞说是也，但此处脱文尚不止此二字，今未敢肊补。**五官六府，**此当作“使士大夫行此，则必不能治五官六府”。盖上“王公大人”指天子、诸侯言，此“治五官六府，辟草木，实仓廪”指卿大夫言也。非乐上篇云：“王公大人，蚤朝晏退，听狱治政，此其分事也。士君子内治官府，外收敛关市、山林、泽梁之利，以实仓廪府库，此其分事也。”此与彼正同。今本“五官”上有脱文，遂以“五官六府”以下并为王公大人之事，非也。又案：五官者，殷周侯国之制也。史记周本纪云“古公作五官有司”，大戴礼记千乘篇云“千乘之国列其五官”，曾子问“诸侯适天子，乃命国家五官而后行”，郑注云：“五官，五大夫典事者。”管子大匡篇云“乃令五官行事”，商子君臣篇云“地广民众，故分五官而守之”，战国策齐策云“五官之计，不可不日听也”。曲礼：“天子之五官，曰司徒、司马、司空、司士、司寇，典司五众。天子之六府，曰司土、司水、司木、司草、司器、司货，典司六职。”郑注云：“此亦殷时制也。府，主藏六物之税者。”周礼大宰说邦国官制云“设其参，傅其伍”，郑注云：“伍，谓大夫五人。”檀弓孔疏引崔灵恩说，谓小宰、小司徒、小司马、小司寇、小司空是也。盖诸侯虽止三卿，然亦备五官，但其二官无卿耳。战国时，诸侯盖犹沿其制。至淮南子天文训云“何谓五官？东方为田，南方为司马，西方为理，北方为司空，中央为都”，春秋繁露五行相生篇云“司马者，火也；司营者，土也；司徒者，金也；司寇者，水也；司农者，木也”，左昭二十九年传云“五行之官是谓五官。木正曰句芒，火正曰祝融，金正曰蓐收，水正曰玄冥，土正曰后土”，此并古五官之别制，与周侯国五官之名不甚合也。六府，古籍无明文。曲礼六府，郑君以为殷制，则非周法。左传文七年、大戴礼记四代篇并以水、火、金、木、土、谷为六府，亦非官府。汉书食货志说太公为周立九府圜法，颜注谓即周官大府、玉府、内府、外府、泉府、天府、职内、职金、职币等官。若然，天子有九府，六府或亦诸侯制与？**辟草木，**毕云："辟同闢。草即艸字假音。"**实仓廪。使农夫行此，则必不能蚤出夜入，**毕云："夜，一本作'晚'。"**耕稼树艺。**说文丮部云："埶，穜也。""艺（藝）"即"埶"之俗。**使百工行此，则必不能修舟车为器皿矣。使妇人行此，**妇，吴钞本作"媍"。**则必不能夙兴夜寐，纺绩织纴。**毕云："纴、纸二字皆通。"**细计厚葬为多埋赋之财者也，**苏云："'之'字衍。"俞云："'细'字无义，盖即上句'纴'字之误而衍者。'纴'本作'纴'，因误为'细'矣。'埋赋'二字亦不可通，'赋'当作'赃'。玉篇贝部：'赃，作郎切，藏也。'是'埋赃'即埋藏也。'赃'、'赋'相似，因而致误耳。"案：俞以"细"为衍文，是也。而破"赋"为"赃"，则非。此当云"计厚葬为多埋赋财者也"，与下文云"计久丧为久禁从事者也"文例同。**计久丧为久禁从事者也。财以成者，**毕云："以同已。"**扶而埋之，**王引之云："'扶'字义不可通，'扶'当为'挟'，谓挟已成之财而埋之也。隶书'挟'字或作'挟'，与'扶'相似而误。"俞云："'扶'乃'抉'字之误。广雅释诂：'抉，穿也。'抉而埋之，谓穿地而埋之也。说文穴部'窦，穿也'，又曰'窫，深抉也'，义并与'抉'相近。"案：王说近是。**后得生者而久禁之，**毕云："言厚葬则埋已成之财，久丧则禁后生之财。"案：此谓死者之亲属得生而禁其从事耳，非谓财也，毕失其义。**以此求富，此譬犹禁耕而求获也，富之说无可得焉。是故求以富家**毕云："旧'求以'二字倒，据后文改。"**而既已不可矣。**

欲以众人民，意者可邪？其说又不可矣。今唯无以厚葬久丧者为政，唯，旧本作"惟"，今据吴钞本改，下文亦作"唯"。"唯无"、"唯毋"义同。毕本并改"无"为"毋"，非，详前。吴钞本"丧"下无"者"字。**君死，丧之三年；父母死，丧之三年；**丧服经："为父斩衰三年，父卒，为母齐衰三年。"说苑修文篇"齐宣王谓田过曰：吾闻儒者丧亲三年，丧君三年”，则战国时非儒者盖不尽持三年服也。**妻与后子死者，**孔广森云：“后子者，为父后之子，即长子也。战国策谓齐[一]太子申为后子，荀子谓丹朱为尧后子，其义并同。”毕云：“后子，嗣子適也。”**五皆丧之三年；**毕云：“左传曰‘王一岁有三年之丧二’，周礼如此。”案：丧服经：“父为长子斩衰三年，夫为妻齐衰期。”毕据左昭十五年传证此文，是也。彼叔向语，指景王有穆后、太子寿之丧，而云“有三年之丧二”，是妻亦有三年之义。杜注云：“天子绝期，唯服三年。故后虽期，通谓之三年丧。”孔疏云：“丧服传曰：父必三年然后娶，达子之志也。父以其子有三年之戚，为之三年不娶，则夫之于妻，有三年之义，故可通谓之三年之丧。”孔广森云：“杂记云：期之丧，十一月而练，十三月而祥，十五月而禫。有练有祥有禫，故妻丧禫期，兼得三年之称也。假令遭丧于甲年之末，除禫于丙年之首，前后已涉三年。”王云：“‘者五’当为‘五者’，谓君、父、母、妻与后子也。非儒篇曰‘妻、后子三年’。今本‘五者’二字倒转，则义不可通。”俞云：“上文君死、父母死，既已别而言之，此不当总数为五，‘五’疑‘二’字之误。”案：王、俞二说不同，未知孰是。**然后伯父叔父兄弟孽子其，**毕云：“其同期。”诒让案：公孟篇正作“期”。非儒篇作“其”，与此同。丧服经：“为世父母、叔父母、昆弟众子，并齐衰期。”说文子部云：“孽，庶子也。”“孽子”即众子，对前“后子”为冢嫡也。**族人五月，**丧服经：“为从祖祖父母、从祖父母报、从祖昆弟，并小功五月。”王云：“‘族人’当为‘戚族人’，谓族人之近者也，非儒篇正作‘戚族人五月’。见仪礼丧服。今本脱‘戚’字，则义不可通。公孟篇‘戚族人五月’，今本亦脱‘戚’字。”**姑姊甥舅皆有月数，**丧服：“为姑姊妹，在室，期；适人，大功九月；甥舅相为缌麻三月。”王云：“‘月数’当为‘数月’，公孟篇正作‘姑姊舅甥皆有数月之丧’。亦见丧服。今本‘数月’二字倒转，则文义不明。”**则毁瘠必有制矣。使面目陷陬，颜色黧黑，耳目不聪明，手足不劲强，不可用也。又曰：“上士操丧也，必扶而能起，杖而能行，以此共三年。”若法若言，**

[一]“齐”字疑误，据齐策，有梁太子申。

行若道，苟其饥约又若此矣。是故百姓冬不仞寒，毕云："仞，忍字假音。"夏不仞暑，作疾病死者不可胜计也。此其为败男女之交多矣。以此求众，譬犹使人负剑而求其寿也，负、伏通。左传襄三年"魏绛将伏剑"，孔疏云："谓仰剑刃，身伏其上而取死也。"众之说无可得焉。是故求以众人民，而既以不可矣。毕云："以同已。"

欲以治刑政，意者可乎？其说又不可矣。今唯无以厚葬久丧者为政，唯，旧本作"惟"，今从吴钞本改。国家必贫，人民必寡，刑政必乱。若法若言，行若道，使为上者行此，则不能听治；使为下者行此，则不能从事。上不听治，刑政必乱；下不从事，毕云："'不'下旧有'行'字，衍文。"衣食之财必不足。若苟不足，为人弟者求其兄而不得，不弟弟必将怨其兄矣；为人子者求其亲而不得，不孝子必是怨其亲矣；是，据下文疑当作"且"。为人臣者求之君而不得，不忠臣必且乱其上矣。是以僻淫邪行之民，僻淫，吴钞本作"淫辟"。出则无衣也，入则无食也，内续奚吾，俞云："四字不可解，疑当为'内积奚后'，皆字之误也。'奚后'即'謑诟'之假音。说文言部：'謑，耻也。'重文謨，曰：'謑或从奊。'又曰：'诟，謑诟，耻也。'重文詬，曰：'诟或从句。'荀子非十二子篇作'謑詢'，是其本字。汉书贾谊传作'奊诟'，'奊'即'謨'之省。墨子作'奚后'，'奚'即'謑'之省，'后'即'诟'之省。古文以声为主，故省不从'言'耳。内积謑诟者，内积耻辱也。盖出则无衣，入则无食，不胜其耻辱，故并为淫暴而不可胜禁也。"并为淫暴而不可胜禁也。是故盗贼众而治者寡。夫众盗贼而寡治者，王云："'夫'字承上文而言，旧本'夫'讹作'先'，今改正。"以此求治，譬犹使人三睘而毋负己也，王引之云："睘与还同，还读周还、折还之还，谓转折也。使人三转其身于己前，则或转而向己，或转而背己，皆势所必然。如此，而欲使其毋背己，不可得也。故曰

'以此求治,譬犹使人三睘而毋负己也',亦言求治之必不可得也。负亦背也。明堂位'天子负斧依',注:'负之言背也。'秦策'齐东负海,北倚河',高注:'负,背也。'负与背古同声,而字亦相通。史记主父偃传'南面负扆',汉书'负'作'背'。汉书高纪'项羽背约',史记'背'作'负'。"案:王说是也。庄子说剑篇说赵文王宰人上食,王三环之,释文云:"环,绕也。"睘、环义同。治之说无可得焉。是故求以治刑政,而既已不可矣。

欲以禁止大国之攻小国也,意者可邪?其说又不可矣。是故昔者圣王既没,天下失义,诸侯力征。国语吴语云"以力征一二兄弟之国',大戴礼记用兵篇云"诸侯力政,不朝于天子",卢注云:"言以威力侵争。"案:征、正、政通。天志上篇作"力政",下篇及明鬼下篇并作"力正"。南有楚越之王,而北有齐晋之君,此皆砥砺其卒伍,毕云:"'砺'当为'厉'。"以攻伐并兼为政于天下。是故凡大国之所以不攻小国者,积委多,说文禾部云:"积,聚也。"周礼大司徒郑注云:"少曰委,多曰积。"左传僖三十三年杜注云:"积,刍米禾薪。"城郭修,吴钞本作"脩"。上下调和,是故大国不耆攻之。汉书景帝纪颜注云:"耆,读曰嗜。"毕云:"'之'旧作'者',据后文改。"无积委,城郭不修,上下不调和,是故大国耆攻之。毕云:"'耆'旧作'者',据上文改。"今唯无以厚葬久丧者为政,唯无,旧本作"惟毋",今据吴钞本改。国家必贫,人民必寡,刑政必乱。若苟贫,是无以为积委也;若苟寡,是城郭沟渠者寡也;王云:"'城郭沟渠'上当有'修'字,而今本脱之,则义不可通。此'修'字正承上文'城郭修'、'城郭不修'而言。"苏校同。若苟乱,是出战不克,入守不固。此求禁止大国之攻小国也,而既已不可矣。

欲以干上帝鬼神之福,意者可邪?其说又不可矣。今唯无以厚葬久丧者为政,"唯",旧本作"惟",今据吴钞本改。国家必贫，人民必寡，刑政必乱。若苟贫，是粢盛酒醴不净洁也；若苟寡，是事上帝鬼神者寡也；若苟乱，是祭祀不时度也。今又禁止事上帝鬼神，为政若此，上帝鬼神始得从上抚之曰："我有是人也，与无是人也，孰愈？"曰："我有是人也，与无是人也，无择也。"则惟上帝鬼神惟，吴钞本作"唯"。王云："惟与虽同。"降之罪厉之祸罚而弃之，王云："之祸罚，之犹与也，谓罪厉与祸罚也。之字古或训为与。"则岂不亦乃其所哉！乃，毕本作"反"，云："旧作'乃'，以意改。"王云："毕改非也。乃其所，犹言固其宜。言以不事上帝鬼神而获祸，固其宜也。襄二十一年左传曰'若上之所为，而民亦为之，乃其所也'，是其证。文二年传'吾以勇求右，无勇而黜，亦其所也'，哀十六年传'克则为卿，不克则烹[一]，固其所也'，若改为'反其所'，则义不可通。"

故古圣王毕云："后汉书赵咨传注引作'古者圣人'。"诒让案：北堂书钞礼仪部十三引亦同。制为葬埋之法，宋书礼志引尸子"禹治水，为丧法"，墨子所述或即夏法与？曰：毕云："初学记引作'桐'，余书亦多作'曰'。""棺三寸，"棺"上当有"桐"字。左传哀二年云"桐棺三寸，不设属辟，下卿之罚也"，释文云："棺用难朽之木，桐木易坏，不堪为棺，故以为罚。墨子尚俭，有桐棺三寸。"荀子礼论篇说刑余罪人之丧，棺厚三寸，衣衾三领，吕氏春秋高义篇云楚子囊死，为之桐棺三寸，是皆示罚之法。墨子制为恒典，则太俭矣。檀弓云"夫子制于中都四寸之棺，五寸之椁"，郑注云："为民作制。"荀子杨注引墨子曰"桐棺三寸，葛以为缄"，盖兼用下文。孟子公孙丑篇云："古者棺椁无度，中古棺七寸，椁称之，自天子达于庶人。"并与此异。足以朽体；衣衾三领，足以覆恶。毕云："死者为人恶之，故云覆恶。"以及其葬也，下毋及泉，上毋通臭，垄若参耕之亩，参耕之亩，谓三耦耕之亩也。考工记匠人"为沟洫，耜广五寸，二耜为耦，一耦之伐，广尺

〔一〕"烹"，原误"亨"，据左传改。

深尺，谓之甽”，郑注云：“古者耜一金，两人并发之，其垄中曰甽，甽上[一]曰伐。今之耜歧头两金，象古之耦也。”说文耒部云：“耕广五寸为伐，二伐为耦。”与考工说同。若然，一耦之甽，其广一尺，则三耦之甽，其广三尺也。**则止矣。”死则既以葬矣，生者必无久哭，**王云：“‘久哭’当为‘久丧’。丧字从哭，亡声。墨子原文盖本作‘丧’，见玉篇、广韵，而传写脱去“亡”字耳。节用篇曰‘死者既葬，生者毋久丧用哀’，是其证。‘久丧’二字见于本篇及它篇者多矣，若作‘久哭’，则语不该备。”**而疾而从事，人为其所能，以交相利也。此圣王之法也。**

今执厚葬久丧者之言曰：厚葬久丧虽使不可以富贫众寡、定危治乱，然此圣王之道也。毕云：“之，旧作‘也以’二字，据后文改。”**子墨子曰：不然。昔者尧北教乎八狄，**艺文类聚十一引帝王世纪：“舜摄政二十八年，尧与方回游阳城而崩。”毕云：“北堂书钞引作‘北狄’。”案：毕据书钞九十二引校，然书钞二十五又引仍作“八狄”。尔雅释地有八狄。诗小雅蓼萧孔疏引李巡本尔雅云“五狄在北方”，周礼职方氏又云“六狄”。礼记王制孔疏引李巡云：“五狄：一曰月支，二曰秽貊，三曰匈奴，四曰单于，五曰白屋。”**道死，葬蛩山之阴。**毕云：“蛩，初学记引作‘巩’，一本亦作‘巩’。北堂书钞、后汉书注、太平御览俱引作‘卭’。吕氏春秋安死云‘尧葬于谷林’，高诱曰：‘尧葬成阳，此云谷林，成阳山下有谷[二]林。’”诒让案：后汉书赵咨传注作“尧葬卭之山”。水经瓠子河注引帝王世纪云“墨子：尧北教八狄，道死，葬巩山之阴”，山海经曰“尧葬狄山之阳，一名崇山”，二说各殊，以为成阳近是尧冢也。史记五帝本纪集解云：“皇览曰尧冢在济阴城阳。刘向曰尧葬济阴，丘垅皆小。吕氏春秋曰尧葬谷林。皇甫谧曰谷林即城阳。”正义云“括地志云：尧陵在濮州雷泽县西三里，郭缘生述征记云‘城阳东有尧冢，亦曰尧陵，有碑’是也。”**衣衾三领，榖木之棺，**说文木部云：“榖，楮也。”毛

〔一〕“上”，原误“土”，据活字本改，与考工记郑注合。
〔二〕以上三“谷”字，毕沅刻本均误作“榖”，本书沿误。今据吕氏春秋安死篇改正。

诗小雅鹤鸣传云："榖，恶木也。"礼，天子棺用梓椸，此用榖，尚俭。毕云："'榖'字从木。"**葛以缄之，**释名释丧制云："棺束曰缄。缄，函也。古者棺不钉也。"丧大记云"凡封，用綍去碑负引，君封以衡，大夫士以咸"，郑注云："咸读为缄。凡柩车及圹说载除饰而属绋于柩之缄。今齐人谓棺束为缄绳。"又檀弓云："棺束缩二衡三。"案：礼，棺束用皮，此用葛，亦尚俭也。汉书杨王孙传云："昔帝尧之葬也，窾木为匵，葛藟为缄，其穿下不乱泉，上不泄殠。"**既氾而后哭，**毕云："'氾'当为'犯'，'窆'字之假音也。"**满埳无封。**毕云："古无'埳'字，当为'坎'。北堂书钞、后汉书注、太平御览俱引作'坎'。玉篇云：'埳，苦感切，亦与坎同。'封，后汉书注引作'窆'，'封'、'窆'声相近。"俞云："上云'既氾'，毕云'氾当为犯，窆字之假音也'，则此不当云'无窆'矣。且窆者，葬下棺也，葬虽至薄，亦必下棺，而云'无窆'，理不可通。'封'仍当读如本字。礼记王制篇'不封不树'，郑注曰：'封，谓聚上为坟。'无封，言不为坟也。檀弓曰'古也墓而不坟'。"**已葬，而牛马乘之。舜西教乎七戎，**毕云："北堂书钞、太平御览引俱作'犬戎'。"诒让案：尔雅释地有七戎。诗蓼萧孔疏引李本尔雅云"六戎在西方"。周礼职方氏又云"五戎"。王制孔疏引李注云："六戎：一曰侥夷，二曰戎夷，三曰老白，四曰耆羌，五曰鼻息，六曰天刚。"**道死，葬南己之市。**书钞九十二、御览八十一引帝王世纪云："舜南征，崩于鸣条，年百岁，殡以瓦棺，葬于苍梧九疑山之阳，是为零陵，谓之纪市，在今营道县。"孟子离娄篇云："舜卒于鸣条。"史记五帝本纪："舜践帝位三十九年，南巡狩，崩于苍梧之野，葬于江南九疑，是为零陵。"集解："皇览曰：舜冢在零陵营浦县。"毕云："后汉书注引作'舜葬纪市'，又一引作'葬南巴之中'，太平御览亦作'纪'。吕氏春秋安死云'舜葬于纪市，不变其肆'，高诱曰：'传曰舜葬苍梧九疑之山，此云于纪市，九疑山下亦有纪邑。'按：'南己'实当作'南巴'，形相近，字之讹也。高诱以为'纪邑'，非。九疑，古巴地。史记正义云：'周地志云：南渡老子水，登巴领山，南回记〔一〕大江。此南是

〔一〕毕引史记正义，见史记苏秦列传张守节正义。"南回记大江"，"记"字义不可通，但原文如此。疑"记"为"讫"之误（"讫"同"迄"），或为衍文。

古巴国，因以名山。'是已。"王云："南己，后汉书王符传注引作南巴，'巴'即'己'之误。毕以作'巴'者为是，且云'九疑，古巴地'。案：北堂书钞及初学记礼部下引墨子并作'南己'，后汉书赵咨传注及太平御览并引作'南纪'，吕氏春秋安死篇'舜葬于纪市'，即所谓南纪之市，则'己'非误字也。若是'巴'字，则不得与'纪'通矣。墨子称舜所葬地，本不与诸书同，不必牵合舜葬九疑之文也。至谓九疑为古巴地，以牵合南巴，则显与上文'西教乎七戎'不合，此无庸辩也。"案：王说是也。舜葬，古书多云在苍梧，孟子又云卒鸣条，与此云"葬南己"并不相涉。困学纪闻引薛季宣谓苍梧山在海州界，近莒之纪城。罗泌路史注又谓纪即冀，河东皮氏东北有冀亭，鸣条在安邑西北，其地相近。斯并欲傅合诸说为一，实不可通。近何秋涛又谓周书王会篇"正西枳已"，即此南己，云"纪市"与"枳已"声近，盖即一地，尤肊说不足据。刘赓稽瑞引墨子曰"舜葬于苍梧之野，象为之耕"，与此不同，疑误以他书之文改此书。**衣衾三领，榖木之棺，**毕云："后汉书注引'榖'作'款'，非。"**葛以缄之。已葬，而市人乘之。**淮南子齐俗训云："昔舜葬苍梧，市不变其肆。"**禹东教乎九夷，**九夷，详非攻中篇。毕云："太平御览引作'教於越'者，以意改之。"王云："钞本北堂书钞及初学记引此并作'於越'，非作御览者以意改也。今本作'九夷'者，后人因上文'七戎'、'八狄'而改之，不知此说尧舜禹所至之地，初非以七戎、八狄、九夷为次序也。据下文云'葬会稽之山'，会稽正在越地，则当以作'於越'者为是。"**道死，葬会稽之山。**稽瑞引墨子云"禹葬会稽，鸟为之耘"，疑此佚文。史记夏本纪云："或云禹会诸侯计功而崩，因葬焉，命曰会稽。会稽者，会计也。"集解云："皇览曰：禹冢在山阴县会稽山上。会稽山本名苗山，在县南，去县七里。越传云：禹到大越，上苗山，大会计，爵有德，封有功，因而更名苗山曰会稽。因病死，葬，苇棺，穿圹深七尺，上无泻泄，下无邸水，坛高三尺，土阶三等，周方一亩。"正义："括地志云：禹陵在越州会稽县南十三里。"案：越传即越绝书，今本越绝记地传文与裴骃所引略同。**衣衾三领，**毕云："史记集解引'衾'作'裘'，非。"诒让案：周礼职方氏贾疏引亦作"裘"，与夏本纪集解同。七患篇云"死又厚为棺椁，多为衣裘"，则葬有用裘者。**桐棺三寸，**毕云："后汉书注引尸子云：'禹之葬法，死于陵者葬于陵,死于泽者葬于泽,桐棺三寸,制丧三日。'"诒让案:宋书礼志引尸子云:"禹治水,为丧法,曰:使死于陵者葬于陵,死于泽者葬于泽,桐棺三寸,制丧三月。"越绝书记地外传、吴越春秋越王无余外传并云"禹葬会稽,苇椁桐棺"。**葛以缄之,**"缄"当作"绷"。说文糸部云"绷,束也",引墨子曰"禹葬会稽,桐棺三寸,葛以绷之",即此文。艺文类聚十一、御览三十七引帝王世纪亦云"禹葬会稽,葛以绷之"。段玉裁云:"绷,今墨子此句三见,皆作'缄'。古蒸、侵二部音转最近也。"毕云:"太平御览引'缄'作'绷',注云'补庚切',则此'缄'字俗改。"**绞之不合,通之不埳,**道藏本、吴钞本"通"并作"道"。**土地之深,**王云:"'土地'二字文义不明。'土地'当为'堀地',写者脱其右半耳。下文曰'掘地之深,下无菹漏,气无发泄于上',节用篇曰'堀穴深不通于泉',皆其证。"**下毋及泉,**毋,吴钞本作"无",下同。**上毋通臭。**后汉书赵咨传注引作"皆下不及泉,上无遗臭"。书钞"无"作"不",余并与李引同。**既葬,收余壤其上,**说文土部云:"壤,柔土也。"九章算术商功篇"穿地四,为壤五,为坚三",刘徽注云:"壤谓息土,坚谓筑土。"毕云:"太平御览引作'收余壤为垄',则当云'为其上垄'。"诒让案:以上文校之,"垄"不得属上为句,毕说非。**垄若参耕之亩,**艺文类聚十一、御览三十七引帝王世纪文略同,盖即本此书。吴越春秋越王无余外传:"禹命群臣曰:吾百世之后,葬我会稽之山,苇椁桐棺,穿圹七尺,下无及泉,坟高三尺,土阶三等。葬之后,田无改亩。"即其事也。毕云:"垄,前汉书注作'陇'。"**则止矣。**毕云:"'则'旧作'取',据前汉书注改。"**若以此若三圣王者观之,**此若,若亦即此也,详尚贤上篇,后同。**则厚葬久丧果非圣王之道。故三王者,皆贵为天子,富有天下,岂忧财用之不足哉?以为如此葬埋之法。**毕云:"太平御览引作'以为葬埋之法也'。"王云:"北堂书钞、初学记亦如是,于义为长。"

今王公大人之为葬埋,则异于此。必大棺中棺,礼记丧大记云:"君大棺八寸,属六寸,椑四寸;上大夫大棺八寸,属六寸;下大夫大棺六寸，属四寸；士棺六寸。”郑注云：“大棺，棺之在表者也。檀弓曰：‘天子之棺四重，水兕革棺被之，其厚三寸。杝棺一，梓棺二，四者皆周。’此以内说而出也。然则大棺及属用梓，椑用杝，以是差之。上公革棺不被，三重也。诸侯无革棺，再重也。大夫无椑，一重也。士无属，不重也。庶人之棺四寸。”案：此云“大棺中棺”，即大棺与属。下云“革阓三操”，疑即所谓“水兕革棺被之”也。**革阓三操，**毕云：“阓同鞼，操同缫，假音字。”案：说文革部云：“鞼，革绣也。”国语齐语“鞼盾”，韦注云：“缀革有文如缋也。”若然，革棺或亦有文饰与？操，毕读为缫，义亦难通，疑当为“杂”。淮南子诠言训高注云：“杂，帀也。”“杂”、“操”形近而误。**璧玉即具，**王云：“‘即’字文义不顺，‘即’当为‘既’，言璧玉既具，而戈剑等物又皆具也。”**戈剑鼎鼓壶滥、**并详前。**文绣素练、大鞅万领、**说文革部云：“鞅，颈靼也。”释名释车云：“鞅，婴也。喉下称婴，言缨络之也。”案：鞅为马鞁具之一，无大小之分，此“大”字疑误。又不当云“万领”，所未详也。**舆马女乐皆具，曰必捶垛**吴钞本无“必”字。毕云：“‘捶’当为‘埵’，说文云：‘坚土也。’‘垛’当为‘涂’，说文、玉篇无垛字。言筑涂使坚。”诒让案：疑当读为“捶除”。内则郑注云：“捶，捣之也。”说文手部云：“捣，一曰筑也。”则“捶”亦有坚筑之义。垛、除声义亦通，谓除道也。**差通，垄虽凡山陵。**差通，疑当作“羡道”。周礼冢人郑注云：“隧，羡道也。”九章算术商功篇云“今有羡除”，刘注云：“羡除，隧道也。其所穿地，上平下邪。”史记卫世家“共伯入釐侯羡自杀”，索隐云：“羡，墓道也。”窃疑此当读“必捶垛羡道”为句，即九章所谓“羡除”也。“垄虽凡山陵”为句，大意盖谓丘垄之高如山陵耳。然“虽凡”二字必误，无以正之，今姑从旧读。戴云：“疑当作‘虽凡山陵差通为垄’，脱‘为’字，又倒其文耳。”案：戴校义仍不可通，今不据改。**此为辍民之事，靡民之财，不可胜计也，其为毋用若此矣。是故子墨子曰：乡者，**毕云：“乡，曏省文。”**吾本言曰，意亦使法其言，**毕云：“旧脱‘法’字，一本有。”**用其谋，**句。**计厚葬久丧，请可以富贫众寡、定危治乱乎？**毕本“请”改作“诚”，云：“旧作‘请’，一本如此。”王云：“古者诚与请通，不烦改字。尚同篇‘今天下之王公大人士君子，请将欲富其国家，众其人民，治其刑政，定其社稷'，请即诚字也。墨子书情、请二字并与诚通，说见尚同篇。则仁也，义也，孝子之事也，为人谋者不可不劝也；意亦使法其言，用其谋，若人厚葬久丧，实不可以富贫众寡、定危治乱乎？则非仁也，非义也，非孝子之事也，为人谋者不可不沮也。是故求以富国家，甚得贫焉；欲以众人民，甚得寡焉；欲以治刑政，甚得乱焉。求以禁止大国之攻小国也，而既已不可矣；欲以干上帝鬼神之福，又得祸焉。上稽之尧舜禹汤文武之道而政逆之，政、正通。下稽之桀纣幽厉之事，犹合节也。若以此观，则厚葬久丧其非圣王之道也。

今执厚葬久丧者言曰：厚葬久丧果非圣王之道，夫胡说中国之君子为而不已、毕云犹言何说。操而不择哉？毕云："择同释。"诒让案：淮南子说山训高注云："释，舍也。"子墨子曰：此所谓便其习而义其俗者也。习，吴钞本作"事"，下同。俞云："义犹善也，谓善其俗也。礼记缁衣篇'章义瘅恶'，释文曰：'尚书作善，皇云：义，善也。'是义与善同意。"案：义当读为宜，俞说未塙。昔者越之东有輆沐之国者，毕云："輆，旧作'輆'，不成字，据太平广记引作'輆'，音善爱反，今改。"卢云：'列子汤问篇作'辄才'，新论作'軫沐'。"顾云："世德堂列子作'木'，影宋本作'沐'。"诒让案：意林引列子及道藏本刘子风俗篇并作"辄沐"。博物志五引作"骇沐"。宋本列子作"輒沐"，注云："又'休'。"道藏本殷敬顺释文及卢重元注本并作"辄休"。殷云："辄，说文作'耴'，诸涉切，耳垂也。休，美也。盖儋耳之类是也。诸家本作'輒沐'者，误耳。"案：诸文舛互，此无文义可校。集韵十九代云："輆沐，国名，在越东。"是北宋本实作"輆沐"，依殷说则"輆"当作"辄"。后鲁问篇以食子为啖人国俗，与此复不同。后汉书南蛮传说啖人国在交阯西。交阯即南越，而国名及方域并异，未知孰是。其长子生，则解而食之，卢云："解，鲁问作'鲜'，与列子同。杜预注左传云：'人不以寿死曰鲜。'"顾云:"此列子释文之谬说。"诒让案:殷敬顺列子释文引杜说而释之云"谓少也",即卢说所本。卢校列子则谓"鲜"、"析"一声之转,引"析支"亦作"鲜支"为证,说较此为长,盖"解"、"鲜"、"析"义并同。新论作"其长子生,则解肉而食其母"。**谓之"宜弟";其大父死,负其大母而弃之,**博物志引作"父死则负其母而弃之",新论作"其人父死,即负其母而弃之"。案:此不必定为大父母,疑张、刘所引近是。**曰"鬼妻不可与居处"。此上以为政,下以为俗,为而不已,操而不择。则此岂实仁义之道哉?此所谓便其习而义其俗者也。楚之南有炎人国者,**顾云:"季本'炎'作'啖'。"卢云:"列子作'炎'。殷敬顺释文读去声。"诒让案:鲁问篇亦作"啖人",新论同,博物志引作"炎"。道藏本列子释文作"啖人",云:"谈去声,本作'炎'。"后汉书亦作"噉人国",疑当从"啖"为是,详鲁问篇。**其亲戚死,**亲戚,谓父母也,详兼爱下篇。**朽其肉而弃之,**毕云:"列子'朽'作'殇',同。太平广记引作'剐'。"诒让案:御览七百九十引博物志亦作"剐"。列子释文云:"殇,本作'呙',音寡,剔肉也。又音朽。"殷作"呙",盖"冎"之讹。说文冎部云:"冎,剔人肉,置其骨也。"新论作"坼",尤误。**然后埋其骨,乃成为孝子。秦之西有仪渠之国者,**毕云:"渠,旧作'秉',据列子及太平广记改。史记正义:'括地志云:宁、原、庆三州,秦北地郡,战国及春秋时为义渠戎国之地。'今甘肃庆阳府也,在陕西之西。"诒让案:渠,吴钞本作"秉",不成字。博物志引作"义渠",新论同。宋本列子"渠"下注云"又'康'","康"与"秉"并"渠"之形误。周书王会篇云"义渠以兹白",孔晁注云:"义渠,西戎国。"后汉书西羌传云:"泾北有义渠之戎。"俞云:"史记秦本纪'厉共公三十三年,伐义渠,虏其王',即此国也。"**其亲戚死,聚柴薪而焚之,燻上,谓之登遐,**毕云:"燻即熏字俗写。太平广记引作'熏其烟上,谓之登烟霞'。"诒让案:列子亦作"燻则烟上,谓之登遐",新论作"烟上燻天,谓之升霞",博物志作"勋之即烟上,谓之登遐"。吕氏春秋义赏篇云:"氐羌之民,其虏也,不忧其系累,而忧其死不焚也。"荀子大略篇说同。义渠在秦西,亦氐羌之属。登遐者,礼记曲礼云"天子崩，告丧曰：天王登假"，郑注云："登，上也。假，已也。上已者，若仙去云耳。"释文云："假音遐。"汉书郊祀志云"世有仙人，登遐倒景"，颜注云："遐亦远也。"案：依广记所引及新论，似皆以"遐"为"霞"之假字，非古义也。**然后成为孝子。**成为，吴钞本作"谓之"。**此上以为政，下以为俗，**毕云："太平广记引有云'而未足为非也'。"诒让案：博物志引有"中国未足为非也"七字，列子作"而未足为异也"。**为而不已，操而不择。则此岂实仁义之道哉？此所谓便其习而义其俗者也。若以此若三国者观之，则亦犹薄矣。若以中国之君子观之，**旧本脱"以"字，王据上文补。**则亦犹厚矣。**王云："尔雅：'犹，已也。'言亦已薄，亦已厚也。"**如彼则大厚，如此则大薄，然则葬埋之有节矣。故衣食者，人之生利也，然且犹尚有节；葬埋者，人之死利也，**吴钞本无"者"字。**夫何独无节于此乎。子墨子制为葬埋之法曰：棺三寸，足以朽骨；衣三领，足以朽肉；**韩非子显学篇云："墨者之葬也，冬日冬服，夏日夏服，桐棺三寸，服丧三月。"**掘地之深，下无菹漏，**菹与沮通，广雅释诂云："沮，湿也。"**气无发泄于上，垄足以期其所，**毕云："言期会。"**则止矣。哭往哭来，反从事乎衣食之财，佴乎祭祀，**毕云："说文：'佴，佽也。'佽训便利。"案：佴者，次比之义。言不疏旷也，毕说非。**以致孝于亲。**于，吴钞本作"乎"。**故曰子墨子之法不失死生之利者，此也。**

故子墨子言曰：今天下之士君子，中请将欲为仁义，"请"，旧本作"谓"，毕本改"诚"，云："旧作'谓'，以意改。"王云："'谓'即'请'之讹，请与诚通，毕径改为诚，未达假借之旨。"案：王校是也，顾说同，今据正。**求为上士，上欲中圣王之道，下欲中国家百姓之利，故当若节丧之为政，而不可不察此者也。**"此者"二字旧本倒，今依王校乙，详非攻下篇。

墨子间诂卷七

天志上第二十六

春秋繁露楚庄王篇云“事君者仪志，事父者承意，事天亦然”，此天志之义也。毕云：“玉篇云：‘志，意也。’说文无志字。郑君注周礼云：‘志，古文识。’则识与志同。又篇中多或作‘之’，疑古文‘志’亦只作‘之’也。”

子墨子言曰：今天下之士君子，知小而不知大。何以知之？以其处家者知之。若处家得罪于家长，犹有邻家所避逃之。毕云：“广雅云：‘所，尻也。’玉篇云：‘处所。’”王云：“所犹可也，言有邻家可避逃也，下文同。毕引广雅‘所，尻也’，失之。”案：此当从毕说，下文云：“此有所避逃之者也”，又云“无所避逃之”，即承此文。然且亲戚、兄弟、所知识亲戚，即父母也。下篇云“父以戒子，兄以戒弟。”共相儆戒，毕云：“共，旧作‘其’，一本如此，下同。”皆曰：“不可不戒矣，不可不慎矣，恶有处家而得罪于家长而可为也！”非独处家者为然，虽处国亦然。处国得罪于国君，犹有邻国所避逃之。然且亲戚、兄弟、所知识共相儆戒，皆曰：“不可不戒矣，不可不慎矣，谁亦有处国得罪于国君而可为也！”此有所避逃之者也，相儆戒犹若此其厚。况无所避逃之者，相儆戒岂不愈厚然后可哉！且语言有之曰：“焉而晏日，焉而得罪，将恶避逃之？”日，旧本作“曰”，毕校并上“曰”字皆改为“日”，云：“犹云日暮途远。两‘日’字旧作‘曰’，以意改。”俞云：“毕改两‘曰’字皆作‘日’，然上‘曰’字实不误。‘且语有之曰’，盖述古语也，‘言’字即‘语’字之误而衍者。下‘曰’字当从毕改作‘日’。‘焉而’字叠出，文义难通，疑上‘焉而’字亦为衍文。墨子本作‘且语有之曰：晏日焉而得罪，将恶避逃之’。晏者，清也，明也。说文日部：‘晏，天清也。’小尔雅广言：‘晏，明也。’文选羽猎赋‘于是天清日晏’，淮南子缪称篇‘晖日知晏，阴蜡知雨’，并其证也。此谓人苟于昏暮得罪，犹有可以避逃之处。若晏日，则人所共睹，无所逃避矣。下文曰‘夫天不可为林谷幽门无人，明必见之’。然则墨子正以晏日之不可避逃，起下文‘明必见之’之意，晏之当训明无疑矣。毕注谓‘犹云日暮途远’，是但知晏晚之义，而忘天清之本训，宜于墨子之意不得矣。”案：俞说“晏日”之义是也。此当以“焉而晏日，焉而得罪”八字为句，上焉与于同义，“焉而”犹言于而，言于此晴晏之日，焉而得罪也。俞以上“焉而”二字为衍文，则尚未得其义。曰：无所避逃之。夫天不可为林谷幽门无人，毕云：“‘门’当为‘涧’。”王云：“毕据明鬼篇文也。余谓‘门’当为‘閒’，閒读若闲。言天监甚明，虽林谷幽闲无人之处，天必见之也。贾子耳痺篇曰：‘故天之诛伐，不可为广虚幽闲、攸远无人，虽重袭石中而居，其必知之乎！’淮南览冥篇曰：‘上天之诛也，虽在圹虚幽闲，辽远隐匿，重袭石室，界障险阻，其无所逃之，亦明矣。’义皆本于墨子。则‘幽门’为‘幽闲’之误明矣。明鬼篇‘虽有深谿博林、幽涧毋人之所’，‘幽涧’亦‘幽闲’之误。”案：王校是也，但读閒为闲，尚未得其义。“閒”当读为间隙之“间”。荀子王制篇云“无幽闲隐僻之国，莫不趋使而安乐之”，杨注云：“幽，深也。间，隔也。”明必见之。然而天下之士君子之于天也，旧本脱“士”字及“之于”二字，王据上下文补“士”字，又以意补“之于”二字，今从之。忽然不知以相儆戒，此我所以知天下士君子知小而不知大也。

然则天亦何欲何恶？天欲义而恶不义。然则率天下之百姓以从事于义，则我乃为天之所欲也。我为天之所欲，天亦为我所欲。然则我何欲何恶？旧本无“我”字，毕云：“一本‘则’下有我字。”案：有者是也，王亦据增。我欲福禄而恶祸祟。若我不为天之所欲，而为天之所不欲，旧本脱此十五字，王据中篇补。然则我率天下之百姓以从事于祸祟中也。然则何以知天之欲义而恶不义？吴钞本无“以”字。曰：天下有义则生，无义则死；有义则富，无义则贫；有义则治，无义则乱。然则天欲其生而恶其死，欲其富而恶其贫，欲其治而恶其乱，此我所以知天欲义而恶不义也。毕云：“我，旧作‘义’，以意改。”顾云：“季本‘我’。”

曰：且夫义者，政也。王云：“‘政’与‘正’同，下篇皆作‘正’。”诒让案：意林引下篇“正”皆作“政”，二字互通。“义者，正也”，言义者所以正治人也。无从下之政上，必从上之政下。是故庶人竭力从事，未得次己而为政，毕云：“次，‘恣’字省文，下同。一本作‘恣’，俗改。”王引之云：“毕说非也。次犹即也，下文诸‘次’字并同。此言士在庶人之上，故庶人未得即己而为正，有士正之也。次、即声相近，而字亦相通。康诰‘勿庸以次女封’，荀子致士、宥坐二篇并作‘勿庸以即女’，家语始诛篇作‘勿庸以即女心’，皆其证。说文‘垐，古文作垔’，亦其例也。”案：意林引下篇“次”并作“恣”，则毕说亦通。节用上篇云“圣王既没，于民次也”，“恣”亦作“次”，可证。有士政之；士竭力从事，未得次己而为政，有将军大夫政之；将军大夫，即卿大夫也，详尚同中篇。将军大夫竭力从事，未得次己而为政，有三公诸侯政之；三公诸侯竭力听治，未得次己而为政，有天子政之；天子未得次己而为政，有天政之。天子为政于三公、诸侯、士、庶人，天下之士君子固明知;天之为政于天子,天下百姓未得之明知也。毕云:"当云'明知之也'。"俞云:"上'之'字当在'天'字上,属上为句。本云'天子为政于三公、诸侯、士、庶人,天下之士君子固明知之',今'之'字误在'天'字下,则'固明知'句文气未足。且'天为政'与'天子为政'相对,不当作'天之为政'也。"案:"固明知"下当有"之"字,至"天之为政于天子",下文屡见,"之"字似不当删。故昔三代圣王禹汤文武,欲以天之为政于天子明说天下之百姓,故莫不犓牛羊,豢犬彘,洁为粢盛酒醴,毕云:"'为粢'二字旧脱,据后文增。"以祭祀上帝鬼神,而求祈福于天。我未尝闻天下之所求祈福于天子者也,顾云:"据中下二篇,'下'字衍。"苏校同。戴云:"案中篇云'吾未知天之祈福于天子也',则此文衍'下'字,及'所求'二字,及'者'字。"我所以知天之为政于天子者也。

故天子者,天下之穷贵也,天下之穷富也。戴云:"穷,极也,此二字转相训。"故于富且贵者,"于",吴钞本作"欲"。当天意而不可不顺。顺天意者,兼相爱,交相利,必得赏。反天意者,别相恶,交相贼,必得罚。然则是谁顺天意而得赏者?谁反天意而得罚者?子墨子言曰:昔三代圣王禹汤文武,此顺天意而得赏也。毕云:"'赏'下当有'者'字。"昔三代之暴王桀纣幽厉,此反天意而得罚者也。然则禹汤文武其得赏何以也?子墨子言曰:其事上尊天,中事鬼神,下爱人。故天意曰:"此之我所爱,兼而爱之;我所利,兼而利之。爱人者此为博焉,利人者此为厚焉。"故使贵为天子,富有天下,业万世子孙,传称其善,业,谓子孙纂业也。左昭元年传"台骀能业其官",杜注释为"纂业"。又疑当为"叶万子孙",叶与世同。公孙龙子云:"孔穿,孔子之叶也。""万"下"世"字衍。古文苑秦诅楚文云"叶万子孙,毋相为不利”，檀弓云“世世万子孙毋变也”。毛诗长发传云：“叶，世也。”方施天下，毕云：“方犹旁，或当为旉字之坏。”诒让案：方、旁古通。皋陶谟“方施象刑，惟明”，新序节士篇“方”作“旁”。说文上部云：“旁，溥也。”方施，言施溥遍于天下也。至今称之，谓之圣王。然则桀纣幽厉得其罚何以也？依上文，当作“其得罚何以也”，此误倒。子墨子言曰：其事上诟天，中诟鬼，道藏本、吴钞本并作“中诬鬼”。大戴礼记本命篇云“诬鬼神者，罪及二世”，则作“诬”义亦通。毕云：“据上，当有‘神’字。”下贼人。贼，旧本讹“贱”，今依王校正，说详尚贤中篇。故天意曰：“此之我所爱，别而恶之；我所利，交而贼之。恶人者此为之博也，贱人者此为之厚也。”“贱”亦“贼”之误。此并冡上文别相恶、交相贼而言。故使不得终其寿，不殁其世，殁，吴钞本作“没”。至今毁之，谓之暴王。

然则何以知天之爱天下之百姓？以其兼而明之。何以知其兼而明之？以其兼而有之。何以知其兼而有之？以其兼而食焉。何以知其兼而食焉？曰〔一〕：四海之内，粒食之民，大戴礼记少闲篇云“粒食之民，昭然明视”。莫不犓牛羊，豢犬彘，洁为粢盛酒醴，以祭祀于上帝鬼神。天有邑人，毕云：“邑，旧作‘色’，非，以意改。”何用弗爱也？且吾言杀一不辜者，必有一不祥。杀不辜者谁也？则人也。予之不祥者谁也？则天也。若以天为不爱天下之百姓，则何故以人与人相杀，而天予之不祥？此我所以知天之爱天下之百姓也。“此我”下吴钞本有“之”字。

顺天意者，义政也。反天意者，力政也。力政，下篇作“力

〔一〕“曰”字原脱，据毕沅刻本补。

正”，谓以力相制，义详节葬下篇。然义政将奈何哉？毕云：“旧脱‘政’字，一本有。”子墨子言曰：处大国不攻小国，处大家不篡小家，强者不劫弱，贵者不傲贱，多诈者不欺愚。中篇及兼爱中篇、下篇文并略同，皆无“多”字，此疑衍。此必上利于天，中利于鬼，下利于人。三利无所不利，故举天下美名加之，谓之圣王。力政者则与此异，言非此，毕云：“非犹背。”行反此，犹幸驰也。毕云：“幸，一本作‘偝’。”诒让案：“幸”疑“倖”之误。玉篇人部云：“淮南子‘分流倖驰’。倖，相背也，与舛同。”今淮南子说山训作“舛”。又氾论训高注云：“舛，乖也。”偝与背同，见坊记、投壶及荀子，与倖义亦同。处大国攻小国，处大家篡小家，强者劫弱，贵者傲贱，多诈欺愚。此上不利于天，中不利于鬼，下不利于人。三不利无所利，故举天下恶名加之，谓之暴王。

子墨子言曰：我有天志，譬若轮人之有规，匠人之有矩。轮匠执其规矩，以度天下之方圜，曰：“中者是也，不中者非也。”今天下之士君子之书不可胜载，言语不可尽计，上说诸侯，下说列士，其于仁义则大相远也。毕云：“相，旧作‘其’，一本如此。”何以知之？曰：我得天下之明法以度之。

天志中第二十七

子墨子言曰：今天下之君子之欲为仁义者，吴钞本“君子”下无“之”字。则不可不察义之所从出。既曰不可以不察义之所从出，然则义何从出？子墨子曰：义不从愚且贱者出，必自贵且知者出。何以知义之不从愚且贱者出，而必自贵且知者出也？曰：义者，善政也。何以知义之为善政也？曰：天下有义则治，无义则乱，是以知义之为善政也。王云："旧本脱两'为'字，下篇曰：'何以知义之为正〔一〕也？天下有义则治，无义则乱，我以此知义之为正也。'今据补。"俞云："三'善'字皆'言'字之误。隶书'善'字或作'善'，见张迁碑、灵台碑、孙叔敖碑，与'言'字相似，故'言'误为'善'。'义者言政也，何以知义之言政也？曰：天下有义则治，无义则乱，是以知义之言政也'，语意甚明。若作'善政'，则'义之善政'不可通矣。下篇曰'义者正也，何以知义之为正也？天下有义则治，无义则乱，我以此知义之为正也'，并无'善'字，可知此文'善'字之误，义之言政，犹义之为正也。"夫愚且贱者，不得为政乎贵且知者，毕云："当脱'贵且知者'四字。"然后得为政乎愚且贱者，此吾所以知义之不从愚且贱者出，而必自贵且知者出也。然则孰为贵？孰为知？曰：天为贵、天为知而已矣。然则义果自天出矣。

今天下之人曰：当若天子之贵诸侯，诸侯之贵大夫，傐明知之。毕云："'傐'当为'碻'，言确然可知。"钮树玉云："'傐明'当作'高明'。"案：毕说是也，两"贵"字下疑皆当有"于"字。然吾未知天之贵且知于天子也。子墨子曰：吾所以知天之贵且知于天子者，有矣。曰：天子为善，天能赏之；天子为暴，天能罚之；天子有疾病祸祟，必斋戒沐浴，洁为酒醴粢盛，以祭祀天鬼，则天能除去之。然吾未知天之祈福于天子也，此吾所以知天之贵且知于天子者。不止此而已矣，又以先王之书驯天明不解之道也知之。毕云："驯与训同，言训释天之明道。"曰："明哲维天，毕云："旧作'大'，以意改。"临君下土。"土，旧本作"出"，王引之云："'下出'二字义不可通，'出'当为'土'。'明哲维天，临君下土'，

〔一〕"正"，原作"政"，据天志下篇改。

犹诗言'明明上天,照临下土'耳。隶书'出'字或作'士',若'敳'省作'敖','賣'省作'卖','歂'省作'款'之类,形与'土'相似,故'土'讹为'出'。"案:王说是也,今据正。则此语天之贵且知于天子。不知亦有贵知夫天者乎?"夫",吴钞本作"于"。曰:天为贵、天为知而已矣。然则义果自天出矣。是故子墨子曰:今天下之君子,中实将欲遵道利民,本察仁义之本,天之意不可不慎也。慎与顺同,上下文屡云"顺天意",下同。

既以天之意以为不可不慎已,然则天之将何欲何憎?毕云:"'之'下当有'意'字。"子墨子曰:天之意不欲大国之攻小国也,大家之乱小家也,强之暴寡,诈之谋愚,贵之傲贱,此天之所不欲也。不止此而已,旧本脱"不"字,又"止"作"上",王校补"不"字,毕校改"上"为"止",今并据正。欲人之有力相营,文选陆士衡赠从兄车骑诗李注引钟会老子注云:"经护为营。"有道相教,有财相分也。又欲上之强听治也,下之强从事也。上强听治,则国家治矣;下强从事,则财用足矣。若国家治、财用足,则内有以洁为酒醴粢盛,洁,吴钞本作"絜"。以祭祀天鬼;外有以为环璧珠玉,以聘挠四邻,毕云:"挠与交同音。"诸侯之冤不兴矣,一切经音义云:"古文'冤'、'寃'二形,今作'怨',同。"苏云:"冤当读如怨。"边境兵甲不作矣。内有以食饥息劳,持养其万民,荀子荣辱篇杨注云:"持养,保养也。"义详非命下篇。则君臣上下惠忠,父子弟兄慈孝。故唯毋明乎顺天之意,唯,旧本作"惟",今据吴钞本改。毋,语词,详尚贤中篇。奉而光施之天下,光与广通。则刑政治,万民和,国家富,财用足,百姓皆得煖衣饱食,便宁无忧。广雅释诂云:“便,安也。”寍,旧本作“寧〔一〕”,今据吴钞本改。是故子墨子曰:今天下之君子,中实将欲遵道利民,本察仁义之本,天之意不可不慎也。慎亦读为顺。

且夫天子之有天下也,戴云:“‘子’字衍。”辟之无以异乎国君诸侯之有四境之内也。吴钞本“辟”作“譬”。毕云:“辟同譬。”今国君诸侯之有四境之内也,夫岂欲其臣国万民之相为不利哉?俞云:“‘臣国’当为‘国臣’,正对国君而言。君曰国君,故臣曰国臣也,今倒作‘臣国’,义不可通。”今若处大国则攻小国,处大家则乱小家,欲以此求赏誉,终不可得,诛罚必至矣。夫天之有天下也,将无已异此。毕云:“已同以。”今若处大国则攻小国,毕云:“旧脱‘则’字,据下句增。”处大都则伐小都,吴钞本二句并无“则”字。欲以此求福禄于天,福禄终不得,而祸祟必至矣。然有所不为天之所欲,而为天之所不欲,则夫天亦且不为人之所欲,而为人之所不欲矣。人之所不欲者何也?曰:病疾祸祟也。毕云:“旧脱‘祸’字,据下文增。”若己〔二〕不为天之所欲,而为天之所不欲,是率天下之万民以从事乎祸祟之中也。故古者圣王明知天鬼之所福,而辟天鬼之所憎,以求兴天下之利,而除天下之害。是以天之为寒热也节,四时调,阴阳雨露也时,五谷孰,道藏本、吴钞本作“熟”,俗字。六畜遂,疾菑戾疫凶饥则不至。戾、厉字通,详尚同中篇。是故子墨子曰:今天下之君子,中实将欲遵道利民,毕云:“旧脱‘道’字,一本有。”本

〔一〕“寧”,原避讳缺末笔作“寍”。按:孙所谓“旧本”,即指其底本毕沅刻本。毕刻字原作“寧”(毕刻成书于乾隆时,无由避“寧”字讳),孙刻自避讳缺末笔,今回改原字。又按:吴钞本作“寍”,系“寧”之本字(见说文),非避讳字。

〔二〕“己”,原误“已”,据毕沅刻本改。

察仁义之本，天意不可不慎也。

且夫天下盖有不仁不祥者，曰："当若子之不事父，弟之不事兄，臣之不事君也。"故天下之君子与谓之不祥者。王云："故犹则也。"毕云："与同举。"今夫天兼天下而爱之，撽遂万物以利之，物，吴钞本作"民"，下同。毕云："说文云：'擎，旁击也。'但未详'擎遂'之义。"俞云："'撽遂'二字义不可通。'撽'当为'邀'。疑本作'邀'，或作'撽'，传写误合之为'撽邀'，而'邀'又误为'遂'耳。邀与交通，庄子庚桑楚篇'夫至人者，相与交食乎地而交乐乎天'，徐无鬼篇作'吾与之邀乐于天，吾与之邀食于地'，是交、邀古通用也。'邀万物以利之'，即交万物以利之，与'兼天下而爱之'同义。交犹兼也。"案：俞说迂曲不足据。韩非子说林下篇[一]云："有欲以御见荆王者，曰：臣能撽鹿。"庄子至乐篇云"庄子至楚，见空髑髅，撽以马棰"，成玄英疏云："撽，打击也。"依韩子"撽鹿"义推之，疑当为驱御之义。"遂"或当为"逐"之讹，然下文云"以长遂五谷麻丝，使民得而财利之"，则"遂"字又似非误，未能质定也。若豪之末，豪，吴钞本作"毫"，下同。毕云："'豪'本作'豪'，'毫'字正文。经典或从毛，非。"非天之所为也，为，旧本作"谓"，今据吴钞本正。苏云："'非'上当有'莫'字，下同。谓，当从下文作'为'。"俞云："'非'上脱'无'字，下文同。言虽至秋豪之末，无非天之所为也。"而民得而利之，则可谓否矣。苏云："'否'义未详，疑当作'厚'。"俞云："'否'字义不可通，乃'后'字之误。后读为厚。礼记檀弓篇'后木'，正义曰：'世本云厚，此云后，其字异耳。'是'后'、'厚'古通用。说文'厚'古文作'垕'，本从后声，故声近而义通也。此云'若豪之末，无非天之所为也，而民得而利之，则可谓厚矣'，言天爱民之厚也。下文'且吾所以知天之爱民之厚者有矣'，又曰'此吾以知天之爱民之厚也'，并可为证。"案：俞说是也。然独无报夫天，而不知其为不仁不祥也。此吾所谓君子明细而不明大也。

〔一〕"下篇"，原误"上篇"，据韩非子改。

且吾所以知天之爱民之厚者有矣，曰：以磨为日月星辰，“以”字旧脱，今据道藏本、吴钞本补。顾云：“颜氏家训：世本‘容成造历’，以‘历’为碓磨之‘磨’。”王云：“‘磨’亦当为‘磿’，‘磿为日月星辰’，犹大戴记五帝德篇言‘历离日月星辰’也。”案：王校是也，详非攻下篇。以昭道之；说文日部云：“昭，明也。”制为四时春秋冬夏，以纪纲之；雷降雪霜雨露，王云：“‘雷降雪霜雨露’义不可通，雷盖霣字之误〔一〕，霣与陨同。左氏春秋经‘庄七年，星陨如雨’，公羊‘陨’作‘霣’。尔雅：‘陨、降，落也。’故曰‘霣降雪霜雨露’。”以长遂五谷麻丝，使民得而财利之；列为山川谿谷，播赋百事，毕云：“播，布。”以临司民之善否；毕云：“司读如伺，俗从人。”为王公侯伯，侯伯，旧本作“诸伯”，吴钞本作“侯伯”，道藏本作“诸侯”。审校文义，吴本较长，今据正。使之赏贤而罚暴；毕云〔二〕：“贤，旧作‘焉’，一本如此。”顾云：“藏本‘贤’，季本同。”案：吴钞本亦作“贤”。贼金木鸟兽，“贼”当为“赋”，形近而误，言赋敛金木鸟兽而用之也。从事乎五谷麻丝，吴钞本作“丝麻”。以为民衣食之财。自古及今，未尝不有此也。今有人于此，驩若爱其子，一切经音义引三苍云：“驩，古歡字。”竭力单务以利之。苏云：“单，同殚。”案：见七患篇。其子长，而无报子求父，苏云“当云‘其子长而无报乎父’。”故天下之君子与谓之不仁不祥。毕云：“与同举。”今夫天兼天下而爱之，撽遂万物以利之，以，吴钞本作“而”。若豪之末，非天之所为，“非”上亦当有“无”字。毕云：“据上文，当有‘也’字。”而民得而利之，则可谓否矣。“否”亦当作“后”，读为厚，详前。然独无报夫天，而不知其为不仁不祥也。此吾所谓君子明

〔一〕“误”，原误“义”，据活字本改。
〔二〕“云”，原误“本”，径改。按：下文所引乃毕注原文。

细而不明大也。吴钞本无“君子”二字。

且吾所以知天爱民之厚者,不止此而足矣。曰:杀不辜者,天予不祥。不辜者谁也?“不”上亦当有“杀”字。曰:人也。予之不祥者谁也?曰:天也。若天不爱民之厚,夫胡说人杀不辜而天予之不祥哉?夫,旧本亦作“天”。王云:“‘天胡说’之‘天’当为‘夫’,此涉上下文‘天’字而误。夫,发声也。言若天非爱民之厚,则人杀不辜而天予之不祥者,果何说哉?节葬篇曰:‘厚葬久丧果非圣王之道,夫胡说中国之君子为而不已、操而不择哉?’是其证。”此吾之所以知天之爱民之厚也。旧本脱“之所”二字,今据吴钞本增。

且吾所以知天之爱民之厚者,吴钞本“吾”下有“之”字,“天”下无“之”字。不止此而已矣。曰:爱人利人,顺天之意,得天之赏者有矣〔一〕;憎人贼人,毕云:“二字旧脱,据下文增。”反天之意,得天之罚者亦有矣。夫爱人利人,顺天之意,得天之赏者,谁也?曰:若昔三代圣王尧舜禹汤文武者是也。尧舜禹汤文武焉所从事?曰:从事兼,不从事别。兼者,处大国不攻小国,处大家不乱小家,强不劫弱,众不暴寡,诈不谋愚,贵不傲贱。观其事,上利乎天,中利乎鬼,下利乎人。三利无所不利,是谓天德。聚敛天下之美名而加之焉,曰:此仁也,义也,爱人利人,顺天之意,得天之赏者也。不止此而已,书于竹帛,毕云:“后汉书注引‘书于’作‘书其事’,据下文亦然。”戴云:“当依下文补脱文三字,今作‘书于竹帛’者,后人据兼爱下篇删之。”镂之金石,琢之槃盂,吴钞本“槃”作“盘”,下同。毕云:“后汉书注引‘槃’作‘盘’。”传遗后世子孙。曰:将何以为?将以识夫

〔一〕“矣”,原误“之”,据毕沅刻本改。按:墨子各本均作“矣”,作“之”乃本书梓误。

爱人利人，顺天之意，得天之赏者也。皇矣道之曰："帝谓文王，予怀明德，不大声以色，不长夏以革，不识不知，顺帝之则。"诗大雅毛传云："怀，归也。不大声见于色。革，更也，不以长大有所更。"郑笺云："夏，诸夏也。天之言云，我归人君有光明之德，而不虚广言语以外作容貌，不长诸夏以变更王法者，其为人不识古，不知今，顺天之法而行之者。此言天之道尚诚实，贵性自然。"案：墨子说诗，与郑义同。帝善其顺法则也，故举殷以赏之，使贵为天子，富有天下，名誉至今不息。故夫爱人利人，顺天之意，得天之赏者，既可得留而已。毕云："据下云'既可谓而知也'，此句未详。"王云："'既可得留而已'当作'既可得而智已'，智即知也。墨子书'知'字多作'智'，见于经说、耕柱二篇者不可枚举。言顺天之意，得天之赏者，既可得而知已。尚贤篇曰'既可得而知已'。旧本作'既可得留而已'者，'智'误为'留'，又误在'而'字上耳。下文云'故夫憎人贼人，反天之意，得天之罚者，既可谓而知也'，亦当作'既可得而知也'，前后相证，则两处之误字不辩而自明。下篇亦云'既可得而知也'。"夫憎人贼人，贼，吴钞本作"疾"。反天之意，得天之罚者，谁也？曰：若昔者三代暴王桀纣幽厉者是也。桀纣幽厉焉所从事？曰：从事别，不从事兼。别者，处大国则攻小国，处大家则乱小家，强劫弱，众暴寡，诈谋愚，贵傲贱。观其事，上不利乎天，中不利乎鬼，下不利乎人。三不利无所利，是谓天贼。聚敛天下之丑名而加之焉，曰：此非仁也，非义也，憎人贼人，反天之意，得天之罚者也。不止此而已，又书其事于竹帛，镂之金石，琢之槃盂，传遗后世子孙。曰：将何以为？将以识夫憎人贼人，反天之意，得天之罚者也。大誓之道之，"誓"，道藏本、吴钞本并作"明"。庄述祖云："墨书引大誓，有去发，有大明。'去发'当为'太子发'，为大誓上篇。'大明'即诗所谓'会朝清明'也。诗、书皆曰大明。明武王之再受命，为中篇。"案：此文非命上、中二篇并作大誓，“明”塙为讹字。盖“誓”省为“折”，“明”即隶古“折”字之讹。颜师古匡谬正俗引书汤誓“誓”字作“斱”，山井鼎七经孟子考文载古文甘誓“誓”字作“断”。盖皆“㪿”、“㪲”二字传写讹舛，与“明”形略相类。庄说不足据。**曰：“纣越厥夷居，**江声云：“夷居，倨嫚也。”说文尸部云：“居，蹲也。”**不肎事上帝，弃厥先神祇不祀，**祇，旧本讹“祗”，今据道藏本正。**乃曰吾有命，无廖僔务。**毕云：“此句非命上作‘无廖排漏[一]’，非命中作‘毋僇其务’。据孔书泰誓云‘罔惩其侮’，则知无、罔音义同，‘廖’、‘僇’皆‘惩’字之讹，‘僔’则‘其’字之讹，务音同侮。虽孔书伪作，作者取墨书时犹见善本，故足据也。”孙星衍云：“当作‘无僇其务’，言不勠力其事。或孔书‘侮’字反是‘务’假音，未可知也。”江声从“毋僇其务”，云“僇读为戮力之勠，言己有命，不畏鬼神，毋为勠力于鬼神之务。明鬼篇云‘古者圣王必以[二]鬼神为其务’，又云‘今执无鬼者曰：鬼神者固无有。则此反圣王之务’。此非命、天志引书之意，与明鬼篇大指略同。”诒让案：“无”当读为“侮”，详非命中篇。书太誓伪孔传云：“平居无故，废天地百神宗庙之祀，纣言吾所以有兆民，有天命故，群臣畏罪不争，无能止其慢心。”孔说非墨子义。**天下**毕云：“二字疑衍，即下‘天亦’二字重文。”庄读“无僇鼻务天下”为句，云：“僇，且也。‘鼻’当为‘眉’。”案：庄说难通，不足据。**天亦纵弃纣而不葆。”**毕云：“孔书泰誓云：‘纣乃夷居，弗事上帝神祇，遗厥先宗庙弗祀，乃曰吾有民有命，罔惩其侮。’”**察天以纵弃纣而不葆者，反天之意也。故夫憎人贼人，**贼，吴钞本作“疾”。**反天之意，得天之罚者，既可得而知也。**得，旧本误“谓”，今据吴钞本正，王校亦改“得”。

是故子墨子之有天之，毕云：“一本作‘志’，疑俗改。”**辟人无以异乎轮人之有规，**辟人，“人”当作“之”，上文云“辟之无以异乎国君诸侯之有四境之内也”，是其证。**匠人之有矩也。今夫轮人操其**

〔一〕“无廖排漏”，原误“无僇匪扁”，据毕沅刻本及本书非命上篇改。
〔二〕“以”，原误“与”，据本书明鬼下篇改。

规，将以量度天下之圜与不圜也，量度，吴钞本倒，下同。曰："中吾规者谓之圜，不中吾规者谓之不圜。"是以圜与不圜皆可得而知也。此其故何？则圜法明也。匠人亦操其矩，将以量度天下之方与不方也，曰："中吾矩者谓之方，不中吾矩者谓之不方。"是以方与不方皆可得而知之。此其故何？则方法明也。故子墨子之有天之意也，王云："'天之意'本作'天之'，'天之'即'天志'，本篇之名也。'子墨子之有天之'已见上文。古'志'字通作'之'，说见号令篇。后人不达，又见上下文皆云'顺天之意'、'反天之意'，故于'天之'下加'意'字耳。"上将以度天下之王公大人为刑政也，"为"上吴钞本有"之"字。下将以量天下之万民为文学、出言谈也。观其行，顺天之意谓之善意行，反天之意谓之不善意行；王校删二"意"字，云："旧本'谓之善'下衍'意'字，'谓之不善'下脱'行'字，又衍'意非'二字，今据下文改正。"案："意"疑当作"悳"，与"德"通。"善德行"、"不善德行"，犹下云"善言谈"、"不善言谈"，"善刑政"、"不善刑政"也。王谓衍文，未塙。下"行"字，旧本讹"非"，今从王校正。观其言谈，顺天之意谓之善言谈，反天之意谓之不善言谈；观其刑政，顺天之意谓之善刑政，反天之意谓之不善刑政。故置此以为法，立此以为仪，将以量度天下之王公大人卿大夫之仁与不仁，譬之犹分黑白也。是故子墨子曰：今天下之王公大人士君子，中实将欲遵道利民，本察仁义之本，天之意不可不顺也。顺天之意者，义之法也。

天志下第二十八

子墨子言曰：天下之所以乱者，其说将何哉？则是天下士君子皆明于小而不明于大。何以知其明于小不明于大也？以其不明于天之意也。何以知其不明于天之意也？以处人之家者知之。今人处若家得罪，将犹有异家所以避逃之者。毕云："据下文当有'矣'字。"王引之云："所以，可以也。"案：此"所"当从毕训为处所，王说非，详上篇。然且父以戒子，兄以戒弟，曰："戒之慎之，处人之家不戒不慎之，而有处人之国者乎？"有，疑当为"可"。今人处若国得罪，将犹有异国所以避逃之者矣。然且父以戒子，兄以戒弟，曰："戒之慎之，处人之国者不可不戒慎也！"今人皆处天下而事天，得罪于天，将无所以避逃之者矣。然而莫知以相极戒也，王引之云："'极'字义不可通，'极戒'当为'儆戒'，字之误也。上篇'相儆戒'三字凡五见。"俞云："'极戒'即儆戒也。'极'通作'亟'，荀子赋篇'出入甚极'，又曰'反覆甚极'，杨倞注并曰：'极读为亟。'是也。广雅释诂：'亟，敬也。'亟为敬，故亦为儆矣。亟又与苟通，见尔雅释诂篇释文。而敬字即从苟，是可知其义之通。说文心部：'愠，疾也。从心，亟声。一曰谨重貌。'谨重之义，亦与儆相近。"吾以此知大物则不知者也。

是故子墨子言曰：戒之慎之，必为天之所欲，而去天之所恶。曰：天之所欲者何也？所恶者何也？天欲义而恶其不义者也。何以知其然也？曰：义者，正也。正，犹言正人，详上篇。何以知义之为正也？天下有义则治，无义则乱，我以此知义之为正也。然而正者，无自下正上者，必自上正下。是故庶人不得次己而为正，意林引"次"并作"恣"，"正"并作"政"。案：次，当依马读为"恣"，王训为"即"，似未塙，详上篇。有士正之；士不得次己而为正，有大夫正之；大夫不得次己而为正，有诸侯正之；诸侯不得次己而为正，有三公正之；三公不得次己而为正，有天子正之；天子不得次己而为政，依上下文亦当作“正”。有天正之。今天下之士君子，皆明于天子之正天下也，而不明于天之正天子也。王云：“旧本‘不明于天’下脱‘之’字，‘正’下又脱‘天子’二字，今补。”是故古者圣人明以此说人曰：“天子有善，天能赏之；天子有过，天能罚之。”天子赏罚不当，听狱不中，天下疾病祸福，王云：“‘福’字义不可通，‘祸福’当为‘祸祟’。下者，降也，言降之以疾病祸祟也。‘疾病祸祟’见中篇。”霜露不时。天子必且犓豢其牛羊犬彘，絜为粢盛酒醴，絜，旧本作“洁”，今据吴钞本改，下同。以祷祠祈福于天。我未尝闻天之祷祈福于天子也，毕云：“‘祷’下当有‘祠’字。”吾以此知天之重且贵于天子也。吴钞本“此”作“是”，“重且贵”作“贵且重”。以此下文及中篇校之，“重且贵”当作“贵且知”。是故义者不自愚且贱者出，必自贵且知者出。曰：谁为知？天为知。俞云：“此上脱‘谁为贵？天为贵’六字。中篇曰‘然则孰为贵？孰为知？曰：天为贵、天为知而已矣’，是其证。”然则义果自天出也。

今天下之士君子之欲为义者，则不可不顺天之意矣。曰：顺天之意何若？曰：兼爱天下之人。何以知兼爱天下之人也？以兼而食之也。食，谓享食其赋税物产。何以知其兼而食之也？自古及今，无有远灵孤夷之国，戴云：“‘远灵’二字义不可通，‘灵’疑当作‘雱’。雱，说文以为籀文‘旁’字。旁与方通，今文尚书多借‘旁’为‘方’。远雱，言远方也。”诒让案：“灵”疑“虚”之误，北魏孝文帝祭比干文“虚”作“虗”，南唐本业寺记作“霊”，东魏武定二年邑主造象颂“灵”作“霊”，二形并相似。耕柱篇“諍灵”亦“墟虚”之误，与此正同。皆犓豢其牛羊犬彘，絜为粢盛酒醴，以敬祭祀上帝山川鬼神，以此知兼而食之也。苟兼而食焉，必兼而爱之。譬之若楚越之君，譬，吴钞本作"辟"。今是楚王食于楚之四境之内，王引之云："今是，与今夫义同。"故爱楚之人；越王食于越，戴云："当据上文补'之四境之内'五字，墨子文不避重复，不得于此文独省也。"故爱越之人。道藏本、季本、吴钞本并脱"楚之人"以下十字。今天兼天下而食焉，我以此知其兼爱天下之人也。

且天之爱百姓也，不尽物而止矣。王云："'物'字义不可通，'物'当为'此'。'此'字指上文而言。中篇曰'不止此而已矣'，又曰'不止此而已'，皆其证。"今天下之国，粒食之民，杀一不辜者，必有一不祥。王云："旧本'民'下衍'国'字，今删。'杀一'下脱'不辜者必有一'六字，今据上中二篇补。"曰：谁杀不辜？曰：人也。孰予之不辜？依上文当作"不祥"。曰：天也。若天之中实不爱此民也，何故而人有杀不辜而天予之不祥哉？且天之爱百姓厚矣，天之爱百姓别矣，王引之云："别读为遍，言天遍爱百姓也。古或以'别'为'遍'，乐记'其治辩者其礼具'，郑注：'辩，遍也。'史记乐书'辩'作'辨'，集解'一作别'，其证也。"既可得而知也。何以知天之爱百姓也？吾以贤者之必赏善罚暴也。何以知贤者之必赏善罚暴也？吾以昔者三代之圣王知之。吴本"三代之圣王"作"之三代圣王"。故昔也三代之圣王尧舜禹汤文武之兼爱之天下也，下"之"字吴钞本无，疑衍。从而利之，移其百姓之意，焉率以敬上帝山川鬼神。天以为从其所爱而爱之，从其所利而利之，于是加其赏焉，使之处上位，立为天子以法也，戴云："以法，疑当作'以为仪法'，脱二字耳。'以为仪法'，见下文。'也'当为'世'之误，'世名之曰圣人'句。"案：以下文校之，此处脱文甚多，"以法也"三字，乃其残字之仅存者，戴说未塙。今以此下文及尚贤中篇补之，疑当作"以为民父母，是以天下之庶民属而誉之，业万世子孙继嗣，誉之者不之废也"。此"法也"即"废也"之误。钟鼎款识皆以“灋”为“废”。名之曰“圣人”。以此知其赏善之证。毕云：“旧脱‘知’字，据下文增。”是故昔也三代之暴王桀纣幽厉之兼恶天下也，从而贼之，移其百姓之意，焉率以诟侮上帝山川鬼神。天毕云：“一本有‘鬼神天’三字。”案：道藏本、季本、吴钞本并有。以为不从其所爱而恶之，不从其所利而贼之，于是加其罚焉，使之父子离散，国家灭亡，抎失社稷，毕云：“说文云：‘抎，有所失也。春秋传曰：抎子辱矣。’玉篇云：‘抎，于粉切。’”忧以及其身。是以天下之庶民属而毁之，业万世子孙继嗣，毁之贲不之废也，“业万世”，详上篇。王云：“‘贲’当为‘者’。隶书‘者’字或作‘耆’，见汉卫尉卿衡方郃阳令曹全碑，与‘贲’相似而误。‘不之废’，衍‘之’字。废者，止也，见中庸、表记注。言业万世子孙继嗣，而毁之者犹不止也。尚贤篇云‘万民从而非之，曰暴王，至今不已’，是也。今本‘者’讹作‘贲’，下文又衍‘之’字，则文不成义。”名之曰“失王”，苏云：“‘失’字误，上篇皆‘暴王’。”以此知其罚暴之证。今天下之士君子欲为义者，则不可不顺天之意矣。

曰：顺天之意者，兼也；反天之意者，别也。兼之为道也，义正；别之为道也，力正。正，上篇并作“政”，字通。力正，义详明鬼下篇。曰：义正者何若？曰：大不攻小也，强不侮弱也，众不贼寡也，诈不欺愚也，贵不傲贱也，富不骄贫也，壮不夺老也。是以天下之庶国，莫以水火毒药兵刃以相害也。若事上利天，中利鬼，下利人，三利而无所不利，是谓天德。故凡从事此者，圣知也，仁义也，忠惠也，慈孝也，是故聚敛天下之善名而加之。是其故何也？则顺天之意也。曰：力正者何若？曰：大则攻小也，强则侮弱也，众则贼寡也，诈则欺愚也，贵则傲贱也，富则骄贫也，壮则夺老也。是以天下之庶国,方以水火毒药兵刃以相贼害也。若事上不利天,中不利鬼,下不利人,三不利而无所利,是谓之贼。俞云:"'之'当作'天'。'是谓天贼'与'是谓天德'对文,中篇正作'天贼'。"故凡从事此者,寇乱也,盗贼也,不仁不义,不忠不惠,不慈不孝,是故聚敛天下之恶名而加之。是其故何也?则反天之意也。

故子墨子置立天之,以为仪法,毕云:"之,一本作'志',疑俗改。考古'志'字只作'之',说文无'志'字。"若轮人之有规,匠人之有矩也。今轮人以规,匠人以矩,以此知方圜之别矣。王云:"旧本脱'知'字,中篇曰'圜与不圜,方与不方,皆可得而知',今据补。"是故子墨子置立天之,以为仪法。毕云:"'之'读为'志'。"吾以此知天下之士君子之去义远也。道藏本、吴钞本"义"下有"之"字。何以知天下之士君子之去义远也?吴钞本"义"下有"之"字。今知氏大国之君俞云:"'知'字衍文,盖涉上句'吾以知天下之士君子'、'何以知天下之士君子'两句并有'知'字而衍。氏,当读为是。礼记曲礼篇'是职方',郑注曰:'是或为氏。'仪礼觐礼篇'大史是右',注曰:'古文是为氏也。'周官射人注引作'大史氏右'。然则是、氏古通用,今氏即今是也,今是即今夫也。礼记三年问篇'今是大鸟兽',荀子礼论篇'今是'作'今夫',荀子宥坐篇'今夫世之陵迟亦久矣',韩诗外传'今夫'作'今是',并其证也。上文曰'今是楚王食于楚之四境之内',此云'今氏大国之君',文法正同。上文作'是',此文作'氏',则字之异耳。"宽者然曰:俞云:"'宽者'下当有阙文,盖言其土地之广大也,故下文以'然'字作转语。"案:疑当作"宽然曰","者"乃衍文。宽当为嚾之借字,声义并与谨同。说文㗊部云:"嚾,呼也。读若欢。"宽、嚾同从萈声,古通用。言今大国之君,皆嚾然争持攻国之论也。俞说非。"吾处大国而不攻小国,吾何以为大哉!"是以差论蚤牙之士,蚤,吴钞本作"爪",非攻中、下二篇并作"爪"。比列其舟车之

卒，俞云：“‘卒’下脱‘伍’字，非攻下篇作‘皆列其舟车之卒伍’，是其证也。皆列即比列。”**以攻罚无罪之国**，罚，当从非攻下篇作“伐”。**入其沟境**，王云：“‘沟境’二字不词，当依非攻篇作‘边境’。此涉下文‘沟池’而误也。”**刈其禾稼，斩其树木，残其城郭**史记樊郦滕灌传集解引张晏云：“残，有所毁也。”**以御其沟池**，王引之云：“‘御’字义不可通，‘御’当为‘抑’，抑之言堙也。谓坏其城郭以塞其沟池，若周语所云‘堕高堙庳’也。史记河渠书‘禹抑鸿水’，索隐曰：‘抑，汉书沟洫志作“堙”，堙、抑皆塞之也。’是抑与堙同义。非攻篇作‘湮其沟池’。湮亦堙也。隶书‘抑’字或作‘抑’，见汉校官碑；‘御’字或作‘御’，见帝尧碑，二形相似而误。”**焚烧其祖庙，攘杀其牺牷**。吴钞本作“牲”。**民之格者则刭拔之**，毕云：“刭，旧作‘劲’，从力，非。刭拔，即到刜，拔音同刜。”诒让案：“刭拔”疑“刭杀”之误。非攻下篇云“刭杀其万民”，“杀”与“拔”篆文相近而误。**不格者则係操而归**。毕云：“係，一本作‘繫’。”王引之云：“民可係而归，不可操而归。古亦无以‘係操’二字连文者。‘操’当为‘纍’，即孟子所谓‘係纍其子弟’也。‘纍’误为‘臬’，后人因改为‘操’耳。”案：王校是也。孟子梁惠王篇赵注云：“係累，犹缚结也。”**丈夫以为仆圉**、丈，旧讹“大”，顾云：“当为‘丈’。”王引之、宋翔凤校并同，今据正。左传文十八年杜注云：“仆，御也。”周礼夏官郑注云：“养马曰圉。”毕云：“圉，旧作‘园’，以意改。”**胥靡**，史记贾谊传云“傅说胥靡”，索隐引徐广云：“胥靡，腐刑也。”晋灼云：“胥，相也；靡，随也。古者相随坐，轻刑之名。”庄子庚桑楚篇释文引司马彪云：“胥靡，刑徒人也。”崔撰云：“腐刑也。”荀子儒效篇杨注云：“胥靡，刑徒人也。胥，相；靡，系也。谓镣相联相系，汉书所谓银铛者也。颜师古曰：联系使相随而服役之，犹今囚徒以镣连枷也。”案：尚贤中篇说“傅说被褐带索，庸筑乎傅岩”，即史记所谓“胥靡”，则当为刑徒役作之名。徐、崔说误。**妇人以为舂酋**。吴钞本“妇”作“娘”。“酋”作“囚”，误。毕云：“周礼云：‘其男子入于皋隶，女子入于舂〔一〕稾。’又说

〔一〕“舂”，原误作“春”，据毕沅刻本及正文改。

文云：'酋，绎酒也。礼有大酋，掌酒官也。'未详妇人为酋之义。'酋'与'舀'声形相近，说文云'抒臼也'，亦'舂[一]稾'义与？"王云："毕以'酋'为'或舂或舀'之'舀'，非也。说文：'酋，绎酒也。从酉，水半见于上。礼有大酋，掌酒官也。'月令注：'酒孰曰酋。'据此，则酒官谓之酋者，以其掌酒也。然则女奴之掌酒者，亦得谓之酋矣。周官酒人'女酒三十人，奚三百人'，郑注曰：'女酒，女奴晓酒者。古者从坐男女没入县官为奴，其少才知以为奚。'是其证。惠士奇礼说曰：'酒人之奚多至三百，则古之酒皆女子为之，即墨子所谓"妇人以为舂酋"也。'"宋翔凤云："吕氏春秋精通篇云：'臣之父不幸而杀人，不得生，臣之母得生，而为公家为酒。'则此言'舂酋'者，或为舂，或为酒也。"案：毕说是也。周官舂人有女舂抌二人，郑注云："女舂抌，女奴能舂与抌者。抌，抒臼也。"说文"舀"或作"抌"，此以"舂酋"连文，则"酋"即"抌"之假字可知。墨、吕二书义本不同，王、宋说非。**则夫好攻伐之君不知此为不仁义，以告四邻诸侯曰："吾攻国覆军，杀将若干人矣。"其邻国之君亦不知此为不仁义也，有具其皮币，**有与又通，下同。**发其緫处，**毕云："未详。说文、玉篇无'緫'字。"诒让案：緫，吴钞本作"総"，即"總"之俗，于义亦无取。疑"緫处"当作"徒遽"。"徒"正字作"赴"，隶变或作"徒"，彳与糸相似，止与心相似，遂讹作"緫"耳。"遽"、"处(處)"亦形近而误。国语吴语云"徒遽来告"，韦注云："徒，步也；遽，传车也。"周礼行夫注云："遽，若今时乘传骑驿而使者也。"发其徒遽，谓使人致贺于攻伐之国，必起发卒徒车马以从行也。或云"緫"当为"纵"之讹，"纵"隶古或作"縦"，右半形与忽相类，纵又从之借字，"纵处"即"从遽"，亦通。**使人飨贺焉。**飨，当读为聘享之享。周礼玉人郑注云："享，献也。"**则夫好攻伐之君有重不知此为不仁不义也，有书之竹帛，藏之府库。为人后子者，**后子即嗣子，详节葬下篇。**必且欲顺其先君之行，曰："何不当发吾府库，**旧本脱"府"字，王据上文补。**视吾先君之法美。"**王云：

〔一〕"舂"，原误作"春"，据毕沅刻本及正文改。

"'法美'二字,义不相属。'美'当为'义',字之误也。少仪'言语之美',郑注:'"美"当为"仪"。'案:'美'乃'义'字之误。义即古仪字,法义即法仪也。前有法仪篇,云:'天下从事者,不可以无法仪。'非命篇曰'先立义法',即仪法。当读为尝。荀子性恶篇'今当试去君上之埶,无礼义之化,去法正之治,无刑罚之禁,则天下之悖乱而相亡不待顷矣',吕氏春秋疑似篇'戎寇当至',当并与尝同。史记西南夷传'尝击南越者八校尉',汉书'尝'作'当'。尝,试也。言试发吾府库,视吾先君之法仪也。"**必不曰文武之为正者若此矣,曰:"吾攻国覆军,杀将若干人矣。"则夫好攻伐之君不知此为不仁不义也,其邻国之君不知此为不仁不义也,是以攻伐世世而不已者。此吾所谓大物则不知也。**

所谓小物则知之者,何若?今有人于此,入人之场园,取人之桃李瓜姜者,上得且罚之,众闻则非之。是何也?曰:不与其劳,获其实,言不与种植之劳,而取其实也。**已非其有所取之故。**此有误,疑当云"以非其所有取之故"。已、以同,"所有"二字误倒,遂不可通。**而况有逾于人之墙垣,**以下文校之,"于"字疑衍。**担格人之子女者乎?**苏云:"担,说文云:'扼也。从手,且声,读若摣。'格,举持也。尔雅释训云:'格格,举也。'"俞云:"'担'字无义,当为衍文,盖即'垣'字之误而复者。'格人之子女',与下'窃人之金玉蚤絫'、'窃人之牛马'一律,曰格曰窃,皆以一字为文也。下文'逾人之墙垣,担格人之子女者',亦衍'担'字。又下文'此为逾人之墙垣,格人之子女者',正无'担'字,可证上两处之衍矣。毕反谓其脱'担'字,非也。'格人之子女',谓拘执人之子女。后汉书钟离意传注曰:'格,拘执也。'是其义。"案:担、摣字通。方言云:"担、摣,取也。南楚之间,凡取物沟泥中,谓之担,或谓之摣。"释名释姿容云:"摣,叉也,五指俱往叉取也。"俞说非。**与角人之府库,**俞云:"'角'字无义,乃'穴'字之误。'穴'隶书作'内','角'隶书作'角',两形相似而误。"**窃人**

之金玉蚤絫者乎？王引之云："'蚤絫'二字义不可通，'蚤絫'当为'布喿'。隶书'布'字作'布'，'蚤'字作'蚤'，二形相似，故'布'讹为'蚤'。荀子儒效篇'必蚤正以待之也'，新序杂事篇'蚤'作'布'。喿，盖缲之借字。布缲即布帛。说文：'缲，帛如绀色，或曰深缯，读若喿。'缲、喿同音，故字亦相通。凡书传中从喿、从参之字多相乱，故非乐篇'多治麻丝葛绪綑布缲'，今本作'布縿'。而檀弓之'布幕卫也，缲幕鲁也'，今本亦作'縿幕'。其它从喿之字，亦多变而从参。隶书'参'字作'叅'，与'絫'相似，因讹为'絫'矣。西伯戡黎'乃罪多参在上'，马融读'参'为'絫'，亦以其字形之相似。金玉布缲皆府库所藏，故曰'角人之府库，窃人之金玉布喿'。"与逾人之栏牢，栏，吴钞本作"阑"，下同，义详非攻上篇。周礼充人郑注云："牢，闲也。"说文牛部云："牢，闲养牛马圈也。"窃人之牛马者乎？而况有杀一不辜人乎？今王公大人之为政也，毕云："人，旧作'天'，以意改。"案：道藏本、吴钞本作"夫"，季本作"人"，与毕校合。自杀一不辜人者，逾人之墙垣、抯格人之子女者，与角人之府库、窃人之金玉蚤絫者，道藏本、吴钞本下并有"乎"字。与逾人之栏牢、窃人之牛马者，毕云："旧脱'之'字，据上文增。"与入人之场园、毛诗豳风七月传云："春夏为圃，秋冬为场。"郑笺云："场、圃同地，自物生之时耕治之以种菜茹，至物尽成熟筑坚以为场。"窃人之桃李瓜姜者，王引之云："旧脱'者与入人之场园窃人之'十字，当据上下文补。"今王公大人之加罚此也，虽古之尧舜禹汤文武之为政，亦无以异此矣。今天下之诸侯，将犹皆侵凌攻伐兼并，此为杀一不辜人者数千万矣；此为逾人之墙垣、格人之子女者，毕云："据上，'格'上当脱'抯'字。"与角人府库、窃人金玉蚤絫者，数千万矣；逾人之栏牢、窃人之牛马者，与入人之场园、窃人之桃李瓜姜者，数千万矣，而自曰义也。故子墨子言曰：是蕡我者，蕡，毕本并改"责"，云："旧作'蕡'，下同，以意改。"顾云："蕡，读若治丝而棼之棼。'我'当为'义'。"案:顾说是也,棼亦与纷同。尚同中篇云"本无有敢纷天子之教者",与此文例略同。急就篇云"芬薰脂粉膏泽筩",芬,皇象本作"賁"。此以"賁"为"棼",与彼相类。**则岂有以异是賁黑白甘苦之辩者哉?今有人于此,少而示之黑谓之黑,**王引之经传释词"谓"下删"之"字。**多示之黑谓白,必曰:"吾目乱,不知黑白之别。"今有人于此,能少尝之甘**毕云:"'能少'当为'少而',据上文如此。能、而音同故也。"王引之云:"能犹而也,能与而古声相近,故义亦相通。"戴说同。**谓甘,多尝谓苦,**王氏释词"多尝"下增"之甘"二字。**必曰:"吾口乱,不知其甘苦之味。"今王公大人之政也,**戴云:"'政'上当有'为'字。"**或杀人,其国家禁之,此蚤越**戴云:"三字有脱误。"**有能多杀其邻国之人,因以为文义,**王云:"'文义'二字,义不可通,'文'当为'大',字之误也。谓多杀邻国之人,闻之者不以为不义,反以为大义也。非攻篇曰'小为非,则知而非之,大为非攻国,则不知非,从而誉之,谓之义',此之谓也。"案:王据非攻篇证此,是也,而改"文"为"大",则非是。此当作"因以为之义",为与谓通,"文"即"之"之讹,言因以称之曰义也。**此岂有异賁白黑甘苦之别者哉?**别、辩声近字通。

故子墨子置天之,以为仪法。毕云:"'之'当为'志'。"**非独子墨子以天之志为法也,**王云:"'志'字亦后人所加,'之'即'志'字也。"案:说详中篇。**于先王之书大夏之道之然:**俞云:"大夏,即大雅也。雅、夏古字通。荀子荣辱篇曰'越人安越,楚人安楚,君子安雅',儒效篇曰'居楚而楚,居越而越,居夏而夏',是夏与雅通也。下文所引'帝谓文王'六句,正大雅皇矣篇文。"**"帝谓文王,予怀明德,**吴钞本"怀"下有"而"字。**毋大声以色,毋长夏以革,**苏云:"诗大雅文王篇二'毋'字作'不'。"诒让案:中篇引"毋"并作"不",与诗同。**不识不知,顺帝之则。"**义并详中篇。**此诰文王之以天志为法也,**吴钞本"诰"作

“告”。毕云：“‘诰’字据上文当为‘语’。”诒让案：“也”字疑衍。**而顺帝之则也。且今天下之士君子，中实将欲为仁义，求为上士，上欲中圣王之道，下欲中国家百姓之利者，当天之志而不可不察也。天之志者，义之经也。**两“志”字王校亦删，详前。

墨子间诂卷八

明鬼上第二十九阙

明鬼中第三十阙

明鬼下第三十一

淮南子氾论训作“右鬼”，高注云：“右犹尊也。”汉书艺文志亦同，颜注引此作“明鬼神”，疑衍“神”字。明，谓明鬼神之实有也。

子墨子言曰：逮至昔三代圣王既没，天下失义，诸侯力正，毕云：“正同征。”诒让案：节葬下篇作“征”，字通。天志下篇云：“兼之为道也，义正；别之为道也，力正。”周礼禁暴氏“禁庶民之乱暴力正者”，郑注云：“力正，以力强得正也。”是以存夫为人君臣上下者之不惠忠也，父子弟兄之不慈孝弟长贞良也，正长之不强于听治，贱人之不强于从事也。民之为淫暴寇乱盗贼，毕云：“旧脱‘乱’字，据下文增。”以兵刃毒药水火退无罪人乎道路率径，苏云：“‘退’疑当作‘遇’，下文同。”俞云：“‘退’字无义，疑‘迫’字之误。谓迫而夺其车马衣裘也。‘率径’二字亦无义，据下文，此语两见而皆无‘率径’二字，疑为衍文。”案：二说皆非也。“退”当为“迓”字之误。迓与御通，书牧誓“弗迓克奔”，释文引马融本“迓”作“御”，云：“禁也。”史记周本纪“弗迓”作“不御”，集解引郑注云：“御，强御，谓强暴也。”孟子万章篇云“今有御人于国门之外者”，赵注云：“御人，以兵御人而夺之货。”即其义也。“率径”当读为术径，属上“道路”为句。率声与术声古音相近。广雅释诂云：“率，述也。”白虎通义五行篇云：“律之言率，所以率气令生也。”周礼典同郑注云：“律，述气者也。”述气即率气，是其证。说文行部云：“术（術），邑中道也。”月令“审端径术”，郑注云：“术，周礼作‘遂’。夫闲有遂，遂上有径。遂，小沟也，步道曰径。”杜台卿玉烛宝典引蔡邕月令章句云：“术，车道也；径，步道也。”郑、蔡说并通。汉书刑法志亦云“术路”，如淳注云：“术，大道也。”俞以“率径”为衍文，亦误。**夺人车马衣裘以自利者，并作由此始，是以天下乱。此其故何以然也？则皆以疑惑鬼神之有与无之别，不明乎鬼神之能赏贤而罚暴也。今若使天下之人偕若信鬼神之能赏贤而罚暴也，**旧本“偕”作“借”。毕云：“借，本书尚贤中作‘藉’，此俗改。”王云：“上言‘若使’，则下不得又言‘借若’，余谓‘若’字涉上文而衍，‘借’乃‘偕’字之误。偕与皆通。汤誓‘予及女皆亡’，孟子梁惠王篇‘皆’作‘偕’。周颂丰年篇‘降福孔皆’，晋书乐志‘皆’作‘偕’。言使天下之人皆信鬼神之能赏贤而罚暴，则天下必不乱也。旧本‘罚暴’二字倒转，据上文改。”**则夫天下岂乱哉！**

今执无鬼者曰：“鬼神者，固无有。”旦暮以为教诲乎天下，旧本下有“之”字，毕又以意增“人”字。王云：“毕补非也。此文本作‘旦暮以为教诲乎天下’，今本‘天下’下有‘之’字者，涉下句‘天下之众’而衍。毕不解其故，而于‘之’下补‘人’字，误矣。下文‘天下之众’，即天下之人也。”案：王说是也，今据删。**疑天下之众，使天下之众皆疑惑乎鬼神有无之别，**吴钞本无“惑”字。**是以天下乱。是故子墨子曰：今天下之王公大人士君子，实将欲求兴天下之利，除天下之害，故当鬼神之有与无之别，以为将不可以不明察此者也。**旧本“明”上脱“不”字，今从王校补。俞云：“此本作‘故当鬼神之有与无之别，不可以不察者也'。下文曰'既以鬼神有无之别，以为不可不察已，然则吾为明察此'。此文'以为'字即涉下文而衍，'明察此'字即涉下文而误。下云'不可不察'，正承此而言，故知此文无'明'字也。"苏云："下'以'字当作'不'。"案：俞说是也，今从之。"此"字不当删，详非攻下篇〔一〕。**既以鬼神有无之别，以为不可不察已，然则吾为明察此，其说将奈何而可？子墨子曰：是与天下之所以察知有与无之道者，必以众之耳目之实知有与亡为仪者也。**亡，吴钞本作"无"。亡，古"无"字。篇中诸"有无"字，疑古本并作"亡"。**请惑闻之见之，**请当读为诚。墨子书多以"请"为"情"，又以"情"为"诚"，故此亦以"请"为"诚"，详尚同中、下二篇。惑与或通。戴云"请，'诸'字之误"，失之。**则必以为有；莫闻莫见，则必以为无。**旧脱"则必以为有"以下九字，王据下文及非命篇补，今从之。**若是，何不尝入一乡一里而问之，自古以及今，生民以来者，亦有尝见鬼神之物，闻鬼神之声，则鬼神何谓无乎？若莫闻莫见，则鬼神可谓有乎？**"何"、"可"错出，义两通，不知孰为正字。

今执无鬼者言曰：夫天下之为闻见鬼神之物者，不可胜计也，亦孰为闻见鬼神有无之物哉？子墨子言曰：若以众之所同见，与众之所同闻，则若昔者杜伯是也。周宣王杀其臣杜伯而不辜，毕云："史记索隐引作'不以罪'。"**杜伯曰："吾君杀我而不辜，若以死者为无知，则止矣；若死而有知，不出三年，必使吾君知之。"其三年，**毕云："文选注引作'必死吾君之期'。韦昭注国语引'三'作'二'。太平御览引作'后三年'。"俞云："'必使吾

〔一〕孙于正文"明"上增"不"字，注云："从王（念孙）校补。"注中别引俞樾说，而又云："俞说是也，今从之。"然正文实未从俞说校改。王、俞二说不能兼从，疑注中从俞说之语有误。

君知之'绝句。'其'下脱'后'字,本作'其后三年'。太平御览引此文正作'后三年',但删'其'字耳。韦昭注周语引作'后二年',虽误'三'为'二',而'后'字固在,皆可为证。文选刘孝标重答刘秣陵书注引作'必死吾君之期',则误'其'为'期',而属上读,且误'使'为'死',又脱'知'字,文不成义,不足据也。"案:宋尤袤本文选注惟"其"作"期",余并与今本同。国语韦注,宋明道本亦正作"三年"。毕、俞并误据俗本,疏矣。史记周本纪正义引周春秋亦作"后三年"。据史记,宣王四十六年崩,则杀杜伯当在四十四年。通鉴外纪载杀杜伯于四十六年,非也。今本竹书纪年云:"宣王四十三年,王杀大夫杜伯,其子隰叔出奔晋。"则不数所杀年,亦通。**周宣王合诸侯而田于圃,田车数百乘,**田于圃,吴钞本作"舍于圃"。毕云:"田与佃通。说文云:'佃,中也。春秋传曰:乘中佃一辕车。'案:今左氏作'衷佃',同。又案:韦昭注国语、文选注、史记索隐引俱无此字。颜师古注汉书有。"俞云:"'田于圃田'者,圃田,地名。诗车攻篇'东有甫草,驾言行狩',郑笺以郑有甫田说之。尔雅释地作'郑有圃田',即其地也。毕读'圃'字绝句,非是。"诒让案:周语云"杜伯射王于鄗",韦注云:"鄗,鄗京也。"史记周本纪集解引徐广云:"丰在京兆鄠县东,镐在上林昆明北,有镐池,去丰二十五里,皆在长安南数十里。"周礼职方氏郑注云:"圃田在中牟。"以周地理言之,鄗在西都,圃田在东都,相去殊远。又韦引周春秋"宣王会诸侯田于圃",明道本"圃"作"囿"。史记封禅书索隐、周本纪正义所引并与韦同。论衡死伪篇云"宣王将田于圃",则汉、唐旧读并于"圃"字断句,皆不以"圃"为圃田。荀子王霸篇杨注引随巢子云"杜伯射宣王于畞田",畞与牧声转字通,疑即鄗京远郊之牧田,亦与圃田异。但随巢子以"圃田"为"畞田",似可为俞读左证。近胡承珙亦谓此即圃田,而谓国语鄗即敖鄗,庰韦以为鄗京之误,其说亦可通。姑两存之,竢通学详定焉。田车者,考工记云"田车之轮,六尺有六寸",郑注云:"田车,木路也,驾田马。"毕引左传"中佃",非此义。**从数千,人满野。**毕云:"太平御览引作'车徒满野',节文。"俞云:"'从'乃'徒'字之误。车数百乘,徒数千人,徒与车为对文。御览引作'车徒满野',是其证。"案:俞校近是,但此当以"徒数千"为句,"人"属下"满野"为句,非以徒与车为对文也。**日中,杜伯乘白马素**

车，朱衣冠，朱衣冠，盖韦弁服也。周礼司服“凡兵事，韦弁服”，郑注云：“韦弁，以韎韦为弁，又以为衣裳也。”韎、朱色近通称。执朱弓，挟朱矢，追周宣王，射之车上，旧本“射之”作“射入”。毕云：“文选注引作‘射之’。”诒让案：“之”字是也，今据改。中心折脊，殪车中，后汉书光武纪李注云：“殪，仆也。”伏弢而死。毕云：“弢，太平御览引作‘韔’，一引作‘伏弓衣’，义同。”诒让案：史记索隐、文选注引并作“弢”，与今本同。论衡死伪篇亦作“韔”。说文弓部云：“弢，弓衣也。”左成十六年传：“楚共王使养由基射吕锜，中项伏弢。”毕又云：“国语云‘内史过曰：杜伯射王于鄗’，韦昭注曰‘杜，国；伯，爵，陶唐氏之后。周春秋曰’云云，与此略同。地理志：‘杜陵，故杜伯国。有周右将军杜主祠四所。’又国语‘范宣子曰：昔匄之祖，在周为唐杜氏’，韦昭曰：‘周成王灭唐，而封弟唐叔虞，迁唐于杜，谓之杜伯。’封禅书曰：‘杜主，故周之右将军。’今陕西长安县南杜丰。”当是之时，周人从者莫不见，远者莫不闻，著在周之春秋。国语晋语“司马侯谓悼公曰：羊舌肸习于春秋”，韦注云：“春秋，纪人事之善恶，而目以天时，谓之春秋，周史之法也。时孔子未作春秋。”又楚语：“庄王使士亹傅太子，申叔时告之曰：教之春秋，以感劝其心。”公羊庄七年传云“不修春秋曰：雨星不及地尺而复”，何注云：“谓史记也。古者谓史记为春秋。”管子法法篇云“故春秋之记，臣有弑其君，子有杀其父者矣”，尹注云：“春秋，即周公之凡例，而诸侯之国史也。”史通六家篇、隋书李德林传并引墨子云“吾见百国春秋”，盖即此。史通又云：“汲瑑冢语记太丁时事，目为夏殷春秋，又有晋春秋，记献公十七年事。”为君者以教其臣，为父者以譤其子，毕云：“说文云：‘警，戒也。’此异文。”曰：“戒之慎之，凡杀不辜者，其得不祥，鬼神之诛毕云：“旧作‘谋’，据后文改。”若此之憯遬也！”憯、速义同。玉篇手部云：“‘撍’，侧林切，急疾也。”憯与“撍”通。易豫“朋盍簪”，释文云：“簪，郑云速也，京〔一〕作‘撍’。”淮南子本经训云“兵莫憯于志，而莫邪为下”，高注云：“憯

〔一〕“京”，原误“李”，据易豫释文改。按：“京”指京房本。

犹利也。”并与此义相近。道藏本、吴钞本并无“也”字。毕云：“说文云：‘遬，籀文。’”苏云：“遬与戚义同。”**以若书之说观之，则鬼神之有岂可疑哉？非惟若书之说为然也，**道藏本、吴钞本并无“也”字。**昔者郑穆公**史记郑世家“穆公兰，文公子”，然此实当为“秦穆公”之讹。毕云：“郭璞注山海经引此作‘秦穆公’，又太平御览、太平广记引‘穆’作‘缪’。”诒让案：郭引作‘秦’，是也。玉烛宝典引墨子曰“昔秦穆公有明德，上帝使句芒赐之寿十九年也”，即约此文。论衡福虚篇云：“儒家之徒董无心，墨家之役缠子，相见讲道。缠子称墨家佑鬼神，是引‘秦穆公有明德，上帝赐之十九年’。缠子难以尧舜不赐年，桀纣不夭死。尧舜桀纣犹为尚远，且近难以秦穆公、晋文公。夫谥者行之迹也，迹生时行，以为死谥。穆者误乱之名，文者德惠之表。有误乱之行，天赐之年；有德惠之操，天夺其命乎？案穆公之霸不过晋文，晋文之谥美于穆公，天不加晋文以命，独赐穆公以年，是天报误乱，与穆公同也。”又无形篇云：“传言秦穆公有明德，上帝赐之十九年。”北齐书樊逊传逊对问祸福报应，亦云：“秦穆有道，句芒锡祥。”以诸书证之，则不当作“郑”明矣。下文凡“郑”字并当作“秦”。**当昼日中处乎庙，**当，吴钞本作“尝”，古字通用。**有神入门而左，鸟身，**毕云：“海外东经云：‘东方句芒，鸟身人面。’太平广记引作‘人面鸟身’。”戴云：“脱‘人面’二字。”**素服三绝，**“三绝”无义，疑当作“玄纯”。“玄”与“三”，“纯”与“绝”，草书并相近，因而致误。素衣玄纯，盖即深衣采纯，明与凶服异也。毕引说文云“绝，刀断丝也”，非此义。**面状正方。**毕云：“太平广记引作‘而状方正’。”戴云：“‘面’乃‘而’字之误。”案：山海经郭注引作“方面”，则“面”字非误。**郑穆公见之，乃恐惧，犇，神曰：“无惧！**毕云：“旧脱此四字，据太平广记增。太平御览引作一‘曰’字，一本作‘神曰’二字。”**帝享女明德，**女，吴钞本作“汝”。**使予锡女寿十年有九，**锡，吴钞本作“享”。**使若国家蕃昌，子孙茂，毋失。”郑**亦当作“秦”。**穆公再拜稽首曰：“敢问神名？”**毕本“名”作“明”，云：“旧脱此字。太平御览引云‘敢问神明为何’，太平广记引云'公问神明'。案:明同名也。"王云:"钞本御览神鬼部二正作'敢问神名',刻本'名'作'明',误也。明古读若芒,不得与名通。"案:王校是也,楚辞远游洪兴祖补注引亦作"名",今据补正。**曰:"予为句芒。"**句芒,地示,五祀之木神,月令"春,其神句芒"是也。左传昭二十九年,蔡墨说少昊氏之子重为句芒。此人鬼为木官,配食句芒者,非地示也。**若以郑穆公之所身见为仪,则鬼神之有岂可疑哉?**

非惟若书之说为然也,昔者,燕简公毕云:"案史记,简公,平公子。周敬王十六年,公元年也。"诒让案:论衡书虚篇说此事作"赵简子",死伪篇作"赵简公",并误。惟订鬼篇作"燕简公",与此同。**杀其臣庄子仪而不辜,**顾云:"论衡订鬼、书虚、死伪作'庄子义'。"**庄子仪曰:"吾君王杀我而不辜,**简公时,燕尚未偁王,此"王"字疑后人所加。**死人毋知亦已,**毋,吴钞本作"无"。**死人有知,不出三年,必使吾君知之。"期年,燕将驰祖,**毕云:"祖道。"王云:"毕说非也。法苑珠林君臣篇作'燕之有祖泽,犹宋之有桑林,国之大祀也',据此则'祖'是泽名,故又以云梦比之。下文'燕简公方将驰于祖涂',亦谓祖泽之涂也。然则此'祖'非'祖道'之谓。"案:王说近是。颜之推还冤记又作"燕之沮泽,当国之大祀"。祖与沮、菹字通。王制云"山川沮泽",孔疏引何胤隐义云:"沮泽,下湿地也。"孟子滕文公篇赵注云:"菹,泽生草者也。今青州谓泽有草者为菹也。"俞正燮据说苑臣术云"魏翟璜[一]乘轩车、载华盖,时以闲暇祖之于野",盖所谓"驰祖"者也。未知是否。**燕之有祖,当齐之社稷,**王引之云:"当犹如也。"又"齐之"下校增"有"字。诒让案:国语鲁语云"庄公如齐观社,曹刿谏曰:齐弃太公之法,而观民于社",又曰"今齐社而往观旅,非先王之训也",韦注云:"旅,众也。"襄二十四年左传云:"楚子使薳启疆如齐聘,齐社,蒐军实,使客观之。"**宋之有桑林,**左襄十年传云"宋公享晋侯于楚丘,请以桑林",杜注云:"桑林,殷天子之乐名。"淮南子修务训云"汤旱,以身祷于桑山之林",

---

〔一〕"翟璜",说苑卷二臣术实作"翟黄"。史记魏世家、吕氏春秋举难则作"翟璜"。

高注云:"桑山之林能为云雨,故祷之。"吕氏春秋慎大篇云"武王胜殷,立成汤之后于宋,以奉桑林",高注云:"桑山之林,汤所祷也,故使奉之〔一〕。"庄子养生主篇云"合于桑林之舞",释文引司马彪云:"桑林,汤乐名。"案:杜预、司马彪并以桑林为汤乐。左传孔疏引皇甫谧说,又以桑林为大濩别名。以此书及淮南书证之,桑林盖大林之名,汤祷旱于彼,故宋亦立其祀。左昭二十一年传云"宋城旧鄘及桑林之门",当即望祀桑林之处。因汤以盛乐祷旱于桑林,后世沿袭,遂有桑林之乐矣。**楚之有云梦也,**尔雅释地云"楚有云梦",郭注云:"今南郡华容县东南巴丘湖是也。"周礼职方氏:"荆州,其泽薮曰云瞢。"**此男女之所属而观也。**周礼州长郑注云:"属犹合也,聚也。"**日中,燕简公方将驰于祖涂,庄子仪荷朱杖而击之,殪之车上。**史记十二诸侯年表,燕简公在位十二年卒,当敬王二十七年,鲁哀公二年。则杀庄子仪事,当在简公十一年也。但依左传昭三年,北燕伯款即简公。史表则以为惠公,其元年当周景王元年,在位九年卒,历悼、共、平三世而后至简公,与左传殊不合,未知孰是。论衡死伪篇云:"简公将入于桓门,庄子义起于道左,执彤杖而捶之,毙于车下。"与此小异,疑兼采它书。桓,古与和通。桓门,当即周礼大司马中冬狩田之和门,与此云"驰于祖涂"不同也。**当是时,燕人从者莫不见,远者莫不闻,著在燕之春秋。诸侯传而语之曰:**语,吴钞本作"言"。**"凡杀不辜者,其得不祥,鬼神之诛若此其憯遬也!"以若书之说观之,则鬼神之有岂可疑哉?**

非惟若书之说为然也,惟,吴钞本作"唯"。**昔者宋文君鲍之时,**君,吴钞本作"公"。论衡祀义篇云"宋公鲍之身有疾"。**有臣曰祏观辜,**顾云:"论衡订鬼作'宋夜姑'。"诒让案:字书无"祏"字,论衡祀义篇云"祝曰夜姑",则"祏〔二〕"当即"祝"之讹。祝,即周礼大、小祝也。"观辜"疑亦"夜姑"之讹。左传昭二十五年鲁有"申夜姑",释文:"'夜'本或作'射'。"又

〔一〕"故使奉之",原误"故所奉也",据吕氏春秋慎大改。
〔二〕"祏",原误"诟",据正文改。

文六年晋狐射姑，穀梁作“狐夜姑”。春秋桓九年经有曹世子射姑，左传定二年又有邾大夫夷射姑。是古人多以“射姑”为名之证。**固尝从事于厉，**论衡祀义篇云“掌将事于厉者”，卢云：“厉，公厉、泰厉之属也。宋欧阳士秀以厉为神祠，以管子请桓公立五厉祀尧之五吏为证。后世统谓之庙。”**祩子杖揖出，与言曰：**类篇示部引广雅云：“祩，诅也。”毕云：“‘祩’，‘祝’字异文。‘祩子’即祝史也。玉篇云：‘祩，之俞切，呪诅也。又音注。’言神冯于祝子而言也。”苏云：“下言‘举揖而槀之’，则‘揖’宜从木为‘楫’。”俞云：“下文‘祩子举揖而槀之’，‘揖’，未知何物，疑此文本作‘祩子揖杖出’，下文本作‘株子举杖而槀之’。尚书大传‘八十者杖于朝，见君揖杖’，郑注曰：‘揖，挟也。’此‘揖杖’之义也。因‘揖杖’误倒为‘杖揖’，后人遂改下文之‘举杖’为‘举揖’以合之耳。举杖而槀之，犹定二年左传云‘夺之杖以敲之’。槀即敲之假音。”案：“祩”疑“禂”之异文。说文示部云：“禂，祷牲马祭也。”周礼甸祝“禂牲禂马”，郑注云：“禂读如伏诛之诛，今‘侏大’字也。”毕以“祩”为“祝”异文，说无所据。上观辜已是祝，则祩子不当复为祝。窃疑当是巫，巫能接神，故厉神降于其身。谓之“祩子”，犹楚辞谓巫为灵子也。苏校谓“揖”当作“楫”，近是。论衡祀义篇作“厉鬼杖檝而与之言”，又云“举檝而掊之”，“檝”即“楫”之俗。然说文木部云“楫，舟櫂也”，于义无取。窃疑“楫”实当作“杸”，篆文形近而误。说文殳部云“杸，军中士所持殳也”，与殳音义同。淮南子齐俗训云“搢笏杖殳”，许慎注云：“殳，木杖也。”但汉人引已作“楫”，未敢辄改。**“观辜，是何珪璧之不满度量？酒醴粢盛之不净洁也？牺牲之不全肥？**淮南子时则训高注云：“全，无亏缺也。”毕云：“全，谓纯色，与牷同。”**春秋冬夏选失时？**盖言祭厉失其常时。毕云：“选同算。”诒让案：“选”下有脱字，后文云“官府选效必先祭器”，则“选”下疑脱“效”字。选当读为馔具之馔，毕说非，详后。**岂女为之与？意鲍为之与？”**王引之云：“意与抑同。论语学而篇‘求之与？抑与之与’，汉石经‘抑’作‘意’。”**观辜曰：“鲍幼弱，在荷繦之中，**毕云：“荷与何同。汉书注：‘李奇云：繦，络也，以缯布为之，络负小儿。师古曰：即今之小儿繃也，居丈反。’”诒让案：繈，吴钞本作"襁"。"襁"正字，"繈"借字。说文衣部云："襁，负儿衣也。"论语子路篇"襁负其子而至矣"，集解："包咸云：负者以器曰襁。"吕氏春秋明理篇云"道多褓襁"，高注云："緥，小儿被也。襁，褛格上绳也。"孙奭孟子音义引博物志云："襁褓，织缕为之，广八寸，长一尺二寸，以负小儿于背上。"史记鲁世家云："成王少，在强葆之中。"**鲍何与识焉？**卢云："此云'在荷繈之中'，则非春秋时宋文公也。"案：宋世家无两文公，且不当名谥并同。此盖墨子传闻之误，不得谓宋别有文公鲍也，卢说非。**官臣观辜特为之。"**左襄十八年传，中行献子祷于河，偁官臣偃，杜注云："守官之臣。"**袾子举揖而稾之，**揖，疑亦当为"杸"。苏校改"楫"，亦通。俞校改"杖"，未塙。论衡祀义篇云："厉鬼举橶而掊之，毙于坛下。"此"稾"疑当读为"毃"，同声假借字。左定二年传云"夺之杖以敲之"，释文云："敲，苦孝反，又苦学反。说文作'毃'，云'击头也'。字林同。又一曰'击声也'，口交反。又口卓反，训从敲，云'横擿也'。"案：今本说文攴部"擿"作"挝"。毕云："稾同敲。"**殪之坛上。当是时，**毕云："旧脱此字，一本有。"**宋人从者莫不见，远者莫不闻，**毕云："旧脱'者'字，一本有。"诒让案：道藏本、吴钞本并有。**著在宋之春秋。诸侯传而语之曰："诸不敬慎祭祀者，鬼神之诛至若此其憯遬也！"**道藏本、吴钞本无"也"字。**以若书之说观之，鬼神之有岂可疑哉？**

非惟若书之说为然也，惟，吴钞本作"唯"。**昔者，齐庄君之臣**毕云："君，事类赋引作'公'。旧脱'臣'字，据太平御览、事类赋增。"**有所谓王里国、**毕云："太平御览、事类赋引作'王国卑'，下同，疑此非。"**中里徼者。**毕云："太平御览、事类赋引作'檄'，下同。"**此二子者，讼三年而狱不断。**公羊宣元年何注云："古者疑狱，三年而后断。"**齐君由谦杀之，恐不辜，犹谦释之，**毕云："由与犹同，故两作。"王云："由、犹，皆欲也。谦与兼同。言欲兼杀之、兼释之也。大雅文王有声篇'匪棘其欲'，礼器作'匪革其犹'。周官小行人'其悖逆暴乱作慝犹犯令者'，大戴记朝事篇'犹'作'欲'。是'犹'即'欲'也。犹、由古字亦通。"苏说同。**恐失有罪。乃使之人共一羊，**毕云："太平御览、事类赋引'之'作'二'。"**盟齐之神社，**毕云："事类赋无'神'字。"诒让案：周礼司盟云"有狱讼者则使之盟诅，凡盟诅各以其地域之众庶共其牲而致焉"，郑注云："使其邑闾出牲而来盟。"此所云与礼合。**二子许诺。**毕云："太平御览、事类赋引作'二子相从'。"**于是泏洫，**毕云："说文云：'泏，水皃，读若窟。'洫，未详，疑皿字，言以水渫皿。"洪云："'泏洫'当是'涖盟'之讹。"案："泏皿"殊不辞，洪谓"涖盟"之讹，于字形亦远。窃谓此当作"涵血"。"涵"、"畝"声同，唐人书"臿"字或作"臿"，与"出"形近，故讹。"血"又涉"泏"字而误加水也。**摽羊而漉其血，**毕云："太平御览、事类赋引已上八字作'以羊血洒社'，则'漉'当为'洒'字之误。摽，字书无此字。"卢云："玉篇有'摽'字，云磊摇也，乌可、乌寡、力可三切。"王引之云："'摽'即'刭'字也。广雅曰：'刭、刑、刻，到也。'吴语'自刭于客前'，贾逵曰：'刭，到也。'作'摽'者，或字耳。此文本作'摽羊出血而洒其血'，谓到羊出血而洒其血于社也。太平御览兽部十三引作'以羊血洒社'者，省文耳。今本'出血'作'泏血'，涉下文'洒'字而误加氵，又误在'摽羊'之上，则义不可通。"案：王以"泏洫"为"出血"，未塙。而读"摽"为"刭"，则是也。洪说同。**读王里国之辞既已终矣，**毕云："四字，事类赋作'已尽'二字。"**读中里徼之辞未半也，**毕云："太平御览、事类赋引'也'作'祭'。"**羊起而触之，**毕云："事类赋引作'触中里檄'。"**折其脚，祧神之**此有脱误。毕云："疑当云'跳神之社'。"案：羊跳安能敲人使殪？毕说不合事情。**而稾之，殪之盟所。当是时，齐人从者莫不见，远者莫不闻，**毕云："太平御览引云'齐人以为有神验'，事类赋引云'齐人以为有神'，疑以意改。"**著在齐之春秋。诸侯传而语之曰："请品先不以其请者，**毕云："'品'当为'盟'。下'请'当为'情'。"王引之云："毕谓'品'当作'盟'，是也。上'请'字当为'诸'。'先'当为'共'。隶书'先'字或作'失'，与'共'相似而误。'共'字当在'盟'字上。共盟，见上文。

诸，犹今人言诸凡也。言凡共盟而不以其情者，必受鬼神之诛也。上文曰'诸不敬慎祭祀者，鬼神之诛至若此其憯遬也'，是其证。今本'诸'讹作'请'，'共'讹作'先'，'盟'讹作'品'，又升'品'字于'先'字上，则义不可通。下'请'字即'情'字也，墨子书通以'请'为'情'，不烦改字。"俞云："'先'字之义尚不可晓。王氏改为'共'字，而移在'盟'字之上，似亦未安。'先'疑'矢'字之误。矢、誓古通用。盟矢，即盟誓也。'矢'字隶书或作'夫'，见孔宙碑；'先'字隶书或作'失'，见北海相景君碑，两形相似而误。"案：俞说是也。**鬼神之诛至若此其憯遬也！"以若书之说观之，鬼神之有岂可疑哉？是故子墨子言曰：虽有深谿博林、幽涧毋人之所，**王云："'深谿博林、幽涧毋人'，即天志上篇所谓'林谷幽间无人'也。'幽涧'亦'幽间'之误。'幽间毋人'正指'深谿博林'言之，若作'幽涧'，则与'深谿'相复。"**施行不可以不董，**顾云："尔雅：'董，正也。'"苏云："'董'疑'谨'字之讹。"俞云："'董'字无义，疑'堇'字之误。'堇'借为'谨'，言不可以不谨也。管子五行篇'修暨水土，以待乎天堇'，尹知章注曰：'堇，诚也。'训堇为诚，即读堇为谨也。说文堇，古文作'蓳'，形与'董'相似，故误。"案：俞说是也。礼记内则"涂之以谨涂"，玉篇引作"堇涂"，亦"谨"、"堇"通用之证。**见有鬼神视之。**

今执无鬼者曰：夫众人耳目之请，毕云："当为'情'，下同。"案："请"即"情"之假借，不必改字。非命中篇作"情"。**岂足以断疑哉？奈何其欲为高君子于天下，**"高君子"无义。"高"疑当作"尚"，下又脱"士"字。尚士即上士也。下文云"则非所以为君子之道也"，又云"此非所以为上士之道也"，即遥冢此文。**而有复信众之耳目之请哉？**有读为又。"众之"，疑当同上文作"众人"，下同。**子墨子曰：**毕云："旧脱'墨子'二字，以意增。"**若以众之耳目之请，以为不足信也，不以断疑。不识若昔者三代圣王尧舜禹汤文武者，足以为法乎？故于此乎自中人以上皆曰："若昔者三代圣王，足以为法**

矣。"若苟昔者三代圣王足以为法,然则姑尝上观圣王之事。昔者,武王之攻殷诛纣也,使诸侯分其祭,曰:"使亲者受内祀,谓武王克殷,分命诸侯,使主殷祀也。非攻下篇云"王既已克殷,成帝之来,分主诸神,祀纣先王"是也。受内祀,谓同姓之国得立祖王庙也。郊特牲孔疏引五经异义云:"古春秋左氏说,天子之子以上德为诸侯者,得祖所自出。鲁以周公之故,立文王庙。左传:宋祖帝乙,郑祖厉王,犹上祖也。"疏者受外祀。"此谓异姓之国祭山川四望之属。祭统说周锡鲁重祭,云:"外祭则郊社是也,内祭则大尝禘是也。"彼大祀非凡诸侯所得祀,盖不在所受之列。故武王必以鬼神为有,是故攻殷伐纣,使诸侯分其祭。若鬼神无有,则武王何祭分哉?祭,吴钞本作"祀"。

非惟武王之事为然也,故圣王"故"当为"古",下文"古圣王"、"古者圣王"文屡见,可证。其赏也必于祖,其僇也必于社。详后。赏于祖者何也?告分之均也;僇于社者何也?告听之中也。江声云:"分之均,谓颁赏平均;听之中,谓断罪允当也。"非惟若书之说为然也,且惟昔者虞夏商周三代之圣王,其始建国营都日,必择国之正坛,置以为宗庙;考工记匠人"营国方九里,左祖右社,面〔一〕朝后市",吕氏春秋慎势篇云:"古之王者,择天下之中而立国,择国之中而立宫,择宫之中而立庙。"刘逢禄云:"坛,场。祭坛场也。置,措也。"必择木之脩茂者,脩,吴钞本作"修"。立以为菆位;毕云:"菆,蕝字假音。说文云:'蕝,朝会,束茅表位曰蕝。春秋国语曰:茅蕝表坐。'韦昭曰:'蕝,谓束茅而立之,所以缩酒。'"刘云:"菆位,社也。"王云:"毕说非也。菆与丛同。'位'当为'社',字之误也。隶书'社'字,汉鲁相韩敕造孔庙礼器碑作'袿',史晨祠孔庙奏铭作'社',因讹而为'位'。急就篇'祠祀社稷丛腊奉','丛'一本作'菆'。颜师古曰:'丛谓草本岑蔚之所,因立神祠。'即此所

〔一〕"面",原误"前",据周礼考工记匠人改。

谓'择木之修茂者,立以为菆社'也。秦策'恒思有神丛',高注曰:'神祠,丛树也。'庄子人间世篇曰'见栎社树,其大蔽牛',吕氏春秋怀宠篇曰'问其丛社大祠,民之所不欲废者,而复兴之',太玄聚次四曰'牵羊示于丛社',皆其证也。'置以为宗庙',承上'赏于祖'而言;'立以为菆社',承上'僇于社'而言。则'位'为'社'字之误明矣。史记陈涉世家'又间令吴广之次近所旁丛祠中',索隐引墨子云'建国必择木之修茂者以为丛位',则所见本'社'字已误作'位',而'菆'字作'丛'则不误也。又耕柱篇曰'季孙绍、孟伯常治鲁国之政,不能相信,而祝于禁社','禁社'乃'藂社'之误。藂亦与丛同。"洪云:"史记陈涉世家索隐引墨子作'丛位','菆'即'丛'字。'丛位'谓丛社之位。"案:王说是也。六韬略地篇云"冢树社丛勿伐","社丛"即"丛社"也。**必择国之父兄慈孝贞良者,以为祝宗;**刘云:"祝,太祝;宗,宗伯也。"**必择六畜之胜腯肥倅,**毕读"倅毛"为句,云:"'粹'字假音作'倅',异文也。"刘删"胜"字,读与毕同。顾云:"'倅'字句。"案:素问王冰注云:"胜者,盛也。"淮南子时则训云"视肥臞全粹",高注云:"粹,毛色之纯也。"又齐俗训云"牺牛粹毛,宜于庙牲",此毕所本。依其读,则"胜"当为衍文。但以文例校之,似顾读为长。**毛以为牺牲;**周礼小宗伯"毛六牲",郑注云:"毛,择毛也。"牧人"凡阳祀,用骍牲毛之;阴祀,用黝牲毛之",注云:"毛之,取纯毛也。"山海经南山经郭注云:"毛,言择牲取其毛色也。"**珪璧琮璜,**毕云:"琮,旧作'璜',本如此[一]。"案:吴钞本不误。**称财为度;必择五谷之芳黄,以为酒醴粢盛,故酒醴粢盛与岁上下也。**逸周书籴匡篇云"成年谷足,宾祭以盛,年饥举祭以薄,大荒有祷无祭,祭以薄资",即"与岁上下"之法。**故古圣王治天下也,故必先鬼神而后人者,此也。**故读为固。**故曰:官府选劾,**选读为僎。说文人部云:"僎,具也。"广雅释诂云:"效,具也。"劾,俗"效"字。**必先祭器祭服毕藏于府,祝宗有司毕立于朝,牺牲不与昔聚群。**毕云:"'昔'之言夕,王逸注楚词曰:'昔,夜

〔一〕"本如此",当作"一本如此"。"本"上当脱"一"字。

也。'诗曰'乐酒今昔'。不聚群,言别群也。"案:此言祭牲当特系,不与常时所畜群聚耳。周礼充人云:"掌系祭祀之牲牷,祀五帝,则系于牢,刍之三月。享先王,亦如之。凡散祭祀之牲,系于国门,使养之。"是也。毕说非。**故古者圣王之为政若此。**

古者圣王必以鬼神为,王云:"'为'下当有'有'字,而今本脱之。'必以鬼神为有'见上文。其下仍有脱文,不可考。"**其务鬼神厚矣。又恐后世子孙不能知也,故书之竹帛,传遗后世子孙。**毕云:"文选注引作'以其所获,书于竹帛,传遗后世子孙',又一引作'以其所行',此无四字。"**咸恐其腐蠹绝灭,**王引之云:"'咸'字文义不顺,当是'或'字之误。言或恐竹帛之腐蠹绝灭,故又琢之盘盂,镂之金石也。"**后世子孙不得而记,故琢之盘盂,镂之金石,以重之。有恐后世子孙**有,吴钞本作"又",字通。毕云"当为'犹'",非。**不能敬莙以取羊,**毕云:"言敬威以取祥也。"孙云:"说文云'莙,读若威',又云'羊,祥也'。秦汉金石,多以'羊'为'祥'。"**故先王之书,圣人**王云:"此下脱二字,或当云'圣人之言'。"**一尺之帛,一篇之书,语数鬼神之有也,重有重之。**吴钞本"有"作"又"。王云:"'有'与'又'同。"**此其故何?则圣王务之。今执无鬼者曰:"鬼神者,固无有。"则此反圣王之务。反圣王之务,则非所以为君子之道也。**

今执无鬼者之言曰:先王之书,慎无一尺之帛,一篇之书,王云:"'慎无'二字义不可通,'慎无'当为'圣人'。上文曰'故先王之书,圣人一尺之帛,一篇之书',是其证。"**语数鬼神之有,重有重之,**"重"下"有"字亦读为又。毕云:"'重有重'下,旧有'亦何书'三字,衍文。"**亦何书之有哉?**吴钞本"之有"二字倒。**子墨子曰:周书大雅有之。**古者诗、书多互偁。吴钞本无"大雅"二字。**大雅曰:"文王在上,於昭于天。**大雅文王篇文,毛传云:"在上,在民上也。於,叹辞。昭,见也。"郑笺云:"文王初为西伯,有功于民,其德著见于天,故天命之以为王,使君天下也。崩,谥曰文。"**周虽旧邦,其命维新。**毛传云:"乃新在文王也。"郑笺云:"大王聿来,胥宇而国于周,王迹起矣,而未有天命,至文王而受命。言新者,美之也。"**有周不显,帝命不时。**毛传云:"有周,周也。不显,显也。显,光也。不时,时也。时,是也。"郑笺云:"周之德不光明乎?光明矣。天命之不是乎?又是矣。"**文王陟降,在帝左右。**毛传云:"言文王升接天,下接人也。"郑笺云:"在,察也。文王能观知天意,顺其所为,从而行之。"案:依墨子说,谓文王既死,神在帝之左右,则与毛、郑义异。**穆穆文王,令问不已。"**问,吴钞本作"闻"。穆穆,毛诗作"亹亹","问"作"闻"。毛传云:"亹亹,勉也。"郑笺云:"勉勉乎不倦,文王之勤用明德也。其善声闻日见,称歌无止时也。"**若鬼神无有,则文王既死,彼岂能在帝之左右哉?此吾所以知周书之鬼也。**

且周书独鬼,而商书不鬼,则未足以为法也。然则姑尝上观乎商书,曰:"呜呼!古者有夏,方未有祸之时,百兽贞虫,淮南子墬形训云"万物贞虫,各有以生",原道训云"蚑跷贞虫",高注:"贞虫,细腰之属也。"又说山训云"贞虫之动以毒螫",注云:"贞虫,细腰蜂,蜾蠃之属,无牝牡之合曰贞。"案:"贞"当为"征"之假字,乃动物之通称,高说未晐,说详非乐上篇。**允及飞鸟,**王引之云:"允犹以也。言百兽贞虫以及飞鸟也。以与用同义,故允可训为用,亦可训为以。说文曰:'允,从儿,㠯声。'㠯、用、允一声之转耳。"**莫不比方。**庄子田子方篇云:"日出东方而入于西极,万物莫不比方。"案:"比方"犹言顺道也。易比彖传云:"比,下顺从也。"乐记"乐行而民乡方",郑注云:"方犹道也。"**矧隹人面,**毕云:"隹,古惟字,旧误作'住'。"江声说同。王引之云:"古'惟'字但作'隹',古钟鼎文'惟'字作'隹',石鼓文亦然。又夏竦古文四声韵载道德经'惟'字作'隹'。墨子多古字,后人不识,故传写多误。矧惟者,语词。康诰曰'矧惟不孝不友',又曰'矧惟外庶子训人',酒诰曰'矧惟尔事,服休服采。矧惟若畴圻父,薄违农父,若保宏父'，皆其证也。盐铁论未通篇曰'周公抱成王听天下，恩塞海内，泽被四表，矧惟人面，含仁保德，靡不得其所'，繇役篇曰'普天之下，惟人面之伦，莫不引领而归其义'，后汉书章帝纪曰'讫惟人面，靡不率俾'，和帝纪曰'戒惟人面，无思不服'，并与墨子同意。"案：王说是也，顾说同。人面，言有面目而为人，非百兽贞虫飞鸟之比也。国语越语："范蠡曰：余虽靦然而人面哉，余犹禽兽也。"**胡敢异心？山川鬼神，亦莫敢不宁。**书伪孔传云："莫，无也。"言皆安之。苏云："二语见商书伊训，余略同。"**若能共允，**江声云："共读为恭。恭，恪也；允，诚也。"**隹天下之合，**毕云："隹，旧作'住'，亦误。"江、王说同。**下土之葆。"**葆、保字通。诗大雅崧高"南土是保"，郑笺云："保，守也，安也。"汉书天文志颜注引宋均云："葆，守也。"**察山川鬼神之所以莫敢不宁者，以佐谋禹也。此吾所以知商书之鬼也。**商书，旧本作"商周"，王、苏据上文改，是也，今从之。

且商书独鬼，而夏书不鬼，商书，旧本作"禹书"，王、苏据上文改，今从之。**则未足以为法也。然则姑尝上观乎夏书。禹誓曰：**毕云："此孔书甘誓文，文微有不同。书序云：'启与有扈战于甘之野，作甘誓。'与此不同。而庄子人间世云'禹攻有扈'，吕氏春秋召类云'禹攻曹魏、屈骜、有扈，以行其教'，皆与此合。"诒让案：吕氏春秋先己篇云"夏后柏启与有扈战于甘泽而不胜"，是吕览有两说。或禹、启皆有伐扈之事，故古书或以甘誓为禹誓与？说苑政理篇云："昔禹与有扈氏战，三陈而不服。禹于是修教三年，而有扈氏请服。"说亦与此合。**"大战于甘，**尚书释文引马融云："甘，有扈南郊地也。甘，水名，今在鄠县西。"毕云："其地在今陕西鄠县。"**王乃命左右六人，下听誓于中军，**孔书云"乃召六乡"，诗棫朴正义引郑康成云："六卿者，六军之将。"伪孔传云："天子六军，其将皆命卿。"孙星衍云："郑注周礼大司马云'天子六军，三三而居一偏'，贾谊新书云'纣将与武王战，纣陈其卒，左臆右臆'，是天子亲征，王为中军，六卿左右之也。"**曰：有扈氏**史记正义云："地理志：鄠县，古扈国，有户亭。训纂云：'户'、'扈'、'鄠'三字，一也，古今字不同耳。”尚书释文云：“有扈，国名，与夏同姓。马云：姒姓之国，为无道者。”汉书地理志云：“右扶风鄠县，古扈国，夏启所伐者也。”案：即今陕西鄠县。**威侮五行，怠弃三正，**尚书释文引马融云：“建子、建丑、建寅，三正也。”史记夏本纪集解引郑康成云：“五行，四时盛德所行之政也。威侮，暴逆之。三正，天地人之正道。”伪孔传云：“五行之德，王者相承所取法，有扈与夏同姓，恃亲而不恭，是则威虐侮慢五行，怠惰弃废天地人之正道，言乱常。”王引之谓书及此“威”字，并当为“烕”之误。烕者，蔑之假借字。亦通。**天用勦绝其命。**伪孔传云：“勦，截也。截绝，谓灭之。”毕云：“勦[一]字同剿。”诒让案：“勦”当从刀，旧本从力，误。唐石经尚书亦讹“勦”。说文刀部云“劋，绝也”，引书作“劋”。水部“灑”字注引作“勦”。**有曰：**有读亦为又。**日中，今予与有扈氏争一日之命，且尔卿大夫庶人，予非尔田野葆士之欲也，**孔书无此三十二字。孙云：“墨子所见古文书与今本异，或脱简，或孔子所删也。葆同保。郑注月令云：‘小城曰保。’俗作堡。言不贪其土地人民。”俞云：“‘葆士’无义，‘士’疑‘玉’字之误，‘葆玉[二]’即‘宝玉’也。史记周本纪‘展九鼎葆玉’，徐广曰‘葆，一作宝’，即其例也。”案：俞说近是。**予共行天之罚也。**共，吴钞本作“恭”。孔书云“今予惟恭行天之罚”，伪孔传云：“恭，奉也。”史记夏本纪“恭”亦作“共”，与此同。吕氏春秋先己篇高注引书作“龚”。孙云：“‘恭’当作‘龏[三]’。说文‘龏，悫也。’言谨行天罚。”**左不共于左，右不共于右，**史记集解引郑康成云：“左，车左；右，车右。”共，孔书并作“攻”。又首句下多“汝不恭命”四字，史记夏本纪亦无。孔传云：“左，车左，左方主射。攻，治也，治其职。右，车右，勇力之士执戈矛以退敌。”**若不共命；**孔书亦作“汝不恭命”。考工记郑注云：“若犹女也。”段玉裁云：“墨子作‘共’，其义盖亦训供奉，如粊誓‘无敢不共’也。”**御非尔马之政，若不共命。**孔书作“御非其马之正，汝不恭命”，传云：

〔一〕“勦”，原作“劋”，据毕沅刻本改。按毕本字实从力，故孙谓“旧本从力误”。
〔二〕“玉”，原误“士”，据活字本改。
〔三〕“龏”，原误“龚”，据孙星衍尚书今古文注疏改。

"御以正马为政,三者有失,皆不奉我命。"史记夏本纪"正"亦作"政"。**是以赏于祖而僇于社。"**于,旧本并作"于",今据吴钞本改,下二句同。**赏于祖者何也?言分命之均也。僇于社者何也?**孔书作"用命赏于祖,弗用命戮于社"。"僇"、"戮"字通。史记夏本纪亦作"僇"。孔传云:"天子亲征,必载迁庙之祖主行。有功则赏祖主前,示不专。又载社主,谓之社。事不用命、奔北者,则戮之于社主前。社主阴,阴主杀。亲祖严社之义。"**言听狱之事也。**王云:"事者,'中'之坏字也。中者,平也,与'均'字对文。上文曰'僇于社者何也?言听之中也',是其证。"诒让案:"事"疑当为"衷",篆文二字形近。中、衷通。**故古圣王必以鬼神为赏贤而罚暴,是故赏必于祖而僇必于社。此吾所以知夏书之鬼也。故尚者夏书,**尚者,旧本作"尚书"。王云:"'尚书夏书'文不成义。尚与上同,'书'当为'者'。言上者则夏书,其次则商周之书也。此涉上下文'书'字而误。"案:王说是也,今据正。**其次商周之书,语数鬼神之有也,重有重之。**有亦读为又。**此其故何也?则圣王务之。以若书之说观之,则鬼神之有岂可疑哉?于古曰:**疑有脱字。**"吉日丁卯,**周以子卯为忌日,疑此"卯"当为"丣",二字形近而误。汉书翼奉传云:"东方之情,怒也。怒行阴贼,亥卯主之,是以王者恶子卯也。西方之情,喜也。喜行宽大,巳酉主之,是以王者吉午酉也。"是吉丣之义。**周代祝社方,**方,谓秋祭四方地示后土、句芒等也。诗小雅甫田云"以社以方",毛传云:"方,迎四方气于郊也。"郑笺云:"秋祭社与四方,为五谷成熟报其功也。"此"周代祝社方",疑当为"用代祀社方"。"周"、"用","祀"、"祝",并形近而误。**岁于社者考,**"岁"上疑有脱文。于,吴钞本作"于",又无"者"字。案:"社者"当为"祖若"。"岁于祖若考",言荐岁事于祖及考也。少牢馈食礼云"用荐岁事于皇祖伯某"。**以延年寿。"若无鬼神,彼岂有所延年寿哉。**

是故子墨子曰:尝若鬼神之能赏贤如罚暴也,"尝若"当作“当若”，此书文例多如是，详尚同中篇。如，吴钞本作“而”。毕云：“如与而音义同，故字书‘而’即‘须’也，需亦从而声。”**盖本施之国家，施之万民，实所以治国家、利万民之道也。**吴钞本“治”、“利”二字互易。**若以为不然，**王云：“此五字隔断上下文义，盖涉下文‘若以为不然’而衍。”**是以吏治官府之不絜廉，**絜，旧本作“洁”，今据吴钞本改，下并同。**男女之为无别者，鬼神见之；民之为淫暴寇乱盗贼，以兵刃毒药水火退无罪人乎道路，**“退”亦当为“迓”，下同，说详前。**夺人车马衣裘以自利者，有鬼神见之。**毕云：“‘见’旧作‘现’，非。”诒让案：吴钞本作“见”，不误。**是以吏治官府不敢不絜廉，见善不敢不赏，见暴不敢不罪。民之为淫暴寇乱盗贼，以兵刃毒药水火退无罪人乎道路，夺车马衣裘以自利者，由此止，是以莫放幽间拟乎鬼神之明显明有一人畏上诛罚，**戴云：“‘是以莫放幽间’至‘畏上诛罚’二十一字，疑即上下文之误而衍者，当删去。”案：戴说是也。上文云“民之为淫暴寇乱盗贼，以兵刃毒药水火退无罪人乎道路率径，夺人车马衣裘以自利者，并作由此始，是以天下乱”，与此文略同。“由此止”与“由此始”，“天下治”与“天下乱”，文正相对，中不当间以此二十一字明矣。**是以天下治。**

故鬼神之明，不可为幽间广泽、毕云：“‘间’当为‘涧’。”案：“间”字不误，详上文及天志上篇。**山林深谷，鬼神之明必知之。鬼神之罚，不可为富贵众强、**为，毕本作“恃”，云：“旧脱此字，一本有。”王云：“‘不可’下一字乃‘为’字，非‘恃’字也。下文曰‘此吾所谓鬼神之罚，不可为富贵众强、勇力强武、坚甲利兵者，此也’，文凡两见，是其明证矣。上文曰‘鬼神之明，不可为幽间广泽、山林深谷，鬼神之明必知〔一〕之’，与此文同一例。‘不可为富贵众强’云云，犹孔子言仁不可为众也。其一本作‘不可

〔一〕“知”，原误“见”，据正文改。

恃’，‘恃’字乃后人以意补之，与上下文不合。”案：王说是也，今据补。**勇力强武、坚甲利兵，鬼神之罚必胜之。若以为不然，昔者夏王桀贵为天子，富有天下，上诟天侮鬼，下殃傲天下之万民，**王云：“‘殃傲’二字义不相属，是‘殃杀’之误。下文‘殷王纣殃傲天下之万民’，同。”案：王说是也，此书“杀”字多讹为“傲”，详尚贤中篇。**祥上帝伐元山帝行，**伐，吴钞本作“代”。“山帝”疑亦当为“上帝”。毕云：“此句未详。”**故于此乎天乃使汤至明罚焉。**毕云：“‘至’同‘致’。”**汤以车九两，**周礼夏官叙官云“二十五人为两”。古者兵车一两，卒二十五人，九两止二百二十五人，于数太少，殆非也。此“九两”疑当作“九十两”。吕氏春秋云“良车七十乘”，数略相近。**鸟陈雁行，**六韬鸟云泽兵篇有鸟云之陈，云：“所谓鸟云者，鸟散而云合，变化无穷者也。”**汤乘大赞，**毕云：“疑‘辇’字。”俞云：“毕非也。汤乘大赞，即书序所谓‘升自陑’者，枚传云‘汤升道从陑，出其不意’，是也。吕氏春秋简选篇亦云‘登自鸣条’。盖汤之伐桀，必由间道从高而下，故书序言‘升’，吕览言‘登’，墨子言‘乘’，乘即升也、登也。诗七月篇毛传曰：‘乘，升也。’襄二十三年左传杜注曰：‘乘，登也。’升陑、登鸣条皆以地言，则‘乘大赞’亦必以地言，但不能知其所在耳。”**犯遂下众，人之蝺遂，**毕云：“疑有误字。”诒让案：疑当作“犯逐夏众，入之郊遂”。“逐”、“遂”形误。“夏”、“下”，“郊”、“蝺”，声误。**王乎禽推哆、大戏。**毕云：“‘乎禽’当为‘手禽’。或云乎同呼。吕氏春秋简选云：‘殷汤以良车七十乘，必死六千人，以戊子战于郕，遂禽移、大牺。’高诱云：‘桀多力，能推大牺，因以为号，而禽克之。’案‘移’，即推移，此书所染云‘夏桀染于干辛、推哆’，古今人表作‘雅侈’。此下又云‘推哆、大戏，生列兕虎，指画杀人’，则推哆、大戏是人名无疑。‘哆’、‘移’、‘侈’，‘戏’、‘牺’，皆音相近也。高诱注吕氏春秋误。”诒让案：淮南子主术训云“桀之力能推移大牺”，高盖本彼而误。**故昔夏王桀**“昔”下当有“者”字。**贵为天子，富有天下，有勇力之人**毕云：“旧脱‘力’字、‘人’字，据太平御览增。”**推哆、大戏，**晏子春秋内篇谏上云

"推侈、大戏足走千里,手裂兕虎"。**生列兕虎,**生列,旧本作"主别"。毕云:"主别,太平御览引作'生捕'。"王云:"'主别兕虎'本作'生𠛱兕虎','𠛱'即今'裂'字也。说文'𠛱,分解也','裂,缯余也',义各不同。艮九三'列其夤',大戴记曾子天圆篇'割列禳瘗',管子五辅篇'博带梨[一],大袂列',皆是古分列字。今分列字皆作'裂',而'列'但为行列字矣。钞本太平御览皇王部七引墨子作'生裂兕虎',故知今本'主别'为'生𠛱'之讹。刻本作'生捕'者,浅人以意改之耳。"案:王说是也,今据正。**指画杀人,人民之众兆亿,侯盈厥泽陵,**诗周颂下武毛传云:"侯,维也。"**然不能以此圉鬼神之诛。**圉、御字通。诗大雅桑柔篇"孔棘我圉",郑笺云:"'圉'当作'御'。"**此吾所谓鬼神之罚,不可为富贵众强、勇力强武、坚甲利兵者,此也。**

且不惟此为然。昔者殷王纣贵为天子,富有天下,上诟天侮鬼,毕云:"诟,太平御览引作'诃'。'鬼'下御览引有'神'字。"**下殃傲天下之万民,**傲,亦当依王校作"杀"。**播弃黎老,**伪古文书泰誓云"播弃犁老",孔传云:"鲐背之耇称犁老[二]。布弃不礼敬。"山井鼎七经孟子考文引古本书"犁"作"黎",与此同。孔疏云:"孙炎曰:'耇面冻梨色,似浮垢也。'然则老人面色似梨,故称梨老。传以'播'为'布',布者,遍也。言遍弃之不礼敬也。"方言云:"梨,老也,燕代之北鄙曰梨。"国语吴语云"今王播弃黎老",韦注云:"鲐背之耇称黎老。"王引之云:"黎老者,耆老也。古字'黎'与'耆'通[三],尚书'西伯勘黎',释文:'大传黎作耆。'是其例也。"**贼诛孩子,**诛,吴钞本作"杀"。说文口部云:"咳,小儿笑也。"古文作"孩"。书微子云"我旧云刻子",论衡本性篇引"刻子"亦作"孩子"。此谓纣诛杀小儿也。

〔一〕"梨",原作"棃"(即"黎"之俗体),据管子五辅篇原文实作"梨",今依原文改正。按:梨通剺,与下句"列"字均为割裂之意。

〔二〕"老"字原脱,据尚书泰誓中孔传补。

〔三〕"通",原误"近",据经义述闻改。按:黎、耆古音相通。

楚毒无罪，王云："'楚毒'本作'焚炙'。此因'焚'误为'楚'，则'楚炙'二字义不可通，后人不得其解，遂以意改为'楚毒'耳。'焚炙'即所谓炮烙之刑也。'焚炙'、'刳剔'皆实有其可指之刑，若改作'楚毒'，则不知为何刑矣。北堂书钞政术部十五出'焚炙无罪'四字，注曰'墨子云殷纣'，则墨子之本作'焚炙无罪'甚明。伪古文泰誓'焚炙忠良，刳剔孕妇'，即用墨子而小变其文。"案：王说是也。泰誓伪孔传云："忠良无罪焚炙之。"孔疏云："焚、炙，俱烧也，殷本纪炮格之刑是纣焚炙之事也。"**刳剔孕妇。**伪古文书泰誓同，孔传云："怀子之妇，刳剔视之。"孔疏云："刳剔，谓割剥也。说文云：'刳，刲也。'今人去肉至骨，谓之剔去，是则亦刲之义也。皇甫谧帝王世纪云'纣剖比干妻，以视其胎'，即引此为刳剔孕妇也。"**庶旧鳏寡，号咷无告也。**楚辞怨思〔一〕王注云："号咷，讙呼也。"太玄经范注云："号咷，忧声也。"**故于此乎天乃使武王至明罚焉。武王以择车百两，**择车，犹吕氏春秋云"简车"、"选车"。说文手部云："择，柬选也。"**虎贲之卒四百人，**逸周书克殷篇云"周车三百五十乘，陈于牧野。王既誓，以虎贲戎车驰商师"，孔注云："戎车三百五十乘，则士卒三万一千五百人〔二〕，有虎贲三千五百人也。"书叙云"武王戎车三百两，虎贲三百人，与受战于牧野"，孟子尽心篇云"武王之伐殷也，革车三百两，虎贲三千人"，史记周本纪云"遂率戎车三百乘，虎贲三千人，甲士四万五千人"，风俗通义三王篇引尚书"武王戎车三百两，虎贲八百人，禽纣于牧之野"，吕氏春秋简选篇云"武王虎贲三千人，简车三百乘，以要甲子之事于牧野，而纣为禽"，贵因篇作"选车三百，虎贲三千"。案：诸书所言，数并差异，未知孰是。**先庶国节窥戎，**毕云："未详。"洪云："史记周本纪'乃告司马、司徒、司空诸节'，集解：'马融曰：诸受符节有司也。'庶节即诸节，窥戎即观兵，此当本于尚书泰誓篇。"**与殷人战乎牧之野。王乎**

〔一〕"怨思"，原误"离世"，据楚辞改。
〔二〕"三万一千五百人"，逸周书克殷解孔晁注实作"三万六千三百五十人"，此引文已由孙自行校改而未说明，参孙氏周书斠补卷二。

禽费中、“乎”亦当为“手”。史记殷本纪“纣用费中为政”，正义云：“费[一]，姓。仲，名也。”毕云：“中读如仲。”恶来，见所染篇。众畔百走。畔，吴钞本作“叛”。王引之云：“‘百’字义不可通，‘百走’盖‘皆走’之误。”苏云：“‘百’字误，当作‘而’。”案：王说近是。武王逐奔入宫，毕云：“逐，太平御鉴引作‘遂’。”万年梓株，未详。折纣而系之赤环，毕云：“太平御览引作‘折纣而出’。‘环’作‘镮’，是，言系之朱轮。”案：此无考。荀子解蔽篇云“纣县于赤旆”，正论篇云“县之赤旂”，并与此异，毕说未塙。载之白旗，逸周书克殷篇云：“商辛奔内，登于鹿台之上，屏遮而自燔于火。武王入适王所，击之以轻吕，斩之以黄钺，折县诸太白。”孔注云：“折绝其首。”以为天下诸侯僇。故昔者殷王纣贵为天子，富有天下，有勇力之人费中、毕云：“太平御览引作‘仲’。”恶来、崇侯虎，见所染篇。指寡杀人，上说推哆、大戏作“指画”。毕云：“寡，画字假音。太平御览引作‘画’。”人民之众兆亿，侯盈厥泽陵，然不能以此圉鬼神之诛。此吾所谓鬼神之罚，不可为富贵众强、勇力强武、坚甲利兵者，此也。且禽艾之道之曰：翟灏云：“逸周书世俘解有禽艾侯之语，当即此‘禽艾’。”“得玑无小，毕云：“此即禨祥字。”苏云：“禽艾盖逸书篇名。吕览报更篇云‘此书之所谓德几无小者也’，‘得[二]玑’与‘德几’古字通用。”案：苏说是也。说苑复恩篇云“此书之所谓德无小者也”，疑即本此。今书伪古文尹训亦云“惟德罔小”。毕说非是。灭宗无大。”则此言鬼神之所赏，无小必赏之；鬼神之所罚，无大必罚之。

今执无鬼者曰：意不忠亲之利，而害为孝子乎？苏云：“‘忠’当作‘中’，非攻篇言‘上中天之利，中中鬼之利，下中人之利’，意与此

〔一〕正义“费”上原有“中音仲”三字，故下文直接说“仲，名也”。孙引略去“中音仲”句，则似正义所见史记正文作“仲”，不作“中”。

〔二〕“得”，原误“德”，据苏时学墨子刊误卷一改。

同。"子墨子曰：古之今之为鬼，疑当作"古今之为鬼"，此衍一"之"字。非他也，有天鬼，疑当有"神"字。周礼大宗伯"天神、地示、人鬼"，此则天神地示总曰鬼神，散文得通也。亦有山水鬼神者，亦有人死而为鬼者。今有子先其父死，弟先其兄死者矣，意虽使然，毕本"使"作"死"，云："一本作'使'。"案：道藏本、吴钞本并作"使"，今从之。然而天下之陈物谓陈说事故。文选古诗李注云："陈犹说也。"曰先生者先死。若是，则先死者非父则母，非兄而姒也。尔雅释亲云："女子同出，谓先生为姒，后生为娣。长妇谓稚妇为娣妇，娣妇谓长妇为姒妇。"王引之云："而犹则也。"今絜为酒醴粢盛，絜，道藏本作"洁（潔）"，即"絜"之俗。以敬慎祭祀。若使鬼神请有，请，毕本改"诚"，云："旧作'请'，一本如此，下依改。"案：道藏本、吴钞本并作"请"，此篇多以"请"为"诚"，详前。是得其父母姒兄而饮食之也，岂非厚利哉？若使鬼神请亡，请，毕本作"诚"，道藏本、吴钞本作"请"，今据改。亡、无通。是乃费其所为酒醴粢盛之财耳。自夫费之，非特注之污壑而弃之也，"自"当为"且"。旧本无"非"字。毕云："一本作'非直注之'。特与直音近，故'特'亦作'犆'。"苏云："'特'字上当有'非'字。"俞云："一本作'非直注之'，是也。直、特固得通用，而'非'字则必当有。墨子盖谓非空弃之而已，且可以合驩聚众也。今脱'非'字，则义不可通。下文正作'非直注之污壑而弃之也'，当据补。"案：苏、俞校是也，今据补。内者宗族，外者乡里，皆得如具饮食之。此谓祭祀与兄弟宾客为献酬。又诗小雅湛露孔疏引尚书大传云"燕私者，祭已，而与族人饮"，亦是也。国语楚语云："日月会于龙�，家于是乎尝祀，百姓夫妇择其令辰，以昭祀其先祖。于是乎合〔一〕其州乡朋友婚姻，比尔兄弟亲戚。"是祭祀并燕州乡朋友等，即所云宗族、乡里也。虽使鬼神请亡，请，毕本作"诚"，今依道藏本、吴钞本改。此犹可以

〔一〕"合"，原作"令"，据国语楚语改。

合驩聚众，驩，吴钞本作“欢”，下同。取亲于乡里。今执无鬼者言曰：“鬼神者固请无有，请，毕本作“诚”，今依道藏本、吴钞本改。是以不共其酒醴粢盛牺牲之财。吾非乃今爱其酒醴粢盛牺牲之财乎，吴钞本脱“非”字，又“今”在“乃”上。以文义校之，疑当在“吾”上，“今吾”语前后屡见。其所得者臣将何哉？”“臣”字误。毕云：“一本无此字。”此上逆圣王之书，内逆民人孝子之行，而为上士于天下，此非所以为上士之道也。旧本脱“之”字、“也”字。王云：“上文曰‘则非所以为君子之道也’，与此文同一例，今据补。”是故子墨子曰：今吾为祭祀也，非直注之污壑而弃之也，上以交鬼之福，苏云：“‘鬼’下当有‘神’字。”下以合驩聚众，取亲乎乡里。若神有，毕云：“‘若神’当云‘若鬼神’。”诒让案：以上文校之，疑当云“若鬼神诚有”。则是得吾父母弟兄而食之也，俞云：“‘弟兄’当作‘兄姒’，义见上文。”则此岂非天下利事也哉！

是故子墨子曰：今天下之王公大人士君子，中实将欲求兴天下之利，除天下之害，当若鬼神之有也，将不可不尊明也，尊明，谓尊事而明著之以示人也，即明鬼之义。圣王之道也。

非乐上第三十二

荀子富国篇杨注云：“墨子言乐无益于人，故作非乐篇。”

子墨子言曰：仁之事者，俞云：“‘仁之事者’当作‘仁人之所以为事者’，见兼爱中篇。”诒让案：疑当云“仁者之事”，下文云“仁者之为天下度也”，可证。必务求兴天下之利，除天下之害，将以为法乎天下。利人乎，即为；不利人乎，即止。且夫仁者之为天下度也，非为其目之所美，耳之所乐，口之所甘，身体之所安，以此亏夺民衣食之财，仁者弗为也。

是故子墨子之所以非乐者，非以大钟鸣鼓、琴瑟竽笙之声尔雅释乐云："大钟谓之镛。"说文金部云："鏄，大钟，淳于之属。"以为不乐也，非以刻镂华文章之色毕云："一本无'华'字。"以为不美也，非以犓豢煎炙之味以为不甘也，犓，吴钞本作"刍"。说文火部云："煎，熬也。"方言云："煎，火干也。凡有汁而干，谓之煎。"非以高台厚榭邃野之居以为不安也。王引之云："'野'即宇字也，古读野如宇，故与宇通。周礼职方氏'其泽薮曰大野'，释文：'野，刘音与。'与、宇古同音。楚辞招魂'高堂邃宇'，王注曰：'邃，深也；宇，屋也。'盐铁论取下篇曰'高堂邃宇，广厦洞房'，易林恒之剥曰'深堂邃宇，君安其所'，皆其证。若郊野之野，则不得言'邃'，且上与'高台厚榭'不伦，下与'之居'二字义不相属矣。"虽身知其安也，口知其甘也，目知其美也，耳知其乐也，然上考之不中圣王之事，下度之不中万民之利，是故子墨子曰：为乐非也。

今王公大人虽无造为乐器，王云："虽与唯同。无，语词也。说见尚贤中篇。"以为事乎国家，非直掊潦水、折壤坦而为之也，折，旧本讹"拆"，今据道藏本、吴钞本及王校正。坦，毕本改作"垣"，云："旧作'坦'，以意改。"俞云："毕改'坦'为'垣'，是也。'壤'疑'坏'字之误。掊者，说文手部云：'杷也。今盐官入水取盐为掊。'拆者，说文广部云：'庐，却屋也。'一切经音义引说文作'卸屋也'。隶变作'斥'，俗又加'手'耳。行潦之水而掊取之，毁壤之垣而拆卸之，不足为损益。若王公大人造为乐器，岂直如此哉？故曰'非直掊潦水、拆坏垣而为之也'。"案：毕、俞说并非也。此"折"当读为"擿"，耕柱篇云"夏后开使飞廉折金于山川"，此义与彼正同，说详彼注。"壤"谓土壤，"坦"读为坛，声近假借字。韩诗外传"闵子曰：出见羽盖龙旂旃裘相随，视之如坛土矣"，庄子则阳篇"观乎大山，木石同坛"，与此书义并同。壤坦，犹言坛土也。墨子意谓王公大人作乐器，非掊取之于水、擿取之于地所能得，故下文即言"将必厚措敛乎万民"以为钟鼓等也。诸说并未得其旨。**将必厚措敛乎万民，**王云："'措'字以昔为声，'措敛'与'籍敛'同。"案：王说是也。"籍敛"，见节用上篇。**以为大钟鸣鼓、琴瑟竽笙之声。古者圣王亦尝厚措敛乎万民，以为舟车，既以成矣，**以，王校作"已"。**曰："吾将恶许用之？"**毕云："恶许，犹言何许。"王引之云："言吾将何所用之也。文选谢朓在郡卧病诗李注曰：'许犹所也。'许、所声近而义同。说文：'所，伐木声也。诗曰：伐木所所。'今诗作'许许'。"洪说同。**曰："舟用之水，车用之陆，君子息其足焉，小人休其肩背焉。"**休，吴钞本作"息"。言小人休息其负荷之劳也。**故万民出财赍而予之，**予，吴钞本作"与"。周礼掌皮云"岁终，则会其财赍"，郑注云："财，敛财本数及余见者。赍，所给予人以物曰赍。郑司农云：'赍'或为'资'。"又稾人云"掌受财于职金以赍其工"，注云："赍，给市财用之直。"此谓万民出财赍，以给为舟车之费也。**不敢以为戚恨者，何也？以其反中民之利也。然则乐器反中民之利亦若此，即我弗敢非也。然则当用乐器譬之若圣王之为舟车也，即我弗敢非也。**譬，吴钞本作"辟"。王云："此文两言'然则'，两言'即我弗敢非也'，皆上下相应。旧本'譬之'以下十六字误入上文'竽笙之声'之下，今移置于此。"

民有三患：饥者不得食，寒者不得衣，劳者不得息，三者民之巨患也。然即当为之撞巨钟、王引之云："即与则同，当与傥同。"诒让案：当、尝字通。尝，试也。详天志下篇，下同。文选东京赋李注云："撞，击也。"巨、大义同。**击鸣鼓、弹琴瑟、吹竽笙**毕云："文选注引作'吹笙竽'。"**而扬干戚，**小尔雅广言云："扬，举也。"**民衣食之财将安可得乎？**荀子劝学篇杨注云："安，语助。"王引之经传释词"得"下补"而具[一]"二字，云："安犹于是也，言衣食之财，将于是可得而具也。"**即我**

〔一〕"具"，原误"其"，据王引之经传释词卷二改。

以为未必然也。意舍此，王云："此下有脱文，不可考。"俞云："此三字乃承上文而作转语也。'意'通作'抑'，论语学而篇'抑与之与'，汉石经'抑'作'意'，是其证也。抑舍此者，言姑舍此弗论，而更论它事也。上文言乐之无益于饥者、寒者、劳者，下文言乐之无益于大国攻小国、大家伐小家，而以此三字作转语。王谓'此下有脱文'，非也。"今有大国即攻小国，有大家即伐小家，强劫弱，众暴寡，诈欺愚，贵傲贱，寇乱盗贼并兴，不可禁止也。然即当为之撞巨钟、击鸣鼓、弹琴瑟、吹竽笙而扬干戚，天下之乱也，将安可得而治与？即我未必然也。俞云："'我'下脱'以为'二字，当据上文补。"是故子墨子曰：姑尝厚措敛乎万民，以为大钟鸣鼓、琴瑟竽笙之声，以求兴天下之利，除天下之害，而无补也。是故子墨子曰：为乐非也。

今王公大人唯毋处高台厚榭之上而视之，唯，旧本作"惟"，今据吴钞本改。钟犹是延鼎也，延鼎，盖谓偃覆之鼎。玉藻郑注云："延，冕上覆也。"是延有覆义。钟上弇下侈，与鼎相反，虚县弗击，则与鼎偃覆相类。又疑"延"当读为璧羡之羡。周礼玉人郑注云："羡犹延也。"典瑞注云："羡，不圜之貌。"延鼎，谓如鼎而椭不正圜。凫氏贾疏云："古钟如今之铃，不圜。"弗撞击将何乐得焉哉？其说将必撞击之。惟勿撞击，勿，语词。惟勿，犹云唯毋、唯无。苏云："'勿'当作'毋'，书中多用毋字，盖与'务'通。"非是。将必不使老与迟者，王云："迟，读为稚，迟字本有稺音，迟、稺又同训为晚。广雅：'迟、稺，晚也。'故稺通作迟。"老与迟者耳目不聪明，股肱不毕强，毕，疾也，义详兼爱中、下两篇。声不和调，明不转朴。毕云："朴，疑卟正字。玉篇云：'卟，补目切，目骨。'"俞云："明，下文作'眉'，疑'音'字之误。此句作'明'，则涉上文'耳目不听明'而误也。'朴'当作'抃'，亦以形似故误。抃者，变之假字。尚书尧典篇'於变时雍'，孔宙碑作'於下时雍'，即其例也。上句云'声不和调'，此云'音不转变'，正以类相从矣。"案：俞以"朴"为"抃"，近是。"明"即谓目也，似不误。**将必使当年，**王云："当年，壮年也。当有盛壮之义。晏子外篇曰'兼寿不能殚其教，当年不能究其礼'，吕氏春秋爱类篇曰'士有当年而不耕者，女有当年而不绩者'，淮南子齐俗篇曰'丈夫丁壮而不耕，妇人当年而不织'，管子揆度篇曰'老者谯之，当壮者遣之边戍'，当壮即丁壮也。丁、当一声之转。"**因其耳目之聪明，股肱之毕强，声之和调，眉之转朴。**毕云："眉，一本作'明'。案：明、眉字通。穆天子传云'眉曰西王母之山'，即名也。诗'猗嗟名兮'，尔雅云'目上为名'，亦即眉也。"**使丈夫为之，废丈夫耕稼树艺之时；使妇人为之，废妇人纺绩织纴之事。今王公大人唯毋为乐，**唯，旧本作"惟"，今据吴钞本改。**亏夺民衣食之财**旧本讹"时"，今从王校正。**以拊乐如此多也。**广雅释诂云："拊，击也。"书舜典"予击石拊石"，伪孔传云："拊亦击也。"**是故子墨子曰：为乐非也。**

今大钟鸣鼓、琴瑟竽笙之声既已具矣，毕云："据上文，当有'王公'二字。"**大人锈然奏而独听之，**毕云："'锈'字说文、玉篇俱无。"**将何乐得焉哉？其说将必与贱人不与君子。**王云："此本作'必将与贱人与君子'，下文'与君子听之'、'与贱人听之'，即承此文而言。今本作'不与君子'，'不'字乃后人不晓文义而妄加之。"案：此疑当作"不与贱人必与君子"，谓所与共听者，非贱人则君子也。王校未塙。**与君子听之，**毕云："旧脱首三字，一本有。"**废君子听治；与贱人听之，废贱人之从事。今王公大人惟毋为乐，亏夺民之衣食之财以拊乐如此多也。是故子墨子曰：为乐非也。**

昔者齐康公毕云："案史记康公名贷，宣公子，当周安王时。"诒让案：齐康公与田和同时，墨子容及见其事。但康公衰弱，属于田氏，卒为所迁废，恐未必能兴乐如此之盛。窃疑其为景公之误，惜无可校论也。**兴乐万，**

俞云："兴犹喜也。礼记学记篇'不兴其艺'，郑注曰：'兴之言喜也，歆也。'尚书尧典'庶绩咸熙'，史记五帝纪作'众功皆兴'，扬雄剧秦美新引作'庶绩咸喜'。是兴与喜一声之转，其义得通。'兴乐万'者，喜乐万也。'乐'即本篇'非乐'之乐，'万'谓万舞也。"苏云："此亦见太平御览，'兴乐万万人'作'有乐工万人'。愚谓正文当以'兴乐万'为句，而'万人'当属下为句。盖'万'不可以数言，当为万舞之万。万人犹舞人也，'兴乐万'犹兴乐舞也。斯于事义为协。若以数言，则乐至万万人，虽倾国之力不足以供之，虽至无道之君，不闻有此。审尔，则墨子当先以为讥，而篇中尚无此意，则'万'非人数晓然矣。"案：苏说是也。周礼乡大夫、舞师并云"兴舞"，郑注云"兴犹作也"，即此"兴乐万"之义。**万人不可衣短褐，**短褐即裋褐之借字。说文衣部云："裋，竖使布长襦。""褐，粗衣。"方言云："襜褕，其短者谓之裋褕。"又云："复襦，江、湘之间谓之襡。"襡即裋之俗，墨子书此及鲁问、公输三篇字并作"短"。韩非子说林上篇、贾子新书过秦下篇、战国策宋策、史记孟尝君传、文选班彪王命论并同。史记秦始皇〔一〕本纪"夫寒者利裋褐"，徐广云："一作'短'，小襦也。"索隐云："盖谓褐布竖裁，为劳役之衣，短而且狭，故谓之短褐，亦曰竖褐。"列子力命篇云"衣则裋褐"，殷敬顺释文云："裋音竖。许慎注淮南子云：'楚人谓袍为裋。'又有作'短褐'者，误。"荀子大略篇云"衣则竖褐不完"，杨注云："竖褐，僮竖之褐，亦短褐也。"案：短、竖并裋之同声假借字。唐人说或读短如字，或以短为字误，或释竖为僮竖，皆非也。**不可食糠糟，**毕云"糠字从禾，俗写误从米。"苏云："御览作'糟糠'。"**曰："食饮不美，**苏云："御览'食饮'作'饮酒'。"**面目颜色不足视也；衣服不美，身体从容丑羸，不足观也。"**毕云："一本作'身体容貌不足观也'，太平御览引作'身体从容不足观也'。"王云："'丑羸'二字后人所加也。楚辞九章注、广雅释训曰：'从容，举动也。'古谓举动为从容。'身体从容不足观'，谓衣服不美，则身体之一举一动皆无足观也。后人乃加入'丑羸'二字。夫衣服不美，何致羸其身体？且'身体从容不足观'，与'面目颜色不足视'对文，加'丑羸'二字，则与上文

〔一〕"始皇"二字原脱，据史记补。引文见秦始皇本纪论引贾谊语。

不对矣。钞本北堂书钞衣冠部三引此作‘身体从容不足观’，无‘丑羸’二字。太平御览服章部十、饮食部七所引并同。”是以食必粱肉，衣必文绣。此掌不从事乎衣食之财，毕云：“掌，一本作‘常’。”诒让案：掌、常字通，下同。而掌食乎人者也。是故子墨子曰：今王公大人惟毋为乐，亏夺民衣食之财以拊乐如此多也。毋，道藏本、吴钞本并作“无”，字通。旧本“为”下脱“乐”字，今据王校补。是故子墨子曰：为乐非也。

今人固与禽兽麋鹿、蜚鸟、贞虫异者也。蜚与飞通。“贞虫”详明鬼下篇。宋翔凤云：“贞通征，此言蜚鸟征虫，即三朝记所谓蜚征也。”案：宋说是也。庄子在宥篇云“灾及草木，祸及止虫”，释文引崔撰本作“正虫”，亦即“贞虫”也。“征”正字，“贞”、“正”并声近假借字。今之禽兽麋鹿、蜚鸟、贞虫因其羽毛以为衣裘，因其蹄蚤毕云：“蹄即蹢省文，蚤即爪假音。”以为绔屦，吴钞本“绔”作“袴”。毕云：“绔即䘢正文。说文云：‘绔，胫衣也。’”因其水草以为饮食。故唯使雄不耕稼树艺，“唯”，旧本作“惟”，今从吴钞本改。唯、虽字通。苏云：“‘惟’当作‘虽’。”雌亦不纺绩织纴，衣食之财固已具矣。今人与此异者也，赖其力者生，史记高帝纪“以臣无赖”，集解：“晋灼云：赖，利也。”毕云：“生，旧作‘主’，下同，以意改。”不赖其力者不生。君子不强听治，即刑政乱；贱人不强从事，即财用不足。今天下之士君子以吾言不然，然即姑尝数天下分事，而观乐之害。苏云：“即与则通用。”王公大人蚤朝晏退，听狱治政，文选任彦升天监三年策秀才文李注引“退”作“罢”，“听”作“断”。此其分事也；士君子竭股肱之力，亶其思虑之智，苏云：“非命篇‘亶’作‘殚’。”诒让案：亶、殚声近字通。太玄经范望注云：“亶，尽也。”内治官府，外收敛关市、山林、泽梁之利，以实仓廪府库，此其分事也；农夫蚤出

暮入〔一〕**，耕稼树艺，多聚叔粟，**叔，旧本作"升"。王云："'升'当为'叔'，叔与菽同。大雅生民篇'艺之荏菽'，檀弓'啜菽饮水'，左氏春秋定元年'陨霜杀菽'，释文并作'叔'。管子戒篇'出冬葱与戎叔'，庄子列御寇篇'食以刍叔'，汉书昭帝纪'以叔粟当赋'，并与'菽'同。尚贤篇云'蚤出莫入，耕稼树艺，聚菽粟'，是其证也。草书'叔'、'升'二形相似。晏子谏篇'合升斟之微以满仓廪'，说苑正谏篇'升斟'作'菽粟'。齐策'先生王斗'，文选任昉齐竟陵文宣王行状注引作'王叔'，汉书古今人表作'王升'。后汉书周章字次叔，'叔'或作'升'。文选左思魏都赋注引'张升反论〔二〕'，陈琳答东阿王笺注作'张叔及论'，昭七年左传正义作'张叔皮论'，皆以字形相似而误。非命篇'多聚升粟'，误与此同。"**此其分事也；妇人夙兴夜寐，纺绩织纴，多治麻丝葛绪，捆布縿，**毕云："捆，旧作'细'。卢云：'当为綑，与捆同。'非命下正作'捆'。縿，郑君注礼记云：'缣也，縿读如绡。'"王云："'縿'当为'缲'。凡书传中从喿之字，多变而从参，故'缲'误为'縿'。集韵：'捆，织也。'捆布缲，犹言捆布帛。说文：'缲，帛如绀色，或曰深缯。从糸，喿声，读若喿。'玉篇：'子老切。'广雅曰：'缲谓之缣。'檀弓'布幕卫也，缲幕鲁也'，郑注曰：'缲，缣也。缲读如绡。'今本檀弓亦讹作'縿'。又说文：'縿，旌旗之游也。从糸，参〔三〕声。'玉篇：'所衔切。'两字判然不同。"案：王说是也。前辞过篇作"梱布绢"，"绢"即"绡"之误。梱、栶、捆并稛之俗，详非命下篇。**此其分事也。今惟毋在乎王公大人说乐而听之，即必不能蚤朝晏退，听狱治政，是故国家乱而社稷危矣。今惟毋在乎士君子说乐而听之，**吴钞本"惟毋"作"唯无"。**即必不能竭股肱之力，亶其思虑之智，内治官府，外收敛关市、山林、泽梁之利，以实仓廪府库，是故仓廪府库不实。今惟毋在乎农**

〔一〕"入"，原误"人"，据毕沅刻本改。
〔二〕文选与山巨源绝交书注引作"张升反论"，魏都赋注引作"张升及论"。胡克家考异谓作"反"是。
〔三〕"参"，原误"縿"，据活字本改，与说文合。

夫说乐而听之，惟，吴钞本作“唯”，下同。即必不能蚤出暮入，耕稼树艺，多聚叔粟，是故叔粟不足。“多聚叔粟”，“叔”，旧本作“升”，今据王校正。又旧本脱“是故叔粟”四字，王据上下文补。今惟毋在乎妇人说乐而听之，即不必能夙兴夜寐，毕云：“旧脱‘能’字，以意增。”诒让案：依上文当作“必不能”。纺绩织纴，吴钞本作“织纴纺绩”。多治麻丝葛绪，捆布縿，捆，旧本亦误“细”，今依卢校正。是故布縿不兴。曰：孰为大人之听治而废国家之从事？曰：乐也。俞云：“‘而废’二字当在‘大人’之上。‘国家’二字当作‘贱人’，后人不达文义而误改也。此本云‘孰为而废大人之听治、贱人之从事？曰：乐也’。言大人听乐则废听治，贱人听乐则废从事也。上文曰‘与君子听之，废君子听治；与贱人听之，废贱人之从事’，是其证也。”是故子墨子曰：为乐非也。

何以知其然也？曰先王之书汤之官刑有之，左传昭六年“叔向曰：商有乱政，而作汤刑”，竹书纪年“祖甲二十四年，重作汤刑”，吕氏春秋孝行览云“商书曰：刑三百，罪莫重于不孝”，高注云：“商汤所制法也。”曰：“其恒舞于宫，毕云：“其，孔书云‘敢有’。”诒让案：舞，吴钞本作“武”，字通。伊训伪孔传云：“常舞则荒淫。”是谓巫风。伪孔传云：“事鬼神曰巫。”毕云：“是，孔书作‘时’。文见伊训。”其刑，君子出丝二卫，毕云：“此纬字假音。说文云：‘纬，织横丝也。’”案：纬非丝数量之名，毕说未允。“卫”疑当为“术”，术与遂古通。月令“径术”，郑注读为“遂”，是其例。西京杂记邹长倩遗公孙弘书云“五丝为䌰，倍䌰为升，倍升为緎，倍緎为纪，倍纪为緵，倍緵为襚”，“遂”即“襚”也。此假借作“术”，又讹作“卫”，遂不可通耳。小人否，似言小人则无刑。此官刑，故严于君子而宽于小人。又疑“否”当为“咅”，即“倍”之省，犹书吕刑云“其罚惟倍”，言小人之罚倍于君子也。似二伯黄径。”此文有脱误，伪古文伊训采此，而独遗“其刑”以下数句，盖魏晋时传本已不可读，故置不取。非命下篇节引下文作“大誓”，疑此下文自是周书，与汤刑本不相冢，因有脱误，遂淆掍莫辨也。苏云“‘伯黄’二字或‘伊尹'之讹",亦非。**乃言曰:**后数句非命下篇别为大誓文,疑当作"大誓曰"。**"呜乎!**道藏本、吴钞本并作"呼"。**舞佯佯,**吴钞本作"洋洋"。毕云:"'舞'当为'橆',橆与谟音同。孔书作'圣谟洋洋',元遗山续古今考亦引作'洋洋'。"顾云:"此正是'舞'字,故用之以非乐。二十五篇书何足据耶?"案:顾说是也。此犹诗鲁颂閟宫云"万舞洋洋",毛传云:"洋洋,众多也。"**黄言孔章,**毕云:"黄,孔书作'嘉',是。"王引之云:"毕说非也。'舞佯佯,黄言孔章,上帝弗常,九有以亡',即下文之'万舞翼翼,章闻于天,天用弗式'也。此承上文,言耽于乐者必亡其国,故下文云'察九有之所以亡者,徒从饰乐也'。东晋人改其文曰'圣谟洋洋,嘉言孔彰,惟上帝不常',则与墨子非乐之意了不相涉,而毕反据之以改原文,慎矣。"案:王说是也。"黄"疑当作"其"。"其"篆文作"𠀠","黄"古文作"灮",二字形近。非命下篇引大誓云"其行甚章",与此语意略同。下文"上帝弗常"四句,彼引大誓亦有之。**上帝弗常,**王引之云:"常,读大雅抑篇曰'肆皇天弗尚'之尚,谓天弗右也。尔雅释诂:'尚,右也。'尚古通作常,晚出古文尚书咸有一德篇袭墨子而改之,曰'厥德非常,九有以亡',盖未知'尚'为'常'〔一〕之借字也。"**九有以亡,**毛诗商颂玄鸟"奄有九有",传云:"九有,九州也。"文选册魏公九锡文李注引韩诗作"九域",有、域一声之转。**上帝不顺,**毕云:"孔书无此八字。"**降之百殃,**毕云:"百,旧作'日',非。殃,'祥'字异文。郭璞注山海经音祥。玉篇云:'殃,徐羊切,女鬼也。'"诒让案:吴钞本作"日殃"。孔书作"惟上帝不常,作善降之百祥,作不善降之百殃",孔传云:"祥,善也。天之祸福,惟善恶所在,不常在一家。"**其家必坏丧。"**坏,道藏本、吴钞本并作"怀",字亦通。毕云:"孔书云'坠厥宗'。已上文亦见伊训。"**察九有之所以亡者,徒从饰乐也。于武观曰:**国语楚语云"启有五观",韦注云:"观,洛汭之地。"水经巨洋水郦注云:"国语曰:启有五观,谓之奸子,五观盖其名也,所处之邑,其名为观。"左

〔一〕"'尚'为'常'"当作"'常'为'尚'",此处误倒。

传昭元年杜注云："观国，今顿丘卫县。"毕云："汲郡古文云：'帝启十一〔一〕年，放王季子武观于西河。十五年，武观以西河叛，彭伯寿帅师征西河，武观来归。'注：'武观，五观也。'楚语'士娓曰：启〔二〕有五观'，韦昭云：'五观，启子，太康昆弟也。春秋传曰：夏有观、扈。'"惠栋云："此逸书，叙武观之事，即书叙之五子也。周书尝麦曰：'其在夏之五子，忘伯禹之命，假国无正，用胥兴作乱，遂凶厥国，皇天哀禹，赐以彭寿，思正夏略。'五子者，武观也。彭寿者，彭伯也。五子之歌，墨子述其遗文，周书载其逸事，与内、外传所称无殊。且孔氏逸书本有是篇，汉儒习闻其事，故韦昭注国语，王符撰潜夫论，皆依以为说。"

"启乃淫溢康乐，惠云："'启乃'当作'启子'，溢与泆同。"江声说同。江又云："启子，五观也。启是贤王，何至淫溢？据楚语士亹比五观于朱、均、管、蔡，则五观是淫乱之人，故知此文当为'启子'，'乃'字误也。"案：此即指启晚年失德之事，"乃"非"子"之误也。竹书纪年及山海经皆盛言启作乐，楚辞离骚亦云"启九辩与九歌兮〔三〕，夏康娱以自纵。不顾难以图后兮，五子用失乎家巷"，并古书言启淫溢康乐之事。"淫溢康乐"，即离骚所谓"康娱自纵"也。王逸楚辞注云"夏康，启子太康也"，亦失之。**野于饮食，**毕云："'野于'疑作'于野'。"孙星衍说同。孙又云："于，往也。"俞云："毕说非。此本以'启乃淫溢康乐'为句，'野于饮食'为句。'野于饮食'即下文所谓'渝食于野'也，与左传'室于怒，市于色'文法正同。"**将将铭，苋磬以力，**毕云："句未详。'苋'疑'筦'字之误，形声相近。"孙说同。孙又云："'将将'上疑有脱文，作乐声也。乐声枪枪，铭力于磬管。"江云："'苋（莧）'当为'萈'。萈，喜说也，胡官反。"俞云："'将将铭苋磬以力'，疑有脱文，盖亦八字作二句也。'力'字与'食'字为韵，毕失其读，故但知下文'翼'、'式'是韵也。"王绍兰云："苋、筦音近通用，非误也。'力'即勒字，'铭苋磬以力'，谓作筦磬之铭而勒之。"案："将将铭"疑当作"将将锽锽"。诗周颂执竞云"钟鼓喤喤，磬筦将将"，说文金部引诗"喤喤"作"锽锽"。毛传云："喤喤，和也；将将，集也。"说文足部云

〔一〕"一"字原脱，据今本竹书纪年（即毕所称汲郡古文）补。
〔二〕"启"，原误"夏"，据楚语改。按：孙引楚语乃节引。士娓，楚语"娓"本作"亹"。
〔三〕"兮"字原脱，据离骚补。

"躄，行皃"，引诗曰"管磬躄躄"，则"将"亦"躄"之借字。此"力"虽与上"食"、下"翼"、"式"韵协，然义不可通，且下文"酒"、"野"亦与"力"韵不合。窃疑此当作"将将锽锽，筦磬以方"，方与锽自为韵，力、方形亦相近。仪礼乡射礼郑注云："方犹并也。""管磬以方"谓管磬并作，犹诗言笙磬同音矣。诸说并非。**湛浊于酒，渝食于野，**惠云："湛与耽同。耽，淫。浊，乱也。"江云："湛浊，沉湎也，言饮酒无度。渝读当为输，转输馈食于野，言游田无度也。"孙云："湛与媅通，渝与输通。"案：湛、沉通，江说得之。渝当读为偷，同声假借字。表记郑注云："偷，苟且也。"谓苟且饮食于野外燕游之所。惠、孙说并未允。**万舞翼翼，**诗商颂那云"万舞有奕"，毛传云："奕奕然闲也。"奕、翼字通。小雅采薇传亦云："翼翼，闲也。"**章闻于大，**惠云："当作'天'。"毕及江说同。**天用弗式。**孙云："万舞之盛，显闻于天，天弗用之。"毕云："'翼'、'式'为韵。海外西经云'大乐之野，夏后启于此儛九代'，大荒西经云'夏后开上三嫔于天，得九辨与九歌以下'，据此，则指启盘于游田。书序'大[一]康尸位'及楚词'夏康娱'云云，疑'大康'、'夏康'即此云'淫溢康乐'，淫之训大，然则太康疑非人名，而孔传以为启子不可夺也。"案：楚辞"夏康娱"，"夏"当从王引之读为下。戴震谓康娱即康乐，非太康，说亦致塙。毕谓书序太康亦非夏帝，则谬说不足据也。**故上者天鬼弗戒，**"戒"当为"式"，此即冡上引书"天用弗式"之文。**下者万民弗利。**

是故子墨子曰：今天下士君子，请将欲求兴天下之利，请，毕本改"诚"，云："旧作'请'，一本如此。"案：请、诚字通，详前。**除天下之害，当在乐之为物，将不可不禁而止也。**

〔一〕"大"，尚书书序原作"太"。按：古"大"、"太"通作。毕似改作"大"，以成其下文之说。

墨子间诂卷九

非乐中第三十三阙

非乐下第三十四阙

非命上第三十五

汉书艺文志注:“苏林云:非有命者言儒者执有命而反劝人修德积善,政教与行相反,故讥之也。如淳云:言无吉凶之命,但有贤不肖善恶。”祭法孔疏引孝经援神契云:“命有三科:有受命以任庆,有遭命以谪暴,有随命以督行。受命谓年寿也,遭命谓行善而遇凶也,随命谓随其善恶报之。”白虎通义寿命篇及王充论衡命义篇说三命略同。墨子所非者,即三命之说也。

子墨子言曰:古者王公大人为政国家者,皆欲国家之富,人民之众,刑政之治。然而不得富而得贫,不得众而得寡,不得治而得乱,则是本失其所欲,得其所恶,是故何也?子墨子言曰:执有命者以杂于民间者众。执有命者之言曰:“命富则富,命贫则贫,命众则众,命寡则寡,命治则治,命乱则乱,命寿则寿,命夭则夭,命,王云:“此下有脱文,不可考。”

虽强劲，何益哉？”上以〔一〕说王公大人，下以驵百姓之从事，毕云：“驵，阻字假音。说文云：‘驵，从马，且声。’刘逵注左思赋引说文‘于〔二〕助反’。”故执有命者不仁。故当执有命者之言，不可不明辨。

然则明辨此之说将奈何哉？子墨子言曰：必立仪，吴钞本无“曰”字。案：疑当作“言必立仪”，今本“曰言”二字涉上误倒。管子禁藏篇云“法者，天下之仪也”，尹注云：“仪，谓表也。”言而毋仪，譬犹运钧之上而立朝夕者也，毕云：“运，中篇作‘员’，音相近。广雅云：‘运，转也。’高诱注淮南子云：‘钧，陶人作瓦器法，下转旋〔三〕者。’史记集解云：‘骃案汉书音义曰：陶家名模下圆转者为钧。’索隐云：‘韦昭曰：钧木长七尺，有弦，所以调为器具也。’言运钧转动无定，必不可立表以测景。”诒让案：管子七法篇云“不明于则，而欲出号令，犹立朝夕于运均之上”，尹注云：“均，陶者之轮也。立朝夕，所以正东西也。今均既运，则东西不可准也。”案：运、员音近古通。国语越语“广运百里”，山海经西山经作“广员百里”，庄子天运篇释文引司马彪本作“天员”。立朝夕，谓度东西也。周礼大司徒云“日东则景夕，日西则景朝”，司仪云“凡行人之仪，不朝不夕”，考工记匠人云“昼参诸日中之景，夜考之极星，以正朝夕”，晏子春秋杂篇云“古之立国者，南望南斗，北戴枢星，彼安有朝夕哉”，春秋繁露深察名号篇云“正朝夕者视北辰”。是非利害之辨，不可得而明知也。故言必有三表。表、仪义同，左文六年传云“引之表仪”。洪云：“非命中篇、非命下篇此段文义大略相同，皆作‘言有三法’。法，说文作‘灋’；表，古文作‘穮’，字形相近。”何谓三表？子墨

〔一〕“上以”二字原误倒，据毕沅刻本乙正。

〔二〕毕所谓“左思赋”，指文选左思魏都赋。今本文选左思魏都赋刘逵注引说文“驵”字音“子朗反”（见魏都赋“异马填厩而驵骏”句注），不作“于助反”。今按：段玉裁说文解字注“驵”字下引文选此注作“千助反”（所据文选版本不详），则毕引作“于助反”者，“于”必是“千”之误。“驵”为齿音字，非牙音字，不得反切“于”字。

〔三〕“旋”，原误“钧”，据淮南子原道训改。

子言曰：有本之者，本，谓考其本始，下篇作"有考之者"。有原之者，广雅释诂云："謜，度也。"原、謜字通。刘歆列女传颂小序云"原度天道"，此"原之"亦谓察度其事故也。有用之者。于何本之？上本之于古者圣王之事。于何原之？下原察百姓耳目之实。于何用之？废以为刑政，卢云："废，置也。中篇作'发'。"王云："卢说非也，废读为发，故中篇作'发而为刑政'，下篇作'发而为政乎国'。发、废古字通。"观其中国家百姓人民之利。此所谓言有三表也。

然而今天下之士君子或以命为有，句。蓋尝尚观于圣王之事？"蓋"上旧本有"益"字。王云："'或以命为有'绝句，下文云'岂可谓有命哉'。'益'即'蓋'字之讹，'蓋'字俗书作'盖'，形与'益'相近，故'蓋'讹作'益'。史记楚世家'还蓋长城以为防'，徐广曰：'蓋，一作益。'今云'益蓋'者，一本作'益'，一本作'蓋'，而后人误合之耳。蓋与盍同。盍，何不也。檀弓曰'子蓋言子之志于公乎'，孟子梁惠王篇'蓋亦反其本矣'。尝，试也。尚与上同。言今天下之士君子或以命为有，则何不试上观于圣王之事乎？下文曰'今天下之士君子或以命为有，益尝尚观于先王之书'，'益'亦'蓋'字之讹。"案：王校是也，今据删。古者桀之所乱，汤受而治之；纣之所乱，武王受而治之。此世未易，民未渝，尔雅释言云："渝，变也。"在于桀纣则天下乱，毕云："旧脱'在'字，据下文增。"在于汤武则天下治，岂可谓有命哉！

然而今天下之士君子或以命为有，蓋尝尚观于先王之书？"蓋"，旧本亦讹"益"，王据上文改。先王之书，所以出国家、毕云："旧脱'以'字，据下文增。"布施百姓者，毕云："旧脱此字，据下文增。"宪也。尔雅释诂云："宪，法也。"周礼秋官有"布宪"，管子立政篇云"布宪于国"。国语周语云"布宪施舍于百姓"，韦注同尔雅。先王之宪亦尝有曰"福不可请，而祸不可讳，讳当读为违，同声假借字。礼记缁衣"太甲曰：天作孽，犹可违也”，郑注云：“违犹辟也。”下同。**敬无益，暴无伤”者乎？所以听狱制罪者，刑也。先王之刑亦尝有曰“福不可请，祸不可讳，敬无益，暴无伤”者乎？所以整设师旅、进退师徒者，誓也。先王之誓亦尝有曰“福不可请，祸不可讳，敬无益，暴无伤”者乎？是故子墨子言曰：吾当未盐数，**当，疑“尚”之讹。毕云：“盐，‘尽’字之讹。”**天下之良书不可尽计数，大方论数，**大方即大较也。后汉书郎𫖮传李注云：“方，法也。”史记律书索隐云：“大较，大法也。”**而五者是也。**毕云：“‘五’当为‘三’，即上先王之宪、之刑、之誓是。”**今虽毋求执有命者之言，不必得，**虽、唯通。毋，语词，详尚贤中篇。**不亦可错乎？**错与废义同，详节葬下篇。**今用执有命者之言，是覆天下之义，覆天下之义者，是立命者也，百姓之谇也。说百姓之谇者，**毕云：“尔雅云：‘谇，告也。’陆德明音义云：‘沈音粹，郭音碎。’言以此告百姓。”苏云：“谇，犹诟谇，谓不道之言也。”俞云：“谇读为悴。说文心部：‘悴，忧也。’犹曰百姓之忧也。故曰说百姓之谇者，是灭天下之人也。毕释非是。”案：俞说是也。**是灭天下之人也。然则所为欲义在上者，**“义在上”文未备，据下文当作“义人在上”，今本脱“人”字。**何也？曰：义人在上，天下必治，上帝山川鬼神必有幹主，**毕云：“‘幹’当为‘斡’，此管字假音。”诒让案：后汉书窦宪传李注云：“斡，主也。或曰古管字。”汉书食货志颜注云：“斡，读为管同，谓主领也。”汉隶“榦”、“斡”皆作“幹”。经典多通用。但此“幹”字似当读如字。说文木部云：“榦〔一〕，本也。”榦者，本榦，对枝言之也。荀子儒效篇云“以枝代主而非越也”，杨注云：“枝，枝子。”若然，冢適谓之榦，支子谓之枝。榦主者，犹言宗主耳。**万民被其大利。何以知之？子墨子曰：古者汤封**

〔一〕“榦”，原作“幹”。按：说文“幹”字作“榦”，“幹”为隶变之体。今据说文改，正文孙亦均写作“榦”。

于亳，毕云："当为'薄'。说文云：'亳，京兆杜陵亭也。从高省，乇声。'史记集解云：'徐广曰：京兆杜县有亳亭。'索隐云：'秦宁公与亳王战，亳王奔戎〔一〕，遂灭汤社。皇甫谧云：周桓王时自有亳王号汤，非殷也。'此亳在陕西长安县南。若殷汤所封，是河南偃师之薄。书传及本书亦多作'薄'，惟孟子作'亳'，盖借音字，后人依改乱之。顾炎武不考史记，反以此讥许君地里之谬，是以不狂为狂也。"**绝长继短**，礼记王制云"凡四海之内，绝长补短，方三千里"，孟子滕文公篇云"今滕绝长补短，将五十里也"，战国策秦策"韩非说秦王曰：今秦地形断长续短，方数千里"，又楚策"庄辛对楚王曰：今楚虽小，绝长续短，犹以数千里"。此云"绝长继短"，犹国策云"断长续短"也。**方地百里，与其百姓兼相爱、交相利，移则分**，毕云："言财多则分也。移，或'多'字。"洪云："礼记郊特牲'顺成之方，其蜡乃通，以移民也'，郑注：'移之言羡也。''移'古通作'侈'字，'侈'亦是有余之义。"**率其百姓以上尊天事鬼，是以天鬼富之，诸侯与之，百姓亲之，贤士归之，未殁其世**，殁，吴钞本作"没"，下同。**而王天下，政诸侯**。"政"、"正"通，正犹长也，详亲士篇。**昔者文王封于岐周**，孟子离娄篇云"文王生于岐周"，赵注云："岐山下周之旧邑。"汉书地理志云"右扶风美阳：禹贡岐山在西北。中水乡，周大王所邑。"又云："大王徙郊，文王作酆。"毕云："岐，岐山；周，周原。"**绝长继短，方地百里**，旧本作"地方"，今从道藏本乙，与上文合。**与其百姓兼相爱、交相利，则**，王云："'是以'上不当有'则'字，盖即'利'字之误而衍者。上下文'是以天鬼富之，诸侯与之，百姓亲之，贤士归之'，'是以'上皆无'则'字。"俞云："'则'上脱'移'字，下脱'分'字。上文曰'与其百姓兼相爱、交相利，移则分'，是其证也。王氏谓'则'即'利'字之误而衍者，非。"案：俞说近是。**是以近者安其政，远者归其德。闻文王者，皆起而趋之。罢不肖、股肱不利者**，荀子成相篇云"君子贤而能容罢"，杨注云："罢，弱不任事者。"国语齐语云"罢士无伍"，韦注云："无

〔一〕"戎"字原脱。按：毕引索隐见史记封禅书索隐，今据补"戎"字。

行曰罢。”管子小匡篇尹注云：“罢，谓乏于德义者。”**处而愿之，曰：“奈何乎使文王之地及我吾，则吾利**苏云：“‘我’字衍文，或去上‘吾’字亦可。”俞云：“‘则’上‘吾’字，‘岂’上‘利’字，并衍文。”**岂不亦犹文王之民也哉！”是以天鬼富之，诸侯与之，百姓亲之，贤士归之，未殁其世，而王天下，政诸侯。**政，旧本作“征”。苏云：“征，当从上文作‘政’。盖政者，正也。‘征’、‘政’古通用。”案：吴钞本作“政”，今据正。政诸侯，谓长诸侯也，详亲士篇。**乡者言曰：**毕云：“乡同曏。”**义人在上，天下必治，上帝山川鬼神必有干主，万民被其大利。吾用此知之。**

是故古之圣王发宪出令，设以为赏罚以劝贤。毕云：“中篇作‘劝沮’，是。”王云：“原文是‘劝贤’，不得径改为‘劝沮’。余谓‘劝贤’下当有‘沮暴’二字。‘劝贤’承赏而言，‘沮暴’承罚而言。尚贤篇曰‘赏不当贤而罚不当暴，则是为贤者不劝，而为暴者不沮矣’，尚同篇曰‘赏誉不足以劝善，而刑罚不可以沮暴’，皆其证。”**是以入则孝慈于亲戚，**“亲戚”即父母也，详兼爱下篇。尚贤中篇云“入则不慈孝父母”。**出则弟长于乡里，坐处有度，出入有节，男女有辨。**辨、别同。尚贤中篇云“男女无别”。**是故使治官府则不盗窃，守城则不崩叛，**“崩”当为“倍”之假字。尚贤中篇云“守城则倍畔”，犹此下文云“守城则崩叛”也。倍与背同，逸周书时训篇云“远人背叛”。倍与崩一声之转，古字通用。说文人部“倗，读若陪位”、邑部“鄘，读若陪”，即〔一〕崩、倍相通之例。**君有难则死，出亡则送。此上之所赏，而百姓之所誉也。执有命者之言曰：“上之所赏，命固且赏，非贤故赏也。上之所罚，命固且罚，不暴故罚也。”**王引之云：“不与非同义，故互用。”俞云：“‘上之所罚，命固且罚，不暴故罚也’十三字，当为衍文，说详下。”**是故入则不慈孝于亲**

〔一〕“即”，原误作“郎”。

戚，出则不弟长于乡里，坐处不度，出入无节，男女无辨。是故治官府则盗窃，守城则崩叛，君有难则不死，出亡则不送。此上之所罚，百姓之所非毁也。执有命者言曰："上之所罚，命固且罚，不暴故罚也。上之所赏，命固且赏，非贤故赏也。"俞云："'上之所赏，命固且赏，非贤故赏也'十三字，当为衍文。盖上文说赏事，故述执有命者之言曰'上之所赏，命固且赏，非贤故赏也'。此文是说罚事，故述执有命者之言曰'上之所罚，命固且罚，不暴故罚也'。今上文衍'上之所罚'云云，此文衍'上之所赏'云云，皆于文义未合。即此文之罚、赏倒置，而其传写误衍之迹居然可见矣。"以此为君则不义，为臣则不忠，为父则不慈，为子则不孝，为兄则不良，为弟则不弟。良为兄，义不甚切。疑"良"当为"长"。逸周书谥法篇云"教诲不倦曰长"，即其义也。此以兄长对弟弟，亦即冢上云"出则弟长于乡里"为文。尚贤中篇云"出则不长弟乡里"，国语齐语亦云"不长弟于乡里"，谥法云"爱民长弟曰恭"，此并以长教幼为长，幼事长为弟。浅人不解"长"字之义，而改为"良"，遂与上"弟长"之文不相应矣。而强执此者，此特凶言之所自生，而暴人之道也。旧本作"者"，道藏本作"昔"，毕据下文改。特，旧本讹"持"。王云："'持'字义不可通，'持'当为'特'。吕氏春秋忠廉篇注曰：'特犹直也。'言此直是凶人之言，暴人之道也。下文同。"案：王校是也，今据正。

然则何以知命之为暴人之道？昔上世之穷民，贪于饮食，惰于从事，是以衣食之财不足，毕云："旧脱'食'字，据上文增。"而饥寒冻馁之忧至，不知曰"我罢不肖，从事不疾"，必曰"我命固且贫"。昔上世暴王昔，旧本讹作"若"，王据上文改"昔"，今从之。道藏本、吴钞本并作"苦"，则当属上读。不忍其耳目之淫，心涂之辟，毕云："涂犹术。"王引之云："毕说非也。'心涂'本作'心志'，'耳目之淫，心志之辟'，并见中篇。下篇作'心意'，亦'心志'之讹。"不顺其亲戚，遂以亡失国家，倾覆社稷，不知曰"我罢不肖，为政不善”，必曰“吾命固失之”。于仲虺之告书叙云：“汤归自夏，至于大坰，仲虺作诰。”礼记缁衣“尹吉曰”，郑注云：“‘吉’当为‘告’。告，古文‘诰’，字之误也。”曰：“我闻于夏人，矫天命，布命于下，伪孔传云：“言托天以行虐于天下，乃桀之大罪。”毕云：“孔书作‘夏王有罪，矫诬上天以布命于下’。”帝伐之恶，毕云：“非命中作‘式是恶’。‘式’、‘伐’形相近，‘之’、‘是’音相近也。”龚丧厥师。”伪孔传云：“天用桀无道，故不善之。式，用；爽，明也。用商受王命，用明其众，言为主也。”毕云：“孔书作‘帝用不臧，式商受命，用爽厥师’。‘龚’‘用’、‘丧’‘爽’音同。”江声云：“师，众也。言桀执有命，天用是憎恶之，用丧其众。”孙星衍云：“‘用’为‘龚’，声相近。”此言汤之所以非桀之执有命也。于太誓曰：“纣夷处，天志中篇作“纣越厥夷居”。不肯事上帝鬼神，天志中篇无“鬼神”二字。毕云：“孔书作‘乃夷居，弗事上帝神祇’。”祸厥先神禔不祀，天志中篇“祸”作“弃”，“禔”作“祇”。毕云：“孔书作‘遗厥先宗庙弗祀’。禔同示。”诒让案：说文示部云：“禔，安也。易曰‘禔既平’。”今易坎九五作“祇既平”，释文云：“祇，京作‘禔’。”是祇、禔声近古通用之证。乃曰‘吾民有命，天志中篇无“民”字，孔书“民”上有“有”字。无廖排漏’，道藏本作“屚”。案：此当从中篇作“毋僇其务”，义详彼注。天志中篇作“无廖僔务”，亦误。毕云：“孔书作‘乃曰吾有民有命，罔惩其侮’。”天亦纵弃之而弗葆。”毕云：“孔书无此文。”案：旧本“弃”在“之”下。王云：“‘纵之弃’当作‘纵弃之’，纵弃犹放弃也。中篇作‘天不亦弃纵而不葆’，天志篇作‘天亦纵弃纣而不葆’，皆其证。”案：王说是也，今据乙。葆，吴钞本作“保”。此言武王所以非纣执有命也。毕云：“‘纣’下，据上文当有‘之’字。”今用执有命者之言，则上不听治，下不从事。上不听治，则刑政乱；下不从事，则财用不足。上无以供粢盛酒醴，供，吴钞本作“共”。祭祀上帝鬼神；下无以降绥天下贤可之士，旧本脱“下无以”三字，王据上下文补。尔雅释诂云：“绥，安也。”外无以应待诸侯之宾客,内无以食饥衣寒,将养老弱。俞谓"将养"为"持养"之误,详尚贤中篇。故命上不利于天,中不利于鬼,下不利于人。而强执此者,此特凶言之所自生,特,旧本亦讹"持",依王校改。而暴人之道也。

是故子墨子言曰:今天下之士君子,忠实欲天下之富而恶其贫,毕云:"忠,下篇作'中'。"欲天下之治而恶其乱,执有命者之言不可不非,此天下之大害也。

非命中第三十六

子墨子言曰:凡出言谈、由文学之为道也,由、为义相近,下篇云"今天下之君子之为文学出言谈也"。则不可而不先立义法。毕云:"义,上篇作'仪'。义、仪同。"若言而无义,譬犹立朝夕于员钧之上也,譬,吴钞本作"辟"。员,上篇作"运",声义相近。则虽有巧工,必不能得正焉。然今天下之情伪未可得而识也,故使言有三法。三法者何也?有本之者,有原之者,有用之者。于其本之也,考之天鬼之志、圣王之事;于其原之也,征以先王之书;用之奈何?发而为刑。毕云:"据上篇有'政'字。"此言之三法也。

今天下之士君子,卢云:"此下当有'或以命为有'五字。"或以命为亡。我所以知命之有与亡者,以众人耳目之情知有与亡。有闻之,有见之,谓之有;莫之闻,莫之见,谓之亡。然胡不尝考之百姓之情?毕云:"旧脱'不'字,据下文增。"诒让案:然与则义同,"然胡不"亦见尚同下篇。此下文繁言之则云"然则胡不"。自古以及今，生民以来者，亦尝见命之物，以下文校之，“亦尝”下当有“有”字。闻命之声者乎？则未尝有也。若以百姓为愚不肖，耳目之情不足因而为法，然则胡不尝考之诸侯之传言流语乎？自古以及今，生民以来者，亦尝有闻命之声，见命之体者乎？则未尝有也。然胡不尝考之圣王之事？古之圣王，举孝子而劝之事亲，尊贤良而劝之为善，发宪布令以教诲，长短经运命篇引无“布”字。明赏罚以劝沮。旧本脱“明”字，今据长短经引补。又“劝沮”，长短经作“沮劝”。劝，吴钞本作“赏”，非。若此，则乱者可使治，而危者可使安矣。若以为不然，昔者桀之所乱，汤治之；纣之所乱，武王治之。此世不渝而民不改，上变政而民易教，政，治要、长短经并作“正”。其在汤武则治，其在桀纣则乱。安危治乱，“安危”上，长短经有“则”字。在上之发政也，则岂可谓有命哉？长短经无“则”字。夫曰有命云者，亦不然矣。

今夫有命者言曰：“有命”上疑脱“执”字。我非作之后世也，自昔三代有若言以传流矣。今故先生对之？毕云：“未详。‘生’当为‘王’。”案：顾校季本、吴钞本并作“王”。俞云：“此子墨子托为先生之言，以折执有命者之说。毕谓‘生’当为‘王’，非是。”案：疑当作“今胡先生非之”，诸校并未得其义。曰：夫有命者，不志昔也三代之圣善人与？毕云：“下篇作‘不识昔也’，志即识字。与读如欤。”诒让案：“不志”、“不识”，并犹云不知。礼记哀公问郑注云：“志读为识，识，知也。”意亡昔三代之暴不肖人也？意与抑同。“意亡”，语词，详非攻下篇。毕云：“亡同无。也，下篇作‘与’，同。”何以知之？毕云：“言有命之说，不识出之昔者圣善人乎？意亡此言出之暴不肖人乎？彼固亡知之妄言。”初之列士桀大夫，说苑臣术篇云：“列士者，所以参大夫也。”桀与杰字通。白虎通义圣人篇引礼别名记云："万人曰杰。"说文人部云："杰(傑)，執也，材过万人也。"吕氏春秋孟秋纪高注云："才过万人曰桀。"毛诗卫风"邦之桀兮"，传云："桀，特立也。"**慎言知行，此上有以规谏其君长，下有以教顺其百姓，**毕云："顺同训。"诒让案：旧本此下有"故上有以规谏其君长，下有以教顺其百姓"二句。卢云："此已上十七字衍文。"案：卢校是也，吴钞本亦无，今据删。**故上得其君长之赏，下得其百姓之誉。列士桀大夫声闻不废，流传至今，而天下皆曰其力也，必不能曰我见命焉。**"见"字吴钞本脱。俞云："'必不能曰'下有阙文，下文'必不能曰我罢不肖，我从事不疾，必曰我命固且穷'，是其证也。"

是故昔者三代之暴王，不缪其耳目之淫，毕云："言不纠其缪。"诒让案："缪"即"纠"之假字。**不慎其心志之辟，**治要作"僻"，毕云："僻同。"**外之敺骋田猎毕弋，**毕云："说文云：'古文驱从攴。'"案：骋，毕本作"聘"，讹，孟子尽心篇云"驱骋田猎"。国语齐语云"田狩毕弋"，韦注云："毕，掩雉兔之网也。"弋，谁之借字，详备高临篇。**内沉于酒乐，而**自"必不能曰"以下至此，凡四十五字，旧本误入下文"身在刑僇之中"之下，王移置于此。**不顾其国家百姓之政。繁为无用，暴逆百姓，使下不亲其上，是故国为虚厉，**厉，公孟、鲁问二篇并作"戾"，字通。毕云："陆德明庄子音义云：'李云：居宅无人曰虚，死而无后曰厉。'"**身在刑僇之中，**自"不顾其国家"以下至此，凡三十五字，旧本误入上文"必不能曰"之上，王移置于此。旧本"不顾"上又衍"一"字，王据下篇删。**不肯曰：**三字旧脱，毕据下文增"不曰"二字，治要引有此三字，今据补。**"我罢不肖，**旧本无"我"字，毕据一本增，顾校季本有。**我为刑政不善。"必曰："我命故且亡。"**故，下文作"固"，同。**虽昔也三代之穷民，**治要"穷"作"伪"，与下同。**亦由此也。**苏云："由与犹同。"**内之不能善事其亲戚，**毕云："事，一本作'视'。"诒让案："亲戚"谓父母，详兼爱下篇。

外不能善事其君长，“外”下疑脱“之”字。恶恭俭而好简易，贪饮食而惰从事，衣食之财不足，使身至有饑寒冻馁之忧，饑，上、下篇并作“飢”，吴钞本同。必不能曰：毕云：“必，旧作‘心’，以意改。”案：顾校季本正作“必”。“我罢不肖，我从事不疾。”必曰：“我命固且穷。”虽昔也三代之伪民，亦犹此也。繁饰有命，以教众愚朴人久矣。治要无“朴人”二字。王云：“‘愚朴’下衍‘人’字。”戴云：“不当删。”案：王校近是。家语王言篇“民敦而俗朴”，王肃注云：“朴，悫愿貌。”圣王之患此也，故书之竹帛，琢之金石。于先王之书仲虺之告曰：“我闻有夏人矫天命，布命于下，帝式是恶，用阙师。”毕云：“‘阙’当是‘丧厥’二字，下篇作‘用爽厥师’。”孙星衍云：“‘厥’为‘阙’，形相近。”此语夏王桀之执有命也，汤与仲虺共非之。先王之书太誓之言然，曰：“纣夷之居，而不肯事上帝，弃阙其先神而不祀也，以天志中篇及上篇校之，“阙”亦当读为厥，与上“阙师”同。此当云“弃阙先神示而不祀也”。示、祇同，传写误作“亓”，校者不憭，因此书“其”字多作“亓”，遂又改为“其”，复误移箸“先神”上，不知阙即厥字，不当更云“其”也。天志篇正作“弃厥先神祇不祀”，可证。非儒下篇“其道不可以期世”，期，晏子春秋作“示”，亦“示”、“亓”、“其”三字展转讹变之比例也。曰：‘我民有命，毋僇其务。’毕云：“言毋勠力其事也，上二篇俱当从此。孔书作‘罔惩其侮’，义异。或云伪泰誓不足据，不如此文。”诒让案：“毋僇”当为“侮僇”，二字平列，言纣惟陵侮僇辱民是务也。荀子强国篇云“无僇乎族党，而抑卑其后世”，无、毋、侮古通。“无僇”与“抑卑”文相俪，与此“毋僇”义亦正同。杨注释为“无刑戮之耻”，失之。天不亦弃纵而不葆。”吴钞本作“保”。毕云：“文与上篇小异。”王云：“孟子滕文公篇注曰：‘不亦者，亦也。’毕本‘不亦’作‘亦不’，非。”此言纣之执有命也，武王以太誓非之。有于三代、不国有之，曰：上有字当读为又。苏云：“所引盖古逸书，‘不’字疑误。”诒让案：“不”疑当作“百”，三代、百国，或皆古史记之名。隋书李德林传引墨子云“吾见百国春秋”。“女毋崇天之有命也。”命三、不国亦言命之无也。“命三”疑当为“今三”,下当脱“代”字。于召公之执令于然,此有脱误,疑当作“于召公之非执命亦然”。召公盖即召公奭,亦周书佚篇之文。令与命字通。“于”,“亦”字误。上篇云“此言汤之所以非桀之执有命也”,又云“此言武王所以非纣执有命也”,是其证。且:毕云:“当为‘曰’。”“敬哉!无天命,惟予二人,而无造言,周礼大司徒有造言之刑,郑注云:“造言,讹言惑众。”不自降天之哉得之。”疑当作“不自天降,自我得之”。在于商夏之诗书曰:“命者,暴王作之。”且今天下之士君子,将欲辩是非利害之故,吴钞本“辩”作“辨”。当天有命者,毕云:“‘天’当为‘夫’。”不可不疾非也。王云:“吕氏春秋尊师篇注云:‘疾,力也。’”执有命者,此天下之厚害也,是故子墨子非也。“非”下当有“之”字。

非命下第三十七

子墨子言曰:凡出言谈,则必可而不先立仪而言。毕云:“一本作‘则必先立义而言’。”苏云:“当作‘不可不先立仪而言’。‘必’字误,上‘而’字衍。”俞云:“‘则必可’当作‘则不可’。中篇曰‘则不可而不先立义法’,是其证也。不可而者,不可以也。王氏念孙说。”若不先立仪而言,譬之犹运钧之上而立朝夕焉也。我以为虽有朝夕之辩,吴钞本作“辨”。必将终未可得而从定也。是故言有三法。何谓三法?曰:有考之者,有原之者,毕云:“旧脱‘有’字,一本如此。”有用之者。恶乎考之?考先圣大王之事。恶乎原之?察众之耳目之请。毕云:“据前篇,当为‘情’。”诒让案:请、情古通,不必改字。恶乎用之?发而为政乎国,察万民而观之。此谓三法也。

故昔者三代圣王禹汤文武方为政乎天下之时，曰："必务举孝子而劝之事亲，尊贤良之人而教之为善。"是故出政施教，赏善罚暴。且以为若此，则天下之乱也，将属可得而治也；国语鲁语韦注云："属，适也。"社稷之危也，将属可得而定也。若以为不然，昔桀之所乱，汤治之；纣之所乱，武王治之。当此之时，世不渝而民不易，毕云："文选注引此'治'作'理'，'世'作'时'，'民'作'人'，皆唐人避讳改。"上变政而民改俗。存乎桀纣而天下乱，存乎汤武而天下治。天下之治也，汤武之力也；天下之乱也，桀纣之罪也。若以此观之，夫安危治乱存乎上之为政也，则夫岂可谓有命哉！故昔者禹汤文武方为政乎天下之时，曰："必使饥者得食，寒者得衣，劳者得息，乱者得治。"遂得光誉令问于天下。群书治要"问"作"闻"，尚同下篇亦云"光誉令闻"。问、闻通。夫岂可以为命哉？据下文"命"上当有"其"字。故以为其力也。故、固通。今贤良之人，尊贤而好功道术，治要"功"作"蓄"。毕云："一本无'功'字。"故上得其王公大人之赏，下得其万民之誉，遂得光誉令问于天下。亦岂以为其命哉？又以为力也。"力"上亦当有"其"字。然今夫有命者，不识昔也三代之圣善人与？意亡昔三代之暴不肖人与？意亡，详非攻下篇。苏云："'也'字衍。意读如抑，'亡'当作'亦'。"案：苏说非。若以说观之，则必非昔三代圣善人也，"若以说"疑当作"以若说"。必暴不肖人也。

然今以命为有者，昔三代暴王桀纣幽厉，贵为天子，富有天下，于此乎不而矫其耳目之欲，毕云："而读如能，一本无此字,非。”案:毕读是也。陈寿祺说同。**而从其心意之辟。**王据中篇,以“心意”为“心志”之讹。今案:志、意义同,似非讹字。**外之驱骋田猎毕弋,内湛于酒乐,**毕云:“中篇‘湛’作‘沉’。”**而不顾其国家百姓之政。繁为无用,暴逆百姓,遂失其宗庙。**遂与队通。法仪篇云“遂失其国家”。**其言不曰:“吾罢不肖,吾听治不强。”必曰:“吾命固将失之。”虽昔也三代罢不肖之民,亦犹此也。不能善事亲戚君长,甚恶恭俭而好简易,贪饮食而惰从事,衣食之财不足,是以身有陷乎饥寒冻馁之忧。其言不曰:“吾罢不肖,吾从事不强。”又曰:“吾命固将穷。”**戴云:“又,当依上文改作‘必’。”**昔三代伪民亦犹此也。**

昔者暴王作之,穷人术之,毕云:“旧脱‘人’字,一本有。术同述。”诒让案:乐记“知礼乐之情者能作,识礼乐之文者能述”,述,史记乐书作“术”。**此皆疑众迟朴,**毕云:“言沮朴实之人。”王引之云:“‘迟’字义不可通,‘迟’当为‘遇’,字之误也。遇与愚同。晏子春秋外篇‘盛为声乐,以淫愚民’,墨子非儒篇‘愚’作‘遇’。庄子则阳篇‘匿为物而愚不识’,释文:‘愚,一本作遇。’韩子南面篇‘愚赣窳惰之民’,宋乾道本‘愚’作‘遇’。秦策‘今愚惑与罪人同心’,姚本‘愚’作‘遇’。言此有命之说,或作之,或述之,皆足以疑众愚朴。‘朴’谓质朴之人也。中篇作‘教众愚朴’,是其证。毕说非。”案:“迟”疑当为“稚”。管子重令篇云“菽粟不足,末生不禁,民必有饥饿之色,而工以雕文刻镂相稚也,谓之逆”,尹注云:“稚,骄也。”庄子列御寇篇云“人有见宋王者,锡车十乘,以其十乘骄稚庄子”,释文引李颐云:“自骄而稚庄子也。”案:庄子“稚”与管子同,李说未塙。此“迟朴”似亦即骄稚愿朴之意,与中篇文自不同,不必改为“愚”也。**先圣王之患之也,固在前矣。是以书之竹帛,镂之金石,琢之盘盂,传遗后世子孙。**遗,吴钞本作“示”。案:此文亦见兼爱下、天志中、贵义、鲁问诸篇,并作“遗”,则吴本非是。**曰:何书焉存?**王云:“焉犹于也。”案:王说是也。此倒句,犹云存于何书。禹之总德有之，曰：苏云："总德，盖逸书篇名。""允不著，"著"疑当为"若"。允不若，信不顺也。惟天民不而葆。吴钞本"惟"作"唯"。毕云："而同能，葆同保。"既防凶心，天加之咎，不慎厥德，天命焉葆？"仲虺之告曰："我闻有夏人矫天命当依上、中二篇补"布命"二字。于下，帝式是增，毕云："当作'恶'或'憎'字。"江声云："式，用也。'增'读当为憎。说文：'憎，恶也。'或作'帝式是恶'，或作'帝伐之恶'，'伐之'字误，当从'式是'。孟子尽心下篇云'士憎兹多口'，赵岐注解'憎'为增多之增，则增、憎字通。"顾云："增即憎字。明道本晋语'惧子之应且增也'，今本作'憎'。易林涣之蛊'独宿增夜'，道藏本韩非子'论其所增'。"用爽厥师。"爽，上篇作"丧"。惠栋云："周语'单襄公曰：晋侯爽二'，韦昭曰：'"爽"，当为"丧"，字之误也。'"彼用无为有，故谓矫，公羊僖三十三年何注云："诈称曰矫。"若有而谓有，夫岂为矫哉？为，吴钞本作"谓"。昔者，桀执有命而行，汤为仲虺之告以非之。太誓之言也，于去发孙星衍云："或'太子发'三字之误。"庄述祖云："'去发'当为'太子发'。武王受文王之事，故自称太子，述文王伐功，告诸侯，且言纣未可伐，为太誓上篇。"俞云："古人作书，或合二字为一，如石鼓文'小鱼'作'鯊'、散氏铜盘铭'小子'作'𡥈'是也。此文'大子'字或合书作'𡥈'，其下阙坏，则似'厺'字，因误为'去'耳。诗思文篇正义引大誓曰'惟四月，太子发上祭于毕，下至于孟津之上'，又云'太子发升舟，中流白鱼入于王舟，王跪取，出涘以燎之'，注曰：'得白鱼之瑞，即变称王，应天命定号也。'疑古大誓三篇，其上篇以太子发上祭于毕发端，至中、下两篇，则作于得鱼瑞之后，无不称王矣。故学者相承称大誓上篇为太子发，以别于中、下两篇，亦犹古诗以篇首字命名之例也。"案孙、庄、俞说近是。陈乔枞云"'去'字疑是'告'之讹"，非。曰："恶乎君子！恶，庄校改"於"。天有显德，其行甚章，庄云："'有'当为'右'，助也。言天之助明德，其行事甚章著。"苏云："书泰誓曰：'呜呼！我西土君子，天有显道，厥类惟彰。'"为鉴不远，鉴，吴钞本作"监"。庄云：

"'鉴'当为'监'。"**在彼殷王。**苏云:"'殷'宜作'夏'。泰誓曰'厥鉴惟不远,在彼夏王'。"案:伪古文不足据,苏说非也。诗大雅荡云"殷鉴不远,在夏后之世",郑笺云:"此言殷之明镜不远也。近在夏后之世,谓汤诛桀也。后武王诛纣,今之王者何以不用为戒?"此诗与彼诗文异而意则同。**谓人有命,谓敬不可行,谓祭无益,谓暴无伤。**苏云:"此四句今书泰誓在'厥鉴惟不远'之上,上二句作'谓己有天命,谓敬不足行',下同。"**上帝不常,九有以亡,**苏云:"二语今泰誓无之。上句见尹训,下句见咸有一德。"诒让案:"常"当读为尚,尚,右也。详非乐上篇。伪古文书咸有一德云"厥德匪常,九有以亡",伪孔传云"人能常其德,则安其位,九有诸侯。桀不能常其德,汤伐而兼之",并袭此文,而失其旨。**上帝不顺,祝降其丧。**苏云:"今泰誓'不〔一〕'作'弗〔二〕','其'作'时'。"庄云:"祝,断也。言天将断弃其身。"诒让案:泰誓伪孔传云:"祝,断也。天恶纣逆道,断绝其命,故下是丧亡之诛。"非乐上篇引汤官刑亦有此四语,末句作"降之百殃"。**惟我有周,受之大帝。"**毕云:"文略见孔书泰誓。"苏云:"今泰誓下句作'诞受多方'。"庄校改"帝"为"商",云:"言天改殷之命而周受之。"陈乔枞校同,云:"'商'字作'帝',非是。此节皆有韵之文,作'商'则与上文叶,今订正之。"案:庄、陈校是也。**昔纣执有命而行,**"昔"下吴钞本有"者"字。**武王为太誓、去发以非之。**"去发"亦当为"太子发"。陈乔枞谓当云"周公旦告发以非之",肊说不足据。**曰:子胡不尚考之乎商周虞夏之记,从十简之篇以尚皆无之,**苏云:"'尚'当作'上',古字通用也。"俞说同。诒让案:皆无之,谓皆以命为无也。**将何若者也?**

是故子墨子曰:今天下之君子之为文学、出言谈也,吴钞本"天下"下无"之"字。**非将勤劳其惟舌,**毕云:"惟,一本作'颊'。"

〔一〕"不",原误"弗",据书泰誓下改。
〔二〕"弗",原误"不",据书泰誓下改。

王云："'惟'与'频'形声俱不相近，若本是'频'字，无缘误而为'惟'。一本作'频'者，后人以意改之耳。'惟舌'当为'喉舌'，'喉'误为'唯'，因误为'惟'耳。潜夫论断讼篇'慎己喉舌，以示下民'，今本'喉'作'唯'，其误正与此同。凡从侯、从隹之字，隶书往往讹溷。隶书'侯'字作'矦'，'隹'字作'隹'，二形相似。海内东经'少室在雍氏南，一曰缑氏'，'缑'与'雍'形相近。晏子谏篇'昔夏之衰也，有推侈、大戏'，韩子说疑篇'推侈'作'侯侈'。淮南兵略篇'疾如鍭矢'，高注曰'鍭，金镞翦羽之矢也'，今本'鍭'作'锥'。后汉书臧宫传'妖巫维汜'，'维'或作'缑'。方言'鸡雏，徐鲁之间谓之秋子'，今本作'秋侯子'。皆以字形相似而误。"**而利其唇呡也，**毕云："呡，'瞖'字省文。说文云：'吻，口边也。'又有'瞖'字，云：'或从月、从昏。'此省'日'耳。"**中实将欲其国家邑里万民刑政者也。**此句有脱字，吴钞本"欲"下有"为"字。**今也王公大人之所以蚤朝晏退，**蚤，旧本作"早"，今据吴钞本改。**听狱治政，终朝均分而不敢怠倦者，何也？**旧本"敢"下有"息"字，即"怠"之衍文。毕云："一本无此字，是。"今据删。**曰：彼以为强必治，不强必乱；强必宁，不强必危，故不敢怠倦。今也卿大夫之所以竭股肱之力，殚其思虑之知，**吴钞本作"智"。**内治官府，外敛关市、山林、泽梁之利，以实官府，而不敢怠倦者，何也？曰：彼以为强必贵，不强必贱；强必荣，不强必辱，故不敢怠倦。今也农夫之所以蚤出暮入，强乎耕稼树艺，多聚叔粟，**叔，旧本误"升"，今据王校正。**而不敢怠倦者，何也？曰：彼以为强必富，不强必贫；强必饱，不强必饥，故不敢怠倦。今也妇人之所以夙兴夜寐，**毕云："旧脱'以'字，据上文增。"案：吴钞本不脱。**强乎纺绩织纴，多治麻統葛绪，**毕校"統"作"緰"，云："说文云：'緰，丝曼延也。'绪，'纻'字假音。"王云："毕说非也。'統'当为'丝'，非乐篇作'多治麻丝葛绪'，是其证。墨子书言'麻丝'者多矣，未有作'麻統'者。且麻丝为古今之通称，若統为丝曼延，则不得与麻并举矣。盖俗书'緜〔一〕'字作'綿',与'丝'相似,故'丝'讹为'緜',非说文之'緜'字也。"苏云:"'緜'、'丝(絲)'盖形近而误,'绪'盖与'絮'通。"案:王说是也。绪,当依毕读作"纻"。说文糸部云:"绪,丝耑也。""纻,檾属。细者为绖,布白而细曰纻。"重文紵,云:"纻或从绪省。"此与说文或体声同。苏谓"絮通",非是。**捆布縿,**毕云:"说文云:'稇,絭束也。'此俗写。"案:孟子滕文公篇云"捆屦织席",赵注云:"捆犹叩椓也。织屦欲使坚,故叩之也。"孙氏音义云:"案许叔重云:捆,织也。从木者,误也。"淮南子修务训云"捆纂组",高注云:"捆,叩椓。"此文本书凡三见,辞过篇作"梱",非乐上篇作"綑",惟此作"捆",与孟子、淮南书字同。然"梱"、"綑"、"捆"三字说文并无之,惟禾部有"稇"字,故毕以为即"稇"之俗。盖从困、从囷,声形并相近,故展转讹变,错异如是,要皆"稇"之俗别矣。縿,当依王校作"缲",详非乐上篇。**而不敢怠倦者,何也?曰:彼以为强必富,不强必贫;强必暖,不强必寒,故不敢怠倦。今虽毋在乎王公大人,蕢若信有命而致行之,**毕读"蕢"字句断,云:"此'贵'字假音。"俞云:"'蕢'字乃'藉'字之误。藉若,犹言假如也,本书屡见。"案:俞说近是,毕读非。**则必怠乎听狱治政矣,卿大夫必怠乎治官府矣,农夫必怠乎耕稼树艺矣,妇人必怠乎纺绩织纴矣。王公大人怠乎听狱治政,卿大夫怠乎治官府,则我以为天下必乱矣。农夫怠乎耕稼树艺,妇人怠乎纺绩织〔二〕纴,则我以为天下衣食之财将必不足矣。若以为政乎天下,上以事天鬼,天鬼不使;**毕云:"当为'使'字。"王云:"尔雅:'使,从也。'天鬼不从,犹上文言上帝不顺耳。小雅雨无正篇云'不可使得罪于天子',郑笺训使为从。管子小匡篇'鲁请为关内之侯,而桓公不使'、'邢请为关内之侯,而桓公不使',不使谓不从也。'使'非

〔一〕依上下文意,"緜"当作"綿"。王注谓"綿"字俗写作"綿",其形与"丝(絲)"相近,故本篇正文"麻丝"误作"麻緜"。
〔二〕"绩织"二字原误倒,据毕沅刻本乙。

'便'字之误。"案:王说是也。**下以持养百姓**,持,旧本作"待"。王云:"'待'字义不可通。'待养'当为'持养',字之误也。周官服不氏'以旌居乏而待获',注:'待当为持。'天志篇曰'食饥息劳,持养其万民',荀子劝学篇曰'除其害者以持养之',荣辱篇曰'以相群居,以相持养',杨倞注:'持养,保养也。'分言之,则曰持、曰养。管子明法篇曰'小臣持禄养交'、晏子春秋问篇曰'士者持禄,游者养交'是也。"案:王说是也,苏校同,今据正。**百姓不利,必离散不可得用也。是以入守则不固,出诛则不胜。故虽昔者三代暴王桀纣幽厉之所以共抎其国家、**毕云:"抎,失。"王云:"'共'字义不可通,当是'失'字之误。隶书'失'字或作'失',与'共'相似。说文:'抎,有所失也。'尚贤篇云'失损其国家,倾覆其社稷',抎、损古字通。天志篇云'国家灭亡,抎失社稷',齐策云'守齐国,唯恐失抎之',皆其证。"**倾覆其社稷者,此也。**

是故子墨子言曰:今天下之士君子,中实将欲求兴天下之利,除天下之害,当若有命者之言,不可不强非也。旧本此十三字脱落不完,作"当若有命者言也"七字。王云:"此本作'当若有命者之言,不可不强非也'。淮南修务篇注曰:'强,力也。'言有命之言,士君子不可不力非之也。中篇作'不可不疾非',疾亦力也。下文曰'将不可不察而强非者此也',是其证。今本'言'上脱'之'字,'也'上脱'不可不强非'五字,则义不可通。"案:王校是也,今据补。**曰:命者,暴王所作,穷人所术,**术与述通,见上。**非仁者之言也。**旧本"仁"作"人",误,今据道藏本、吴钞本正。**今之为仁义者,将不可不察而强非者此也。**

非儒上第三十八阙

非儒下第三十九

毕云:"孔丛诘墨篇多引此词。此述墨氏之学者设师言以折儒也。故亲士诸篇无‘子墨子言曰’者，翟自著也，此无‘子墨子言曰’者，门人小子臆说之词，并不敢以诬翟也，例虽同而异事。后人以此病翟，非也。说文云：‘儒，柔也，术士之称。’”案：荀子儒效篇云：“逢衣浅带，解果其冠，略法先王而足乱世；术缪学杂，举不知法后王而一制度，不知隆礼义而杀诗书；其衣冠行伪已同于世俗矣，然而不知恶者；其言议谈说已无以异于墨子矣，然而明不能分别；呼先王以欺愚者而求衣食焉，得委积足以揜其口，则扬扬如也；随其长子，事其便辟，举其上客，億然若终身之虏而不敢有他志，是俗儒者也。”是周季俗儒信有如此所非者，但并以此非孔子，则大氏诬诋增加之辞。儒墨不同术，亦不足异也。毕氏强为之辩，理不可通。

儒者曰：“亲亲有术，尊贤有等。”王引之云：“此即中庸所谓‘亲亲之杀，尊贤之等’。今云‘亲亲有术’者，杀与术声近而字通也。说文‘杀（殺）’字从殳，杀声，而无杀字。五经文字曰：‘杀，古杀字。’今案杀字盖从乂，术声。说文：‘乂，芟草也。从丿乀相交。’或从刀作‘刈’。广雅：‘刈，杀也。’哀元年左传‘艾杀其民’，艾与乂、刈同，是乂即杀也。故杀字从乂，而以术为声。‘乂’字篆文作‘乂’，今在术字之上，故变曲为直而作‘乂’，其实一字也。说文无乂部，故杀字无所附而不收。‘杀’与‘术’并从朮声，故声相近。转去声，则‘杀’音色介反，‘术’音遂，声亦相近。故墨子书以‘术’为‘杀’。”**言亲疏尊卑之异也。**孔颖达礼记正义云：“五服之节，降杀不同，是亲亲之衰杀。公卿大夫其爵各异，是尊贤之等。”案：墨子下文亦专举丧服言，盖欲破亲亲有杀，以佐其兼爱、节葬之说也。**其礼曰：“丧父母三年，**旧本下有“其”字，毕云：“其与期同，言父在为母期也。”王云：“‘其’字涉下文‘伯父叔父弟兄庶子其’而衍。节葬篇‘父母死丧之三年’下无‘其’字，是其证。毕读其为朞，而以‘丧父母三年其’为句，大误。”案：王说是也，今据删。礼，盖即指丧服经。**妻、**毕云：“旧脱此字，据下文增。”**后子三年，**后子，详节葬篇。**伯父叔父弟兄庶子其，**毕云：“与‘期’同。”诒让案：公孟篇正作“期”。**戚族人五月。”**以上述丧服，并详节葬篇。**若以亲疏为岁月之数，**

则亲者多而疏者少矣，是妻、后子与父同也。若以尊卑为岁月数，则是尊其妻子与父母同，而亲伯父宗兄而卑子也。“宗兄”，见曾子问，言適长为宗子者，故下文云“其宗兄守其先宗庙数十年”。卢云：“似当云‘而卑与子同也’。”王引之云：“‘而卑子也’当作‘卑而庶子也’，而读为如，言卑其伯父宗兄如庶子也。上文云‘伯父叔父弟兄庶子其’。今本‘卑而’二字倒转，又脱‘庶’字。”王念孙云：“‘亲伯父宗兄’，‘亲’当为‘视’，言视伯父宗兄如庶子之卑也。‘视’、‘亲(親)’字相似，又涉上下文‘亲’字而误。淮南兵略篇‘上视下如弟’，今本‘视’讹作‘亲’。”俞云：“王氏引之谓‘而读为如’，当从之。惟谓当作‘卑如庶子’，则以意增益，未为可据。今按‘视伯父宗兄如卑子’者，‘卑子’即庶子，乃取卑小之义。僖二十二年左传‘公卑邾’，杜注曰：‘卑，小也。’故凡从卑得声者，并有小义。汉书卫青传‘得右贤裨王十余人’，师古曰：‘裨王，小王也，若言裨将也。’然则‘卑子’之称，正与‘裨王’、‘裨将’一律矣。”案：俞说近是。“卑子”疑当为“婢子”，见左文元年传。“卑”即“婢”之省。**逆孰大焉？**吴钞本“逆孰”到。**其亲死，列尸弗敛，**小尔雅广言云：“列，陈也。”旧本脱“敛”字。毕云：“弗与袚同。”王云：“丧礼无袚尸之事，毕说非也。此本作‘列尸弗敛’，今本脱‘敛’字耳。死三日而后敛，则前二日犹未敛也，故曰‘列尸弗敛’。列者，陈也。钞本北堂书钞地部二引此正作‘列尸弗敛’。”案：王校是也，今据补。**登屋窥井，挑鼠穴，探涤器，而求其人焉**〔一〕。此非丧礼之复也。士丧经云“复者，升自前东荣中屋，北面招以衣，曰：皋某复”，是登屋也。说文水部云：“涤，洒也。”涤器，洒濯之器，若槃匜之属。“窥井”以下，并丧礼所无，盖谩语也。**以为实在，则赣愚甚矣；**书钞地部引“实”作“诚”。毕云：“说文云‘赣，愚也’，‘愚，赣也’，玉篇‘赣，陟绛切’，颜师古注汉书‘古音下绀反，今则竹巷反’。”**如其亡也，必求焉，伪亦大矣。**王引之云：“‘如其亡也’二句，与‘伪’字义不相属。‘如’当为‘知’，言既知其亡，而必求之，则伪

〔一〕“焉”，原作“矣”，据毕沅刻本改。按：墨子各本均作“焉”，本书作“矣”系误字。

而已矣。”苏说同。**取妻，身迎，祇褍为仆，**毕云：“说文云：‘祇，敬也。’‘褍，衣正幅。’则‘褍’亦正意，与端同。”王校作“祇〔一〕”，云：“毕说非也。‘祇’当为‘袨’，隶书‘祇’字作‘[衤互]’，与‘袨’相似，故‘袨’误为‘祇’。袨褍即玄端也。周官司服‘其齐服有玄端素端’，郑注曰：‘端者，取其正也。’服虔注昭元年左传曰：‘礼，衣端正无杀，故曰端。’端与褍同，故说文以‘褍’为‘衣正幅’也。玉篇：‘袨，黑衣也。’淮南齐俗篇‘尸祝袀袨，大夫端冕’，高注曰：‘袀，纯服。袨，黑斋衣也。’即周官所云‘齐服玄端’也。庄子达生篇‘祝宗人玄端’，即淮南所云‘尸祝袀袨’也。”诒让案：士昏礼“亲迎，主人爵弁纁裳缁袘”，郊特牲说诸侯则玄冕，此云玄端者，盖据庶人摄盛之服言之。**秉辔授绥，**士昏礼云“婿御妇车，授绥”，郑注云：“婿御者，亲而下之。绥，所以引升车者。仆人必授人绥。”此上云“为仆”，即指亲御之事。**如仰严亲，**俞云：“‘仰’当作‘御’，字之误也。天志下篇‘以御其沟池’，王氏引之谓‘御’当为‘抑’。隶书‘抑’、‘御’两形相似而误，正可与此互证。”诒让案：此非昏礼之亲迎也，若然，墨氏之昏礼无亲迎。**昏礼威仪，如承祭祀。颠覆上下，悖逆父母，下则妻子，**毕云：“言为妻子法则。”案：此疑当重“父母”二字。“父母下则妻子”，言丧父母下同妻子也。今本涉上文脱“父母”二字，遂与下句文例不合，毕说失之。**妻子上侵。事亲若此，可谓孝乎？儒者：**毕云：“儒，旧作‘传’，据下文改。当云‘儒者曰’。”王云：“晏子春秋外篇‘行之难者在内，而儒者无其外’，‘儒’亦误作‘传’。”**迎妻，妻之奉祭祀，**吴钞本“妻”不重，疑当作“迎妻与之奉祭祀”。说文舁部“与，古文作‘𠀤’”，与“妻”篆文形近，又涉上而误。礼记哀公问：“公曰：冕而亲迎，不已重乎？孔子对曰：合二姓之好，以继先圣之后，以为天地宗庙社稷之主，君何谓已重乎？”墨子所非，与哀公言相类。**子将守宗庙，故重之。**哀公问：“孔子曰：妻也者，亲之主也，敢不敬与？子也者，亲之后也，敢不敬与？”**应之**

〔一〕正文作“祇”，从示。王念孙读书杂志意改“祇”为“祇”，而校“祇”为“袨”之误。孙云“王校作‘祇’”，未确。

曰：此诬言也。其宗兄守其先宗庙数十年，死，丧之其；毕云："同'期'。"兄弟之妻奉其先之祭祀，弗散。卢云："当为'服'。"则丧妻、子三年，必非以守奉祭祀也。"守"下据上文当有"宗庙"二字。夫忧妻、子以大负絫，"忧妻子"谓优厚于妻子，犹下文云"厚所至私"也。国策赵策云"夫人优爱孺子"。说文夊部云："忧，和之行也"引诗曰"布政忧忧"，今诗商颂长发作"优"。案：古无"优"字，优厚字止作"忧"，今别作"优"，而以"忧"为"惪愁"字。墨子书多古字，此亦其一也。以与已同，言偏厚妻子已为大负愆絫，乃又饰辞文过，托之奉祭祀、守宗庙，故下云"又曰所以重亲也"。有曰有当读为又。"所以重亲也"。为欲厚所至私，毕云："旧作'和'，以意改。"轻所至重，岂非大奸也哉！

有强执有命以说议曰：上有字亦读为又。"寿夭贫富，安危治乱，固有天命，不可损益。庄子至乐篇："孔子曰：命有所成而形有所适也，夫不可损益。"穷达赏罚，幸否毕云："说文云：'幸，吉而免凶也。从屰，从夭。夭死之事，故死谓之不幸。'"有极，广雅释诂云："极，中也。"逸周书命训篇云："天生民而成大命，命司德正之以[一]祸福，立明王以顺之。曰：大命有常，小命日成，成则敬，有常则广，广以敬命，则度至于极。"此古说有命之遗言也。人之知力，吴钞本"知"作"智"。不能为焉。"群吏信之，则怠于分职；庶人信之，则怠于从事。吏不治则乱，旧本脱"吏"字，王据上文补。农事缓则贫，贫且乱政之本，王云："此句有脱文。"诒让案：疑当作"倍政之本"，下文云"倍本弃事而安怠傲"。而儒者以为道教，是贼天下之人者也。贼，旧本讹作"贱"，今依王、苏校正，详尚贤中篇。

且夫繁饰礼乐以淫人，旧本无"乐"字，吴钞本有，以下句文例校之，有者是也。下文"晏子曰：好乐而淫人"，可证，今据补。久丧伪哀以

〔一〕"以"字原脱，据逸周书命训篇补。

谩亲，毕云："说文云：'谩，欺也。'玉篇云'莫般、马谏二反'，陆德明周礼音义云'徐望仙反'。"**立命缓贫而高浩居，**毕云："同'傲倨'，说文云：'居，蹲也。'"案：毕据史记孔子世家，义亦见后。**倍本弃事而安怠傲。**毕云："旧作'彻'，以意改。"**贪于饮食，**旧本作"酒"，今据吴钞本校改，下亦云"得餍饮食"。**惰于作务，**荀子非十二子篇云："偷儒惮事，无廉耻而耆饮食，必曰君子固不用力，是子游氏之贱儒也。"此所非与彼相类。**陷于饥寒，危于冻馁，无以违之。**礼记缁衣郑注云："违犹辟也。"**是若人气，**若，道藏本作"苦"，吴钞本同。案："人气"疑当作"乞人"，此冢上饥寒冻馁而言。气与乞通，古"乞"作"气"，即云气字。下文云"夏乞麦禾"，是其证。**鼸鼠藏，**毕云："尔雅有鼸鼠，陆德明音义云：'孙炎云：鼸者，颊裹也。郭云：以颊内藏食也。字林云：即鼢鼠也。'说文云：'鼸，𪕋也。'玉篇云：'鼸，胡簟切，田鼠也。''鼸'旧作'鼰'，误。"诒让案：夏小正云："正月，田鼠出。田鼠者，嗛鼠也。"嗛、鼸字通。谓儒者得食则藏之，若鼸鼠裹藏食物矣。**而羝羊视，**毕云："尔雅云：'羊：牡，羒。'注：'羝。'广雅云：'三岁[一]曰羝。'说文云：'羝，牡羊也。'陆德明音义云：'字林云：牂羊也。'然则羝、羒、牂皆牡羊。"**贲彘起。**毕云："易大畜云'豮豕之牙'，崔憬曰：'说文：豮，剧豕。今俗犹呼剧猪是也。'案：说文作'羠豕'，崔以意改之。羠与犗义同。剧者，犗假音。玉篇云：'豮，扶云切，犗也。'"**君子笑之，怒曰："散人，焉知良儒！"**毕云："汉书云'宂食'，注曰：'文颖曰：宂，散也。'说文云：'宂，椒也。从宀[二]，儿在屋下，无田事。'玉篇云：'如勇切。'则此云'散人'，犹宂人。"案：庄子人间世篇"匠石梦栎社，曰：而几死之散人"。此述儒者诟君子之语，毕氏读"散人"句断，误。**夫夏乞麦禾，**疑脱"春乞"云云。"夫"似即"春"字上半缺剥仅存者。**五谷既收，大丧是随，**言秋冬无可乞，则为人治丧以得食

〔一〕"三岁"，原误"二岁"，据广雅释兽改。
〔二〕"宀"，原误"⼧"，据毕沅刻本改。

也。**子姓皆从，**特牲馈食礼云“子姓兄弟，如主人之服”，郑注云：“所祭者之子孙，言‘子姓’者，子之所生。”丧大记云“卿大夫父兄子姓立于东方”，注云：“子姓，谓众子孙也。‘姓’之言生也。”国语楚语“帅其子姓”，韦注云：“众子姓，同姓也。”列子说符篇张注云：“种姓也。”**得厌饮食，毕治数丧，足以至矣。**“至”下疑有脱文。**因人之家翠，**毕云：“广雅：‘膟，肥也。’此古字。”王引之云：“‘因人之家肥’，文不成义。‘翠’当读为‘睟’，玉篇‘睟，思醉切’，广韵云：‘货也。’谓因人之家财也。韩子说疑篇‘破家残睟’是也。古无‘睟’字，故借‘翠’为之。”**以为，**毕云：“疑有脱字。”案：以文例校之，“因人之家”与下“恃人之野”文正相对，疑当作“因人之家以为翠”。“翠”当依毕训为“肥”。此特文误倒耳，无脱字也。**恃人之野以为尊，**毕云：“言禾麦在野。”**富人有丧，乃大说喜，曰：“此衣食之端也。”**此与荀子所谓“得委积足以揜其口，则扬扬如也”者相类。

儒者曰：君子必服古言然后仁。王云：“‘服古言’三字文义不顺，当依公孟篇作‘必古言服然后仁’。”俞云：“此本作‘君子必古服古言然后仁’，脱上‘古’字。公孟篇作‘必古言服然后仁’，亦当作‘必古言古服’，脱下‘古’字。”案：王说是也。**应之曰：所谓古之言服者，皆尝新矣，**旧本脱“言服”二字，今依王引之校增。谓古言服，其始制之时皆为新，积久乃成古也。**而古人言之、服之，则非君子也。然则必服非君子之服，言非君子之言，而后仁乎？**旧本“古人言之服之”，脱“言之”二字；“则非君子也”，脱“非”字；“服非君子之服”，上“服”字讹作“法”，并依王引之校增。

又曰：君子循而不作。顾云：“广雅释言：‘循，述也。’论语曰：‘君子述而不作。’”**应之曰：古者羿作弓，**吕氏春秋勿躬篇云“夷羿作弓”。毕云：“羿，羿省文。说文云：‘羿，古诸侯也，一曰射师。’”诒让案：说文弓部云：“芎，帝喾射官，夏少康灭之。”羿、芎音义同。作弓者自是古射官，非夏少康所灭者。**伃作甲，**史记夏本纪“帝少康崩，子帝予立”，索隐云：“予，音宁。系本云‘季杼作甲’者也。”国语鲁语云“杼能帅禹者也，夏后氏报焉”，韦注云：“杼，禹后七世少康之子季杼也。”毕云：“仔即杼，少康子。”卢云：“世本作‘舆’。”诒让案：史记索隐及费誓正义引世本并作“杼”，卢据玉海所引，未塙。**奚仲作车，**吕氏春秋君守篇同，高注云：“奚仲，黄帝之后，任姓也。传曰：为夏车正，封于薛。”说文车部云：“车，夏后时奚仲所造。”山海经海内经云“奚仲生吉光，吉光是始以木为车”，郭注云：“世本云奚仲作车。此言吉光，明其父子共创作意，是以〔一〕互称之。”续汉书舆服志刘注引古史考云：“黄帝作车，引重致远，其后少昊时驾牛，禹时奚仲驾马。”依谯周说，奚仲驾马，车非其所作，司马彪、刘昭并从之，于义为长。**巧垂作舟。**毕云：“北堂书钞引作‘倕’，太平御览作‘锤’，事类赋引作‘工倕’。太平御览引有云‘禹造粉’，疑在此。”俞云：“‘巧垂’当作‘功垂’，字之误也。周官肆师职注曰：‘古者工与功同字。’然则‘功垂’即‘工垂’也。庄子胠箧篇‘攦工倕之指’，释文曰：‘倕音垂，尧时巧者也。’尧典‘咨！垂，女共工’，是称工垂者，工其官，垂其名。”案：山海经海内经云“义均是始为巧倕，是始作下民百巧”，楚辞九章亦云“巧倕”，又见七谏。俞说未塙。**然则今之鲍、函、车、匠**毕云：“考工记有‘函、鲍’，郑君注云：‘鲍读为鲍鱼之鲍，书或为鞄。苍颉篇有鞄䩮。’陆德明音义云：‘刘音仆。’说文云：‘鞄，柔革工也。从革，包声，读若朴。周礼曰：柔皮之工鲍氏。鞄即鲍也。’”**皆君子也，而羿、仔、奚仲、巧垂皆小人邪？且其所循，人必或作之，**言所述之事，其始必有作之之人也。**然则其所循皆小人道也？**也、邪古通，吴钞本作“耶”。

又曰：毕云：“‘又’旧作‘人’，以意改。”**君子胜不逐奔，**穀梁隐五年传云“伐不逾时，战不逐奔”，司马法仁本篇云“古者逐奔不过百步〔二〕”，又天子之义篇云“古者逐奔不远”，墨子所述儒者之言与穀梁同。荀子议兵篇亦云“服者不禽，犇命者不获”。**揜函弗射，**揜，吴钞本作“掩”。礼记表记郑注云：“揜，犹困迫也。”案：“函”疑“亟”之形误，下同，详鲁问篇。仪礼聘礼郑

〔一〕“是以”二字原误倒，据山海经海内经郭璞注乙正。
〔二〕“步”，原误“里”，据活字本改，与司马法仁本合。

注云“宾之意不欲奄卒主人也”，此“揜亟”亦“奄卒”之意，谓敌困急则不忍射之也。韩非子外储说左上云“宋襄公曰：寡人闻君子曰：不推人于险，不迫人于厄”，即此义。又疑“函”当为“臽”之误，说文臼部云：“臽，小阱也。”今经典通作“陷”，汉书司马迁传“函粪土之中而不辞”，汉纪“函”作“陷”。于义亦通。**施则助之胥车。**毕云：“‘施’旧作‘强’，据下文改。”案：毕因下文“施”字两见，故据改，然“施”、“强”义并未详。似言军败而走，则助之挽重车，而文有脱误。**应之曰：若皆仁人也，则无说而相与。**句。**仁人以其取舍是非之理相告，无故从有故也，弗知从有知也，无辞必服，见善必迁，何故相？**王云：“‘何故相’下当有‘与’字，而今本脱之，则义不可通。相与谓相敌也，古谓相敌为相与。襄二十五年左传‘一与一，谁能惧我’，哀九年传‘宋方吉，不可与也’，越语‘彼来从我，固守勿与’，与字并与敌同义。言既为仁人，则无辞必服，见善必迁，何故两相敌也。上文曰‘若皆仁人也，则无说而相与’，是其明证矣。”**若两暴交争，其胜者欲不逐奔，揜函弗射，施则助之胥车，虽尽能，犹且不得为君子也。意暴残之国也，圣将为世除害，**“圣”下疑脱“人”字。**兴师诛罚，胜将因用儒术令士卒曰：**旧本“儒”作“传”，王云：“‘传术’二字义不可通，‘传术’当为‘儒术’。‘毋逐奔’云云，皆儒者之言也，故曰‘用儒术令士卒’。隶书‘儒’或作‘僡’，‘传(傳)’或作‘傅’，二形相似而误。上文‘儒者迎妻’，‘儒’误作‘传’。”案：王说是也，今据正。**“毋逐奔，揜函勿射，施则助之胥车。”暴乱之人也得活，天下害不除，**王云：“‘也’字涉上下文而衍。此言暴乱之人为天下害，圣人兴师诛罚，将以除害也。若用儒术令士卒曰‘毋逐奔’云云，则暴乱之人得活，而天下之害不除矣。是‘暴乱之人’下本无‘也’字。”**是为群残父母而深贱世也，**戴云：“‘贱’乃‘贼’字之误。”**不义莫大焉！**

又曰：君子若钟，毕云：“‘君’旧作‘吾’，据上文改。”**击之则鸣，弗击不鸣。**此亦见公孟篇公孟子告墨子语。学记云：“善待问者如撞钟,叩之以小者则小鸣,叩之以大者则大鸣。”毕云:“此出说苑,云‘赵襄子谓子路曰:吾尝问孔子曰先生事七十君,无明君乎?孔子不对,何谓贤邪?子路曰:建天下之鸣钟,撞之以筳,岂能发其音声哉’。”案:说苑所云与此文义绝不相应,毕援证未当。**应之曰:夫仁人事上竭忠,事亲得孝,务善则美,有过则谏,**俞云:“‘得’字、‘务’字传写互易。‘事亲务孝’,言事亲者务为孝也,与‘事上竭忠’相对。得善则美,言有善则美之也,与有过则谏相对。”**此为人臣之道也。今击之则鸣,弗击不鸣,隐知豫力,**毕云:“言隐其先知豫事之识。”俞云:“豫犹储也。荀子儒效篇‘仲尼将为司寇,鲁之鬻牛马者不豫贾’,家语相鲁篇‘孔子为政三月,则鬻牛马者不储贾’,是豫与储义通。‘隐知’、‘豫力’,两文相对,言隐藏其知,储蓄其力也。毕失其义,并失其读。”案:毕读固误,俞释豫为储亦非。“豫”当为“舍”之假字,豫从予声,古音与“舍”同部。节葬下篇云“无敢舍余力,隐谋遗利,而不为亲为之者矣”,“隐知”犹彼云“隐谋”,“豫力”即彼云“舍余力”也。号令篇云“舍事后就”,亦与此义同。豫,古无储训,荀子“不豫贾”,“豫”当如周礼司市注“诳豫”之义。家语改“豫”作“储”,乃王肃私定,非古训也。**恬漠待问而后对,**尔雅释言云:“漠,清也。”汉书贾谊传颜注云:“漠,静也。”淮南子诠言训云“故中心常恬慔”,泰族训云“静莫恬淡”,宋本“莫”作“漠”。“漠”、“慔”、“莫”并通。**虽有君亲之大利,弗问不言。若将有大寇乱,盗贼将作,若机辟将发也,**毕云:“辟同闢。”案:毕说非也,庄子逍遥游篇云“中于机辟,死于罔罟”,释文引司马彪云:“辟,罔也。”又山木篇云“然且不免于罔罗机辟之患”,盐铁论刑德篇云“罻罗张而县其谷,辟陷设而当其蹊”,则“机辟”盖掩取鸟兽之物。“辟”字又作“臂”,楚辞哀时命云“外迫胁于机臂兮,上牵联于矰隿”,王注云:“机臂,弩身也。”案尔雅释器云:“繴谓之罿。”司马彪释“辟”为“罔”,盖即以为“繴”之借字。王说与司马义异,未知孰是。**他人不知,己独知之,虽其君亲皆在,不问不言,是夫大乱之贼也!以是为人臣不忠,为子不孝,事兄不弟交,**疑“友”之误。**遇人不贞良。夫执后不言之朝物,**执后不言,谓拘执居后,不肯先言之。朝物,疑有脱误。**见利使己,虽恐后言,**苏云:"'使'当作'便','虽'当作'唯'。"俞云:"'虽'当作'唯',古字通也。盖言利之所在,唯恐后言也。下文云'君若言而未有利焉,则高拱下视,会噎为深,曰:惟其未之学也',正与此文反复相明。言苟无利,则君虽言之,而己亦以未学谢也,正所以破儒者'击之则鸣,弗击不鸣'之说。"**君若言而未有利焉,则高拱下视,**说文手部云:"拱,敛手也。"**会噎为深,**毕云:"说文云:'哙,咽也,读若快。''噎,饭窒也。'会与哙同,不言之意。"**曰:"唯其未之学也。"**唯,旧本作"惟",据吴钞本改。"其"当为"某"。**用谁急,**句。**遗行远矣。**"谁"当作"虽"。盖言事急则退避而远行。荀子非十二子篇云"正其衣冠,齐其颜色,嗛然而终日不言,是子夏氏之贱儒也",此所非与彼相类。

夫一道术学业,仁义也〔一〕**。皆大以治人,小以任官,远施周偏,**旧本"皆"讹"昔","周"讹"用",并从王校正。偏,吴钞本作"遍",毕本同。王云:"与'遍'同,毕本改为'遍',非。详非攻下篇。"**近以修身,**旧本"修"作"循",王云:"此文本作'皆大以治人,小以任官,远施周偏,近以修身',言君子之行仁义,皆大以治人,小以任官,远则所施周遍,近则以修其身也。今本'皆'作'昔','周'作'用','修'作'循',则义不可通。隶书'修'、'循'相乱。"案:王说是也,今并据正。**不义不处,非理不行,务兴天下之利,曲直周旋,利则止,**俞云:"'利则止'当作'不利则止',传写脱'不'字也。非乐上篇曰'必务求兴天下之利,除天下之害,将以为法乎天下,利人乎即为,不利人乎即止',与此文有详略,而义正同。"**此君子之道也。以所闻孔某之行,**毕云:"'某'字旧作孔子讳,今改,下放此。"**则本与此相反谬也。**谬,吴钞本作"缪"。**齐景公问晏子曰:"孔子为人何如?"晏子不对,公又复问,不对。**吴钞本无"复"字。**景公曰:"以孔某语寡人者众矣,俱以贤人也。**"以"下当

〔一〕"也",原误"者",据毕沅刻本改。按:各本均作"也",无作"者"者,此孙本梓误。

据孔丛子诘墨篇增"为"字。今寡人问之,而子不对,何也?"晏子对曰:"婴不肖,不足以知贤人。虽然,婴闻所谓贤人者,入人之国,必务合其君臣之亲,而弭其上下之怨。孔某之荆,史记孔子世家楚昭王迎孔子至楚,事在哀公六年。知白公之谋,而奉之以石乞,白公,楚平王孙,名胜。其与石乞作乱事,见哀十六年左传。此事不可信。列子说符篇、吕氏春秋精通篇、淮南子道应训并载白公与孔子问答,或因彼而误传与?君身几灭,而白公僇。毕云:"孔丛诘墨云:'白公乱在哀公十六年秋也,孔子已卒十旬。'"苏云:"此诬罔之辞,殊不足辨。唯据白公之乱在景公卒后十二年,而晏子之卒更在景公之先,又安能预知后事,而先与景公言之?"婴闻贤人得上不虚,得下不危,言听于君必利人,教行下必于上,俞云:"此本作'教行于下必利上',与上句'言听于君必利人'相对为文。'教行'下脱'于'字,而'利'字又误作'于',义不可通矣。"是以言明而易知也,行明而易从也,旧本作"行易而从也",王云:"'行易而从'文不成义,当作'行明而易从',与上句文同一例。下文曰'行义可明乎民',又曰'行义不可明于民',皆其证。"案:王说是也,今据正。行义可明乎民,谋虑可通乎君臣。今孔某深虑同谋以奉贼,俞云:"'同'乃'周'字之误。'深虑'、'周谋'相对为文,言其虑深沉,其谋周密也。"劳思尽知以行邪,劝下乱上,教臣杀君,毕云:"'孔丛引'杀'作'弑'。"非贤人之行也;入人之国而与人之贼,非义之类也;知人不忠,趣之为乱,毕云:"趣读促。"非仁义之也。毕云:"脱字。"逃人而後谋,避人而後言,"言"上"後"字旧本作"后",今据吴钞本改。行义不可明于民,明,吴钞本作"谋",误。谋虑不可通于君臣,婴不知孔某之有异于白公也,是以不对。"景公曰:"呜乎!道藏本、吴钞本作"呼"。贶寡人者众矣,仪礼士昏礼记云"吾子有贶命",郑注云:"贶,赐也。"此"贶"与"贶命"义同。毕云:"'贶'当为‘况’，此俗写。”非夫子，则吾终身不知孔某之与白公同也。”

孔某之齐，见景公。史记孔子世家以此为昭公二十五年鲁乱，孔子适齐以后事。景公说，欲封之以尼谿，史记孔子世家同，晏子春秋外篇作“尔稽”。孙星衍云：“‘尼’、‘尔’，‘稽’、‘谿’，声皆相近。”诒让案：尼谿地无考，吕氏春秋高义篇又作“景公致廪丘以为养”。以告晏子。晏子曰：“不可。夫儒，浩居而自顺者也，卢云：“晏子外篇与此多同，‘浩居’作‘浩裾’。”毕云：“案史记作‘倨傲自顺’。”顾云：“汉书酷吏郅都传‘丞相条侯至贵居也’，读作‘倨’。”诒让案：王制云“丧祭，用不足曰暴，有余曰浩”，郑注云：“浩犹饶也。”“居”、“裾”并“倨”之假字。家语三恕篇云“浩裾者则不亲”，王肃注云：“浩裾，简略不恭之貌。”大戴礼记文王官人篇云“自顺而不让”，又云“有道而自顺”，孔广森云：“自顺，谓顺非也。”不可以教下；好乐而淫人，晏子作“好乐缓于民”。不可使亲治；立命而怠事，不可使守职；宗丧循哀，毕云：“孔丛、史记‘宗’作‘崇’。”诒让案：宗、崇字通。诗周颂烈文郑笺云：“崇，厚也。”书盘庚伪孔传云：“崇，重也。”循，史记、孔丛作“遂”。晏子作“久丧道哀”。王云：“‘循’、‘遂’一声之转。遂哀，谓哀而不止也。三年问曰：‘三年之丧，二十五月而毕，若驷之过隙。然而遂之，则是无穷也。’”不可使慈民；晏子作“子民”，慈、子字通。礼记缁衣云“故君民者子以爱之，则民亲之”，又云“故长民者章志贞教，尊仁以子爱百姓”。国语周语云“慈保庶民，亲也”。机服勉容，卢云：“晏子作‘异于服，勉于容’。”诒让案：大戴礼记本命篇卢注云：“机，危也。”危服，盖犹言危冠。勉，“俛”之借字。考工记矢人“前弱则俛”，唐石经“俛”作“勉”，是其证也。机服勉容，言其冠高而容俛也。不可使导众。孔某盛容脩饰以蛊世，吴钞本“脩”作“修”，晏子作“盛声乐以侈世”。文选西京赋薛综注云：“蛊，惑也。”弦歌鼓舞以聚徒，繁登降之礼以示仪，务趋翔之节以观众，趋，吴钞本作“趍”。观，旧本作“劝”，吴钞本作“观”，与晏子外篇合，今据正。博学不可使议世，博，旧本作“儒”。毕云：“晏子‘儒’作

'博','议'作'仪'。"王云:"作'博'者是,此言孔子博学而不可以为法于世,非讥其儒学也。今本作'儒学'者,'博'误为'传',又误为'儒'耳。隶书传、儒相似,说见上文。仪、议古字通。"案:王说是也,今据正。**劳思不可以补民,**毕云:"三字旧脱,卢据晏子增。"**絫寿不能尽其学,当年不能行其礼,**当年,壮年也,详非乐上篇。抱朴子外篇省烦引墨子作"累世不能究其学,当年不能究其事",与史记略同。**积财不能赡其乐,繁饰邪术以营世君,**毕云:"说文云:'謍,惑也。'家语云'营惑诸侯',高诱注淮南子曰:'营,惑也。'营同謍,謍与眴音相近。"**盛为声乐以淫遇民,**晏子作"以淫愚其民"。案:遇与愚通,详非命下篇。毕云:"当为'愚民'。"**其道不可以期世,**俞云:"晏子春秋杂篇作'其道也不可以示世',此文'期'字亦'示'字之误。古文'其'字作'亓',见集韵,'示'误为'亓',因误为'期'矣。"**其学不可以导众。**毕云:"孔丛作'家',非。"**今君封之,以利齐俗,**晏子作"今欲封之,以移齐国之俗"。毕云:"史记云'君欲用之,以移齐俗',作'移'是。"**非所以导国先众。"公曰:**毕云:"二字旧脱,据孔丛增。"**"善!"**吴钞本又无此字。**于是厚其礼,**毕云:"'厚其'二字旧脱,卢据晏子增。"**留其封,敬见而不问其道。**问,吴钞本作"利",误。**孔某乃恚,**旧本作"孔乃志"。道藏本"孔"下又空一字,季本、吴钞本并作孔子讳,今据增"某"字。晏子作"仲尼乃行"。毕本"志"改"恚",云:"'恚'旧作'志',卢改。"**怒于景公与晏子,乃树鸱夷子皮**毕云:"即范蠡也。韩非子云:'鸱夷子皮事田成子,成子去齐,走而之燕,鸱夷子皮负传而从。'按史记货殖传云:'范蠡变名易姓,适齐,为鸱夷子皮。'"苏云:"据史记,范蠡亡吴后,乃变易姓名适齐,为鸱夷子皮。然亡吴之岁乃孔子卒后六年,景公卒后十七年,又安知蠡之适齐而树之田氏之门乎?此与庄周所言孔子见盗跖无异,真齐东野人之语也。"诒让案:淮南子氾论训云:"昔者齐简公释其国家之柄,而专任大臣,故使陈成田常、鸱夷子皮得成其难。"说苑指武篇又云:"田成子常与宰我争,宰我夜伏卒,将以攻田成子。鸱夷子皮闻之,告田成子。"即此。

于田常之门，田常即陈恒，见春秋哀十四年经。公羊"恒"作"常"。庄子盗跖篇云"田成子常杀君窃国，而孔子受币"，盖战国时有此诬妄之语。钱大昕云："田常弑君之年，越未灭吴，范蠡何由入齐？此淮南之误也。"**告南郭惠子以所欲为**，荀子法行篇有南郭惠子问于子贡，杨注云："未详其姓名。盖居南郭，因以为号。庄子有南郭子綦。"案：见齐物论篇。南郭惠子，尚书大传略说作"东郭子思"，说苑杂言篇作"东郭子惠"。史记索隐引世本陈成子弟有惠子得，或即此人。朱彝尊孔子弟子考谓即卫惠叔兰，谬。**归于鲁。有顷，间齐将伐鲁**，毕云："言伺其间。"苏云："'间'当作'闻'。"案：苏校亦通。**告子贡曰："赐乎！举大事于今之时矣！"乃遣子贡之齐，因南郭惠子以见田常，劝之伐吴，以教高、国、鲍、晏，使毋得害田常之乱，劝越伐吴。三年之内，齐吴破国之难**，史记孔子弟子列传载田常欲作乱于齐，惮高、国、鲍、晏，故移其兵欲以伐鲁。孔子闻之，使子贡至齐，说田常伐吴，又说吴救鲁伐齐，与齐人战于艾陵，大破齐师。越王闻之，袭破吴。越绝书陈成恒内传所载尤详，云"子贡一出，存鲁、乱齐、破吴、强晋、霸越"，即其事。**伏尸以言术数**，吴钞本无"言"字。苏云："当云'不可以言计数'也，'尸'下脱'不可'二字。"案：苏校未塙，依吴本则"术"当读为遂，月令"审端径术"，郑注云："术，周礼作'遂'。"此当为"隧"之假字，谓伏尸之多，以隧数计，犹言以泽量也。或云当作"以意术数"，意、言篆文相近，即"亿"之省。术、率通，详明鬼下篇。广雅释言云："率、计，校也。"犹言以十万计，亦通。**孔某之诛也。**毕云："言孔子之责也。"苏云："'诛'当作[一]'谋'。"

孔某为鲁司寇，史记孔子世家云："定公九年由司空为大司寇。"**舍公家而奉季孙。**毕云："'奉'旧作'于'，据孔丛改。"**季孙相鲁君而走**，经传无此事，亦谩语也。**季孙与邑人争门关**，说文门部云："关

〔一〕"作"，原误"读"，据苏时学墨子刊误卷一改。

(闗),以木横持门户也。”**决植。**“决植”上疑有脱文。尔雅释宫云“植谓之传”,郭注云:“户持锁植也。”一切经音义引三苍云:“户旁柱曰植。”毕云:“列子云‘孔子劲能招国门之关,而不肯以力闻’,吕氏春秋慎大云‘孔子之劲,举国门之关,而不肻以力闻’,云‘决植’,即其事也。说文云:‘植,户植也。’似言季氏争关而出,孔子决门植以纵之。”诒让案:左传襄十年“偪阳人启门,诸侯之士门焉。县门发,郰人纥抉之,以出门者”,孔疏:“服虔云:抉,撅也。谓以本橛抉县门,使举,令下容人出也。”“决”疑“抉”之借字,又疑流俗传讹,以郰大夫事为孔子也。淮南子道应训云“孔子劲杓国门之关”,又主术训“孔子力招城关”,高注云:“招,举也。以一手招城门关端,能举之。”

孔某穷于蔡陈之间,毕云:“孔丛‘穷’作‘戹’。”**藜羹不糂,**内则郑注云:“凡羹齐宜五味之和,米屑之糁。”毕云:“艺文类聚引作‘藜蒸不糂’,北堂书钞作‘不糁’,太平御览作‘糂’,一作‘糁’。荀子云‘七日不火食,藜羹不糂’,杨倞云:‘糂与糁同,苏览反。’说文云:‘糂,以米和羹也,一曰粒也。古文糂从参。’则糂、糁古今字。”**十日,子路为享豚,**“享”,吴钞本作“亨”。毕云:“孔丛、太平御览引‘享’作‘烹’,俗写耳,‘享’即‘烹’字。”王云:“‘为’字后人所加。‘享’即今之‘烹’字也,经典省作‘亨’,后人误读为燕享之‘享’,故又加‘为’字耳。孔丛子诘墨篇、艺文类聚兽部中、太平御览人事部百二十七、饮食部十一、兽部十五引此皆作‘子路烹豚’,无‘为’字。”**孔某不问肉之所由来而食;**毕云:“艺文类聚引作‘不问肉所从来即食之’。”**号人衣**毕云:“号,‘褫’字之误,孔丛作‘剥’。”诒让案:说文衣部云:“褫,夺衣也。”非攻上篇云“扡其衣裘”,扡、褫字同。**以酤酒,**酤,吴钞本作“沽”。毕云:“孔丛‘酤’作‘沽’,同。”**孔某不问酒之所由来而饮。哀公迎孔某**〔一〕**,**孔子穷于陈、蔡之间,在哀公六年。十一年,季康子迎孔子自卫反鲁,即其时也。**席不端弗坐,**弗,吴钞本作“不”,下句仍作“弗”。

〔一〕“孔某”,原作“孔子”,据毕沅刻本改。按墨子旧本并作“孔丘”,毕刻避讳悉改作“孔某”,本书依毕刻,上下文均作“孔某”。此处作“孔子”实笔误,各本无作“孔子”者,今改同毕刻。

论语乡党篇云"席不正不坐",皇侃义疏云:"旧说云,铺之不周正则不坐之也,故范宁云正席所以恭敬也。"**割不正弗食。**文选王昭君词李注引两"弗"字并作"不"。论语乡党篇文同,皇疏云:"古人割肉必方正,若不方正割之,故不食也。"江熙云:"杀不以道为不正也。"案:此当从皇说,江说非。**子路进,请曰:"何其与陈、蔡反也?"**毕云:"文选注引'反'作'异'。"**孔某曰:"来!吾语女。**旧本作"与女"。毕云:"当为'语女'。"案:道藏本、季本并作"语女",吴钞本作"语汝",今据正。**曩与女为苟生,**毕云:"苟且。"王云:"毕说非也。'苟'读为'亟其乘屋'之'亟'。亟,急也。说文:'苟,自急敕也。从羊省,从勹口。勹口犹慎言也。'与'苟且'之'苟'从草者不同〔一〕。'曩与女为苟生,今与女为苟义'者,'曩'谓在陈蔡时也,'今'谓哀公赐食时也。苟,急也。言曩时则以生为急,今时则以义为急也。若以'苟'为'苟且'之'苟',则'苟义'二字义不可通矣。文选石崇王昭君辞注引此亦误以为'苟且'之'苟'。案'苟'字不见经典,唯尔雅'亟,速也',释文曰:'亟字又作苟,同,居力反。'此释文中仅见之字。释文而外,则唯墨子书有之,亦古文之仅存者,良可贵也。"俞云:"王氏以'苟'为说文'自急敕'之'苟',然求之文义,亦似未合。本文言'为苟生'、'为苟义',不言以生为急、以义为急也。此字仍当为'苟且'之'苟'。苟生者,苟可以得生而止也;苟义者,苟可以得义而止也。仪礼燕礼、聘礼记并有'宾为苟敬'之文,郑注聘礼曰'燕私乐之礼,崇恩杀敬也',又曰'苟敬者〔二〕,主人所以小敬也',然则苟敬之义,亦谓苟可以致敬而止。此言'为苟生'、'为苟义',正与'为苟敬'一律。盖古语有然,未可臆改也。淮南子缪称篇云'小人之从事也,曰苟得;君子之从事也,曰苟义',文义正与此相近。"案:俞说亦通。**今与女为苟义。"**毕云:"旧云'曩与女为苟义',脱五字,据文选注增。"**夫饥约则不辞妄取以活身,**旧本"辞"下有"忘"字,毕云:"此字衍。"案:道藏本、吴钞本、季本并无,今据删。

〔一〕说文训"自急敕"之"苟"从"羊"省文,本写作"茍",与"苟且"之"苟"从"艹"头不同字。今写则无区别。

〔二〕"者",原误"也",据诸子平议改,与聘礼郑玄注合。

赢饱则伪行以自饰，旧本“赢”作“羸”，又脱“则”字。王云：“‘羸饱伪行以自饰’，本作‘赢饱则伪行以自饰’，赢之言盈也。僖二十八年左传‘我曲楚直，其众素饱’，杜注曰：‘直，气盈饱。’‘盈饱’即‘赢饱’，正对上文‘饥约’而言。今本‘饱’下脱‘则’字，‘赢饱’又讹〔一〕作‘羸饱’，则义不可通。”案：吴钞本正作“赢”，今据补正。**污邪诈伪，**吴钞本“污邪”倒。**孰大于此！**

孔某与其门弟子闲坐，曰：“夫舜见瞽叟就〔二〕然，毕云：“旧作‘然就’，孙以意改。孟子云‘舜见瞽叟，其容有蹙’，韩非子忠孝云‘记曰：舜见瞽叟，其容造焉。孔子曰：当是时也，危哉，天下岌岌’，荀子亦同作‘造’。案‘就’、‘蹙’、‘造’三音皆相近。”诒让案：礼记曲礼“足蹙”，释文云：“蹙，本又作‘蹴’。”大戴礼保傅篇“灵公造然失容”，贾子胎教篇作“戚然易容”，新序杂事篇作“灵公蹴然易容”。此书以“就”为“蹙”、为“造”，犹新序以“蹴”为“戚”、为“造”也。孟子赵注云：“其容有蹙踖，不自安也。”又公孙丑篇“曾西蹴然”，注云：“蹴然，犹蹙踖也。”**此时天下圾乎！**毕云：“‘圾’旧作‘坡’，以意改。孟子、韩非子作‘岌岌’。”诒让案：孟子万章篇云“孔子曰：于斯时也，天下殆哉，岌岌乎”，赵注云：“孔子以为君父为臣。岌岌乎，不安貌也，故曰‘殆哉’。”庄子天地篇云“殆哉，圾乎天下”，郭注云：“圾，危也。”管子小问篇云：“桓公言欲胜民，管仲曰：危哉，君之国岌乎。”义并同。**周公旦非其人也邪？**“非其人”疑当作“其非人”。人与仁字通。言周公不足为仁，即指下“舍其家室”而言。三国志魏志裴松之注及长短经惧诫篇并引尸子云：“昔周公反政，孔子非之曰：周公其不圣乎？以天下让，不为兆民也。”非仁与不圣之论略同，盖战国时流传有是语。又案：诗小雅四月云“先祖匪人，胡宁忍予”，人亦即仁字，言先祖于我其不仁乎？彼“匪人”与此“非人”文意字例并同。郑诗笺云：“我先祖非人乎？”则诂“人”如字，失其旨趣，此可以证其误。**何为舍亓家室而托寓也？”**“舍亓”，旧本作“舍亦”，卢校改为“亦舍”，毕本从之。王云：“‘亦’字义不可通，‘亦’当为‘亓’。亓，古‘其’字也。墨子

〔一〕“讹”，原误“伪”，据读书杂志改。
〔二〕“就”，原误“孰”，据毕沅刻本改。

书'其'字多作'亣',说见公孟篇。耕柱篇曰'周公旦辞三公,东处于商奄',盖即此所谓'舍其家室而托寓者'。卢改'舍亦'为'亦舍',非是。"案:王说是也,今据正。以上并谓孔子诬舜与周公也。**孔某所行,心术所至也。其徒属弟子皆效孔某,**徒属犹言党友,故后兼举阳货、佛肸言之。吕氏春秋有度篇云:"孔墨之弟子徒属,充满天下。"**子贡、季路辅孔悝乱乎卫,**毕云:"旧脱'乱'字,据孔丛云'以乱卫'增。"诒让案:庄子盗跖篇:"跖曰:子路欲杀卫君而事不成,身菹于卫东门之上,是子教之不至也。"案:子贡未闻与孔悝之难,亦谩语也。盐铁论殊路篇云:"子路仕卫,孔悝作乱,不能救君,出亡,身菹于卫。子贡、子皋遁逃,不能死其难。"然则时子贡或适在卫与?**阳货乱乎齐,**毕云:"孔丛作'鲁'。"诒让案:此当从孔丛作"鲁"。左传定九年阳货奔齐,又奔晋,无乱齐之事。论语皇疏引古史考,谓阳货亦孔子弟子,盖即本此书而误也。**佛肸以中牟叛,**论语阳货篇云:"佛肸召,子欲往。子路曰:佛肸以中牟畔,子之往也,如之何?"集解:"孔安国云:晋大夫赵简子之邑宰。"史记孔子世家:"佛肸为中牟宰,赵简子攻范、中行,伐中牟。佛肸畔,使人召孔子。"左传哀五年"夏,赵鞅伐卫,范氏之故也,遂围中牟",即其时也。肸盖范、中行之党,孔安国以为赵氏邑宰,误也。**桼雕刑残,**"桼"正字,经典多假"漆"为之。刑,吴钞本校改"形"。毕云:"孔丛作'漆雕开形残。诘曰:非行己之致'。"诒让案:孔子弟子列传尚有漆雕哆、漆雕徒父二人,此所云或非开也。韩非子显学篇说孔子卒后,儒分为八,有漆雕氏之儒,又云"漆雕之议,不色挠,不目逃,行曲则违于臧获,行直则怒于诸侯",此亦非漆雕开明甚,孔丛伪托,不足据也。俞正燮谓即漆雕冯。考漆雕冯见家语好生篇,说苑权谋篇又作漆雕马人,二书无形残之文。俞说亦不足据。刑、形字通,淮南子墬形训"西方有形残之尸",宋本"形"亦作"刑"。**莫大焉。**毕云:"'莫'上当脱一字。"**夫为弟子后生,**后生亦弟子也,耕柱篇"耕柱子遗十金于墨子,曰:后生不敢死",又云"后生有反子墨子而反者",并弟子之称。**其师,**"其"上有脱字。**必脩其言,**脩,吴钞本作"修"。**法其行,力不足、知弗及而后已。今孔某之行如此,儒士则可以疑矣。**

墨子间诂卷十

经上第四十

毕云："此翟自著，故号曰经，中亦无'子墨子曰'云云。按宋潜谿云：'上卷七篇号曰经，中卷、下卷六篇号曰论。'上卷七篇则自亲士至三辩也。此经似反不在其数。然本书固称经，词亦最古，岂后人移其篇第与？唐、宋传注亦无引此，故讹错独多，不可句读也。"案：以下四篇皆名家言，又有算术及光学、重学之说，精眇简奥，未易宣究。其坚白异同之辩，则与公孙龙书及庄子天下篇所述惠施之言相出入。庄子又云"相里勤之弟子五侯之徒，南方之墨者苦获、已齿、邓陵子之属，俱诵墨经而倍谲不同，相谓别墨，以坚白同异之辩相訾，以觭偶不仵之辞相应"，庄子言即指此经。晋书鲁胜传注墨辩叙云"墨辩有上下经，经各有说，凡四篇，与其书众篇连第，故独存"，亦即此四篇也。庄子骈拇篇又云："骈于辩者，累瓦结绳窜句，游心于坚白同异之间，而敝跬誉无用之言非乎？而杨墨是已。"据庄子所言，则似战国之时墨家别传之学，不尽墨子之本旨。毕谓翟所自著，考之未审。凡经与说旧并旁行，两截分读，今本误合并写之，遂掍淆讹脱，益不可通。今别考定，附著于后，而篇中则仍其旧。

故，所得而后成也。 毕云："说文云：'故，使为之也。'或与固同。事之固然，言已得成也。"案：此言"故"之为辞，凡事因得此而成彼之谓。墨子说与许义正同。毕疑“或与固同”，失之。张惠言云“故者，非性所生，得人为乃成”，尤误。**止，**谓事历久则止。**以久也。**毕云：“以同已。”张云：“止以久生。”案：毕说是也。**体，分于兼也。**周礼天官叙官郑注云：“体犹分也。”说文秝部云：“兼，并也。”盖并众体则为兼，分之则为体。毕云：“孟子云‘有圣人之一体’。”**必，**说文八部云：“必，分极也。”**不已也。**毕云：“言事必行。”**知，材也。**此言智之体也。毕云：“言材知。”张云：“知读智。”俞云：“经说上曰：‘知也者，所以知也。’所以知者，即智也。淮南子主术篇‘任人之才，难以至治’，高诱注曰：‘才，智也。’才与材通，才训智，故智亦训材。”**平，同高也。**诗小雅伐木郑笺云：“平，齐等也。”毕云：“言上平。”陈澧云：“此即海岛算经所谓两表齐高也。又几何原本云：‘两平行线内，有两平行方形，有两三角形，若底等，则形亦等。’其理亦赅于此。”案：陈说是也。洪颐煊谓“高”当是“亭”之讹，非。**虑，**说文心部云：“虑，谋思也。”**求也。**毕云：“谋虑有求。”**同，长以缶相尽也。**卢文弨云：“正，古文‘正’，亦作‘缶’。”毕云：“缶即正字。唐大周石刻‘投心缶觉’，如此。”诒让案：集韵四十五劲云：“正，唐武后作‘缶’。”亦见唐岱岳观碑。张云：“以，与也。长与正相尽，是较之而同。”陈云：“按几何原本：有两直线，一长一短，求于长线减去短线之度。其法以两线同辏圜心，以短线为界作圜，与长线相交，即与短线等。此即所谓‘以正相尽’也。云‘以正’者，圜线与两直线相交，皆成十字也。”**知，接也。**张云：“知读如字。”案：张说是也。此言知觉之知。淮南子原道训云：“感而后动，性之害也；物至而神应，知之动也；知与物接而好憎生焉。”毕云：“知以接物。”杨葆彝云：“庄子庚桑楚篇〔一〕：‘知者，接也。’”**中，同长也。**毕云：“中孔四量如一。”张云：“从中央量四角，长必如一。”俞云：“尔雅释言：‘齐，中也。’是中与齐同义，故以‘同长’释之。”陈云：“说云：‘中，自是往，相若也。’按几何原本云：‘圜界至中心，作直线俱等。’”**恕，明也。**恕，旧本讹“恕”，毕云“推己及人，故曰明”，张云“明于人己”，并非是。今从道藏本、吴

〔一〕“庚桑楚篇”，原误“庚桑篇”，据庄子补“楚”字。

钞本作“恕”。顾云:“恕即智字。”案:顾说是也。此言知之用。周礼大司徒郑注云:“知明于事。”**厚,有所大也。**张云:“大乃厚。”陈云:“说云:‘厚,惟无所大。’按几何原本云‘面者,止有长有广’,盖面无厚薄。言厚必先有面之长、广,故云‘有所大也’。其说云‘无所大’者,谓但言厚则无以见其长广也。”案:陈说非是。此云“有所大”者,谓万物始于有形,既有而积之,其厚不可极。说云“无所大”者,言无为有之本,有因无生,则因无而积之,其厚亦不可极。此皆比儗推极之语。说与经辞若相反,而意实相成也。庄子天下篇“惠施曰:无厚,不可积也,其有千里”,释文引司马彪云:“物言形为有,形之外为无,无形与有形相为表里,故形物之厚,尽于无厚。无厚与有,同一体也,其有厚大者,其无厚亦大。高因广立,有因无积,则其可积因不可积者,苟其可积,何但千里乎?”惠子语亦与此经略同。**仁,体爱也。**国语周语云“博爱于人为仁”,说苑修文篇云“积爱为仁”。张云:“以爱为体。”**日中,**句。**缶南也。**经说上无说。“缶”亦“正”字。中国处赤道北,故日中为正南。张云:“日中则景正表南。”**义,利也。**左昭十年传云:“义,利之本也。”孝经唐明皇注云:“利物为义。”毕云:“易曰:‘利者,义之和。’”**直,参也。**亦无说。毕云:“说文云:‘直,正见也。’论语:‘子曰:立则见其参于前。’”陈云:“此即海岛算经所谓后表与前表参相直也。”**礼,敬也。**乐记云:“礼者,殊事合敬者也。”**圜,**句。**一中同长也。**毕云:“‘一中’言孔也。量之四面同长。”张云:“立一为中,而量之四面同长,则圜矣。”邹伯奇云:“即几何言圜面惟一心,圜界距心皆等之意。”陈云:“几何原本云‘圜之中处为圜心’,一圜惟一心,无二心,故云‘一中’也。‘同长’,义见前。”刘岳云云:“此谓圜体自中心出径线,至周等长也。”**行,为也。**经说上云:“志行,为也。”**方,**句。**柱隅四讙也。**讙,吴钞本作“驩”,疑皆“杂”之误。吕氏春秋论人篇云“圜周复杂”,高注云:“杂犹匝。”淮南子诠言训云“以数杂之寿”,高注云:“杂,市也。”周髀算经云“圆出于方”,赵爽注云:“方,周匝也。”周易乾凿度郑康成注云:“方者,径一而匝四也。”此释方形为柱隅四杂者,谓方柱隅角四出,而方幂则四围周帀,亦即算术方一周四之义。方周谓之杂,犹吕览谓圜周为杂矣。杂守篇云“堑再杂”，与此“四杂”义正同。说苑修文篇云：“如矩之三杂、规之三杂，周则又始，穷则反本也。”彼云“矩三杂”疑当作“矩四杂”，古书“三”、“四”字积画，多互讹。毕云：“‘谨’疑‘维’字。”张云：“谨亦合也。”刘岳云云：“此谓方体四维皆有隅，等面、等边、等角也。”案：毕、张、刘说似并未塙。淮南子天文训高注云“四角为维”，若作“维”，则与“柱隅”义复，不若“四杂”之切也。**实，荣也**。毕云：“实至则名荣。”**倍，为二也**。毕云：“倍之是为二。”杨云：“即加一倍算法。”**忠，以为利而强低也**。毕云：“言以利人为志而能自下。”张云：“‘低’当作‘氐’。氐，根也，诗曰‘维周之氐’。”案：毕、张说并非也。“低”疑当为“君”，“君”与“氐”篆书相似，因而致误，“氐”复误为“低”耳。忠为利君，与下文孝为利亲文义正相对。荀子臣道篇云“逆命而利君谓之忠”，又云“有能比智同〔一〕力，率群臣百吏而相与强君挢君，君虽不安，不能不听，遂以解国之大患，除国之大害，成于尊君安国，谓之辅”。案：此云“强君”，与荀子义同。“以为利”，即解大患、除大害、尊君安国之事也。**端，体之无序而最前者也**。毕云：“序，言次序。说文云：‘耑，物初生之题也。’”张云：“无序，谓无与为次序。”王引之云：“‘序’当为‘厚’，经说上云：‘端。仳，两有端而后可。次，无厚而后可。’是其证也。无厚者，不厚也。训端以无厚者，凡物之见端，其形皆甚微也。‘厚’与‘序’隶书相似而误，说见非攻下篇。”陈云：“说云：‘端，是无同也。’按‘端’即西法所谓点也。‘体之无序’即西法所谓线也。‘序’如东序西序之序，犹言两旁也。几何原本云‘线有长无广’，无广是无两旁也。又云‘线之界是点’，点是线之尽处，是最前也。又云‘直线止有两端，两端之间上下更无一点’，是无同也。”案：诸说不同，王说义据最精，而与说不甚相应。经说上〔二〕“仳，两有端而后可”二句，则非此经之说，无从质定。依毕、张说，则“序”当为“叙”之假字，谓端最在前，无与相次叙者，故说云“端，是无同也”，似与说义尤合。鲁胜墨辩叙云“名必有分明，分明莫如有无，故有无序之辩”，盖即指此文，是晋时所传墨子亦作“无序”。两义未知孰是，姑并

〔一〕“同”字原脱，据荀子臣道补。
〔二〕“上”，原误“下”，据本书改。

存之。陈以点释端，甚精，而训序为旁，则亦未得其义。**孝，利亲也。**贾子道术篇云："子爱利亲谓之孝。"**有间，中也。**毕云："间隙是二者之中。"陈云："说云：'有间，谓夹之者也。''间'，谓夹者也。按几何原本云'直线相遇作角，为直线角'，又云'在多界之间为形'，皆是有间也，线与界夹之也。"**信，言合于意也。**言言与意相合，无伪饰。张云："不欺其志。"**间，不及旁也。**间，谓中空者，即上"有间，中也"之义。张云："不及于旁，谓隙中。"毕云"言间偞"，误。**佴，自作也。**毕云："说文云：'佴，佽也。'此云'自作'，未详也。"俞云："'作'疑'佐'字之误。尔雅释言：'佴，贰也。'佐与贰义相近。'作'、'佐'形似，又涉下文有三'作'字，故误耳。"案："作"疑当作"仳"。经说上有"仳"字，即"比"之借字。佴、比并训次。言自相次比，是谓之佴。说云"与人、遇人、众循"，即相次比之意也。节葬下篇云"佴乎祭祀"，亦次比之义。俞说未塙。**纑，间虚也。**卢云："纑犹坆垆之垆。"王引之云："卢说非也。纑乃栌之借字。经说上云'纑，间虚也者，两木之间，谓其无木者也'，则其字当作'栌'。众经音义卷一引三仓云：'栌，柱上方木也。'栌以木为之，两栌之间则无木，故曰'栌，间虚也者，两木之间，谓其无木者也'。"陈云："按九章算术刘徽注云'凡广从相乘谓之幂'，即此所谓'纑'也。又海岛算经云'以表高乘表间'，李淳风云'前后表相去为表间'，即所谓两木之间无木者。"案：王、陈二说不同，王说近是。"纑"、"栌"同声假借字。文选魏都赋李注引说文云"欂栌，柱上枅也"，礼记明堂位郑注作"欂卢"。释名释宫室云："栌〔一〕在柱端，如都卢负屋之重也。"欂栌单举之则曰栌。淮南子主术训云"短者以为朱儒枅栌"。**詶，**毕云："字书无此字。"诒让案：孟子"睊睊胥谗"，孙奭音义云："睊，一作詶。""詶"、"睊"、"狷"并同声假借字。**作嗛也。**洪云："字书无詶字，当与涓字同义。说文：'涓，小流也。'故此云'作嗛'也。'嗛'即慊字。"案："詶"当为"獧"之借字，字又作"狷"。论语云："狷者，有所不为也。"故经说上云："为是之诒彼也，弗为也。"狷，孟子作"獧"，同。作"嗛"者，国语魏策高注

〔一〕"栌"，原误"卢"，据释名释宫室改。

云："嗛，快也。"言狷者絜己心自快足。嗛，古或借"谦"、"慊"为之。大学"自谦"，郑注云："谦读为慊。慊之言厌也。"洪以謟为涓，非。读嗛为慊，则于义可通，然非厌足之本字也。**盈，莫不有也。**广雅释诂云："盈，满也。"**廉，作非也。**毕云："廉察之廉。作与狙声近，言狙伺。"案："廉，作非"与上文"謟，作嗛"文例同，则不当如毕读。"廉"疑当作"慊"。慊，恨也。作非，谓所为不必无非。故说云："己惟为之，知其䛕也。"**坚白，不相外也。**此即公孙龙坚白石之喻。不相外，言同体也，详经说上。**令，不为所作也。**毕云："言使人为之，不自作。"**撄，相得也。**庄子大宗师释文引崔撰云："撄，有所系著也。"毕云："玉篇云：'撄，结也。'"杨云："撄，引也。几何原本所谓线相遇也。"案：杨说亦通。**任，士损己而益所为也。**毕云："谓任侠。说文云：'甹，侠也。三辅谓轻财者为甹。'甹与任同。"**似，有以相撄，有不相撄也。**"似"当依说作"仳"，形近而误。仳与比通，言相合比者有相撄，相次比者不相撄。故下文云："次，无间而不相撄也。"**勇，志之所以敢也。**贾子道术篇云："持节不恐谓之勇。"毕云："敢决。"张云："志得勇乃敢。"**次，无间而不撄撄也。**张云："'撄'衍字。无间乃得不相撄而相次。"案："撄撄"当作"相撄"，非衍文。言两物相次，则中无间隙，然不相连合，故云"不相撄也"。**力，刑之所以奋也。**毕云："刑同形，言奋身是强力。"张云："形以力奋。"**法，所若而然也。**荀子不苟篇杨注云："法，效也。"毕云："若，顺。言有成法可从。"张云："若，如。"**生，刑与知处也。**毕云："刑同形，言人处世惟形体与知识。"张云："形体有知，是生也。"案：此言形体与知识合并同居则生，毕、张说并未憭。**佴，所然也。**吴钞本无"然"字。毕云："然犹顺，佴之言贰，或为佽字假音。说文云：'佽，必然也。'"案：尔雅释言云"佴，贰也"，郭注云："佴次为副贰。"次贰与顺义近。毕疑为佽之假音，则非。**卧，知无知也。**毕云："卧而梦，似知也，而不可为知。"案："知"即上"生，形与知处"之"知"，言知识存而卧时则无知也。毕谓梦知，则失之。**说，所以明也。**经说上无说。说文言部云："说，说释也。一曰谈说。”谓谈说所以明其意义。毕云:“解说。”**梦,卧而以为然也。**说文云:“寢,寐而有觉也。”“梦,不明也。”经典通假“梦”为“寢”。毕云:“言梦中所知,以为实然。”**攸不可,**尔雅释言云:“攸,所也。”然说无攸义。杨云:“攸,经说作‘彼’。”张云:“‘攸’当为‘彼’。”案:张校是也。下文“辩,争彼也”,“彼”,今本亦或作“攸”,是其证。**两不可也。**言既有彼之不可,即有此之不可,是彼此两皆不可也。**平,**句。**知无欲恶也。**说文兮部云:“平,正也。”谓欲恶两忘。**辩,争彼也。**彼,吴钞本作“攸”。**辩胜,**毕云:“读如胜负。”**当也。**毕云:“读如‘当意’。”**利,所得而喜也。**毕云“谓梦所见”,误。**为,**句。**穷知而儇于欲也。**毕云:“言知之所到而欲为。儇同悬。”张云:“儇犹系也。为必由知,而为之则系于欲。”案:此言为否决于知,而人为欲所县系,则知有时而穷。义详经说上。毕、张说未析。**害,所得而恶也。已,**句。**成、亡。**张云:“‘已’有二义。”**治,求得也。**毕云:“言事既治,所求得。”**使,**句。**谓、故。**谓,吴钞本作“为”,非。张云:“‘使’有二义。”毕云:“说文云:‘故,使为之也。’”**誉,明美也。**国语晋语韦注云:“明,箸也。”言箸人之善。**名,**句。**达、类、私。**张云:“‘名’有三义。”**诽,明恶也。谓,**句。**移、舉、加。**张云:“‘谓’有三义。”**举,拟实也。**说文手部云:“拟,度也。”谓量度其实而言之。张云:“以名拟实。”**知,**句。**闻、说、亲。**毕云:“‘闻’旧作‘间’,据经说上改。”案:言“知”有此三义。**名、实、合、为。**四者言异而义相因。张并上为一经,云“知有三,闻一,说二,亲三,皆合名实而成于为”,恐未塙。**言,出舉也。**谓舉实而出之口。张云:“言出名实。”**闻,**句。**传、亲。**传,道藏本、吴钞本并误作“博”。张云:“‘闻’有二。”**且,**毕云:“旧衍一‘且’字,以意删。”**言然也。见,**句。**体、尽。**张云:“‘见’有二。”钮树玉云“疑当‘见体’为句”,失之。**君、臣、萌,**毕云:“疑同‘名’,或同‘氓’。”钮云:“萌即氓字,上文已娄见。”案:钮说是也,详尚贤上篇。**通约也。**谓尊卑上下等差不一,通而约之，不过此三名，故说云“君以若名者也”。张云“君所以约臣民”，疑非。**合**，句。**缶、宜、必**。张云：“‘合’有三。”**功，利民也。欲缶权利，且恶缶权害**。大取篇云：“于所体之中而权轻重之谓权。权非为是也，亦非为非也。权，正也。断指以存擥，利之中取大，害之中取小也。”“且”字疑衍。**赏，上报下之功也。为**，句。**存、亡、易、荡、治、化**。张云：“‘为’有六。”**罪，犯禁也。同**，句。**重、体、合、类**。张云：“‘同’有四。”**罚，上报下之罪也。异**，句。**二、不体、不合、不类**。旧本“体”上脱“不”字，今依毕校补。吴钞本亦不脱。张云：“‘异’有四。”**同**，说作“侗”，通。**异而俱于之一也**。之一，犹言是一。谓合众异为一。**同异交得**，谓言语同异，各得其义。**放有无**。张云：“‘放’疑‘于’字之误。有无相交则得同异。”案：张说非是。“放”疑当为“知”。说云“恕有无”，“恕”当为“恕”之讹，知、恕字同。**久**，句。**弥异时也**。王云：“弥，遍也。”毕云“言不易其时，故曰久”，非。**宇**，句。**弥异所也**。旧本“宇”误“守”。毕云：“言不移其所，故曰守。”王引之云：“毕说非是。案‘守’当为‘宇’，字形相似而误。弥，遍也。宇者，遍乎异所之称也。经说上解此云‘宇，东、西、南、北’，东西南北可谓异所矣，而遍乎东西南北则谓之宇，故曰：‘宇，弥异所也。’高诱注淮南原道篇云：‘四方上下曰宇。’蔡邕注典引云‘四表曰宇’，四表即东西南北也。”案：王说是也，今据正。**闻，耳之聪也**。经说上无说，疑有缺佚。**穷**，句。**或有前，不容尺也**。有前，谓有端也。经说上云“尺前于区穴而后于端”，盖以布幅为喻，自端至尺为半，不容尺，谓不及半，明其易穷也。**循所闻而得其意**，毕云：“循，犹云从。”**心之察也**。无说。毕云：“‘之’旧作‘也’，据下文改。”**尽**，句。**莫不然也。言，口之利也**。无说。**始，当时也。执所言而意得见，心之辩也**。无说。说文言部云：“辩，治也。”**化**，句。**征易也**。杨云：“验其变易也。”张云“征之言转”，未塙。**诺，不一，利用**。谓辞气不同，于用各有所宜，若说所云五诺也。**损，**说文手部云："损，减也。"**偏去也。**毕云："言损是去其半。"**服执說。**音利。毕云："'音利'二字旧注，未详其义。"诒让案：说文言部云："說，言相說伺也。"唐韵音女加切，与利音绝远。集韵六至利纽下亦不收此字。惟十二霁有說字，音研计切，伺也。类篇言部又引埤仓云"詀說，言不同也，居佳切"，并与利音不相应。考说释此文云"执服难成，言务成之，九则求执之"，以相推校，疑"音利"当作"言利"，二字本是正文，误作小注。说"九"或即"說"之坏字。求执，即说文所谓"言相說伺也"。传写舛误，改"言利"二字为小注，校者不憭，又改"言"为"音"，緟悂貤谬，遂不可究诘矣。服，谓言相从而不执。执，谓言相持而不服。說，则不服不执而相伺，若鬼谷子所谓抵巇者。三者辞义不同而皆利于用。上文云"言，口之利也"，又云"诺，不一，利用"。此以"服执說"为言之利，与彼义盖略同。**巧转则求其故。**"转"当为"传"，声同字通，说云"观巧传法"是也。故，谓旧所传法式。国语齐语云"工相语以事，相示以巧"，考工记云"知者创物，巧者述之"。传法求故，即所谓述也。此与下文"法同则观其同，法异则观其宜"句法正同，说亦并为一条释之。毕、张读"巧转"为句，"则求其故大益"为句，并缪。**大益。**无说，未详其义。此与前云"损，偏去也"损益义似正相对，疑谓凡体损之则小，益之则大也。以旁行句读次第校之，疑当在"巧转则求其故"句上，错箸于此，而又佚其说耳。**儇，稘秪。**吴钞本作"祇"。毕云："稘，经说上作'昫'。"诒让案：当为"环俱柢"，皆声之误。俱，说作"昫"，音亦相近。秪，说作"民"，当作"氏"，即"柢"之省。尔雅释言云："柢，本也。"毛诗节南山传云："氐，本。"是二字义同。凡物有耑则有本，环之为物，旋转无耑，若互相为本，故曰"俱柢"。**法同则观其同。**礼记少仪云："工依于法。"**库，**卢云："'库'疑'庳'，与'障'同。见下文。"**易也。**洪云："'易'当是'物'字之讹。库者，物所藏也。"案：此当从卢校作"庳"。经说下"景庳"，字亦误"库"，可证。但说无"易"，义未详。洪说缘误为训，不足据。**法异则观其宜。**句。**动，**句。**或从也。**"从"当作"徙"。经下篇云"宇或徙"，此与彼文义正同。彼"徙"字今本亦讹为"从"，可证。说文辵部云："徙，移也。""或"当为

"域"之正字。或徙,言人物移其故所处之地域,是动之理也。详经下。**止,**句。**因以别道。**谓道有宜止者,有不宜止者,因事以别也。与经下"止,类以行之"义亦略同。张云:"此句文法特与下篇首句相偶,疑下篇错简。"案:张说未塙。**读此书旁行。**张云:"此举例,下篇读亦旁行。"**讵无非。**毕云:"说文云:'非,违也,从飞下翍,取其相背。'言此篇当旁行读之,即正读亦无背于文义也。此篇旧或每句两截分写,如新考定本。故云旁行可读。"杨云:"'讵无非'三字经文。"案:杨说是也,毕释"无非"为无背之义,非是。"讵无非",谓圣人以正道,有所非与无所非同。说云"若圣人有非而不非",即释此经,可证。惟"读此书旁行"五字,为后人校书者附记篇末,传写者误羼入正文,又移箸于"讵无非"三字之上,而其义遂莫能通矣。又案:此经云"正无非",说则云"圣人不非",义虽可通,而"正"、"圣"二文究不甚合。窃疑此"正"亦当作"圣"。集韵四十五劲云"圣,唐武后作'𤯔'",今所见唐岱岳观碑则作"𡔈",盖从长从讵[一]从王,"讵"即"正"也,集韵字形微讹。此书"正"字皆用武后所制作"讵",此"圣"字或亦本作"𡔈",坏脱仅存"讵"形耳。惟说语简略,无可质证,附识于此,俟通学详定焉。

经下第四十一

止,句。**类以行人,**说云:"止,彼以此其然也,说是其然也;我以此其不然也,疑是其然也。"则是言辞相执拒之意,不当言"行人"。疑"人"当作"之"。"类以行之",谓以然不定其是非,可以类推,所谓同也。杨云:"小取篇:'夫辞,以类行者也。'"**说在同。**此亦取类推之义。经说上云:"有以同,类同也。"**所存与者,**张云:"'与'下脱'存'字。"案:张校是也。说云:"室堂,所存也;某子,存者也。"**于存与孰存。**下有脱文。**驷异说,**顾云:"当云'说在异',与'说在同'对文,而句多讹脱。"张云:"'驷'衍,'异说'

〔一〕"讵",原误"正",据活字本改。

下脱，疑当云'说在主'。"案：依顾、张说，则此当属上"所存"以下为一经，杨读则以此为下经发端语，三说未知孰是。但此经不必与"说在同"对文，顾校恐非。依说，似杨读近是。"驷"疑当为"四足牛马"，四字讹脱合并为一字。说云"谓四足兽与牛马与"，谓与说义同。**推类之难，**言"四足兽"为总名，而兽各自有散名，不能以类推也。**说在之大小。**"之"上疑脱"名"字。凡总名为大，散名为小，详经说下。顾读"之"字句，亦非。**五行毋常胜，**张云："毋，无也。"**说在宜。**言视其生克之宜。**物尽同名，**物犹事也，谓意异而辞同。张读"物尽"属上，误。**二与斗，**句。**爱，食与招，**句。**白与视，**吴钞本作"二"。**丽与，**顾云："据说，似当有'暴'字。"**夫与履。**说作"屦"，义同。张云："同名之类有此十者。"案：当云十一者，义详经说下。**一，**句。**偏棄之。**棄，吴钞本作"弃"。经说下作"偏去"，与此下文及经上合。去、棄义同。谓凡物或分析一体为二，或絫比两一为二，皆可去其一偏。对下"不可偏去而二"为文。**谓而固是也，说在因。**说无"因"义，"因"盖与"固是"义同。公孙龙子坚白篇云"离也者，因是。力与知果，不若因是"，庄子齐物论篇云"因是因非，因非因是"。此云"固是"，犹言因是矣。或"固"当为"因"之误。毕读"固"字句断，云"言固陋"，失之。**不可偏去而二，**凡物有二斯有偏，有偏必可去其一，而体性相合者，则虽二而不可偏去，若下所云是也。**说在见与俱、**说文人部云："俱，偕也。"经上云："同，异而俱于之一也。"又经说上释"俱"为"合同"，并与此义合。言所见者为一，所含而不见者又为一，此皆名有二而不可偏去者也。即说坚白见不见之义。**一与二、**即说白一坚二色性同体者也。**广与修。**修，旧误作"循"。俞云："'循'乃'修'字之误，盖以'广'、'修'相对为文，隶书'修'与'循'相似。经说下篇'广循坚白'，'循'亦'修'之误。'广修'与'坚白'皆二字平列。"案：俞校是也，今据正。此言若平方之幂，有广有修，二者异名而数度相函，则二而仍一也。**无欲恶之为益损也，说在宜。**经上云"平，知无欲恶也"，说释以惔然。盖谓淡泊无所爱憎于人，已或益或损，随宜无定。或疑"为益损"当作"无益损”。张云“欲恶去之，有益有损，视其所宜”，亦通。**不能而不害，说在害。**经说下有说，而义多难通，大意似谓凡事有害于人者，不能不足为害。**损而不害，说在余。**说文食部云：“余，饶也。”谓物饶多，则损之为宜。**异类不吡，**吴钞本作“呲”。此当与经说上篇“仳”字声义同。毕云：“说文无此字，玉篇云：‘吡，呲必切，鸣吡吡。’”案：毕引玉篇，非此义。**说在量。**量，谓量度其理数之异同。**知而不以五路，说在久。**未详。**偏去莫加少，**去犹言相离。谓均分一体为二，是为两偏，然与其合时体多少无增减。**说在故。**言如故，即说云“无变”也。**必热，**依说疑当作“火不热”。火、必形近而误，又脱“不”字耳。庄子天下篇亦有此文。**说在顿。**说无“顿”义。疑当作“覩”。说文目部云：“睹，见也。古文作‘覩’。”说云：“以目见火，若以火见。火，谓火热也，非以火之热。”大意谓目中所见者火之光，不见其热也。**假必誖，**说文人部云：“假，非真也。”又言部云：“誖，乱也。或作‘悖’。”**说在不然。**说云“假必非也”，悖与非义同。正者为是，则假者为非，“非”即“不然”也。张云：“假者必悖，以其本不然也。”**知其所以不知，说在以名取。**张云：“名所知，而取于不知之中，则知不知。”**物之所以然，**句。**与所以知之，**句。**与所以使人知之，**句。**不必同，说在病。**说云：“物，或伤之，然也。”病与伤义同。**无不必待有，**句。**说在所谓。**言所谓不同。张云：“有有而无，有无而无，视其所谓。”**疑，**谓不可必。**说在逢、**句。**循、**句。**遇、**句。**过。**言疑含此四义。**擢虑不疑，**“擢”当作“搉”，形近而误，亦作“榷”。广雅释训云。“扬榷、嫥榷、无虑，都凡也。”凡古书言大略计算者，重言之曰扬榷、嫥榷、无虑；单言之则曰榷、曰虑。文选左思魏都赋云“榷惟庸蜀，与鸲鹆同巢”，荀子议兵篇云“虑率用赏庆、刑罚、埶诈而已矣”，杨注云：“虑，大凡也。”此又合两文言之曰“榷虑”，其义一也。**说在有无。**谓约计其大数。**合与一，**句。**或复否，说在拒。**张云：“或可合而一，或不可合而一，当拒其不合以为合。”

案:依张说,则相拒即不合,所谓否也。或云"拒"当为"矩",后文云"一法者之相与也尽类,若方之相合也,说在方",矩与方义同,亦通。说无,疑有阙佚。**且然,**句。**不可正,而不害用工,**工与功古字通用,工犹言从事也。"且然"者,将然而未然,不能质定,故不可正,而因时乘势,正可从事,故不害用工。孟子公孙丑篇云"必有事焉,而勿正","勿正"犹此云"不可正","有事"犹此云"用工"。孟子语意与此正同,赵岐注殊不了。**说在宜欧。**张云:"且然之事不可以为正,而可用力,当审其宜。"案:张读"说在宜"句,而以"欧"属下"物一体也"为句,杨读同。今考两章说皆无"宜欧"义,张、杨读未知是否。欧,吴钞本作"驱",以字形校之,与后文"寡区"颇相近,然义亦难通。且彼论鉴景,与此文亦不相应也。窃疑此当作"害区"。害与盖通,尔雅释言"盖、割,裂〔一〕也",释文引舍人本"盖"作"害",是其证。荀子大略篇云"言之信者,在乎区盖之间",汉书儒林传云"疑者丘盖不言",苏林注云:"丘盖不言,不知之意也。"案丘、区古音相近,见曲礼郑注。区盖者,当为疑信相参,疏略不尽之谓。韩诗外传云"殖尽于己,而区略于人",区盖犹区略也。此释"且然"为"害区"者,即荀子之"区盖",亦即"不可正"之义。经典凡言姑且、苟且者,并谓粗略不精。诗邶风泉水郑笺亦云:"聊,且略之辞。"**物一体也,**张以"欧物"连读,云:"'欧'或误或衍。"案:若如张读,则疑当为"数物"之误。说有"数牛"、"数马"、"数指"之文,或其义与?**说在俱一、惟是。**"惟"当作"唯"。经上云:"同,异而俱于之一也。""唯是"者,谓物名类相符,则此呼彼应而是也。说云"唯是,当牛马",即此义,详经说下。张云:"知俱则物一体矣。俱一,分也。惟是,合也。"案:"俱一"为合,"惟是"为分,张说失之。**均之绝不,**吴钞本作"否",古通用。**说在所均。**谓均其县,则将绝而不绝也。说云:"均,其绝也莫绝。"张云:"均者不绝,视其所均。"杨云:"列子'公子牟曰:发引千钧,势至等也'。"**宇或徙,**毕云:"旧作'从',以意改。"诒让案:说文戈部云:"或,邦也。"或从土作"域"。此即邦域正字,亦此书古字之一也。徙者,言宇之方位转徙不常,屡迁而无穷也。经说下云:"或,知是之非

〔一〕"裂",原误"烈",据尔雅释言改。

此也，又知是之不在此也，然而谓此南北，过而以已为然。”此云“徙”，即“不在是”及“过而以已为然”之义。**说在长宇久。**谓宇长行之必久，后文云“行修以久”，修即长也。**尧之义也，生于今而处于古，**“生于今”与“处于古”义迕，“生”疑当作“任”，形近而误。说云“举友富商也，是以名示人也”，任与举义同。言于今举尧之义。说下又云“在尧善治，自今在诸古也”，“在”疑亦“任”之误。**而异时，**古今异时。**说在所义。**说云“所义之实处于古”。二谓二人。张以此字属上“说在所义”为句，云“二，名实”，疑非。**临鉴而立，**句。**景到，**毕云：“即今‘影倒’字正文。”邹伯奇云：“谓洼镜也。”案：毕、邹说是也。说文日部云：“景，光也。”大戴礼记曾子天圆篇云：“故火日外景，而金水内景。”盖凡发光、含明及光所照物蔽而成阴，三者通谓之景。古无玻璃，凡鉴皆以金为之，此所论即内景也。到者，所谓格术。沈括梦溪笔谈云：“阳燧照物，迫之则正，渐远则无所见，过此则倒，中间有碍故也。如人摇橹，臬为之碍，本末相格，算家谓之格术。”郑复光镜镜诊痴云：“光线自阔而狭，名约行线。约行线愈引愈狭，必交合为一而成角，名交角线。两物相射，约行线自此至彼，若中有物隔，则约行线至所隔之物而止。设隔处有孔，则射线穿孔约行，不至彼物不止。如彼物甚远，则约行必交，穿交而过，则此之上边必反射彼下边，此之左边必反射彼右边者，势也。能无成倒影乎？搭影倒垂，此其理也。”**多而若少，**张云：“若，如也。”刘岳云云：“此为凹面回光镜也。凸面透光镜亦能令景颠倒。考工记‘金锡相和谓之鉴燧之剂’，据此，古无透光镜，知为凹面回光镜矣。依光学理，置一物于凹镜中心以外，即于凹镜中心与聚光点之间，成物颠倒之形象，但较之实形稍小。若以此物置于凹镜中心与聚光点之间，即在中心以外，亦成物颠倒之形，但较之实形稍大。此言‘多而若少’，与较实形稍小之款合，是以知人必立于凹镜中心以外也。”毕云“若犹顺”，疑误。**说在寡区。**张云：“区，所也。鉴之区甚寡。”案：张说未知是否。说亦无“寡区”义。窃疑当作“空区”，与经说上“区穴”义同。谓镜中洼如空穴。考工记凫氏郑注云“隧在鼓中窐而生光，有似夫隧”，是古阳遂即洼镜也。经说下此条之说在下文“住景二，说在重”之后，与此叙次不合，疑传写移易，非其旧也。**狗，犬也，**说文犬部云："犬，狗之有县蹄者也。""狗，孔子曰：狗，叩也，叩气吠以守。"尔雅释畜云："犬未成豪，狗。"此疑同尔雅义，谓同物而大小异名。**而杀狗非杀犬也，可，**庄子天下篇"辩者曰：狗非犬"，即此义。毕读"非"字句，失之。成玄英庄子疏引此作"然狗非犬也"，非元文。庄子释文司马彪云："狗犬同实异名，名实合，则彼所谓狗，此所谓犬也；名实离，则所谓狗异于犬也。"张云："既谓杀狗，即非杀犬。"**说在重。**经说上云："二名一实，重同也。"**鉴位，**毕云："当云'鉴立'，古位、立字通。"王云："上文云'临鉴而立'，此亦当云'临鉴立'。"**景一小而易，一大而缶，说在中之外内。**景，旧本讹"量"。张属上读，云："以鉴之位量景。易，衺也。中之内，正临鉴景起中也；中之外，侧临鉴景起外也。'一'之言或也。"王引之云："'量'当作'景'，字相似而误也。经说下言'鉴'、言'景'、言'易'、言'正'，并与此同，是其证。"俞云："易读为施。诗何人斯篇'我心易也'，释文曰'易，韩诗作施'，战国韩策'易三川而归'，史记韩世家作'施三川'，是易与施古字通。施者，邪也。淮南子要略篇'接径直施'，高注曰：'施，邪也。'孟子离娄篇'施从良人之所之'，赵注曰：'施者，邪施而行。'丁公著音迤。说文辵部：'迤，衺行也。'是'迤'正字，'施'假字，此作'易'者，又其假字也。'一小而易'犹言'一小而邪'，与'一大而缶'相对为文。经说下篇'木柂，景短大；木正，景长小'，以柂与正对，即其例也。"案：王、俞说是也，今据正。张读非是。经说下此条之说在下文"景之小大，说在地正远近"之后，与此叙次亦不合，盖传写移易，非其旧。**使，殷、美，**殷，说作"殿"。**说在使。**张云："'殷'当为'殿'。殿，下也，不美之名，亦有时而美，若军后曰殿也。在使之异。"案：张说迂曲，恐非。**鉴团，景一。**无说。说文口部云："团，圜也。"盖谓鉴正圜则光聚于一。梦溪笔谈云："阳遂向日照之，则光聚向内，离镜一二寸聚为一点，著物火发。"此与下文"不坚白"文义不相属，当自为一经，亦似尚有阙文。**不坚白，说在。**张云："此有脱。"案：张并上"鉴团，景一"为一经，非是。说似并入下"无久与宇，坚白，说在因"章释之。下文"荆之大"别为一经，与此不相冡也。**荆之大，其沈浅也，说在具。**

"沈"当为"沆";具,说作"贝",并当为"有",皆形之误。沆,谓泽也。吕氏春秋先己篇云"夏后伯启曰:吾地不浅",高注云:"浅,褊也。"言荆地广大,而其国所有之沆泽,则不害其褊浅,故云"说在有"。庄子天下篇"辩者曰:郢有天下",与此意异而辞可相证,义互详经说下。**无久与宇,坚白,说在因。**说无"久宇"及"因",义未详。张移箸前"宇或徙,说在长宇久"后。又云"无久者与长久者相为坚白",恐非。**以槛为抟,**杨云:"经说作'楹'。"诒让案:"槛"当为"楹"。抟,道藏本作"慱",吴钞本作"博",并非。以义考之,"抟"盖谓束木。备城门篇云:"疏束树木,令足以为柴抟。"楹,一大木所成;抟则合众小木为之。今以楹之大为抟之小,其类不相当,故云"无知"。**于以为无知也,说在意。**"意"即意度也。言意度之,而不识楹与抟之大小不相当,是为无知。**在诸其所然、未者然,**说云:"在尧善治,自今在诸古也。自古在之今,则尧不能治也。""在"疑当作"任"。"所然"谓所已然,即谓自今任诸古也。"未者然"疑当作"诸未然",即所谓自古任诸今也。古书"诸"或作"者",声之省也。"者未然"上亦尚有脱字,今无从校补。**说在于是推之。**说无"推"义。末二字或当在上文,作"推之诸未然"。又疑当属下读,则"推"为"椎"之误,下章说云"段椎锥俱事于履,可用也"是也。但椎之意义亦难通,疑未能明,不敢肊定。**意未可知,**此与下文不相属,说亦无此义。或当别为一经而脱其半,下经又脱其发端语,遂并为一与? **说在可用、过仵。**毕云:"即'午'字异文。玉篇云'仵,古吴切,偶敌也',非此义。"案:"过"当为"遇",形近而误。庄子天下篇"觭偶不仵",释文:"仵音误,徐音五,同也。"集韵十姥云:"仵,偶也。"此"仵"当即"牾"之异文。说文午部云:"午,牾也;牾,逆也。"广雅释言云:"午,仵也。"汉书天文志云"逜布于午",仵、牾与逜义并同。遇仵,犹言遇逜也。"可用遇仵",并见说,义详彼。毕、孙、王、杨皆读"过仵"属下"景不徙"为句,与说不合,不可从。**景不徙,说在改为。**徙,旧本讹"从"。王引之云:"'从'当为'徙'。徙,移也。列子仲尼篇'景不移者,说在改也',张湛注云'影改而更生,非向之景',引墨子曰‘景不移，说在改为也’，是其证。”案：王校是也，今据正。此景谓日光所照光蔽成阴。庄子天下篇云“飞鸟之景未尝动也”，释文引司马彪云“鸟动影生，影生光亡，亡非往，生非来。墨子曰：影不徙也”，正作“徙”，可以据校。以此经及庄、列、张、马诸说综合论之，大意盖谓景必亡而更生，始有更改，若其不亡，则景常在，后景即前景，无所改易。故说云“光至景亡，若在，尽古息”，“息”即“不徙”之义也。**一少于二，而多于五，**俞云：“数至于十则复为一，故‘多于五’。经说下篇曰：‘一，五有一焉，一有五焉。’五有一者，一二三四之一也；一有五者，一十、一百之一也。”**说在建。**张云：“建一为端，则一为十，是‘多于五’。”诒让案：说无“建”义，疑当作“进”，即算位之二五进一十也。**住景二，**“住”疑当作“位”，与立字同。见上文。**说在重。**张云：“住，止也。一止而二景，以鉴之重也。”案：张说未塙。说云“二光夹一光”，则当为回光之义。或谓“重”指二景重累，即光学家所谓光复浅深义，亦通，而与说不相应，恐非。**非半弗𣂺，**毕云：“玉篇云：‘𣂺，知略切，破也。’卢云：‘非此义。此当与斫斮义同。’沅案：‘𣂺’即‘斮’字异文耳。”杨云：“‘𣂺’同‘櫡’。”案：杨说是也。集韵十八药云：“櫡，说文‘斫谓之櫡’，或从斤作‘𣂺’。”此“𣂺”即“𣂺”之变体，旧本作“𣂺”，讹。𣂺、斫同诂，与斮音义亦略同，而字则异。毕说未审。**则不动，说在端。**若尽其端，则无半可言，是终古不能𣂺也，故云“不动”。**景到，在午有端与景长，说在端。**说云：“足敝下光，故成景于上；首敝上光，故成景于下。在远近有端与于光，故景庫内也。”此即光学所谓约行线由侈而敛，交聚成点，端即点也。张云：“午，交午也。”刘云：“古者横直交互谓之午，仪礼‘度而午’，注云‘一纵一横曰午’是也。其形为乂，乂者光线之交点。”案：张、刘训午为交点，是也。凡约行线中有物隔，则光线必交，穿交而过，则成倒景。“在午有端与景长”，“长”谓线，对“端”为点而言。谓凡光在交聚成点之时，则有碍于光线之行，故穿交而景到也。邹伯奇格术补云“密室小孔，漏光必成倒景。云鸟东飞，其影西逝”，又云“日无数光点俱射入小孔中，是为光线交，过孔则侈而至地，遂成日体之影”，皆可证此书之义。**可无也，**言凡有者必可无。**有之而不可去，**

说在尝然。"尝然"者,今虽无而实为昔之所有,故云"不可去"。张云:"本可无也,尝有之,则不可去。"**景迎日,说在抟。**说云"景,日之光反烛人,则景在日与人之间","迎日"即回光反烛之义。但说无"抟"义。上云"鉴团,景一",与此义异。抟,道藏本作"慱",吴钞本作"博",亦并难通。以形声校之,疑当作"转",谓鉴受日之光,转以射人成景,亦即反烛之义也。今本涉下而误耳。**缶而不可担,说在抟。**"担"当作"搯"。周礼矢人"夹而摇之",释文云:"摇,本又作'搯'。""搯"即"摇"之变体。汉隶凡从䍃之字,或变从舀。汉书天文志亦云:"元光中,天星尽摇。""搯"与"担(擔)"形近而误。史记建元以来王子侯表"千钟侯刘摇",汉书王子侯表作"刘担",是其证。说文手部云:"抟,圜也。"圜者随所置而正,故云"不可摇",义详经说下。道藏本"抟"作"搏",吴钞本作"博",并形之误。**景之小大,说在地缶远近。**"地"当为"㐌","㐌即迤之假字。"㐌"、"正"文正相对。言景随地面易也。说亦云远近㐌正,是其证。张云:"远则小,近则大。"刘云:"谓人与鉴相去远近也。依光学理,发光点与受光处距远,其景必小,较近,其景必巨。书与此款合也。"**宇进无近,说在敷。**说云:"进行者先敷近,后敷远。"说文支部云:"敷,敂也。"寸部云:"尃,布也。""敷"即"敷"之俗,义则与"尃"近,盖分布履步之谓。书禹贡云"禹敷土",义亦同。言宇宙虽大,而人行履步由近可以及远。张云"敷,至也,以近敷远",亦通。**天而必缶,**天,依说当作"大",即上文"一大而正"之义。**说在得。**说无"得"义。未详。**行循以久,**杨云:"循,经说作'修'。"张云:"循当为'修'。"案:张校是也。**说在先后。**句。**贞而不挠,说在胜。**杨云:"贞,经说作'负'。"诒让案:当为"负",说云"招负衡木"是也。说文木部云:"桡,曲木也。""挠"即"桡"之俗。**一法者之相与也尽,**王云:"毕以'一'字属上句,非。"案:张读亦与毕同,误。说云"一方尽类",则此"尽"下当脱"类"字。**若方之相合也,**合,旧本讹"召"。王引之云:"'召'当作'合'。经说下云'或木或石,不害其方之相台也','台'亦'合'之误。一,同也。一法,同法也。广雅:'与,如也。'尽犹皆也。言同法者之彼此相如也，皆若物之方者之彼此相合也。”案：王校是也，今据正。**说在方**。句。**契与枝板，说在薄**。张云：“‘契’当为‘挈’，‘枝’当为‘收’，‘板’字亦误。”案：张说是也。说云“挈，有力也”，又云“挈，上者愈得，下者愈亡。收，上者愈丧，下者愈得”，可证。“契”、“挈”同声假借字。说文手部云：“挈，县持也。”挈与提义同。“板”疑当作“仮”，仮、反同，谓挈与收二力相反也。或云涉上“收”字而衍，亦通。又说无“薄”义，疑当为“权”之误。**狂举不可以知异**，张云：“狂，妄也。”案：张说是也。“狂举”犹言妄说。亦见公孙龙子。详经说下。**说在有不可**。张云：“如非牛不可之类。”**牛马之非牛，与可之同，说在兼**。张云：“牛马非牛，或可或不可，专则不可，兼则可也。”诒让案：兼，谓兼举牛马也。荀子正名篇云“单足以喻则单，单不足以喻则兼”，即其义。“可之”疑当作“不可”，即承上经为文，言兼举牛马，则非牛亦非马，即不可谓之牛、谓之马也。**倚者不可正**，说云：“邪倚焉〔一〕则不正。”又疑此论转重法，则“正”或当为“止”。说又云：“梯者不得流。”流与止文相对。**说在剃**。说云“车梯”，则“剃”当作“梯”，盖声之误。**循此循此与彼此同，说在异**。说无“循”义。张云：“两‘循’字皆衍。此此，此之此也；彼此，彼之此也。各此其此，同也，其所以彼此异。”案：张说未知是否。**推之必往**，推，依说当作“柱”。“往”疑当作“住”。盖谓凡物楮柱之，则住而不动。说云：“方石去地尺，关石于其下，县丝于其上，使适至方石。不下，柱也。”住即不下之义。**说在废材**。废亦置也，谓置材于地，若说所云“方石”。说下又云“废石于平地”，此义与彼同。**唱和同患**，言唱而不和，和而不唱，其患同。详经说下。**说在功**。张云：“不唱不和俱无功。”**买无贵**，说云：“刀轻则籴不贵。”**说在仮其贾**。毕云：“仮，反字异文，下仿此。”诒让案：集韵二十阮：“反，或作‘仮’。”说文辵部“返”重文作“彶”，云：“春秋传返从彳。”“仮”盖“彶”之异文，假借为“反”字。张云：

〔一〕“焉”字原脱，据经说下补。

"反,变也。"**闻所不知若所知,则两知之,说在告。**张云:"不知者,人告之即知。"**贾宜则雠,**谓议其贾直所宜。经说上云:"贾宜,贵贱也。"毕云:"'售'字古只作'雠',后省。前汉书高帝纪云'高祖每酤留饮,酒雠数倍',如淳曰:'雠亦售也。'"**说在尽。**尽犹适足。言无所绌。**以言为尽悖,**句。**悖,**谓人言有是非,概庰其非,亦非也。**说在其言。**"在其"二字旧本到,今据道藏本、吴钞本乙。言当辨其言之可否。张云:"言无尽悖者。"**无说而惧,说在弗心。**张云:"弗心,不自信。"案:张说非是。"心"当作"必",安危不可必,故惧。说云:"在军,不必其死生;闻战,亦不必其生。前也不惧,今也惧。"是其证。**唯吾谓,**句。**非名也则不可,说在仮。**唯,旧本作"惟",今据吴钞本正。说文口部云:"唯,诺也。"言部云:"诺,譍也。"礼记玉藻云"父命呼,唯而不诺",孔疏云:"唯恭于诺也。"吕氏春秋圜道篇云:"唯而听,唯止。""唯吾谓",言吾谓而彼应之,若非其正名,则吾谓而彼将不唯,故不可也。与上文"唯是"文义正相对。仮亦与反同,反谓却之不应也。庄子寓言篇云:"与己同则应,不与己同则反。"孟子公孙丑篇云"恶声至必反之",赵注云"以恶声加己,己必恶声报之",亦此义。详经说下。**或,过名也,说在实。**或,"域"正字。过名,谓过之而成是名。若过北而成南,过南而成北,说云"然而谓此南北,过而以已[一]为然"是也。实,谓方域有定,与方名无定文相对。庄子庚桑楚篇说"宇"为"有实而无乎处",域与宇同。故经下又云"宇或徙"。**无穷不害兼,**张云:"人虽无穷,不害兼爱。"**说在盈否知。**即说人盈无穷、不盈无穷之义。张云:"知人之盈与否。盈,多也。否,不盈,少也。"**知之否之,足用也,谆,**张云:"'谆'宜为'悖'。知之否之,不知也。不知则无以论,乃以为足用,是悖也。"**说在无以也。**吴钞本"以"作"已"。案:说作"以",已、以字同。**不知其数而知其尽也,说在明者。**张云:"不知天下人之数,而可以知爱之尽,以其

———

〔一〕"已",原误"此",据本书经说下改。

明之。”案：张说未塙。此“明”疑当作“问”，说云“尽问人，则尽爱其所问”，即其义。**谓辩无胜，必不当，**张云：“辩必有胜，谓辩无胜者必其辩不当，故当反求其辩也。”**说在辩。不知其所处，不害爱之，说在丧子者。**吴钞本作“有”，非。经说下无说。张云：“不知天下民之所处，而爱可及之。丧，失也，失子者不知子之所在，不害爱子。”**无不让也，不可，说在始。**张云：“辩不必让，当审其始。”案：说无“辩”义，张说不足据。“始”疑当作“殆”。详经说下。**仁义之为内外也，内，**“内外”旧本倒，今据吴钞本乙。末“内”字误，疑当为“非”。张云：“此与告子之徒辩义外也。”**说在仵颜。**说无此义。毕读“在仵”句绝，云：“此亦未详其义。”张云：“玉篇云：‘仵，古吴切，偶敌也。’”诒让案：“仵颜”疑当作“颉仵”。吕氏春秋明理篇云“其民颉啎百疾”，高注云：“颉犹大；啎，逆也。”“仵”、“啎”字通，详前。“颉”、“颜”形近而误，传写又到其文，遂不可通耳。颉仵，即说所云“狂举”也。又疑此当作“仵觭”，即庄子天下篇所谓“觭偶不仵”也。“觭”误作“颜”。经说下篇“觭倍”之“觭”作“頠”，与此正相类。仵觭亦抵牾不合之意。**于一有知焉，有不知焉，说在存。**说云：“于石一也，坚白二也，而在石。”此云“存”，即“在石”之义。谓坚白在石之中，视之知其白而不知其坚，拊之知其坚而不知其白，义具公孙龙子坚白论篇，说详经说下。或云“存”疑当作“石”，亦通。**学之益也，说在诽者。**张云：“诽，非也，诽学之人。”案：说无“诽”义，张说未塙。此疑当作“学之无益也，说在悖者”。言庳学为无益，于论为悖也。此脱一“无”字，而“悖”又涉下文而误为“诽”，遂不可通。**有指于二，而不可逃，**谓指一得二，无所逃也。**说在以二絫。**毕云：“说文云：‘絫，增也，从厽从糸。絫，十黍之重也。’汉书注：‘孟康曰：絫音累蠡〔一〕。师古曰：絫，孟康音来戈反，此字读亦音累绁之累。’”杨云：“絫，经说作‘参’。”张云：“‘絫’当为‘参’，或兼指，或参指。”案：张说是也。“二参”即二三。广

〔一〕毕引汉书注见汉书律历志上。宋景祐本汉书此注作“音蠡”，是。“累”字为衍文。

雅释言云："参，三也。"说云："若智之，则当指之智告我，则我智之。兼指之，以二也。衡指之，参直之也。"**诽之可否，不以众寡，**即说云多诽、少诽。**说在可非。**句。**所知而弗能指，说在春也、逃臣、狗犬、贵者。**"春"字误，说同，未详。杨云："贵，经说作'遗'。"张云："'贵'当为'遗'。"案：张校是也，当据正。**非诽者谆，说在弗非。**张云："'谆'当为'悖'，诽皆当，则非诽者悖。"案：张说是也。"弗非"，即当理之谓。**知狗而自谓不知犬，**句。**过也，说在重。**亦即重同之义，详前。张云："知而又知，是谓重知。"俞云："毕读'说在重物'为句，非也。上文云：'狗，犬也，而杀狗非杀犬也，可，说在重。'文义与此相近，然则此文亦当以'说在重'断句矣。"**物甚不甚，**旧本作"物箕不甚"。张云："'箕'疑当为'莫'。"俞云："疑当作'物甚不甚'，言有甚有不甚也。'甚'误作'其'，又误为'箕'耳。"案：俞说是也，杨校同，今据正。吴钞本"甚"作"顺"，尤误。**说在若是。**说云："莫长于是，莫短于是。"**通意后对，**张云："先通彼意，后乃对之。"**说在不知其谁谓也。**张云："否则不知其何谓。"**取下以求上也，说在泽。**顾云："'泽'字句。"案：顾读是也。说云："取高下以善不善为度，不若山泽。"**是是与是同，说在不州。**此有讹字，说亦难通。毕云："疑云'不同'。"张云："州，说作'文'。"杨云："疑'文'之讹。"案：说"不文"似非即此字，张、杨说非。庄子寓言篇云"同于己为是"，是或即此义。

经说上第四十二

故，此目下文。**小故，**句。**有之不必然，**吴钞本误作"必不然"。**无之必不然。体也，若有端。**五字与上下文义不相属，张校移箸下节"体"字上，云："物之有体，若有其端。"案：张校近是。**大故，**句。**有之必无然，**此疑当作"大故有之必然，无之必不然"，与上"小故"文正相对。

"小故"、"大故",谓同一言故,而语有轻重,事有大小也。今本上句脱"然"字,下句脱三字,遂不可通。**若见之成见也。**义亦难通。张云:"若者,指事之词。目之见,性也。然不接物则不见,接物而不故欲见之,亦不成见。是见之所以成其见者,乃故也。"案:张说亦迂曲。以经校之,疑上"见"字当为"得"之误。"得"正字作"㝵",坏脱仅存上半,遂成"见"字,故古书多互讹。下"见"字当为"是"字之误。言得彼乃能成此也。顾云:"此释经上'故,所得而后成也'。"**体,**句。**若二之一,尺之端也。**尺之端,谓于尺幅中分之,其前为端。经上云"端,体之无序而最前者也",此后文亦云"尺前于区穴而后于端",皆其义也。此"端"与小尔雅"广度倍丈谓之端"义异。凡数兼一成二,故一为二之分。幅兼端为尺,故端为尺之分。张云:"一分二之体,端分尺之体。"毕云:"此释经上'体,分于兼也'。"**知材,**句。**知也者,所以知也,**上二"知"字读为"智",言知生于智。荀子正名篇云:"所以知之在人者谓之知,知有所合谓之智。"**而必知,**张云:"智者必知。"**若明。**管子宙合篇云"见察谓之明",此假目喻知也。下文以睨况虑,言不必见,以见况知,则必见矣。此以明况智,则所见尤审焯。取譬不同而义并相贯。毕云:"此释经上'知,材也'。"**虑,**此亦目下文也,与下文"知"、"恕"并述经而后释其义。毕、张皆误属上读,俞又谓皆涉下而衍,并未达其义。**虑也者以其知有求也,而不必得之,**言以知求索,而得否不可必。**若睨。**说文目部云:"睨,衺视也。"谓有求而不必得,若睨而视之,见不见未可必也。杨云:"庄子庚桑楚篇:'知者之所不知,犹睨也。'"毕云:"此释经上'虑,求也'。"**知,**句。**知也者以其知过物而能貌之,**貌,吴钞本作"皃"。"过"疑当为"遇",与经云"接"同义。说文皃部云:"皃,颂仪也,籀文作'貌'。"能貌之,谓能知物之形容,与经说下"貌能"为"貌态"异。**若见。**毕云:"此释经上'知,接也'。"**恕,**旧本讹"恕"。顾云"当从经作'恕'",是也,今据正,下同。**恕也者以其知论物,而其知之也著,**句。**若明。**与上经"知,材也"义同,而体用则微别。毕云:"此释经上'恕,明也'。"案:"恕"当作"恕"。

仁，句。**爱己者非为用己也，不若爱马，**张云："爱己非为用己也，爱马为用马也。爱所不用，则非己无爱也，未足明爱。爱所用，则非己亦爱也，爱足明也。言当观仁于兼爱。"案：张说是也。但疑"己"或当为"民"。民，唐人避讳阙笔，与"己"形近，因而致误。淮南子精神训云"圣王之养民，非求用也，性不能已"，此义或与彼同。**著若明。**三字无义，疑"著"当为"者"，属上读，涉上文而误作"著"，又并衍"若明"二字。毕云："此释经上'仁，体爱也'。言当观仁于爱物。"**义，**句。**志以天下为芬，而能能利之，不必用。**毕云："此释经上'义，利也'。言意以为美，而施之又忘其劳。"张云："芬，美也。而能，才也。"俞云："'志'当作'者'，草书相似而误。能能叠用无义，当作'而能利之，不能必用'。下文'孝以亲为芬，而能能利亲，不必得'，亦当作'而能利亲，不能必得'，误与此同。"案：毕、张、俞说并非。此下"能"字，当读如诗书"柔远能迩"之"能"。汉书百官公卿表颜注云："能，善也。""能能利之"，言能善利之也。"志"字亦不误。惟"芬"义不可通，疑当为"㤅"之误。"芬"篆文作"芬"，与"㤅"〔一〕形近。"不必用"，言不必人之用其义也。**礼，**句。**贵者公，贱者名，**言贱者称贵者为公，而自名也。张云："公，君也。'名'当作'民'，古字通用。"案：张说非是。**而俱有敬僈焉，**言贵贱之中复有敬慢之别。荀子不苟篇云"君子宽而不僈"，杨注云："僈与慢同，怠惰也。"毕云："僈，'慢'字异文。"**等异论也。**礼有贵贱尊卑等差之异。张云："论读为伦。"毕云："此释经上'礼，敬也'。"**行，**句。**所为不善名，**句。**行也；所为善名，**句。**巧也，若为盗。**王引之云："'善'疑当为'著'，形相似而误也。言所为之事不著名，是躬行也；所为之事著名，是巧于盗名者也。"毕云："此释经上'行，为也'。言所为之事无善名，是躬行也；有善名，是巧于盗名也。"张云："善名，求善其名也。所为求善名，其巧如为盗。"案：毕、张说近是。"巧"疑当为"竊"，"竊"与盗文义正相贯。"竊"俗书作"窃"，下半与"巧"相似，故讹。大戴礼记文王官人篇"规谏而不类，道行而不

〔一〕"㤅"，原误"㤅"，不成字，据上文改。㤅即爱之本字。

平，曰巧名者也"，逸周书"巧"作"窃"，是其证。**实**，句。**其志气之见也，使人如己**，言待人以实，与己身无异。张云"见其外而知其内"，亦通。**不若金声玉服**。"不"字疑当作"必"。"玉服"，即佩服之玉。周礼玉府"共王之服玉"，郑众注云："服玉，冠饰十二玉。"礼记月令"春服苍玉，夏服赤玉，中央土服黄玉，秋服白玉，冬服玄玉"，郑注云："凡所服玉，谓冠饰及所佩者之衡璜也。"吕氏春秋孟春纪高注云："服，佩也。"并此"玉服"之义，言其实充美则见于外者，若金声玉服之昭著，即所谓荣也。文选西都赋李注引尚书大传云"皆莫不磬折玉音，金声玉色"，"玉服"与"玉色"义亦相近。张云："金声玉服，宣于外也。"毕云："此释经上'实，荣也'。"**忠**，句。**不利弱子亥**，"亥"疑当为"孩"。说文口部云："咳，小儿笑也。古文作'孩'。"明鬼下篇云"贼诛孩子"，"子亥"犹云"孩子"。"弱子孩"谓小主也。言忠臣之强君，其迹若不利于小主，即书金縢管叔流言，谓周公将不利于孺子之意。**足将入止容**。"止"疑当为"正"。此言虽强君，而事君必以敬，此其所以为忠也。毕云："此释经上'忠，以为利而强低也'。"案：低，"君"之误。**孝**，句。**以亲为芬，而能能利亲，不必得**。毕云："此释经上'孝，利亲也'。言不以为德。"张云："孝有不可必得者。"案："芬"疑亦"㤻"之误。能能利亲，亦谓能善而利之也。不必得，谓不必中亲之意。庄子外物篇云："人亲莫不欲子之孝，而孝未必爱。"毕、张说非。**信**，句。**不以其言之当也**，不，亦当为"必"之讹。**使人视城得金**。言告人以城上有金，视而果得之，明言必信也。毕云："此释经上'信，言合于意也'。"**佴**，句。**与人、遇人、众循**。汉书司马迁传云"仆又佴之蚕室"，如淳云："佴，次也。若人相次也。"此与说文佴佽之训正合。言人相与、相遇，皆相佽比之意。"众循"，未详，疑"循"当为"揗"，同声假借字。说文手部云："揗，摩也。"言人众相摩切。毕云："此释经上'佴，自作也'。字书无'循'字。"案：经"作"疑"佌"之误。**謂**，当读为猬，说详经上。**为是为是之台彼也**，毕云："台，一本作'治'。"顾云："'台'读当为'诒'。季本作'治'。"案：顾说是也。说文言部云："诒，相欺诒也。"谓猥者不为欺人之言。下"为是"二字盖误衍。**弗为也。**毕云:"此释经上'謂,作嗛也'。"**廉,**疑当为"慊"。**己**[一]**惟为之,**"惟"当作"虽",同声假借字。**知其䵵也。**旧本"䵵"上有"也"字。毕云:"一本作'知其思耳也',是。此释经上'廉,作非也'。"诒让案:经"廉"亦疑当为"慊",礼记坊记注云:"慊,恨不满之貌也。"孟子公孙丑篇"吾何慊乎哉",赵注云:"慊,少也。"淮南子齐俗训高注云:"慊,恨也。""䵵"上别本无"也"字,是,今据删。字书无"䵵"字,别本作"思耳",顾校季本同,亦非。以文义校之,当为"諰"之讹。荀子强国篇云"虽然,则有其諰矣",杨注云:"諰,惧也。"此"其䵵"即荀子之"其諰",与论语"慎而无礼则葸"之"葸"声义亦相近。此冡上为文,言狷者则有所不为,慊者己虽或为非,而心常自恨,犹知惧也。**所令,非身弗行。**弗,吴钞本作"不",疑当依经作"所行",言使他人作之,非身所亲行也。毕云:"此释经上'令,不为所作也'。"**任,**句。**为身之所恶,**即经所谓"损己"。**以成人之所急。**即经所谓"益所为"。毕云:"此释经上'任,士损己而益所为也'。言任侠轻财。"**勇,**句。**以其敢于是也,命之;**命犹名也,言因敢得名。张云:"人有敢,亦有不敢,就其敢于此,则命之勇矣。"**不以其不敢于彼也,害之。**毕云:"此释经上'勇,志之所以敢也',言勇儆。"**力,**句。**重之谓下,**句。**与重,奋也。**"与"疑当作"举"。言凡重者必就下,有力则能举重以奋也。杨云:"以重力激之,使其下奋出,而至高远,故曰'下与重奋'。"案:杨读非是。毕云:"此释经上'力,刑之所以奋也'。"案:刑、形同。**生,**句。**楹之生,**楹,吴钞本作"盈"。毕云:"'楹'当为'形'。"**商不可必也。**毕云:"此释经上'生,刑与知处也'。'商不可必',言不可知量。"诒让案:"商"疑当为"常",声近而误。言生无常,形与知合则生,离则死也。经刑亦与形同。**卧。**句。**梦。**张云:"即以梦说卧,或有阙文。"案:此疑以"卧"、"梦"义易明,故述而不说。依张说,此释经上"卧,

[一]"己",原误"已",据毕沅刻本改。

知无知也。梦，卧而以为然也”。**平**，句。**惔然**。张云：“‘惔’疑当为‘憺’。”案：张说是也，杨说同。集韵四十九敢云：“‘憺’或作‘惔’。”说文心部云：“憺，安也。”即经所谓“无欲恶”。依张说，此释经上“平，知无欲恶也”。**利**，句。**得是而喜，则是利也。其害也，非是也。害**，句。**得是而恶，则是害也。其利也，非是也**。毕云：“此释经上‘利，所得而喜也’，‘害，所得而恶也’。”**治**，句。**吾事治矣，人有治南北**。有，疑当读为又，或当作“人治有南北”。言吾事治则自治其身，人治则当广求之四方。亦求得之意。毕云：“此释经上‘治，求得也’。”**誉之**，句。**必其行也，其言之忻**，说文心部云：“忻，闿也。”司马法曰“善者忻民之善，闭民之恶”，即此义。张云：“若是者，其言可忻悦也。”**使人督之**。督，“笃”之借字。书微子之命云“曰笃不忘”，左僖十二年传云“谓督不忘”，“督”即“笃”也。尔雅释诂云：“笃，厚也。”言使人厚于为善行。张以此句属下说“诽”，云“督，正也，人有恶，使人自正之”，恐非。毕云：“此释经上‘誉，明美也’。”**诽**，句。**必其行也，其言之忻**。诽誉义相反，说不宜同，疑皆涉上而误，下亦有脱文。毕云：“此释经上‘诽，明恶也’。”**擧**，道藏本、吴钞本作“誉”，涉上而误。**告以文名，擧彼实也**。春秋文八年“宋杀其大夫司马，宋司城来奔”，公羊传云“司马者何？司城者何？皆官擧也”，何休注云：“皆以官名擧言之。”荀子儒效篇亦云“缪学杂擧”。案：此“擧”与公羊、荀子义正同。文名，言以文饰为名。又疑此篇“之”字多误为“文”，此“文名”亦当作“之名”。“之名”犹言是名，与“彼实”文相对，亦通。毕云：“此释经上‘举，拟实也’。”**故言也者，诸口能之出民者也**。王引之云：“当作‘故言也者，出诸口能之民者也’。‘出’字误倒在下，‘能’下又脱一字。能与而通，谓言出诸口而加之民也。系辞传曰：‘言出乎身，加乎民。’”案：王说移易太多，似未塙。窃疑“口能”即谓口之所能，犹经上云“言，口之利也”。“民”当为“名”之误，后文云“声出口，俱有名”。出名，亦谓言出而有名，犹经云“出擧也”。**民若画俿也**。“民”疑亦“名”之误。盖言名与实不同。字书无

"傀"字。太玄经止次七"车累其傀",范望注云:"傀,轮也。"案:非此义。毕云:"傀,'虎'字异文。"**言也,谓言犹石致也。**此义难通。"言也"下疑当有"者"字。毕云:"'石'当为'实'。此释经上'言,出舉也'。"案:"实致"亦无义。"石"疑"名"之误,犹与由通,谓言因名以致之。**且,**句。**自前曰且,自后曰已,方然亦且。**吕氏春秋音律篇高注云:"且,将也。"俞云:"此当读'且'句,'自前曰且'句,'自后曰已'句,'方然亦且'句。盖凡事,从事前言之或临事言之,皆可曰'且'。如'岁且更始'之'且',事前之且也。如'匪且有且'之'且',毛传曰'此也',此方然之且也。惟从事后言之,则为已然之事,不得言且,故云'自后曰已'。"**若石者也,**毕云:"此释经上'且,言然也'。"俞云:"'若石者也',涉下句'君以若名者也'而衍,又误'名'为'石'耳。"诒让案:"若石者也"疑当作"臣民也者",乃约述经语以起下文,今本讹舛不可通,遂误属之上章耳。**君,**句。**以若名者也。**张云:"谓以臣萌名。"毕云:"此释经上'君、臣,名通约也'。名,经上作'萌',误。"案:经云"萌",即氓字,不误。此言君之名,对臣民而立,故云"以若名"。若,即指臣民也,毕说非。**功不待时,若衣裘。**"不"疑当为"必"。言功之利民必合时宜,若夏衣而冬裘也。张云:"冬资葛,夏资裘,不待时而利。"案:张说亦通。旧本重此七字。毕云"疑衍",张说同。案:吴钞本亦无,今据删。毕云:"此释经上'功,利民也'。"**赏。**疑当在下文,误箸于此。**罪不在禁,惟害无罪,殆姑。**"殆",疑当为"隶"之假字。说文隶部云:"隶,及也。"姑与辜通,言罪不必犯禁,惟害无罪,则及罪也。**上报下之功也。**此句上当有"赏"字。**罚,**句。**上报下之罪也。**"上报下之功也"六字当在"罪不在禁"上,乃述经语,而未著说,今本贸乱不可通。毕云:"此释经上'赏,上报下之功也;罪,犯禁也;罚,上报下之罪也'。"**侗,**说文人部云:"侗,大皃。"又言部云"詷,共也",引周书云"在夏后之詷",今书顾命"詷"作"侗",释文引马融本字义并与许同。礼记祭统云"同之言詷也"。是同、侗、詷三字并通,故此经作"同",说作"侗"也。张云:"'侗'当为'同'。"**二人而俱见是楹也,**

楹，疑亦“形”之误。张云：“一楹也，二人俱见，俱谓之楹，是同也。”案：张说亦通。**若事君**。事，旧本作“是”，今据道藏本、吴钞本正。似言犹众人同事一君。此释经上“同，异而俱于之一也”。**久**，句。**古今旦莫**。旧本“久”上衍“今”字，“旦”讹“且”。王引之云：“上‘今’字因下‘今’字而衍，‘且’当为‘旦’。言古今异时，旦莫异时，而遍历古今旦莫则久矣，故曰：‘久，古今旦莫。’故经上云：‘久，弥异时也。’弥，遍也。”案：王校是也，顾、张校亦以“且”为“旦”，今并据删正。**宇**，句。**东西家南北**。顾云：“‘家’字衍。”王校同。案：家犹中也，四方无定名，必以家所处为中，故著家于方名之间，非衍文也，今不据删。毕云：“此释经上‘久，弥异时也。守，弥异所也’。”案：守，“宇”之误。**穷**，句。**或不容尺，有穷**；言前虽或有不容尺之余地，然此不容尺之外即为尽处，是有穷也。张云：“或不容尺，实也，虽未穷而有穷。”**莫不容尺，无穷也**。张云：“莫不容尺，虚也，虽穷而无穷。”毕云：“此释经上‘穷，或有前，不容尺也’。”**尽**，吴钞本作“静”，误。**但，止动**。“但”疑当作“俱”，谓尽与俱义略同。止动，谓事无动静皆然，即经所谓“莫不然也”。毕云：“此释经上‘尽，莫不然也’。”**始**，句。**时或有久，或無久，始当無久**。张云：“时有此二者，始则当其無久也。無久，久之始也。”案：张说是也。此言“始”者，或时已历久，而追溯其本；或时未历久，而甫发其端，二者皆谓之始。但始必当無久时，若已有久，则不得为始也。列子释文引“始时”作“夫物”，疑误，“無”并作“无”。毕云：“此释经上‘始，当时也’。”**化**，句。**若蛙为鹑**。列子天瑞篇亦有此文，释文引此末有“也”字。毕云：“此释经上‘化，征易也’。”孙星衍云：“淮南齐俗训云：‘夫虾蟆为鹑，生非其类，唯圣人知其化。’”诒让案：说文黽部云“蛙（鼃），虾蟆属”，淮南书即本此。荀子正名篇云：“状变而实无别而为异者，谓之化。有化而无别，谓之一实。”**损，偏去也者，兼之体也**。旧本无“去”字，今依王校补。“兼之体”，即上文“一之二、尺之端”之义。兼者，合众体；偏去，言于众体中损去其一体也。经上云“体，分于兼也”，亦即此义。**其体或去或存，谓其存者损**。“存”上旧本脱"或"字。王引之云:"经上云'损,偏去也',则此当云'损,偏去也者,兼之体也,其体或去或存,谓其去者损',写者脱误耳。"张云:"一物兼二体,体一去一存。就其存者言则损矣。"案:王校增"或"字,是也,今据补。"谓其存者损",当如张说,"存"字非误,今不据改。毕云:"此释经上'损,偏去也'。"**儇**,当为"环",详经上。**眗民也**。毕云:"眗,经作'稘'。此释经上'儇,稘秪'。"诒让案:"眗"当为"俱","民"当为"氏",经作"儇,稘秪",亦误,说详经上。**库**,当作"庳",详经上。**区穴若**,句。**斯貌常**。貌,吴钞本作"皃"。管子宙合篇云:"区者,虚也。""区穴"犹云空穴,"区穴若"犹言若区穴,文偶到耳。"斯貌常"疑当作"所视庳"。备城门篇"时令人行视封",视,今本亦误作"貌",可证。"常"、"庳"音近而误。言虽有区穴,视之则庳而不见也。毕云:"此释经上'库,易也'。"案:"库"亦"庳"之误。**动**,句。**偏祭从者**,此义难通。"从"亦当作"徙"。经云"动,或徙",与经下"宇,或徙"二文正同,则是迁地之义。疑"偏祭"当作"遍际",谓动则周遍所接之域。经说下云"区宇不可遍举",偏、遍字亦通,详非攻下篇。**户枢免瑟**。吕氏春秋尽数篇云:"户枢不蝼,动也。"张云:"瑟,虱同。户枢不蠹,动故也。"案:依张说,"免虱"谓免于蠹,义未塙。窃疑"免瑟"当作"它蚕","它"即"蛇"正字,说文它部云:"它,虫也。上古草居患它,故相问无它乎?或作'蛇',从虫。"干禄字书:"蚕,俗作'蚕'。""它蚕"与"免瑟"形近而讹。下文"免蚓","免"亦即"它"字。耕柱篇"白若之龟",龟,今本讹作"𪚥",龟亦从它也,皆可以互证。户枢与它蚕,皆常动之物。毕云:"此释经上'动,或从也'。"案:"从"亦"徙"之误。**止**,句。**无久之不止,当牛非马**,当犹言是也。经上云"辩胜,当",即谓是者胜也。淮南子齐俗训云"从牛非马",疑即此义。张云"无久之不止,以不止为不止也,其理易见,故当牛非马",亦通。**若矢过楹**。矢,旧本讹"夫"。张云:"疑亦当为'人'。"王引之云:"'夫'当作'矢',矢之过楹,久则止而不行,故曰'无久之不止,若矢过楹'。乡射礼记曰'射自楹间',故以'矢过楹'为喻。"案:王校是也,今据正。庄子天下篇云"镞矢之疾,而有不行不止之时",疑此义与彼略同。**有久之不止,当马非马**,庄子齐物论篇云“以马喻马之非马，不若以非马喻马之非马也”，疑即此义。或谓当作“当马非牛”，亦无义可说。此与上云“当牛非马”二句，并与上下文不相冡，而与后“彼，凡牛枢非牛”章文相近，或有错误。张云“有久之不止，以不止为止也。其理难见，故当马非马”，亦通。**若人过梁。**“梁”谓桥梁。若人过桥梁，不过不止也。张云：“人过梁，不止以求止也。”毕云：“此释经上‘止，以久也’。”**必，**句。**谓台执者也。**执，道藏本、吴钞本作“埶”，非。毕云：“‘台’疑‘握’字，说文云：‘𡒤，古文握。’握执，言执持必然者也。”案：毕说是也。“握”古文又见淮南子诠言训，今本亦误“台”。又俶真训云“台简以游太清”，高注云：“台犹持也。”释名释宫室云：“台，持也，筑土坚高，能自胜持也。”庄子庚桑楚篇云“灵台者有持，而不知其所持，而不可持者也”，释文云：“灵台，谓心有灵智，能任持也。”则“台”似本有持训，不破字亦可通。**若弟兄一然者一不然者，必不必也，是非必也。**张云：“弟兄一然一不然，是必不能必者也，若是者非必也。言必者，是绝无不然者也。”毕云：“此释经上‘必，不已也’。”**同，**句。**捷与狂之同长也。**捷，吴钞本作“揵”。毕云：“一本作‘楗’。”案：顾校季本同。**心中，自是往相若也。**捷读为插。诗小雅鸳鸯篇“戢其左翼”，释文引韩诗云：“戢，捷也，捷其噣于左也。”仪礼乡射礼注云“搢，插也”，释文“插”作“捷”，是其证。“狂”当为“往”之误。所插者，即重差之立表，亦即考工记匠人之“置槷”是也，谓插表于地。“同长”即同高也。插一表于中，以测日出入之景，而规画其端，更于景东西南北端各立一表，而以中一表为心，外四表为边，规画其边，周匝成圜形，则自圜边为多线以往凑中点，其长诸线必正相等。此即“同长”、“相若”之义。亦详经上。毕云：“此释经上‘平，同高也’，‘同长，以正相尽也’，‘中，同长也’。”**厚，**句。**惟无所大。**毕云：“此释经上‘厚，有所大也’。言唯其大无所加，是所谓大也。”案：毕说未允。此谓积无成有，其厚不可极也。与经文相反，而实相成。详经下。**圜，**句。**规写支也。**“写”，谓图画其象。周髀算经云“笠以写天”，赵爽注云：“写犹象也。”支，吴钞本作“攴”，下同。支、攴义并未详，疑当为“交”之误。后备城门篇“薪食足以支三月以上”，支，今本误“交”。此“交”

误作“支”,犹彼“支”误作“交”也。凡以规写圜形,其边线周帀相凑,谓之交。或为直线以凑圜心,中交午成十字形,亦谓之交。考工记匠人云“为规识日出之景与日入之景”,郑注云:“日出日入之景,其端则东西正也。又为规以识之者,为其难审也。自日出而画其景端以至日入,既则为规测景两端之内,规之,规之交乃审也。度两交之间中屈之以指臬,则南北正。”郑说可证此“规写交”之义。张云:“说文:‘支,小击也。’疑‘支’为法度之义,或‘支’为‘及’字之误,下同。”案:张说并非是。毕云:“此释经上‘圜,一中同长也’。”**方**,句。**矩见支也**。“见支”疑亦当为“写交”。矩写交者,以矩写方形,其边线周帀相凑,及隅线相午贯,亦皆谓之交也。张云“见、写大同”,非是。毕云:“此释经上‘方,柱隅四讙也’。”案:“讙”当为“杂”之误。**倍**,句。**二尺与尺但去一**。张云:“二尺与一尺,但相较一也。”毕云:“此释经上‘倍,为二也’。”**端**,句。**是无同也**。张云:“若有同之,即非最前。”毕云:“此释经上‘端,体之无序而最前者也’。”**有间**,毕云:“此与下‘间’旧作‘闻’,俱以意改。”**谓夹之者也**。谓有物夹之。毕云:“此释经上‘有间,中也’。”**间**,句。**谓夹者也**。张云:“就其夹之而言,则谓有间;就其夹者而言,则谓之间。”**尺前于区穴而后于端**,尺,与上文“前不容尺”之“尺”义同。谓凡物前尽处为端,后距端一尺为尺,更后尽处则为区穴。区穴谓空隙,若布帛裁削之缝际皆是也。此盖以方制布幅为况。凡古布幅,皆广二尺二寸,为衣,则削其边各一寸缝之,仪礼丧服贾公彦疏云“整幅二尺二寸,凡用布为衣物及射侯,皆去边幅一寸为缝杀”是也。盖方制从衡正等,去边缝各寸,则幅止二尺,中半适一尺矣。**不夹于端与区内**。毕云:“‘内’疑‘穴’字。”张云:“如有物尺,前有区穴,后有端,端与区穴所夹非间也,间乃是区穴之内,但与区内〔一〕相及,故云‘不及旁’。”案:张读“内”如字,不如毕校改“穴”之允。此似谓前有端,后有区穴,尺虽有其中,然与前后幅相连属不绝,则不得为二者所夹也。或云“不”当为“必”,亦通。**及**,如是者谓之“及”。**及非齐之及**

〔一〕“内”,原误“穴”,据张惠言墨子经说解改。

也。张云:"齐,等也。此申说'及'字之义,若论齐等之'及',则区穴与端之所夹为中间,穴内宜为旁。惟不论齐等之及乃夹者,但与区内相及也。"案:张说亦未析。此似言所谓"不及旁"者,非不齐旁之谓及,止谓彼此相次,齐则尽其边际,二者同而异也。毕云:"此释经上'间,不及旁也'。"纑间虚也者,旧本脱"间"字,王据经增,今从之。纑与栌同,详经上。两木之间,谓其无木者也。栌为柱上小方木,两栌之间空虚之处则无木。张云:"与夹者相及,则谓之间。但就其虚处,则谓之纑。"案:张依旧本为释,恐非。毕云:"此释经上'纑,间虚也'。"盈,句。无盈无厚。言物必有盈其中者,乃成厚之体,无所盈则不成厚也。于尺无所往而不得。此上下文虽多云"尺",然此"尺"字实当作"石",形近而误。经说下"废石于平地","石"亦讹"尺",可证。此与下文,并以坚白石为释。言坚白在石,同体相盈,则弥满全体,随在皆有坚,亦随在皆有白,故云"无所往而不得",亦即所谓"相盈"也。毕云:"此释经上'盈,莫不有也'。"得二,"二"即谓"坚白"也。公孙龙子坚白论篇云:"无坚得白,其举也二;无白得坚,其举也二。"此云"得二",亦谓得白得坚分为二也。坚异处不相盈,"坚"下当有"白"字。相非,是相外也。经说下云"于石一也,坚白二也",故云"得二"。盖离坚白为二而异处,则坚非白,白亦非坚,是为"不相盈",亦即为"相外"。若合而同体,则坚内含有白,白内亦含有坚,是为"不相外"。此义亦见公孙龙子,互详经说下。毕云:"此释经上'坚白,不相外也'。"撄,句。尺与尺俱不尽,言尺与尺相撄,则前尚有余地,故两俱不尽。端与端俱尽,旧本"与"讹"无","俱"讹"但"。张云"'无'疑当作'与','但'当作'俱'",是也,今据改。经上云"端,体之无序而最前者也",是端前更无地,故相撄则两俱尽。尺与或尽或不尽,"尺与"下,张云疑脱"尺"字。案:张校与上文歧牾。此疑当有"端"字,误错箸于后。言尺与端相撄,则端尽尺不尽。坚白之撄相尽,此言坚白虽殊而同托于石,性色相含,弥满无间,故其撄为相尽,即经说下坚白相盈之义。体撄不相尽。言凡物两体相撄,虽撄而各自为体,不能相含,是即不相尽也。**端**。此与上下文不相属，疑即上“尺与端”句之脱字，误错箸于此。毕、张、杨并读“端”属上为句。张云：“‘尺与尺俱不尽’，则体相撄。‘端与端俱尽’，则端相撄。‘尺与尺或尽或不尽’，则端体并相撄。体之撄可尽，而端之撄不可尽。”案：此读恐非，张说亦未析。王读“端仳”为句，尤误。毕云：“此释经上‘撄，相得也’。”**仳**，毕云：“疑‘似’字。”张校同。王引之云：“仳与比通。比者，并也。”案：王说是也。集韵六至云：“仳，及也。”与比义亦相近。**两有端而后可**。毕云：“有，一本作‘目’。此释经上‘似，有以相撄，有不相撄也’。”案：顾校季本“有”亦作“目”。“后”，吴钞本作“後”。经“似”亦即“仳”之误。**次**，句。**无厚而后可**。“后”，毕本作“後”。吴钞本作“厚”，非。无厚，似谓体极薄而相次比。或疑当作“无序”，见经上，言序次齐平，更无差等，而其体终不合并也，亦足备一义。张云：“无厚乃无间。”毕云：“此释经上‘次，无间而不撄撄也’。”案：“撄撄”当作“相撄”。**法**，句。**意规员三也俱，可以为法**。说文贝部云：“员，物数也。”礼记少仪云“工依于法，游于说”，郑注云：“法，谓规矩尺寸之数。说，谓鸿杀之意。”张云：“意若规而为员，是法也。”毕云：“此释经上‘法，所若而然也’。”**佴，然也者民若法也**。若犹顺也。毕云：“此释经上‘佴，所然也’。”**彼，凡牛枢非牛**，此义难通。张云：“可彼可此谓之枢。”案：张说肊定，不足据。“牛枢”疑木名。尔雅释木云“藲，茎”，郭注云“诗曰山有蓲，今之刺榆”，今毛诗唐风“蓲”作“枢”。“牛枢”疑即刺榆之大者。古草木大者，多以牛为名，若尔雅“荧，牛蕲”、“终，牛棘”之属是也。“牛枢”假牛为名，则非真牛，故曰“非牛”。**两也，无以非也**。谓牛枢与牛，两者实不同，则不足辩也。**辩，或谓之牛，谓之非牛**，疑当作“辩者，或谓之牛，或谓之非牛”。**是争彼也。是不俱当，不俱当，必或不当**，“必”上毕本有“不”字，今据道藏本、吴钞本删。言两辩相非，不能皆当，则必有一不当者也。**不若当犬**。当犬，若上云“当牛”、“当马”。言辩牛之是非而不当，不若谓狗为犬之当也。经说下云“同则或谓之狗，其或谓之犬也。异则或谓之牛，牛或谓之马也。俱无胜，是不辩也。辩也者，或谓之是，或谓之非。当也者胜也"，即此章之义。毕云："此释经上'攸不可，两不可也。辩，争彼也。辩胜，当也'。"案：经"攸"即"彼"之误。**为**，句。**欲䧳其指**，毕云："'䧳'即'难'异文。"张从之。案：字书无"䧳"字，毕说不知何据。此云难指难脯，义亦并不可通，窃疑并当为"靳"之讹。耕柱篇、备穴篇"靳"并讹作"难"。经下篇"靳"旧本或讹从着，故又讹从养也。靳与斫义同，亦详经下篇。靳指谓斫手指，靳脯谓斫干脯也。**智不知其害，是智之罪也。若智之，慎文也**，"文"当为"之"之误。**无遗于其害也。而犹欲䧳之，则离之。**史记管蔡世家索隐云："离即罹，罹，被也。"案：离，俗作"罹"，同。诗王风兔爰"逢此百罹"，释文云："罹，本亦作'离'。"离之，谓因欲而离患也。或疑"离"亦"靳"之误，上欲靳属意，下靳之属事也，亦通。**是犹食脯也，骚之利害，未可知也**，毕云："骚，臊字假音，读如山海经云'食之已骚'。"诒让案："骚之利害"，疑言臭之善恶。张云："味之美否也。"**欲而骚**，"骚"上疑脱"得"字。**是不以所疑止所欲也。廧外之利害，未可知也**，毕云："'廧'字，'墙'俗写。"诒让案：左传襄二十六年"寺人惠墙伊戾"，释文"墙"作"廧"。**趋之而得力，则弗趋也**，俞云："'力'字无义，疑'人'字篆书之误。'趋之而得'为句，'人则弗趋也'为句。"案："力"疑当为"刀"，经说下亦云"王刀"，皆谓泉刀也。"趋之而得刀"句，言若有人言墙外有泉刀，趋之即得，而不信者则弗趋也。前说"信"云"不以其言之当也，使人视城得金"，此趋墙外得刀，与"视城得金"语意正同。俞说未塙。**是以所疑止所欲也。**俞云："盖趋之则得利，而人以为利害未可知，止而弗趋，是以所疑止所欲也。"张云："譬如食脯，不知其利害，则仍食之。譬如趋廧外，不知其利害，则弗趋。所疑同，而止、不止异，则不在于知明矣。"**观为穷知而𢇍于欲之理。**张云："指说经也。"毕云："𢇍，'县(縣)'字异文，读如县挂之类[一]。"诒让案："𢇍"，与庄子寓言篇"无所县其罪"之"县"义同，郭象注云："县，系也。"言所为为欲所牵

〔一〕"类"，疑当作"县"。"读如县挂之县"，谓"县"即"悬"字。按：县、悬为古今字。

系，则知或有时而穷。**䨲脯而非恕也，**毕云："恕，'悊'字异文，字书无此字。"张云："即'智'字误耳。"案：张说是也，详经上。尔雅释器云"鱼曰斮之"，即此斮脯之义。**䨲指而非愚也，所为与不**读为"否"。**所与为相疑也，**张读作"所为与所不为相疑也"，云："'不所'疑当作'所不'，'与'疑衍。"案：张校亦通。**非谋也。**谓不暇审计而为之，所谓"县于欲"也。毕云："此释经上'为，穷知而縣于欲也'。大指言所知一事，必待为之而信，其利害否则悬于欲，不以疑而自止。"**已，**句。**为衣，**句。**成也；治病，**句。**亡也。**张云："为衣以成为已，治病以亡为已。"诒让案：亡犹言无病也。汉书郊祀志云"病良已"，注："孟康云：已，谓病愈也。"毕云："此释经上'已，成、亡'。"**使，**句。**令谓，**句。**谓也，不必成湿；**张云："以令谓人，是之谓谓。方谓之，成不可必。"卢云："方言'自关而西，秦晋之间，凡志而不得，欲而不获，高而有坠，得而中亡，谓之湿'，杨倞注荀子引作'湿'。此'湿'字与方言义同，他合反。"案：方言虽有此义，然古书罕见，卢援以释此，毕、张、杨并从之，似不甚塙。荀子不苟篇云"穷则弃而儑"，杨注引方言"湿"为释，韩诗外传"儑"作"累"。洪颐煊谓荀子之"儑"，即说文人部云："儽，垂皃，一曰懒解。"乘覆也〔一〕。案：洪说甚是。说文人部又有"㒍"字，云"相败也"。老子"儽儽兮其不足，以无所归"，释文云："儽，一本作'㒍'，败也，欺也。"淮南子俶真训云："孔墨之弟子，皆以仁义之术教导于世，而不免于㒍其身。"盖㒍、儽声义并相近。此书之"湿"当作"㶟"，荀子之"儑"当作"儽"。经典凡从畾、累与从㬎字多掍。"㶟"即说文"㒍"、"儽"之假字。"不必成㒍"，言虽使为之，而其事之成败则未可必。"㒍"与"成"义正相对也。**故也，必待所为之成也。**"故也"下当有"者"字。此与经上"故，所得而后成"义同。言因此故而致彼如是，必所为已成，乃可为使也。张读"湿"属此句，云："志而不得，而故使之，是之谓故，其事必欲成。"案：张说未塙。毕云："此释经上'使，谓、故'。"**名，**句。**物，**句。**达也，**言物为万物之通名。荀子正名篇云"故万物虽众，有时

〔一〕"乘覆也"三字非说文"儽"字注，且与文义无涉，疑衍文。

而欲遍举之，故谓之物。物也者，大共名也"，即此义。**有实必待文多也。**张云："物有是实，名以文之。文者实之加，故曰多。"案：依张说，则经"名，达"下当有"多"字，恐非。窃疑"多"当作"名"，言名为实之文也。上文云"举，告以文名，举彼实也"可证。或谓此文"多"与前文"名"，并当作"之名"，亦通。**命之马，**句。**类也，若实也者必以是名也。**张云："马而命之马，是类也。凡马之实，皆得名之马。"案：张说是也。荀子正名篇云"有时而欲偏举之，故谓之鸟兽。鸟兽也者，大别名也"，即此义。**命之臧，**句。**私也，**"臧"即臧获之臧，详后大取篇。言于人之贱者而命为臧，则臧非人之通名，故曰私。张云："人而名之臧，是私也。"**是名也止于是实也。**张云："名止于是实，凡人不得名之。"**声出口，俱有名，若姓、宇。**吴钞本作"与"。毕云："疑'字'。"张云："当为'字'，物之有名如人之姓字。"案：毕、张校是也。姓、字亦一人之私，与臧相似。依张说，此释经上"名，达、类、私"。毕以"若姓字"三字属下说，非。**灑谓狗犬，命也；**灑，吴钞本作"洒"，义并难通。命也，亦与经不相应。张云："'灑'即移意。移狗而谓之犬，是犹其命也。"案：张说未塙。以经推之，疑当作"鹿谓狗犬，移也。""灑"、"鹿"形近而误。言移他名以谓此物，犹言指鹿为马。杨读"灑"属上"若姓字"句，非是。**狗犬，**句。**举也；**谓正举物名。上文云："举，告以文名，举彼实也。"张云"或谓之狗，或谓之犬，单举之谓也"，未塙。**叱狗，**说文言部云："叱，诃也。"汉书儒林传王式[一]曰"何狗曲也"，颜注云："意怒，故妄发言。言狗者，轻贱之甚也。"**加也。**谓以恶语相加。说文力部云："加，语相增加也。"论语集解引马融云："加，陵也。"毕云："此释经上'谓，移、举、加'。"**知，**句。**传受之，**句。**闻也；方不庳，**集韵四十漾云："障，或作庳。"**说也；身观焉，**句。**亲也。**毕云："此释经上'知，闻、说、亲'。言所为知者有三，得之传受是耳所闻也，非方土所阻是人所说也，身自观之则亲见也。"**所**

〔一〕汉书儒林传原作"王式曰：'在曲礼。'江翁曰：'何狗曲也'"。

以谓，句。名也；所谓，句。实也；名实耦，句。合也；志行，句。为也。毕云："此释经上'名、实、合、为'。"闻，句。或告之，句。传也；身观焉，句。亲也。毕云："此释经上'闻，传、亲'。"见，句。时者，体也；二者，尽也。"体"，即经上"体分于兼"之义。"时"疑当为"特"。特者，奇也。二者，耦也。特者止见其一体，二者尽见其众体。特、二文正相对。毕云："此释经上'见，体、尽'。"古，此与下文为目。杨依经校云："疑'合'之讹。"兵立，兵，吴钞本作"力"，并未详。反中。疑当作"反也"。"反"与"正"，上下文义相对。志工，"工"疑"功"之省。大取篇云"志功为辩"，又云"志功不可以相从也"，是其证。正也。志功相合，为得其正。臧之为，"臧"疑当为"义"。宜也。张云："臧，人臣也。臧奉主命，无不宜为。"案：张说未知是否。非彼必不有，句。必也。圣者用而勿必，"圣"疑当为"宜"，或当为"正"。经上"正无非"，说亦作"圣"，可证。必也者可勿疑。依杨说，此释经上"合，正、宜、必"。仗者，两而勿偏。张云："此申言'兵立反中'，言仗兵者皆两比，而无独立，故以解合也。"案：张以"仗"为兵杖，杨说亦然，皆穿凿不足冯。以经文推之，疑"仗"当作"权"，草书形近而讹。经说下"右权交绳"，"权"，今本误"校"，与此相类。言两权利害无所偏主。依杨说，此释经上"欲正权利，且恶正权害"。为，句。早、台，张云："皁，古只作'早'。"诒让案："早"疑当为"甲"，后文"剑甲"字亦讹"早"，可证，说详后。"台"谓城台、门台，诗郑风出其东门毛传云："阇，城台也。"礼记礼器云："天子诸侯，台门。"存也；言为甲以备战，于城及宫门为台以备守，皆以求存为为也。张云："以为而存。"病，句。亡也；言治病之为，求其亡。左成十年传"晋侯有疾，秦伯使医缓为之"，吕氏春秋至忠篇"文挚治齐王疾，曰：请以死为王"，高注云："为，治也。"此即上文"已，为衣，成也。治病，亡也"之义。张云："以为而亡。"买鬻，俞云："说文贝部：'賣，衙也。读若育。'今经典通以'鬻'为之。"张云："互相为。"易也；霄尽，毕云："'霄'

与'消'同。"诒让案：尔雅释天"雨霓为霄雪"，释文："霄，本亦作'消'。"**荡也**；张云："莫之为而为。"**顺长**，句。**治也**；张云："有为而为。"**蛙买**，句。**化也**。张云："'蛙买'未详，或即'蛙鹑'，化亦为也。"毕云："此释经上'为，存、亡、易、荡、治、化'。"俞云："上文虽有'化，若蛙为鹑'之文，然'买'、'鹑'音义俱远，形又不相似，'蛙'疑'賨'字之误。上文云'买鬻，易也'，此云'賨买，化也'，文异而义同。"案：俞改"蛙"为"賨"，则与上文义复，不足据。"买"疑当为"鼠"。列子天瑞篇云"田鼠之为鹑"，盖古说蛙鼠二者皆能化为鹑。故上文既以蛙鼠〔一〕释"化"，此又兼举蛙鼠二者以尽其义。两文虽异，而义实同也。鼠，汉隶或作"胃"，见仙人唐公房碑，与"买"形极相似，因而致误。或云"买"当为"章"，即"鹑"之省。亦可备一义。**同**，句。**二名一实**，句。**重同也**；**不外于兼**，句。**体同也**；亦与经云"体分于兼"义同。分体统含于兼体之内，故云"不外于兼"。**俱处于室**，句。**合同也**；说文人部云："俱，偕也。"**有以同**，句。**类同也**。说文犬部云："种类相似，唯犬为甚。"杨云："大取篇云'重同，具同，连同，同类之同，同名之同，丘同，鲋同，同是之同，同然之同，同根之同'。"毕云："此释经上'同，重、体、合、类'。"**异**，句。**二必异**，"必"读为"毕"，古通用。张云："名二而实又异。"**二也**；谓名实俱异，是较然为二物也。**不连属**，句。**不体也**；**不同所**，句。**不合也**；**不有同**，句。**不类也**。毕云："此释经上'异，二、不体、不合、不类'。旧脱'不体''不'字。"**同异交得**，交，吴钞本误"于"。言同异各得其义，若下文有无多少之类。**于福家良**，疑当作"于富家食"。杨以"于"当经文之"放"，非是。**恕有无也**。"恕"当作"恕"，与知通。**比**周礼小胥郑注云："比犹校也。"**度，多少也**。**免蚵还园**，"免"当作"它"，即"蛇"之正字。前"它蚕"讹作"免瑟"，与此正同。"蚵"字亦见经说下，字书所无。杨云："前文'免瑟'，此云'免蚵'，瑟、蚵通用。"又云："'蚵'疑'虱'字之讹，如韩

〔一〕上文云"化，若蛙为鹑"，则"蛙鼠"当是"蛙鹑"之笔误。

咎与几瑟争立太子，战国策作‘几瑟’，史记作‘虮虱’。”案：杨说非是。说下云“蚡与瑟孰瑟”，则“虱”与“瑟”不得为一字。彼“瑟”当亦“蚕”之讹。此云“它蚡”，彼云“蚡蚕”，则蚡似当为蛇蚕同类之虫。窃疑“蚡”字即“螾”之别体，后汉书吴汉传李注引十三州志云：“朐䏰，其地下湿，多朐䏰虫。”䏰音闰，即螾之音转。蚡从刃为声，犹以䏰为螾也。方言云：“蚰蜒，自关而东谓之螾䗃，北燕谓之䖡蚭。”彼䖡字亦说文所无，与此蚡字形相近，疑“䖡蚭”亦当为“蚡蚭”。蚡、螾字同，蚭、䗃声转。传写讹作“䖡”，郭璞遂音为奴六反矣。“园”疑当作“圜”，亦形之误。还与旋同，蛇螾皆蜿蟺屈曲而行，故下云“去就”也。**去就也。**彼此相背为去，相还为就。**鸟折用桐，**此义难通，窃疑“鸟”当为“爲”，“折”当为“梗”。干禄字书云“象通作爲”，北齐南阳寺碑“象”作“爲”，并与“鸟”形相近。“梗”、“折”偏旁亦略相类。象谓象人，即偶人也。说文人部云：“偶，桐人也。”越绝书记吴王占梦云：“桐不为器用，但为俑，当与人俱葬。”淮南子缪称训云“鲁以偶人葬，而孔子叹”，宋本许注云：“偶人，桐人也。”周礼冢人言鸾车象人，郑注引孔子谓为俑者不仁。论衡感虚篇云“厨中木象生肉足”，史记刺客传索隐引“象”作“乌”，与此可互证。梗者，战国策齐策云“有土偶人与桃梗相与语，土偶曰：子东国之桃梗也，刻削子以为人”，赵策又云“土梗”、“木梗”，史记孟尝君传“桃梗”作“木偶人”，是木偶人谓之象人，或谓之俑，亦谓之梗，以桐为之，亦曰桐人，故云“象梗用桐”。**坚柔也。**此谓象人与生人不同者，一坚一柔也。老子云“人之生也柔弱，其死也坚强，故坚强者死之徒，柔弱者生之徒”，即此“坚柔”之义。**剑尤早，**吴钞本作“蚤”，此义未详。以意求之，疑当作“剑戈甲”。“戈”、“尤”形近而讹。篆文“早”作“𣅀”，从“甲”，故“甲”讹作“早”。言剑戈以杀人求其死，甲以卫人求其生，故下云“死生”也。此与孟子矢函、韩子矛盾之喻，语意略同。**死生也。处室子，**孟子告子赵注云：“处子，处女也。”庄子逍遥游释文云：“处子，在室女也。”**子母，长少也。**言子则有母，长少相对为名。**两绝胜，**言二色相胜。**白黑也。中央，**句。**旁也。**谓有四旁乃有中央，此与经上“有间，中也。间，不及旁也”同义。**论行行行学实，**衍两“行”字。**是非也。**

言人之论说、行为、学问、名实，四者各有是非之异。**难宿**，未详。**成未也**。谓成与未成。**兄弟**，句。**俱適也**。適读为敌，言相合俱、相耦敌。此与上文"若兄弟一然一不然者"义略同。**身处志往**，句。**存亡也**。身处为存，志往为亡，亡与忘通。此与经上"生，形与知处也"义略同。**霍为姓**，句。**故也**。"霍"疑当为"虎"。经说下"霍"字四见，并同，说详彼。"故"疑当为"假"，假与假同。此与经说下"狗假霍也，犹氏霍也"义略同。张云"'姓'疑当为'性'"，非是。**贾宜**，句。**贵贱也**。杨云："经下有'贾宜则雠'语。"诒让案：已上并辨言语之同异，释经上"同异交得，放有无"。**诺**，句。**超城员止也**。"超城"二字误。"员止"疑当为"负正"，九章算术方程篇有"正负"。负，即下云"过五诺，若负"；正，即下云"正五诺"也。**相从**、谓彼谓而我从之。**相去**、说文去部云："去，人相违也。"谓口诺而意不从。**先知**、先已知之。**是**、句。**可**，相从一，相去二，先知三，是四，可五。说文言部云："诺，譍也。"言人之譍诺，其辞气不同，随所用而异，有此五者。**五色**。疑当作"五也"。"也"、"色"形近而误，即所谓"五诺"也。下文"正五诺"云云，似当箸此下。**长短、前后、轻重援**。杨云："小取篇'援也者，曰子然，我奚独不可以然也'。"诒让案：此疑亦论诺之不同。张读"援"属下句，恐非。毕云："此释经上'诺，不一，利用'。"**执服难成**，"执"谓人各执持一说。"服"谓服从人之说也。周礼调人郑注云："成，平也。""难成"谓平议其是非难论定也。**言务成之，九则求执之**。此义难通。经有"說"字，说未见，疑"九"即"說"之坏字。说文說训"言相說伺"。"求执"，即"相說伺"之意。此释经上"服执說音利"。"音"疑"言"之误。**法，法取同，观巧传法，取此择彼**，择读为释。释、舍古通，见节葬下篇。言取此法则舍彼法也。**问故观宜**。毕云："此释经上'巧转则求其故。法同则观其同，法异则观其宜'。"案：转、传字通。**以人之有黑者有不黑者也，止黑人；与以有爱于人有不爱于人，心爱人，是孰宜心？**张校两“心”字云：“疑当作‘止’。”案：张说是也。此言因人有不黑者，而禁其𢉖人之黑；因人有不爱者，而禁其爱人，二者皆不宜禁者也。皆释经“止”字之义。**彼举然者，以为此其然也，则举不然者而问之。**经说下释“止”云“彼以此其然也，说是其然也；我以此其不然也，疑是其然也”，义正同。依张、杨说，此释经上“止，因以别道”。**若圣人有非，而不非。**而不非，而与如通。言圣人于人虽有所非，而非其所当非，则与无所非同。此释经上“正，无非”。**正五诺，**自此至篇末，似皆释五诺正负之义，以经校之，当属上文“五也”之下，而传写贸乱，误错箸于末也。杨以此下并说经上“正，无非”，非是。**皆人于知有说。**“皆”疑当为“若”。“于知”，即上五诺之“先知”也。**过五诺，**句。**若负，**旧本讹“员”，今据吴钞本正。负者，不正之谓。列子仲尼篇“乐正子舆𢉖公孙龙说云，其负类反伦有如此者”，负诺亦谓非正诺也。**无直无说。**“直”疑当为“知”，声转而误。上“正五诺”云知，此“过五诺”云无知，文正相对。此数句义难尽通，其大意似谓正者或已知，或有说，过者或未知，或无说。“五诺”，即上经所谓诺不一也。**用五诺，**即上经所谓“利用”。**若自然矣。**言所𢉖出于自然。顾云：“此说五诺，当在经说下。”案：经下无“五诺”，但有“五路”，亦与五诺不同，顾说未塙。

经说下第四十三

此篇以经下校之，文有阙佚，毕注疏缪殊甚，与经尤多不相应，今并依张氏别为考正。毕本句读亦多舛误，今不悉论。篇中论景鉴及升重、转重诸法，与今泰西光、重学说略同，覃涉未深，以竢达者。

止，句。**彼以此其然也，说是其然也；我以此其不然也，疑是其然也。**张云：“彼以为然而说之，是一然也；我以为不然而疑之，是又一然也，不可止也，故宜以类。”案：张说未塙。左传哀十二年杜注云：“止，执也。”谓彼此然不，各执一辞，即经所谓类行也。依张、杨说，此释经下“止，类以行人，说在同”。“人”即“之”之讹。**谓四足兽**尔雅释鸟云：“四足而毛谓之兽。”此谓兽为四足毛物之大名。**与生鸟与，**毕、张并读“与生鸟”句，义不可通。疑当作“与牛马异”，下三字并形误。此谓牛马为四足兽之种别，下云“若牛马、四足”。**物尽与，**句。**大小也。**“与”亦当作“异”。庄子天下篇：“惠施曰：大同而与小同异，此之谓小同异；万物毕同毕异，此之谓大同异。”此云“物尽异”，即谓万物毕异也。盖物为总名，大也；兽为四足动物之专名，小也，犹荀子正名篇以万物为大共名，鸟兽为大别名是也。然牛马复为兽类之种别，是又兽为四足之大名，牛马为四足之小名。明大小无定，随所言而物尽异也。此与经下文“物尽同名”亦正相对。毕读“物尽”句，张云“与”疑衍，或三“与”字并音“余”，皆非是。此释经下“驷异说，推类之难，说在之大小”。经“驷异说”当作“四足牛马异说”，“在”下盖脱“名”字。**此然是必然，则俱。**谓同物同名，即庄子所谓“小同”。经上云：“同，异而俱于之一也。”**为麋同名。**“为”疑当为“如”，草书相似而误。麋，旧本误“糜”，今据道藏本、吴钞本正。谓若是麋，则其名尽同。又疑“为”当为“马”，马麋同为四足兽也。亦足备一义。此释经下“物尽同名”。张、杨读“则俱为麋”句，张云“糜、靡同”，杨云“谓糜烂也”，并非。**俱斗，**顾读句。**不俱二，**张云：“有二人然后斗，然可云俱斗，不可云俱二。”**二与斗也。**二，旧本误“三”，顾改为“二”，云：“‘三’字误。”案：顾校是也，张校同，今据正。以下并广推物同名之说。经说上云：“俱处于室，合同也。”言二人相合斯谓之俱，若俱斗，虽是二人，然是不相合之俱，故云“不俱二”，与下文云“俱一”义略同。此释经下“二与斗”。**包、**疑当作“色”。**肝、**句。**肺、**句。**子，**句。**爱也。**张云：“四者俱人所爱，而所以爱者异。”**橘茅，**吴钞本作“茆”。**食与招也。**张云：“茅亦可食，而巫以茅招神，不与橘同食。周礼司巫云‘旁招以茅’。”案：张说亦通，但此文与同名不相应。窃疑此“橘”当为“楙”，尔雅释木云：“楙，木瓜。”毛诗卫风木瓜传云：“木瓜，楙木也，可食之木。”说文“楙”从林，矛声，与

"橘"上半形相近,声类与"茅"同。此谓二字同音,而一以食,一以招,同音〔一〕异实也。招,道藏本作"抬",误。毕云:"已上释经下'爱,食与招'。"**白马多白**,句。**视马不多视**,视马,盖言马之善视者。此谓白马、视马语意异而辞例同。张云:"'视马'即盼马。小取篇云'之马之目盼,则为之马盼'。"案:张说非是,详小取篇。**白与视也**。毕云:"已上释经下'白与视'。"**为丽不必丽,不必丽与暴也**。此文难通。"丽与暴也"上疑衍"不必"二字。张云:"暴,恶也。为丽者不必丽也,虽不必丽,然非暴也。"案:张读下"为非"二字属此,非是,其说亦恐未塙。杨云:"公孙龙子通变论:'黄其马也,其与类乎;碧其鸡也,其与暴乎。暴则君臣争而两明也。两明者,昏不明,非正举也。非正举者,名实无当,骊色章焉。'"案:杨据公孙龙书证此"与暴"之义,亦未知当否。若然,"丽"亦或即"骊"之讹文。但彼书"与类"、"与暴"义并难通,而此上下文并以某与某相对为文,则与彼书又似不相应。疑未能明,姑从盖阙。**为非以人是不为非,若为夫勇不为夫,为屦以买衣为屦**,吴钞本首"屦"字上无"为"字,误。此疑当作"若为夫以勇不为夫,为屦以买不为屦",盖为非以人是不为非者,凡己为非理之事为非,议人所为之非亦为非,今庰人之非,则非其自为非。经下云"非诽者悖",即此"非"字之义。若为夫以勇不为夫者,上夫为勇夫之夫,下夫为夫妇之夫。言以勇偁夫,则非为夫妇之夫。为屦以买不为屦者,言为屦而买之于人,则非其所自为也。此并论异意同辞,三句文例略同,可以互校。今本"为夫"下脱一"以"字,"不为屦""不"又讹"衣",遂不可通。杨云:"韩非子诡使篇'而轻刑法,不避刑戮死亡之罪者,世谓之勇夫'。"张云:"'勇'当为'男',若名为夫,则凡男子不得为夫。"案:张说非是。**夫与屦也**。毕云:"已上释经下'丽与,夫与履'。履同屦。"诒让案:经"丽与"下疑脱"暴"字。**二与一亡**,句。**不与一在**,此言分一体为二,一既化二,即为无一。公孙龙子通变篇云"曰二有一乎?曰二无一",即此义。**偏去**下疑脱"之"字。言分一体为二偏,则可去其一偏也。此释经下

〔一〕"音",原误"言",据文义径改。

"一,偏弃之"。**未。**此字疑衍,似即上句"之"字之讹。或云当属上句,云"偏去未",谓或去、或未去也,经说上云"难宿,成未也",亦通。**有文实也,**张云:"文实犹名实。"案:张说是也。经说上云"举,告以文名,举彼实也",是其证。或谓"文"并当为"之",之犹此也,亦通。**而后谓之;**句。**无文实也,则无谓也。**谓有名实始有所谓,无名实则无所谓。大旨与公孙龙子名实篇所论略同。**不若敷与美。**张读"不若敷与"句,云:"敷与,泛与也。经所谓'因'。"案:张说亦难通,"不"字疑衍。"敷与美"疑当作"假与义"。经下云"使,殷、美",亦似当作"使,假、义"也。汉衡方碑"假"作"叚",魏高湛碑"假"作"徦",与"敷"、"殷"并相似。此言有名实可谓,则与类相比附,是谓之义。无名实可谓,则当假借他物以谓之,是谓之假,即后文"假必非也"之义。**谓是,**句。**则是固美也。**"美"疑亦"义"之误。**谓也,**疑当读为"他"。**则是非美。**疑亦当作"义",非义,即所谓假也。**无谓,则报也。**"报"与"美"文相偶,疑即上文之"敷",亦当为"假"之讹。或云报与反义同,经下云"唯吾谓,非名也则不可,说在仮"是也。又疑"报"或当作"执",言我无谓,则彼将坚执其说。经说上云"台执",又云"执服难成"。三说并通,未知孰是。此释经下"谓而固是也,说在因"。**见不见离,一二不相盈,广修、坚白。**修,旧本讹"循",今据俞校正。此言若坚白在石,见白不见坚,见坚不见白。白一也,坚二也,二者离则不能相盈。相盈犹相函含也。若离者合之,则无不相盈。如广修本为二,而从衡相函则为一。坚白亦为二,而色性相含则为一。此皆二而一者也。此释经下"不可偏去而二,说在见与俱、一与二、广与循","循"即"修"之讹。公孙龙子坚白篇云:"坚白石三,可乎?曰:不可。曰:二,可乎?曰:可。曰:何哉?曰:无坚得白,其举也二;无白得坚,其举也二。曰:得其所白,不可谓无白;得其所坚,不可谓无坚。而之石也之于然也,非三也?曰:视不得其所坚而得其所白者,无坚也;拊不得其所白而得其所坚者,无白也。曰:天下无白,不可以视石;天下无坚,不可以谓石。坚、白、石〔一〕不相

〔一〕"石"字原脱,据公孙龙子坚白论补。

外，藏三可乎？曰：有自藏也，非藏而藏也。曰：其白也，其坚也，而石必得以相盈，其自藏奈何？曰：得其白，得其坚，见与不见离。一一不相盈，故离。离也者，藏也。曰：石之白，石之坚，见与不见，二与三，若广修而相盈也。其非举乎[一]？曰：循石，非彼无石，非石无所取乎白石。不相离者，固乎然，其无已！曰：于石，一也；坚白，二也，而在于石。故有知焉，有不知焉；有见焉，有不见焉。故知与不知相与离，见与不见相与藏。藏故，孰谓之不离？"即此书之义。**举不重，**言无重不举。**不与箴，**毕云："疑当云'不举箴'。"诒让案："箴"即"鍼"之假字。一切经音义引字诂云："鍼，又针、箴二形，今作针。"说文金部云："鍼，所以缝也。"**非力之任也。**言箴之举与不举，于力无与，即下文"举之则轻，废之则重，非有力也"之义。**为握者之觭倍，非智之任也。**俞云："字书无'觭'字，疑'觰'字之误。玉篇角部：'觰，女卓切，握也。'"案：俞说非是。"觭"当为"觭"，形近而误。其读当为奇，周礼大卜杜子春注云："觭，读为奇偶之奇。"说文角部云："觭，角一俛一仰也。"庄子天下篇云"觭偶不仵"，经上云"倍，为二也"。觭倍者，觭为一，倍为二，与"觭偶"义同。或云"倍"即"偶"之讹，亦通。此言握物，而使人射其奇偶之数，虽或亿中，不足以为智，故云"非智之任也"。**若耳目异。**谓视听殊用，各有所不能。依张说，此释经下"不能而不害，说在害"。**木与夜孰长？**张云："木长非夜长。"**智与粟孰多？**张云："智多非粟多。"**爵、**谓贵爵。**亲、**贵其所亲者。**行、**德行之贵。**贾，**贾直之贵。**四者孰贵？**吴钞本脱此字，非。张云："各贵其贵也。"**麋与霍孰高？**霍，吴钞本作"藿"，此字篇中四见，此与"麋"同举，下文又与"狗"同举，则必为兽名。以字形校之，疑当作"虎"。俗书"虎"、"霍"二字上半形相近，旗帜篇"虎旗"讹作"雩旗"，可以互证。史记楚世家："西周武公曰：若使泽中之麋蒙虎之皮，人之攻之，必万于虎矣。"张云："'霍'疑当为'隺'。麋，兽之高者；隺，鸟之高者。"案：张说亦通。

〔一〕公孙龙子坚白论此处有"曰：物白焉，不定其所白；物坚焉，不定其所坚。不定者兼，恶乎其石也"一段答词，此引脱去。

麋与霍孰霍？此句疑涉上文衍。**蚓与瑟孰瑟？**张云："蚓盖虫名，瑟、虱同。言麋不可以为雀，蚓不可以为瑟，各异类。"案：张说未塙。"蚓"即蚓之异文。第一"瑟"字疑当作"蚕"，并详经说上篇。第二"瑟"字疑当为"长"，涉上讹文而又讹。或谓此当作"蛇与龟孰长"。庄子天下篇云"龟长于蛇"，于义得通。但经说上云"免瑟"，又云"免蚓"，以文义校之，"免"当为"它"，则"蚓"不得又为"蛇"字。或说不可通于彼也。此皆言轻重、多少、长短、贵贱之迥异者，不足相比。依张说，此释经下"异类不吡，说在量"。吡、仳同。**偏，**句。**俱一无变。**偏者一之分，分之则偏，合之则一，所谓"俱一"也。然分合虽不同，而一全体，二半体，无增减，故云"无变"，即经云"莫[一]加少"也。张云："俱一，各有其一也。无变，故也。"案：张未憭"俱一"之义，说详后。依张说，此释经下"偏去莫加少，说在故"。**假，**吴钞本此字不重。**假必非也，而后假。**说文人部云："假，非真也。"小取篇云："假者，今不然也。"**狗假霍也，犹氏霍也。**"霍"亦并当为"虎"。张云"疑亦'雀'字"，非是。此言狗假虎名，犹以虎为氏也。古名禽兽草木亦通谓之氏，大戴礼记劝学篇云"兰氏之根"、"怀氏之苞"是也。依张说，此释经下"假必悖，说在不然"。**物或伤之，**句。**然也。**即经云"物之所以然"也。**见之，**句。**智也。**即经云"所以知之"也。张云："智读为知。"**告之，**句。**使智也。**即经云"所以使人知之"也。告，旧本讹"吉"。王引之云："'吉'当为'告'。智与知同，欲使知之，故告之也。下文曰'告我则我智之'。"案：王校是也，张校同，今据正。物或伤之，即经所谓"病"也。见之则知其病，告之则使人知其病。依张说，此释经下"物之所以然，与所以知之，与所以使人知之，不必同，说在病"。**疑逢，**此述经，与下为目。毕云："旧作'蓬'，下同，以意改。"**为务则士，**此语难通。以意求之，疑"务"当读为鍪。荀子哀公篇"务而拘领"，淮南子氾论训"务"作"鍪"，是其例。说文虚部云："虪，土鍪也。"金部云："鍪，鍑属也。"礼记内则孔疏引隐义云："堥，土釜也。"鍪、堥字通。"士"

[一]"莫"，原误"无"，据经下改。

当为“土”，形近而讹。史记殷本纪“相土”，周礼校人注引世本作“相士”。言土壤至贱，而为鏊者或用土为之。明物无贵贱，逢所便利也。**为牛庐者夏寒，**说文广部云：“庐，寄也。秋冬去，春夏居。”此“牛庐”盖以养牛，若马之庌。周礼圉师“夏庌马”，郑注云：“庌，庑也。庑所以庇马凉。”吴子治兵篇云：“夏则凉庑。”盖牧马牛者并有之。凡为庐者欲其暖，而庌则取其夏寒，此即经“逢”字之义。**逢也。举之则轻，废之则重，非有力也；**公羊宣八年传云“去其有声者，废其无声者”，何注云：“废，置也。”此与前举箴之喻同。**沛从削，非巧也；**张云：“‘沛’当作‘柹’，木之见削而下者。”案：张校是也。说文木部云：“柹，削木札朴也。”隶变作“柿”。言木柿从所削，不足为巧也。**若石羽，**此未详其说。庄子天下篇云“若羽之旋，若磨石之隧”，此或与彼同，盖亦循从自然之义。**循也。**循，旧本讹“楯”，今依经下改。说文彳部云：“循，行顺。”此亦当诂为顺，与“柿从削”之“从”义同。**斗者之敝也以饮酒，若以日中，**“日中”谓市也。易系辞云“日中为市”，市以日中时为最盛，即周礼司市所谓“大市日昃而市”，故因谓市为日中，犹嫁娶之礼用昏，因谓之昏也。古市朝或谓之日中之朝，晏子春秋外篇云“刑死之罪，日中之朝，君过之则赦”，即司市之国君过市，则刑人赦，是其证也。凡饮酒及市，皆易启争斗，故下云“不可知也”。**是不可智也，**智、知通，下同。**愚也。**依经当作“遇也”，“愚”、“遇”声之误。**智与？**句。**以已为然也与？**句。**愚也。**依经当作“过也”，盖“过”涉上文而讹为“遇”，又讹为“愚”，下文云“过而以已为然”，可证。“过”谓已过之事。言或固知之，抑或本不知，而以已然之事推之。此释经下“疑，说在逢、循、遇、过”。张以“举之则轻”以下至此，为释经“合与一，或复否，说在拒”，非是。**俱，**句。**俱一，**经上云：“同，异而俱于之一也。”又经说上云：“俱处于室，合同也。”言合者则为一。**若牛马、四足。**牛马者，散名而兼言之也。四足者，大名而通言之也。兼与通言皆为一。上文云“谓四足兽，与牛马异”，即其义。张云“牛马四足，足各一也”，非是。**惟是，**句。**当牛马。**惟，经同，亦当作“唯”。谢希深公孙龙子注云:"唯,应辞也。"案:唯是,言应者则为是,或牛或马,名实相符,则此呼而彼应,是名当其物也。经说上云"当牛非马",又云"当马非马"。公孙龙子名实篇亦有唯当之论,与此义同,详后。**数牛、数马,**句。**则牛马二;**句。**数牛马,**句。**则牛马一。**俞云:"数牛、数马,则牛马二,谓分牛、马而数之也。数牛马,则牛马一,谓合牛马而数之也。毕读'惟是当牛马数'为句,失之。"**若数指,**句。**指五而五一。**张云:"指有五,五而俱为指,五还为一。"案:张说非是。此言合数之,为五指;分数之,则为一指者五也,亦"俱一"与牛马二、一之义。依张说,此释经下"物一体也,说在俱一、惟是"。**长宇,**此述经文,毕读"长"属上句,非。**徙而有处,宇。**庄子庚桑楚篇云:"有实而无乎处者,宇也。有长而无本剽者,宙也。"文子自然篇:"老子曰:往古来今谓之宙,四方上下谓之宇。"淮南子齐俗训、庄子齐物论释文引尸子,又庚桑楚释文引三苍,说并同。宇者,弥亘诸方,其位不定,各视身所处而为名。若处中者,本以南为南,假令徙而处北,则复以中为南,更益向北,则乡所为北者亦转而成南矣。四方随所徙而易,并放此。然方位虽屡徙不同,而必实有其处,故云"徙而有处"。庄子云"无乎处者",则据其转徙无常者言之,与此文义不相硋也。**宇,南北在旦有在莫,宇徙久。**旦,旧本讹"且"。王引之云:"经说上云'宇,东西南北',此不当言南北而不及东西,盖有脱文。'且'当为'旦',有读为又。此言宇徙则自南而北,自东而西,历时必久,屡更旦莫,故云'宇徙久',又云'在旦又在莫'。经说上云'久,古今旦莫'是也。"毕云:"已上释经下'宇或徙,说在长宇久'。"案:王说是也。但此云"宇南北",乃约举之词,王疑其不当不及东西,非也。后文说或云"然而谓此南北",与此文例正同。**无坚得白,必相盈也。**此即坚白石之论。谓视之但见石之白,不见石之坚,而坚之性自含于白之中,故云"必相盈也"。又疑"必"当为"不",即说上"坚白异处不相盈"之义,亦通。此义皆见公孙龙子坚白论篇,并详上篇。此释经下"不坚白,说在。无久与宇,坚白,说在因"。经及说似皆未全。**在尧善治,**"在"疑当作"任",下同。任犹举也。张云"在,察也",亦通。**自今在诸古也。自古在之今,则尧不能治**

也。言尧不能治今世之天下。下文云"尧之义也,是声也于今,所义之实处于古",亦即此义。此释经下"在诸其所然、未者然,说在于是推之","在"疑亦"任"之误。"未者然"三字,疑当作"诸未然",文亦有脱误。**景,**俞读句。**光至景亡,**俞读句。**若在,**俞读句。**尽古息。**俞云:"句首'景'字,举经文而说之。'光至景亡'者,谓所以有景由无光也,下文曰'足敝下光,故成景于上;首敝上光,故成景于下'是也。光之所至,则景亡矣。'若在,尽古息',又与上句反复相明。言景若在,则光尽古息也。尽古,犹终古也。考工记'则于马终古登阤也',庄子大宗师篇'终古不忒',是'终古'为古人恒言。释名释丧制曰'终,尽也',故终古亦曰尽古也。毕读皆误。"案:"若在尽古息",息当训为止,即经"不徙"之义,亦即庄子天下篇所谓"飞鸟之景未尝动也",司马彪亦据此释之。大意盖谓有光则景亡,有景则光蔽,若其景在,则后景即前景,尽古常息止于是,形虽动而景若止而无改也。毕读"景光至"句,"景亡若在"句,张云"光之所至谓之景",并误。俞说得之,而以息为亡,则与经不合。殷家儁云:"光至,谓光复过物径也。至,极也,影止,渐不见也。"案:殷训至为极,亦非是。此释经下"景不徙,说在改为"。**景,**句。**二光夹一光,一光者景也。**谓若日在东而西县鉴,鉴受日光,反射人而成景,是日光与鉴光为二,而人景在日与鉴之间,是即二光共夹之也。张云:"二光,日与人也,夹之光是为景。"案:张说似失其义。**景光之人煦若射。**之犹与也。言景光与人参相射。说文火部云:"煦,蒸也。一曰赤皃。"又日部云:"昫,日出温也。"杨谓煦、昫通,近是。盖谓如日出时之光四射也。张云:"景者,光所为之人也,煦然而至若射。"案:张说未塙。此释经下"住景二,说在重"。"住"疑当作"位",读为立。**下者之人也高,**张云:"高犹上也,景在下者,其人在上。"**高者之人也下。**张云:"景在上者,其人在下。"**足敝下光,**张云:"敝读曰蔽。"**故成景于上;首敝上光,故成景于下。**陈澧云:"此解洼镜照人影倒之故也。"刘岳云云:"即西法所谓射光角与回光角相等,由交点射景入壁,故令景倒也。"诒让案:此即塔影倒垂之义,详经下。此释经下"二,临鉴而立,景到,多而若少,说在寡区"。"寡"疑"空"之误,即谓注镜中为圆空也。但说无多少寡区之义。又经此条在前"宇或徙，说在长宇久"条后，与说叙次不合。窃疑此当并属下条，以下经亦有"景到"之文也。而"二临鉴景到"一经，说或已不存。此篇文本多脱讹，疑未能定也。**在远近有端与于光**，此疑即格术之义。端即沈括橹臬之隃。"与于光"谓碍光线之射，亦详经下。**故景庫内也。**毕云："庫，旧作'库'，卢以意改。"案：卢校是也。谓景障于内，即光学家所谓约行线交聚处不见物是也。殷氏谓"景库"谓聚光点，非是。此释经下"景到，在午有端与景长，说在端"。**景**，句。**日之光反烛人**，句。**则景在日与人之间。**张云："所谓二光夹一光。"刘云："此释回光之理，如人依鉴立，日射鉴上，若人与日之间有壁，其距鉴与日距鉴交角等，则人必成景于上。若其间无壁，则回光线成景极长，而射于无量远空界中。凡海与沙漠，恒见楼台人物之象，即此理。然虽无量远空界中，仍为景在人与日之间也。"诒让案：日照于东则人景在西，今以西鉴之光反烛人成景，则景又在东矣，故云"在日与人之间"。此释经下"景迎日，说在抟"。"抟"疑"转"之误。**景**，句。**木柂**，柂，"迤"之假字，详经下，道藏本作"柂"。毕云："犹言木斜。"殷云"'木'即谓立柱也"。**景短、大**；斜近地，故景短。阴景浓，光不内侵，故大。殷云："'木'即谓立柱也。短，淡也。大，光复多也。淡者虽长，而视之如短，不清故也。"案：殷说与文义相迕，不可从。**木正**，句。**景长、小。**正远地，故景长。光复映射，景界不清，故小。殷云"正则长，近根则清也。小，光复小也"，亦非是。**大小于木**，疑当作"光小于木"。**则景大于木**，郑复光云："光与物大小相等，其景虽远，相等而无尽。物大光小，则景渐远渐大而无量。"**非独小也。**"独"疑当作"犹"。言景不与木同。张云"承上言大小非与景为大小，乃于木为大小。言景有时大于木，非独小于木也"，亦通。毕云："已上以表言。"**远近临正鉴**，疑当作"临鉴立前"，经云"临鉴而立"。**景寡**、疑当作"景多寡"，属下读。张云："正临鉴者景则寡，远近皆然。寡亦小义。"案：张说未塙。**貌能、白黑**、貌，吴钞本作"皃"。张云："能，态(熊)字。"案：张说是也。备城门篇

“態”作“能”，此又“能”之省。刘云：“此论因光见色之理也。”**远近、柂正，**句。**异于光鉴。**此冢上“多寡”以下，言光之所照与鉴之受光，各因物而异。张云：“此言非独长短、大小，即貌态、白黑，亦远近、柂正，则光鉴各异。”案：张说未允。此释经下“景之小大，说在地缶远近”。“地”即“柂”之误。**景当俱就，**疑当作“景就当俱”，与下“去当俱”文正相对。“就”谓渐近，线景不一，而同为约行也。**去尒当俱。**“去”谓渐远，线景不一，而同为侈行也。毕云：“‘尒’疑‘亦’字。”**俱用北。**疑当作“由比”，言俱之义犹比也。**鉴者之臬，**张云：“‘臬’字未详，义当作道字解。”殷云：“‘臬’之为言蓄也。”案：张、殷说并不塙。“臬”疑并当作“具”，具与俱通，大取篇亦云“具同”。**于鉴无所不鉴。景之臬无数，而必过正。**此言鉴者不一，则景亦无数。必过正，似谓光线必穿交点而过。殷云：“正则当限之内，体正而明也。过正则影倒，而线侈行矣。”案：殷说亦通。刘云“言光线必正行也”，恐非。**故同处，**张云：“同一处。”**其体俱，**经说上云：“俱处于室，合同也。”张云：“物体又同。”**然鉴分。**谓中内外景远近大小正易不同。张云：“然而鉴有分。”**鉴中之内，**句。**鉴者近中，**句。**则所鉴大，**“大”上吴钞本有“者”字。**景亦大；**句。**远中，**句。**则所鉴小，**句。**景亦小，**陈云：“此谓突镜也。”案：陈说近是。凡突镜，边容下而中高处，其面微平，故有内外界。“中之内”，谓平面之内也。刘云“近中、远中，指人距镜中心言，据此，仍当为凹面镜也”，亦通。殷云“中谓交于中线”，恐非是。**而必正。**张云：“大小皆正不斜。”**起于中，缘正而长其直也。**谓中之内其景必起于中心，缘其正而外射为长直线也。张云：“所以正者，由其景起于中，景缘鉴之正而长与人相直故也。”案：张训“直”为参直之义，恐非。杨云：“长，进也。直者，准直，谓光线也。谓远物象起于前限，缘正影透镜而进，其光线交合于后限，所谓敛行者是也。”案：杨训“长”为“进”，尤误。所说光理亦未必与此合，姑存以备考。**中之外，**谓突镜平面之外近边低仄处。**鉴者近中，**张云：“虽中之外，亦以中为节。”**则所鉴大，**句。**景亦大；**句。

远中，句。**则所鉴小**，句。**景亦小**，景亦近大远小，与“中之内”同。**而必易**。镜侧，邪面既不平，则光线邪射，其景亦易。“易”即邪也。张云：“大小皆斜不正。”杨云：“易，变也，正之反也。”案：杨说非是。**合于中而长其直也**。旧本“合于”下无“中”字。王引之云：“‘于’下盖脱‘中’字。上文云‘必正，起于中，缘正而长其直也’，此亦当云‘易合于中’。”案：王校是也，今据补。杨校增“中”“缘”“易”三字，亦近是。此谓突镜当中之外，其景虽邪而仍与中相应，缘其邪而旁射为长直线也。张云：“而长，所长也。中之外得景必斜，然合于正之长者也，亦以直对故也。”案：张说未塙。殷云：“凡以一凸窥物收光，限内之影为正象，限外之影为变象，即此。至以又一凸窥前凸象，两限相入者，两凸限内之影同。两限相切与相离者，两凸限内之影异。其理亦犹是也。”杨云：“谓敛行线合于后限，缘变影直进而散其光线，浅至于无穷，所谓侈行者是也。”案：殷、杨说略同，所释光理于此亦未必合，姑存以备考。此释经下“鉴位，景一小而易，一大而缶，说在中之外内”。经此后有“鉴团，景一”一条，无说。又此二条并在前“不坚白，说在。无久与宇，坚白〔一〕，说在因”之前，与说叙次亦不合，并传写之误。**鉴，鉴者近，则所鉴大，景亦大**；刘云：“近远指人距鉴面言。”**亓远**，亓，旧本作“亦”。张云：“衍。”王引之云：“‘亦远’当作‘亓远’。亓，古‘其’字，与‘亦’相似，又因上下文‘亦’字而误。”案：王校是也，今据正。此对上文“鉴者近”言之。**所鉴小，景亦小，而必正**，即发光点与受光处，距远景小，距近景大之义。详经下。**景过正**。以上与上文略同，张以下“故”字属此读，亦通。此释经下“天而必正，说在得”。“天”即“大”之误。毕云：“已上以镜言。”**故招负衡木**，张云：“招，直木也。亲士篇曰‘招木近伐’。”案：张说未塙。“招”当为“桥”，声近字通。亲士篇“招木”亦当为“乔木”。曲礼云“奉席如桥衡”，郑注云：“桥，井上桔槔，衡上低昂。”孔疏云：“衡，横也。”说苑文质篇云：“为机，重其前，轻其后，命曰桥。”庄子天地篇云“凿木为机，后重前轻，其名为槔”，释文

〔一〕“坚白”二字原脱，据经下补。

云:"槔,本又作'桥'。"吴越春秋句践阴谋外传作"颉桥"。淮南子主术训云"今夫桥直植立而不动,俛仰取制焉",彼以桥为直,明与衡横别。高注云:"桥,桔皋上衡也,植柱权衡者。"高并桥与衡为一,非。**加重焉**毕云:"加,旧作'如',以意改。"**而不挠,**言平而不偏挠。**极胜重也。**毕云:"极,谓权也。"张云:"胜重之至。"案:古书无训"极"为权者,毕说不足据。张训"极"为至,亦非。"极"当即上文之"衡木"。说文木部云:"极,栋也。"屋栋为横木,引申之,凡横木通谓之极。汉书枚乘传云"单极之絖断干",颜注引孟康云:"西方人名屋梁为极。单,一也。一梁谓井鹿卢也。言鹿卢为绠索,久锲断井干也。"枚云"单极",与此"极"正同,谓桔皋上之一衡木也。汲绠系于其上,故久锲而断井干。孟说以为"井鹿卢",未塙。而以屋梁况"极",则不误。"极胜重"者,言加重于一偏而不挠者,因衡木前重能胜之也。**右校交绳,**张云:"徐锴说文系传曰:'校,连木也。'交绳连木。右,未详。或者'校'为急疾,考工记云'释之则不校'。谓以右手校绳而急之。"案:张说未塙。"校"疑"权"之讹,草书相近。交绳,疑谓系权之绳与他绳相交纽。**无加焉而挠,极不胜重也。衡加重于其一旁,**句。**必捶。**毕云:"此锤字假音。陆德明考工记音义云:'直伪反,刘直危反。'"张云:"衡,称也;捶,偏下也。"**权重相若也,相衡则本短标长。**毕云:"标犹杪末也。"杨云:"管子'大本而小标'。广雅释诂:'标,末也。'"**两加焉,重相若,**句。**则标必下,**此即下文"长重者下"之义。张云:"使两头各加重,虽相若,而标必下。"**标得权也。**张云:"以其长,故得权也。"诒让案:谓标长故偏得其权之重。此释经下"贞而不挠,说在胜"。"贞"即"负"之误。**挈,有力也;**说文手部云:"挈,县持也。""提,挈也。"张云:"挈,自上挈之。"**引,无力也。**张云:"引,自下引之。"**不正,**毕云:"旧作'心',以意改。"**所挈之止于施也。**疑当作"正于柂也"。于犹如也,如犹与也,见王引之经传释词。施与迤、柂并同,谓邪也。详经下。正于柂,犹言正与邪也。**绳制挈之也,若以锥刺之。**疑儗绳直之形。**挈,**谓上挈之,此与下云"收",并述经而释之。**长重**

者下，句。短轻者上，张云："挈，衡上之绳，所以挈衡者，过长，则重者将下；过短，则轻者将上。此上下谓衡低昂。"上者愈得，句。下下者愈亡。张云："次'下'衍。上，衡也，上得，物重也。下，权也，下亡，权失重也。挈长短之弊。"案：张说是也。谓上昂之力愈增，则下低之力愈失。绳直权重相若，句。则正矣。毕云："正，旧作'心'，以意改。"张云："当其权不长不短。"收，张云："收，权之绳也。"诒让案：广雅释诂云："收，取也。"谓下引之。上者愈丧，下者愈得。张云："物轻则衡失其重，是为上丧。权之势将得其重，是为下得。"上者权重尽，则遂挈。张云："'上者权重尽'，谓全无物。'遂挈'者，权将内遂，著挈乃止。"案：张说未塙。此谓下收之有力。遂、队通，见法仪篇。盖谓权重尽，则标仰，队其所挈。毕云："已上以权衡言。"邹伯奇云："此一段升重法也。"依张、杨说，此释经下"契与枝板，说在薄"。案：当作"挈与收，说在权"。两轮高，当云"为高"。两轮为輲，四轮高卑不同，故车成梯形也。毕云："杂记云'载以輲车'，郑注云：'輲读为辁，或作辁。'说文云：'辁，蕃车下庳轮也。'又郑注既夕记云：'许叔重说有辐曰轮，无辐曰辁。'"张云："轮高而辁卑。"车梯也。古乘载车皆两轮而平，此四轮而前高后低，是为车梯。依下文，盖假为斜面升重之用。据史记集解引服虔说，以轩车为云梯，则人升高或亦用之矣。重其前，县重于前，盖以助升重之力，其一端系于所升之物，所以挈之也。弦其前。毕云："弦，直也。"案：毕说难通。"弦"疑当作"引"，隶书"弦"、"引"形近。隶释汉陈球碑"引"作"弖"，广韵十六轸云"引，弖同"，并其证。既县重，更于车前别以绳引之，欲使所升之重物自斜面渐进而上也。或云当作"引其后"，文义较逊。载弦其前，此申言之，或涉上下文而衍。载弦其轱，"弦"亦当作"引"，下云"绳之引轱"可证。毕云："玉篇云：'轱，古胡切。'广雅云：'轱，车也。'曹宪音枯，又音姑。案'轱'、'毂'音相近，疑'毂'字异文。"案：毕说未塙。"轱"，以字形校之，颇与"轴"相近，而以声类求之，则疑当为"前胡"之假字。周礼大行人侯伯"立当前侯"，注："郑司农云：前侯，驷马车辕前胡，下垂拄地者。"是也。胡在车前，与此上文正合，义为长也。此与下句亦申言重其前、引其前之义。**而县重于其前**，句。**是梯**毕云：“旧作‘垹’，据上文改，下同。”**挈且挈则行**。疑当作“挈且引则行”。“行”谓重物上升无所阻滞，与车行异也。**凡重**，句。**上弗挈**，说文所谓县持。**下弗收，旁弗劫**，劫，疑“抾”之借字。广雅释言云：“抾，抯去。”与引义略同。**则下直**。张云：“其著于下也必直。”诒让案：直与正义同，言其重心必就下而正。**扡**，句。**或害之也**。张云：“扡与柂同，不直也。或害之，乃不直。”案：张说是也。“扡”即前“木柂”之“柂”，言重物不挈之、收之、劫之，则下必正；其不正者，必或挈、或收、或劫害之也。**沶**言扡则重势偏下，而流不得止也。毕云：“公羊传桓十年有云‘沶血’，陆德明音义云‘古流字’。”**梯者不得沶**，毕云：“旧作‘汴’，据上改。”案：吴钞本正作“沶”，不误。张云“当作‘下’”，非。**直也**。言梯虽邪而重物不下流者，以其挈引之，而无异直升也。**今也废尺于平地**，张云：“废，置也。置一尺之物于平地。”诒让案：“尺”疑当为“石”，下云“跰石、絫石”是其证。**重不下**，“下”即流也，或当为“沶”之讹。**无蹺也**。毕云：“玉篇云：‘蹺，蒲唐切，踉蹺欲行皃。’正字通以为腿字之俗。”张云：“‘蹺’当作‘旁’，虽重不下柂，以平地无旁空缺处也。此解经‘废材’。”案：“蹺”字之义与此文无会，正字通尤俗册不足据也。张读为旁亦难通。此疑当为“踦”之形误，战国策云“必有踦重者矣”。言废石于平地，则虽重而必不流者，以其无偏踦也，故云“无踦”。又案：“废尺”与“废材”义同，而非释经“废材”之义，张说亦误。**若夫绳之引轱也，是犹自舟中引横也**。张云：“以绳引车，必从旁引，犹舟中横引岸上之物，两旁有空缺处，必下矣。”案：张说非是。说文木部云：“横，阑木也。”此盖以为舟前横木之名。广雅释水云：“艕谓之桄。”集韵十一唐云：“桄，舟前木也。”一切经音义云：“桄，古文‘横’同。”是二字音近字通。言车梯之引其轱与舟中引其横，皆藉引之力也。**倚、倍、拒、坚**，“坚”当作“掔”。说文手部云：“掔，固也。”又与“牵”通，见迎敌祠篇。言相依倚，相倍负，相楮拒，相掔引。**䠷倚焉则不正**，毕云：

"唐、宋字书无'䠒'字,正字通云:'俗字。旧注音嗔,走貌。'"诒让案:此字未详,疑当为"邪"。隶释汉戚伯著碑"邪"作"䠒"。变"牙"为"身",变"邑"为"巳",与"出"相似,因而致误。**谁䢍石、絫石耳。**此义难通。毕读"谁䢍"句,云:"䢍,并字异文,已上以车制言。"张读同。邹云:"此一段转重法也。"案:集韵十五青及类篇立部并以"䢍"为"竮"之或体,与此文义无会。毕说近是,而句读则非。谁与唯通,言唯石与石相合并、重絫,则邪倚而不正,以其无挈引之故也。若车梯前有挈引之力,则虽邪倚,而引物升转,不患其不正而流也。此释经下"倚者不可正,说在剃","剃"即"梯"之讹。车梯用以升重,非正车制也,毕说非。**夹寝者,**毕云:"寝,'寑'字省文。"诒让案:说文宀部:"寑,籀文省人作'𡪢'。"此又省又作"寝"。集韵四十七寑云:"寑,古作'寝'。"**法也。**张云:"当谓匠人作室絫石之法。"案:张说未塙。"法"疑当为"柱"。说文木部云:"柱,楹也。"通言之,柱、楹同;析言之,堂上两柱谓之楹,房室及墙序萑依壁而立者谓之柱。夹寝,即谓夹寝室也。**方石去地尺,**疑谓柱下质础。张云:"石高尺也。"**关石于其下,**方石之下,别以石为关。张云:"又一石也。"**县丝于其上,**张云:"丝,绳也。"**使适至方石,**句。**不下,**句。**柱也。**尔雅释言云:"楮,柱也。"谓石柱丝,丝故不下。**胶丝去石,**张云:"胶,著也。去石,县石而使去下方石也。"**挈也。**谓上提挈其丝。张云:"丝所以能县石,是有挈之者。"**丝绝,**句。**引也。**张云:"从下引之即绝。"诒让案:此释经下"推之必往,说在废材","推"、"往"即"柱"、"住"之误。**未变而名易,**句。**收也。**收,依经下当为"仮"。仮、反字同。言刀与籴轻重贵贱相反。张以此二句属上节,误。**买,**毕读"买刀"句,误。**刀籴相为贾。**说文人部云:"籴,市谷也。"毕云:"'刀'谓泉刀。"**刀轻则籴不贵,**句。**刀重则籴不易。**张云:"易,轻也。刀轻则贱其籴以称轻,刀重则贵其籴以称重,所谓反贾。"**王刀无变,**张云:"王者所铸,故曰'王刀'。"**籴有变,**句。**岁变籴则岁变刀。**张云:"以籴权刀,则刀亦变。"案:张说是也。此言籴之贵贱,每岁不同,则刀之重轻亦随而变。依张、杨说,此释经下“买无贵,说在仮其贾”。**若鬻子,**张读属上节,误。**贾尽也者,尽去其以不雠也。**“其”下据下文亦当有“所”字,言其所以不雠者,为予贾未尽其数也,若尽其数,则其所以不雠者尽去矣。**其所以不雠去,**句。**则雠。**句。**缶贾也宜不宜,**谓雠者之正贾有宜不宜。**缶欲不欲。**谓所雠者有欲不欲,以意为正。张云“买者卖者相宜,谓雠也。买者欲贱,卖者欲贵,是贾也”,亦通。**若败邦鬻室,**国语越语云:“身斩妻子鬻。”**嫁子无子。**疑申论无不雠之义。依张说,此释经下“贾宜则雠,说在尽”。**在军不必其死生,闻战亦不必其生,**当作“其死生”,或当作“在军不必其生,闻战亦不必其死”。在军,谓方出师而兵未接。闻战,则闻其已接战也。**前也不惧,**张云:“前,在军。”**今也惧。**张云:“今,闻战。”案:依张、杨说,此释经下“无说而惧,说在弗心”,“心”即“必”之误。**或,**“或”即邦域正字,故下云“谓此南北”。前经下云“宇或徙”,说云“宇南北”,与此义正同。彼“宇或”亦即宇域也,详前。**知是之非此也,**谓南或非南,北亦非北。**有知是之不在此也,**张云:“有读曰又。”案:张说是也。谓南北在彼在此,名实无定,即“宇或徙”之义。公孙龙子名实篇云:“夫名,实谓也。知此之非此也,知此之不在此也,则不谓也。”与此经名实义亦同。**然而谓此南北,**即“宇南北”之义。**过而以已为然。**此谓以身所在之域为中,傥过此而北,则前日所在之域转谓之南。自此以前,每进益北,则所过成南。若由中过南,则南转成北,所过亦然。故云“过而以已为然”。庄子天下篇“惠施曰:我知天下之中央,燕之北、越之南是也”,释文引司马彪云“天下无方,故所在为中”,即此义也。**始也谓此南方,故今也谓此南方。**言始与今所谓南方者,过而屡变,即“过而以已为然”之义也。依张说,此释经下“或,过名也,说在实”。**智论之,**张云:“智读曰知,知而后有论。”**非智无以也。**疑有脱误。依张说,此释经下“知之否之,足用也,谆,说在无以也”。经文亦有讹脱。**谓,**句。**所谓**旧本“所”讹“非”,今据道藏本、吴钞本正。**非同也，则异也。同则或谓之狗，其或谓之犬也。**张云："狗犬之谓同。"**异则或谓之牛，牛或谓之马也。**下"牛"字疑当为"亣"，与上句文例同。张云："牛马之谓异。"杨云："吕氏春秋审分篇：'以牛为马，以马为牛，名不正也。'"**俱无胜，**句。**是不辩也。**谓是非两同，无以相胜，则不成辩。庄子齐物论云"是若果是也，则是之异乎不是也，亦无辩。然若果然也，则然之异乎不然也，亦无辩"，即其义。**辩也者，或谓之是，或谓之非，当者胜也。**毕本"当"下有"也"字，今据道藏本、吴钞本删。张云："既云'当'，是胜也。"诒让案：言是非互见，得其当则胜也。依张说，此释经下"谓辩无胜，必不当，说在辩"。**无让者酒，**谓凡宾主献酬之酒，于礼无让。**未让，**句。**始也，不可让也。**依张、杨说，此释经"无不让也，不可，说在始"。案："未让，始也"，疑当作"不让，殆也"。殆、始形近而误，经同。凡相近而不让谓之殆。后文"若殆于城门与于臧也"九字，文无所属，疑本在此下而误错于彼，说详后。**于石一也，坚白二也，**张云："坚与白，二。"**而在石。**谓坚白含于石体之中，即经所谓"存"也。**故有智焉，有不智焉，可。**顾云："'智'即知字。"诒让案："故"下疑脱"谓"字，以下智并与知通。此谓"石一"，而知坚者不知白，知白者不知坚。文亦见公孙龙子坚白篇，说详前。依张、杨说，此释经下"于一有知焉，有不知焉，说在存"。**有指，**谓有所指也。公孙龙子指物论篇有"非有非指"之说，与此似异。**子智是，**句。**有智是吾所先举，**句。**重。**张云："有读曰又。"案：张说是也。以下文校之，疑当作"子智是，有智吾所无举，是重"，"无"、"先"形近而讹。"子知是"是其一，又并知"吾所无举"，是其重也。"吾所无举"，即下文所云"吾所不举"，"是重"与下文"是一"文亦正相偭。"重"谓二名一实，下文所谓"智，智狗；重，智犬"是也。"子智是"，若知狗。"智吾所无举"，若因狗知犬。重，则若狗犬同类也。**则子智是，而不智吾所先举也，**"先"亦"无"之讹。**是一。**对上"重"及下"二"、"三"言之，谓唯知其一，若知狗而不知犬。**谓有智焉有不智焉也**〔一〕。谓知其一，而不知其二是一，犹上经云“于一，有知焉，有不知焉”也。**若智之，则当指之智告我，则我智之。**张云：“若果知之，则当指子之所知告我，则我知子之所知矣。”**兼指之，以二也。**谓并“吾所无举”者而指之，若指狗则兼指犬，指一而所指二也。**衡指之，参直之也。**参、三同。经云“二絫”，“絫”亦“参”之误，“二参”即二三也。言从衡指之，则参相直，以一兼二、参直为三也。张云：“直，当也。”**若曰必独指吾所举，毋举吾所不举，**“毋举吾”下吴钞本有“之”字。吾所举者一也，所不举者二与三也。**则者固不能独指。**张云：“‘则’下有脱字，或是‘二’字，或是‘三’字。”案：张说未知是否。今以文义推之，“则”下疑当脱“指”字。言于此有二物，或同类，或同处，今特指此物，势必兼直彼物，故不能独指，即经所谓“不可逃”也。又庄子天下篇云“指不至，至不绝”，疑亦即此节之义。盖若甲乙同处，欲指甲而势不能不兼直乙，既兼直乙，则所指不得谓专至甲，亦不能与乙绝也，故云“不至”、“不绝”。释文引司马彪说殊误。**所欲相不传，**张云：“所欲言不相传。”诒让案：相，疑亦“指”之误。意所欲指者一物，今兼直二三，则不能明传其所欲矣，与庄子“指不至”语意同。**意若未校。**张云：“校，悦也。不快人意。”**且其所智是也，**张云：“有所知。”**所不智是也，**张云：“有所不知。”**则是智、是之不智也，恶得为一？**是智者，所已知也；是之不智者，所未知也，则不能并为一矣。**谓而有智焉有不智焉。**疑亦当有“也”字。依张、杨说，此释经下“有指于二，而不可逃，说在以二絫”。**所，春也，**未详。张云：“下云‘臧也今死，而春也得文’，则春为人，疑不能决。”**其执固不可指也。**张云：“‘执’疑当为‘埶’，与势同。”案：张校是也。埶即古势字。徐铉说文新附云：“势，经典通用‘埶’。”礼运“在埶者去”，郑注云“埶，埶位也”，释文云：“埶，本亦作‘势’。”后鲁问篇亦以埶为势，今本并误

〔一〕“也”，原误“可”，据毕沅刻本改。按：作“可”为孙本梓误。

"执",可证。**逃臣不智其处,**不知其所匿之处。**狗犬不智其名也。**若韩卢、宋鹊。**遗者,巧弗能两也。**张云:"皆不可指。遗者,义宜为失亡者。'巧弗能两',未详。"诒让案:"两"疑当为"网",或作"罔"。孟子公孙丑篇"以罔市利",赵注云:"罔罗而取之。""网"与"两"形近而误。言人偶有遗物,虽使至巧罔罗索取之,不能必得也。依张说,此释经"所知而弗能指,说在春也、逃臣、狗犬[一]、贵者"。案:"贵"即"遗"之讹。**智,**句。**智狗;**吴钞本"智"下衍"者"字。**重,**句。**智犬。**经说上云"二名一实,重同也"。义详前。**则过,**依经当作"不智则过",今本脱二字。张云:"既知狗又知犬,而不知狗之即犬,则过。"**不重则不过。**不重则名实迥异,宜其不知,故不过。依张说,此释经"智狗而自谓不知犬,过也,说在重"。**通,问者曰:**"通"即经云"通意",言问以通其意旨也。**"子知覊乎?"**毕云:"'覊'当为'䭾',即'嬴'省文。"诒让案:说文马部云:"嬴,驴父马母者也。从马,㐮声。或从嬴作'騙'。"此盖从㐮省声,而以"亩"为"西",则传写之讹。**应之曰:"覊何谓也?"彼曰"覊施",**句。**则智之。**"施"疑当作"也",谓告以嬴之名物。张云"盖即嬴蝭",缪。**若不问覊何谓,径应以弗智,**句。**则过。**不问嬴何谓,而径应以弗知,则不知而复无求知之意,人将不复告,是终于不知矣,故谓之"过"。**且应必应,**此义难通,疑当作"且问必应",涉下而误耳。**问之时若应,**句。**长应有深浅。**"长"疑当作"其",形近而误。深,若应之曰"嬴何谓";浅,若径应以"弗知"是也。此释经下"通意后对,说在不知其谁谓也"。**大常中在,**大,道藏本、吴钞本作"天",以文义推之,疑当作"人"。毕云:"据下文,'常'当为'堂'。"**兵人,**句。**长所。**长,吴钞本作"常",非。此疑当作"其人,其所"。今本两"其"字讹"兵"、"长"二字,遂不可通。**室堂,**句。**所存也;**此谓其所。**其**

[一]"犬",原引误"马",据经下改。

子，其，疑当为"某"之讹，后旗帜篇云"建旗其署曰某子旗"。**存者也。**此谓其人。**据在者而问室堂，**张云："'在'当为'存'。"案：在、存义同，似不必改。**恶可存也？**当作"恶所存也"。上云"堂室，所存也"，下云"主存者以问所存"，并其证。言问存者以在室或在堂也。**主室堂而问存者，孰存也？**言问在室堂者为何人也。**是一主存者以问所存，**句。**一主所存以问存者。**依杨说，此释经下"所存与者，于存与孰存"。案：经"者"上脱"存"字。**五合，**谓五行相合。**水土火，**疑当作"木生火"。张云："五行自相合者，水土火。金待火而合，木待金而合。"案：张说未知是否。**火离然。**此言火离木而然。易离彖传云："离，丽也。"庄子外物篇云："木与木相靡则然。"张云"火出于石而然于木，离其本"，未塙。**火铄金，火多也。金靡炭，**靡，礳之假字。说文石部云："礳，石硙也。""研，礳也。"言金能礳研炭，使消散。**金多也。**张云："所谓无常胜。"**合之府水，**道藏本、吴钞本作"木"，非。毕云："府，疑同腐。"张云："水无不合。"案：毕、张说并未塙，此疑当作"合之成水"。言金得火则销铄而成水，庄子外物篇云"金与火相守则流"是也。**木离木。**张云："木必相离。"案：张说亦难通。疑当作"木离土"，离亦与丽同义。易离彖云："百谷草木丽乎土。"此释经下"五行毋常胜，说在宜"。**若识麋与鱼之数，惟所利，无欲恶。**无欲恶，犹言无爱憎。麋鱼以共膳羞。惟所利，谓惟所共无偏嗜，即经所谓"宜"也。**伤生损寿，说以少连，**说，吴钞本作"设"，此义难通。疑"连"当作"适"，谓节啬以养性也。下云"适足不害"，亦其证。吕氏春秋适音篇云"和心在于行适"，高注云："适，中适也。"**是谁爱也？尝多粟，或者欲不有能伤也，**疑当作"或者欲有不能伤也"。言多粟而或欲有之，然徒欲不足为益损也。**若酒之于人也。**言酒无益于人，损之为宜。**且恕人利人，**恕，吴钞本作"恕"，下句仍作"恕"。**爱也，则唯恕弗治也。**唯，旧本作"惟"，今据吴钞本改。徒知不足为益损。或云唯与虽通，"治"疑当为"给"，言知爱利人,而力不可遍给,亦不足为益损也,亦通。依张说,此释经下"无欲恶之为益损也,说在宜"。**损饱者去余,**言损去其多余者。**适足不害,能害饱,**能与而通。"害饱"疑当作"饱害"。言若食适足,不害于人,而过饱乃为害。**若伤麋之无脾也。**脾读为髀。少牢馈食礼云"腊用麋",又云"髀不升",郑注云:"近窍,贱也。古文'髀'皆作'脾'。"此与古文礼正同。言麋以共祭,而髀不登于祭俎,故伤麋虽无髀,无害于为腊以共祭,亦损而不害之意。**且有损而后益智者,**"智"字疑衍。**若痝病之之于痝也。**毕云:"'痝'即'瘧'省文。说文云:'瘧,热寒休作。'今经典省几,此省𠂈,一也。𠂈即爪字。"诒让案:广雅释诂云:"瘧,病也。"此"痝"或当为"瘧"之省文。下"之"字当作"人",言人患瘧者,以病损为益也。此释经下"损而不害,说在余"。**智以目见,而目以火见,而火不见。**公孙龙子坚白论篇云:"且犹白以目,以火见,而火不见,则火与目不见而神见,神不见而见离。"彼文"以目"下盖脱"见目"二字,义与此正同。庄子天下篇"辩者曰:目不见",亦即此义也。**惟以五路智久不当。**未详。此释经"知而不以五路,说在久"。**以目见,**下当脱"火"字。**若以火见。火,**句。**谓火热也,非以火之热。**言火虽热而所见者光也,非以其热。庄子天下篇云"火不热",此即其义。淮南子诠言训许注云"公孙龙以白马非马、冰不寒、炭不热为论",彼"炭"疑亦"火"之误。此释经下"必热,说在顿"。"必"即"火"之误,下又脱"不"字。**我有若视曰智,**智并与知通。张云:"有如视一物而曰知。"**杂所智与所不智而问之,则必曰:"是所智也,是所不智也。"取去俱能之,**张云:"取所知。去所不知。"**是两智之也。**依张说,此释经下"知其所以不知,说在以名取"。**无,**句。**若无焉,**句。**则有之而后无。**后,吴钞本作"後"。无焉,"焉"疑当作"马"。马为物名,必先有马,乃可言无马也。**无天陷,**句。**则无之而无。**张云:"天陷未详,或谓天所缺者。"案:张说未塙。"天"疑当作"失",戒人无失陷为虚言,则先未有此事而豫相敕戒,亦可言无,所谓不必待有也。依张说,此释经下"无不必待有,说在所谓”。**擢疑**“擢”当为“摧”,详经下。**无谓也。**未详。**臧也今死,而春也得文文死也可。**此义不可通。“春也”与“臧也”对举,疑“春”当为厮养之“养”,形近而误。“得文”疑当作“得之”。大意似谓亡臧而得养,略足相当。但文尚有讹脱,不能尽解。此释经下“擢虑不疑,说在有无”,“擢”亦“摧”之误。**且,**句。**犹是也。**此引申比况之义。诗周颂载芟“匪且有且,匪今斯今”,毛传云:“且,此也。”孔疏云:“且亦今时。”此云“犹是也”,与此今义相近。张云:“且,未然之辞,亦方然,故曰‘犹是也’。是,如此也。”案:张说亦通。**且然,**句。**必然。**旧本作“且且必然”,吴钞本作“且必然”。王引之云:“‘且且必然’当作‘且然必然’,以下三句文义例之,可知。”案:王校是也,张校同,今据正。经说上云“自前曰且,自后曰已,方然亦且”,此即方然之义。言且之为言,虽尚未然,而事势凑会,必将至于是。**且已,**句。**必已。**句。**且用工而后已者,必用工而后已。**旧本“必用工”下脱“而”字。王引之云:“‘后’上亦当有‘而’字。”案:王校是也,今据补。用工,犹言从事也。此释经下“且然不可正,而不害用工,说在宜欧”,“宜欧”疑当作“害区”。**均,**句。**发均县,**句。**轻重而发绝,不均也。均,**句。**其绝也莫绝。**旧本“轻”下脱“重”字。孙星衍云:“列子汤问篇云‘均发均县,轻重而发绝,发不均也。均也,其绝也莫绝’,张湛注云:‘发甚微脆,而至不绝者,至均故也。今所以绝者,犹轻重相倾,有不均处也。若其均也,宁有绝理?言不绝也。’今‘轻’下脱‘重’字。‘均其绝也’句,‘均’下无‘也’字。”案:孙校是也。毕亦据补“重”字,今从之。依张、杨说,此释经下“均之绝不,说在所均”。**尧霍,**此二字为下文发耑,篇中“霍”字娄见,以义推之,似并当为“虎”之讹,然于此文不合。毕云“据下文作‘臛’”,张从之,未知是否。**或以名视人,或以实视人。**张云:“尧者名,臛者实。”**举友富商也,是以名视人也。指是臛也,**臛,或当同上作“霍”。**是以实视人也。**视与示通,举友之富商以告人,是示以名也。指臛以示人,是示以实也。**尧之义也,是声也于今,**张云:“名生于今。”**所义之**

实处于古。言尧之义施于当时不能及今，即经“异时”之义。此释经上“尧之义也，生于今而处于古，而异时，说在所义”，“生”疑当为“任”。**若殆于城门与于臧也。**此九字上下文无所属，张并上“尧霍”为一条，云“城门，守门者。臧，仆也。‘城门’举实，‘臧’举名”，其说殊迂曲。审校文义，疑当在上文“无让者酒，未让，始也，不可让也”之下，皆释经下“无不让也，不可”之义。凡古人行礼，宾主入门必让，若与人同入城门，而相殆，则无为让。臧为贱人，不足与为礼，则不必让也。荀子荣辱篇云“巨涂则让，小涂则殆”，杨注云：“殆，近也。”此殆异于让之义。又案：殆与逮声义相近，毛诗小雅巷伯传云“柳下惠妪不逮门之女”。“殆于城门”即逮门，谓近而相及不争先也。**狗，**句。**狗，犬也，谓之杀犬，可，**以经文校之，当作“而杀狗谓之杀犬，不可”。庄子天下篇云“狗非犬”，成玄英疏云：“狗之与犬，一物两名，名字既空，故狗非犬也。狗犬同实异名，名实合，则彼谓狗，此谓犬也；名实离，则彼谓狗，异于犬也。墨子曰：狗，犬也，然狗非犬也。”案：此经云“杀狗非杀犬”，亦即名实离之义。然成引经语，亦有删佚，非其元文。**若两腗。**未详。集韵十五灰云“胎腗，肿大皃”，非此义。“腗”疑当为“髃”，仪礼士丧礼郑注云：“髃，肩头也。”说文骨部云：“髃，肩前也。”杨云：“‘腗’疑‘脾’字之误。”案：依杨说，则当亦“髀”之假字，见前。此言同一体而有左右之异，以喻狗犬同物而异名也。依张、杨说，此释经下“狗，犬也。而杀狗非杀犬也，可，说在重”。**使，**句。**令使也。**此与经说上“使，令谓，谓也”文例同。张云：“训使义。”**我使我，我不使亦使，我。**此义难通。张云：“殿，自为之也，亦得为使，故言使不使皆使。”案：张改经“使，殷、美”“殷”为“殿”，故其说如此，然义甚牵强，恐不足据。审校文义，此“我”字或当经之“美”字，疑并当为“义”。盖两文皆误，而一存其上半，一存其下半也。此似当云“义使使，义不使亦使，义”。言义者使令之，使乃其正也。以义使之为使，以义不使之亦为使，不使谓禁止之也，末义字总释上语。**殿戈亦使，殿不美亦使，殿。**杨云：“经作‘殷’，说作‘殿’。”张云：“殿戈，殿军也。”案：张说未塙。此“殿”字当经之“殷”字，两文似皆误，无可推校。意必求之，疑“殿”并当为“假”，“戈”与“美”

并当为“义”,似云“假义亦使,假不义亦使,假”。言假者假设之,使非其正也。似假设合义为使,假设不合义亦为使也,末假字亦总释上语。此肊说,无可质证。而前云“不若敷与美”,“敷美”似亦“假义”之讹。综校诸讹文,约略相类,聊复箸之。依张、杨说,此释经下“使,殷、美,说在使”。**荆沈,**句。**荆之贝也,则沈浅非荆浅也。**“沈”当为“沆”。说文水部云:“沆,大泽也。”徐锴系传引博物志云:“停水,东方曰都,一名沆。”太平御览地部引述征记云:“齐人谓湖曰沆。”水经巨马河篇督亢泽,注引风俗通云“沆,漭也。言乎淫淫漭漭无崖际”,今本风俗通义山泽篇“沆”作“沈”,又云“沈泽之无水,斥卤之类也”,并形之误。汉书刑法志“山川沈斥”,荀悦汉纪“沈”作“坑”,坑与沆字正同。盖沆为薮泽,此“荆沆”即荆之沆泽。“荆之贝”当作“荆之有”。言沆在荆,则沆即为荆之所有也。然沆包于荆畺域之中,则沆虽浅狭,无害于荆之广大,故曰“沆浅非荆浅”。依张说,此释经下“荆之大,其沈浅也,说在具”。案“具”亦“有”之误。**若易五之一,**之犹与也,下同。张以五字属上,非。**以楹之抟也,见之,**抟,即备城门篇之“柴抟”、“积抟”,盖聚束柴木之名。此言楹大而抟小,若以五易一,多少之数不相当也。**其于意也不易,**盖谓意度之,则知其不当易。**先智意相也。**先智,以经下校之,疑当作“无智”。说文:“无,古文奇字。”“无”与“先”形近而误。“无智”即经云“无知”也。“相”下疑有脱字。**若楹轻于秋,**秋当读为萩。说文草部云:“萩,萧也。”左传“伐雍门之萩”,释文“萩”作“秋”。彼“萩”为“楸”之假字,与此义异,而或作“秋”,则可互证。此亦喻轻重之失当,与“楹之抟”同意。**其于意也洋然。**未详。此释经下“以槛为抟,于以为无知也,说在意”。“槛”即“楹”之误。**段、椎、锥俱事于履,可用也。**吴钞本“段”作“断”,“事”作“视”,并误。说文殳部云:“段,椎物也。”木部云:“椎,击也,齐谓之终葵。”金部云:“锥,锐也。”诗大雅公刘〔一〕“取厉取碫”,毛传云:“碫,段石也。”说苑杂言云:“干将镆鎁,以之补履,曾不如两钱之锥。”**成绘屦过**

〔一〕引文见诗大雅公刘篇,“公”上原衍“笃”字,兹据删。

椎，"绘"疑当为"缯"，"过"当为"遇"，下同。说文糸部云："缯，帛也。"古为屦，冬皮夏葛，盖亦或以缯帛为之。**与成椎过绘屦同**，句。**过仵也。**仵，字书无此字，道藏本作"件"，吴钞本同。毕云："'仵'当为'舛'异文。"张云："依经当作'仵'。"案：张校是也，仵与牾同。过，经同，亦当作"遇"。史记天官书云"逢俉化言"。说文午部云："牾，逆也。"夂部云："夆，牾也。"尔雅释诂云："遘、逢、遇，遌也。"汉书叙传邓展注引作"㾑、逢，遇也"。遇、逢义同。牾、遌、遇、逆音并相转，仵、俉、㾑声相近。遇仵，犹言逢俉、夆牾，亦犹言逆牾也。此谓缯为作履屦之材，段、椎、锥为作履屦之器，材与器两者遇仵以成履屦，相须而为用也。此释经下"意未可知，说在可用、过仵"。**一**，句。**五有一焉，一有五焉，十二焉。**张云："五析之，则有一者五，是一少于二也。建一以为十，则一有五者二，是多于五也。建一为十，累一为二。"诒让案："十二焉"疑当作"十，二五焉"，谓一十有二五也。依张、杨说，此释经下"一少于二，而多于五，说在建"。案："建"疑"进"之误。**非斮半**，斮，櫡之别体，此疑当作"斮非半"，即约经云"非半弗斮"也，而反辞以明其义。**进前取也。**非半而斮之，则每斮前进也。**前，则中无为半**，言半者必前后之中，进前取，尽其端，则中无所谓半。**犹端也。**"端"即前也。经上云："端，体之无序而最前者也。"此言虽取中斮之，终必前极其端。**前后取，则端中也。**前后端之中，即所谓半。**斮必半，毋与非半**，毋，吴钞本作"无"。**不可斮也。**尽其端则无半，不复可斮。庄子天下篇云"一尺之捶，日取其半，万世不竭"，释文引司马彪云"若其可析，则常有两；若其不可析，其一常在，故曰万世不竭"，即此义也。依张、杨说，此释经下"非半弗斮，则不动，说在端"。**可无也，已给，则当给不可无也。**张云："给，具也。尝已具之，则当具之。"案：张说未塙。此以经校之，疑当作"已然，则尝然不可无也"。"然"与"给"草书形近而误。凡事之言已然者，即尝然。今虽无，而昔之为有则审矣。故云"不可无"，犹经云"不可去"也。依张、杨说，此释经下"可无也，有之而不可去，说在尝然"。**久有穷无穷。**此五字与上下文皆不属，张、杨并属上为一章，以经校之，亦不相应，疑当在后“民行修必以久也”之下，而误错在此。**正九，**毕云：“一本作‘凡’。”案：顾校季本亦作“凡”，今以文义校之，当是“丸”之形误，谓正圜之丸。下云“抟”，即圜丸之形也。**无所处而不中县，抟也。**抟，道藏本、吴钞本作“搏”，非。考工记云“直者中县”。“正丸”即立圜，随所转侧，而其中线必正直，故云“无所处而不中县”，即经“不可摿”之意。依张、杨说，此释经下“正而不可担，说在抟”。案：“担”即“摿”之误。**伛宇不可偏举，**伛、区，偏、遍，并声同字通。**字也。**“字”当作“宇”。**进行者先敷近，后敷远。**敷犹布也，详经下。**行者行者**张云：“误重。”**必先近而后远。**依张说，此释经下“宇进无近，说在敷”。**远近，修也；先后，久也。**“远”下旧本有“修”字。俞云：“上‘修’字衍文。‘远近修也，先后久也’，相对为文。以地之相去言曰修，以时之相去言曰久。”案：俞说是也，今据删。脩，吴钞本并作“修”，“修”假字。**民行修必以久也。**依张说，此释经下“行循以久，说在先后”。案：“循”即“修”之误。**一方尽类，俱有法而异，或木或石，不害其方之相合也。尽类犹方也，**旧本“一方尽类”并作“一方貌尽”，“合”作“台”，“尽类犹方也”作“尽貌犹方也”。吴钞本下“貌”字作“皃”。张云：“‘台’当为‘召’。”王引之云：“当作‘一方尽类，或木或石，不害其方之相合也。俱有法而不异，尽类犹方也’。一方尽类者，一，同也，言同具方形则其方尽相类也。隶书‘类(類)’、‘貌’相似，故‘类’误为‘貌’，又误倒于‘尽’字上耳。或木或石，不害其方之相合也者，言物之方者，虽有方木、方石之异，而不害其方之彼此相合也。作‘台’者，字之误耳。俱有法而不异，尽类犹方也者，言其法同，则彼此尽相类，亦犹方与方之尽相类也。传写者上下错乱，又脱‘不’字耳。‘一方尽类’云云，则经下所谓‘一法者之相与也尽，若方之相合也’。”案：王校改“貌尽”并为“尽类”，“台”为“合”，是也，今并据正。吕氏春秋别类篇云“小方，大方之类也”，即此“一方尽类”之义。但“俱有法而异”句，似不必移。盖上言“一方尽类”，明其方之同。下言“俱有法而异”，明同方之中仍有异也。“尽类犹方也”，犹与由通，言其所以尽相类者，由于同方也。**物俱然。**此释经下“一法者之相与也尽，若方之相合也，说在方”。“尽”下亦当有“类”字。**牛狂与马惟异**，张云：“‘牛狂’当作‘狂牛’。”俞云：“‘狂’与‘惟’皆‘性’字之误。”案：张校非是，俞校以“狂”为“性”，是也。吕氏春秋壅塞篇云“牛之性不若羊，羊之性不若豚”，高注云：“性犹体也。”俞谓“惟”亦为“性”，则非。以公孙龙子校之，当作“牛性与马虽异”。虽，公孙龙书作“唯”，并与“惟”通。言牛马性虽异，然其所以异者，不在齿与尾也。详后。**以牛有齿**、句。**马有尾**，句。**说牛之非马也，不可**。俞云：“此言牛性与马性异，非徒以牛有齿、马有尾为别也。”**是俱有**，张云：“牛亦有尾，马亦有齿。”诒让案：大戴礼记易本命云“戴角者无上齿，无角者膏而无前齿”，盖牛有下齿，马有后齿也。公孙龙子通变篇谓“牛无尾”者，以其有尾而短耳，非实无尾也。**不偏有、偏无有**。句。**曰**卢云：“当有‘牛’字。”**之与马不类**，句。**用牛有角**、旧本“角”上脱“有”字。卢云：“‘用牛’当为‘牛有’。”王引之云：“‘用’非误字。用者，以也。以牛有角、马无角，说牛与马之不类，故云‘曰牛与马之不类，用牛有角、马无角’也。下文‘若举牛有角、马无角，以是为类之不同也，是狂举也’，以亦用也。上文‘以牛有齿、马有尾，说牛之非马也，不可’，文义亦同，则‘用’非误字可知。但可云‘用牛’下脱‘有’字耳。”案：王校是也，张校同，今据增。**马无角**，句。**是类不同也。若举牛有角，马无角，以是为类之不同也，是狂举也**。公孙龙子亦有“正举”、“狂举”之文。以意求之，盖以举之当者为正，不当者为狂，此书经说通例，凡是者曰正、曰当，非者曰狂、曰乱、曰悖，义与公孙龙书略同。此疑当作“以是为类之同也，是狂举也”，今本涉上文而衍一“不”字，则不得为狂举矣。**犹牛有齿、马有尾，或不非牛而非牛也，可**〔一〕，此言有齿之兽与牛相类，或不得谓非牛，而实非牛也。若尔雅释兽牛属犘牛、犦牛之类。**则或非牛或牛而牛也，可**。疑当作“则或非牛而牛也，可”。言或有非牛而与牛相类，则亦可谓之牛也。**故曰“牛马非牛也”，未可**；此言

〔一〕“也”下原脱“可”字，据毕沅刻本补。

兼举牛马，则不得谓非牛，犹公孙龙子云“羊合〔一〕牛非马”。张云：“曰牛马，岂得非牛？”**“牛马牛也”，未可。**此亦兼举牛马，既兼有马，则又不可竟谓是牛。张云：“曰牛马，岂得谓牛？”**则或可或不可，而曰“牛马牛也未可”亦不可。**言可不可两说未定，则竟庰谓牛马之为牛者未可，亦非也。张云：“有可者，今但言未可，是亦不可。三皆不辩其兼，故不可。”**且牛不二，马不二，而牛马二。**前云：“数牛、数马，则牛马二；数牛马，则牛马一。”**则牛不非牛，**张云：“专牛则牛。”**马不非马，**张云：“专马则马。”**而牛马非牛非马，**句。**无难。**张云：“兼牛马，则非牛非马，是则无可难矣。”案：张说是也。此即经云“说在兼”之义。荀子正名篇云“‘有牛马非马也’，此惑于用名以乱实者也”。公孙龙子通变篇云：“牛与羊唯异，羊有齿，牛无齿，而牛之非羊也、羊之非牛也，未可，是不俱有而或类焉。羊有角，牛有角，牛之而羊也、羊之而牛也，未可，是俱有而类之不同也。羊牛有角，马无角；马有尾，羊牛无尾，故曰羊合牛非马也。非马者，无马也。无马者，羊不二，牛不二，而羊牛二，是而羊而牛非马可也。若举而以是，犹类之不同。若左右，犹是举。牛羊有毛，鸡有羽。谓鸡足一，数足二，二而一故三；谓牛羊足一，数足四，四而一故五。牛羊足五，鸡足三，故曰牛合羊非鸡。非，有以非鸡也。与马以鸡宁马，材不材，其无以类，审矣！举是谓乱名，是狂举。”即此书之义。但两书文义皆冗复奥衍，不可尽通耳。依张、杨说，此释经下“狂举不可以知异，说在〔二〕有不可。牛马之非牛，与可之同，说在兼”。**彼，**句。**正名者彼此。**谓言当其名。**彼此可，**句。**彼彼止于彼，**张云：“定彼为彼。”**此此止于此。**张云：“定此为此。”诒让案：此谓彼此之名有定，故可。**彼此不可，**句。**彼且此也。**疑当云“彼且此也，此亦且彼也”。此谓彼此之名无定，故不可。**彼此亦可，**此言彼此在有定无定之藋。张云：“统言彼此，则彼亦此，故可。”**彼此止于彼此，若是而彼此也，则彼亦且**

〔一〕“合”，原误“言”，据公孙龙子变通篇改。
〔二〕“在”字原脱，据经下补。

此此也。"此"字吴钞本不重。张云:"定以为彼此,则我此此而彼彼,彼亦且此此而彼彼,故不可。"案:张说未塙。此似申上"彼此亦可"之义。疑当作"则彼亦且此,此亦且彼也",今本脱三字。公孙龙子名实篇云:"正其所实者,正其所名也。其名正,则唯乎其彼此焉。谓彼而彼不唯乎彼,则彼谓不行;谓此而此不唯乎此,则此谓不行。其以当为当也,不当而乱也。故彼彼当乎彼,则唯乎彼,其谓行彼;此此当乎此,则唯乎此,其谓行此。其以当而当也,以当而当,正也。故彼止于彼,此止于此,可。彼此而彼且此,此彼而此且彼,不可。"即此章之塙诂。又庄子齐物论篇云:"物无非彼,物无非是。自彼则不见,自知则知之。故曰彼出于是,是〔一〕亦因彼。"又云:"是亦彼也,彼亦是也。彼亦一是非,此亦一是非。果且有彼是乎哉?果且无彼是乎哉?"亦与此义略同。毕云:"已上释经下'循此与彼此同,说在异'。"案:经有讹。**唱无过,**即下云"唱而不和"。"过"疑当作"遇",遇与偶通,下同。**无所周,**疑当为"用"之误。谓所唱不足用,即"唱而不和"之意。**若粺。**当为"稗",说文禾部云:"稗,禾别也。"此喻无所用,若荑稗。**和无过,**即下云"和而不唱"。**使也,**谓人不唱使然。**不得已。**明非和者之过。**唱而不和,是不学也。**唱者为教,则和者为斅,故不和为不学也。**智少而不学,必寡。**"必"上有脱文。杨云:"疑脱'功'字。"**和而不唱,是不教也。智而不教,**毕云:"'智'下当有'少'字。"诒让案:疑当作"智多而不教",与上文"智少而不学"正相对。**功适息。**张云:"我有知而不以告人,则功息绝矣。"**使人夺人衣,罪或轻或重;使人予人酒,或厚或薄。**句首疑脱一字。此盖喻不和不唱之无功。依张、杨说,此释经下"唱和同患,说在功"。**闻在外者,所不知也。**谓在外而闻有人在室,不知其人若何。**或曰"在室者之色若是其色",**言告以在室者之色,与在外者相若。**是所不智若所智也。**以下"智"并与"知"同。所不知,谓在室者;所知,

〔一〕"是"字原不重,据庄子齐物论补。

谓在外者。**犹白若黑也，**若犹与也，仪礼燕礼云"幂用绤若锡"。言问其色白与黑。**谁胜？**胜犹言当，上文云"当者胜也"。谓两举白黑，未知孰胜。**是若其色也，**"是若"疑倒，言告以色若是。**若白者必白。今也智其色之若白也，故智其白也。**张云："若正而言之，色若此白者，彼物必白，则知其色之若白，可以知其白矣。"**夫名以所明正所不智，**名，吴钞本作"明"，误。张云："正物名。"**不以所不智疑所明，**句。**若以尺度所不智长。**言以所明正所不知，若不知物之长，而以尺度之也。毕、张并读"长外"为句，大误。**外，**句。**亲智也；**句。**室中，**句。**说智也。**此与经说上云"知，方不㢓，说也。身观，亲也"，义同。言在外之色为亲见而知，以室中之色若在外之色，则闻人之说而后知也。毕云："已上释经下'闻所不知若所知，则两知之，说在告'。"**以悖，**以悖，犹言以为悖。"悖"即非也，与下"以当"文义正相对。**不可也。**言以人之言为悖者，必其言之不可信者也。**出入之言可，**以下文校之，"出入"当作"之人"，形近而误。**是不悖，则是有可也。**有可信者，即不得尽庰为悖。**之人之言不可，**句。**以当，**句。**必不审。**"审"疑亦当作"当"。言以不可为当，是必不当也，此即公孙龙子"以当为当，不当而乱"之义。依张说，此释经下"以言为尽悖，悖，说在其言"。**惟，**句。**谓是霍，可，**惟，当依经作"唯"。"霍"疑亦"虎"之误，下并同，说详前。唯，应辞也。此言假物为名，若谓之为虎也，而彼应之曰唯，则可。上文云"惟是当牛马"，彼"惟"亦"唯"之假字，与此义可互证。经以非名为不可，明是名则可。庄子寓言篇云："与己同则应，不与己同则反。同于己为是是〔一〕，异于己为非非。"**而犹之非夫霍也，**言彼虽非真虎，而既唯我所谓，则是谓之可者也。**谓彼是是也。**谓所谓与其名相应。**不可谓者，毋惟乎其谓。**言凡不可谓者，必无人唯我之所谓。**彼犹**

〔一〕"是是"，庄子寓言作"是之"，下"非非"作"非之"，此处引文疑误。盖"之"字草书与重文符号"Z"相似，故均误刻作重文。

惟乎其谓，句。则吾谓不行。当作"则吾谓行"，此衍一"不"字。彼若不惟其谓，句。则不行也。此即公孙龙子"谓彼而彼不唯乎彼，则彼谓不行；谓此而此不唯乎此，则此谓不行"之义。依张说，此释经下"唯吾谓，非名也则不可，说在仮"。无南者，卢云："'南'当读如难，上下文俱有'无难'之语。"案：卢说非也。张读属上节，亦误。此"南"即指南方。无南，犹言南无穷也。古者中国所治地，南不尽南海，又天官家不知有南极，故于四方独以南为无穷。庄子天下篇"惠施曰南方无穷而有穷"，盖名家有持此义者。有穷则可尽，句。无穷则不可尽。句。有穷无穷未可智，智与知同，下并同。则可尽不可尽不可尽毕云："此三字疑衍。"未可智。可，吴钞本作"有"，误。人之盈之否未可智，次"之"字疑衍。谓人在四方，盈否未知。而必人之可尽。句。不可尽亦未可智，当作"人之可尽不可尽亦未可智"。此涉上文而脱"人之可尽"四字。而必人之可尽爱也，疑当作"而必人之不可尽爱也"，今本脱"不"字。"尽爱"即兼爱之说。故经云"无穷不害兼"。悖。言持此论者不可也。盖谓人不可尽爱，则有害于兼爱之说，故墨子非之。人若不盈先穷，"先"当作"无"，亦"无"之误。则人有穷也。谓人若不能盈无穷，既不能盈，则是有穷也。尽有穷无难。张云："我爱尽于有穷，不足以难兼也。"盈无穷，句。则无穷尽也，谓人若盈无穷，则无穷既可盈，即界有尽也。尽有穷无难。以上六句，皆难"人不可尽爱"之说。依张说，此释经下"无穷不害兼，说在盈否知"。不二智其数，张云："'二'衍。"案：疑当为"不一一"。恶智爱民之尽文也？"文"当作"之"，下同。吴钞本重"尽"字，衍。张云"'文'衍"，非。或者遗乎其问也？问，旧本讹"门"，今据道藏本正。言虑所问有所遗忘，则虽爱民不能尽其数。张云"'门'、'问'皆'明'字之讹"，非是。尽问人，则尽爱其所问。言于心无不爱。若不智其数而智爱之，尽文也无难。依张说，此释经下"不知其数而知其尽也，说在明者"。

案:“明”疑即“问”之误。**仁,仁爱也。**张校谓次“仁”字衍。今案:首“仁”字疑述经为目,则无衍文。又疑或当作“仁,爱人也”。古人、仁字通。**义,利也。爱利,**句。**此也。**言爱利心在于己,明其同在内。**所爱所利,**句。**彼也。**言所爱所利惠加于人,明其同在外。**爱利不相为内外,**张云:“俱内。”**所爱利亦不相为外内。**吴钞本作“内外”。张云:“俱外。”**其为仁内也、义外也,**为、谓字通。此见孟子公孙丑篇告子语,管子戒篇亦云“仁从中出,义由外作”。**举爱与所利也,**偏举所爱之在此,故云“内”。偏举所利之在彼,故云“外”。**是狂举也,**详后。**若左目出右目入。**旧本脱“出”字,今据道藏本、吴钞本补。若,吴钞本作“扆”,误。此亦狂举之类。张云:“仁义之于人,若二目不可分外内。”案:张说是也,但其本亦脱“出”字,又读“入”字属下“学也”,并误。依张说,此释经下“仁义之为外内也,内,说在仵颜”。经亦有误。**学也,以为不知学之无益也,故告之也,是。**张云:“告,教也。以学也故教,是也。”**使智学之无益也,**智亦与知同。**是教也,以学为无益也教,悖。**此言学或有益或无益,故教亦有是有否,否则悖矣。张云:“使知学之无益也而教,则是以学之无益教矣,则悖也。”案:张说是也。依彼说,此释经下“学之益也,说在诽者”。案经“益”上当有“无”字,“诽”疑“悖”之误。**论诽,**谓诽议人,宜论其所诽之当否。**诽之可不可,**句。**以理之可诽,**张云:“当为‘非’。”**虽多诽,**句。**其诽是也;**句。**其理不可非,**王校作“诽”,未塙。**虽少诽,**句。**非也。**王引之云:“当作‘论诽之可不可,以理之可诽不可诽。理之可诽,虽多诽,其诽是也;其理不可诽,虽少诽,非也’。今本‘论诽’下衍‘诽’字,‘以理之可诽’下脱‘不可诽理之可诽’七字,‘其理不可诽’,‘诽’又讹作‘非’。”案:审校文义,似无脱误,王校并未塙。**今也谓多诽者不可,是犹以长论短。**言诽有可否,不容概以多诽者为非,若短长各有所宜,不可相论也。依张说,此释经下“诽之可否,不以众寡,说在可非”。

不诽，依经当作“非诽”，谓非其好诽议人者。非己之诽也。言㡉诽者之非，是谓非诽。不非诽，句。非可非也。即上云“以理之可非”。不可非也，谓人实有非而我非之，是非其所可非也。我所非自当，则人不可㡉我为非矣。是不非诽也。言凡诽人，而或议其非者，为其有妄诽，实有可非也。若所诽不妄，则不可非，是不当非其所诽也。依张说，此释经下“非诽者谆，说在弗非”。谆，“悖”之误。物，甚长甚短，句。莫长于是，张云：“故曰‘甚长’。”莫短于是，张云：“故曰‘甚短’。”是之是也，是，即“莫长于是，莫短于是”之“是”。张云：“如是者是甚也。”非是也者，莫甚于是。言若非是者，则不得为甚长甚短。“莫甚”上疑脱“非”字。张云：“非是者，莫得以为甚。”案：张说未塙。依杨说，此释经下“物甚不甚，说在若是”。取高下以善不善为度，不若山泽。句。处下善于处上，句。下所请上也。“请”当作“谓”。言因下见上，则所谓上者，但微高于下而已，不必如山与泽之高下县绝。庄子天下篇“惠施曰：天与地卑，山与泽平”，荀子正名篇亦云“山渊平”，并此意也。此释经“取下以求上也，说在泽”。不是，此约举经文为目。不读如否。是则是且是焉。今是文于是，而不于是，“文”当作“之”，下并同。“不”下亦当有“之”字。故是不文。是不文则是而不文焉。今是不文于是，而文与是，此句与上云“今是文于是而不于是”句正相对，则“而文与是”当作“而是文于是”。“是文”皆即“是之”之误。上文“而不于是”又当作“而不之于是”。传写互有脱字耳。故文与是不文同说也。此节文讹脱难通，参互推校，大意以“是”与“不”对举，“是文”与“不文”对举。凡“不”字并当读为否，“文”字疑并“之”字之误。余并未详。依张、杨说，此释经下“是是与是同，说在不州”。经亦有脱误。

经上篇旁行句读

毕氏新考定本，今重校正。毕云：“本篇云读此书旁行。今依录为两截，旁读成文也。”

故,所得而后成也。

体,分于兼也。

知,材也。

虑,求也。

知,接也。

恕,知同。毕、张、杨本并作“恕”,误。明也。

仁,体爱也。

义,利也。

礼,敬也。

行,为也。

实,荣也。

忠,以为利而强低当作“君”。也。

孝,利亲也。

信,言合于意也。

佴,自作疑当作“仳”。也。

䛪,狷通。作嗛也。

廉,疑当作“慊”。作非也。

令,不为所作也。

任,士损己而益所为也。

勇,志之所以敢也。

止,以已同。久也。

必,不已也。

平,同高也。

同,长以缶古“正”字。相尽也。

中,同长也。

厚,有所大也。

日中,缶南也。无说。

直,参也。无说。

圜,一中同长也。

方,柱隅四讙当作“杂”。也。

倍,为二也。

端,体之无序而最前者也。

有间,中也。

间,不及旁也。

𬙊,栌通。间虚也。

盈,莫不有也。

坚白,不相外也。

撄,相得也。

似,当作“仳”。有以相撄,有不相撄也。

次,无间而不撄当作“相”。撄也。

力,刑形同。之所以奋也。
生,刑同形。与知处也。
卧,知无知也。
梦,卧而以为然也。

平,知无欲恶也。
利,所得而喜也。
害,所得而恶也。
治,求得也。
誉,明美也。
诽,明恶也。
举,拟实也。

言,出举也。
且,言然也。
君、臣、萌,氓通。通约也。
功,利民也。

赏,上报下之功也。
罪,犯禁也。
罚,上报下之罪也。
同,说作"侗"。异而俱于之一也。

法,所若而然也。
佴,所然也。
说,所以明也。无说。
攸疑当作"彼"。不可,两不可也。
辩,争彼也。辩胜,当也。
为,穷知而縣于欲也。
已,成、亡。
使,谓、故。
名,达、类、私。
谓,移、说作"命",误。举、加。
知,闻、说、亲。
名、实、合、为。毕、张、杨并合前为一经,误。
闻,传、亲。
见,体、尽。
合,说作"古",误。缶、宜、必。
欲缶权利,且疑衍。恶缶权害。
为,存、亡、易、荡、治、化。
同,重、体、合、类。
异,二、不体、不合、不类。
同异交得,放说作"恕",疑当作"知"。有无。

久，弥异时也。宇，弥异所也。

穷，或有前，不容尺也。

尽，莫不然也。

始，当时也。

化，征易也。

损，偏去也。

大益。无说。

儇，秖秪。说作"儇昫民"。案：当作"环俱氏"。

库，当作"䧢"。易也。

动，或从当作"徙"。也。

读此书旁行。此校语误入正文。杨云："五字当是后人所加，适在'缶无非'三字之上列。"

闻，耳之聪也。无说。

循所闻而得其意，心之察也。无说。

言，口之利也。

执所言而意得见，心之辩也。无说。

诺，不一利用。

服执誽。音利。疑当作"言利"，二字乃正文，误作小注。毕、张、杨以"服执誽巧转则求其故大益"为一经，误。

巧转依说当作"传"。则求其故。

法同则观其同。

法异则观其宜。

止，因以别道。

缶无非。毕、张并以三字与上校语为一，误。

经下篇旁行句读 毕本无，今依张氏考定本重校正。

止，类以行人，疑当作"之"。说在同。

所存与当有"存"字。者，于存与孰存。

驷疑当作“四足”。**异说，**张以三字属下列“孰存”下，疑非。**推类之难，说在**疑脱“名”字。**之大小。**

物尽张以二字属前经，误。**同名，二与斗，爱，食与招，白与视，丽与，**依说当有“暴”字。**夫与履。**说作“屦”。

一，偏弃说作“去”。**之。**

谓而固是也，说在因。

不可偏去而二，说在见与俱、一与二、广与循。当作“修”。张以“物尽同名”以下四经合为一，误。

不能而不害，说在害。

异类不吡，仳同。**说在量。**

偏去莫加少，说在故。

假必悖，说在不然。

物之所以然，与所以知之，与所以使人知之，不必

五行无常胜，说在宜。

无欲恶之为益损疑当作“无益损”。**也，说在宜。**

损而不害，说在余。

知说作“智”，通。**而不以五路，说在久。**有误。

必热，依说当作“火不热”。**说在顿。**疑当作“睹”。

知说作“智”，通，下同。**其所以不知，说在以名取。**

无不必待有，说在所谓。

同，说在病。

疑，说在逢、循、遇、过。张以三字属下，误。

合与一，或复否，说在拒。无说。

物一体也，说在俱一、惟唯同。是。

宇或域正字。徙，说在长宇久。

二，张以此字属下列"所义"下，误。临鉴而立，景到，多而若少，说在寡疑当作"空"。区。说在"住景二"条后。以下三经皆说鉴，当与说景诸条类列，疑皆传写乱之。张云："此行当作'无久与宇坚白，说在因'。"案：张校以下五经互易，未知是否，姑箸之以备勘。

鉴位，立同。景一少而易，一大而击，说在中之外内。说在"景之小大"条后，亦传写之误。张云："此行当'临鉴

擢疑当作"権"。虑不疑，说在有无。

且然，不可正，而不害用工，说在宜欧。疑当作"害区"。张以"欧"属上列"物一体也"，误。

均之绝不，不，否通。说在所均。

尧之义也，生疑当作"任"。于今而处于古，而异时，说在所义。

狗，犬也，而杀狗非杀犬也，可，说在重。

使，殷、美，疑当作"使假义"。说在使。

而立，景到，多而若少，说在寡区’。”

鉴团景一。无说。下有脱字。

不坚白，说在。下有脱字。张并前为一经，误。又云：“此行当‘鉴位，景一小而易，一大而缶，说在中之外内’。”

无久与宇。坚白，说在因。张云：“此行当‘鉴团景一，不坚白，说在’。”

在诸其所然未者然，疑当作“诸未然”。说在于是推之。

景不徙，说在改为。

住疑当作“位”，位、立字通。景二，说在重。

景到，在午有端与景长，说在端。

景迎日，说在抟。疑当作“转”。

景之小大，说在地当作“柂”。缶远近。

荆之大，其沈当作“沆”。浅也，说在具。说作“贝”，疑当作“有”。

以槛当作“楹”。为抟，于以为无知也，说在意。

意未可知，说无此义，疑有脱误。说在可用、过当作“遇”。仵。说作“件”，误。张以“以槛为抟”以下三经合为一，误。

一少于二，而多于五，说在建。疑当作“进”。

非半弗〔一〕新，则不动，说在端。

可无也，有之而不可去，说在尝然。

缶而不可担，当作“擔”。说在抟。

宇进无近，说在敷。

〔一〕“弗”原作“勿”，据经下改。

天依说当作"大"。而必正，说在得。

贞依说当作"负"。而不挠，说在胜。

契挈通。与枝当作"收"。板，疑当作"仮"，或涉上衍。说在薄。

倚者不可正，疑当作"止"。说在剃。当作"梯"。

推依说当作"柱"。之必往，疑当作"住"。说在废材。

买无贵，说在仮反同。其贾。

贾宜则雠，说在尽。

无说而惧，说在弗心。当作"必"。

或域正字。过名也，说在实。

知之，否之，足用也，谆，疑当作"悖"。说在无以也。

谓辩无胜，必不当，说在辩。

无不让也，不可，说在始。疑

行张以此字属上经，误。循依说当作"修"。以久，说在先后。

一张以此字属上经，误。法者之相与也尽，依说当有"类"字。若方之相合也，说在方。

狂举不可以知异，说在有不可。

牛马之非牛，与可之同，说在兼。张并前为一经，误。

循此循此与彼此同，说在异。

唱和同患，说在功。

闻所不知，若所知，则两知之，说在告。

以言为尽悖，悖，说在其言。

唯吾谓，非名也则不可，说在仮。

无穷不害兼，说在盈否知。

不知其数而知其尽也，说在明疑当作"问"。者。

不知其所处，不害爱之，说在丧子者。无说。

仁义之为内外也，内，疑当作

作“殆”。

于一有知说作“智”，通，下同。焉，有不知焉，说在存。

有指于二，而不可逃，说在以二絫。当作“参”。

所知而弗能指，说在春字误。也、逃臣、狗犬、贵说作“遗”。者。

知说作“智”，通，下同。狗而自谓不知犬，过也，说在重。

通意后对，说在不知其谁谓也。

“非”。说在仵颜。有误。

学之依说疑当有“无”字。益也，说在诽依说疑当作“悖”。者。

诽之可否，不以众寡，说在可非。

非诽者谆，当作“悖”。说在弗非。

物甚不甚，说在若是。

取下以求上也，说在泽。

是是与是同，说在不州。有误。张并前为一经，误。

墨子间诂卷十一

大取第四十四

毕云:“篇中言‘利之中取大’,即‘大取’之义也。意言圣人厚葬固所以利亲,盛乐固所以利子,而节葬、非乐则利尤大也,墨者固取此。”案:毕说非也。此与下篇亦墨经之余论,其名大取、小取者,与取譬之取同。小取篇云“以类取,以类予”,即其义。篇中凡言“臧”者,皆指臧获而言。毕并以“葬亲”为释,故此亦有“厚葬”、“节葬”之说,并谬。此篇文多不相属,盖皆简札错乱,今亦无以正之也。

天之爱人也,薄于圣人之爱人也;毕云:“言天地之大,人犹有憾。”其利人也,厚于圣人之利人也。大人之爱小人也,薄于小人之爱大人也;毕云:“言不如小人之姑息。”其利小人也,吴钞本无此字。厚于小人之利大人也。以臧为其亲也而爱之,毕云:“说文云‘葬,臧也’,即‘藏’字正文,谓葬亲。”顾云:“臧,贱称也,篇内同义,亦互见小取篇。”案:顾说足正毕说之谬。此“臧”即臧获之臧,详小取篇。言臧善事吾亲,因而爱利之也。非爱其亲也;“非”字疑衍,此篇多以一是一非相对言之。以臧为其亲也而利之,吴钞本“为”下有“利”字,疑衍。“利之”谓资给之。非利其亲也。以乐为利其子,而为其子欲之，“乐”谓音乐。毕云“当有‘非’字”，误。**爱其子也；以乐为利其子，而为其子求之，非利其子也。**疑当作“非求其子也”。毕云：“此辩葬之非利亲，乐之非利子，即‘节葬’、‘非乐’之说也。”案：毕说谬。

于所体之中而权轻重，之谓权。吴钞本作“于所体轻重之中而权其轻重，之谓权”。案：“其”字疑当有。文选运命论李注引尸子云：“圣人权福则取重，权祸则取轻。”**权非为是也，非非为非也。**俞云：“当作‘非为非也’，衍一‘非’字。”案：当作“亦非为非也”，上“非”字乃“亦”之误，无衍文。**权，正也。**经上篇云：“欲正权利，恶正权害。”**断指以存掔，**意林引作“胫”。毕云：“此‘捥’字正文，旧作‘杂’，误。说文云：‘掔，手掔也。扬雄曰：掔，握也。从手，取声。’郑注士丧礼云：‘手后节中也，古文掔作捥。’”**利之中取大，害之中取小也。害之中取小也，**毕云：“当为‘者’。”**非取害也，取利也。其所取者，人之所执也。**言为人所持执，不能自免。**遇盗人，而断指以免身，利也；其遇盗人，害也。**淮南子说山训云“断指而免头，则莫不利为也。故人之情，于利之中则争取大焉，于害之中则争取小焉”，意本于此。**断指与断腕，**毕云：“玉篇云：‘腕，乌段切，手腕，亦作捥。’案‘捥’、‘腕’皆‘掔’字之俗。”**利于天下相若，无择也。死生利若，一无择也。**当作“非无择也”，谓必舍死取生。**杀一人以存天下，非杀一人以利天下也；**此对下“是杀己以利天下”为文，当作“非杀人以利天下也”，“一”字涉上而衍。**杀己以存天下，是杀己以利天下。于事为之中而权轻重，之谓求。求为之，非也。**疑当作“非为之也”，脱二字。**害之中取小，求为义，非为义也。**此疑当接后“不可正而正之”句。**为暴人语天之为是也而性，**句。**为暴人歌天之为非也。诸陈执既有所为，而我为之陈执，执之所为，因吾所为也；若陈执未有所为，而我为之陈执，陈执因吾所为也。暴人为我为天之以人非为**

是也而性。此文多讹脱，“为是也而性”语，前后两见，疑“性”并当作“惟”，惟与唯通。经下篇云：“物一体也，说在俱一、惟是。”说云：“惟是，当牛马。”惟是亦即唯是，谓言是则应之也。此义似与彼同，而上下文仍难通。**不可正而正之**。上云：“权，正也。”言于不可正之中，而权其正。**利之中取大**，此节疑当接上文“非为义也”下。**非不得已也；害之中取小，不得已也。所未有而取焉，是利之中取大也；于所既有而弃焉，是害之中取小也。**

义可厚，厚之；义可薄，薄之，谓伦列。“谓”上当重“之”字。战国策宋策高注云：“伦，等也。”服问郑注云：“列，等比也。”**德行、君上、老长、亲戚，此皆所厚也。为长厚，不为幼薄**。句。**亲厚，厚**。厚其近亲。**亲薄，薄**。薄其远亲。**亲至，薄不至**。言有至亲，无至薄。**义，厚亲不称行而顾行**。“顾”当为“类”。后云“厚亲不称行而类行，其类在江上井”，即释此节。“行”谓德行。**为天下厚禹，为禹也。为天下厚爱禹**，此句“厚”字疑衍。**乃为禹之人爱也**。“人爱”二字疑倒。**厚禹之加于天下**，据下文，“之”下当有“为”字，言所以厚爱禹者，为其德加于天下。毕云“言禹之厚德及天下”，非。**而厚禹不加于天下**。言所厚止于禹身，不遍及天下。**若恶盗之为加于天下**，言恶盗为其害及天下。毕云：“言盗之恶行及天下”，非。**而恶盗不加于天下**。言所恶止于盗身，不遍及天下。**爱人不外己，己在所爱之中**。言己亦犹是人也。**己在所爱，爱加于己。伦列之爱己，爱人也**。言爱己亦可谓之爱人。此下疑当接后“臧之爱己，非为爱己之人也”句。荀子正名篇云：“圣人不爱己，此惑于用名以乱名者也。”**圣人恶疾病**，毕云：“言自重其身。”**不恶危难**，毕云：“言为人则不避艰险。”**正体不动**，疑当作“四体不勤”。**欲人之利也，非恶人之害也。**

毕云:“言欲存其身以利人,非恶人之以危难害己。”**圣人不为其室臧之,故在于臧。**此义难通,毕云:“言臧富在下”,非。**圣人不得为子之事。**似言圣人事亲,爱无穷而事必有所尽。**圣人之法,死亡亲,**亡、忘通。谓亲死而忘之,即薄丧之义。**为天下也。厚亲,分也,以死亡之,**句。**体渴兴利。**此即节丧下篇“疾从事”之意。毕云:“说文云:‘渴,尽也。’‘竭,负举也。’今经典多以‘竭’为‘渴’。此云云者,谓尽其利以厚丧也。”案:毕说非是。**有厚薄而毋伦列之兴利,为己。**此下疑当接下“天下之利”句。

语经:毕云:“意言圣人厚葬之说,为自厚其亲,语其经耳。经犹云正,非必欲天下人如是也,故下辨之。”案:“语经”者,言语之常经也,此总目下文,毕说非。**语经也,**当为“者”。毕云“‘也’同‘者’”,非。**非白马焉,**此即白马非马之说,公孙龙子有白马论,详小取篇。**执驹焉说求之,**毕云:“案列子仲尼云‘公子牟曰:白马非白,形名离也,孤犊未尝有母,非孤犊也’,似与此意同。‘执驹焉说求之舞’,似当云‘执驹马说求之无母’,即孤犊之论乎?”案:庄子天下篇云“孤驹未尝有母”,白马孤驹,盖名家常语,所谓“语经”也。“说求之”上疑脱“有”字,与下“无说”文相对,毕说非其旨。**舞说非也。**舞当从毕校为“无”之误,而句读则非。**渔大之舞大,**疑当作“杀犬之无犬”。经下云“狗,犬也,而杀狗非杀犬也,可”,即此义。“杀”俗作“煞”,释慧苑华严经音义云“渔,声类作‘敂’”,二形相近而讹。**非也。**所谓无说。**三物必具,然后足以生。**必与毕通。此下疑当接后“以故生,以理长,以类行也者”句。三物,即指故、理、类而言之,谓辞之所由生也。

臧之爱己,此节疑当接上文“爱己爱人也”下。**非为爱己之人也。**言臧自爱其身,非为爱己之为人也。**厚不外己,**“厚”下当有“人”字,上文云:“爱人不外己。”**爱无厚薄。举己,非贤也。**“举”当作“誉”。**义,利;不义,害。**句。**志、功为辩。**志,旧本作“之”,今据道藏本、吴钞本正。下文云:“志、功不可以相从也。”

有有于秦马，疑当作“有友于秦焉”。**有有于马**，疑当作“有友于□焉”。**也智来者之马也。**未详。

爱众众世，与爱寡世相若。两“世”字，毕并以意改作“也”，王校从之。王引之云：“‘爱众众也’，下‘众’字衍，当作‘爱众也与爱寡也相若’。又案下文‘凡学爱人’与‘小圜之圜’云云，文义不相属，疑当在‘爱众也’上。‘凡学爱人’乃统下文之词，‘爱众也’云云则承上句而详言之也，古书错简耳。”案：此当作“爱众世与爱寡世相若”。“众世”、“寡世”以广陕言，下文“尚世”、“后世”以古今言，文自相对。“凡学爱人”句，亦非此处错简。毕、王校并未允。**兼爱之有相若。**有与又通。**爱尚世与爱后世，**王云：“尚与上同。”**一若今之世人也。**王引之云：“‘今之世人’，当作‘今世之人’。‘今世’与‘尚世’、‘后世’相对为文也。”**鬼，非人也；兄之鬼，兄也。**王引之云：“‘鬼非人也’，当作‘人之鬼非人也’，写者脱去‘人之’二字耳。小取篇云‘人之鬼，非人也；兄之鬼，兄也’，是其证。”案：无“人之”二字义自可通，今不据增。**天下之利驩。**驩犹悦也。天志中篇云：“今有人于此，驩若爱其子，竭力单务以利之。”此疑当接上“兴利为己”句。**圣人有爱而无利，伣日之言也，**说文人部云：“伣，譬谕也，一曰间见。”尔雅释言云：“间，伣也。”案：“伣”有间训，此疑亦当与间义同。方言云：“间，非也。”孟子离娄篇云：“政不足间也。”伣间盖谓驳难相非，故下云“乃客之言”。“日”疑当作“曰”。或疑当为“儒者之言”。“儒”俗作“僡”，与“伣”相似而误。亦通。**乃客之言也。天下无人，子墨子之言也。**“无人”，即兼爱之义。言人己两忘，则视人如己矣。“子墨”下旧无“子”字，今据吴钞本补。**犹在。**似言害舍大取小，然其害犹在。上疑有脱文。

不得已而欲之，非欲之也。旧本重“非欲之”三字。毕云：“一本无。”案：顾校季本亦无，今据删。此即前“害之中取小，不得已也”之义。疑当在上文“是害之中取小也”下。**非杀臧也。**王引之云：“‘非杀臧也’上有脱文，以下二句例之，当云‘专杀臧，非杀臧也’。”**专杀盗，非杀盗也。**

凡学爱人。“学”当为“誉”。前云“誉己非贤也”，后又云“爱人非为誉也”，此句或当接后“利人也，为其人也”句。

小圜之圜，与大圜之圜同。方至尺之不至也，“方”当为“不”。**与不至钟之至不异，**“钟”当为“千里”二字。“之至”当作“之不至”。谓尺与千里，远近异，而其为不至则同，故下云“远近之谓”。今本“千里”二字误合为“重”字，校者又益金为“钟(锺)”，遂不可通。续汉书五行志童谣以“董”字为“千里草”，与此可互证。**其不至同者，远近之谓也。**

是璜也，毕云：“说文云：‘璜，半璧也。’”**是玉也。**此与上“是”字疑并当作“意”。**意楹，非意木也，意是楹之木也。意指之人也，非意人也。**王引之云：“当作‘意人之指，非意人也’。意，度也，言所度者人之指，非度人也。下文云‘一指，非一人也’，是其证。”**意获也，**说文犬部云：“获，猎所获也。”**乃意禽也。**俞云：“‘乃意禽也’当作‘非意禽也’，与上文‘非意木也’、‘非意人也’一律。”诒让案：“乃”字不误，此与上文反正相对，言猎者之求获，欲得禽也。**志、功不可以相从也。**“志”即意求之也。“功”谓求而得之。

利人也，为其人也。毕云：“为，一本作‘非’。”**富人，**言誉人之富。**非为其人也。**毕云：“旧二字倒，一本如此。”**有为也以富人，**言有所为，以使人富。**富人也。治人，有为鬼焉。**言治人之事，兼有事鬼，若祭祀之类。**为赏誉利一人，非为赏誉利人也，亦不至无贵于人。**“无贵”疑当作“无赏誉”。言赏誉虽不能遍及人，亦不至因此遂不用赏誉也。**智亲之一利，**毕云：“智同知。”**未为孝也，亦不至于智不为己之利于亲也。**言虽不足为孝，亦不至于明知己之有利于亲而不为之。

智是之世之有盗也，上“之”字当衍。吴钞本无下“之”字。盖“世之”二字误倒，校者又于下增一“之”字，遂致复出。“盗”当作“人”，涉下而误。**尽爱是世。**俞云:"当作'智是世之有盗也,不尽是世',下文'智是室之有盗也,不尽是室也',可证。"案:俞校未塙,以文义推之,当作"智是世之有人也,尽爱是世",即兼爱之义。**智是室之有盗也,不尽是室也。**"不尽"下,以下文推之,当有"恶"字。**智其一人之盗也,不尽是二人。**毕云:"'二'当为'一'。"诒让案:当作"不尽恶是人",此脱"恶"字,衍"二"字耳。**虽其一人之盗,苟不智其所在,尽恶其弱也。**"弱"疑当为"朋",形近而误。言盗虽止一人,然不能审知其谁某,则尽恶其朋党也。

诸圣人所先为,人欲名实,"欲"疑"效"之误。**名实不必名。**疑当作"实不必名",上"名"字误衍。**苟是石也白,**句。**败是石也,**"败"当为"取"。**尽与白同。**言白石之白皆同。**是石也唯大,**唯、虽通,吴钞本作"惟"。**不与大同。**言大石之中,仍有大小之异。**是有便谓焉也。**"便"疑当为"使"。**以形貌命者,必智是之某也,**貌,吴钞本作"皃",下同。**焉智某也。**焉犹乃也。**不可以形貌命者,唯不智是之某也,**唯亦与虽通。**智某可也。诸以居运命者,**尔雅释诂云:"运,徙也。"毕云:"居运,言居住或运徙。"**苟人于其中者,皆是也。**"人"当作"入"。入是、去非,文正相对。**去之,因非也。诸以居运命者,若乡里齐、荆者,皆是。诸以形貌命者,若山丘室庙者,皆是也。**

智与意异。旧本脱"异"字,今据吴钞本补。上文辨"智"、"意"二者之文甚详。**重同,**经说上云:"二名一实,重同也。"**具同,**"具"当为"俱"。经说上云:"俱处于室,合同也。"**连同,**国语楚语韦注云:"连,属也。"**同类之同,**经说上云:"有以同,类同也。"**同名之同,丘同,**丘与区通,详经下篇。谓同区域而处。**鲋同,**鲋、附通。史记魏世家"屈侯鲋",说苑臣术篇"鲋"作"附"。周礼大司徒郑注云:"附,丽也。"**是之同,**毕云:"一本又有'同'字。"**然之同,同根之同。**此四字疑当在前"同名之同"下。此下文

"有非之异,有不然之异"二句,正与上文"是之同,然之同"相对,明不当以此句厕其间也。**有非之异。有不然之异。有其异也,为其同也,为其同也异。**此下疑当接下"长人之异,短人之同"一节。**一曰乃是而然,**吴钞本作"是"。**二曰乃是而不然,三曰迁,**昔是而今不然。**四曰强。**貌是而情不然。**子深其深,浅其浅,益其益,尊其尊。**以上似并辨辞气之异同。俞云:"'尊'当读为'剸'。说文刀部:'剸,减也。'剸有减损之义,故与'益其益'对文成义。"案:俞说是也。后汉书光武十王传赞"沛献尊节",李注引礼记"恭敬尊节",今曲礼作"撙节"。"尊"、"撙"、"剸"声类并同。**察次山比因至优指复,**句。**次察声端名因请复。**此文脱误不可校,以意推绎,两"次"字疑皆当作"次",即"盗(盜)"之坏字。一"优"字,二"复"字,皆"得"之误。"请"读为"情"。"请复",即下文之"请得"也。审校文义,疑首句当作"察盗止此室因指得",次句当作"察盗声端名因情得"。上云"智是室之有盗也,不尽是室也",言察盗之止于是室,乃因人指而得之。若察盗之声,而得其名,则因籥其情而得之也。大旨盖如是。今本"止此室"讹为"山比至",而以"至"字倒著"因"下,又涉"复"字而衍一"优"字,"察次"复倒作"次察",遂无从諟正矣。"端名"亦难通,疑"端"当为"揣"之误。**正夫辞恶者,人右以其请得焉。**"正"当为"匹"。"右"疑"有"之误,有与或义同。请亦读为情,下同。此以籥狱为喻也。"辞恶"谓不受恶。左宣二年传"赵盾为法受恶",杜[一]注云"为法受屈",与此义可相证。言匹夫虽贱,而不肯受屈,必欲自明其志,则可以得其情实。**诸所遭执而欲恶生者,人不必以其请得焉。**"恶生"谓乐于就死也。言遭囚执而不求生,则虽有屈抑而不欲自明,故不能必得其情实也。

圣人之附瀆也。附,道藏本、吴钞本并作"拊"。毕云:"'瀆'字未详。"**仁而无利爱,**而,吴钞本作"人"。**利爱生于虑。**谓以仁待人,而无私爱利之心。凡爱利,皆生于自私之心,不足为仁也。经说上云:"虑也者,

〔一〕"杜",原误"柱",据活字本改。

以其知有求也。”**昔者之虑也，非今日之虑也；昔者之爱人也，非今之爱人也。爱获之爱人也，生于虑获之利。**谓因赖其利而爱之。**虑获之利，非虑臧之利也；**臧、获异人，故所虑与所利不同。旧本无下“虑获之利”四字，王引之云：“‘生于虑获之利’下，当更有‘虑获之利’四字，‘虑获之利，非虑臧之利也’、‘而爱臧之爱人也，乃爱获之爱人也’，相对为文。”案：王说是也，今据增。**而爱臧之爱人也，乃爱获之爱人也。**言所爱虽异，其为爱人则同。臧、获统于人之内也。**去其爱而天下利，弗能去也。**疑当作“弗能不去也”。言去一人而利天下，虽在所爱，不能不去也。**昔之知墙，非今日之知墙也。**苏云：“‘墙’疑当作‘臧’。”俞云：“‘墙’字不可通，乃‘啬’字之误。吕氏春秋情欲篇‘论早定则早知啬’，先己篇‘啬其大宝’，高注并曰：‘啬，爱也。’‘昔之知啬，非今日之知啬’，犹上文云‘昔者之爱人也，非今之爱人也’。”案：苏说近是。此下疑当接后文“藉臧也死，而天下害”句。**贵为天子，其利人不厚于正夫。**顾云：“‘正’作‘匹’。”俞校同。案：顾校是也。此书“匹夫”字多讹作“正夫”，详节葬下篇。此言利人之心，贵贱所同。苏云“‘正’读如‘征’”，误〔一〕。**二子事亲，**此上疑当接上文“义厚亲不称行而类行”下。**或遇孰，或遇凶，**孰，道藏本、吴钞本并作“熟”。毕云：“言岁孰、岁凶。”**其亲也相若，**言不以孰凶而事亲有厚薄。**非彼其行益也非加也，**疑当作“非彼其行益加也”。**外执无能厚吾利者。**“执”疑“埶”之讹。谓外物不能使吾利亲之心加厚。**藉臧也死而天下害，吾持养臧也万倍，吾爱臧也不加厚。**“藉”即假借字。首句“臧”字，旧本误“藏”，今据吴钞本正。“持养”义详非命下篇。言假令臧死而害及天下，则吾之持养之也当万倍，然为天下去害，非爱臧加厚也。

长人之异短人之同，其貌同者也，貌，吴钞本作“皃”，下并

〔一〕“误”，原作“语”，据活字本改。

同。**故同。**俞云："'长人之异短人之同'当作'长人之与短人也同'，下二句正释'长人''短人'所以同之故也。下文曰'指之人也与首之人也异，人之体非一貌者也，故异。将剑与挺剑异，剑以形貌命者也，其形不一，故异'，并与此文一律，可证。"**指之人也与首之人也异，**首之人，谓以首向人。**人之体非一貌者也，故异。将剑与挺剑异，**将，拼之借字。说文手部云："拼，扶也。""挺，拔也。"**剑以形貌命者也，其形不一，故异。杨木之木与桃木之木也同。诸非以举量数命者，败之尽是也。**"败"疑亦当为"取"，形近而误。此言不以量数举者，若一人为人，百人亦为人，故云"取之尽是也"。**故一人指，非一人也；是一人之指，乃是一人也。**王引之云："'故一'下衍'人'字，'一人之指'上衍'是'字。当作'故一指，非一人也；一人之指，乃是一人也'。"**方之一面，非方也；**言方幂与方周、方体不同。**方木之面，方木也。**

以故生，"以"上当有"夫辞"二字，下文可证。广雅释诂云："故，事也。"此疑当接上"语经"节下。**以理长，以类行也者。**二字当乙。苏云"据下文，当作'辞以类行者也'"，非。**立辞而不明于其所生，忘也。**顾云："'忘'，当为'妄'。"**今人非道无所行，**道与理同，此释"以理长"之义。言不循道，则辞不可行。**唯有强股肱，而不明于道，**唯与虽通。**其困也，可立而待也。夫辞以类行者也，立辞而不明于其类，则必困矣。故浸淫之辞，**文选洞箫赋李注云："浸淫犹渐冉，相亲附之意也。"**其类在鼓栗。**"在"下吴钞本有"于"字，此文有讹。苏云："此下言'其类'者十有三，语意殊不可晓，疑皆有说以证明之，如韩非储说所云者，而今已不可考矣。"**圣人也，为天下也，其类在于追迷。**毕云："言能追正迷惑。"案：以下并释"以类行"之义，而文多难通。毕以意说之，皆不甚塙。今无可质证，姑存以备考。**或寿或卒，其利天下也指若，**毕云："言其指相若。"苏云："'指'当作'相'。"**其类在誉石。**毕云："疑

‘誉名’，言圣人有寿有不寿，其利天下同，则誉在也。”案：毕说未塙，疑当作“礜石”，说文石部云：“礜，毒石也。”山海经西山经云“礜石可以毒鼠”，郭璞注云：“今礜石杀鼠，蚕食之而肥。”此言礜石害鼠，而利于蚕，以况或寿或卒之利害不同也。**一日而百万生，爱不加厚，**此疑释“藉臧也死而天下害”一节之义。**其类在恶害。**毕云：“言意多所爱而不行者，畏难之故。”**爱二世有厚薄，而爱二世相若，**“二”当为“上”，字之误。说文古文“上”作“=”，与“二”形相似。“上世”与“尚世”义同。此释上文“爱尚世与爱后世，一若今之世人也”。**其类在蛇文。**此文有讹，洪云：“‘文’当作‘玄’，玄即蚿字之省。庄子秋水篇‘夔怜蚿，蚿怜蛇’，亦取相爱为义。”案：洪说未塙。**爱之相若，择而杀其一人，**毕云：“言爱二人同，择而杀其一。杀，减也。”案：此似释上文“杀一人以存天下，非杀一人以利天下”一节之义。毕说失之。**其类在坑下之鼠。**坑，旧本讹“院”，今据道藏本、吴钞本正。尔雅释诂云：“坑，虚也。”得鼠则杀之，为其害物也。**小仁与大仁，行厚相若，**大仁，旧本作“大人”，今从吴钞本。仁与人通。此似释上文“大人之爱小人也”一节之义。**其类在申。**有讹脱。**凡兴利除害也，**上文云“兴利为己”，此疑释其义。**其类在漏雍。**吴钞本作“厚壅”，疑“漏甕”之讹。王云：“雍与甕同，井九二‘甕敝漏’，释文‘甕’作‘雍’。北山经‘县雍之山’，郭璞曰‘音汲甕’，水经晋水篇作‘县甕’。汉纪孝成纪‘申徒狄蹈甕之河’，汉书邹阳传‘甕’作‘雍’。”案：王说是也。此似言甕之害在于漏，去其漏，则得汲水之利也。**厚亲不称行，而类行，**此释上文“义可厚厚之”一节之义。**其类在江上井。不为己之可学也，**“学”疑“誉”之误。上文云“誉己非贤也”，此或释其义。**其类在猎走。爱人非为誉也，其类在逆旅。**言因求利而爱人。此释上文“为赏誉利一人”一节之义。**爱人之亲，若爱其亲，**此疑释上文“以臧为其亲也”一节之义。**其类在官苟。**有讹。**兼爱相若，一爱相若，**言爱一人与兼爱众人同。**一爱相若，**四字重出，当是衍文。此疑释上文“爱众众也”一节之义。**其类**

在死也。毕云:"一本作'虵'。"案:顾校季本亦作"虵"。此文有讹。

小取第四十五

夫辩者,将以明是非之分,审治乱之纪,明同异之处,察名实之理,处利害,国语鲁语云"智者处物",韦注云:"处,名也。"淮南子说林训云:"见之明白,处之如玉石。"决嫌疑。句。焉摹略万物之然,说文手部云:"摹,规也。"淮南子本经训高注云:"略,约要也。"俞正燮云:"摹略,即今言之模量,古言之无虑。"俞云:"'然'字无义,疑当作'状','状'误为'肰',因误为'然'。"论求群言之比。以名举实,经说上云:"举,告以文名,举彼实也。"以辞抒意,史记平原君传集解引别录:"邹衍曰:辩者抒意通指,明其所谓。"汉书刘向传"一抒愚意",颜注云:"抒,谓引而泄之也。"毕云:"'纪'、'理'、'疑'、'比'、'意'为韵,古四声通。"以说出故。以类取,以类予。毕云:"'故'、'取'、'予'为韵。"有诸己不非诸人,无诸己不求诸人。

或也者,不尽也。易乾文言云:"或之者,疑之也。"假者,今不然也。毕云:"假设,是尚未行。"效者,为之法也;所效者,所以为之法也。故中效,毕云:"中,去声。"则是也;不中效,则非也,此效也。辟也者,毕云:"辟同譬。说文云:'譬,谕也。'谕,古文'喻'字。"举也物而以明之也。毕云:"举也,'也'字疑衍。"王云:"'也'非衍字,也与他同,举他物以明此物,谓之譬,故曰'辟也者,举他物而以明之也'。墨子书通以'也'为'他',说见备城门篇。"案:王说是也。潜夫论释难篇云:"夫譬喻也者,生于直告之不明,故假物之然否以彰之。"荀子非相篇云:"谈说之术,分别以喻之,譬称以明之。"侔也者,比辞而俱行也。说文人部云:"侔,齐等也。"谓辞义齐等,比而同之。援也者,曰:子然,句。

我奚独不可以然也？说文手部云："援，引也。"谓引彼以例此。推也者，以其所不取之，同于其所取者，予之也。淮南子本经训高注云："推，求也。"此云"取"，与求义同。谓所求者在此，所不求者在彼，取彼就此，以得其同，所谓"予之也"。是犹谓也者同也，吾岂谓也者异也。

夫物有以同而不，不读为否。率遂同。率、遂声近义同。广雅释诂云："率，述也。"率、遂、述古并通用。耕柱篇云"古之善者不遂"，遂即述也。明鬼下篇"率径"，月令作"径术"，郑注谓即周礼匠人之"遂径"，并其证也。辞之侔也，毕云："之侔，一本作'侔之'。"案：顾校季本亦作"侔之"。有所至而正。疑当作"止"。其然也，有所以然也。其然也同，句。其所以然不必同。"其然也同"，旧本脱上三字。王引之云："'同其所以然不必同'当作'其然也同，其所以然不必同'，承上文其然与所以然言之也。下文'其取之也同，其所以取之不必同'，文义正与此合，写者脱去上三字耳。"其取之也，有所以取之。旧本无"所"字，王引之云："'以'上当有'所'字。下文'其所以取之不必同'，即承此言之也。上文'其然也，有所以然也'，文义正与此合。写者脱'所'字。"案：王校是也，今据增。其取之也同，句。其所以取之不必同。句。是故辟、侔、援、推之辞，毕云："譬也，侔也，援也，推也，即上四者。"行而异，转而危，俞云："危读为诡。汉书天文志'司诡星出正西'，史记天官书'诡'作'危'。是危、诡古字通。'行而异，转而诡'，诡亦异也。"远而失，句。流而离本，句。则不可不审也，不可常用也。故言多方，庄子天下篇"惠施多方"，吕氏春秋必己篇高注云："方，术也。"殊类异故，则不可偏观也。偏与遍通。下同。

夫物或乃是而然，或是而不然，或一周而一不周，周，旧本并作"害"，王引之云："两'害'字俱当作'周'，隶书'周'字与'害'相似，故误为'害'。下文'此一周而一不周者也'，与此相应，字正作'周'。"案：王说是也,今据正。或一是而一不是也,不可常用也。故言多方,殊类异故,则不可偏观也。非也。王引之云:"此本作'或一是而一非也',当以'非也'二字接'或一是而一'下。其'不可常用也'以下三句,则因上文而衍。'不是也'三字,又后人所增。盖后人不知'不可常用'云云为衍文之隔断正文者,又不知'非也'二字本与'或一是而一'作一句,乃足以'不是也'三字耳。下文云'此乃一是而一非者也',与此相应,当据以删正。"白马,马也;乘白马,乘马也。毕云:"张湛注列子云:'白马论曰:马者所以命形也,白者所以命色也,命色者非命形也。'"诒让案:张本公孙龙子文。骊马,马也;说文马部云:"骊,马深黑色。"乘骊马,乘马也。获,人也;爱获,爱人也。臧,人也;爱臧,爱人也。毕云:"方言云:'臧、获,奴婢贱称也。荆淮海岱杂齐之间,骂奴曰臧,骂婢曰获。齐之北鄙,燕之北郊,凡民男而婿婢谓之臧,女而妇奴谓之获;亡奴谓之臧,亡婢谓之获。'王逸注楚辞云:'臧,为人所贱系也;获,为人所系得也。或曰:臧,守藏者也;获,主禽者也。'"此乃是而然者也。获之亲,旧本作"视"。毕云:"当为'事'。"王引之云:"毕说非也。'视'乃'亲'字之讹。'获之亲,人也。获事其亲,非事人也',两'亲'字上下相应。犹下文云'其弟,美人也;爱弟,非爱美人也',两'弟'字亦上下相应。"案:王说是也,今据正。人也;获事其亲,非事人也。其弟,美人也;爱弟,非爱美人也。毕云:"言使其弟有美容,而爱弟者,非以容也。"车,木也;乘车,非乘木也。船,木也;人船,毕云:"当为'乘船'。"苏云:"'人'当为'入'之误。"非人木也。盗人,人也;多盗,非多人也;无盗,非无人也。奚以明之?恶多盗,非恶多人也;欲无盗,非欲无人也。毕云:"此所谓辩名实之理。"世相与共是之。若若是,则虽盗人人也,衍一"人"字。爱盗非爱人也,不爱盗非不爱人也,杀盗人非杀人也,"盗"下"人"字衍。荀子正名篇云:"'杀盗非杀人也',此惑于用名以乱名者也。"无难盗无难矣。据下文,疑衍"盗无难"三字。此与彼

同类，世有彼而不自非也，墨者有此而非之，无也故焉，旧本"故"在"也"上，王引之云："'无故也焉'当作'无也故焉'，'也故'即他故。下文云'此与彼同类，世有彼而不自非也，墨者有此而非之，无也故焉'，文正与此同，今本'也故'二字倒转，则义不可通。"案：王校是也，今据乙。**所谓内胶外闭，**尔雅释诂云："胶，固也。"谓内胶固而外闭塞。**与心毋空乎，**空读为孔。列子仲尼篇"文挚谓龙叔曰：子心六孔流通，一孔不达"，张注云："旧说圣人心有七孔也。"**内胶而不解也。此乃是而不然者也。**旧本"然"作"杀"。毕云："据上当为'然'，一本作'然'。"苏云："'然'与'煞'字形相近，遂展转致讹。"案：毕、苏校是也。顾校季本亦作"然"，今据正。**且夫读书，非好书也。**疑当作"夫且读书，非读书也；好读书，好书也"。**且斗鸡，非鸡也；**毕云："言人使之斗。"**好斗鸡，好鸡也。且入井，非入井也；止且入井，止入井也。且出门，非出门也；止且出门，止出门也。**据上文，当亦有"世相与共是之"五字。**若若是，且夭，非夭也，寿夭也。**疑当重"夭"字。**有命，非命也；非执有命，非命也。无难矣。此与彼同类，**旧本脱"类"字，毕云"据上当有'类'字"，王说同，今据补。**世有彼而不自非也，墨者有此而罪非之，**毕云："据上无'罪'字。"苏云："'罪'字衍。即'而非'两字之讹。"王说同。案："罪"疑当作"众(衆)"，形近而讹。言墨者有此论，而众共非之。似非衍文。上文无此字，或转是误脱耳。**无也故焉，**旧本误作"无故焉也"，王、顾并据道藏本正，吴钞本同。毕本亦误，云"据上文，'焉也'当倒"，尤非。**所谓内胶外闭，与心毋空乎，内胶而不解也。此乃是而不然者也。**旧本脱"不"字。王云："上文'白马，马也'以下，但言是，不言非，故曰'此乃是而然者也'。'获之亲人也'以下，言是又言非，故曰'此乃是而不然者也'。'且夫读书，非好书也'以下，亦是非并言，而以此三句承之，则亦当云'此乃是而不然者也'，写者脱去'不'字耳。"案：王校是也，今据补。**爱人，待周爱人，而后为爱人。不爱人，不待周不爱人，不**

周爱，因为不爱人矣。旧本"不周爱"作"不失周爱"。俞云："周犹遍也，'失'字衍文。此言不爱人者，不待遍不爱人，而后谓之不爱人也。有不遍爱，因为不爱人矣。今衍'失'字，义不可通，乃浅人不达文义而加之。"案：俞说是也，今据删。乘马，不待周乘马，然后为乘马也。有乘于马，因为乘马矣。逮至不乘马，待周不乘马，而后为不乘马。此一周而一不周者也。旧本"不待周乘马"句脱"不"字，"而后为不乘马"句脱"为"字。下又衍"而后不乘马"五字。王引之云："'待周乘马，然后为乘马也'，'待'上当有'不'字。'不待周乘马'，所谓不周也；下文'待周不乘马'，所谓周也，以相反为义。'而后不乘马'，'不'上当有'为'字，犹上文云'然后为乘马也'，写者脱去耳。其重出之'而后不乘马'五字，则衍文也。"案：王说是也，今据增删。居于国，则为居国；有一宅于国，而不为有国。桃之实，桃也；棘之实，非棘也。棘之实，枣也，故云"非棘"。诗魏风园有棘"其实之食"，毛传云："棘，枣也。"说文朿部云："棘，小枣丛生者。"问人之病，问人也；恶人之病，非恶人也。人之鬼，非人也；兄之鬼，兄也。祭人之鬼，非祭人也；"祭人之鬼"，旧本脱"人"字。王引之云："'祭之鬼'当作'祭人之鬼'，承上文"人之鬼"而言也，写者脱'人'字。"案：王说是也，今据补。祭兄之鬼，乃祭兄也。之马之目盼，顾云："淮南说山训作'眇'，此作'盼'，误也。"毕云："上'之'疑当为'大'。"王引之云："上'之'非'大'字之讹。之犹于也。言'于马之目盼，则谓之马盼；于马之目大，而不谓之马大。于牛之毛黄，则谓之牛黄；于牛之毛众，而不谓之牛众'也。"苏云："之马，犹言是马。盼，视也。"案：说文目部云："盼，白黑分也。""眇，一目小也。"马目不可以言"盼"，顾校近是。"之"当从苏训为是，前经说诸篇义多如此。则为之马盼；毕云："'为'当作'谓'。"之马之目大，而不谓之马大。庄子天下篇释文引司马彪云"狗之目眇，谓之眇狗；狗之目大，不曰大狗，此乃一是一非"，即袭此文，而易"马"为"狗"。之牛之毛黄，则谓之牛黄；之牛之毛众，而不谓之牛众。一马,马也;二马,马也。马四足者,一马而四足也,非两马而四足也。一马,马也。王引之云:"'一马,马也。二马,马也',已见上文。此'一马,马也'四字,盖衍。"马或白者,毕云:"'白'旧作'自',以意改。"案:顾校季本正作"白"。二马而或白也,非一马而或白。此乃一是而一非者也。

耕柱第四十六

子墨子怒耕柱子,墨子弟子。耕柱子曰:"我毋俞于人乎?"荀子荣辱篇杨注云:"俞读为愈。"淮南子说山训高注云:"愈,胜也。"毕云:"古'愈'字只作'俞',太平御览〔一〕引作'愈'。"子墨子曰:"我将上大行,大,吴钞本作"太"。苏云:"大读为太。"毕云:"高诱注吕氏春秋云'大行在河内野王县北',山在今河南怀庆府城北,亦名羊肠坂。"驾骥与羊,王云:"羊不可与马并驾,'羊'当为'牛'。太平御览〔二〕地部五引此已误作'羊',艺文类聚地部及白帖五并引作'牛'。"子将谁敺?"毕云:"'子'旧作'我',据艺文类聚、太平御览改。说文云:'敺,古文驱,从攴。'艺文类聚引作'驱'。"耕柱子曰:"将敺骥也。"子墨子曰:"何故敺骥也?"耕柱子曰:"骥足以责。"毕云:"艺文类聚引作'以骥足责'。"王云:"'骥足以责'本作'以骥足责',言所以敺骥者,以骥之足责故也。此正答墨子'何故敺骥'之问。今本倒'以'字于'足'字之下,则非其旨矣。类聚、白帖、御览并作'以骥足责'。"苏云:"言任敺策也。"子墨子曰:毕云:"'子墨'二字旧脱,据太平御览增。""我亦以子为足以责。"王云:"本作'我亦以子为足责',此正答耕柱子'以骥足责'之语。今本'足责'作'足以责',亦误。

〔一〕"览",原误"觉",径改。
〔二〕"览",原误"觉",径改。

类聚、御览无'以'字。"苏云:"亦责备贤者之意。"

巫马子谓子墨子曰:毕云:"艺文类聚引'谓'作'问'。"苏云:"巫马子为儒者也,疑即孔子弟子巫马期,否则其后。"诒让案:史记孔子弟子传云"巫马施少孔子三十余岁",计其年齿,当长墨子五六十岁,未必得相问答,此或其子姓耳。**"鬼神孰与圣人明智?"子墨子曰:"鬼神之明智于圣人,犹聪耳明目**毕云:"艺文类聚杂器物部引作'聪明耳目'。"**之与聋瞽也。**毕云:"艺文类聚引'瞽'作'盲'。"**昔者夏后开**毕云:"昔者,艺文类聚引作'若'。后汉书注引云'开冶'。"诒让案:"冶"字不当有,崔骃传注盖误衍。苏云:"开即启也,汉人避讳而改之。"**使蜚廉折金于山川,**毕云:"艺文类聚、后汉书注、太平御览、玉海俱引'蜚'作'飞'。"苏云:"此为夏之蜚廉。"诒让案:初学记鳞介部、文选七命注并作"飞"。又毕本"折"改"采",云:"旧作'折',据文选注改。山海经云'其中多金,或在山,或在水'。诸书引多无'川'字,非。"王云:"毕改非也。折金者,擿金也。汉书赵广汉传'其发奸擿伏如神',师古曰:'擿,谓动发之也。'管子地数篇曰:'上有丹沙者,下有黄金。上有慈石者,下有铜金。上有陵石者,下有铅锡,有铜。上有赭者,下有铁。君谨封而祭之,然则与折取之远矣。'彼言'折取之',此言'折金',其义一也。说文曰:'硩,上擿岩空青珊瑚堕之。从石,折声。''硩'与'折'亦声近而义同。后汉书崔骃传注、艺文类聚杂器物部、初学记鳞介部、太平御览珍宝部九、路史疏仡纪、广川书跋、玉海器用部引此并作'折金'。文选注作'采金'者,后人不晓'折'字之义而妄改之,非李善原文也。"又云:"山水中虽皆有金,然此自言'使蜚廉折金于山',不兼'川'言之。后汉书注、文选注、艺文类聚、初学记、太平御览引此皆无'川'字,则'川'字乃后人以意加之也。"案:王说是也。**而陶铸之于昆吾,**吴钞本无"之"字。毕云:"艺文类聚、后汉书注、文选注俱引作'以铸鼎于昆吾'。吾,文选注作'吴'。括地志云:'濮阳县,古昆吾国,故城县西三十里,昆吾台在县西百步,在颛帝城内,周回五十步,高二十丈,即昆吾虚也。'"王云:"'陶铸之于昆吾'本作'铸鼎于昆吾',此浅人不晓文义而改之也。金可言铸,不可言陶。上言'折金',故此言

'铸鼎'。此言'铸鼎',故下言'鼎成'。若以'陶铸'并言,则与上下文皆不合矣。后汉书注、文选注、艺文类聚、初学记并作'铸鼎',太平御览作'铸之',路史作'铸陶',玉海作'陶铸之',则罗长源所见本已有'陶'字,盖唐、宋间人改之也。"诒让案:吕氏春秋君守篇云"昆吾作陶",高注云:"昆吾,颛顼之后,吴回之孙,陆终之子,己姓也。为夏伯制作陶冶。"通典州郡篇云:"濮州濮阳县即昆吾之虚,亦名帝丘。"案濮阳故城在今直隶大名府开州西南,即古昆吾国也。夏启使蜚廉就其地而铸鼎,故文选张协七命云"铭德于昆吴之鼎"。吾、吴字通。濮阳古亦名帝丘,吕氏春秋应言篇云"市丘之鼎",宋本蔡邕集荐边文礼书作"帝丘之鼎",亦指夏鼎言之。**是使翁难雉乙卜于白若之龟**,旧本无"雉"字,今据玉海增。白,毕校改为"目",云:"旧脱'乙'字,又作'白苦之龜',误。艺文类聚引作'使翁难乙灼目若之龟',玉海引作'使翁难雉乙卜于白若之龟'。当从'目若'者,周礼云'北龟者曰若',尔雅释鱼云'龟左睨不类,右睨不若',贾公彦疏礼以为'睥睨',是'目若'之说也。若,顺也。"王云:"旧本讹作'白苦之龜',毕据艺文类聚改为'目若之龟',引尔雅以为'目若'之证,殊属附会。今考初学记、路史、广川书跋、玉海并引作'白若之龟','白'字正与今本同,未敢辄改。"诒让案:白若,道藏本作"目苦",吴钞本、季本作"白苦",初学记引亦作"使翁难乙灼白若之龟",江淹集铜剑赞叙云"昔夏后氏使九牧贡金,铸九鼎于荆山之下,于昆吾氏之墟,白若甘搀之地'",虞荔鼎录文略同,似皆本此书,亦作"白若",而以为地名,疑误。但此文旧本讹脱难通,审校文义,当以玉海所引校长。"翁"当作"䓗",说文口部"嗌",籀文作"䓗"。经典或假为"益"字,汉书百官公卿表"䓗作朕虞"是也。䓗与翁形近,节葬下篇"哭泣不秩声嗌","嗌"亦误作"翁",是其证。"难"当为"鄿",备穴篇"斫以金为鄿","鄿",今本亦讹"难"。又经说上篇"鄿指、鄿脯","鄿"并作"雗",皆形近讹易。鄿与斮音义同,详经下篇。"鄿雉"犹言斮雉,即谓杀雉也。史记龟策传说宋元王得神龟云"乃刑白雉及与骊羊,以血灌龟于坛中央",盖以雉羊之血衅龟也。"乙"当作"已",已与以同。言启使伯益杀雉以衅龟而卜也。玉海所引"雉"字尚未讹,今本又脱"雉"字,遂以"翁难乙"为人姓名,真郢书燕说,不可究诘矣。又博物志云"昔夏启筮徙九鼎,启果徙之",似即此事，而传闻小异。**曰**：毕本“曰”上增“龟”字，云：“旧脱‘龟’字，据玉海增。”王云：“曰者，翁难乙既卜，而言其占也。下文‘乙又言兆之由曰’，即其证。自‘鼎成四足而方’以下六句，皆是占词。毕依玉海于‘曰’上加‘龟’字，非也。‘龟曰’二字义不可通。艺文类聚作‘使翁难乙灼目若之龟成曰’，则‘曰’上本无‘龟’字明矣。”案：王校是也。但此下文六句，似是启使益命龟之辞，故辞终曰“上飨”，明将铸鼎以共祭享也。下又言“兆之繇”，乃是占词。王以下六句并为占词，恐非。**‘鼎成三足而方**，王云：“‘三足’本作‘四足’，此后人习闻鼎三足之说，而不知古鼎有四足者，遂以意改之也。艺文类聚、广川书跋、玉海引此皆作‘四足’。博古图所载商周鼎四足者甚多，未必皆属无稽。广川书跋曰‘秘阁二方鼎，其一受太府之量，一秙七斗，又一受量损二斗三升，四足承其下，形方如矩。汉人谓鼎三足以象三德，又谓禹之鼎三足，以有承也。韦昭以左氏说莒之二方鼎，乃谓其上则方，其下则圆。方其时，古鼎存者尽废，其在山泽丘陇者未出，故不得其形制’，引墨子‘鼎成四足而方’，以为古鼎四足之证。”王引之云：“左传‘莒之二方鼎’，服虔曰：‘鼎三足者圆，四足者方。’则汉人说方鼎固有知其形制者。”案：二王说是也。此书多古字，旧本盖作“亖足”，故讹为“三”。后文“楚四竟之田”，“四”，今本亦讹“三”，可证。铜剑赞亦讹作“三足”。**不炊而自亨**，毕云：“此‘亯’字俗写，玉海引作‘亨’，艺文类聚引作‘不灼自成’。”诒让案：说文火部云：“炊，爨也。”铜剑赞及鼎录并云“不炊而自沸”。论衡儒增篇云“世俗传言〔一〕周鼎不爨自沸，不投物物自出”，汉时俗语盖出于此。**不举而自臧**，毕云：“玉海引作‘藏’。”诒让案：铜剑赞作“不舁而自藏”，鼎录亦作“藏”。稽瑞引墨子曰“神鼎不灼自熟，不爨自沸，不汲自满，五味生焉”，疑即此异文。“炊”、“灼”，“熟”、“亨”，“举”、“爨”，字形并相近。**不迁而自行**，毕云：“太平御览引作‘遷’，说文云：‘拪，古文䙴，从手、𠧪。’则‘遷’实古‘拪’字，后加为‘遷’耳。今书又作‘迁’，皆传写者以少见改之。又艺文类聚引俱无‘而’字。”**以祭于昆吾之虚**，旧本作“墟”，今据吴钞本正。毕云：“此‘虚’字俗写。括地志云：‘昆吾

〔一〕“言”字原脱，据活字本补，与论衡儒增合。

故城在濮阳县西三十里。'"诒让案:此即汉书郊祀志说九鼎尝鬺亨上帝鬼神也。**上乡!'** 毕云:"疑同'尚飨'。"**乙又言兆之由** 毕云:"旧脱'乙'字,'又'字作'人',据艺文类聚、玉海改。艺文类聚'由'作'繇',无'兆之'二字。玉海亦作'繇'。"诒让案:"乙"当作"已"。由、繇通。言已卜又言其兆占也。左传闵二年杜注云:"繇,卦兆之占辞。"**曰:'飨矣!** 上文命龟云"上飨",此兆从之,故云"飨矣"。**逢逢白云,** 逢、蓬通,毛诗小雅采菽传云:"蓬蓬,盛貌。"庄子秋水篇云:"蓬蓬然起于北海。"**一南一北,一西一东,** 王云:"艺文类聚同。太平御览、路史、玉海并作'一东一西'。"王引之云:"作'一东一西'者是,'一东一西'当在'一南一北'之上。'云'与'西'为韵。'西',古读若'骁骁征夫'之'骁',说见六书音均表。'北'与'国'为韵。大雅文王有声篇'镐京辟廱,自西自东,自南自北,无思不服','廱'与'东'为韵,'北'与'服'为韵,是其例也。而诸书所引'一南一北'句皆在上,则其误久矣。"**九鼎既成,迁于三国。'** 铜剑赞作"定之国都",疑误。毕云:"'北'、'国'为韵。艺文类聚引作'而迁三国'。"**夏后氏失之,殷人受之;殷人失之,周人受之。** 此即夏鼎也,汉书郊祀志云:"禹收九牧之金,铸九鼎,象九洲,皆尝鬺亨上帝鬼神。其空足曰鬲,以象三德,飨承天祜。夏德衰,鼎迁于殷。殷德衰,鼎迁于周。"此以禹为启,盖传闻之异。**夏后殷周之相受也,数百岁矣。使圣人聚其良臣与其桀相而谋,** 桀、杰通,详非命中篇。谋,旧本误"谏"。王引之云:"'谏'字与上下文义不合。'谏'当为'谋',字之误也。管子立政九败解'谏臣死而谄臣尊',今本'谏'作'谋',与此文互误。淮南主术篇'耳能听而执正进谏',高注:'谏或为谋。'言虽圣人与良臣桀相共谋,必不能知数百岁之后也。"案:王校是也,苏说同,今据正。**岂能智数百岁之后哉?** 毕云:"智,一本作'知',下同。艺文类聚引云'此知必千年,无圣之智,岂能知哉'。"**而鬼神智之。是故曰鬼神之明智于圣人也,犹聪耳明目之与聋瞽也。"** 与,吴钞本作"于"。

治徒娱、县子硕问于子墨子曰：二人盖并墨子弟子。吕氏春秋尊师篇云"高何、县子石，齐国之暴者也，指于乡曲，学于子墨子"，即此县子硕也。苏疑即檀弓县子琐，未塙。"为义孰为大务？"子墨子曰："譬若筑墙然，譬，吴钞本作"辟"。能筑者筑，能实壤者实壤，能欣者欣，毕云："说文云：'掀，举出也。'与欣同。"王引之云："举出之事与筑墙无涉。欣当读为睎。说文曰：'睎，望也。'吕氏春秋不屈篇曰'今之城者，或操大筑乎城上，或负畚而赴乎城下，或操表掇以善睎望'，此云'能筑者筑'，即彼所云'操大筑乎城上也'；'能实壤者实壤'，即彼所云'负畚而赴城下'也；'能欣者欣'，欣与睎同，即彼所云'操表掇以善睎望'也。睎字从希得声，古音在脂部。欣字从斤得声，古音在谆部。谆部之音多与脂部相通，故从斤之字亦与从希之字相通。说文曰：'昕，从日，斤声，读若希。'左传曹公子欣时，汉书古今人表作郗时，是其证也。"然后墙成也。为义犹是也。能谈辩者谈辩，能说书者说书，能从事者从事，然后义事成也。"

巫马子谓子墨子曰："子兼爱天下，未云利也；我不爱天下，未云贼也。俞云："广雅释诂：'云，有也。'此两'云'字均当训有。"功皆未至，子何独自是而非我哉？"子墨子曰："今有燎者于此，毕云："说文云：'燎，放火也。'旧'于此'二字倒，一本如此。"案：顾校季本亦作"于此"。一人奉水将灌之，一人掺火将益之，毕云："'掺'即'操'字异文，唐人别有音，非也。"功皆未至，子何贵于二人？"巫马子曰："我是彼奉水者之意，意，旧本作"义"，今据道藏本、吴钞本正。而非夫掺火者之意。"子墨子曰：毕云："旧脱'墨子'二字，以意增。""吾亦是吾意，而非子之意也。"

子墨子游荆耕柱子于楚，毕云："游，谓游扬其名而使之仕。"王云："'耕柱子'上不当有'荆'字，耕、荆声相近，则'荆'盖'耕'字之误而衍者。鲁问篇曰'子墨子游公尚过于越'。"苏云："篇首但言耕柱子，此多一'荆'字，疑衍文。"二三子过之，食之三升，三升，盖谓每食之数。杂守篇云"参食食参升小半，日再食”，说苑尊贤篇“田需谓宗卫曰：三升之稷，不足于士”。阎若璩谓古量五当今一，则止今之大半升耳。庄子天下篇说宋钘、尹文曰“请欲固置五升之饭，足矣，先生恐不得饱，弟子虽饥，不忘天下”，此复少于彼，明其更不饱矣。**客之不厚。二三子复于子墨子曰：“耕柱子处楚无益矣。二三子过之，食之三升，客之不厚。”子墨子曰：“未可智也。”**毕云：“智，一本作‘知’，下同。”**毋几何，而遗十金于子墨子，曰：**吴钞本无“于”字。孟子公孙丑篇赵注云：“古者以一镒为一金。镒，二十两也。”史记燕世家正义引臣瓒云：“秦以一镒为一金。”公羊隐五年何注云：“古者以金重一斤。”文选王命论李注引韦昭云：“一斤为一金。”二说不同，未知孰是。毕云：“‘十金’当为‘千金’之误。”俞云：“战国齐策‘乃使操十金’，注：‘二十两为一金。’然则十金为二百两矣。墨氏崇俭，其徒以十金馈遗，不为不丰，毕率意增益，厚诬古人，殊为无谓。”**“后生不敢死，**“后生”即弟子之称，非儒下篇云“弟子后生”。毕云：“称‘不敢死’者，犹古人书疏称‘死罪’，常文。”**有十金于此，愿夫子之用也。”子墨子曰：“果未可智也。”**

巫马子谓子墨子曰：“子之为义也，王云：“旧本脱‘曰子’二字，今以意补。”**人不见而耶，鬼〔一〕不见而富，**王引之云：“‘耶’字义不可通，盖‘服’之坏字也。富读为福，福、富古字通。而，汝也。‘人不见而服’者，未见人之服汝也。‘鬼不见而富’者，未见鬼之福汝也。故下文曰‘而子为之，有狂疾’也。‘服’与‘福’为韵。”苏云：“‘耶’当作‘取’。”案：王读“富”为“福”，是也。“耶”疑“助”之讹。王、苏校并未塙。**而子为之，有狂疾！”子墨子曰：“今使子有二臣于此，**毕云：“谓家臣。”**其一人者见子从事，不见子则不从事；其一人者见子亦从事，不见子亦从事，子谁贵于此二人？”巫马子曰：“我贵其见我亦从事，**

〔一〕“鬼”下原有“而”字，据活字本删。按：“而”字乃宣统本误衍，各本无。

不见我亦从事者。”子墨子曰：“然则是子亦贵有狂疾也。”

子夏之徒问于子墨子曰：史记索隐引别录云：“今按墨子书有文子，文子即子夏之弟子，问于墨子。如此则墨子在七十子之后也。”案：今本无文子，或在佚篇中。“君子有斗乎？”子墨子曰：“君子无斗。”子夏之徒曰：“狗豨犹有斗，豨，道藏本、吴钞本作“狶”，下同。说文豕部云：“豨，豕走豨豨也。”方言云：“豬，南楚〔一〕谓之豨。”恶有士而无斗矣？”子墨子曰：“伤矣哉！言则称于汤文，行则譬于狗豨，伤矣哉！”

巫马子谓子墨子曰：“舍今之人而誉先王，毕云：“‘先’旧作‘大’，一本如此。下同。”是誉槁骨也。譬若匠人然，智槁木也，毕云：“智同知。”而不智生木。”子墨子曰：“天下之所以生者，以先王之道教也。今誉先王，是誉天下之所以生也。可誉而不誉，非仁也。”毕云：“旧脱‘非’字，一本有。”

子墨子曰：“和氏之璧，韩非子和氏篇云：“楚人和氏得玉璞楚山中，奉而献之厉王，使玉人相之，曰：‘石也。’王以和为诳，而刖其左足。及厉王薨，武王即位，和又奉其璞而献之武王，使玉人相之，又曰：‘石也。’王又以和为诳，而刖其右足。武王薨，文王即位，和乃抱其璞而哭于楚山之下。王乃使玉人理其璞而得〔二〕宝焉，遂命曰‘和氏之璧’。”案：淮南子览冥训高注以和氏所献者为楚武王、文王、成王，与韩子不同，未知孰是。隋侯之珠，淮南子览冥训高注云：“隋侯，汉东之国，姬姓诸侯也。隋侯见大蛇伤断，以药傅之。后蛇于江中衔大珠以报之，因曰隋侯之珠，盖明月珠也。”毕云：“文选李斯上秦始皇书注引‘隋’作‘随’。”三棘六异，史记楚世家云“居三代之传器，吞三翮六翼，以高世主”，索隐云：“‘翮’，亦作‘鬲’。三翮六翼，亦谓九

〔一〕“楚”，原误“处”，据方言改。
〔二〕“得”字原脱，据韩非子和氏补。

鼎。空足曰翮,'六翼'即六耳,翼近耳旁。"宋翔凤云:"棘同翮,异同翼,亦谓九鼎也。尔雅释器'附耳外谓之釴',翼、釴字通。释器又云'款足者谓之鬲',即翮也。汉书郊祀志:'铸九鼎,其空足曰鬲,以象三德。'"苏林曰:"足中空不实者,名曰鬲也。"**此诸侯之所谓良宝也。**毕云:"艺文类聚引云:'申徒狄曰:周之灵珪出于土石,楚之明月出于蚌蜃。'太平御览引云:'周公见申徒狄曰:贱人强气则罚至。申徒狄曰:周之灵珪出于土石[一],楚之明月出于[二]蚌蜃,五象出于汉泽。和氏之璧,夜光之珠,三棘六异,此诸侯之良宝也。'又一引云:'申徒狄谓周公曰:贱人何可薄邪?周之灵珪出于土石,隋之明月出于蚌蜃,少豪大豪出于污泽,天下诸侯皆以为宝。狄今请退也。'文各不同,当是此'和氏之璧'上脱文。"案:周公、申徒狄语当在佚篇,与此文不相冢也。详佚文。**可以富国家,众人民,治刑政,安社稷乎?曰:不可。所谓贵良宝者,为其可以利也。而和氏之璧、隋侯之珠、三棘六异不可以利人,是非天下之良宝也。今用义为政于国家,人民必众,刑政必治,社稷必安。所为贵良宝者,可以利民也,而义可以利人,故曰:义,天下之良宝也。"**

叶公子高问政于仲尼论语述而集解:"孔安国云:'叶公名诸梁,楚大夫,食采于叶,僭称公。'"左定五年传"叶公诸梁",杜注云:"司马沈尹戌之子,叶公子高也。"庄子人间世释文云:"字子高。"**曰:"善为政者若之何?"仲尼对曰:"善为政者,远者近之,而旧者新之。"**言待故旧如新,无厌怠也。毕云:"论语作'近者说,远者来'。"诒让案:韩非子难三篇亦云:"叶公子高问政于仲尼,仲尼曰:政在悦近而来远。子贡问曰:何也?仲尼曰:叶都大而国小,民有背心,故曰'政在悦近而来远'。"**子墨子闻之曰:"叶公子高未得其问也,仲尼亦未得其所以对也。叶公子高岂不知善为政者之远者近也,**毕云:"'也'当为'之'。"**而旧**

〔一〕"石",原作"□",据太平御览补。按:引见御览八百二。
〔二〕"于",原作"□",据太平御览补。按:引见御览八百二。

者新是哉？毕云："一本无'是'字。"苏云："'是'当作'之'。"问所以为之若之何也。不以人之所不智告人，毕云："智，一本作'知'。"以所智告之，毕云："旧'以所'二字倒，一本如此。"故叶公子高未得其问也，仲尼亦未得其所以对也。"

子墨子谓鲁阳文君毕云："文选注云'贾逵国语注曰：鲁阳文子，楚平王之孙，司马子期之子，鲁阳公'，即此人。其地在鲁山之阳。地理志云'南阳鲁阳有鲁山'，师古曰：'即淮南所云鲁阳公与韩战，日反三舍者也。'"苏云："鲁阳文君即鲁阳文子也。国语楚语曰：'惠王以梁与鲁阳文子，文子辞，与之鲁阳。'是文子当楚惠王时，与墨子时世相值。"诒让案：楚语韦注说与贾同。文君即左哀十九年传之公孙宽，又十六年传云"使宽为司马"。淮南子览冥训高注云：'鲁阳，楚之县公，楚平王之孙，司马子期之子，今南阳鲁阳是也。"曰："大国之攻小国，譬犹童子之为马也。毕本无"也"，云："一本有'也'字。文选注云：'幽求子曰：年五岁间有鸠车之乐，七岁有竹马之欢。'"案：道藏本、季本、吴钞本并有"也"字，今据补。童子之为马，足用而劳。毕云："言自劳其足，谓竹马也。"案：此直言童子戏效为马耳，不必竹马，毕说并非。今大国之攻小国也，攻者农夫不得耕，妇人不得织，以守为事；攻人者，亦农夫不得耕，妇人不得织，以攻为事。故大国之攻小国也，譬犹童子之为马也。"

子墨子曰："言足以复行者，常之；不足以举行者，勿常。毕云："旧脱'不'字，一本有。"不足以举行而常之，是荡口也。"贵义篇亦有此章，而文小异。荡口，此篇亦两见，盖谓不可行而空言，是徒敝其口也。经说上〔一〕篇云"霄尽，荡也"，即消磨敝尽之义。

子墨子使管黔滶毕云："疑'敖'字。"苏云"'滶'与'游'字形相近，当误衍。"案：毕说是也。说文水部有"滶"字，从水，敖声，此借为"敖"。檀弓

〔一〕"经说上"，原误"经下"，据本书改。

有齐人黔敖，此墨子弟子，与彼名同。**游高石子于卫，**鲁问篇有高孙子，吕氏春秋尊师篇有墨子弟子高何，未知即高石子否。**卫君致禄甚厚，设之于卿。**毕云："旧作'乡'，一本如此，下同。"案：顾校季本作"卿"。荀子臣道篇杨注云："设，谓置于列位。"**高石子三朝必尽言，而言无行者。去而之齐，见子墨子曰："卫君以夫子之故，**旧本脱"卫"字，今据道藏本、季本、吴钞本补。**致禄甚厚，设我于卿。石三朝必尽言，而言无行，是以去之也。卫君无乃以石为狂乎？"**无，吴钞本作"毋"。**子墨子曰："去之苟道，受狂何伤！古者周公旦非关叔，**毕云："'关'即'管'字假音，一本改作'管'，非是。左传云'掌其北门之管'，即关也。"**辞三公，东处于商盖，**毕云："商盖即商奄。尚书金縢云：'周公居东二年。'"王云："'商盖'当为'商奄'。'盖'字古与'盇'通，'盇'、'奄'草书相似，故'奄'讹作'盇'，又讹作'盖'。韩子说林篇'周公旦已胜殷，将攻商奄'，今本'奄'作'盖'，误与此同。昭二十七年左传'吴公子掩余'，史记吴世家、刺客传并作'盖余'，亦其类也。"顾、苏说同。案：王说是也。左昭九年传云"蒲姑、商奄，吾东土也"，孔疏引服虔云："商奄，鲁也。"又定四年传云："因商奄之民，命以伯禽，而封于少皞之墟。"说文邑部"奄"作"郁"，云："周公所诛郁国，在鲁。"史记周本纪索隐引括地志云"兖州曲阜县奄里，即奄国之地"，又引郑康成云"奄国在淮夷之北"，是商奄即奄，单言之曰奄，絫言之则曰商奄。此谓周公居东，盖东征灭奄，即居其地，亦即鲁也。蔡邕琴操云："有谮公于王者，周公奔鲁而死。"案：蔡说奔鲁，与此书合，但谓公死于鲁，则妄耳。诗豳风破斧云"周公东征，四国是皇"，毛传云："四国，管、蔡、商、奄也。"彼商谓殷，与奄为二国，非左传、墨子之商奄也。**人皆谓之狂。后世称其德，扬其名，至今不息。且翟闻之，为义非避毁就誉，**毕云："旧二字倒，一本如此。"案：顾校季本不倒。**去之苟道，**毕云："旧二字倒，一本如此。"案：季本亦不倒。**受狂何伤！"高石子曰："石去之，焉敢不道也？昔者夫子有言曰：'天下无道，仁士不**

处厚焉。’今卫君无道，而贪其禄爵，则是我为苟陷人长也。”毕云：“陷，一本作‘处’。”诒让案：“苟陷人长”疑当作“苟啗[一]人食”。啗、陷声同，食、长（長）形近，故讹。说文口部云：“啗，食也。”依或本则当为“苟处人厚”，与上文相应，然义较短。子墨子说，而召子禽子曰：即禽滑厘，见公输篇。“姑听此乎！夫倍义而乡禄者，说文人部云：“倍，反也。”苏云：“倍、背同，乡、向同。”我常闻之矣；倍禄而乡义者，于高石子焉见之也。”

子墨子曰：“世俗之君子，贫而谓之富，则怒；无义而谓之有义，则喜。岂不悖哉！”

公孟子曰：“先人有则三而已矣。”子墨子曰：“孰先人而曰有则三而已矣？子未智人之先有。”苏云：“此节文有错误。”

后生有反子墨子而反者，荀子解蔽篇杨注云：“反，倍也。”下“反”当为“返”之假字，广雅释诂云：“反，归也。”“者”下当有“曰”字。盖门人有倍墨子而归者，其言如是。“我岂有罪哉？吾反后。”言彼有先反者，吾虽反尚在其后。子墨子曰：“是犹三军北，句。失后之人求赏也。”谓战败失道而后归，不得与殿者同赏。

公孟子曰：“君子不作，术而已。”毕云：“术同述。”诒让案：此即非儒篇所云“君子循而不作也”。子墨子曰：“不然，人之其不君子者，苏云：“‘其’当为‘甚’，字之误。下言‘次不君子’，可证。”古之善者不诛，毕云：“‘诛’疑当为‘述’。‘术’、‘诛’、‘遂’疑皆声误。下同。”俞云：“‘诛’当为‘訹’，字之误也。上文‘君子不作，术而已’，此云‘古之善者不訹’，‘术’与‘訹’并‘述’之假字，其字并从朮声，故得相假借也。若作‘诛’，则与述声绝远矣。”案：俞说是也。今也善者不作。苏云：“‘今也’当为

〔一〕“啗”，原误“陷”，据上下文义改。

‘今世’。”案：“也”即“之”之讹，苏校未塙。**其次不君子者，古之善者不遂，**毕云：“疑当为‘述’，月令以‘遂’为‘术’。”**己有善则作之，欲善之自己出也。今诛而不作，是无所异于不好遂而作者矣。吾以为古之善者则诛之，今之善者则作之，欲善之益多也。”**毕云：“意言古之善者多，故但述而行之；今之善者少，故须作。作者欲善之多，无异于述也。”苏云：“此言述、作不可偏废，皆务为其善而已。述主乎因，故以古言；作主乎创，故以今言。述而又作，则善益多矣。毕注似未得本意。”案：苏说是也。

巫马子谓子墨子曰：“巫马子”见前。盖巫马期之子姓。史记孔子弟子传“巫马施，字子旗”，集解引郑康成孔子弟子目录云：“鲁人。”故下云“爱鲁人于邹人”，家语弟子解作陈人，非也。**“我与子异，**毕云：“‘子’旧作‘之’，一本如此。”**我不能兼爱。我爱邹人于越人，爱鲁人于邹人，爱我乡人于鲁人，爱我家人于乡人，爱我亲于我家人，爱我身于吾亲，以为近我也。击我则疾，击彼则不疾于我，**疾犹痛也。说文手部云：“击，攴也。”疒部“疾”、“痛”并训“病也”。**我何故疾者之不拂，而不疾者之拂？**说文手部云：“拂，过击也。”毕云：“旧‘不疾’二字倒，一本如此。”**故有我有杀彼以我，无杀我以利。”**苏云：“二句当有脱讹，以下文语意考之，当言‘有杀彼以利我，无杀我以利彼也’。‘有我’二字疑衍。”俞云：“此当作‘故我有杀彼以利我，无杀我以利彼’。”**子墨子曰：“子之义将匿邪？意将以告人乎？”巫马子曰：“我何故匿我义？**毕云：“一本作‘意’，非。”**吾将以告人。”子墨子曰：“然则一人说子，**谓说其义而从之。**一人欲杀子以利己；十人说子，十人欲杀子以利己；天下说子，天下欲杀子以利己。一人不说子，一人欲杀子，以子为施不祥言者也；十人不说子，十人欲杀子，以子为施不祥言者也；天下不说**

子，天下欲杀子，以子为施不祥言者也。说子亦欲杀子，不说子亦欲杀子，是所谓经者口也，杀常之身者也。”“常”，疑当作“子”。此下亦有脱误。子墨子曰：“子之言恶利也？言恶所利。若无所利而不言，是荡口也。”“不言”疑当作“必言”。“荡口”义见前。

子墨子谓鲁阳文君曰：“今有一人于此，羊牛犓豢，犓，吴钞本作“犓”，道藏本同。毕云：“此‘豢’字俗写，太平御览引作‘刍豢’。”维人但割而和之，毕云：“‘维人’当为‘饔人’之误。‘但割’即‘袒割’。说文云：‘但，裼也。从人，旦声。’经典用‘但’为‘第’字之义，而忘其本。”诒让案：“雍”、“维”形近而误。仪礼公食大夫礼、少牢馈食礼并有“雍人”。雍，雝之隶变，即饔之省。食之不可胜食也。道藏本无“不可”二字，有“食之”二字，吴钞本同。毕本增“不可”二字，无“食之”二字，云：“旧脱‘不可’二字，据太平御览增。”案：以文义校之，“食之不可”四字当并有，今据增。见人之作饼，毕云：“‘作’旧作‘生’，皆据改。”案：“生”字似不误。说文食部云：“饼，麪餈也。”则还然窃之，“还”疑“睘”之借字。说文目部云：“睘，惊视也。”曰：‘舍余食。’毕云：“言舍以为余食。”苏云：“‘舍余食’者，言舍其刍豢羊牛之食，而从事于窃也。”案：二说并非。舍，予之假字，古赐予字或作“舍”，详非攻中篇。舍余食，犹言与我食也。不知日月安不足乎？毕云：“或当云‘明不足乎’。”戴云：“‘安’字语词，无实义。”诒让案：“日月”疑“耳目”之误，言其见物而贪也。其有窃疾乎？”鲁阳文君曰：“有窃疾也。”子墨子曰：“楚四竟之田，毕云：“‘四竟’二字，旧作‘三意’，据太平御览改。”旷芜而不可胜辟，毕云：“太平御览引云‘楚四境之田，芜旷不可胜辟’。鲁阳，楚县，故云然也。”謼灵数千，毕云：“说文云：‘謼，召也。’”顾云：“灵，令也。”戴云：“灵，令之假字。”案：依毕、顾、戴说，则数千为謼令之人数，与上下文义并不贯，殆非也。此“謼灵”当为“呼虚”。凡经典謼召字多假“呼”为之，二字互通。周礼大小郑注、汉书高帝纪应劭注并云“衅呼”，文选蜀都赋李注引郑康成易注云“坼呼”。说文土部云：“罅，墉也。”呼即墟之假字。墟本训墉,引申为墟隙。呼虚,谓间隙虚旷之地。此与上文并即公输篇"荆国有余于地而不足于民"之意。非攻中篇云"今万乘之国,虚数于千,不胜而入,广衍数于万,不胜而辟",与此文义正同。"虚"、"灵"俗书形近而误,详天志下篇。**不可胜,**毕云:"下当脱'用'字。"诒让案:据非攻篇,当脱"入"字。**见宋郑之闲邑,**"闲邑"言空邑,与王制"闲田"义同。**则还然窃之,此与彼异乎?"鲁阳文君曰:"是犹彼也,实有窃疾也。"**

子墨子曰:"季孙绍与孟伯常治鲁国之政,苏云:"季孙绍与孟伯常不见于春秋,当为季康子、孟武伯之后,与墨子同时者也。"诒让案:礼记檀弓"悼公之丧,季昭子问于孟敬子",郑注云:"昭子,康子之曾孙,名强。敬子[一],武伯之子,名捷。"此季孙绍、孟伯常,当即昭子、敬子之子若孙也。**不能相信,而祝于藂社,**藂,旧本讹"禁"。下同。王云:"'禁社'乃'藂社'之误,藂与丛同。尔雅'灌木,丛木',释文曰:'丛,本或作藂。'汉书东方朔传'藂珍怪',师古曰:'藂,古丛字。'"案:王校是也,洪说同,今据正。"丛社",详明鬼下篇。**曰:'苟使我和。'**王引之云:"苟犹尚也。"**是犹弇其目**毕云:"说文云:'弇,盖也。'"**而祝于藂社也**俞云:"'也'当作'曰'。其下句即祝词也。上文'而祝于藂社曰:苟使我和',是其证。"**'苟使我皆视'。岂不缪哉!"**

子墨子谓骆滑氂吴钞本作"厘",下仍作"氂"。案:此与禽子同名。**曰:"吾闻子好勇。"骆滑氂曰:"然,我闻其乡有勇士焉,吾必从而杀之。"子墨子曰:"天下莫不欲与其所好,度其所恶,**毕云:"度,谓渡去也。"王引之云:"毕说非也。'与'当为'兴','度'当为'废',皆字之误也。'废'、'度'草书相似,故'废'讹作'度'。史记历书'名察废验',今本'废'字亦讹作'度'。'兴'与'废'、'好'与'恶',皆对文。"**今子闻其乡有勇士焉,必从而杀之,是非好勇也,是恶勇也。"**

〔一〕"子",原误"之",据礼记檀弓郑注改。

墨子间诂卷十二

贵义第四十七

子墨子曰："万事莫贵于义。今谓人曰：'予子冠履，而断子之手足，子为之乎？'必不为。何故？则冠履不若手足之贵也。又曰：'予子天下而杀子之身，子为之乎？'必不为。何故？则天下不若身之贵也。王云："'何故则'本作'何则'，后人误以'则'字下属为句，故于'何'下加'故'字耳。何则与何也同义。辞过篇曰'何则？其所道之然也'，尚贤篇曰'何则？皆以明小物而不明大物也'，荀子宥坐篇曰'何则？陵迟故也'，秦策曰'臣恐韩、魏之卑辞虑患，而实欺大国也，此何也'，史记春申君传作'何则'，是其证。太平御览人事部十一、六十二、资产部二引此并作'何则'，无'故'字。"案："故"字似非衍文。御览所引或有删节，王校未塙。争一言以相杀，是贵义于其身也。"贵义"疑当作"义贵"。毕云："太平御览引作'义贵于身'。"故曰：万事莫贵于义也。"淮南子泰族训云"天下大利也，比之身则小，身之重也，比之义则轻"，义本此。

子墨子自鲁即齐，毛诗郑风东门之墠传云："即，就也。"言由鲁至齐。毕云："二字旧倒，以意改。"过故人，毕云："太平御览引作'之齐，遇故人’。”谓子墨子曰：毕云：“四字，太平御览引作‘故人’。”“今天下莫为义，子独自苦而为义，子不若已。”子墨子曰：“今有人于此，有子十人，一人耕而九人处，则耕者不可以不益急矣。何故？则食者众而耕者寡也。王校亦删“故”字。今天下莫为义，则子如劝我者也，毕云：“太平御览人事部六十二、资产部二引作‘子宜劝’，又作‘子宜劝我’。”王云：“此不解‘如’字之义，而以意改之也。如犹宜也，言子宜劝我为义也。‘如’字古或训为宜。”何故止我？”毕云：“太平御览‘故’作‘以’。”

子墨子南游于楚，见楚献惠王，毕云：“检史记，楚无献惠王也，艺文类聚引作‘惠王’，是。又案文选注引本书云‘墨子献书惠王，王受而读之，曰良书也’，恐是此间脱文。”苏云：“献惠王即楚惠王也。盖当时已有两字之谥。”诒让案：此文脱佚甚多。余知古渚宫旧事二云：“墨子至郢，献书惠王，王受而读之，曰：‘良书也。是寡人虽不得天下，而乐养贤人。请过进日百种以待，官舍人不足须天下之贤君。’墨子辞曰：‘翟闻贤人进道不行，不受其赏；义不听，不处其朝。今书未用，请遂行矣。’将辞王而归，王使穆贺以老辞。鲁阳文君言于王曰：‘墨子，北方贤圣人，君王不见，又不为礼，毋乃失士！’乃使文君追墨子，以书社五里封之，不受而去。”此与文选注所引合，必是此篇佚文。但余氏不明著出墨子，文亦多删节讹舛，今未敢据增。余书“献惠王”亦止作“惠王”，疑故书本作“献书惠王”，传写脱“书”、存“献”，校者又更易上下文以就之耳。献惠王以老辞，苏云：“楚惠王以周敬王三十二年立，卒于考王九年，始癸丑，终庚寅，凡五十七年。墨子之游，盖当其暮年，故以老辞。”诒让案：渚宫旧事注云：“时惠王在位已五十年矣。”余说疑本墨子旧注。然则此事在周考王二年，鲁悼公之二十九年也。使穆贺见子墨子。子墨子说穆贺，穆贺大说，谓子墨子曰：“子之言则成善矣，毕本“成”改“诚”，云：“旧作‘成’，据艺文类聚改，一本同。”案：顾校季本亦作“诚”。王云：“古或以成为诚，不烦改字。”而君王天下之大王也，毋乃曰‘贱人之所为’而不用乎？”毕云：“艺文类聚引作‘用子’，又节。"子墨子曰:"唯其可行。譬若药然,毕云:"艺文类聚引作'焉'。"草之本,吴钞本"本"作"木",下同。苏云:"'草之本'上当脱一字。"天子食之以顺其疾,毕云:"艺文类聚引'顺'作'疗'。"岂曰'一草之本'而不食哉?毕云:"艺文类聚引'食'作'用'。"今农夫入其税于大人,大人为酒醴粢盛,毕云:"'粢'当为'齍',说文云:'黍稷在器以祀者。'盛,解同,俱从皿,亦见周礼也。前文皆同此义。"以祭上帝鬼神,岂曰'贱人之所为'而不享哉?故虽贱人也,上比之农,下比之药,曾不若一草之本乎?且主君亦尝闻汤之说乎?"主君",谓穆贺也。战国策、史记载苏秦说六国君,齐楚魏韩燕诸王皆称秦为主君,索隐云:"礼,卿大夫称主,今嘉苏子合从诸侯,褒而美之,故称曰主君。"案:左传昭二十九年,齐高张唁鲁昭公,称主君,杜注云"比公于大夫然",此小司马所本。后鲁问篇墨子称鲁君亦曰主君。战国策秦策乐羊对魏文侯,魏策鲁君对梁惠王,亦并称主君。则战国时主君之称盖通于上下,小司马据春秋时制,谓唯大夫称主,非也。昔者,汤将往见伊尹,令彭氏之子御。彭氏之子半道而问曰:'君将何之?'汤曰:'将往见伊尹。'彭氏之子曰:'伊尹,天下之贱人也。尚贤中篇云"伊挚,有莘氏女之私臣,亲为庖人",故曰天下之贱人。若君欲见之,吴钞本"若君"作"君若"。亦令召问焉,彼受赐矣。'汤曰:'非女所知也。吴钞本"女"作"汝"。今有药此,苏云:"'药'下当脱'于'字。"食之则耳加聪,目加明,则吾必说而强食之。今夫伊尹之于我国也,譬之良医善药也。而子不欲我见伊尹,是子不欲吾善也。'因下彭氏之子,不使御。彼苟然,然后可也。"卢云:"此下疑有脱文。"诒让案:此七字与上文亦不相应,上下似并有脱佚。

子墨子曰:"凡言凡动,利于天鬼百姓者为之;凡言凡动,害于天鬼百姓者舍之;凡言凡动,合于三代圣王尧舜禹汤文武者为之；凡言凡动，合于三代暴王桀纣幽厉者舍之。”

子墨子曰：“言足以迁行者，常之；不足以迁行者，勿常。不足以迁行而常之，旧本脱下“不足”二字，王据上句补，与耕柱篇合，今从之。是荡口也。苏云：“耕柱篇亦有此文，上‘迁’字作‘复’，下二‘迁’字作‘举’。”

子墨子曰：“必去六辟。辟，僻之借字。嘿则思，毕云：“默字俗写从口。”言则诲，动则事，使三者代御，旧本作“使者三代御”。毕云：“此言三世为人御，必能抑然自下，若去其喜怒乐悲爱，而有圣人之用心也。”俞云：“‘使者三代御’当作‘使三者代御’。‘三者’即‘嘿’、‘言’、‘动’三事也。御，用也。荀子礼论篇‘时举而代御’，杨注曰：‘御，进用也。’此云‘代御’，义与彼同，言更迭用此三者，则必为圣人也。因‘三者’二字传写误倒，毕遂曲为之说，谬矣。”案：俞说是也，今据正。必为圣人。必去喜，去怒，去乐，去悲，去爱，而用仁义。俞云：“‘去爱’下当有‘去恶’二字，传写脱之。喜怒乐悲爱恶，其六者皆宜去之，即上文所谓‘去六辟’也。”手足口鼻耳疑脱一“目”字。从事于义，必为圣人。”

子墨子谓二三子曰：“为义而不能，必无排其道。言于道不能无出入。庄子大宗师篇郭注云：“排者，推移之谓也。”譬若匠人之斫而不能，无排其绳。”毕云：“排犹背。”

子墨子曰：“世之君子，使之为一犬一彘之宰，‘宰’即膳宰也，见仪礼燕礼、礼记文王世子、玉藻。旧本脱“一犬”二字，王据群书治要补，云：“鲁问篇亦云‘窃一犬一彘’。”不能则辞之；使为一国之相，不能而为之。岂不悖哉！”

子墨子曰：“今瞽曰：‘钜者白也，俞云：“‘钜’无白义，字当作‘岂’。岂者，皑之假字。广雅释器：‘皑，白也。’‘皑’省作‘岂’，又误作‘巨’，因为‘钜’矣。吕氏春秋有始览‘南方曰巨风’，李善注文选引作‘凯风’，盖亦省'凯'为'岂',而误为'巨'也,可以为证。"**黔者黑也。'** 吴钞本"黑"作"墨",非。毕云:"说文云:'黔,黎也。秦谓民为黔首,谓黑色也。'"**虽明目者无以易之。兼白黑,使瞽取焉,不能知也。**淮南子主术训云"问瞽师曰:白素何如?曰:缟然。曰:黑何若?曰:黮然。援白黑而示之,则不处焉",与此语意同。**故我曰瞽不知白黑者,**知,吴钞本作"能",以上文校之,疑当作"不能知",今本及吴本并脱一字耳。**非以其名也,以其取也。今天下之君子之名仁也,虽禹汤无以易之。兼仁与不仁,而使天下之君子取焉,不能知也。故我曰天下之君子不知仁者,非以其名也,亦以其取也。"**

子墨子曰:"今士之用身,不若商人之用一布之慎也。周礼泉府郑注云:"布,泉也。其藏曰泉,其行曰布。"**商人用一布布,**下"布"字当作"市",言用一布市物也。**不敢继苟而雠焉,**"继苟"义不可通,疑当作"謑詢",即"謑诟"之或体也。说文言部云:"诟,謑诟,耻也。或作'詢',从句。""謑,或从奊,作'䚳'。"楚辞九思云"违群小兮謑詢",王注云:"謑詢,耻辱垢陋之言也。"荀子非十二子篇云"无廉耻而忍謑詢",杨注云:"謑诟,詈辱也。字本作'䚳詢'。"汉书贾谊传云"顽钝亡耻,奊诟亡节",颜注云:"奊诟,谓无志分也。"吕氏春秋诬徒篇云"草木鸡狗鸟兽,不可谯诟遇之。谯诟遇之,则亦谯诟报人","谯诟"亦"䚳诟"之讹。盖謑诟本训耻,因以为耻詈人之语,又引申之,人之蒙耻辱,无决择,亦谓之謑诟。此以市布为喻,亦言不敢轻易无决择而雠物也。毕云:"'雠'即'售'字正文。"**必择良者。今士之用身则不然,意之所欲则为之,厚者入刑罚,薄者被毁丑,则士之用身不若商人之用一布之慎也。"**

子墨子曰:"世之君子欲其义之成,吴钞本"义"作"治"。**而助之修其身则愠,是犹欲其墙之成,而人助之筑则愠也,岂不悖哉!"**

子墨子曰："古之圣王，欲传其道于后世，是故书之竹帛，镂之金石，传遗后世子孙，欲后世子孙法之也。今闻先王之遗而不为，是废先王之传也。"王云："'遗'字义不可通。'遗'当为'道'，此涉上文'传遗'而误也。上文曰'古之圣王欲传其道于后世'，故此文曰'今闻先王之道而不为，是废先王之传也'。"

子墨子南遊使卫，遊，吴钞本作"游"。毕云："北堂书钞作'使于卫'。"关中载书甚多，毕云："'关中'犹云扃中，关、扃音相近。"案：毕说是也。文选张衡西京赋"旗不脱扃"，薛综注云："扃，关也。"左传宣十二年孔疏引服虔云："扃，横木校轮间。"盖古乘车，箱畸间以木为阑，中可庋物，谓之扃，亦谓之关。故墨子于关中载书矣。弦唐子见而怪之，广韵一先云："弦，又姓。"风俗通云："弦子后。"左传："郑有商人弦高。"曰："吾夫子教公尚过曰：公尚过，吕氏春秋高义篇作"公上过"，高注云："公上过，子墨子弟子也。"案：王符潜夫论志氏姓篇"卫公族有公上氏"，广韵一东云"卫大夫有公上玉"，尚、上字通。过，疑亦卫人。'揣曲直而已。'说文手部云："揣，量也。"今夫子载书甚多，何有也？"子墨子曰："昔者周公旦朝读书百篇，毕本无"书"字，云："本多作'读书百篇'，绎史同。艺文类聚引无'书'字，北堂书钞凡三引，两引无，一引有，无者是也。"案：道藏本、吴钞本并有"书"字，今不据删。夕见漆十士，毕云："'漆'，'七'字假音，今俗作'柒'。艺文类聚引作'七'。"诒让案："唐岱岳观碑、五经文字石本"七"字并作"漆"。故周公旦佐相天子，其脩至于今。吴钞本"脩"作"修"。翟上无君上之事，下无耕农之难，吾安敢废此？毕云："北堂书钞引云'相天下犹如此，况吾无事，何敢废乎'。"翟闻之：'同归之物，信有误者。'易系辞云"天下同归而殊涂"，孔疏云："言天下万事，终则同归于一。"盖谓理虽同归，而言不能无误。然而民听不钧，吴钞本作"均"。毕云："'均'字假音。"是以书多也。今若过之心者，数逆于精微，周礼乡师郑注云："逆犹钩考也。"同归之物，既已知其要矣，是以不教以书也。而子何怪焉？"毕云："言苟得其精微，则无用以书为教。"

子墨子谓公良桓子曰：苏云："公良桓子，盖卫大夫。"诒让案：史记孔子弟子列传有公良儒，陈人，则陈亦有此姓。"卫，小国也，处于齐、晋之间，犹贫家之处于富家之间也。贫家而学富家之衣食多用，则速亡必矣。今简子之家，广雅释言云："简，阅也。"饰车数百乘，马食菽粟者数百匹，妇人衣文绣者数百人。吾取饰车、食马之费与绣衣之财以畜士，俞云："'吾'当为'若'，字之误也。"必千人有余。若有患难，则使百人处于前，数百于后，毕云："'数百'下当脱'人处'二字。"王云："'百人'亦当为'数百人'。上文曰'千人有余'，故此分言之，曰'数百人处于前，数百人处于后'。今作'百人'，则与上下文不合。"与妇人数百人处前后孰安？吾以为不若畜士之安也。"

子墨子仕人于卫，毕云："旧脱'人'字，一本有。"诒让案：荀子富国篇杨注引作"子墨子弟子仕于卫'，则疑"仕于卫"上脱"弟子"二字。所仕者至而反。子墨子曰："何故反？"对曰："与我言而不当，毕云："后作'审'。"诒让案：荀子注引亦作"当"，疑"审"字近是。曰'待女以千盆'，女，吴钞本作"汝"。盆，毕本改"益"，云："旧作'盆'，误。古无'镒'字，只作'益'，或作'溢'。汉书食货志云'黄金以溢为名'，注：'孟康曰：二十两为溢也。'贾逵国语注云：'二十四两。'"王云："古'镒'字皆作'溢'，无作'益'者。此言'千盆'、'五百盆'，皆谓粟，非谓金也。荀子富国篇'今是土之生五谷也，人善治之，则亩数盆'，杨倞曰'盖当时以盆为量'，引考工记曰'盆实二鬴'，又引墨子曰'待女以千盆，授我五百盆'，则'盆'非'益'之讹也。富国篇又云'瓜桃枣李，一本数以盆、鼓'，鼓亦量名。"授我五百盆，"盆"，毕本亦改“益”,非,下同。故去之也。”子墨子曰:“授子过千盆,则子去之乎?”对曰:“不去。”子墨子曰:“然则非为其不审也,为其寡也。”

子墨子曰:“世俗之君子,视义士不若负粟者。今有人于此,负粟息于路侧,欲起而不能,君子见之,无长少贵贱,必起之。何故也?王云:“‘故’字亦后人所加。御览人事部六十二引无‘故’字。”曰:义也。今为义之君子,毕云:“‘之’旧作‘也’,据太平御览改。”奉承先王之道以语之,纵不说而行,说,吴钞本作“悦”。又从而非毁之。则是世俗之君子之视义士也,不若视负粟者也。”道藏本“也”作“之”。毕云:“一本脱此字。”

子墨子曰:“商人之四方,市贾信徙,毕云:“当为‘倍徙’,下同。”案:毕校是也。徙、蓰字通。虽有关梁之难,盗贼之危,必为之。今士坐而言义,无关梁之难,盗贼之危,此为信徙不可胜计,然而不为。则士之计利,毕云:“‘则’旧作‘财’,一本如此。”不若商人之察也。”

子墨子北之齐,遇日者。史记日者传集解云:“古人占候卜筮,通谓之日者。”索隐云:“名卜筮曰日者以墨,所以卜筮占候时日通名日者故也。”毕云:“文选刘孝标辩命论注引‘遇’作‘过’。”诒让案:高承事物纪原引亦作“过”。日者曰:“帝以今日杀黑龙于北方,毕云:“事类赋引‘杀’作‘屠’。”而先生之色黑,旧本“生”误“王”,今据吴钞本、顾校季本正。不可以北。”淮南子要略云“操舍开塞,各有龙忌”,许注云:“中国以鬼神之事曰忌,北胡南越皆谓之请龙。”案:此日者以五色之龙定吉凶,疑即所谓龙忌。许君“请龙”之说,未详所出,恐非古术也。毕云:“北,事类赋作‘往’。”子墨子不听,遂北,至淄水,不遂而反焉。毕云:“旧脱‘至淄水不遂’五字,据史记日者传集解及事类赋增。史记集解云‘墨子不遂而反焉'，又多二字。淄水出今山东益都县西南颜神镇东南三十五里原山，经临淄县东北，流至寿光县北，入海。"日者曰："我谓先生不可以北。"子墨子曰："南之人不得北，北之人不得南，其色有黑者，有白者，何故皆不遂也？且帝以甲乙杀青龙于东方，以丙丁杀赤龙于南方，以庚辛杀白龙于西方，以壬癸杀黑龙于北方，毕本此下增"以戊己杀黄龙于中方"，云："此句旧脱，据太平御览增。"王云："毕增非也。原文本无此句，今刻本御览鳞介部一有之者，后人不知古义而妄加之也。古人谓东西南北为四方者，以其在四旁也。若中央为四方之中，则不得言中方，一谬也；行者之所向，有东有西，有南有北，而中不与焉，二谬也。钞本御览及容斋续笔所引皆无此句。"案：王说是也。此即古五龙之说，鬼谷子"盛神法五龙"，陶弘景注云："五龙，五行之龙也。"水经注引遁甲开山图云"五龙见教，天皇被迹"，荣氏注云："五龙治在五方，为五行神。"说文戊部云："戊，中宫也，象六甲、五龙相拘绞也。"义并同。然则五龙自有中宫，但日者之言，不妨约举四方耳。若用子之言，则是禁天下之行者也。毕云："旧脱'天'字、'之'字，据太平御览增。"是围心而虚天下也，苏云："'围心'未详，'围'或当作'违'。"吴玉搢云："'围心'即违心，古围、违字通。"子之言不可用也。"

子墨子曰：此上疑有脱文。"吾言足用矣。舍言革思者，"舍"下亦当有"吾"字。苏云："革，更也。"是犹舍获而攈粟也。国语鲁语"收捃而烝"，韦注云："捃，拾也。"一切经音义引贾逵云："攈，拾穗也。"攈、捃字同。毕云："攈，拾也。一本作'攗'，非。"以其言非吾言者，毕云："太平御览引'其'作'他'。"是犹以卵投石也，尽天下之卵，其石犹是也，不可毁也。"毕云："太平御览作'石犹不毁也'。"

公孟第四十八

公孟子谓子墨子曰：惠栋云："公孟子即公明子，孔子之徒。"宋翔凤云："孟子公明仪、公明高，曾子弟子。公孟子与墨子问难，皆儒家之言。孟与明通，公孟子即公明子，其人非仪即高，正与墨翟同时。"诒让案：潜夫论志氏姓篇"卫公族有公孟氏"，左传定十二年孔疏谓公孟絷之后，以字为氏。说苑修文篇有公孟子高见颛孙子莫及曾子，此公孟子疑即子高，盖七十子之弟子也。**"君子共已以待，**苏云："共读如恭。"诒让案：荀子王霸篇云"则天子共己而已"，杨注云："共读为恭，或读为拱，垂拱而已也。"案：此"共已"当读为"拱己"，非儒篇云"高拱下视"是也。**问焉则言，不问焉则止。譬若钟然，扣则鸣，不扣则不鸣。"**非儒下篇述儒者之言曰"君子若钟，击之则鸣，弗击不鸣"，即此。毕云："说文云：'扣，牵马也。''敂，击也，读若扣。'此假音耳。"**子墨子曰："是言有三物焉，子乃今知其一身也，**吴钞本"其"下有"有"字。王引之云："'身'字义不可通，'身'当为'耳'。隶书'身'字或作'耳'，见汉荆州从事苑镇碑，与'耳'相似，故'耳'误为'身'。管子兵法篇'教其耳以号令之数'，今本'耳'误为'身'。所谓'是言有三物'者，不扣则不鸣者一，虽不扣必鸣者二，而公孟子但云'不扣则不鸣'，是知其一而不知其二也，故曰'子乃今知其一耳'。今本'耳'误为'身'，'身'下又衍'也'字。"**又未知其所谓也。若大人行淫暴于国家，进而谏，则谓之不逊，因左右而献谏，则谓之言议，此君子之所疑惑也。**吴钞本"所"下有"以"字。疑惑，谓言之无益而有害，则君子迟疑不敢发，此明不扣而不鸣之一物。**若大人为政，将因于国家之难，譬若机之将发也然，**非儒篇云"若将有大寇乱，盗贼将作，若机辟将发也"。**君子之必以谏，**"子"下疑脱一字。**然而大人之利，**苏云："此下有脱简，下文'有之也，君得之，则必用之矣'十一字当在此。"案：苏校未塙。**若此者，虽不扣必鸣者也。若大人举不义之异行，虽得大巧之经，可行于军旅之事，欲攻伐无罪之国，有之也，君得之，则必用之矣。以广辟土地，著税伪材。**毕云："'伪'疑当为'賜'，说文云'此古货字，读若贵'。"苏云："'有之'以下十一字，当在上文'然而大人之利'句下，误错于此。此文当云'欲攻伐无罪之国，以广辟土地，著税伪材'。"案：毕校近是，但"著税"义难通，疑"著"当作"籍"。毛诗大雅韩奕笺云："籍，税也。"节用上篇云"其籍敛厚"。材、财字通。"籍税賜材"，犹云籍敛货财矣。**出必见辱，所攻者不利，而攻者亦不利，是两不利也。若此者，虽不扣必鸣者也。**以上明不扣必鸣之二物。毕云"已上申明知其一身"，失之。**且子曰：'君子共己待，问焉则言，不问焉则止，譬若钟然，扣则鸣，不扣则不鸣。'今未有扣子而言，是子之谓不扣而鸣邪？**"谓"上当有"所"字。**是子之所谓非君子邪？"**毕云："已上申明又未知其所谓。"

公孟子谓子墨子曰："实为善人，孰不知？句。**譬若良玉，处而不出，有余糈。**"玉"疑当为"巫"。"糈"旧误"精"。王校下文诸"精"字皆为"糈"，惟此未正。今审校当与彼同。淮南子说山训云"巫之用糈藉"，高注云："糈，祀神之米。"**譬若美女，处而不出，人争求之。行而自衒，**内则"奔则为妾"，郑注云："'奔'或为'衒'。"列女传辩通篇"齐钟离春衒嫁不售"。毕云："说文云：'衒，行且卖也。衒，或字。'"**人莫之取也。**之，旧本作"知"。毕云："知，一本作'之'。"诒让案：作"之"是也，意林作"人莫之娶"，今据正。**今子遍从人而说之，**遍，旧本作"偏"，毕以意改"遍"，道藏本、季本、吴钞本正作"遍"。王以"偏"为古"遍"字，详非攻下篇。**何其劳也？"子墨子曰："今夫世乱，求美女者众，美女虽不出，人多求之。今求善者寡，**毕云："言好德不如好色。"**不强说人，人莫之知也。且有二生于此，善筮，**旧本"筮"讹"星"，王据下文改。**一行为人筮者，一处而不出者。行为人筮者**此十一字旧脱，王据上下文义补。**与处而不出者，其糈孰多？"**糈，旧本误"精"。王云："'精'当为'糈'，字之误也。庄子人间世篇'鼓筴播精'，释文：'精'如字，一音所，字则当作'糈'。是'糈'与'精'字形相似而易讹也。郭璞注南山经曰：'糈，先吕反，今江东音所。'说文：'糈，粮也。'言两人皆善筮，而一行一处，其得米孰多也？史记货殖传云'医方诸食技术之人，焦神极能，为重糈也'，是其证。"案：王校是也，今据正，下同。**公孟子曰："行为人筮者其糈多。"子墨子曰："仁义钧，**吴钞本作"均"。**行说人者，其功善亦多，何故不行说人也？"**

公孟子戴章甫，毕云："戴，本多作'义'，以意改。"案：顾校季本正作"戴"，士冠礼记云："章甫，殷道也。"郑注云："章，明也。殷质，言以表明丈夫也。"论语先进篇"端章甫"，集解："郑玄云：衣玄端，冠章甫，诸侯日视朝之服。"礼记儒行："鲁哀公问孔子儒服，对曰：某长居宋，冠章甫之冠。"此公孟子儒者，故亦儒服与？**搢忽，**毕云："搢，即晋字俗写。忽，即笏字。古文尚书'在治忽'，亦用此字。旧作'怱'，误。"诒让案：仪礼既夕"木笏"，郑注云："今文'笏'作'忽'。"史记夏本纪集解引郑康成注尚书作"在治曶"，云："曶者，笏也。"忽、曶、笏字并通。释名释书契云："笏，忽也，君有教命及所启白，则书其上，备忽忘也。"荀子哀公篇〔一〕："夫〔二〕章甫、絇屦，绅而搢笏。"**儒服，而以见子墨子，曰："君子服然后行乎？其行然后服乎？"子墨子曰："行不在服。"公孟子曰："何以知其然也？"子墨子曰："昔者齐桓公高冠博带，金剑木盾，**毕云："说文云：'盾，瞂也，所以扞身蔽目。象形。'陆德明周礼音义云：'食允反，又音允。'"诒让案：此所言皆朝服，朝服未有用盾者，"盾"疑亦"曶"之误，但木曶非贵服，所未详也。**以治其国，其国治。昔者晋文公大布之衣，牂羊之裘，**牂，道藏本、吴钞本并从牛，误。**韦以带剑，**并详兼爱中、下篇。**以治其国，其国治。昔者楚庄王鲜冠组缨，**说文系部云："组，绶属也，其小者可以为冠缨〔三〕。"玉藻云："玄冠朱组缨，天子之冠也。玄冠丹组缨，诸侯之齐冠

〔一〕"哀公篇"，原误"法行篇"，据荀子改。
〔二〕"夫"，原误"六"，据荀子改。
〔三〕此引说文据文选七启李善注，与通行大徐本说文略异。

也。”此朝服当为冠弁服，但组缨为常制，不足为华侈，与鲜冠絳衣博袍，文例不相应。疑此“组”当为“䵻”之假字。荀子乐论篇云：“乱世之征，其服组鲜。”䵻，义详节用篇。**絳衣博袍，**毕云：“太平御览引作‘褎衣博裦’。”王云：“哀十四年公羊传‘反袂拭面，涕沾袍’，何注曰：‘袍，衣前襟也。’”絳，旧本作“绛”。王引之云：“‘绛’当为‘絳’，字之误也。絳与缝同。集韵‘缝，或省作絳’，汉丹阳太守郭旻碑：‘弥絳衮□’〔一〕，‘絳’即缝字。字从夆，不从夅。缝衣，大衣也。字或作‘逢’，又作‘摓’。洪范‘子孙其逢’，马注曰：‘逢，大也。’儒行‘衣逢掖之衣’，郑注曰：‘逢犹大也。大掖之衣，大袂禅衣也。’庄子盗跖篇‘摓衣浅带’，释文曰：‘摓，本又作缝。’列子黄帝篇释文：‘向秀注曰：“儒服宽而长大。”’荀子非十二子篇‘其冠进，其衣逢’，儒效篇‘逢衣浅带，解果其冠’，杨倞注并曰：‘逢，大也。’列子黄帝篇曰‘女逢衣徒也’。缝、絳、逢、摓字异而义同。絳衣与博袍连文，絳、博皆大也。淮南齐俗篇作‘裾衣博袍’，高注曰：‘裾，褎也。’褎亦大也。氾论篇又云‘褎衣博带’。”案：王说是也，今据正。“絳衣”即礼经侈袂之衣，周礼司服郑注云：“士之衣，袂皆二尺二寸而属幅，其袪尺二寸。大夫以上侈之，侈之者盖半而益一焉。半而益一，则其袂三尺三寸，袪尺八寸。”“博袍”即谓絳衣之前襟，广雅释器云：“袍，长襦也。”彼燕居之服，非听治所用，与此袍异也。任大椿谓“绛衣博袍”即汉晋以后之朝服绛纱袍，大误。**以治其国，其国治。昔者越王句践剪发文身，**淮南子齐俗训云“越王句践劗发文身，南面而霸天下”，又云“越人劗鬋”，许注云：“鬋，断也。”“剪”即“鬋”之俗。说苑奉使篇：“越诸发曰：越翦发文身，烂然成章，以象龙子者，将避水神也。”**以治其国，其国治。此四君者，其服不同，其行犹一也。翟以是知行之不在服也。”公孟子曰：“善！吾闻之曰‘宿善者不祥’，**毕云：“读如‘无宿诺’。”**请舍忽、**毕云：“旧作‘揔’。”**易章甫，复见夫子，可乎？”子墨子曰：“请因以相见也，若必将舍忽、易章甫**必，旧本作“不”。毕云：

〔一〕“旻”字原避讳缺末笔。又“衮”下原是缺文，应作方框“□”，原误刻作“口”，并据隶续卷三改。

"不,一本作'必',亦是。"苏云:"'不'字误,一本作'必',是也。毕注以'不'为句,非。"案:苏说是也,今据正。**而后相见,然则行果在服也。"**毕云:"言其意在服也。"

公孟子曰:"君子必古言服,句。**然后仁。"**孟子告子篇答曹交曰:"子服尧之服,诵尧之言,行尧之行,是尧而已矣。"公孟子之言同于彼。但孟子兼重行,而公孟子唯举言服,故为墨子所折。**子墨子曰:"昔者商王纣卿士费仲为天下之暴人,**明鬼下篇作"费中","中"、"仲"古今字。**箕子、微子为天下之圣人,此同言,而或仁不仁也。**毕云:"言同时之言,而仁不仁异。"**周公旦为天下之圣人,关叔为天下之暴人,**关叔即管叔,详耕柱篇。**此同服,或仁或不仁。然则不在古服与古言矣。且子法周,而未法夏也,**毕云:"谓节葬、节用之属,墨氏之学出于夏。"**子之古非古也。"**

公孟子谓子墨子曰:"昔者圣王之列也,上圣立为天子,其次立为卿大夫,今孔子博于诗书,察于礼乐,详于万物,若使孔子当圣王,则岂不以孔子为天子哉?"子墨子曰:"夫知者,必尊天事鬼,爱人节用,合焉为知矣。今子曰孔子博于诗书,察于礼乐,详于万物,而曰可以为天子,是数人之齿,而以为富。"毕云:"齿,年也。"俞云:"数人之年,安得以为富?毕说非也。齿者,契之齿也。古者刻竹木以记数,其刻处如齿,故谓之齿,易林所谓'符左契右,相与合齿'是也。列子说符篇:'宋人有游于道,得人遗契者,归而藏之,密数其齿,曰:吾富可待矣。'此正数人之齿以为富者。盖古有此喻。"案:俞说是也,苏说同。

公孟子曰:"贫富寿夭,齰然在天,说文齿部云:"齰,啮也。"非此义。毕云:"齰同错。"**不可损益。"又曰:"君子必学。"子墨子曰:"教人学而执有命,是犹命人葆**毕云:"葆,言包裹其发。"**而去**

亓冠也。"亓，毕本作"丌"，云："旧作'亦'，知是此字之讹。'丌'即'其'字，以意改。"王引之云："古'其'字亦有作'亓'者，玉篇：'亓，古文其。'是其证。今本墨子'其'作'亦'，则是'亓'之讹，非'丌'之讹也。后凡'亓'讹作'亦'者，放此。"案：王说是也，今并据正。

公孟子谓子墨子曰："有义不义，无祥不祥。"无，毕本改"有"，云："旧作'无'，据下文改。"王云："毕改非也。公孟子之意，以为寿夭贫富皆有命，而鬼神不能为祸福，故曰'有义不义，无祥不祥'。墨子执非命之说，以为鬼神实司祸福，义则降之祥，不义则降之不祥，故曰'有祥不祥'。'有祥不祥'乃墨子之说，非公孟子之说，不得据彼以改此也。"顾、苏说同。子墨子曰："古圣王"古"下吴钞本有"者"字。皆以鬼神为神明，而为祸福，毕云："而同能。"执有祥不祥，是以政治而国安也。自桀纣以下，皆以鬼神为不神明，不能为祸福，执无祥不祥，是以政乱而国危也。故先王之书子亦有之曰：戴云："'子亦'疑当作'亓子'。亓，古'其'字。其子即箕子，周书有箕子篇，今亡。孔晁作注时，当尚在也。"'亓傲也，毕云："以下'亓'字[一]，旧皆作'亦'。"出于子，不祥。'此言为不善之有罚，为善之有赏。"

子墨子谓公孟子曰："丧礼，君与父母、妻、后子死，毕云："后子，嗣子也。"三年丧服，义详节葬下、非儒下二篇。伯父、叔父、兄弟期，族人五月，"族人"上，王校增"戚"字，说详节葬下篇。姑、姊、舅、甥皆有数月之丧。或以不丧之间诵诗三百，周礼大司乐郑注云："以声节之曰诵。"弦诗三百，礼记乐记注云："弦谓鼓琴瑟也。"歌诗三百，周礼小师注云："歌，依咏诗也。"舞诗三百。谓舞人歌诗以节舞。左襄十六年传云"晋侯与诸侯宴于温，使诸大夫舞，曰：歌诗必类"，是舞有歌诗也。墨子意谓不丧则又习乐，明其旷日废业也。毛诗郑风子

〔一〕"亓"，毕沅注原作"丌"。此引作"亓"，当系孙据王引之说改，详上节注。

衿传云“古者教以诗乐，诵之歌之，弦之舞之”，与此书义同。若用子之言，则君子何日以听治？庶人何日以从事？”公孟子曰：“国乱则治之，国治则为礼乐。旧本脱“国”字，王据下文补。国治则从事，国富则为礼乐。”王云：“下‘国治’当为‘国贫’。‘治’与‘乱’对，‘富’与‘贫’对。‘国乱则治之’，即上文所谓君子听治也，‘国贫则从事’，即上文所谓庶人从事也。非儒篇曰‘庶人怠于从事则贫’，故曰‘国贫则从事’。今本‘贫’作‘治’者，涉上文‘国治’而误。”子墨子曰：“国之治，卢云：“此下脱‘治之故治也’五字。”治之废，则国之治亦废。国之富也，从事，故富也。从事废，则国之富亦废。下“事”字旧本讹作“是”，今据道藏本、吴钞本正。故虽治国，劝之无餍，毕云：“犹云勉之无已。”然后可也。今子曰‘国治则为礼乐，乱则治之’，是譬犹噎而穿井也，毕云：“说文云：‘噎，饭窒也。’饭窒则思饮。”俞云：“晏子春秋杂上篇‘噎而遽掘井’，说苑杂言篇作‘譬之犹渴而穿井’，渴字较噎为胜，疑此文亦当作‘渴’。因‘噎’字古作‘饐’，汉书贾山传‘祝饐在前’，师古曰：‘饐，古噎字。’是也。形与‘渴’微似，故‘渴’误为‘噎’。”案：毕说是也。死而求医也。古者三代暴王桀纣幽厉苶为声乐，毕云：“说文云：‘苶，华盛。’言盛也。或‘侈’假音字。”不顾其民，是以身为刑僇、国为戾虚者，吴钞本无“者”字。王云：“‘戾虚’当为‘虚戾’。鲁问篇曰‘是以国为虚戾，身为刑戮也’，赵策曰‘齐为虚戾’，又曰‘社稷为虚戾，先王不血食’。戾犹厉也，非命篇曰‘国为虚厉，身在刑僇之中’，是‘虚戾’即‘虚厉’也。小雅节南山篇‘降此大戾’，大雅瞻卬篇‘戾’作‘厉’。小宛篇‘翰飞戾天’，文选西都赋注引韩诗‘戾’作‘厉’。孟子滕文公篇‘乐岁粒米狼戾’，盐铁论未通篇‘狼戾’作‘粱厉’。庄子人间世篇‘国为虚厉，身为刑僇’，释文：‘李云：居宅无人曰虚，死而无后为厉。’”皆从此道也。”

公孟子曰：“无鬼神。”又曰：“君子必学祭祀。”毕云：“当为‘礼’。”诒让案：即五礼之吉礼。子墨子曰：“执无鬼而学祭礼，是犹无客而学客礼也，客礼，即五礼之宾礼。是犹无鱼而为鱼罟也。”说文网部云：“罟，网也。”尔雅释器云：“鱼罟谓之罛。”诗硕人孔疏引李巡云：“鱼罟，捕鱼具也。”

公孟子谓子墨子曰：“子以三年之丧为非，子之三日之丧亦非也。”毕云：“‘三日’当为‘三月’。韩非子显学云‘墨者之葬也，冬日冬服，夏日夏服，桐棺三寸，服丧三月’，高诱注淮南子齐俗云‘三月之服，是夏后氏之礼’。而后汉书王符传注引尸子云‘禹制丧三日’，亦当为‘月’。”子墨子曰：“子以三年之丧非三日之丧，是犹倮谓撅者不恭也。”旧本“倮”作“果”，今从道藏本改，吴钞本又作“裸”。毕云：“‘果’当为‘裸’，说文云‘袒也’。玉篇云：‘倮，赤体也。’‘撅’当为‘蹶’，说文云：‘僵也，一曰跳也。’”洪云：“礼记内则‘不涉不撅’，郑注：‘撅，揭衣也’。谓袒衣与揭衣，其露体不恭一也。晏子春秋外篇上‘吾讥晏子，犹訾倮而高撅者也’，其义与此同。”俞云：“毕谓‘撅’当为‘蹶’，失之。蹶与裸两意不伦，不当取以为喻。内则‘不涉不撅’，撅衣虽不恭，然裸则更甚，故曰‘是犹果谓撅者不恭也’。”

公孟子谓子墨子曰：“知有贤于人，谓偶有一事贤于他人。则可谓知乎？”子墨子曰：“愚之知有以贤于人，有以，吴钞本作“亦有”。而愚岂可谓知矣哉？”

公孟子曰：“三年之丧，学吾之慕父母。”俞云：“‘吾’下脱‘子’字。管子海王篇‘吾子食盐二升少半’，尹知章注曰：‘吾子，谓小男小女也。’此文公孟子曰‘三年之丧，学吾子之慕父母’，故下子墨子曰‘夫婴儿子之知，独慕父母而已’，‘婴儿子’即‘吾子’也。”子墨子曰：“夫婴儿子之知，毕云：“众经音义云：‘仓颉篇云：男曰儿，女曰婴。’”独慕父母而已。父母不可得也，然号而不止，此亓故何也？亓，顾校季本作“其”。即愚之至也。然则儒者之知，岂有以贤于婴儿子哉？”

子墨子曰：“问于儒者：苏云：“‘曰’字误倒，当作‘问于儒者曰’。”‘何故为乐？’曰：‘乐以为乐也。’”说文木部云：“乐，五声八音总名。”引申为哀乐之乐。此第二“乐”字用引申之义，古读二义同音，故墨子以“室以为室”难之。乐记云“故曰乐者乐也，君子乐得其道，小人乐得其欲”，又礼器云“乐者，乐其所自成”，仲尼燕居云“行而乐之，乐也”，荀子乐论篇亦云“乐者，乐也”，此即墨子所庲儒者之说。子墨子曰：“子未我应也。今我问曰：‘何故为室？’曰：‘冬避寒焉，夏避暑焉，室以为男女之别也。’俞云：“‘避寒’、‘避暑’、‘为男女之别’，三句皆以室言，不当于‘男女之别’句独著‘室’字，‘室’乃‘且’字之误。古书‘且’字或误为‘宜’，诗假乐篇释文曰‘且君且王，一本且并作宜’是也。‘且’误为‘宜’，因误为‘室’矣。”案：“室”当作“宫”，辞过篇云“宫墙之高，足以别男女之礼”，节用上篇云“宫墙足以为男女之别”，皆于避寒暑外分别言之。此亦当同。俞说未允。则子告我为室之故矣。今我问曰：‘何故为乐？’曰：‘乐以为乐也。’毕云：“旧脱‘为’字，据上文增。”是犹曰：‘何故为室？’曰：‘室以为室也。’”

子墨子谓程子曰：苏云：“程子即程繁也。见三辨篇。”“儒之道足以丧天下者，四政焉。儒以天为不明，毕云：“旧脱‘天’字，据下文增。”以鬼为不神，天鬼不说，此足以丧天下。又厚葬久丧，重为棺椁，多为衣衾，送死若徙，三年哭泣，扶后起，杖后行，并详节葬下篇。耳无闻，目无见，此足以丧天下。又弦歌鼓舞，毕本“鼓”作“鼔”，云：“此‘鼔’字从攴，与钟鼓字异，彼从支。”案：毕校非也，详兼爱中篇。习为声乐，此足以丧天下。又以命为有，贫富寿夭、治乱安危有极矣，有极犹言有常，详非儒下篇。不可损益也。为上者行之，必不听治矣；“必不”二字旧倒，今据吴钞本乙，与下文合。为下者行之，必不从事矣，此足以丧天下。”程子曰：“甚矣！先生之毁儒也。”子墨子曰：“儒固无此若四政者，而我言之，若，旧本作“各”。王云：“‘此各’当为‘此若’，若亦此也。言儒无此四政也。下文曰‘今儒固有此四政者’，是其证。今本‘此若’作‘此各’，则文义不顺。墨子书多谓此为此若，说见鲁问篇。”案：王说是也，今据正。则是毁也。今儒固有此四政者，而我言之，则非毁也，告闻也。”毕云：“言告所闻。”程子无辞而出，子墨子曰：“迷之！”“迷之”义不可通，疑“迷”当为“还”之误，谓墨子訏程子令还也。反，后坐，毕读“反”为句，“后”又为句，云：“言惑于此说者，请反而后后留之。”王云：“毕说非也。‘后’当为‘复’，‘复’、‘后’字相似，故书传中‘复’字多讹作‘后’。‘反’为一句，‘复坐’为一句，谓程子反而复坐也。今本‘复’作‘后’，则义不可通。”进复曰：王云：“‘复’，如孟子‘有复于王者曰’之‘复’，谓程子进而复于墨子也。”“乡者先生之言有可闻者焉，“生”，旧本讹“王”，今据吴钞本正，下同。毕云：“‘闻’当为‘间’。”案：毕校是也。孟子云“政不足与间也”，赵注云：“间，非也。”若先生之言，则是不誉禹，不毁桀纣也。”此因墨子言不毁儒，而遂难之，言人不能无毁誉也。子墨子曰：“不然，夫应孰辞，称议而为之，孰辞，习孰之辞，犹云常语。议，吴钞本作“义”。案：“称议”上当有“不”字。“应孰辞不称议而为之”，谓应习孰之辞，则信口酬答，不待称议而后对，故下云“敏”也。此明前云不毁儒，非不毁桀纣之谓，不可以习孰应对之语执以相难。毕云“孰”当为“执”，亦通。敏也。厚攻则厚吾，薄攻则薄吾。王引之云：“吾，读为列御寇之御。御古通作吾，赵策曰‘王非战国，守吾之具，其将何以当之乎’，是其证。”案：王校是也。“吾”当为“圄”之省，说文口部云：“圄，守也。”应孰辞而称议，是犹荷辕而击蛾也。”此即申应孰辞不必称议之旨。毕云：“蛾，同蚁。”

子墨子与程子辩，称于孔子。毕云：“称述孔子。”程子曰：“非儒，句。何故称于孔子也？”子墨子曰：“是亦当而不可易者也。俞云：“‘亦’当为‘亓’，古文‘其’字也。言我所称于孔子者，‘是其当而不可易者也'。'其'字即以孔子言。本篇'其'字多误为'亦',毕氏已订正,而未及此。"**今鸟闻热旱之忧则高,鱼闻热旱之忧则下,当此,虽禹汤为之谋,必不能易矣。鸟鱼可谓愚矣,禹汤犹云因焉。**王云:"云犹或也。言鸟鱼虽愚,禹汤犹或因之也。古者云与或同义。"**今翟曾无称于孔子乎?"**毕云:"言孔子之言,有必不能易者。此下旧有'有游于子墨子之门者,谓子墨子曰:先王以鬼为神明知能为祸人哉'二十七字,今据一本移后。"

有游于子墨子之门者,身体强良,良,吴钞本作"梁"。后鲁问篇亦云"强梁",然义似不同。**思虑徇通,**史记黄帝本纪"黄帝幼而徇齐",集解:"徐广曰:墨子曰'年逾十五〔一〕则聪明心虑无〔二〕不徇通矣'。裴骃案:徇,疾也。"索隐云:"徇齐,家语及大戴礼并作'叡齐',一本作'慧齐'。叡、慧皆智也。史记旧本亦有作'濬齐',盖古字假借'徇'为'濬'。濬,深也,义亦并通。"案:徐引墨子,今无此文,盖在佚篇中。说文人部云:"侚,疾也。""徇"即"侚"之讹。庄子知北游篇云"思虑恂达",又借"恂"为之。**欲使随而学。子墨子曰:"姑学乎,吾将仕子。"劝于善言而学,其年,**意林引作"朞年"。毕云:"同'期年'。"诒让案:此书期年字多作'其',详节葬下篇。**而责仕于子墨子。子墨子**毕云:"旧脱二字,以意增。"**曰:"不仕子。子亦闻夫鲁语乎?**吴钞本无"夫"字。"语",意林引作"人"。**鲁有昆弟五人者,亓父死,**毕云:"亓,旧作'亦',下同。一本俱作'其'。"诒让案:意林正作"其",下并同。**亓长子嗜酒而不葬,亓四弟曰:'子与我葬,**毕云:"与旧作'无',一本如此。"**当为子沽酒。'劝于善言而葬,已葬而责酒于其四弟,**吴钞本无"其"字。**四弟曰:'吾末予子酒矣。**末,道藏本、吴钞本并作"未"。**子葬子**

〔一〕"十五",原误"五十",据史记五帝本纪集解乙正。
〔二〕"无"字原脱,亦据史记五帝本纪集解改。

父，我葬吾父，岂独吾父哉？子不葬，则人将笑子，故劝子葬也。'今子为义，我亦为义，岂独我义也哉？子不学，则人将笑子，故劝子于学。"

有游于子墨子之门者，子墨子曰："盍学乎？"对曰："吾族人无学者。"子墨子曰："不然，夫好美者，岂曰吾族人莫之好，故不好哉？夫欲富贵者，岂曰我族人莫之欲，毕云："已上八字旧脱，据一本增。"故不欲哉？毕云："太平御览引云：'墨子谓门人曰："汝何不学？"对曰："吾族无学者。"墨子曰："不然，岂有好美者，而曰吾族无此，不欲邪？富贵者，而曰吾族无此，不用也？"'与此微异。"好美、欲富贵者，不视人犹强为之。毕云："此下旧接'为善者富之'云云二百六十四字，今据文义移后。一本此下亦接'夫义，天下之大器也'。"夫义，天下之大器也，何以视人必强为之？"毕云："'必'，当为'不'。已上十六字，旧脱在'则盗何遽无从'下，今据一本移正。"苏云："此勉之之词，'必'字不误。"案：依苏说，则当读"何以视人"句断，下云"必强为之"，乃勉其为义，非责其不为也。考意林约引此文，作"强自力矣"，则马总所读，似已如是。然今以语气校之，窃疑"必"字当在"视人"上，仍为诘责之辞，与上文"不视人"云云，文例正相对也。

有游于子墨子之门者，谓子墨子曰："先生以鬼神为明知，先生，旧本讹"先王"，今据道藏本、吴钞本正。又旧本"神为"二字到转，王校乙正，吴钞本不到。能为祸人哉福，毕云："'人哉'已上二十七字，旧在'今翟曾无称于孔子乎'下，今据一本在此。一本又无'知能为祸人哉'六字。"案：吴钞本亦无"知能"以下六字。又毕本脱"福"字，各本并有，今增。王云："此当以'能为祸福'连读，不当有'人哉'二字。下文曰'先生以鬼神为明，能为祸福，为善者赏之，为不善者罚之'，是其证。今本'祸福'二字之间衍'人哉'二字，则义不可通。"案：王说固是，但疑当作"能为人祸福哉"，"人哉"二字恐非衍文，未敢肊定，姑仍旧本。为善者富之，王云："富与福同。"

为暴者祸之。旧本脱"为"字，王补。今吾事先生久矣，而福不至。意者，先生之言有不善乎？王引之云："意者，疑词。广雅曰：'意，疑也。'"鬼神不明乎？我何故不得福也？"子墨子曰："虽子不得福，吾言何遽不善？而鬼神何遽不明？王云："遽亦何也。连言何遽者，古人自有复语耳。汉书陆贾传'使我居中国，何遽不若汉'。"子亦闻乎匿徒之刑之有刑乎？"俞云："'之刑'二字衍文。'子亦闻乎匿徒之有刑乎'，'徒'谓胥徒，给徭役者；'匿徒'谓避役。"苏说同。案：此疑当作"匿刑徒之有刑乎"，衍一"之"字，"刑徒"又误到耳。盖即左传昭七年所谓仆区之法，孔疏引服虔云"为隐匿亡人之法"是也。对曰："未之得闻也。"毕云："'之得'二字旧倒，以意移。"子墨子曰："今有人于此，什子，言其贤过子十倍，下云"百子"同。子能什誉之，而一自誉乎？"对曰："不能。""有人于此，百子，子能终身誉亓善，而子无一乎？"对曰："不能。"子墨子曰："匿一人者犹有罪，今子所匿者若此亓多，将有厚罪者也，何福之求？"

子墨子有疾，跌鼻进而问曰："问"下吴钞本有"焉"字。"先生以鬼神为明，能为祸福，为善者赏之，旧本脱"为"字，王校补。为不善者罚之。今先生圣人也，何故有疾？意者，先生之言有不善乎？鬼神不明知乎？"子墨子曰："虽使我有病，何遽不明？"何"上疑脱"鬼神"二字。人之所得于病者多方，有得之寒暑，有得之劳苦，百门而闭一门焉，则盗何遽无从入？"王云："旧本脱'闭'字、'入'字，今据鲁问篇及太平御览疾病部一引补。"案王校是也。淮南子人间训云"室有百户闭其一，盗何遽无从入"，即本此文。毕云："旧有'夫义，天下之大器也'云云十六字，据一本移前。"

二三子有复于子墨子学射者，子墨子曰："不可，夫知者必量亓力所能至吴钞本作"夫智者亦必量力所能至"。而从事焉。国士战且扶人，犹不可及也。毕云："及犹兼。"今子非国士也，岂能成学又成射哉？"

二三子复于子墨子曰："告子曰：'言义而行甚恶。'顾云："'曰'当为'日'。"苏云："'告子曰'之'曰'当作'日'，或为'口'字之讹，下墨子言告子口言而身不行，是其证也。然此告子自与墨子同时，后与孟子问答者，当另为一人。"案："曰"字不误，此文当作"告子曰'墨子言义而行甚恶'。"盖告子尝以此言毁墨子，而二三子为墨子述之，故下文墨子云"称我言以毁我行"，又云"告子毁，犹愈亡也"。今本"告子曰"下脱"墨子"二字，遂若二三子庰告子行恶，与下云"毁"皆不相应矣。顾、苏说并未憭。又案：孟子告子篇赵注云："告，姓也。子，男子之通称也。名不害，兼治儒墨之道者，尝学于孟子。"赵氏疑亦隐据此书，以此告子与彼为一人。王应麟、洪颐煊说并同。然以年代校之，当以苏说为是。请弃之。"子墨子曰："不可，称我言以毁我行，愈于亡。亡、无字同。有人于此，翟甚不仁，经说下云："仁，爱也。"言与翟甚不相爱也。仲尼燕居云："食飨之礼，所以仁宾客也。"尊天、事鬼、爱人甚不仁，犹愈于亡也。今告子言谈甚辩，言仁义而不吾毁，上下文两言"毁"，则此不当云"不吾毁"，"不"字当是衍文。告子毁，毕云："二字倒，今移。"犹愈亡也。"

二三子复于子墨子曰："告子胜为仁。"毕云："文选注引无'为'字。"苏云："'胜为仁'者，言仁能胜其任也，或以'胜'为告子名，未知然否？"案：文选陈孔璋为曹洪与魏文帝书云"有子胜斐然之志"，李注引此文释之，则崇贤似以"胜"为告子之名。苏引或说，本于彼。阎若璩四书释地又续引或说，谓告子名不害，字子胜，并无塙证，疑不足据。子墨子曰："未必然也。告子为仁，譬犹跂以为长，毕云："'跂'旧作'跛'，据文选注改。此'企'字假音，尔雅云'其踵企'，陆德明音义云：'去豉反，本或作跂。'说文云：'企，举踵也。''跂，足多指。'二字异。"隐以为广，毕云："隐，文选注引作'偃'。'隐'、'偃'音相近，亦通。言企足以为长，仰身以为广。偃犹仰。"不可久也。"

告子谓子墨子曰:"我治国为政。""我"下疑当有"能"字。故下墨子难之曰:"恶能治国政?"子墨子曰:"政者,口言之,身必行之。今子口言之,而身不行,是子之身乱也。子不能治子之身,恶能治国政?子姑亡,毕云:"言子姑无若此。"诒让案:"姑亡",亦见备梯篇。子之身乱之矣!"吴钞本无"身"字。毕云:"一本作'子姑防,子之身乱之矣',是。"

墨子间诂卷十三

鲁问第四十九

鲁君毕云："当是鲁阳文君，楚县之君。"苏云："此鲁君自是鲁国君，故以齐攻为患，毕注非也。"俞云："鲁阳文君，耕柱篇再见，此篇亦屡见。子墨子之意，皆劝以无攻小国，与此不同。且此篇有鲁君，又有鲁阳文君，别而书之，其非一人明甚。"诒让案：苏、俞说是也。以时代考之，此鲁君疑即穆公。**谓子墨子曰："吾恐齐之攻我也，可救乎？"子墨子曰："可。昔者三代之圣王禹汤文武，百里之诸侯也，说忠行义，取天下。三代之暴王桀纣幽厉，仇怨行暴，失天下。**俞云："'怨'字乃'忠'字之误，言与忠臣为仇也。上文说禹汤文武曰'说忠行义，取天下'，与此相对，可证。"**吾愿主君之上者尊天事鬼，下者爱利百姓，厚为皮币，卑辞令，亟遍礼四邻诸侯，**亟，旧本误作"函"，今以意校正。尔雅释诂云："亟，疾也，速也。"本篇"亟"字多误为"函"，详后。**驱国而以事齐，患可救也，非此，顾无可为者。"**非此顾，旧本作"非愿"二字，毕云："言非此之为愿。"王云："毕说非也。'愿'当为'顾'，字之误也，'顾'、'愿(願)'草书相似。顾与固通，'顾'上当有'此'字，言非此固无可为者也，'此'字即指上数事而言。今本'顾'讹作'愿'，又脱'此'字，则义不可通。”案：王说是也，今据补正。

齐将伐鲁，子墨子谓项子牛曰：项子牛，盖田和将。伐鲁事详后。“伐鲁，齐之大过也。昔者吴王东伐越，栖诸会稽；吴伐越事，详非攻中篇。国语越语云“越王句践栖于会稽之上”，韦注云：“山处曰栖。”西伐楚，葆昭王于随；葆、保通。左传定四年吴入郢，楚斗辛与其弟巢以王奔随。北伐齐，取国子以归于吴。旧本“国”下衍“太”字，王云：“‘国太子’本作‘国子’，谓齐将国书也。吴败齐于艾陵，获国子，事见春秋哀十一年。浅人误以‘国’为国家之国，因加‘太’字耳。”案：王说是也，今据删。诸侯报其雠，百姓苦其劳而弗为用，是以国为虚戾，虚戾，义详公孟篇。身为刑戮也。昔者智伯伐范氏与中行氏，兼三晋之地，详非攻中篇。此三晋谓晋卿三家，即智氏、范氏、中行氏也，故非攻篇云“并三家以为一家”，与韩、赵、魏不同。诸侯报其雠，百姓苦其劳而弗为用，是以国为虚戾，身为刑戮，用是也。王云：“‘用是’二字涉上文而衍。上文‘是以国为虚戾，身为刑戮也’，无‘用是’二字，是其证。”故大国之攻小国也，是交相贼也，过必反于国。”

子墨子见齐大王曰：毕云：“太平御览无‘大’字，下同。”苏云：“‘大’当读泰，即太公田和也。盖齐僭王号之后，亦尊其祖为太王，如周之古公云。”俞云：“大公者，始有国之尊称，故周追王自亶父始，而称大王。齐有国自尚父始，而称大公。以及吴之大伯，晋之大叔，皆是也。田齐始有国者，和也，故称大公，犹尚父称大公也。至其后子孙称王，则亦应称大王矣，犹亶父称大王也。因齐大王之称它书罕见，故学者不得其说，太平御览引此文，遂删‘大’字矣。”案：苏、俞说是也。据史记田敬仲世家及六国年表，田庄子卒于周威烈王十五年，子大公和立。安王十六年，田和始立为诸侯。墨子见大王，疑当在田和为诸侯之后。“今有刀于此，试之人头，倅然断之，毕云：“‘卒’字异文作‘倅’，读如仓猝。”可谓利乎？”大王曰：“利。”子墨子曰：“多试之人头，倅然断之，可谓利乎？”大王曰：“利。”

子墨子曰："刀则利矣，孰将受其不祥？"大王曰："刀受其利，试者受其不祥。"毕云："言持刀之人。"子墨子曰："并国覆军，贼敖百姓，毕云："旧作'敖'，非，太平御览引作'杀'。案说文云'敖，古文杀'，出此，今依改正。"案：毕校是也，说详尚贤中篇。孰将受其不祥？"大王俯仰而思之曰："我受其不祥。"

鲁阳文君将攻郑，子墨子闻而止之，谓阳文君曰：毕云："'谓'下当脱'鲁'字。""今使鲁四境之内，毕云："谓鲁阳。"大都攻其小都，大家伐其小家，杀其人民，取其牛马狗豕布帛米粟货财，则何若？"鲁阳文君曰："鲁四境之内，皆寡人之臣也。今大都攻其小都，大家伐其小家，夺之货财，则寡人必将厚罚之。"子墨子曰："夫天之兼有天下也，亦犹君之有四境之内也。今举兵将以攻郑，天诛亓不至乎？"道藏本、吴钞本"亓"并误"亦"。鲁阳文君曰："先生何止我攻郑也？我攻郑，顺于天之志。郑人三世杀其父，苏云："'父'当作'君'。据史记郑世家云'哀公八年，郑人弑哀公而立声公弟丑，是为共公。三十年，共公卒，子幽公已立。幽公元年，韩武子伐郑，杀幽公，郑人立幽公弟骀，是为缥公。二十七年，子阳之党共弑缥公'，是三世弑君之事也。"案：黄式三周季编略亦同苏说，黄氏又据此云："'三年不全'，以鲁阳文君攻郑在安王八年，即郑缥公被弑后三年也。"然二说并可疑。考文君即公孙宽，为楚司马子期子。据左传，子期死白公之难，在鲁哀公十六年，次年宽即嗣父为司马，则白公作乱时，宽至少亦必已弱冠。郑缥公之弑，在鲁穆公十四年，上距哀公十六年已八十四年，文子若在，约计殆逾百岁，岂尚能谋攻郑乎？窃疑此"三世"并当作"二世"，盖即在韩杀幽公之后。幽公之死当鲁元公八年，时文子约计当七十余岁，于情事傥有合耳。天加诛焉，使三年不全，吕氏春秋本生篇高注云："全犹顺也。"三年不全，犹玉藻云"年不顺成"。我将助天诛也。"子墨子曰："郑人三世杀其父而天加诛焉，使三年不全，天诛足矣。今又举兵将以攻郑，曰：'吾攻郑也，顺于天之志。'譬有人于此，其子强梁不材，老子云"强梁者不得其死"，庄子山木释文云："强梁，多力也。"诗大雅荡毛传云："强梁，御善也。"孔疏云："强梁，任威使气之貌。"故其父笞之。其邻家之父举木而击之，曰：'吾击之也，顺于其父之志。'则岂不悖哉？"

子墨子谓鲁阳文君曰："攻其邻国，杀其民人，取其牛马粟米货财，则书之于竹帛，镂之于金石，以为铭于钟鼎，传遗后世子孙，曰：'莫若我多。'周礼司勋云："战功曰多。"毕云："'我多'旧作'多吾'，一本如此。"案：顾校季本亦作"我多"。今贱人也，亦攻其邻家，杀其人民，取其狗豕食粮衣裘，毕云："粮，糧字俗写。"亦书之竹帛，以为铭于席豆，以遗后世子孙，曰：'莫若我多。'亓可乎？"亓，道藏本、吴钞本并误"亦"。鲁阳文君曰："然，吾以子之言观之，则天下之所谓可者，未必然也。"

子墨子为鲁阳文君曰：毕云："为，谓字。"案：吴钞本作"谓"。"世俗之君子，皆知小物而不知大物。今有人于此，窃一犬一彘则谓之不仁，窃一国一都则以为义。譬犹小视白谓之白，大视白则谓之黑。吴钞本无"则"字。是故世俗之君子知小物而不知大物者，此若言之谓也。"此若，毕改为"若此"，云："旧二字倒，一本如此。"案：顾校季本同。王云："毕改非也。古者谓此为若，连言之则曰'此若'。'此若言之谓也'已见尚贤篇，又节葬篇曰'以此若三圣王者观之'，又曰'以此若三国者观之'，墨子书言'此若'者多矣，它书亦多有之。"案：王说是也。

鲁阳文君语子墨子曰：吴钞本"语"作"谓"。"楚之南有啖人之国者桥，节葬下篇作"炎人"，而以食子为輆沭国俗，与此不同。窃疑啖人之名即起于食子，此篇是也。桥，未详。其国之长子生，则鲜而食之，毕云："鲜，一本作'解'。"诒让案：节葬下篇亦作"解"。顾云："作'鲜'者误。古鲜、解字或相乱，殷敬顺释列子用鲜字训，非也。"谓之宜弟。美，则以遗其君，君喜则赏其父。后汉书南蛮传云："交趾其西有啖人国，生首子，辄解而食之，谓之宜弟。味旨则以遗其君，君喜而赏其父。今乌浒人是也。"李注引万震南州异物志云："乌浒，地名也，在广州之南，交州之北。"则汉时尚相传有是国也。岂不恶俗哉？"子墨子曰："虽中国之俗，亦犹是也。杀其父而赏其子，何以异食其子而赏其父者哉？苟不用仁义，何以非夷人食其子也？"

鲁君之嬖人死，鲁君为之诔，鲁人因说而用之。苏云："第二句'君'字当作'人'，第三句'人'字当作'君'，传写误也。"子墨子闻之曰："诔者，道死人之志也。释名释典艺云："诔，累也，累列其事而称之也。"今因说而用之，是犹以来首从服也。""来首"疑即"貍首"，史记封禅书云："苌弘设射貍首。貍首者，诸侯之不来者。"大射仪郑注说貍首云："貍之言不来也。"广雅释兽云："狉，貍也。"不来，即狉貍。方言云："貔，陈楚江淮之间谓之貅，关西谓之貍。"来、貅字亦同。盖貍与来古音相近，故"貍首"亦谓之"来首"。服，谓服马。"以来首从服"，言以貍驾车，明其不胜任也。

鲁阳文君谓子墨子曰："有语我以忠臣者，令之俯则俯，毕云："'頫'字俗写。"令之仰则仰，处则静，呼则应，可谓忠臣乎？"子墨子曰："令之俯则俯，令之仰则仰，是似景也。毕云："古'影'字只作'景'，葛洪加彡。而明刻淮南子有注云'古影字'，或以为高诱文，则非始于葛。案[一]道藏本无，盖明人妄增耳。今尚书亦有'影响'字，写者乱之。"处则静，呼则应，是似响也。管子心术篇云："若影之象形，响之应声也。"汉书天文志亦云："如景之象形，响之应声。"君将何得

〔一〕以上十二字原脱，文意不完，据毕沅注补。

于景与响哉？若以翟之所谓忠臣者，上有过则微之以谏，微者，覹之借字。说文见部云："覹，司也。"汉书游侠传"使人微知贼处"，颜注云："微，伺间之也。"此"微之以谏"，亦言伺君之闲而谏之也。**己有善则访之上，而无敢以告。**尔雅释诂云："访，谋也。"谓进其谋于上，而不敢以告人也。**外匡其邪而入其善，**而，吴钞本作"以"。入其善，谓纳之于善也。毕云："'匡'字旧阙，注云'太祖庙讳上字'，盖宋本如此，今增。"**尚同而无下比，**尚与上通。旧本无"同"字。王云："此文具见尚同三篇，旧本脱'同'字，今补。"**是以美善在上而怨雠在下，**旧本脱"是"字，王据尚贤篇补。**安乐在上而忧戚在臣。此翟之所谓忠臣者也。"**旧本脱"所"字，今据吴钞本补。

鲁君谓子墨子曰："我有二子，一人者好学，一人者好分人财，孰以为太子而可？"子墨子曰："未可知也，或所为赏与为是也。毕云："'与'旧作'兴'，以意改。"案：毕校是也，而读"为赏与"句，则非。此当读"或所为赏与为是也"八字句，"与"即"誉"之假字。言好学与分财，或因求赏赐名誉而伪为是，不必真好也。前大取篇云"为赏誉利一人，非为赏誉利人也"，是其证。"赏誉"亦见尚同下篇。**魡者之恭，**毕云："'钓'字俗写从鱼，艺文类聚引作'钓'。案玉篇有'魡'字，云'丁叫切，亦作钓，饵取鱼'，出此。墨书如此类字，由后人抄写，以意改为，大都出自六朝。凡秦以前书传，皆篆简耳，不应有此，以相传既久，亦不改也。"诒让案：集韵三十四啸云："钓或作魡。"吴钞本作"魡鱼之巷"，疑误。顾校季本"魡"作"钓"。庄子刻意篇"钓鱼闲处"，释文作"魡"，云"本亦作'钓'"。淮南子说山训云"钓者使人恭"。**非为鱼赐也；**毕本无"鱼"字，云："'赐'字一本作'鱼赐'，艺文类聚作'鱼'。"案：当作"鱼赐"，今本脱一字耳。道藏本、吴钞本并有"鱼"字，今据增。**饵鼠以虫，**毕云："'饵'旧作'蝘'，非，据艺文类聚改。"诒让案：蝘盖饵之俗体，集韵七志云："蝘，钓鱼食也。"虫非所以饵鼠，疑当为"蛊"字之误。山海经南山经郭注云"蛊，蛊毒"，是蛊有毒义。饵鼠以蛊，即谓毒鼠，故云"非爱之也"。春秋成五年经"虫牢"，春秋繁露竹林篇作"蛊牢"。非爱之也。吾愿主君之合其志功而观焉。"

鲁人有因子墨子而学其子者，其子战而死，其父让子墨子。说文言部云："让，相责让。"子墨子曰："子欲学子之子，今学成矣，战而死，而子愠，是〔一〕犹欲粜，籴雠，则愠也，吴钞本"粜""籴"二字互易。毕云："'售'字正作'雠'。"王云："'籴'当为'粜'，广雅：'籴，买也；粜，卖也。'故云是'犹欲粜，粜雠，则愠也'。今本'粜'作'籴'，则义不可通。"岂不费哉？"顾云："'费'与'拂'同。"王云："'费'读为'悖'，即上文之'岂不悖哉'也。缁衣'口费而烦'，郑注曰：'费或为悖。'作'悖'者正字，作'费'者借字也。"案：王说是也。

鲁之南鄙人有吴虑者，毕云："太平御览引作'吴宪'。"冬陶夏耕，自比于舜。子墨子闻而见之。吴虑谓子墨子：下当有"曰"字。"义耳义耳，焉用言之哉？"子墨子曰："子之所谓义者，毕云："'所谓'二字旧倒，以意改。"案：吴钞本、顾校季本正作"所谓"。亦有力以劳人，有财以分人乎？""劳"，谓为人任其劳也。群书治要引尸子贵言篇云："益天下以财为仁，劳天下以力为义。"吴虑曰："有。"子墨子曰："翟尝计之矣。翟虑耕而食天下之人矣，旧本"而食"二字在"天下"之下，王据下文乙正。盛，句。然后当一农之耕，王云："盛与成同，下两'盛'字放此，谓耕事已成也。古字或以盛为成。"案：此云极盛不过当一农之耕也，下并同，王说未塙。分诸天下，不能人得一升粟。籍而以为得一升粟，籍，吴钞本作"藉"。毕云："籍，借字假音。"其不能饱天下之饥者，既可睹矣。翟虑织而衣天下之人矣，盛，然后当一妇人之织，分诸天下，不能人得尺布。籍而以为得尺布，旧本脱"以"字，今依上文增。其不能暖天下之

〔一〕"是"，原误"而"，据毕沅刻本改。

寒者，既可睹矣。翟虑被坚执锐救诸侯之患，“患”下当依上文增“矣”字。盛，然后当一夫之战。一夫之战，其不御三军，既可睹矣。睹，吴钞本作“覩”，说文目部云：“睹，见也。古文作‘覩’。”翟以为不若诵先王之道而求其说，通圣人之言而察其辞，上说王公大人，次匹夫徒步之士。毕云：“‘次’下当脱‘说’字。”王公大人用吾言，国必治；匹夫徒步之士用吾言，行必脩。吴钞本作“修”。故翟以为虽不耕而食饥，句。不织而衣寒，句。功贤于耕而食之、织而衣之者也。故翟以为虽不耕织乎，而功贤于耕织也。”

吴虑谓子墨子曰：“义耳义耳，焉用言之哉？”子墨子曰：“籍设而天下不知耕，教人耕，与不教人耕而独耕者，毕云：“旧脱‘不’字，一本有。”其功孰多？”吴虑曰：“教人耕者其功多。”子墨子曰：“籍设而攻不义之国，鼓而使众进战，与不鼓而使众进战而独进战者，其功孰多？”吴虑曰：“鼓而进众者其功多。”子墨子曰：“天下匹夫徒步之士少知义，而教天下以义者功亦多，何故弗言也？若得鼓而进于义，则吾义岂不益进哉？”

子墨子游公尚过于越。公尚过说越王，越王大说，毕云：“旧作‘悦’，下同，此俗写字，今改正。”苏云：“越王，当为句践之后。”谓公尚过曰：“先生苟能使子墨子于越而教寡人，“于”上依下文当有“至”字。请裂故吴之地，方五百里，吴钞本无“方”字。毕云：“时吴已亡入越，故曰故吴。”以封子墨子。”公尚过许诺。遂为公尚过束车五十乘，说文束部云：“束，缚也。”以迎子墨子于鲁，曰：“吾以夫子之道说越王，越王大说，谓过曰：苟能使子墨子至于越，而教寡人，吴钞本无“于”字。请裂故吴之地，方五百里，以封子。”子墨子谓公尚过曰：“子观越王之志何若？志，吴钞本作“意”。意越王将听吾言，用我道，则翟将往，量腹而食，度身而衣，自比于群臣，奚能以封为哉？“奚”，旧本作“不”。毕云“一本作‘奚’”，是，今据正。抑越不听吾言，“越”下当有“王”字。不用吾道，而吾往焉，则是我以义粜也。尔雅释诂云：“粜，卖也。”毕云：“粜，旧作‘糶’，下同，以意改。吕氏春秋作‘翟’。”钧之粜，句。亦于中国耳，何必于越哉？”毕云：“吕氏春秋高义云：‘子墨子游公上过于越。公上过语墨子之义，越王说之，谓公上过曰：“子之师苟肯至越，请以故吴之地，阴江之浦，书社三百，以封夫子。”公上过往复于子墨子。子墨子曰：“子之观越王也，能听吾言、用吾道乎？”公上过曰：“殆未能也。”子墨子曰：“不唯越王不知翟之意，虽子亦不知翟之意。若越王听吾言，用吾道，翟度身而衣，量腹而食，比于宾萌，未敢求仕。越王不听吾言，不用吾道，虽全越以与我，吾无所用之。越王不听吾言，不用吾道，而受其国，是以义翟也。义翟何必越？虽于中国亦可。”’即用此文。‘义翟’，亦当为‘义粜’。”

子墨子游，魏越墨子弟子。曰：“既得见四方之君，子则将先语？”苏云：“即子将奚先之意。”子墨子曰：“凡入国，必择务而从事焉。国家昏乱，则语之尚贤、尚同；国家贫，则语之节用、节葬；国家憙音湛湎，吴钞本“湛”作“沉”，湛、沉字通。说文水部云：“湎，沉于酒也。”史记宋世家云“纣沉湎于酒”，初学记二十六引韩诗云：“齐颜色，均众寡，谓之沉；闭门不出者，谓之湎。”毕云：“说文云：‘憙，说也。’”则语之非乐、非命；国家淫僻无礼，僻，吴钞本作“辟”。则语之尊天、事鬼；国家务夺侵凌，即语之兼爱、非攻，即，吴钞本作“则”，与上文同。故曰择务而从事焉。”旧本脱“攻”、“故”二字，王据上文及非攻篇补。苏谓“曰”当作“日”，非。

子墨子出曹公子而于宋，旧本“出”上有“曰”字。王云：“此本作'子墨子出曹公子于宋',犹上文言'子墨子游公尚过于越'也。今本衍'曰'字、'而'字,则义不可通。"俞云:"王说是也。然'出'字义不可通,'出'当为'士'字之误。史记夏本记'称以出',徐广曰'一作士',是其例也。士与仕通,'子墨子士曹公子于宋',即'仕曹公子于宋'也。贵义篇曰'子墨子仕人于卫'。"案:王校是也。苏说同,今据删。曹公子亦墨子弟子。**三年而反,睹子墨子曰:**吴钞本"睹"作"覩"。**"始吾游于子之门,短褐之衣,**毕云:"'短'从豆声,读如裋。"案:详非乐上篇。**藜藿之羹,**旧本脱"藜"字、"之"字,王以意补。**朝得之则夕弗得,祭祀鬼神。**祭祀不以藜藿,又不当在夕,此疑当重"弗得"二字,言虽藜藿之羹,尚不能朝夕常给,故不得祭祀鬼神也。**今而以夫子之教,**句。**家厚于始也。**旧本无"今"字,又"教"作"政"。王云:"此言吾始而家贫,今而以夫子之教,家厚于始也。今本脱'今'字,'教'字又误作'政',则义不可通。"案:王校是也,今据补正。俞云:"'政'乃'故'字之误,盖子墨子仕曹公子于宋,则宋必致禄,故曰'以夫子之故,家厚于始也'。耕柱篇曰:'君以夫子之故,致禄甚厚。'"案:俞说亦通。**有家厚,**此与上文复,疑"厚"当为"享","有"读为又,言又于家为享祀。周礼谓人鬼为享,周书尝麦篇云:"邑乃命百姓遂享于家。"**谨祭祀鬼神。然而人徒多死,六畜不蕃,身湛于病,**内则郑注云:"湛犹渍也。"**吾未知夫子之道之可用也。"子墨子曰:"不然,夫鬼神之所欲于人者多,欲人之处高爵禄则以让贤也,多财则以分贫也,夫鬼神岂唯擢季拑肺之为欲哉?**王引之云:"'季'盖'黍'字之讹。祭有黍有肺,故云'擢黍拑肺'。"苏云:"'季'疑当作'肝'。意言鬼神非徒贪嗜饮食者也。"案:王校是也。说文手部云"擢,引也","拑,胁持也",于此义并无取。窃疑"擢"当为"攫"之讹。吕氏春秋任数篇云"颜回攫其甑中而食之",曲礼云"饭黍毋以箸",又郑注云"礼饭以手",即所谓攫也。"拑"义未详。**今子处高爵禄而不以让贤,一不祥也;多财而不以分贫,二不祥也。今子事鬼神唯祭而已矣,而曰:'病**

何自至哉？’是犹百门而闭一门焉，曰：‘盗何从入？’若是而求福于有怪之鬼，此义难通，据下文，疑亦当作“求百福于鬼神”。岂可哉？”

鲁祝以一豚祭，而求百福于鬼神。子墨子闻之曰：“是不可。今施人薄而望人厚，则人唯恐其有赐于己也。今以一豚祭，而求百福于鬼神，当重“鬼神”二字。唯恐其以牛羊祀也。古者圣王事鬼神，吴钞本无“者”字。祭而已矣。谓无所求也。礼器云“祭祀不祈”，郑注云：“祭祀不为求福也。”今以豚祭而求百福，则其富不如其贫也。”

彭轻生子曰：疑亦墨子弟子。“往者可知，来者不可知。”子墨子曰：“籍设而亲在百里之外，籍亦藉之假字。则遇难焉，期以一日也，及之则生，不及则死。今有固车良马于此，又有奴马四隅之轮于此，毕云：“驽，古字只作‘奴’，一本作‘驽’。说文无‘驽’字。”使子择焉，子将何乘？对曰：“乘良马固车，可以速至。”子墨子曰：“焉在矣来！”卢云：“似谓‘焉在不知来’，文误。”苏云：“‘知’与‘矣’相近而误，而‘知’上更脱‘不’字也。”

孟山誉王子闾曰：孟山，疑亦墨子弟子。“昔白公之祸，详非儒篇。执王子闾，左哀十六年传“白公欲以子闾为王，子闾不可，遂劫以兵”，杜注云：“子闾，平王子启。”斧钺钩要，毕云：“此正字，余文作‘腰’者，后改乱之耳。”直兵当心，直兵，剑、矛之属。晏子春秋内篇杂上说崔杼盟晏子云“戟拘其颈，剑承其心”，晏子曰“曲刃钩之，直兵推之，婴不革矣”。吕氏春秋知分篇云“直兵造胸，曲兵钩颈”，高注云：“直，矛也。”谓之曰：‘为王则生，不为王则死。’王子闾曰：‘何其侮我也！杀我亲而喜我以楚国，我得天下而不义，不为也，又况于楚国乎？’遂而不为。毕云：“说文云：‘遂，亡也。从辵，㒸声。’王逸注楚词云：'遂，往也。'义出于此。经典多借为'豙'字，而忘其本。豙，从意也。"案：左传云"子闾不可，遂杀之"，新序义勇篇同，是子闾实死而非亡，毕引许义，与事不相应。"遂"下疑当有"死"字。王子闾岂不仁哉？"子墨子曰："难则难矣，然而未仁也。若以王为无道，则何故不受而治也？若以白公为不义，何故不受王，句。诛白公然而反王？毕云："言何不借王之权，以杀白公，然后反位于王。"俞云："毕读'诛白公'为句，则'然而反王'文不成义矣。礼记檀弓篇'穆公召县子而问然'，郑注曰：'然之言焉也。''诛白公然而反王'，犹云诛白公焉而反王，七字为一句。"故曰难则难矣，然而未仁也。"

子墨子使胜绰事项子牛。胜绰，墨子弟子。项子牛三侵鲁地，项子牛，齐人，见前。三侵鲁，不知在何年。以史记六国年表及田齐世家考之：鲁元公十九年，齐伐鲁葛及安陵，二十年取鲁一城。穆公二年齐伐鲁取郕。十六年伐鲁取最。或即三侵之事与？而胜绰三从。子墨子闻之，使高孙子请而退之，高孙子，亦墨子弟子。曰："我使绰也，将以济骄而正嬖也。毕云："济，止也。嬖同僻。"今绰也禄厚而谲夫子，夫子三侵鲁，而绰三从，是鼓鞭于马靳也。毕云："说文云：'靳，当膺也。从革，斤声。'一本改作'勒'，非。言马欲行而鞭其前，所以自困，犹使人仕而反来侵我也。"翟闻之：'言义而弗行，是犯明也。'绰非弗之知也，禄胜义也。"

昔者楚人与越人舟战于江，渚宫旧事"越人"作"吴越"，下同。楚人顺流而进，迎流而退，见利而进，见不利则其退难。越人迎流而进，顺流而退，见利而进，旧脱"而"字，王补。见不利则其退速。越人因此若埶，句。亟败楚人。旧本"埶亟"作"执函"。王云："'执'字、'函'字皆义不可通。'执'当为'埶'，埶即今势字。'此若埶'者，此埶也。若亦此也，古人自有复语耳。墨子书多谓'此'为'此若'，说见上文。'函'当为'亟'，读'亟称于水'之亟。亟，数也。言越人因此水势，遂数败楚人也。俗书'函'字或作'凾'，与'亟'相似。"案：王说是也。渚宫旧事亦作"势亟"，今据正。**公输子**毕云："旧有'曰'字，一本无。"诒让案：顾校季本亦无"曰"字。文选西都赋薛综注云："鲁般，一云公输子，鲁哀公时巧人。"孟子离娄篇云"公输子之巧"，赵注云："公输子名班，鲁之巧人也。或以为鲁昭公之子。"檀弓云"季康子之母死，公输若方小，敛，般请以机封"，郑注云："般，若之族，多技巧者。"后公输篇作"公输盘"。**自鲁南游楚，**渚宫旧事云"及惠王时"。案：余说近是，详后公输篇。毕云："太平御览引作'公输般自鲁之楚'。"**焉始为舟战之器，**毕云："太平御览引作'具'。"王云："'焉'字下属为句，焉犹于是也。言于是始为舟战之器也。月令曰'天子焉始乘舟'，晋语曰'焉始为令'，大荒西经曰'开焉始得歌九招'，此皆古人以'焉始'二字连文之证。"**作为钩强之备，退者钩之，进者强之，**毕云："太平御览引作'谓之钩拒，退则钩之，进则拒之也'。"诒让案：退者以物钩之，则不得退；进者以物拒之，则不得进。此作"钩强"无义，凡"强"字并当从御览作"拒"，事物纪原引亦同。备穴篇有铁钩钜，备高临篇说弩亦有钩距，钜、距、拒义并同，故下文亦云"子拒而距人，人亦拒而距子"。荀子议兵篇说楚兵云"宛钜铁鉇"，疑"宛钜"亦兵器之名。杨倞注云"大刚曰钜"，恐非。**量其钩强之长，而制为之兵。**渚宫旧事作"量短长而制为兵"。**楚之兵节，越之兵不节，楚人因此若埶，亟败越人。**旧本"埶"亦误"执"，"亟"亦误"函"，今依王校正。史记楚世家惠王时无与越战事，盖史失之。**公输子善其巧，以语子墨子曰："我舟战有钩强，不知子之义亦有钩强乎？"子墨子曰："我义之钩强，贤于子舟战之钩强。我钩强，我钩之以爱，揣之以恭。**"揣"亦当作"拒"，钩拒皆冢上文言之，下同。**弗钩以爱则不亲，弗揣以恭则速狎，**毕云："旧脱一'狎'字，以意增。"案：顾校季本亦重"狎"字。**狎而不亲，则速离。故交相爱，交相恭，犹若相利也。今子钩而止人，人亦钩而止子；子强而距人，人亦强而距子。交相钩，交相强，**

犹若相害也。故我义之钩强，贤子舟战之钩强。”

公输子削竹木以为䧿，说文乌部：“舄，篆文作‘䧿’。”毕云：“太平御览引作‘鹊’。”成而飞之，王云：“此当作‘削竹木以为䧿，䧿成而飞之’，今本少一‘䧿’字，则文不足义。太平御览工艺部九所引已与今本同。初学记果木部、白帖九十五并多一‘䧿’字。”三日不下，渚宫旧事云“尝为木鸢，乘之以窥宋城”，与此异。列子汤问篇云“墨翟之飞鸢”，张注云“墨子作木鸢，飞三日不集”，淮南子齐俗训云“鲁般、墨子以木为鸢，而飞之三日不集”，此皆以䧿为鸢，又谓二人同为之，盖传闻之异。论衡儒增篇、乱龙篇说并同。韩非子亦云“木鸢”，详后。毕云：“文选长笛赋注云‘案墨子削竹以为鹊，鹊三日不行者’，彼误。”公输子自以为至巧。子墨子谓公输子曰：“子之为䧿也，不如匠之为车辖。王云：“旧本‘匠’作‘翟’，涉上下文‘翟’字而误，今据太平御览工艺部九引改。”毕云：“太平御览末有‘也’字。”须臾刘三寸之木，说文车部云：“辖，键也。”舛部云：“舝，车轴耑键也。”案：辖、舝字通，古车辖多以金为之，据此则亦有舝者。淮南子缪称训云“故终年为车，无三寸之辖，不可以驱驰”，又人间训云“车之所以能转千里者，以其要在三寸之辖”，文选七启注引尸子云“文轩六驶，题无四寸之键，则车不行”。诸书说键辖之度略同。抱朴子应嘲篇云“墨子刻木鸡以戾天，不如三寸之车辖”，此又以䧿为鸡，与他书异。毕云：“刘，‘镂’字假音。太平御览引此作‘竖’。”王云：“毕说非也。‘刘(劉)’当为‘劅 ’，集韵：‘斵或作劅 。’广雅曰：‘劅，斵也。’今本广雅讹作‘劉’。俗书‘斵[一]’字作‘劉’，故‘劅’字亦作‘劉 ’，形与‘刘(劉)’相似，因讹为‘刘(劉)’。此言为车辖者，斫三寸之木，而任五十石之重，非刻镂之谓也。而任五十石之重。说文禾部云“柘 ，百二十斤也”。经典通借“石”为之。五十石，六百斤也。故所为巧[二]，利于人谓之巧，不利于人谓之拙。”毕云：“韩非子外储说云：‘墨子为木鸢，三年而成，蜚

〔一〕“斵”，原误“劅”，依上下文义改。

〔二〕“巧”，原误“功”，据毕沅刻本改。

一日而败。弟子曰:“先生之巧,至能使木鸢飞。”墨子曰:“不如为车輗之巧也,用咫尺之木,不费一朝之事,而引三十石之任,致远,力多,久于岁数。今我为鸢三年成,蜚一日而败。”惠子闻之曰:“墨子太巧,巧为輗,拙于鸢。”'与此异也。”

公输子谓子墨子曰:“吾未得见之时,我欲得宋,自我得见之后,予我宋而不义,我不为。”子墨子曰:“翟之未得见之时也,子欲得宋,自翟得见子之后,予子宋而不义,子弗为,是我予子宋也。毕云:“予,一本作‘与’。”子务为义,翟又将予子天下。”旧本“予”作“与”,今据吴钞本正,与上文同。

公输第五十

淮南子道应训云“墨子为守攻,公输般服,而不肯以兵知”,即本此篇。

公输盘毕云:“史记孟子荀卿传集解、后汉书张衡传注〔一〕、文选陈孔璋为曹洪与魏文帝书注皆引作‘般’,广韵引作‘班’。”诒让案:世说文学篇刘注、文选长笛赋、七命、郭景纯游仙诗、司马绍统赠山涛诗李注并引作“般”,战国策宋策、吕氏春秋爱类篇、葛洪神仙传同。吕览高注云:“公输,鲁般之号,在楚为楚王设攻宋之具也。”为楚造云梯之械成,淮南子兵略训许慎注云:“云梯,可依云而立,所以瞰敌之城中。”又修务训高注云:“云梯,攻城具,高长上与云齐,故曰云梯。械,器也。”史记索隐云:“梯者,构木瞰高也;云者,言其升高入云,故曰云梯。械者,器也,谓攻城之楼橹也。”文选长笛赋注引此云“公输般为云梯垂成,大山四起,所谓善攻具也,必取宋,于是墨子见公输般而止之”,似约此篇文。但“大山四起”未详其义。史记郑世家集解引服虔左传注云:“楼车,所以窥望敌军,兵法所谓云梯也。”案:服以云梯为兵车,肊说不足据。毕云:“张湛列子注云:‘云梯,可以凌虚。’”将以攻宋。毕云:

〔一〕后汉书张衡传正文及注皆作“班”,不作“般”,毕沅注有误。

"文选注引作'必取宋'三字。太平御览云:'尸子云:"般为蒙天之阶,阶成,将以攻宋。"'"苏云:"吕氏春秋云'声王围宋十月'。考墨子时世与声王相值,疑公输为楚攻宋,在是时。"案:国策宋策鲍彪注以此事为在宋景公时,于楚则谓当昭王或惠王,与苏说不同。今考鲍、苏二说皆非也。墨子晚年逮见田和,又得闻楚悼王、吴起之乱,其生盖当在鲁哀公之末、悼公之初,则非徒不及见楚昭王,即宋景公末年亦恐未逾弱冠。是鲍说与墨子之年不合。公输盘,或谓鲁昭公子,固未必塙,然檀弓载季康子母死,时公输若方小,而般与敛事,则般必年长于若可知。考康子父桓子卒于哀公三年,其母死或亦在哀公初年,则般当生于昭、定间,自昭公卒年下距楚声王元年,亦已逾百岁,则苏说与公输之年又不合。窃以墨、输二子年代参合校之,墨子之止攻宋,约当在宋昭公、楚惠王时。盖是时楚虽有伐宋之议,而以墨子之言中辍,故史无其事耳。渚宫旧事谓公输子南游楚在惠王时,其说盖可信。**子墨子闻之,起于齐,**毕云:"吕氏春秋爱类篇云'自鲁往',是。"**行十日十夜而至于郢,**高诱云:"郢,楚都也。"毕云:"文选广绝交论注引云:'公输般欲以楚攻宋,墨子闻之,自鲁往,裂裳裹足,十日至郢。'"王云:"世说新语文学篇注引此作'墨子闻之,自鲁往,裂裳裹足,日夜不休,十日十夜而至于郢'。文选注所引从略,然亦有'自鲁往,裂裳裹足'七字。吕氏春秋爱类篇曰'墨子闻之,自鲁往,裂裳裹足,日夜不休,十日十夜而至于郢',正与世说新语注所引同,则其为墨子原文无疑。淮南修务篇曰'墨子闻而悼之,自鲁趋而往,十日十夜,足重茧而不休息,裂裳裹足,至于郢',文亦小异而大同。今本'自鲁往'作'起于齐',又无'裂裳裹足,日夜不休'八字,盖后人删改之也。"诒让案:神仙传云"墨子闻之,往诣楚,脚坏,裂裳裹足,七日七夜到,见公输般而说之",与诸书所云又小异。**见公输盘。公输盘曰:"夫子何命焉为?"子墨子曰:"北方有侮臣,愿藉子杀之。"**俞云:"'有侮臣'下脱'者'字。"**公输盘不说。**吴钞本作"悦"。**子墨子曰:"请献十金。"**毕云:"一本作'千金',是。"诒让案:渚宫旧事亦作"献千金于般"。**公输盘曰:"吾义固不杀人。"**宋本国策作"杀王",吴师道校注引别本作"𤯔",即武后所制"人"字,则与此同。子墨子起，再拜曰："请说之。吾从北方闻子为梯，毕云："太平御览引作'阶'。"将以攻宋。宋何罪之有？荆国有余于地，而不足于民，杀所不足，而争所有余，不可谓智。宋无罪而攻之，不可谓仁。知而不争，不可谓忠。争而不得，不可谓强。义不杀少而杀众，不可谓知类。"公输盘服。子墨子曰："然乎不已乎？"毕云："太平御览引作'胡不已也'。"诒让案：上"乎"字盖即"胡"之误，二字音相近。公输盘曰："不可。吾既已言之王矣。"子墨子曰："胡不见我于王？"公输盘曰："诺。"

子墨子见王，吕氏春秋贵因篇云"墨子见荆王，锦衣吹笙"，疑即此时事。盖以救宋之急，权为之也。曰："今有人于此，舍其文轩，宋策高诱注云："文轩，文错之车也。"邻有敝轝，宋策、神仙传并作"弊舆"。而欲窃之；舍其锦绣，毕云："已上十一字，旧脱，据太平御览增，一本亦有。'轝'即'舆'异文耳。"顾云："战国策有。"邻有短褐，而欲窃之；短，裋之借字，详鲁问篇。舍其粱肉，邻有穅糟，而欲窃之。此为何若人？"高云："言名此为何等人也。"王曰："必为窃疾矣。"毕云："太平御览作'耳'。"王云："案尸子止楚师篇及宋策并作'必为有窃疾矣'，此脱'有'字，则文义不明。耕柱篇亦曰'有窃疾也'。"子墨子曰："荆之地，方五千里，宋之地，方五百里，毕云："七字旧脱，据太平御览增。"顾云："战国策有。"此犹文轩之与敝轝也；毕云："太平御览引'敝'作'獘'。"荆有云梦，尔雅释地十薮"楚有云梦"，郭注云："今南郡华容县东南巴丘湖是也。"案：华容为今湖北监利、石首二县境。犀兕麋鹿满之，毕云："太平御览'满'作'盈'。"诒让案：御览疑依宋策改。江汉之鱼鳖鼋鼍为天下富，宋所为无雉兔狐狸者也，为，宋策作"谓"，字通。毕云："太平御览'狐狸'作'鲋鱼'。"王云："作'鲋鱼'是也。'无雉兔'对上文荆有'犀兕麋鹿'言之，'无鲋鱼'对上文荆有'鱼鳖鼋鼍'言之。若'狐狸'，则与

'鱼鳖鼋鼍'不相应,此后人不晓文义而改之也。尸子、战国策并作'鲋鱼'。"诒让案:神仙传亦作"鲋鱼"。**此犹粱肉之与穅糟也;**道藏本及吴钞本并作"糠",即"穅"之俗,备城门篇止作"康"。**荆有长松、文梓、楩柟、豫章,**高云:"皆大木也。"毕云:"说文无'楩'字,玉篇云:'鼻县切,楩木似豫章。'陆德明尔雅音义云:'鼻县反,又婢衍反。'字指云:'楄木似豫章。'尸子作'梗',太平御览引此亦只作'梗'。"案:道藏本、季本并作"梗",吴钞本作"楩"。史记司马相如传集解引郭璞云:"梗,杞也,似梓柟,叶似桑。豫章,大木也,生七年乃可知也。"说文木部梗为山枌榆,与楩柟异木。**宋无长木,此犹锦绣之与短褐也。臣以三事之攻宋也,**毕云:"战国策云'臣以王吏之攻宋','王吏'盖'三叓'之误。说文云:'叓,古文事。'尸子作'王使',太平御览作'王之攻宋'。"顾云:"国策'王吏'与此文'三事'皆有误,疑当云'臣以王之事攻宋也'。"诒让案:"三事"疑当作"三吏"。逸周书大匡篇云"王乃召冢卿三老三吏",孔晁注云:"三吏,三卿也。"左传成二年[一]"晋侯使巩朔献齐捷于周,王使委于三吏",杜注云:"三吏,三公也。"神仙传作"臣闻大王更议攻宋",则似是"王吏"之讹。**为与此同类,臣见大王之必伤义而不得。"**毕云:"已上十一字,旧俱脱,太平御览有,或当在此。"顾云:"此十一字不当有,战国策无。"**王曰:"善哉!虽然,公输盘为我为云梯,必取宋。"**毕云:"太平御览引,有云'宋王[二]曰:公输子天下之巧士,作为云梯,设以攻宋,曷为弗取'二十三字,皆与此异,岂此文已为后人所节与?"诒让案:御览所引与淮南子修务训文略同,吕氏春秋爱类篇亦云"王曰:公输般天下之巧工也,已为攻宋之械矣"。墨子旧本或与彼二书同。

于是见公输盘,子墨子解带为城,以牒为械,史记索隐云:"谓墨子为术,解身上革带以为城也。牒者,小木札也。械者,楼橹等也。"毕

〔一〕"二年",原误"三年",据左传改。

〔二〕毕引见御览卷七百五十二,实为淮南子文。且原文上有"臣见大王之必伤义而不得宋"之句,毕引略去此句,而误将"宋"字属下"王曰"连读。参看吴毓江墨子校注。

本"牒"改作"褋",云:"旧作'牒',太平御览兵部引作'褋',北堂书钞作'襟'。案作'褋'者是也。'褋'省为'褋',说文云:'南楚谓禅衣曰褋。'玉篇云:'褋,徒颊切,禅衣也,褋同。'又案陈孔璋为曹洪与文帝书云'墨子之守,萦带为垣,折箸为械',则似以意改用之。"王云:"禅衣不可以为械,毕改非也。史记孟子荀卿传集解引此正作'牒',索隐曰:'牒者,小木札也。'说文:'札,牒也。'广雅曰:'牒,版也。'故可以为械。后汉书张衡传注亦引作'牒'。"洪颐煊说同。俞云:"毕据太平御览改作'褋',王氏又以作'牒'为是。其实'牒'、'褋'皆假字也,其本字当作'梜'。'梜'与'牒'叠韵字,玉篇仌部:'渫,梜渫也。'虫部:'蛱,蛱蝶也。''梜'之与'牒',亦犹'浃'之与'渫'、'蛱'之与'蝶',声近而义通矣。礼记曲礼篇'羹之有菜者用梜',郑曰:'梜犹箸也。'以梜为械者,以箸为械也。陈孔璋书曰'折箸为械'。"案:俞说亦通。世说注引亦云"墨子萦带守之",与陈琳文同。神仙传作"以幞为械",尤误。**公输盘九设攻城之机变,**毕云:"太平御览'城'一作'宋'。'之'下御览引有'具'字。"诒让案:史记集解、文选注引并与今本同。**子墨子九距之,公输盘之攻械尽,**文选注"攻"下有"城"字,神仙传同。史记索隐引刘氏云:"械,谓飞梯、橦车、飞石、车弩之具。"**子墨子之守圉有余。**毕云:"圉,史记集解引作'固',一本作'固'。太平御览作'御'。御览引有云'令公输设攻[一]之械,墨子设守之备,公输九攻而墨子九拒之,终弗能入,于是乃偃兵,辍不攻宋',俱多于此文。"诒让案:御览所引亦与淮南子文略同,疑皆涉彼而讹。**公输盘诎,**广雅释诂云:"诎,屈也。"古字通。吴钞本作"屈"。毕云:"太平御览引作'屈',文选注作'出'。"诒让案:史记集解引仍作"诎",索隐云:"诎,音丘勿反。谓般技已尽,墨守有余。"**而曰:"吾知所以距子矣,**吕氏春秋慎大篇高注云:"墨子曰:使公输般攻宋之城,臣请为宋守之备。公输般九攻之,墨子九却之。又令公输般守备,墨子九下之。"未知何据。"而"下,史记集解引有"言"字。**吾不言。"子墨子亦曰:"吾知子之所以距我,**毕云:

〔一〕"令"原作"今","攻"原作"守",据太平御览改。按:毕引御览见卷七五二。

"文选注引有'者'字。"诒让案:史记集解引亦有。吾不言。"毕云:"文选注引有'之'字。"楚王问其故,子墨子曰:"公输子之意,不过欲杀臣。杀臣,宋莫能守,毕云:"文选注有'乃'字,是。"可攻也。然臣之弟子禽滑厘等三百人,厘,文选注引作"氂"。陈琳书云"翟、氂",即墨、禽二子名也。汉书儒林传亦作"氂"。案:禽子名,后备梯门、备梯篇又作滑厘。史记索隐云:"禽滑厘者,墨子弟子之姓字也。氂音里。"吕氏春秋当染篇作禽滑鼙,尊师篇作禽滑黎,列子杨朱篇作禽骨厘,殷敬顺释文作禽屈厘,音骨狸,汉书古今人表同。惟列子汤问篇、庄子天下篇、说苑反质篇与此同。滑、骨、屈,厘、氂、黎,并声近字通。孟子告子篇"鲁有慎滑厘",或谓即禽子,非也。前耕柱篇有骆滑氂,汉书有丞相刘屈氂,疑皆同禽子名。吕览作"鼙",字书所无,当即"犛"之讹。说文犛部云:"犛,强曲毛,可以箸起衣。"段玉裁谓刘屈氂当本作屈犛,谓强曲毛。若然,禽子名亦当作屈犛与?已持臣守圉之器,毕云:"史记集解引'圉'作'国'。"在宋城上而待楚寇矣。旧本"待"作"侍"。苏云"'侍'当作'待'",是也,今据正。虽杀臣,不能绝也。"楚王曰:"善哉!吾请无攻宋矣。"毕云:"请,后汉书注引作'楚'。宋,史记集解云'宋城'。矣,文选注引作'也'。"诒让案:后汉书张衡传注引与今本同。

子墨子归,过宋,墨子鲁人,此云"归过宋"者,上云"起于齐",则亦归齐也。依文选注及吕氏春秋、淮南子作"自鲁往",则当为归鲁。自楚至齐、鲁,皆得过宋也。天雨,庇其闾中,说文门部云:"闾,里门也。"毕云:"庇,荫。"守闾者不内也。管子立政篇云"置闾有司,以时开闭",周礼乡大夫云"国有大故,则令民各守其闾,以待政令"。时楚将伐宋,宋已闻之,故墨子归过宋,守闾者恐其为间谍,不听入也。故曰:"治于神者,众人不知其功。争于明者,众人知之。"群书治要引尸子贵言篇云:"圣人治于神,愚人争于明也。"毕云:"文与战国策及尸子略同。高诱注吕氏春秋慎大篇引此,节文。"

墨子间诂卷十四

备城门第五十二

自此至杂守，凡二十篇，皆禽滑厘所受守城之法也。毕云："说文云：'备，慎也。''葡，具也。'经典通用备为葡具之字，此二义俱通。"诒让案："五十二"，吴钞本作"五十四"，则前当有两阙篇，未知是否。李筌太白阴经守城具篇云"禽滑厘问墨翟守城之具，墨翟答以六十六事"，即指以下数篇言之。"六十六事"，别本阴经作"五十六事"。今兵法诸篇，阙者几半，文字复多脱互，与李筌所举事数不相应，所记兵械名制，错杂舛牾，无可质证。今依文诂释，略识辜较，亦莫能得其详也。

禽滑厘问于子墨子曰：由圣人之言，凤鸟之不出，毕云："见论语。"**诸侯畔殷周之国，**毕云："殷，盛也。"孙云："尔雅云：'殷，中也。'言周之中叶。"苏云："殷、周皆天子之国，言世衰而诸侯畔天子也，毕训'殷'为'盛'，孙训'殷'为中，皆非。"案：苏说是也。此盖通称王国为殷周之国。吕氏春秋先己篇云："商周之国，谋失于胸，令困于彼。"兼爱中篇引武王告泰山辞云"以祗商夏"，周初称中国为商夏，周季称中国为殷周，辞例正相类。**甲兵方起于天下，大攻小，强执弱，吾欲守小国，为之奈何？子墨子曰：何攻之守？禽滑厘对曰：今之世常所以攻**

者：**临**、毕云："临一。诗传云：'临，临车也。'陆德明音义云：'韩诗作隆。'孔颖达正义曰：'临者，在上临下之名。'"诒让案：后有备高临篇，云"积土为高，以临我城，薪土俱上，以为羊黔，蒙橹俱前，遂属之城"，又备水篇"并船为临"，备蛾傅篇有"行临"，然则"临"乃水陆攻守诸械，以高临下之通名，不必临车也。"临"声转作"隆"，淮南子氾论训云"隆冲以攻"，又兵略训云"攻不待冲隆云梯而城拔"，高注云："隆，高也。"**钩**、毕云："钩二。诗传云：'钩，钩梯也，所以钩引上城者。'"诒让案：备钩篇今佚。钩盖即鲁问篇所谓钩距之钩。备穴篇又有铁钩钜，谓施长钩，缘之以攻城。管子兵法篇云"凌山坑不待钩梯"，韩非子外储说左上篇"赵主父、秦昭王令工施钩梯上潘吾及华山"，皆是也。诗皇矣孔疏云："钩援一物，正谓梯也。以梯倚城，相钩引而上，援即引也。墨子称公输般作云梯以攻宋，盖此之谓也。"马瑞辰云："墨子分钩与梯为二，则钩非即云梯明矣。六韬军用篇有飞钩，长八寸，钩芒长四寸，梯长六尺以上，千二百枚，盖即诗之钩，传云'钩，钩梯'者，谓以钩钩梯而上，故又申之曰'所以钩引上城者'，非谓钩即梯也，正义失之。"案：马说是也。**冲**、毕云："冲三。诗传云：'冲，冲车也。'说文云：'衝，陷敶车也。'高诱注淮南子云：'冲车，大铁著其辕端，马被甲，车被兵，所以冲于敌城也。'又曰：'冲所以临敌城，冲突坏之。'孔颖达诗正义云：'冲者，从傍冲突之称。兵书有作临车、冲车之法。'按'衝'正字，'冲'假音。"诒让案：诗皇矣孔疏又云"墨子有备冲之篇"，今佚。定八年左传云"主人焚冲"，杜注云："冲，战车。"六韬军用篇有武冲大扶胥，疑即此。战国策齐策云〔一〕"百尺之冲"，荀子强国篇又有"渠冲"，杨注云："渠，大也。渠冲，攻城之大车也。"韩非子八说篇云"平城距冲"，疑即荀子之"渠冲"矣。逸周书小明武篇云"具行冲梯"，庄子秋水篇云"梁丽可以冲城"，亦即此。**梯**、毕云："梯四。案即云梯。"诒让案：说文木部云："梯，木阶也。"后有备梯篇。通典有作云梯法，详本篇。**堙**、毕云："堙五。一本作'湮'。案当为'垔'，俗加土。说文云：'垔，塞也。'玉篇云：'上城具。堙同垔〔二〕。'通典云

〔一〕"云"字原重，径删。
〔二〕"同垔"二字，毕注引原脱，文意不完，今据玉篇土部补。

'于城外起土为山,乘城而上,古谓之土山,今谓之垒道。用生牛皮作小屋,并四面蒙之,屋中置运土人,以防攻击者',注云:'即孙子所谓距闉也。凿地为道,行于城下,用攻其城,往往建柱,积薪于其柱,圜而烧之,柱折橹部,城摧。'"诒让案:"土山"亦见太白阴经攻城具篇。左传襄六年"晏弱围莱,堙之,环城傅于堞",杜注云:"堙,土山也。"书费誓孔疏云:"兵法,攻城筑土为山,以窥望城内,谓之距堙。"孙子谋攻篇作"距闉",曹操注云:"距闉者,踊土稍高而前,以附其城也。"尉缭子兵教下篇云:"地狭而人众者,则筑大堙以临之。"盖堙与高临略同,惟以堙池为异。此书今本备堙无专篇,而本篇后文寇闉池一节,盖即备堙之法。又旧备穴篇亦有救闉池之文,今移入本篇。杂守篇又作"煙"。闉、堙、煙声同字通。**水**、后有备水篇。毕云:"水六。"**穴**、后有备穴篇。毕云:"穴七。"**突**、后有备突篇,不详攻法,而云"城百步一突门",乃守者所为。疑突与穴略同,但穴为穴地,突为穴城,二者小异耳。襄二十五年左传"郑伐陈,宵突陈城",杜注云:"突,穿也。"三国志魏明帝纪裴松之注引魏略,载诸葛亮攻陈仓,为地突,欲踊出于城里,郝昭于内穿地横截之。则突亦穴地矣。未闻其审。毕云:"突八。"**空洞**、说文穴部云:"空,窍也。"淮南子原道训高注云:"洞,通也。"史记大宛传云"徙其城下水空,以空其城",集解:"徐广曰:'空'一作'穴'。"此"空洞"当亦穴突之类。其攻法之异同,今篇佚,无可考。毕云:"空洞九。"**蚁傅**、傅,旧本作"附"。道藏本、吴钞本并作"传"。今案:"传"乃"傅"之误,后有备蛾傅篇,即此。诸本作"附",字通,而与后篇目不相应,今校改"傅"。毕云:"蚁附十。'蚁'同'螘'。孙子云'将不胜心忿而蚁附',注云:'使卒徐上城,如蚁缘城,杀士也[一]。'"**轒辒**、毕云:"轒辒十一。太平御览云:'太公六韬曰:凡三军有大事,莫不习用器械。攻城围邑,则有轒辒、临冲。视城中,则有云梯、飞楼。'周迁舆服杂事曰:'轒榅,今之橦车也。其下四轮,从中推之,至敌城下。'说文云:'轒,淮阳名车穹隆[二]轒。'玉篇云:'轒

〔一〕毕注引孙子谋攻及曹注乃节引,"杀士也"原注作"必杀伤士卒也"。
〔二〕"隆",原误"窿",据毕沅刻本改,与说文原文合。

輗,兵车。'作'輗'。輗、辒音相近。艺文类聚引孙子又作'枌榅〔一〕'。通典云:'攻城战具,作四轮车,上以绳为脊,生牛皮蒙之,下可藏十人,填隍推之,直抵城下,可以攻掘,金火木石所不能败,谓之轒辒车。'"案:毕引六韬据御览,文多讹脱,今据军略篇校正。通典本太白阴经。孙子谋攻篇云"攻城之法,修橹轒辒",曹注云:"轒辒者,其下四轮,从中推之至城下也。"文选长杨赋李注引服虔云:"轒辒,百二十步兵车,可寝处。"说文车部云:"辒,卧车也。"案:备轒辒篇今佚,后备水篇以船为轒辒,与攻城之车异。**轩车,**毕云:"轩车十二。"诒让案:备轩篇今佚。说文车部云:"轩,曲辀藩车也。"彼谓卿大夫所乘车。此攻城轩车,未详其制。左宣十五年传云"登诸楼车",杜注云"车上望橹",此"轩车"疑即"楼车"。楚辞招魂王注云:"轩,楼版也。"马瑞辰云:"六韬军用篇'飞楼',盖即墨子之'轩车',左传之'巢车'。"**敢问守此十二者奈何?子墨子曰:我城池修,守器具,推粟足,**"推粟"义难通,"推"当为"樵"之误。下云"为薪樵挈",又云"薪食足以支三月以上","樵粟"即"薪食"也。毕云"推粟言挽粟",失之。**上下相亲,又得四邻诸侯之救,此所以持也。**国语越语韦注云:"持,守也。"苏云"'持'为'守'字之讹",非。**且守者虽善,**卢云:"此下当有'而君不用之'五字。"**则犹若不可以守也。**旧本脱"犹"字,俞据下句补。**若君用之,守者又必能乎守者,**俞校以意改"乎"为"守",则读"守者不能"为句,亦通。**不能而君用之,则犹若不可以守也。然则守者必善,而君尊用之,**苏云:"尊用,犹专用也。"俞云:"尊读为遵,古字通也。"**然后可以守也。**

凡守围城之法,厚以高,"厚"上当有"城"字,疑本作"凡守圉之法,城厚以高"。今本"圉"讹为"围",又移"城"字著"之法"上,遂不可通。后守法章云"城小大,以此率之,乃足以守圉","圉"亦讹"围",即其证也。苏云

〔一〕"榅",原误"辒",据毕沅刻本改。按:引文见艺文类聚卷六十三。

"'厚'上当脱'垣墉'二字",非。**壕池深以广,**释名释道云:"城下道曰隧。隧,翱也。言都邑之内,人所翱翔祖驾之处也。"壕之义盖起于隧,凡池上必有道也。毕云:"玉篇云:'壕,胡高切,城壕也。'"池,旧本讹"也"。王引之云:"'也'当为'池'。'壕池深以广'为句,'其厚以高'上当有与'壕池'对文者,而今本脱之。"案:王说是也,今据正。毕云"'也'字疑衍",失之。**楼撕揗,**吴钞本作"楯"。毕云:"说文、玉篇无'撕'。集韵云:'斯或作撕字。'说文云:'揗,摩也。'玉篇食尹、详遵二切。"洪颐煊谓"撕"即高磨群,云:"'揗'当作'楯','通俗文:栏槛谓之楯。"诒让案:"撕"当作"橱"。后文"高磨襁","襁"亦即"橱"之误。但"揗"、"楯"并当为"修",古"脩"、"循"二字形近,多互讹。"脩"讹为"循",又讹为"揗"。此即上文"城池修"之义。**守备缮利,**缮,吴钞本作"善"。**薪食足以支三月以上,**毕云:"'支'旧作'交',以意改。"诒让案:此即上文"守器具,樵粟足"之义。尉缭子守权篇云:"池深以广,城坚而厚,士民备,薪食给,弩坚矢强,矛戟称之,此守法也。"**人众以选,吏民和,**毕云:"'民'旧作'尺',以意改。下当有'以'字。"案:此不必增"以"字。**大臣有功劳于上者多,主信以义,万民乐之无穷。不然,父母坟墓在焉。不然,山林草泽之饶足利。不然,地形之难攻而易守也。不然,则有深怨于适而有大功于上。不然,则赏明可信而罚严足畏也。**毕云:"管子九变云:'凡民之所以守战至死而不德其上者,有数以至焉。曰:大者亲戚坟墓之所在也,田宅富厚足居也。不然,则州县乡党与宗族足怀乐也。不然,则上之教训、习俗、慈爱之于民也厚,无所往而得之也。不然,则山林泽谷之利足生也。不然,则地形险阻,易守而难攻也。不然,则罚严而可畏也。不然,则赏明而足劝也。不然,则有深怨于敌人也。不然,则有厚功于上也。此民之所以守战至死而不德其上者也。'与此文相似。言有此数者,方可以守围城。"诒让案:自"凡守围城之法"以下一百十二字,旧本错在后文"长椎,柄长六尺,头长尺,斧其两端,三步一"下,今依俞校移此。顾校以此一百十二字,及后文"城下里中,家人各葆其左右前后,如城上"至"召三老左葆官中者,与计事得"一百八十一字，移著后“此守术之数也”下，非，今不从。**此十四者具，则民亦不宜上矣，然后城可守。十四者无一，则虽善者不能守矣。**自“此十四者具”以下三十字，旧本错在后文“备穴者，城内为高楼，以谨”下，今依苏、俞校移此。俞云：“‘凡守围城之法’以下，所说凡十四事，其文自明。‘大臣有功劳’至‘万民乐之无穷’，共为一事。盖大臣素有功劳，则主信而义之，万民乐之，然后可以有为也。‘此十四者具，则民亦不宜上矣’，总上十四事而言，当作‘则民亦宜其上矣’。墨子书‘其’字多作‘亓’，因误作‘不’，写者遂移至‘宜’字之上耳。”案：此文固有讹，然俞改“不宜上”为“宜其上”，则义仍未协。且此云“不宜上”，即管子云“此民所以守战至死，而不德其上者也”，则“不”字必非误。窃疑当作“则民死不悳上矣”，“死”、“亦”形近而讹，“悳”、“德”字通。“悳”字坏缺，仅存“直”，形与“宜”字尤相似，故讹。盖此语意全同管子，但文略省耳。

故凡守城之法，备城门，为县门，毕云：“旧脱‘门’字，据太平御览增。”诒让案：左传庄二十八年“县门不发”，杜注云：“县门施于内城门。”又襄十年“围偪阳，偪阳人启门，诸侯之士门焉，县门发”，孔疏云：“县门者，编版广长如门，施关机，以县门上，有寇则发机而下之。”太白阴经云：“县门，县木版以为重门。”**沈机长二丈，**“沈”疑当作“浣”。淮南子齐俗训“浣准”，泰族训作“管准”，浣、管、关字并通。浣机，即左传疏所谓关机也，六韬军用篇有转关辘轳。又疑“沈”当为“沆”之误，详经说下篇。沆与坑通，下文云“堑中深丈五”，坑即堑也。**广八尺，**盖一扇之广度。**为之两相如。**谓门左右两扇同度。**门扇数，**毕云：“‘门扇’旧作‘问扁’，据下文改。数同促。”**令相接三寸，**说文户部云：“扇，扉也。”“扉，户扇也。”为县门之扇，编版相衔接者三寸，欲使无缝际。月令郑注云：“用木曰阖，用竹苇曰扇。”此门扇亦编木所为，散文通也。**施土扇上，**毕云：“旧‘土扇’作‘士扁’，非。通典守拒法云：‘城门扇及楼堠，以泥涂厚，备火。’”顾云：“‘士’即‘土’字。”**无过二寸。堑中深丈五，**毕云：“说文云：‘堑，坑也。’”**广比扇，**亦八尺而两之。**堑长以力为度，**俞云：“‘力’字无义，疑‘方’字之误。”**堑之末**

为之县，即县门也。**可容一人所。**以上县门之法。

客至，客，旧本讹“容”。王引之云：“‘容’字义不可通，‘容’当为‘客’。客、容字相似，又涉上文‘容一人所’而误。客至，谓敌人至城下也。下文曰‘客冯面而蛾傅之’，即其证。”案：王校是也，苏说同，今据正。杂守篇作“寇至”，义同。月令孔疏云：“起兵伐人者谓之客，敌来御捍者谓之主。”**诸门户皆令凿而慕孔**毕本“慕”改“幕”，云：“旧作‘慕’，据下文改。”案：毕校未塙。以杂守篇校之，此“慕”、“幕”并即彼“类”，此“孔”即彼“窍”，亦即所谓“凿”。“慕”、“幕”并当作“幂”。广雅释诂云：“幂，覆也。”幂，杂守作“类”，则又“幎”之形误。盖凿门为孔窍，而以物蒙覆之，使外不得见孔窍也，与备穴篇“凿连版令容矛”略同。太白阴经守城具篇云：“凿门为敌所逼，先自凿门为数十孔，出强弩射之。”**孔之，**毕云：“‘孔’旧作‘孜’，以意改。‘之’下疑脱‘间’字。”苏云：“‘孔’字疑误重。杂守篇云‘寇至，诸门户令皆凿而类窍之’，与此合。”**各为二幕二，一凿而系绳，长四尺。**苏云：“‘幕二’之‘二’疑衍。杂守篇云：‘各为二类，一凿而属绳，绳长四尺，大如指。’”案：苏校是也。此盖言每门扇凿二孔，皆幂之，其一幂而更系以绳，盖备牵挽以为固也。以上凿幂门户之法，即太白阴经之凿门。毕谓亦县门之法，非也。

城四面四隅，城四面，谓四正也。城隅，见诗邶风及考工记匠人，贾疏引五经异义云：“天子城高七雉，隅高九雉；公之城高五雉，隅高七雉；侯伯之城高三雉，隅高五雉；都城之高皆如子男之城高。”是城隅高于城率二雉。故匠人郑注释为“角浮思”。**皆为高磨𢹂，**王引之云：“‘磨’当为‘磿’。字书无‘𢹂’字，盖‘槲’字之讹。磿槲叠韵字。说文：‘枥槲，柙指也。’此音盖如说文之枥槲，而义则不同。磿槲盖楼之异名也。号令篇曰：‘他门之上，必夹为高楼，使善射者居焉。女郭、冯垣一人一人守之。使重字〔一〕子五十步一击。’二篇之意大略相同，彼之‘高楼’即此之‘高磿槲’也。”洪谓即上之楼撕揗，云：“‘𢹂’当作‘撕’，广雅释诂：‘磢，磨也。’磨撕即栏槛也。”俞云：“王说

〔一〕王引据毕刻，本书改“字”为“室”，见号令篇。

是也。惟以为楼名,则无据。疑'高'下脱'楼'字,本云皆为高楼磿㯋。号令篇曰'它门之上必夹为高楼',与此同义。为高楼磿㯋,犹云夹为高楼也,磿㯋即夹也。"案:王校是也。**使重室子居亓上,**旧本"室"下有"乎"字,毕云疑衍。王云:"亓,古'其'字。"案:毕校是也,今据删。重室子,谓贵家子也。号令篇云"富人重室之亲",又云"使重室子"。亓,毕本皆作"丌",今并从王校作"亓",详公孟篇。**候適,**毕云:"'敌'字假音,史记亦用此字。"**视亓能状,**毕云:"'能'即'态'字。说文云:'态(熊),或从人。'"**与亓进左右所移处,**苏云:"'进'下当有'退'字。"**失候,斩。**以上为高磿候適之法。

適人为穴而来,毕云:"'穴'旧作'内',以意改。"**我亟使穴师选本,迎而穴之,**旧本"亟"作"函"。毕本"本"改"木"。又"迎"作"匝"。王云:"'函'当为'亟',俗书函、亟相似,说见鲁问篇。亟,急也。'选本'当为'选士',隶书'士'字或作'圡',因讹而为'本'。毕改'本'为'木',非。'匝'当为'迎',草书字讹。言敌人为穴而来,我急使穴师选善穴之士,凿穴而迎之也。下文云'適人穴土,急壍城内,穴亓土直之',又曰'审知穴之所在,凿穴迎之',皆其证也。"案:王校"函"改"亟","匝"改"迎",是也,今据正。干禄字书"匝"通作"迊",故传写易讹。"本"与"卒"隶书亦相近,后文"城下楼卒,率一步一人","卒",今本讹"本",可证。王定为"士"之讹,未知是否。**为之且内弩以应之。**毕云:"'且'当为'具'。"诒让案:内弩,即备穴篇之短弩,穴中以拒敌者。以上备穴之法。苏云:"此数语当入备穴篇,而错出于此者。"

民室杵木瓦石,王引之云:"木瓦石皆可以作室,而杵非其类。'杵'当为'材',字之误也。'材'本作'㭊','杵'本作'㭓',二形相似。号令篇'民室材木',即其证。"案:王校是也。苏云"杵"、"树"通用,非。**可以盖城之备者,**王引之云:"'盖城之备'四字,义不相属。'盖'当为'益',亦字之误也。俗书益、盖相似,说见非命篇。言民室之材木瓦石,可以益守城之备也。"苏说同。**尽上之。**毕云:"'尽'旧作'盖',以意改。言民室中所有,尽为城备。"**不从令者斩。**以上敛材木瓦石之法。

昔筑。毕云："当云'皆筑'。"诒让案：此上有脱文，似言皆有筑以备筑城也，故下云"五筑有锑"。左传宣十一年孔疏云："筑是筑土之杵。"六韬军用篇云"铜筑固〔一〕为垂，长五尺以上，三百枚。"文选羊叔子让开府表李注引郭璞三苍解诂云："筑，杵头铁沓也。"**七尺一居属**。毕云："疑'锯欘'。"案：毕据管子小匡篇文，尹知章注云："锯欘，钁类也。"说文金部云："锯，枪唐也。"非此义。斤部云："斸，斫也。"又木部云："欘，斫也。"广雅释器云："锯，鉏也。"集韵引埤仓云："钃，锄也。"尔雅释器云"斪斸谓之定"，郭注云："锄也。"考工记车人郑注引尔雅作"句欘"，又云："斫斤柄。"是斸有两义。此"居属"与"筑"、"蘲"类列，则当为锄。窃疑"居"、"锯"即倨之假字，斪与句同。斤柄箸刃，其形句，故谓之句斸；锄柄箸金，其形倨，故谓之倨斸，名与义各相应也。尔雅斪斸当为斤，郭注说失之。**五步一垒**。"垒"疑当为"蘲"。孟子滕文公篇"盖归反虆梩而掩之"，赵注云："虆梩，笼臿之属，可以取土者也。"毛诗释文引刘熙云："虆，盛土笼也。"释文又云："虆字或作'樏'，或作'蘲'。"案：樏即欙之省。蘲，欙之别体。备蛾傅篇云"土五步一，毋下二十畾"，畾亦即蘲之省，但彼文五步而土毋下二十畾，则不止一蘲矣。疑此文当作"五步有畾"，与下"五筑有锑"文例同。**五筑有锑**。"锑"疑当作"銕"。銕即夷也，与古文铁字不同。书尧典"宅嵎夷"，史记、说文并作"銕"。国语齐语云"恶金以铸鉏夷斤欘"，韦注云："夷，平也，所以削平草地。"管子小匡篇云"恶金以铸斤斧鉏夷锯欘"，尹知章注云："夷，锄类也。"此作"锑"者，形声相近而误。毕引说文云："锑，鎕锑也。"案：鎕锑，火齐也。非此义。**长斧，柄长八尺**。备蛾傅篇云"斧柄长六尺"，此较彼长二尺，故曰"长斧"。六韬军用篇"大柯斧刃长八寸，重八斤，柄长五尺以上，一名天钺"，后文又云"斧屎长三尺"，盖皆斧柯之短者也。此亦五筑所有。**十步一长镰，柄长八尺**。说文金部云："镰，锲也。"刀部云："钊，镰也。"方言云："刈钩，自关而西，或谓之钩，或谓之镰。"六韬军用篇云："艾草木大镰，柄长七尺以上，三百枚。"**十步一斗**。

〔一〕"固"，原误"铜"，据六韬军用篇改。

毕云"当为'斲'。"诒让案:说文斤部云:"斲,斫也。"**长椎,柄长六尺,头长尺,**备蛾傅篇作"首长尺五寸"。**斧亓两端。**椎既有首,又斧其两端,义颇难通。备蛾傅篇说长椎,无此四字,疑"斧"当为"兑",犹下"大铤"云"兑其两末"也。此长椎亦十步一。**三步一**自"城四面四隅"以下一百三十字,旧本错在后"五十二者,十步而二"下,顾校移此,今从之。"三步一"似当属下"大铤"为句。**大铤,前长尺,**此下至"墙七步而一"凡七百字,旧本并错入备穴篇,今移此。毕云:"考工记云'铤十之',注云:'铤,读如麦秀铤之铤。郑司农云:铤,箭足入稿中者也。'说文云:'铤,铜铁朴也。'陆德明周礼音义'徒顶反'。"诒让案:古兵器无名铤者,"铤"疑并"鋋"之误。说文金部云:"鋋,小矛也。"六韬军用篇云:"旷野草中,方胸鋋矛千二百具。张鋋矛法,高一尺五寸。"今本六韬亦误"铤",惟施氏讲义本不误。后文别有"连梃",与此异。**蚤长五寸。**说文叉部云:"叉,手足甲。""蚤"即"叉"之借字,今字通作"爪"。盖铤末锐细,如车辐及盖弓之蚤也。**两铤交之置如平,不如平不利,**上如与而同,"不如平"当作"如不平"。言置之必两铤平等乃善,若不平,则用之不利也。**兑亓两末。**毕云:"兑同锐。"诒让案:以上具守器之法。

穴队若冲队,队、隧字通。左传襄二十二年"齐伐晋为二队",又哀十三年"越子伐吴为二隧",杜注云:"隧,道也。"**必审如攻队之广狭,**"如"当为"知"。**而令邪穿亓穴,**毕云:"'邪'旧作'雅',据下文改。"**令亓广必夷客队。**毛诗出车传云:"夷,平也。"以上备队之法。

疏束树木,令足以为柴抟,说文木部云:"柴,小木散材。"礼记月令郑注云:"大者可析谓之薪,小者令束谓之柴。"周礼羽人"百羽为抟",郑注云:"抟,羽数束名也。"又考工记鲍人"卷而抟之",郑众注云:"'抟'读为'縳一如瑱'之縳,谓卷縳韦革也。"广雅释诂云:"縳,束也。"此"柴抟",亦束聚树木之名。吴钞本"抟"作"搏"。后文"积抟"字,道藏本亦作"搏"。**毌前面树,**毌,旧本作"毋",今从毕校改。说文毌部云:"毌,穿物持之也。"**长**

丈七尺一，以为外面。盖以大树相连贯植之于外，而积柴抟于其内也。以柴抟从横施之，从，吴钞本作“纵”。外面以强涂，强涂，谓以土之性强韧者涂之，使不落。周礼草人“土化之法”有“强檃”，郑注云：“强，坚者。”管子地员篇说五态、五纺之土，润泽而强力。皆所谓强土也。毋令土漏，“土”，疑当为“上”。令亓广厚能任三丈五尺之城以上，盖积柴抟如城之高，此亦当于城外为之，以为城之屏蔽也。以柴木土稍杜之，毕云：“此杜，甘棠也。说文有敷字，云：‘闭也，读若杜。’此及‘杜门’字皆当为敷之假音。”以急为故。广雅释诂云：“故，事也。”前面之长短，豫蚤接之，令能任涂，足以为堞，柴抟之上，亦为之堞，如城法。善涂亓外，令毋可烧拔也。以上为柴抟之法。

大城丈五为闺门，依上文，则大城高三丈五尺，门之高当不下二三丈，此闺门乃别出小门，故止高丈五尺，与上堑深度同。淮南子氾论训云：“夫醉者俯入城门，以为七尺之闺也。”彼宫中小门，故高止七尺。此城间小门，度倍逾之。毕云：“说文云：‘闺，特立之户，上圆下方，有似圭。’”诒让案：尔雅释宫云：“宫中之门，其小者谓之闺。”此“城间小门”与“宫中小门”名同。广四尺。亦一扇之广度也。上县门广八尺，此闺门广度半之。

为郭门，此亦城之外门。号令篇有女郭，与郛郭之门异。郭门在外，为衡，盖横木以敷门。以两木当门。凿亓木，维敷上堞。敷与傅通，谓以绳穿凿而系之，傅著城上堞也。

为斩县梁，斩，堑之省，吕氏春秋权勋篇云“斩岸堙溪”。“县梁”即于堑上为之，后云“塞外堑，去格七尺为县梁”。聆穿，疑即下文“令耳”。断城以板桥，连板为桥，架之城堑，以便往来，下云“木桥长三丈”。六韬军用篇有渡沟堑飞桥，即此。邪穿外，以板次之，倚杀如城报。倚杀，犹言邪杀，经下篇云：“倚者不可正。”“报”当为“執”。言板桥邪杀为之，如城之形執也。城内有傅壤，因以内壤为外。盖为再重堞。苏云：

"两'壤'字皆'堞'字之误。"案:苏说近是。**凿亓间,深丈五尺,**凿内外堞间为堑,上云"堑中深丈五"。**室以樵,**苏云:"室,实也,言以薪实之。"案:"室"读为窒,声同字通。论语阳货"恶果敢而窒者",释文引郑注云:"鲁读窒为室。"备蛾傅篇云"室中以榆若蒸",并以"室"为"窒",苏说非是。尔雅释言云:"窒,塞也。"**可烧之以待適。**毕云:"同敌。"诒让案:以上为闺门、郭门、堑县梁、板桥、内外堞之法。

令耳属城,为再重楼。"令耳"未详,或与杂守篇"羊玲"义同。尔雅释宫云:"四方而高曰台,陕而修曲曰楼。"说文木部云:"楼,重屋也。"**下凿城外堞,内深丈五,**与上内外堞之间同。**广丈二。楼若令耳,皆令有力者主敌,善射者主发,佐皆广矢。**疑当作"佐以厉矢"。杂守篇云"蔺石、厉矢,诸材器用皆谨部,皆有积分数"。

治裾诸,"治裾"即作薄也。备蛾傅篇有置薄、伐薄之法,备梯篇"薄"并作"裾"。黄绍箕云:"'裾'当为'椐'之讹。释名释宫室:'篱以柴竹作之,青徐之间曰椐。椐,居也,居于中也。'广雅释宫:'樮,杝也。'玉篇木部:'樮,藩落篱。'广韵九鱼:'樮,枯藩篱名。'说文无'樮',即'椐'之后出字。"案:黄说是也。广雅以椐与藩、椤篨同训杝,椤篨即罗落,则椐亦即藩杝、罗落之名。六韬军用篇说守城有天罗、虎落,汉书晁错传"为中周虎落",颜注:"郑氏云:虎落者,外蕃也。"师古云:"以竹篾相连,遮落之也。"此篇下文亦云"冯垣外内,以柴为藩",制并同,盖皆以柴木交互为藩杝也。"诸"当为"者"之假字。**延堞,**谓裾与堞相连属。**高六尺,部广四尺,**依迎敌祠篇,城上每步守者一人,盖即每步为一堞。堞广四尺,步各留二人,为旁之空阙。此云部者,谓城堞间守者所居立之分域。号令篇"城上吏、卒、养皆为舍道内,各当其隔部",盖亦一堞为一部也。**皆为兵弩简格。**"兵"字旧脱,今据道藏本、吴钞本补。说文竹部云:"籣,所以盛弩也。"史记索隐引周成杂字云:"格,歧阁也。"毕云:"简同阑。"

转射机,机长六尺,貍一尺。貍,道藏本作"狸",下同。案:貍,薶之借字。说文草部云:"薶,瘗也。"谓机之薶于土者一尺也。薶,备梯篇作

"埋",俗字。备穴篇作"俚",假借字。**两材合而为之辒**,材,旧本作"杖"。俞云:"'杖'当作'材'。"案:俞校是也,今据正,互详备穴篇。辒,亦即备穴篇之"车轮辒"也。说文车部云"辒,卧车也",非此义。而别有輐字,云:"大车后压也。"以此及备穴篇所说辒形制推之,似皆以重材为镇厌杜塞之用,故以车轮等为之。其字盖当作"輐",前"轒辒",玉篇亦作"轒輐",是其证也。两材谓木材,亦合两轮为辒之类。**辒长二尺,中凿夫之为道臂,臂长至桓**,俞云:"此当作'中凿之为道,夫长若干尺,臂长至桓'。'夫'字误移在上,遂脱其尺数,'臂'字又误叠,皆不可通。下文曰'夫长丈,臂长六尺',备城门篇、杂守篇并云'夫长丈二尺,臂长六尺',故知此文亦并言'夫长'、'臂长',而传写脱去也。'桓'疑'垣'字之误。"案:此疑当作"中凿夫二为通臂,臂长至桓"。谛绎此文,辒盖有趺、有臂、有桓。趺,足也;臂,横材也;桓,直材也,与渠荅制略同。后文说渠云"夫两凿,中凿夫二",即两凿也。夫与趺通,即指辒言之。谓凿夫之中为二空,以关射机之臂。通臂,盖以一长木为之,犹后云"通舄"。夫旁为两直桓,臂长接之。故又云"臂长至桓"也。俞校增乙太多,不可从。**二十步一,令善射之者佐**,旧本"一令"二字到,今依道藏本、吴钞本乙正。下句当云"令善射者佐之",今本"之"字误错著"善射"下,遂不可通。**一人皆勿离**。"一人"下有脱字,下文说藉幕云"令一人下上之勿离"。

城上百步一楼,楼四植,檀弓云"三家视桓楹",郑注云:"四植谓之桓。"四植,犹言四楹也,与户植异。**植皆为通舄**,苏云:"'四植'即四柱,舄同碣,柱下石也。"诒让案:通舄,谓两植同一舄也。"舄"详备穴篇。**下高丈,上九尺**,上云"再重楼",故上下高度不同。**广、丧各丈六尺**,王云:"'丧'当为'袤',广雅:'袤,长也。'"案:王校是也,苏云"'丧'为'长'字之误",非。**皆为宁**。毕云:"'亭'字。"诒让案:后文云"城上百步一亭"。**三十步一突,九尺**,下文别有广、高之度,此当是长度也。**广十尺,高八尺,凿广三尺,表二尺**,王云:"'表'亦当为'袤'。"案:王校是也,苏云"'表'亦'长'字之误",非。**为宁**。亦即"亭"字。

城上为攒火，文选西都赋李注引苍颉篇云："攒，聚也。"太白阴经烽燧台篇及通典兵守拒法并有火钻。又疑即备蛾傅篇之火捽也。**夫长以城高下为度**，"夫"疑"矢"之误，或当为"趺"省。**置火亓末**。

城上九尺一弩、一戟、一椎、一斧、一艾，艾，刈之借字。国语齐语云"挟其枪刈耨镈"，韦注云："刈，镰也。"**皆积参石、蒺藜**。吴钞本作"藜"。洪云："'参石'当是'絫石'之讹，絫石即礧石。后汉书杜笃传'一卒举礧，千夫沉滞'，李贤注：'礧，石也。前书"匈奴乘隅下礧石"。'一切经音义卷十七引韵集：'今守城者下石击贼曰礧。'"案：洪说是也。蒺藜，后文作"疾犁"，备穴篇又作"蒺藜"。六韬军用篇云："木蒺藜，去地二尺五寸，百二十具。铁蒺藜，芒高四寸，广八寸，长六尺以上，千二百具。两镞蒺藜，参连织女，芒间相去二寸〔一〕，万二千具。"又军略篇云"设营垒，则有行马蒺藜"。本草陶弘景注云："蒺藜多生道上，而叶布地，子有刺，状如菱而小。今军家乃著铁作之，以布敌路上，亦呼疾藜，言其凶伤也。"

渠长丈六尺，渠，守城械名。尉缭子武议篇云："无蒙冲而攻，无渠荅而守。"王引之云："'渠长丈六尺'当作'渠长丈五尺，广丈六尺'。备城门篇曰'渠长丈五尺'，杂守篇曰'渠长丈五尺，广丈六尺'，皆其证。今本'长丈'下脱'五尺，广丈'四字，则失其制矣。"案：王引备城门篇即此下文。**夫长丈二尺**，旧作"夫长丈"，无"二尺"二字。王校据下文改"夫"为"矢"。王引之云："'矢长丈'当作'矢长丈二尺'，备城门篇、杂守篇并作'矢长丈二尺'，是其证。今脱'二尺'二字，则失其制矣。"案："夫"当为"趺"之省，王校改"矢"，失之，说详后。"丈"下王增"二尺"二字，是也，今据增。**臂长六尺，亓貍者三尺，树渠毋傅堞五寸**。傅，旧本讹"偞"。"五寸"，旧作"三丈"。毕云："'毋偞'同'贯堞'。"王引之云："'树渠毋偞堞三丈'，当作'树渠毋傅堞五寸'，谓渠与堞相去五寸也。备城门篇曰'渠去堞五寸'，杂守篇曰'树渠毋傅叶五寸'，叶与堞同，皆其证。今本'傅'作'偞'，涉下'堞'字

〔一〕"寸"，原误"尺"，据六韬改。

而讹，'五寸'又讹作'三丈'，则失其制矣。毕改'毋'为'毌'，读与'贯'同，大误。"案：王校是也，苏说同，今据正。

藉莫毕云："幕同。"诒让案：通典兵守拒法云："布幔复布为之，以弱竿县挂于女墙八尺，折抛瓦之势，则矢石不复及墙。"太白阴经守城具篇说同。说文巾部云："幔，幕也。帷在上曰幕。"则布幔当即此藉幕之遗制。藉幕及下藉车，义疑与备高临篇"技机藉之"之藉同。**长八尺，广七尺，亓木也**苏云："'木'疑当作'末'。"案：凡幕皆以木材张之，则作"木"亦通。**广五尺，中藉苴为之桥，**"苴"亦当为"莫"。曲礼郑注云："桥，井上桔槔。"故下云"下上之"，详后及经说下篇。**索亓端。适攻，**毕云："適同敌。"**令一人下上之，勿离。**吴钞本作"一令人上下之勿离"，道藏本"令一"亦到。苏云："'离'当为'难'之误。"案："勿离"上下文屡见，不误。

城上二十步一藉车，当队者不用此数。当队，谓当攻隧也。左襄二十五年传云"当陈隧者，井堙木刊"，队、隧通。号令篇又作"当遂"。不用此数者，当隧则所用多，不定二十步一。备蛾傅篇云"施县脾，大数二十步一，攻队所在，六步一"，即此意也。

城上三十步一聾灶。聾，道藏本作"聾"，毕本作"聾"，今从吴钞本。毕云："唐宋字书无'聾'字，备城门作'聋'，疑皆'垄'字。"案：杂守篇亦作"聋"。"聾"、"聾"皆字书所无，毕疑"垄"字，近是。史记滑稽传云"以垅灶为椁"，索隐引皇览"垅灶"作"砻突"。此"聾"当即"砻"之误。说文火部云："烓，行灶也。"此垄灶在城上为之，以具火，盖即行灶也。

持水者必以布麻斗、革盆，持水，旧本讹"传火"，"斗"讹"什"。王云："'传火'当为'持水'，草书'持'、'传(傳)'二字右畔相似，故'持'讹为'传'。'水'、'火'亦字之讹。'什'当为'斗'，即后所云'持水麻斗、革盆救之也'。隶书'斗'字作'𣁬'，与什伍之'什'相似，说文序所云'人持十为斗'也。斗与革盆，皆所以持水。"案：王说是也，今据正。布麻斗，盖以布为器，加以油漆，可以挹水者。"斗"即"枓"之借字，说文木部云："枓，勺也。"勺部云："勺，所以挹取也。"丧大记云"沃水用枓革盆"，盖以革为盆，可以盛水。说文革部云："鞹，量物之鞹，一曰抒井。鞹，古以革。"徐锴系传云："抒井，今言淘井。鞹，取泥之器。"案：鞹盖即挹水之器，殆所谓"革盆"欤？**十步一。柄长八尺，**谓麻斗之柄，说文木部云："杓，枓柄也。"**斗大容二斗以上到三斗。**斗，旧本并讹"什"，末"斗"字又讹"十"。俞云："'什'、'十'并'斗'字之误。'斗大容二斗以上到三斗'，犹下文云'大容一斗以上至二斗也'。"案：俞说是也，苏校同。上"斗"字即"枓"之假字。此革盆有柄以挈持，又有枓之容水，其枓之容数，则二斗以上至三斗不等也。**敝裕、**毕云："说文云：'裕，衣物饶也。'言敝衣物。"诒让案："裕"疑"绤"字之误。**新布长六尺，**此盖湿布，亦以备火。**中拙，**拙，诎之借字。**柄长丈，十步一，必以大绳为箭。**未详。

城上十步一鉥。毕云："旧从宂，传写误也。说文云：'鉥，臿属。'玉篇云：'直深切。'"

水甂，说文缶部云："缶，瓦器。"左襄七年传"具绠缶"，杜注云："缶，汲器。"据下文，则疑"甀"之误。毕云："玉篇云：'甂同缶。'"**容三石以上，小大相杂。**小大，旧本作"大小"，今据道藏本、吴钞本乙。下文"救门火"云"一垂水容三石以上，小大相杂"，与此文同。**盆、蠡各二财。**苏云："'财'当为'具'。"案："蠡"当即后文"奚蠡"，"财"下疑脱"自足"二字，详备穴篇。苏校非。

为卒干饭，人二斗，以备阴雨，面使积燥处。面，谓城四面。苏云："言阴雨不能举火，为干糇以备也。'面'当作'而'。"**令使守为城内堞外行餐。**吴钞本作"飡"。说文食部云："餐，吞也，或作'飡'。"广雅释诂云："飡，食也。""守"下脱"者"字。又疑"使守"或为"吏卒"之误。城内堞外，谓内堞之外也。上文有"内堞"、"外堞"。

置器备，号令篇云"为内堞内行栈，置器备其上"。**杀沙砾铁，**毕云："杀，𣪠省文。说文云：'𣪠，𥻗𣪠[一]，散之也。'"**皆为坏斗。**说文土部

〔一〕"𣪠"，原误"杀"，据说文米部改。

云："坏，一曰瓦〔一〕未烧。"**令陶者为薄瓯，大容一斗以上至二斗，即用取，三秘合束。**"三秘"无义，疑当作"彖施"。"彖"讹作"参"，又讹作"三"，"秘"、"施"亦形之误。

坚为斗城上隔，吴钞本作"鬲"。案："斗"疑"弋"之误，后文说狗尸云"其端坚约弋"。城上守者，各有署隔。杂守篇云"人自大书版，著之其署隔"。**栈**"栈"交木为之，不当剡末，此疑当为"杙"。杙亦即弋也，后文云"弋长七寸，剡其末"，是其证。**高丈二，剡亓一末。**苏云："'一'字疑衍。"

为闺门，见前。**闺门两扇，令可以各自闭也。**谓可闭一开一。

救闉池者，毕云："闉同垔。"**以火与争，鼓橐。**毕云："旧作'槖'，以意改。"案："橐"详备穴篇。下有脱文。**冯埴外内，**"埴"当为"垣"，形近而误。冯垣在女垣之外，盖垣墙之卑者。汉书周緤传颜注云："冯、陪声相近。"此冯垣亦言与女垣为陪贰也。旗帜篇云"到冯垣"、"到女垣"，号令篇云"女郭冯垣一人"，是其证。**以柴为燔。**疑当为"藩"。旗帜篇先到藩，后到冯垣，可证。柴，谓傅小木为之。管子山国轨篇云"握以下为柴楂"，公羊哀四年传"亡国之社，掩其上而柴其下"，周礼媒氏郑注"柴"作"栈"，是二字义同。说文训栈为棚。广雅释室云："藩，篱也。"盖于冯垣外树柴栈，以为藩篱也。下文云"人居柴则不燔之"，可知。

灵丁，未详，疑椓弋之属。**三丈一，火耳施之。**"火耳"疑当作"犬牙"，"牙"篆文作"㸦"，"耳"篆文作"𠀓"，形近而误。后文说"狗走"云"犬耳施之"，"耳"亦"牙"之误。犬牙施之，言错互施之，令相衔接也。**十步一人，居柴内弩。**毕云："内同纳。"案：上说备穴云"为之具内弩以应之"，此疑与彼同。毕说未允，"内弩"上下亦有脱文。**弩半，**"弩"疑当作"柴"，涉上而误。**为狗犀者环之。**狗犀，疑即后文之"狗尸"、"狗走"，说详后。**墙七步而一。**毕云："下有脱字。"诒让案：以上救闉池之法，疑备堙篇之

〔一〕"瓦"，原误"土"，据说文改。

佚文。自“大铤”以下七百字，旧本错入备穴篇“城坏或中人”之下，今依顾校移著于此。

救车火，备蛾傅篇云“车火烧门”，备梯作“煇火”。此“车火”疑当作“熏火”，“熏”与“车”篆文上半相近而误。**为烟矢射火城门上，**此谓敌射火攻城也。“烟矢”当作“熛矢”，说文火部云：“熛，火飞也，读若标。”“熛”误作“煙”，又从俗作“烟”，遂不可通。孙子火攻篇云“烟火必素具”，亦“熛火”之误。**凿扇上为栈，**毕云：“说文云：‘栈，棚也。’”诒让案：疑当作“杙”，与弋同，即下文之“涿弋”也。然杜君卿所见已作“栈”，未敢辄改。**涂之，**毕云：“‘涂’字俗写从土。本书迎敌祠亦只作‘涂’。通典守拒法云：‘门栈以泥厚涂之，备火。柴草之类贮积，泥厚涂之，防火箭飞火。’”**持水麻斗、革盆救之。**斗革，旧本讹“升草”。毕云：“麻一升，草一盆也。”王云：“草一盆，非救火所用，毕说非也。‘升’当为‘斗’，隶书‘斗’字作‘𣁬’，因讹而为‘升’。‘草盆’当为‘革盆’。备穴篇曰‘传火者，必以布麻什、革盆’，案‘传火’当为‘持水’，‘什’当为‘斗’，即所云‘持水麻斗、革盆救之’也。‘革盆’又见备蛾傅篇。”案：王校是也，今据正。王所引备穴篇文，今移于前。**门扇薄植**毕云：“说文云：‘欂，壁柱。’‘植，户植也。’薄，假音字。”**皆凿半尺，**盖即凿孔以涿弋，然不当云“半尺”，疑有误。**一寸一涿弋，**涿，旧本讹“潒”，王引之云：“‘潒’当为‘涿’，字本作‘椓’，说文：‘椓，击也。’周南兔罝传曰‘丁丁，椓杙声’是也。通作‘涿’，周官壶涿氏注曰‘涿，击之’是也。‘涿弋’又见下文。史记赵世家‘伐魏败涿泽’，今本‘涿’字亦误作‘潒’。凡经传中从豕、从象之字，多相乱。”案：王校是也，今据正。六韬军用篇云：“委环铁杙，长三尺以上，三百枚。椓杙大锤，重五斤，柄长二尺以上，百二十具。”俗本六韬“椓”讹“椽”，与此相类。惟宋施子美讲义本不误。**弋长二寸，**旧本作“尺”，今据道藏本、吴钞本正。说文弋部云：“弋，橜也。”此涿弋门上以持涂，度不宜太长，后文亦云“涿弋长七寸”。毕云：“说文云：‘樴，弋也。’”**见一寸，**毕云：“‘见’疑‘间’字。”诒让案：即上文云“一寸一涿弋”也。下文亦云"弋间六寸"。**相去七寸**，上云"间一寸"者，谓一行之中每一寸一弋，此则前后行相去之数也。**厚涂之，以备火。城门上所凿以救门火者**，下云"垂水"，则不当云"凿"，此疑有误。**各一垂水**，方言云："甾，周洛韩郑之间谓之甀。"甀即甀之俗。毕云："垂，甀字省文。说文云：'甀，小口罂也。'"**火三石以上**，王云："下'火'字义不可通，'火'当作'容'。下文言'容斗以上'、'容石以上'者多矣。则'火'为'容'之坏字无疑。"顾云："'火'当作'大'。"苏云："垂所以盛水者，'火'字衍，或即'水'字之讹。"案：顾说亦通。**小大相杂**。以上救车火之法。

门植关必环锢，植，持门直木；关，持门横木，详非儒篇。说文金部云："锢，铸塞也。"毕云："言扃固之，环与扃音相近。"**以锢金若铁鍱之**。毕云："'锢'字疑衍。说文云：'鍱，鏶也。'此与鍩音同，说文云：'以金有所冒也。'"诒让案："锢"疑"铜"之误。下"金"字乃"铜"字偏旁之误衍者。备高临篇云"连弩机郭用铜"。**门关再重，鍱之以铁，必坚。梳关关二尺**，毕云："'梳'字未详，疑作'琐'。"案："梳"、"琐"义并难通，形声亦不相近。毕校未塙。窃疑"梳"并当为"桄"，说文木部云："桄，充也。""楗，距门也〔一〕。"此桄关即谓楗，今之木锁是也。盖门植关两木横直交午之处，别以木锁控之，以其横互门间，故谓之桄关。下"关"字当是衍文。"二尺"者，桄关之长度。淮南子缪称训云："匠人斫户，无一尺之楗不可以闭藏。"彼为寻常房室之门，楗止一尺，此城门之楗，故倍之。若门植与关，则其长皆竟门，必不止一二尺矣。说文门部云："闭，阖门也，从门才，所以距门也。"盖才以十〔二〕，象植与关横直交午之形，下一短画，则正象楗横互之形。参互审绎，可见古楗门之制矣。**梳关一苋**，毕云："'管'字假音。春秋左氏云'北门之管'。"诒让案："管"或作"筦"，与"苋"声形俱近。说苑君道篇"楚筦苏〔三〕"，吕氏春秋长见篇"筦"作

〔一〕"距"，通行大徐本说文作"限"，此作"距"，乃据文选南都赋李善注引。
〔二〕"以十"疑是"似十"之误。"才"字篆作"⺘"，似"十"。
〔三〕"筦苏"，说苑实作"筦绕"，新序杂事一作"筦苏"，此处引文有错。

"苋"。管即锁也,月令"修键闭,慎管钥",郑注云:"键,牡;闭,牝也。管钥,搏键器也。"孔疏以管钥为镤匙,键为镤须,二者不同。通言之锁亦谓之管,檀弓郑注云:"管,键也。"是又合管键为一。此"一苋",与檀弓注义同。盖于木锁之外,更加金锁以为固,故详著之。木锁金锁同著于关植之上,故尔雅释宫郭注云:"植,户持锁植也。"**封以守印,时令人行貌封,**毕云:"貌,疑'视'字。"**及视关入桓浅深。**入,旧本讹"人"。苏云:"'人'当作'入',桓所以关也,视其浅深,谨防之。"案:苏校是也,今据正。桓,盖门两扉旁之直木。凡持门之木,横直相交,而关又横贯两桓以为固,故视其入桓浅深,恐其入浅则不固也。毕云"桓,表也",非。**门者皆无得挟斧、斤、凿、锯、椎。**苏云:"禁此五者,防有变也。"已上言城关关锁之法,毕以为救车火之法,非也。

城上二步一渠,毕云:"高诱注淮南子云:'渠,渐也。'案渐同堑。"案:此"渠"乃守械,以金木为之。毕谓即堑,谬。**渠立程丈三尺,**"程"当为"桯"。考工记轮人,盖杠谓之桯〔一〕。立桯,即渠之杠,直立者也。"丈三尺"当作"丈二尺"。上文及杂守篇说渠,并云"矢长丈二尺"。**冠长十丈,辟长六尺。**毕云:"前汉书注云'墨子曰:城上二步一渠,立程长三尺,冠长十尺,臂长六尺',则'丈'当为'长','辟'同'臂'。"案:渠,此篇及杂守篇凡四见,并不云长三尺。汉书晁错传注引"丈"作"长",自是讹文,毕据以校此,慎矣。辟,备穴篇正作"臂",今移前。冠,盖渠之首。臂,其横出之木也。**二步一荅,**毕云:"汉书注云:'苏林曰:渠荅,铁蒺藜也。'"**广九尺,**王云:"此当作'二步一荅,荅广九尺'。上文'二步一渠,渠立程丈三尺',与此文同一例。今本少一'荅'字,则文不足意,如淳注汉书晁错传引此,重'荅'字。"**袤十二尺。**毕云:"'袤'旧作'表',据前汉书注改。"诒让案:以上渠荅之法。

二步置连梃、毕云:"旧作'挺',以意改。说文云:'梃,一枚也。'孟

〔一〕周礼考工记轮人"桯围倍之,六寸",郑玄注:"郑司农(众)云:桯,盖杠也。"孙氏所引乃据郑司农注,非轮人文。

子音义云：'丁：徒顶切。'通典守拒法云：'连梃，如打禾连枷状，打女墙外上城敌人。'"顾云："挺当从手。"案：此当从毕校，后总举守城之备，亦作"梃"，从木。太白阴经守城具篇说"连梃"与通典同。**长斧、长椎各一物；**说文木部云："椎，击也，齐谓之终葵。"**枪二十枚，**国语齐语云"挟其枪刈耨镈"，韦注云："枪，椿也。"一切经音义引三苍云："木两端锐曰枪。"**周置二步中。**以上杂守器之法。

二步一木弩，毕云："通典守拒法云：'木弩，以黄连、桑柘为之，弓长一丈二尺，径七寸，两弰三寸，绞车张之，大矢自副，一发声如雷吼，败队之卒。'"**必射五十步以上。及多为矢，**吴钞本作"夭"，同。**节毋以竹箭，楛、赵、㧊、榆，可。**当作"即毋竹箭，以楛、赵、㧊、榆，可"。毋与无字通。矢材以竹箭为佳，说文竹部云："箭，矢也。"尔雅释地"东南之美者，有会稽之竹箭焉"，郭注云："竹箭，筱也。"书禹贡云"惟箘簵楛"，释文引马融云："楛，木名，可以为箭。"方言云"杠，南楚之间谓之赵"，郭注云："'赵'当作'桃'，声之转也。"此"赵"或亦"桃"之讹。㧊，字书所无，疑当为"樜"，形近而误。樜，柘之借字，说文木部云："樜木出发鸠山。"山海经北山经作"柘木"。广韵四十祃云："柘、樜同。"此谓即仓猝无竹箭，则以它木材为矢亦可。毋，毕本作"毌"，道藏本作"毋"，是也，今据正。**盖求齐铁夫，**"盖"当为"益"，字形之讹。"齐"疑当为"赍"，同声假借字。铁夫，"夫"亦当为"矢"，或云夫即铁。备穴篇有"铁鈇"，然与上下文不相应。**播以射衝**说文手部云："播，布也。"谓分布，使众射之。毕云："'衝'疑'冲'字，文未详。"王云："冲，说文本作'衝'，今作'衝'者，即'衝'之讹。"**及栊枞。**"栊枞"见后，盖亦攻守通用之器。道藏本、吴钞本二字并从手，下同。毕云："以上木弩之法。"

二步积石，石重千钧以上者，五百枚。说苑辨物篇云："三十斤为钧。"毕云："后汉书注引作'积石百枚，重千钧以上者'，旧'千'作'中'，据改。"案：此见坚镡传注，"千"并作"十"，未知毕据何本。**毋百，**卢云："疑云'毋下百'，脱'下'字，或尚有脱字。"**以亢疾犁、**周礼马质郑注云："亢，御也。"毕云："此'疾犁'正字。汉书注作'蒺藜'，非。通典守拒法云：'敌若木驴攻城，用铁蒺藜下而敦之。'"**壁，皆可善方。**未详。毕云"疑'缮方'。"诒让案：以上积石之法。

二步积苙，毕本作"笠"，云："一本作'至'，旧作'苙'。"案：道藏本、吴钞本并作"苙"。说文竹部云"笠，簦无柄也"，非守圉之械，毕本非也。"苙"当为"苣"之讹，后文"人擅苣，长五节"是也。彼"五节"当为"五尺"，此长度倍之，盖苣束苇为之，有大小长短之异。常时所擅用其小者，其大者，则积之以备急猝夜战之用，故长度特倍于恒也。"苣"与"苙"形近，故讹。后文"爵穴大容苣"，"苣"，今本讹"苴"，与此亦相类。旧本作"苙"，草形尚存。毕校作"笠"，失之弥远矣。**大一围，**仪礼丧服郑注云："中人之扼围九寸。"**长丈，二十枚。**

五步一罂，说文缶部云："罂，缶也。"苏云："下言木罂容十升以上者，五十步而十，是五步一罂也。"**盛水。有奚，**王云："'有奚'下当有'蠡'字。下句'奚蠡'，即承此而言。杜子春注周官鬯人曰：'瓢，谓瓠蠡也。'瓠蠡、奚蠡，一声之转。"苏云："'奚'下脱'蠡'字。说文：'奚，大腹也。'蠡音黎，瓠瓢也，汉书东方朔传'以蠡测海'是也。"**奚蠡大容一斗。**

五步积狗尸五百枚，狗尸，疑即上文之"狗犀"，尸、犀音近通用。后又有"狗走"，即此。盖亦行马、柞鄂之类。**狗尸长三尺，丧以弟，**毕云："丧，藏也。"案：毕读"丧以弟瓮"为句，盖以狗尸为死狗，故藏以瓮缶。然无当守圉之用，殆非也。今案：当读"丧以弟"句，"弟"当为"茅"，"茅"、"弟"篆文形近，因而致误。狗尸盖以木为之，而掩覆以茅，所以误敌，使陷挤不得出也。**瓮亓端，**瓮，吴钞本作"甕"，同。案：当为"兑"，形近而误，犹上文云"长椎斧其两端"，"斧"亦"兑"之误。**坚约弋。**

十步积抟，大二围以上，抟，旧本作"榑"，道藏本、吴钞本并作"搏"。前"柴抟"亦作"抟"，今据正。抟即束木之名。**长八尺者二十枚。**

二十五步一灶，灶有铁鐕，毕云："旧脱一'灶'字，据太平御览增。鐕，鬵字假音。说文云：'鬵，大釜也。一曰鼎，大上小下，若甑曰鬵，读若岑。'方言云：'甑，自关而东，或谓之鬵。'太平御览引作'镬'。"**容石以上者一**，毕云："太平御览引作'容二石以上为汤'。"**戒以为汤**。毕云："已上积石苙、狗尸、槫、灶之法。"**及持沙，毋下千石**。毕云："毋下，犹言毋过。"案：毋下，犹云毋减，此言至少之数。毕失其义。

三十步置坐侯楼，毕云："通典守拒法有云：'却敌上建堠楼，以版跳出为橹，与四外烽戍昼夜瞻视。'"**楼出于堞四尺**，毕云："说文云：'墣，城上女垣也。'堞省文。"**广三尺，广四尺**，毕云"当云'下广四尺'。"俞云："两言'广'，义不可通，下'广'字疑当作'长'，盖言为坐侯楼之法，广三尺长四尺也。下文言陛之制，曰'广长各三尺'。彼广长同制，故合言之。此广长异制，故别言之也。"**板周三面，密傅之**，苏云："傅即涂也，所以防火。"**夏盖亓上**。苏云："所以避日。"案：顾校移后"楼五十步一"至"五十二者十步而二"，凡百二十三字，著于此，似未塙，今不从。

五十步一藉车，毕云："疑即巢车，巢、藉音相近。"案：毕说未塙，详前。**藉车必为铁纂**。毕云："说文云：'籫，治车轴也。'纂，假音字。"

五十步一井屏，王云："毕断'五十步一井'为句，又云'屏'当为'井'。案下文言'百步一井'，则此不得又言'五十步一井'，此当以'五十步一井屏'为句。下文'周垣之高八尺'，谓井屏之垣，非谓井垣也。旗帜篇云其井匽为屏，'三十步而为之圜，高丈'，是其证。初学记地部下引此正作'五十步一井屏'。"诒让案："井屏"即屏厕，非汲井也。周礼宫人"为其井匽"，郑众注云："匽，路厕也。"旗帜篇"圜"字乃"图"之误。厕图不洁，故以屏垣障蔽之。汲井有韩无屏，亦不必为垣也，详旗帜篇。**周垣之，高八尺**。

五十步一方，俞云："方者，房之假字，五十步置一房，为守者人息之所，故必为关籥守之也。尚书序'乃遇汝鸠汝方'，史记殷本纪作'女房'，是方、房古字通。"案：俞说未塙。"方"疑"户"字之误。下同。后备穴篇云"为之户及关籥"，与此下文略同，可以互证。**方尚必为关籥守之。**苏云："尚与上同，'关籥'即管钥。"

五十步积薪，毋下三百石，善蒙涂，毋令外火能伤也。

百步一栊枞，毕云："旧从手，非。"**起地高五丈，三层，下广前面八尺，后十三尺，**后广于前五尺。**亓上称议衰杀之。**毕云："言称此而议减其上。"

百步一木楼，楼广前面九尺，此无后广之度，疑有脱文。**高七尺，楼軵居坫，**毕云："'軵'疑'吻'，'坫'疑'坫'字。说文云：'坫，屏墙也。'又或同阽，汉书注：'如淳曰：阽，近边欲堕之意。'"案："軵"、"坫"二字并字书所无，毕以"坫"为"坫"，近是；以"軵"为"吻"，则无义。疑"軵"当从匆，左定九年传"载葱灵寝于其中"，孔疏引贾逵云："葱灵，衣车也，有葱有灵。"左传"葱灵"即"囱棂"，疑"蒽"有作"輴"者，亦与囱通。"楼輴"即楼囱也。或谓"軵"当为"輣"之讹，说文车部云："輣，兵车也。"后汉书光武纪李注引作"楼车"，亦通。**出城十二尺。**吴钞本作"步"。

百步一井，井十瓮，毕云："旧作'百步再，再十瓮'，据太平御览改。"苏云："上既言'五十步一井'，则此'一'字或讹，然太平御览引亦如此。"**以木为系连。**苏云："系连，所以引瓮而汲也。"诒让案："系（繫）连"疑当为"击（擊）遱"，形近而误，即后文之"颉皋"，音并相近。**水器容四斗到六斗者百。**"六斗"，旧作"六什"。苏云："'六什'当作'六斗'。到犹至也。"案：苏校是也，今据正。左传襄九年"宋灾备水器"，杜注云："盆罋之属。"

百步一积杂秆，说文禾部云："稈，禾茎也。或作秆。"左昭二十七年传云："或取一秉秆焉。"毕云："一本作'杆'。"苏云："'秆'字误，作'杆'是也。或作'杵'亦可。"案：苏说非是。**大二围以上者五十枚。**

百步为橹，毕云："说文云：'橹，大盾也。'"**橹广四尺，高八尺。为冲术。**"冲术"即上文之"冲队"，队、术一声之转。礼记月令"审端径术"，郑注云："术，周礼作'遂'。"是其例也。此下所为，皆以当冲遂。

百步为幽臢，俞云："'臢'即'窦'字之误，其上本从穴，篆文穴字与隶书肉字相似，管子侈靡篇有'鴡'字，即'鸾'字之误，正与此同，可以为证。"诒让案："臢"当为"隮"之误。说文阜部云："隮，通沟以防水者也。"与"窦"声义并相近。凡从自从肉字，隶变形近易讹，备蛾傅篇以"脾"为"陴"，可与此互证。考工记匠人"窦，其崇三尺"，郑注云："宫中水道。"幽隮，犹言暗沟也。**广三尺、高四尺者千。**此为数太多，疑非也，或当为"一"之误。

二百步一立楼，立，毕校改"大"，云："'大'旧作'立'，据太平御览改。"王云："毕改非也。初学记居处部、钞本御览居处部四、玉海宫室部所引并作'立楼'，刻本御览讹作'大楼'，不足为据。"**城中广二丈五尺二**，下"二"字疑衍。此立楼在堞内者之度，其出堞外者，则五尺，下文云"出枢五尺"是也。内外合计之，则广三丈也。上文说坐候楼，亦云"楼出于堞四尺"。毕云："太平御览引云'二百步一大楼，去城中二丈五尺'。"**长二丈，出枢五尺。**"枢"疑当作"拒"，谓立楼之横距，出堞外者五尺也。备高临篇云"台城左右，出巨各二十尺"，"拒"、"巨"并"距"之借字，详备高临篇。

城上广三步到四步，乃可以为使斗。三步者，一丈八尺。四步者，二丈四尺也。此言堞内地之广度，必如此乃足容守卒行止及储庤器用也。**俾倪，广三尺，高二尺五寸。**毕云："说文云：'陴，城上女墙，俾倪也。'杜预注左传作'僻倪'。众经音义云：'三仓云：俾倪，城上[一]小垣也。'一云：'三仓作頓埤，又作埤、敧。'"苏云："即睥睨。释名云：'城上垣曰睥睨。言于孔中睥睨一切也。'"**陛高二尺五**，下文有"寸"字，此亦当有。说文阜部云："陛，升高陛也。"**广长各三尺，远广各六尺。**"远广"义不可通，疑"远"当为"道"，谓城上下当陛之道也。下文云"道陛高二尺五寸，长十步"。下"广"字，道藏本、吴钞本并作"唐"。文选甘泉赋李注引邓展云："唐，道也。"则"唐"义亦通。**城上四隅童异，高五尺，**"童异"疑当为"重廙"。说文广部云："廙，行屋也。"又疑当为"重娄"，娄与楼通。备蛾傅篇云

〔一〕"上"，原误"土"，据上下文义改。

“隅为楼”。**四尉舍焉**。尉，盖即下文所谓“帛尉”。商子镜内篇云“其县有四尉”。北堂书钞职官部引韦昭辨释名云：“廷尉、郡尉、县尉，皆古官也，以尉尉人心也。凡掌贼及司察之官，皆曰尉。尉，罚也，言以罪罚奸非也。”毕云：“已上候楼、井、梯枞、木楼、井、杂秆、橹、幽賸、立楼之法。”

城上七尺一渠，长丈五尺，旧本脱此字，王据杂守篇补。**貍三尺，**毕云：“貍，薶省文。”**去堞五寸，夫长丈二尺，**毕云：“‘夫’字俱未详，疑即‘扶’字，所以著手。”王云：“毕说非也。‘夫’当为‘矢’，隶书‘矢’字或作‘夫’，见汉泰山都尉孔宙碑，又作‘夭’，见成阳令唐扶颂，并与‘夫’相似，故讹作‘夫’。杂守篇‘渠长丈五尺，其埋者三尺，矢长丈二尺’，其字正作‘矢’，故知此篇诸‘夫’字，皆‘矢’字之讹。”俞云：“毕、王二说皆非也。下文云‘为颉皋，必以坚杖为夫’，毕云‘夫同趺，如足两分也’，此说得之。下云‘臂长六尺’，是趺也、臂也皆取象于人身。毕得之后而失之前，偶不照耳。杂守篇作‘矢’，乃字之误，不当反据以改不误者。后文‘夫’字应读‘趺’者，视此。”案：俞说是也。**臂长六尺。半植一凿，内后长五寸。**疑当作“内径五寸”，此“径”误为“后”，又衍“长”字，遂不可通。备高临篇说连弩车“衡植左右皆圜内，内径四寸”，足相比例。又上云“门关薄植，皆凿半尺”，“半尺”即五寸之径也。“内”、“枘”古今字，楚辞九辨云“圜凿而方枘兮”。**夫两凿，**毕云：“‘两’旧作‘雨’，以意改。”**渠夫前端下堞四寸而适。**谓适相当也。**貍〔一〕渠、凿坎，覆以瓦，冬日以**毕云：“中脱一字，或是‘息’字。”**马夫寒，**“夫”当作“矢”，下说“城上之物有马矢”，亦误作“夫”。“寒”疑“塞”之讹。**皆待命，**言待命令而施之。下文作“水甬”，亦云“覆以瓦而待令”。**若以瓦为坎。**此谓或即以瓦为坎，亦可。

城上千步一表，“千”疑当作“十”。**长丈，弃水者操表摇之。**以告人，虑有体污也。**五十步一厕，**毕云：“‘五’下旧衍一‘五’

〔一〕“貍”，原误“凿”，据毕沅刻本改。

字。"**与下同圂**。毕云:"说文云:'圂,厕也。'"诒让案:上厕为城上之厕,圂则城下积不洁之处,旗帜篇所谓民圂也。盖城上下,厕异而圂同。**之厕者**,毕云:"之,往也,见尔雅。"**不得操**。毕云:"言不得有挟持。"诒让案:下有脱文。

城上三十步一藉车,苏云:"上作'五十步',备穴篇作'二十步',未详孰是。"**当队者不用**。以上文校之,此下当脱"此数"二字。

城上五十步一道陛,谓当道之阶也。"陛"详前。**高二尺五寸,长十步。城上五十步一楼扰**,"扰"疑当为"撕",草书相近而讹。上文云"楼撕揗",即此。**扰勇勇必重**。苏属下"土"字读,云:"'扰'义未详,或误衍,'勇'疑'楼'字之误,'重土'即'重'字之误也。当言'五十步一楼,楼必重',重平声,备穴篇言'再重楼'是也。"案:此当作"楼撕必再重",即上文所云"属城为再重楼"也。今本"楼再"二字并误为"勇",又到乱失次耳。"土"当属下"楼"字读,苏说失之。备蛾傅篇云"隅为楼,楼必曲里",亦再重之讹。

土楼百步一,毕云:"'土'旧作'士',以意改。"**外门发楼**,疑亦为县门也。左传孔疏云:"县门,有寇则发机而下之。"后文县梁又曰发梁,亦其比例。**左右渠之**。苏云:"渠,堑也,所以防逾越者。"**为楼加藉幕**,毕云:"旧作'慕',以意改。"诒让案:前作"藉莫",即"幕"之省,制详前。**栈上出之以救外**。

城上皆毋得有室,若也可依匿者,毕本"也"改"他",云:"旧作'也',以意改。"王云:"'他'古通作'也',不烦改字。"**尽除去之**。

城下州道内,毕云:"疑周道。"诒让案:周道见后备水篇,周礼量人云"营军之垒舍,量其州涂",郑众注云:"州涂,还市朝而为道也。"又考工记匠人云"环涂七轨",杜子春注云:"环涂,环城之道。"此"州道"与"州涂"、"环涂"义并略同。**百步一积薪,毋下三千石以上,善涂之**。薪,旧本作"藉"。王引之云:"'积藉'不知何物,'藉'当为'薪','薪'、'藉'字形相似,又涉上文两'藉'字而误也。积薪必善涂之者,所以防火也。上文云'五十步积薪,毋下三百石,善蒙涂,毋令外火能伤也',与此文同一例,特彼以城上言之,此以城下言之耳。杂守篇亦曰'涂积薪者,厚五寸已上'。"案:王校是也,苏说同,今据正。

城上十人一什长,迎敌祠篇云:"城上五步有伍长,十步有什长。"盖城上步一人,十步则十人,有什长,二篇文异义同。毕云:"通典守拒法云:'城上五步有伍长,十步有什长,五十步、百步皆有将长。'"**属一吏士,**疑"一"当为"十"。**一帛尉。**有讹脱,疑当云"百人一百尉"。迎敌祠篇云:"城上百步有百长。"又疑"帛"或当作"亭",篆文二字形近。毕云:"帛同伯。"

百步一亭,高垣丈四尺,苏云:"'高垣'当作'垣高'。"诒让案:疑当作"亭垣"。"高"即"亭"字之误。**厚四尺,为闺门两扇,**此即亭垣之门,"闺门"见前。**令各可以自闭。**上文同。道藏本、吴钞本"闭"作"闬"。案:后"行栈内闬"亦作此字,详后。**亭一尉,**旧本脱"一"字,王据太平御览职官部六十七补,今从之。此即上"帛尉",城上百步一亭,故亭一帛尉矣。苏云:"言亭有尉主之。"**尉必取有重厚忠信可任事者。**有重厚,旧本作"有序"二字。毕云:"言以资格。"王云:"'序'亦当为'厚','厚'上当有'重'字。人必重厚忠信,然后可以任事,故曰'尉必取有重厚忠信可任事者'。号令篇曰'葆卫必取戍卒有重厚者,请择吏之忠信者、无害可任事者令将卫',是其证。今本'厚'作'序','序'上又脱'重'字,则义不可通。"案:王说是也,今据补正,说详非攻下篇。以上置什长亭尉之法。

二舍共一井爨,此即什长、百尉所居舍也。仪礼士虞礼郑注云:"爨,灶也。"**灰、康、粃、**吴钞本"康"作"糠",俗字。毕云:"说文云:'糠,谷皮也。''康'或省字。秕,不成粟也。此从米,非。"**杯、**毕云:"'麸'字假音。通典守拒法有灰、麸、糠、粃、马矢。"案:毕说未塙。"杯"当为"秠"之借字。"秠"即"稃"也,尔雅释草云:"秬,黑黍。秠,一稃二米。"周礼春官叙官郑注云:"秬如黑黍,一稃二米。"诗大雅生民孔疏引周礼注"稃"作"秠",又引郑志云:"秠即皮,其稃亦皮也。"是"秠"与"稃"字亦通。说文禾部云:"稃,穭也。"

"穭，穅也。"故墨子亦以"秠"与"康粃"同举也。通典不知"杯"即为"稃"，故以"麸"易之，与此书字不合也。**马矢，**毕云："旧作'夫'，据太平御览引云'备城皆收藏灰、糠、马矢'，通典云'掷之以眯敌目也'。"**皆谨收藏也。**

城上之备：渠谵、毕云："疑'渠荅'假音字。'谵'与'幨'同。淮南子氾论云'渠幨以守'，高诱注云：'渠，壍也。一曰甲名，国语曰"奉文渠之甲"是也。幨幰，所以御矢也。'"王云："'谵'非'荅'之假音字，'渠谵'与'渠荅'亦不同物，毕说非也。据高注前说，以渠为壍，壍非幨类，不得与幨并言之。后说以渠为甲，引吴语'奉文渠之甲'，犹为近之。今吴语作'奉文犀之渠'，韦注以渠为盾，是也。盾与幨皆所以御矢，故并言之。'谵'盖〔一〕'襜'字之误。齐策曰'百姓理襜蔽，举冲橹'，'襜蔽'即高注所云'幨幰，所以御矢也'。故广雅曰：'幨谓之幰。'幨与襜字异而义同。"案：王说"谵"是也。此书载渠制甚详，必非甲盾之名。高、韦说并非是。"襜"疑即所谓"藉幕"。**藉车、**见前。**行栈、**见后。**行楼、**疑即上文之"木楼"。**到、**"到"非守械，疑当为"斫"，俗书或从刀，故耕柱篇误作"刘"，后备穴篇又作"剑"，与"到"形并相似，详耕柱篇。**颉皋、**苏云："即桔槔。"诒让案：曲礼"奉席如桥衡"，郑注云："桥，井上㮮槔。"释文作"挈皋"，云："依字作'桔槔'。"庄子天地篇云"凿木为机，后重前轻，挈水若抽，数如泆汤，其名为槔"，释文云："'槔'或作'皋'。司马、李云：'桔槔也。'"吴越春秋句践阴谋外传作"颉桥"。**连梃、长斧、长椎、**并见前。**长兹、**毕云："'兹'疑'镰'字。通典守拒法有长斧、长椎、长镰。"案：毕说非是。"长镰"已见前。"兹"即镃錤也。汉书樊哙传赞"虽有兹基"，颜注引张晏云："兹基，鉏也。"国语鲁语韦注云："耨，兹其也。"一切经音义引苍颉篇云："鉏，兹其也。"说文木部云："欘，斫也，齐谓之镃錤。"兹其即镃錤之省。**距、**疑即备穴篇之"铁钩钜"。**飞冲、**即冲车，韩非子八说篇有"距冲"，盖二者攻守通用之。**县□、批屈。**"县"下疑阙"梁"字，"县梁"见前。批，吴钞本作"扯"，并未详。顾校谓此下当接"此十四者具，则民亦不宜

〔一〕"盖"，原误"与"，据活字本改。

上矣”一段。今案:彼乃上文错简,顾说未塙,今不从。

楼五十步一,句。堞下为爵穴,毕云:“旧作‘内’,以意改。”王引之云:“下文云‘五步一爵穴’,则此亦当云‘五步一堞’,不当云‘五十步’,‘十’字盖涉下文‘五十步一积灶’而衍。”苏说同。案:王说非也。此当读“楼五十步一”为句,“堞下为爵穴”又为句。爵穴谓于城堞间为孔穴也。后文云“城上为爵穴,下堞三尺”,与此“堞下为爵穴”文足相证。三尺而一。为薪皋,疑即前“颉皋”之“皋”。二围,长四尺半,必有洁。毕云:“当为‘挈’。”案:疑即前“颉皋”之“颉”,如毕说,则与后文“为薪樵挈”义同。

瓦石,重二升以上,王云:“‘升’当为‘斤’,隶书‘斤’字或作‘斤’,因讹而为‘升’。”上。毕云:“疑衍。”城上,沙毕云:“旧作‘涉’,下同,俱以意改。”五十步一积。句。灶置铁鐕焉,毕云:“旧作‘错’,据上文改,鐕同鬵。”与沙同处。上文说铁鐕以为汤及持沙,故与沙同处。

木大二围,长丈二尺以上,善耿亓本,“耿”疑“联”之误。毕云:“言连其本。‘亓’旧作‘卞’,以意改。”名曰长从,疑与上文“枪枞”义同。五十步三十。木桥长三丈,毋下五十。此有脱误,疑当作“毋下二十”。复使卒急为垒壁,以盖瓦复之。旧本“复”并讹“后”,“卒”讹“辛”。毕云:“‘辛’疑‘薪’字。”王引之云:“此当作‘复使卒急为垒壁,以盖瓦复之’,‘复之’即覆之,谓以盖瓦覆垒壁也。今本两‘复’字皆讹作‘后’,‘卒’字又讹作‘辛’,则义不可通。毕以‘辛’为‘薪’字,失之。隶书‘复’字作‘复’,与‘后(後)’相似;隶书‘卒’字或作‘卒’,与‘辛’相似。”案:王校是也,今据正。

用瓦木罂容十升以上者,五十步而十,盛水,且用之。方言云:“自关而西,晋之旧都,河汾之间,其大者谓之甀;自关而东,赵魏之郊,谓之瓮,或谓之甖。甖,其通语也。”甖、罂同。史记韩信传“以木罂缻渡军”,是罂或瓦或木,皆可以盛水也。诸篇说罂缶所容,并以斗计,此“升”疑亦“斗”之误。“且用之”三字无义,疑当作“瓦罂大”三字,其读当属下,以“盛水瓦罌大五斗以上者”十字为一句。“瓦”与“且”，“大”与“之”，形并相近。“罌”上从賏，与“用”亦略相类。备穴篇“瓦罌”讹作“月明”，与此亦可互证。但旧本并同，未敢辄改，姑仍之。**五十二者十步而二。**苏云：“‘十二’字讹，当为‘五斗者’。”俞云：“上‘二’字衍文，下‘二’字当为‘四’，古人书‘四’字作‘亖’，传写误分为两‘二’字，遂移其一于上耳。上‘十’字当为‘升’。上文云‘容十升以上者，五十步而十’，此云‘五升者，十步而四’，盖言盛水之罌，大者容十升，小者半之，容五升，其大者则五步而一，故五十步而十；其小者则五步而二，故十步而四也。下文‘五十步丈夫十人，丁女二十人’，又曰‘广五百步之队，丈夫千人，丁女子二千人’，是丈夫五十步而十，丁女十步而四，与此数一律。”案：“五十二者十步而二”，当作“五斗以上者，十步而二”。大五斗以上者，与上文容十斗以上者，文例正同。“上”字古文作“二”，与“二”形近而讹，又脱“以”字，遂不可通。俞校以“二”为衍文，非也。但十步而二，即五十步而十也，此容量止得上之半，则数不宜同，或当从俞校作“十步而四”为是耳。又顾校以“楼十步一”至此一百二十六字，为上文“夏盖其上”之下脱文，云当与言“五十步”次。今案：顾说可通，然无由定其当次何句，未敢辄移，姑仍旧本。又旧本此下有“城四面四隅，皆为高磨𢋺”云云凡二百三十二字，顾、俞两校定为上文脱简，并是也，今依分为二段，移著于前。

城下里中家人，各葆亓左右前后，如城上。葆，吴钞本作“保”，字通，此谓相保任也。**城小人众，葆离乡老弱国中及也大城。**也，毕校改“他”，云：“旧作‘也’，以意改。”案：“也”即古“他”字，不必改，说详前。‘离乡’谓别乡，不与国邑相附者。说文𨛜部云：“乡，国离邑，民所封乡〔一〕也。”春秋繁露止雨篇云“书十七县，八十离乡及都官吏”。“葆”亦与“保”通，谓保守也。淮南子时则训“四鄙入保”，高注云：“四竟之民入城郭自保守。”苏云：“城小人众，则不可守，宜遣其老弱葆于国中及他大城。”

寇至，度必攻，主人先削城编，此盖言先除附城室庐，然有误脱。**唯勿烧。**勿，吴钞本作“毋”。**寇在城下，时换吏卒署，**毕云：

〔一〕“乡”字原脱，据说文补。

"说文云:'署,部署,有所网属。'"诒让案:言吏卒时移易往来,不定在一署也。**而毋换亓养,**毕云:"粮也。"俞云:"毕说非是。'养'即厮养之养,宣十二年公羊传'厮役扈养,死者数百人',何休注曰:'炊亨者曰养。'"案:俞说是也。吴子治兵篇云"弱者给厮养"。此言吏卒署虽时换,而其厮养给使令者,则各有定署,不得移易也。亦见号令篇。**养毋得上城。寇在城下,收诸盆瓮,**毕云:"'收'旧作'牧',以意改。"诒让案:说文皿部云:"盆,盎也。"又缶部云:"罋,汲瓶也。""瓮"即"罋"之隶变。**耕积之城下,**毕云:"'耕'疑'苒'字。"**百步一积,积五百。**言五百个为一积也。

城门内不得有室,为周室桓吏,毕云:"疑云'周宫桓吏'。"诒让案:疑当作"为周宫植吏",言城门之内不得有室,惟筑周宫,置吏守之。"植"即"置"之借字。"宫"、"官","植"、"桓",并形近而误。备穴篇云"为置吏舍人各一人"。周宫者,回环筑都宫中,盖但有庌而无室也。**四尺为倪。**毕云:"陴倪也,古只作此,作埤者俗。"苏云:"'倪'上当脱'俾'字。"案:毕、苏以此为"俾倪",非也。此'倪'当谓小儿,孟子梁惠王篇云"反其旄倪",赵注云:"倪,弱小繄倪者也。"后杂守篇云"睨者,小五尺,不可卒者,为署吏,令给事官府若舍"。此"倪"即彼"睨",声同字通。彼"五尺",为年十四以下,已任署吏,此"四尺",又少于彼,或亦令给事周宫中与?此下尚有脱文,疑以上十六字或当在后"堂下周散道中应客"句上,四尺之童,足任应宾客也。**行栈内闬,**"闬"即"闭"字,疑当作"閇",王羲之书黄庭经"闭"字如此作,与"闬闾"字异。**二关一堞。**未详。

除城场外,尔雅释诂云:"场,道也。"谓城下周道。旗帜篇云"道广三十步,于城下夹阶者各二"是也。**去池百步,墙垣、树木小大俱坏伐,**俱,吴钞本作"尽"。毕云:"'伐'旧作'代',以意改。"**除去之。寇所从来若昵道、傒近,**当作"近傒","傒"与"蹊"字通。释名释道云:"步所用道曰蹊。蹊,傒也,言射疾则用之,故还傒于正道也。"盖正道为道,间道为傒。昵、近义同。毕云:"说文云:'尼,从后近之。''傒'即'谿'假音字。"失之。**若城场，皆为扈楼。**皆旧本讹"家"，今据道藏本、吴钞本正。毕云："礼记檀弓云'毋扈扈'，陆德明音义云：'音户，广也，大也。'"**立竹箭天中。**毕云："'天'疑'矢'字。"案：此"竹箭"当即后杂守篇墙外水中所设之竹箭，疑"天中"即"水中"之误。

守堂下为大楼，谓守宫堂下中门之上，为大楼以候望也。此即台门之制，但加高大耳。**高临城，堂下周散道，中应客，客待见。时召三老在葆宫中者，与计事得**汉书百官公卿表：秦制，乡有三老，掌教化。后号令篇云"三老守闾"，则邑中里闾亦置三老。管子水地篇云"与三老里有司伍长行里"。史记滑稽传，西门豹治邺，亦有三老。汉书高祖纪汉二年"举民年五十以上，有修行，能率众为善，置以为三老，乡一人。择乡三老一人为县三老，与县令丞尉以事相教，复勿繇戍"，盖亦放秦制为之。旧本"在"讹"左"，"宫"讹"官"。王引之云："'左'当为'在'。杂守篇曰'父母昆弟妻子有在葆宫中者，乃得为侍吏'，是其证。'得'下有脱文，不可考。各本'得'下有自'为之奈何'至'以谨'，凡二十四字，乃备穴篇之错简。"苏云"'官'当作'宫'"，王校同。案：王、苏校是也，今据正。旧本此下有"为之奈何"云云五十四字，王、俞两校定为上文及备穴篇之错简，是也，今据分别移正。**先。**当为"失"，属上"与计事得失"为句，言与客计事，审其得失也。**行德计谋合，乃入葆。**"德"当为"得"，古通用。此冡上"计事得失"而言，谓所行既得，计谋又相合，乃听其入葆城也。**葆入守，无行城，无离舍。**谓自外入葆者，不得行城离舍也。**诸守者，审知卑城浅池而错守焉。**论语包咸注云："错，置也。"错守，犹言置守。或云楚辞国殇王逸注云："错，交也。"谓交错相更代而守，亦通。**晨暮卒歌以为度，用人少易守。**以上四十三字，旧本误错入杂守篇，今审定与此上下文正相承接，移著于此。卒歌，"歌"疑"鼓"之误，兵法禁歌哭，不当使卒歌也。末句有误。

守法：五十步丈夫十人、丁女二十人、释名释天云："丁，壮也。"**老小十人，计之五十步四十人。**此城下不当队者守备之卒，每十步则八人，与下文城上城下当队者人数并异。四十，吴钞本作“四百”，误。毕云：“丈夫、丁女、老小共四十人。”**城下楼卒，率一步一人，**卒旧本讹“本”，王云：“‘本’当为‘卒’，谓守楼之卒也。隶书‘卒’字或作‘卆’，因讹而为‘本’。淮南诠言篇‘其作始简者，其终卒必调’，汉书游侠传‘卒发于睚眦’，今本‘卒’字并讹作‘本’。”案：王校是也，今据正。“城下”当为“城上”，此言城上守楼及傅堞者，每步一人，与上下文城下卒数不同。上云“城上百步一楼”，则楼不得在城下明矣。城上地陕，故一步止一人。迎敌祠篇云“城上步一甲一戟，其赞三人，五步有五长，十步有十长，百步有百长”，亦城上每步一人之证。**二十步二十人。城小大以此率之，乃足以守圉。**旧本作“围”，王云：“‘守围’二字义不可通，‘围’当为‘圉’，字之误也。‘守圉’即守御，公输篇‘子墨子守圉有余’，淮南主术篇‘瘖者可使守圉’，汉书贾谊传‘守圉扞敌之臣’，并与守御同。”案：王校是也，今据正。

客冯面而蛾傅之，毕云：“‘客’旧作‘宕’，以意改。”苏云：“‘面’字衍。”案：宕，吴钞本又作“荡”，非。小尔雅广言云：“冯，依也。”“面”，谓城四面，见上文，非衍也。**主人则先之知，**毕云：“二字疑倒。”**主人利，**毕云：“言主人先知，则主人利。”诒让案：此上下文疑皆备蛾傅篇之文错著于此。**客适。**以下文校之，疑当作“客病”。**客攻以遂，**毕云：“同队。”**十万物之众，**“物”字疑衍。毕云：“众，一本作‘数’。”**攻无过四队者。上术广五百步，**术、队一声之转，皆谓攻城之道。百，旧本讹“十”，今据吴钞本正。苏云：“下言中术三百步，下术五十步，则此‘五十’当作‘五百’。”案：苏校是也，下云“广五百步之队”，可证。**中术三百步，下术五十步。**疑当作“下术百五十步”。**诸不尽百五步者，**此即承上“下术”言之，疑亦当作“百五十步”。**主人利而客病。广五百步之队，**即上文之“上术”也。**丈夫千人，**丈旧本讹“大”，今从王校改。**丁女子二千人，老小千人，**毕云：“‘千’皆当作‘十’。”案：毕校非。**凡四千人，**旧作“凡千人”。毕云：“当云‘四十人’。”王引之云：“毕说非也。‘丈夫千人，丁女子二千人，老小千人’，则下句当云‘凡四千人’，不当改上三‘千’字为‘十’，而云‘凡四十人’也。上文‘五十步丈夫十人、丁女子二十人、老小十人’，共四十人，此广五百步，则人数不得与上文同矣。”案：王校是也，今据补。此城下当队者备守之卒，十倍于前不当队之数也。商子兵守篇说守城分三军，壮男为一军，壮女为一军，男女之老弱者为一军，与此法略同。**而足以应之，此守术之数也。**顾校移上文“凡守围城之法”至“不然则赏明可信，而罚严足畏也”一段，又“城下里中家人，各葆其左右前后，如城上”至“时召三老在葆宫中者，与计事得”一段，著此下，恐不塙，今不从。**使老小不事者，守于城上不当术者。**不当攻队者守事不急，故使老小守之。

城持出必为明填，“持”当作“将”，即千人之将也。见号令篇。“填”疑当为“旗”，形近而误。史记封禅书“填星出如瓜”，索隐云“填，本亦作‘旗’”，是其证。下并同。**令吏民皆智知之。**王云：“此本作‘令吏民皆智之’，‘智’即‘知’字也。今本作‘智知之’者，后人旁记‘知’字，而写者因误合之耳。墨子书‘知’字多作‘智’，说见天志中篇。”苏云：“‘智’当为‘习’之误。”案：苏说亦通。**从一人百人以上，持出不操填章，**“持”亦当为“将”，“一人”不当有将，盖“十人”之误。**从人非亓故人，**言非其故所属吏卒。**乃亓稹章也，**毕云：“‘乃’疑‘及’字。稹，上作‘填’，是。‘填章’疑印章之属，言出城从人非故相识人及有印信者，止之。”案：毕以“乃”为“及”，是也，余皆失之。魏孝文帝吊比干文“旗”字作“稹”，故此讹作“稹”，前又讹“填”，毕以“填”为是，非也。此当云“及非亓旗章也”，言虽操旗章，而非其所当建之形式也。今本“及”讹“乃”，“旗”讹“稹”，又脱“非”字，遂不可通。**千人之将以上止之，勿令得行。行及吏卒从之，**卒，旧本讹“率”，今据道藏本、吴钞本正。**皆斩，具以闻于上。此守城之重禁之，**毕云：“当为‘也’。”**夫奸之所生也，不可不审也。**自“城下里中家人，各葆其左右前后，如城上”至此，并通论守法，与前后文论守备器物数度者不同，疑皆他篇文之错误。以“先行德计谋合”一段在杂守篇证之，或故书本皆在彼篇与？王云："各本此下有'候望适人'至'穴土之攻败矣'凡三百四十五字，乃备穴篇之错简。"诒让案：旧本此篇"穴土之攻败矣"下，又有"斩艾与柴长尺"至"男女相半"凡三百九十四字，亦备穴篇文，今并移正。

城上为爵穴，谓于城堞间为空穴，小仅容爵也。顾云："此以下是备高临篇文，释'技机藉之'也。"案：顾说是也，然未知截至何句止，姑仍其旧。**下堞三尺，广亓外，**苏云："此言爵穴之法，广外则狭内，令下毋见上，上见下也。"**五步一。爵穴大容苴，**王引之云："'苴'字义不可通，'苴'当为'苣'，字之误也。说文：'苣，束苇烧之。'此云'爵穴大容苴'，下云'内苣爵穴中'，二文上下相应，故知'苴'为'苣'之讹。"案：王校是也，苏说同。**高者六尺，下者三尺，疏数自适为之。**毕云："言视敌而为疏促。'自'，'视'字之误。"王引之云："'自'盖'因'字之误，言因敌之多少而为疏数也。隶书'因'字或作'囙'，与'自'相似而误。"案："适"当读如字，言自称地形为疏数，必调适也。备梯篇云"守为行城杂楼，相见以环其中，以适广陕为度"，与此"适"字义同，毕、王说非。**塞外堑，去格七尺，为县梁。**"塞"当为"穿"。此言穿城外为堑，而县木为桥梁，乃发以围敌也。若如今本作"塞外堑"，则下不当云"勿堑"矣。后文亦云"去城门五步大堑之，上为发梁"，与此可互证。格，即备蛾傅篇之"杜格"，旗帜篇之"牲格"也。盖于城外树木为之，以遏敌人之傅城者。或云格与落通，六韬军用篇、汉书晁错传并有"虎落"，即此。**城陾陕不可堑者，勿堑。**旧本"陾"作"筵"，王引之云："'筵'字义不可通，'筵'当为'陾'。玉篇：'筞，狭也。'亦作'陾'，与'筵'相似而误。"苏云："'筵'当与'埏'同，地际也。"案：王说是也，今据正。**城上三十步一聋灶，**详前。毕云："'聋'疑'垄'字。"**人擅苣，长五节，**旧本"人擅"作"入坛"。王引之云："'入坛'二字义不可通，'入坛'当为'人擅'。'擅'读曰掸，说文：'掸，提持也。'古通作'擅'。'人擅苣'者，人持一苣也。备水篇曰'临三十人，人擅弩'，又曰'三十人共船，亓二十人，人擅有方，剑甲鞮瞀；十人，人擅苗'，是凡言'人擅'者，皆谓人人手持之也。'人'、'入'，'擅'、'坛'，字之误。"案：王校是也，今据正。六韬敌强篇云"人操炬火"，"炬"即"苣"之俗,擅、操义同。长五节,“节”非度名,疑当作“长五尺”。“节”当为“即”,属下读,今本作“节”,或“尺即”二字合写之误。**寇在城下,闻鼓音,燔苣,复鼓,内苣爵穴中,照外。**苏云:“内读如纳。”

诸藉车皆铁什,毕云:“什与鐕音近。说文云:‘鐕,以金有所冒也。’”诒让案:上文云“藉车必为铁纂”,即此。**藉车之柱长丈七尺,亓貍者四尺,**柱长丈七尺而貍者四尺,则在上者丈三尺,较下“夫四分之三在上”为微赢。或“长丈七尺”,“七”当为“六”,则于率正同。下又云“桓长丈二尺半”。**夫长三丈以上至三丈五尺,**夫、趺字同。**马颊长二尺八寸,**说文页部云:“颊,面旁也。”马颊,盖象马两颊骨衺出之象。**试藉车之力而为之困,**困,梱之借字。说文木部云:“梱,门橛也。”“橛,弋也,一曰门梱也。”口部:“困,古文作‘朱’。”广雅释宫云:“橛、机、闑,朱也。”即以古文困为梱。荀子大略篇云“和之璧〔一〕,井里之厥也”,晏子春秋杂上篇作“井里之困”,“困”亦即梱也。据荀、晏二书,则梱以木石为之。此藉车以大车轮为梱者,盖亦于趺下为之。**失四分之三在上。**“失”当为“夫”,亦趺之借字。**藉车夫长三尺,**依上文,当作“丈”。**四二三在上,**当作“四之三在上”。此二句即释上“夫四分之三在上”之义,疑旧注之错入正文者。**马颊在三分中。**马颊横材旁出,邪夹趺外。在三分中,即在上三分内也。**马颊长二尺八寸、夫长二十四尺以下不用。**言不及度,则不中用。**治困以大车轮。藉车桓长丈二尺半。**桓,即桓楹之桓,与柱义同。藉车盖有四直木,其二貍者为柱,二不貍者为桓。上文“柱长丈七尺,貍者四尺”,则不貍者丈三尺也。此度朒五寸,未详。如柱长当为丈六尺,则不貍者亦丈二尺,桓赢五寸,或为枘以入夫与?**诸藉车皆铁什,复车者在之。**“复”疑“后”之误,“在”疑“左”之误。左、佐古今字。备水篇云:“城上为射撅,疾佐之。”

〔一〕“璧”,原误“壁”,据荀子改。

寇闉池来，毕云："'闉'疑当为'冲'或'闉'字。池，城池。"案："闉"是也。备穴篇有救闉池之文，今移于前。**为作水甬**，水甬，盖漏水器。月令"角斗甬"，郑注云："甬，今斛也。中空，可通水者。"**深四尺，坚慕貍之**。毕本"慕"改"幕"，云："旧作'慕'，以意改，下同。"案："慕"当作"幂"，毕校未允，详前。**十尺一，覆以瓦而待令**。瓦，旧本作"月"，毕以意改"穴"。王云："'月'亦当为'瓦'。上文云'凿坎覆以瓦'，是其证。毕改'月'为'穴'，非也。"案：王校是也，苏说同。**以木大围长二尺四分而早凿之**，"早"疑"中"之误，言凿木中空之也。上文云"辒长二尺，中凿夫之"，可证。**置炭火亓中而合慕之**，慕，毕本亦改"幕"。案：当为"幂"，谓既置炭火，乃以物合而覆之。**而以藉车投之。为疾犁投，长二尺五寸，大二围以上**。备梯篇作"蒺藜投"，盖亦为机以投之。**涿弋**，涿，椓之借字，详前。毕云："弋，旧俱作'代'，以意改。"诒让案："代"疑"杙"之误。**弋长七寸，弋间六寸**，毕云："'弋'旧作'我'，以意改。"案：亦当作"杙"。**剡亓末**。说文刀部云："剡，锐刺也。"**狗走**，毕云："疑穴之可以出狗者，曰'狗走'。"案：毕说甚误。据下文有蚤，则非穴明矣。此当即上文之"狗尸"，惟尺度异耳。前"救闉池"章又作"狗犀"。窃疑此本名狗栖，犹诗王风云"鸡栖"，栖、犀声近字通。尔雅释草"瓠栖瓣"，诗卫风硕人作"瓠犀"，可证。"栖"或省作"妻"，与"走"形近，故讹。古盖为阑栈以栖狗，守城树杙为藩，似之，故亦谓之狗栖，犹凿穴谓之鼠穴矣。**广七寸，长尺八寸，蚤长四寸**，蚤、爪同，盖剡锐其末，详前。**犬耳施之**。犬，旧本误"大"，今据道藏本、吴钞本正。"耳"当为"牙"。犬牙施之，谓错互设之。上文云"灵丁，三丈一，犬牙施之"，"犬牙"亦讹作"火耳"，与此义同。以上并备闉池之法，与上文错入备穴篇救闉池之文略同。

子墨子曰：守城之法，必数城中之木，十人之所举为十挈，五人之所举为五挈，凡轻重以挈为人数。毕云："言即以十挈、五挈名其物者，以人数也。"诒让案：挈与契字同，"十挈"、"五挈"，谓刻契之齿，以记数也。列子说符篇云："宋人有游于道，得人遗契者，归而藏之，密数其齿，曰：吾富可待矣。"**为薪蕉挈，**蕉，樵之俗。集韵四宵云："'樵'或作'蕉'。"**壮者有挈，弱者有挈，皆称亓任。凡挈轻重所为，吏人各得亓任。**苏云："'吏'当作'使'。"案：苏校是也。吏、使古字亦通。此释"皆称其任"句义，疑亦旧注错入正文。又杂守篇云"使人各得其所长，天下事当"，与此文例相似。疑此与彼数语当相属，或有错简也。**城中无食，则为大杀。**毕云："杀，言减。"诒让案：自"子墨子曰"至此一段，与上下文义不相属，疑当在杂守篇"斗食终岁三十六石"之上，而误错著于此。

去城门五步大堑之，高地三丈，下地至，王引之云："此本作'高地丈五尺，下地至泉三尺而止'，备穴篇曰'高地丈五尺，下地得泉三尺而止'，是其证。今本'丈五尺'讹作'三丈'，'至'下又脱'泉三尺'三字，则义不可通。"案：王说是也，上文亦云"堑中深丈五"。**施贼亓中，**王引之云："'贼'字义不可通，'贼'当为'栈'。上文城上之备有'行栈'、'行楼'，说文：'栈，棚也。'谓设棚于堑中，上为发梁，而机巧之，以陷敌也。"诒让案："贼"疑亦"杙"之误。**上为发梁，**毕云："梁，桥也。"诒让案：此即上文所谓"县梁"也。县梁有机发，可设可去，故曰"发梁"。**而机巧之，**以下文校之，"巧"盖"引"之误。**比传薪土，**顾云："'传'当作'傅'。"苏校同，云："傅义与敷同。"**使可道行，**谓堑上为机梁，上布薪土如道，以诱敌也。**旁有沟垒，毋可逾越，**毋，吴钞本作"无"。**而出佻且比，**且，毕改"旦"，云："疑佻达字，旦、达，音之缓急。"王引之云："当作'而出佻战且北'。北，败也。佻与挑同。言出而挑战，且佯败以诱敌也，故下文曰'適人遂入，引机发梁，適人可禽'。备穴篇曰'穴中与適人遇，则皆圉而毋逐，且战北，以须炉火之然'。彼言'且战北'，犹此言'佻战且北'也。今本脱'战'字，'北'字又讹作'比'，则义不可通。毕改'且'为'旦'，而以佻旦为佻达，大误。"案：王校是也。**適人遂入，**毕云："旧作'人'，以意改。"**引机发梁，適人可禽。適人恐惧而有疑心，因而离。**毕云："下脱简。"

备高临第五十三

吴钞本作五十五。

禽子再拜再拜曰：敢问適人积土为高，毕云："適同敌。"**以临吾城，**周书大明武篇云"高堙临内，日夜不解"，又云"城高难上，湮之以土"，疑皆高临攻城之法，与堙略同也。**薪土俱上，以为羊黔，**毕云："杂守作'羊坽'，未详其器。"王云："杂守作'羊坽'，非作'羊玲'也。'坽'与上下两'城'字为韵，则作'坽'者是。集韵：'坽，郎丁切，峻岸也。'"**蒙橹俱前，**橹，大盾，详备城门篇。谓敌蒙大盾，以蔽矢石，而俱前攻城也。**遂属之城，**国语晋语韦注云："属，会也。"犹杂守篇云"城会"。**兵弩俱上，为之奈何？**

子墨子曰：子问羊黔之守邪？羊黔者，将之拙者也，旧本脱"之守邪羊黔"五字，毕注议补"羊黔"二字。王云："当作'子问羊黔之守邪？羊黔者，将之拙者也'。备梯篇曰'问云梯之守邪？云梯者，重器也，亓动移甚难'，备蛾傅篇曰'子问蛾傅之守邪？蛾傅者，将之忽者也'，杂守篇曰'子问羊坽之守邪？羊坽者，攻之拙者也'，皆与此文同一例。今本脱'之守邪羊黔'五字，则文义不明。"案：王说是也，今据补。**足以劳卒，**"卒"旧讹"本"，王云"'本'当为'卒'"，是也，今从之。说详备城门篇。**不足以害城。守为台城，以临羊黔，左右出巨各二十尺，**"台城"即行城也，下备梯篇说行城亦云"左右出巨各二十尺"，与此制同。巨当为距之假字。说文足部云："距，鸡距也。"仪礼少牢馈食礼"俎拒"，郑注云："拒读为介距之距。俎距，胫中当横节也。"此行城编连大木，横出两旁，故亦谓之距，盖与"俎距"义略同。**行城三十尺，强弩之，技机藉之，**此有脱误，当作"强弩射之，校机藉之"。备蛾傅篇云"守为行临射之，校机藉之"，是其证。校，此作"技"，备梯篇又作"披"，并形之误。校机，疑即备穴篇之"铁校"，然其形制未详。藉当读为笮，声近假借。说文矛部"矠读若笮"，即其例也。说文竹部云："笮，迫也。"谓发机厌笮杀敌也。**奇器□□之，**毕以"奇"属上读，云"疑即藉车"，非也。**然则羊黔之攻败矣。**

备临以连弩之车，"备"下旧本有"矣"字。毕读"备矣"句，云："'备'同'惫'。"王引之云："毕说非也。'备矣'之'矣'，即因上'败矣'而衍，'备临以连弩之车'当作一句读。'备临'，即备高临也。备蛾傅篇'然则蛾傅之攻败矣'，下云'备蛾傅为县脾'，犹此云'备临以连弩之车也'。若以'备矣'为句，则下句'临以连弩之车'文不成义矣。"案：王说是也，今据删。吴越春秋句践阴谋外传陈音说弩射云："夫射之道，从分望敌，合以参连。"六韬军用篇有绞车、连弩，又有大黄参连弩大扶胥三十六乘。淮南子氾论训云"连弩以射，销车以斗"，高注云："连车弩通一弦，以牛挽之，以刃[一]著左右，为机关发之，曰销车。"文选闲居赋李注引汉书音义："张晏云：连弩三十絭共一臂。"**材大方一方一尺，**旧本"材"作"杖"。俞云："'杖'当作'材'。"案：俞校是也，今据正。下文云"以材大围五寸"。苏云："'方一'误重。"**长称城之薄厚。两轴三轮，**俞云："既为两轴，不得三轮，'三'当为'四'，古三、四字皆积画，因而致误。"**轮居筐中，**筐，疑谓车阑，亦即车箱。诗小雅鹿鸣毛传云："筐，篚属。"车阑谓之筐，犹车笭谓之篚与？**重下上筐。左右旁二植，**旁二植，则左右通为四植，犹备城门篇云"楼四植"。**左右有衡植，**衡，吴钞本作"横"，下同。**衡植左右皆圜内，**内、枘同。**内径四寸。左右縳弩皆于植，**"縳"当为"缚"。**以弦钩弦，**此义难通，上"弦"字疑当作"距"，即下文之"钩距"。公输篇"距"误作"强"，与此相类。距即弩牙，释名释兵云："弩，钩弦者曰牙，似齿牙也。"**至于大弦。弩臂前后与筐齐，**即下文之"横臂"也。说文弓部云："弩，弓有臂者也。"释名释兵云："弩，其柄曰臂，似人臂也。"吴越春秋云"琴氏乃横弓著臂，施机设枢"，又

〔一〕"刃"，原误"刀"，据淮南子高诱注改。

云“臂为道路，通所使也”。**筐高八尺，**为上下筐之高度，上下分之，各四尺也。后杂守篇说轺车板箱，亦高四尺。**弩轴去下筐三尺五寸。连弩机郭同铜**“同”当为“用”。释名释兵云：“牙外曰郭，为牙之规郭也。含括之口曰机，言如机之巧也，亦言为门户之枢机，开阖有节也。”吴越春秋云：“郭为方城，守臣子也。”**一石三十斤**〔一〕**，**说苑辨物篇云：“三十斤为钧，四钧为石。”然则弩机用铜凡五钧，为斤百五十也。**引弦鹿长奴。**吴钞本无“长”字。毕云：“‘奴’同‘弩’。”案：毕说未塙，此疑当作“鹿卢收”，下云“以磿鹿卷收”。**筐大三围半，**谓筐材圆围之度。**左右有钩距，方三寸，轮厚尺二寸，钩距臂博尺四寸，厚七寸，长六尺。**钩，旧本作“铜”。王云：“‘铜距’当为‘钩距’，字之误也。‘钩距’见上文及备穴篇。”案：王校是也，苏说同，今据正。**横臂齐筐外，蚤尺五寸，**蚤、爪同，谓臂端剡细者，详备城门篇。**有距，**亦谓横出旁枝，如鸡距也，见上。**博六寸，厚三寸，长如筐。有仪，**管子禁藏篇尹注云：“仪犹表也。”谓为表以发弩。**有诎胜，**毕云：“即通典屈胜梯。”诒让案：亦见太白阴经守城具篇。汉书王莽传服虔注云：“盖杠皆有屈胜，可上下屈伸也。”屈、诎字通，胜、伸亦一声之转。通志氏族略“申屠氏”音转作“胜屠氏”，是其例也。今俗本阴经、通典、汉书注“胜”或作“滕”，并非。**可上下。为武，重一石，**武，疑“趺”之声误。**以材大围五寸。**围五寸，以圆周求径率算之，止径一寸五分有奇，材太小，似非也。上文云“筐大三围半”，备城门篇云“积抟大二围以上”，此疑亦当云“以材大五围”，“寸”字衍。**矢长十尺，以绳□□矢端，如如戈射，**“如”不当重，疑衍。“戈”当为“弋”，形近而误。说文隹部云：“𨿅者，繁射飞鸟也。”诗郑风“女曰鸡鸣”，孔疏云：“以绳系矢而射鸟，谓之缴射。”周礼司弓矢云“矰矢茀矢，用诸弋射”，郑注谓茀矢弩所用。此“矢”盖即茀矢之属。汉书司马相如传颜注云：“以缴系矰，仰射高鸟，谓之弋射。”**以磿**

〔一〕“斤”，原误“钧”，据毕沅刻本改。

鹿卷收。磨鹿，吴钞本作“磨鹿”，不成字。道藏本“磨”字同。毕云：“‘磨’疑‘麻’；鹿，‘麤’字之讹；‘收’旧作‘牧’，以意改。”王引之云：“毕说非也。‘磨鹿’当为‘磿鹿’。上文云‘备临以连弩之车’，则此谓车上之磿鹿，转之以收绳者也，故曰‘以磿鹿卷收’。磿鹿犹鹿卢，语之转耳。方言曰：‘維车，赵魏之间谓之轣辘。’广雅曰：‘維车谓之历鹿。’并字异而义同。”案：王说是也。六韬军用篇有转关辘轳。此“卷收”，即豙上矢端著绳而言，古弋射盖亦用此。国策楚策云“弋者修其弃卢，治其矰缴”，卢亦即鹿卢也。**矢高弩臂三尺，用弩无数，出人六十枚，**“出”，疑当作“矢”。此谓大矢也。**用小矢无留。**疑“数”之误。**十人主此车，遂具寇，**“具”当作“见”，杂守篇云：“望见寇，举一烽。”**为高楼以射道，**疑当作“適”。**城上以荅**毕云：“荅，即幨也，音之缓急，说文无幨字，疑古用荅为之。”案：荅与幨不同，详备城门篇，毕说失之。**罗**疑当作“絫”，絫、罗一声之转。絫即礧，详备城门篇。**矢。**下有脱简。毕云：“通典[一]守拒法云：‘弩台高下与城等，去城百步，每台相去亦如之，下阔四丈，高五丈，上阔二丈，下建女墙。台内通暗道，安屈胜梯，人上便卷收。中设氈幕，置弩手五人，备干粮水火。’”诒让案：通典本太白阴经守城具篇。

备梯第五十六

禽滑厘子事子墨子三年，手足胼胝，毕云：“‘骿’省文，从月。”**面目黧黑，**毕云：“‘黎’字俗写从黑。”**役身给使，不敢问欲。子墨子其哀之，**毕云：“其，‘甚’字。”**乃管酒块脯，**块，道藏本、吴钞本并作“槐”。毕云：“‘乃’旧作‘及’，以意改。‘块’当为‘馈’，馈字假音。”诒让案：此疑当作“澄酒搏脯”。“澄”省作“登”，与“管”形近而误。“搏”与

〔一〕“典”字原重，径删。

"槐"、"块(塊)"形亦相似。春秋繁露求雨篇云"清酒膊脯",澄即清,搏即膊也。释名释饮食云:"膊,迫也。薄椓肉迫著物使燥也。"说文肉部云:"膊,薄脯,膊之屋上也。"**寄于大山,**非攻中篇大山即泰山,此疑亦同。时墨子或在齐鲁也。**昧菜坐之,**毕云:"当为'茅蒸',昧音同茅。"案:毕说非也。"昧菜"当读为灭茅。晏子春秋谏下篇:"景公〔一〕猎休,坐地而食,晏子后至,灭葭而席。公不说,曰:寡人不席而坐地,二三子莫席,而子独搴草而坐之,何也?"昧茅犹言灭葭,亦即搴茅而坐之也。"昧"当作"眜",与"灭"古音相近。左氏隐元年经"公及邾仪父盟于蔑",蔑,公羊作"眜",即其比例。说文手部云:"搣,批也。""批,捽也。"灭(滅)亦即搣之借字。若然,昧茅即是薙搣茅草。古书"矛"字或掍作"柔"。宋本淮南子氾论训云"槽柔无击",说苑说丛篇云"言人之恶,痛于柔戟",并以"柔"为"矛",故此"茅"字亦作"菜"矣。**以樵禽子。**毕云:"当云'以谯禽子'。"王引之云:"方言:'自关而西,秦晋之间,凡言相责让曰谯让。'上文'子墨子甚哀之,乃管酒槐脯'云云,殊无谯让之意。'樵'盖'醮'之借字也。士冠礼注曰:'酌而无酬酢曰醮。'故上文言酒脯。"**禽子再拜而嘆。**吴钞本作"歎"。**子墨子曰:亦何欲乎?**毕云:"'亦'当为'尒',字之误。"案:"亦"字自通,不必改"尒"。**禽子再拜再拜曰:敢问守道?子墨子曰:姑亡,姑亡。**姑亡,言姑无问守道也,亦见公孟〔二〕篇。**古有亓术者,内不亲民,外不约治,**吕氏春秋本味篇高注云:"约,饰也。"**以少间众,以弱轻强,身死国亡,为天下笑。子亓慎之,恐为身姜。**毕云:"同僵。'亡'、'强'、'姜'为韵。"**禽子再拜顿首,愿遂问守道,曰:敢问客众而勇,烟资吾池,**王云:"'烟'当为'堙',堙,塞也。备穴篇'救闉池者',闉与堙同。"苏说同。王引之云:"'资'疑当为'填'。堙、填皆塞也。'堙'、'烟','填'、'资',亦皆字之误。"俞云:"王氏读'烟'为'堙',是也。惟'资'字尚未得其义。资

〔一〕"景公",原误"晏公",据晏子春秋改。
〔二〕"孟",原误"输",据本书改。

当读为茨。淮南子泰族篇‘茨其所决而高之’，高注曰：‘茨，积土填满之也。’是茨与堙同义。古‘茨’字或作‘薋’。尔雅释草篇‘茨，蒺藜’，释文：‘茨，本作薋。’是也。墨子书作‘资’者，即‘薋’字而省草耳。说文土部：‘垐，以土增大道上。’茨与垐通。”案：俞说是也。梯、临之攻，盖皆兼用堙法。**军卒并进，云梯既施，**通典兵门云：“以大木为床，下置六轮，上立双牙，牙有检梯，节长丈二尺，有四桄，桄相去有三尺，势微曲，递互相检，飞于云间，以窥城中；有上城梯，首冠双辘轳，枕城而上，谓之飞云梯。”盖其遗法。太白阴经攻城具篇同。**攻备已具，武士又多，争上吾城，**毕云：“‘上’旧作‘土’，据太平御览改。”**为之奈何？**毕云：“‘池’、‘施’、‘多’、‘何’为韵。”

子墨子曰：问云梯之守邪？“守”，旧本阙。王云：“此当作‘问云梯之守邪’。上文曰‘敢问守道’，又曰‘愿遂问守道’。备城门篇曰‘问穴土之守邪’，备蛾傅篇曰‘子问蛾傅之守邪’，杂守篇曰‘子问羊坽之守邪’，皆其证。今脱‘守’字，则文不成义。”案：王校是也，苏说同，今据补。**云梯者重器也，亓动移甚难。守为行城，杂楼相见，以环亓中，**俞云：“‘相见’即相间也。备城门篇‘见一寸’，毕云‘见’疑‘间’字，是其例也。”**以适广陕为度，环中藉幕，**毕云：“旧作‘慕’，以意改。”**毋广亓处。**毕云：“‘度’、‘幕’、‘处’为韵。”**行城之法，高城二十尺，**谓高出于城上。备高临篇云“行城三十尺”，此云“高城二十尺”，疑必有一误。**上加堞，广十尺，左右出巨各二十尺，**“巨”读为距，见备高临篇。**高、广如行城之法。**俞云：“上文皆言‘行城’，而此即云‘高、广如行城之法’，义不可通。疑‘高广’上脱‘杂楼’两字。上文云‘守为行城，杂楼相见，以环其中，以适广陕为度’，然则行城也、杂楼也，本有二事，故云‘相见’，相见即相间也。上文既言‘行城之法’，此继言‘杂楼’，故省其文曰‘杂楼高广如行城之法’。”**为爵穴、煇鼠，**爵，吴钞本作“雀”，同。“爵穴”制见备城门篇。“煇”当读为熏。史记吕后纪“戚夫人去眼煇耳”，亦以煇为熏。爵穴、煇鼠，盖亦城间空穴之名，明其小仅容爵、鼠也。鼠，毕本改“鼠”，云：“旧作‘鼠’，以意改。”案：

"傴"即鼠之变体,不必改。诗豳风七月"穹窒熏鼠",此与彼义同。盖以火烟熏穴以去鼠,因之小空穴亦谓之熏鼠矣。备穴篇有"傴穴",亦即此。**施荅亓外,**毕云:"言施幨盖之。"案:荅与幨异,毕说非,详后。**机、冲、钱、城,**王引之云:"'钱'字义不可通,当是'栈'字之误。'冲'见杂守篇。备城门篇说城上之备,有行栈,即此所谓栈也。'城'即'行城',见上文。"诒让案:六韬发启篇云"无冲机而攻",盖攻守通用此。**广与队等,杂亓间以镌、剑,**说文金部云:"镌,破木镌也。"释名释用器云:"镌,鐏也,有所鐏入也。"广雅释言云:"镌,凿也。"剑与镌异用,并举殊不伦,疑当为"斫"。斫,备穴篇亦讹"剑",可证。斫、镌,皆所以斫破敌之梯者。**持冲十人,**此城内之冲,以距攻城之梯者,使十人持之。**执剑五人,**"剑"亦疑当为"斫"。**皆以有力者。令案目者视适,**案、按同。尔雅释诂云:"按,止也。"谓止目注视,欲其审也。淮南子泰族训云"欲知远近而不能,教之以金目,则射快",许注云:"金目,深目,所以望远近射准也。"此"案目"疑与"金目"义同。毕云:"适同敌。"**以鼓发之,夹而射之,重而射,**疑脱"之"字。**披机藉之,**披机,当从备蛾傅篇作"校机"。**城上繁下矢石沙炭以雨之,**毕云:"太平御览引'繁'作'多'。"王引之云:"'炭'当为'灰',俗书'灰'字作'灰',与'炭'相似而误。'灰'见备城门篇。沙、灰皆细碎之物,炭则非其类矣。杂守篇亦误作'炭'。太平御览兵部五十五引此正作'灰'。"**薪火、水汤以济之。审赏行罚,以静为故,从之以急,毋使生虑。**毕云:"'故'、'虑'为韵。"苏云:"言兵贵神速,久则变矣。"**若此,则云梯之攻败矣。**

守为行堞,堞高六尺而一等,毕云:"等,级。"**施剑亓面,**"剑"亦疑当为"斫"。**以机发之,冲至则去之,不至则施之。**行堞施斫,盖可以破梯,而不能当冲。**爵穴,三尺而一。**备城门篇说同。**蒺藜投**毕云:"据备城门,当为'疾犁'。"**必遂而立,**疑当作"必当队而立"。**以车推引之。**

裾城外，“裾”上当有“置”字。毕云：“‘裾城’未详，文与备蛾傅同。彼‘裾城外’作‘置薄城外’四字，下‘裾’字俱作‘薄’。”诒让案：“裾”当为“椐”之讹，详备城门篇，下并同。盖于城外别植木为薄，以为藩棜也。**去城十尺，裾厚十尺。伐裾，**毕云：“备蛾傅此下有‘之法’二字。”**小大尽本断之，**毕云：“本，备蛾傅作‘木’。”**以十尺为传，**毕云：“备蛾傅作‘断’，此‘传’字当为‘刨’之讹也。说文云：‘刨，古文断。㠯，古文专字。’”**杂而深埋之，坚筑，**毕云：“备蛾傅作‘坚筑之’，‘杂’作‘离’。”**毋使可拔。二十步一杀，**杀，盖拥裾左右横出为之。置裾如城之广袤，二十步则为之杀，如备穴篇置穴，十步则拥穴左右为杀也。**杀有一鬲，**鬲，备蛾傅篇作“塓”。案：当与隔通。号令篇有“隔部”，署隔盖拥裾为杀，于杀中为隔，以藏守圉之人及器具，又为门以备出击敌也。**鬲厚十尺。**与裾厚同。**杀有两门，**盖内外两重门。**门广五尺。裾门一，施浅埋弗筑，令易拔。**“施”下疑有脱字。**城希裾门而直桀。**毕云：“备蛾傅作‘置搗’。”王引之云：“‘城’下当有‘上’字。希与睎同，直与置同，桀与楬同。言城上之人望裾门而置楬也。备蛾傅篇作‘城上希薄门而置楬’，是其证。今本脱‘上’字，则文不成义。”案：王说是也。望裾门而置楬者，所以为识别，以便出击敌也。

县火，四尺一钩樴，说文木部云：“樴，弋也。”钩樴，盖以弋著钩而县火。**五步一灶，灶门有炉炭。**毕云：“旧脱一‘灶’字，据备蛾傅增。”案：毕本脱“门”字，今据吴钞本、道藏本补。备蛾傅篇亦有“门”字。**令適人尽入，煇火烧门，**毕云：“煇，备蛾傅作‘车’。”诒让案：“煇”亦读为熏。说文屮部云：“熏，火烟上出也。”“车”疑亦“熏”之讹。**县火次之。出载而立，**说文车部云：“载，乘也。”似谓战车。**亓广终队。两载之间一火，**毕云：“‘间’下旧有‘载之门’三字，据备蛾傅去之，当是上三字重文之讹。”**皆立而待鼓而然火，**旧本“待”讹“持”，“然”作“撚”。毕云：

"备蛾傅云'待鼓音而燃'。'待'、'持','燃'、'撚',字相似,然此义较长,不必改从彼。说文云:'撚,执也。'"王云:"此当依备蛾傅篇作'皆立而待鼓而然火',谓烧门之人皆待鼓音而然火也。毕谓'持'、'撚'二字不必改,又训'撚'为'执',皆非也。既执火,则不能又持鼓矣。"案:王说是也,今据正。**即具发之。**"具"与"俱"通,备蛾傅篇作"俱"。**適人除火而复攻,**王引之云:"'除'字义不可通,'除'当为'辟',辟与避同。言我然火以烧敌人,敌人避火而复攻城也。隶书'辟'字或作'辟',见汉益州太守高朕修周公礼殿记及益州太守高颐碑,与'除'相似而误。备蛾傅篇正作'敌人辟火而复攻'。"案:除火,谓敌屏除城上所下之火。左昭十八年传云"振除火灾"。备蛾傅篇作"辟",义同。王说未塙。**县火复下,適人甚病,故引兵而去。则令我死士**毕云:"旧脱'士'字,据备蛾傅增。"**左右出穴门击遗师,**毕云:"犹言余师。"苏云:"'遗'盖'溃'之误,备蛾傅篇同。"诒让案:"遗"疑当为"遁"之误。**令贲士、主将皆听城鼓之音而出,**王引之云:"'贲'字义不可通,'贲'当为'者',字之误也。隶书'者'、'贲'二字相似,说见天志篇。者与诸同,秦诅楚文'者侯'即诸侯。泰山刻石'者产得宜'即'诸产得宜'。大戴记卫将军文子篇'道者孝悌',盐铁论散不足篇'者生无易由言',汉书武五子传'其者寡人之不及与',并以'者'为'诸'。上文已令死士出击矣,故诸士及主将皆听城鼓之音而出,即可胜敌也。号令篇有'诸人士',又云'诸吏卒民'。"案:"贲"字不误,"贲"与"虎贲"义同。宋书百官志云"虎贲旧作虎奔,言如虎之奔走也",风俗通义正失篇云"言猛怒如虎之奔赴也",是其义也。**又听城鼓之音而入。因素出兵施伏,**毕校改"素"为"数",云:"旧'数'作'素','伏'作'休',据备蛾傅改。"王云:"郑注丧服曰:'素犹故也。'因素出兵,犹言照旧出兵耳。毕改'素'为'数',则义不可通。备蛾傅篇正作'素',不作'数'也。"**夜半城上四面鼓噪,**毕云:"说文云:'譟,擾也。'此省文。"**適人必或,**毕云:"同惑。"**有此必破军杀将。以白衣为服,以号相得,**谓口为号也。号令篇云"夕有号",六韬金鼓篇云"以号相命,勿令乏音"。**若此,**毕云:"旧作'也',以意改。"**则云梯之攻败矣。**

备水第五十八

城内堑外周道，详备城门篇。**广八步。备水谨度四旁高下。城地中遍下，**此当作"城中地偏下"。**令耳亓内，**毕云："'耳'疑'瓦'字。"苏云："令与瓴通，六书故曰：'瓴，牝瓦仰盖者。仰瓦受覆瓦之流，所谓瓦沟。'"诒让案："耳"疑当为"巨"，篆文相近，即"渠"之省，此与备城门篇"令耳"异。**及下地，地深穿之，令漏泉。**毕云："通典守拒法云'如有泄水之处，即十步为一井，井之内潜通，引泄漏'，即其遗法。"**置则瓦井中，**毕云："则同侧。"**视外水深丈以上，凿城内水耳。**"耳"亦当为"巨"，即水渠字。毕云疑"瓦"字，失之。

并船以为十临，毕云："言方舟以为临高之具。"**临三十人，**战国策楚策云"舫船载卒，一舫载五十人"，此一船止三十人，与彼异。**人擅弩，计四有方。**方，毕本作"弓"，云："旧作'方'，以意改。"王云："擅与掸同，谓提持也，说见备城门篇。"诒让案：备蛾傅篇云"令一人操二丈四矛"，"矛"误作"方"，则此"方"亦"矛"之误。"有"疑当为"酋"，音近而误。韩非子八说篇云"搢笏干戚，不适[一]有方铁铦"，"有方"亦"酋矛"之误，与此正同。此文疑当云"人擅弩，什四酋矛"，或作"什六人擅弩，四酋矛"。"什"、"计"草书相近而误。号令篇云："诸男女有守于城上者，什六弩四兵。"盖守法，通率十人之中，六人执弩主发，四人执兵主击刺。此云"什四酋矛"，即四兵也。然则临三十人，盖擅弩者十八人，擅矛者十二人与？**必善**毕云："善同缮，言劲也。"**以船为轒辒，**疑当读"必善以船为轒辒"七字句，毕读恐非。此与陆战以车为轒辒同，详备城门篇。**二十船为一队，选材士有力者三十人共船。亓二十人，人擅有方，**方，毕本亦改"弓"。王云："'有'字疑衍。"

〔一〕"适"，原作"逮"，据韩非子改。顾广圻云："'适'，读为敌。"

案：疑亦当作“亓十二人，人擅酋矛”，与上文“什四酋矛”文数正合。今本“十二”两字误到，“酋矛”亦误作“有方”，遂不可通。毕、王两校并未塙。**剑甲鞮瞀。**毕云：“说文云：‘鞮，革履也。’瞀，鍪字假音，说文云：‘鍑属。’”王引之云：“毕分鞮、鍪为二物，非也。‘鞮鍪’即兜鍪也。兜鍪，胄也。故与‘甲’连文。韩策曰‘甲盾鞮鍪’，汉书扬雄传‘鞮鍪生虮虱，介胄被沾汗’，师古曰：‘鞮鍪即兜鍪也。’字亦作‘鞮鞪’，汉书韩延寿传‘被甲鞮鞪’，皆其证。”**十人，人擅苗。**下“人”字旧本脱，今据王校补。案：疑当作“十八人，人擅弩”。毕云：“苗同矛，犹苗山即茅山。”未塙。**先养材士，为异舍食亓父母妻子，以为质。视水可决，以临轒辒决外堤。城上为射掾，**毕本改“檥”，云：“说文云：‘檥，干也。’言矢干。旧从手，非，今改。”案：“檥”即表仪之正字，尔雅释诂云：“仪，干也。”与说文义同。然此下云“疾佐之”，则不得立表檥以射。窃疑当为“射机”。备城门篇有作射机之法，彼下文又云“二十步一，令善射者佐之”，与此文亦可互证，毕校未塙。**疾佐之。**毕云：“通典守拒法云：‘城中速造船一二十只，简募解舟楫者，载以弓、弩、锹、䦆，每船载三十人，自暗门衔枚而出，潜往斫营，决堤堰。觉即急走，城上鼓噪，急出兵助之。’即其遗法。”

备突第六十一

此篇前后疑有脱文。

城百步毕云：“后汉书注引有‘为’字，一引无。”**一突门，**此城内所为以备敌者。六韬突战篇云：“百步一突门，门有行马。”**突门各为窑灶，**“窑灶”，详后备穴篇。**窦入门四五尺，为亓门上瓦屋，**“亓”字吴钞本无。**毋令水潦能入门中。吏主塞突门，用车两轮，以木束之，涂亓〔一〕上，**亓，旧本作“其”，吴钞本作“亦”，今据校改“亓”。**维置**

〔一〕“亓”，原作“其”，据活字本改，与注文一致。

突门内，此即备城门篇之“辒”也。凡辒皆以车轮为之，而维以绳，故备蛾傅篇云“斩维而下之”。苏云：“维，系也。”**使度门广狭**，“狭”俗字，它篇并作“陕”，此疑亦当同。**令之入门中四五尺。**毕云：“之，后汉书注引作‘人’。”**置窯灶**，毕云：“窯，后汉书注引作‘窐’，非。”**门旁为橐**，毕云：“旧作‘槖’，下同，据后汉书注改。又韩非子云‘干城拒冲，不若堙穴伏橐’，‘橐’当为‘橐’。”**充灶伏柴艾**，毕云：“旧‘伏’作‘状’，以意改。后汉书注作‘又置艾’。”诒让案：袁谭传李注引“伏”亦作“状”，则唐本已误。**寇即入，下轮而塞之**，旧本“轮”误“辅”。毕云：“后汉书注引作‘轮’。”王云：“‘轮’字是也。上文曰‘吏主塞突门，用车两轮’，是其证。”案：王校是也，苏说同，今据正。**鼓橐而熏之。**

备穴第六十二

备城门篇说攻具十二，穴在突前，此次与彼不同，疑亦传写移易，非其旧也。

禽子再拜再拜曰：敢问古人有善攻者，古，王校改“適”，云：“旧本‘適’作‘古’，‘古’乃‘適’之坏字，今改正。”案：备梯篇说守道云“古有其术者”，则“古”字似非误。**穴土而入，缚柱施火**，缚，旧本作“縛”，依王校改。**以坏吾城**，商子境内篇云“穴通则积薪，积薪则燔柱”，通典兵门说距闉，谓“凿地为道，行于城下，攻城建柱，积薪于其柱，圜而烧之，柱折城摧”，即古穴攻法也。**城坏，或中人**此下旧本有“大铤前长尺”云云七百余字，今依顾校移前备城门篇。**为之奈何？子墨子曰：问穴土之守邪？备穴者，城内为高楼，以谨**王引之云：“自‘为之奈何’至‘以谨’，凡二十四字，旧本误入备城门篇，今移置于此。”案：王校是也，苏说同，今据正。“以谨”属下“候望適人”为句。**候望適人。適人为变，筑垣聚土非常者**，毕云：“言以所穴之土筑垣。”**若彭有水浊非常者**，毕云："水浊者，穴土之验。"王云："若犹与也，彭与旁通。"**此穴土也，急壍城内，**毕云："玉篇云：'壍同堑。'"**穴亓土直之。**毕云："'亓'旧作'内'，亦以意改。直，当也。说文云：'直，正见也。'"**穿井城内，五步一井，傅城足，**毕云："'傅'旧作'传'，以意改。"**高地，丈五尺，**毕云："言视城足之高于地丈五尺者，穿之。"案：此言高地则以深丈五尺为度，毕说失之。**下地，得泉三尺而止。**旧本无"下"字，王引之云："当作'下地，得泉三尺而止'。'下地'与'高地'对文，今本脱'下'字。"案：王校是也，今据补。**令陶者为罂，容四十斗以上，固顺之以薄鞈革，**"固顺"义难通，"顺"当作"幎"。"冥"、"页"，"巾"、"川"，隶书相近而误。说文巾部云："幎，幔也。"亦作幂，广雅释诂云："幂，覆也。"固幎之以薄鞈革，谓以革坚覆罂口也。文选马汧督诔李注引作"幕罂"，"幕"即"幂"之误。李所举虽非元文，然可推校得其沿误之由也。毕云："即通典所云'以新罂用薄皮裹口如鼓'也。"苏云："唐韵：'鞈，卢各切，音洛。'说文云：'生革可以为缕束也。'"诒让案：薄鞈革幎罂，盖与冒鼓相似。吕氏春秋古乐篇云"帝尧命质为乐，乃以麋鞈置缶而鼓之"，彼"置"当作"冥"，即幂之假字，可证通典如鼓之说。**置井中，使聪耳者伏罂而听之，审知穴之所在，凿穴迎之。**旧本"凿穴"之"穴"讹作"内"，王校改"穴"，云："篆文'穴'字作'ㄇ'，因讹而为'内'。"案：王校是也，今据正。毕云："文选注引云'若城外穿地来攻者，宜于城内掘井以薄城，幕罂内井，使聪耳者伏罂而听，审知穴处，凿内迎之'，太平御览引云'若城外穿地来攻者，宜城中掘井，以薄瓫内井中，使听聪者伏瓫听之，审知穴处，凿内而迎之'，与此微异。通典守拒法云[一]'地听，于城内八方穿井，各深二丈，以新罂用薄皮裹口如鼓，使聪耳者于井中托罂而听，则去城五百步内悉知之，审知穴处，助凿迎之'云云，即其法也。"

令陶者为月明，王引之云："'月明'当为'瓦罂'。备城门篇'瓦木罂容十升以上'，是其证。隶书'瓦'字作'凡'，与'月'相似而误。'明'者，

〔一〕"云"字原误置下文"穿井"下，据毕沅刻本乙正。

'罌'之坏字耳。"案:王校是也,苏校"月"字同。**长二尺五寸,六围,**王引之云:"'六围'上当有'大'字,备城门篇'木大二围',即其证。"**中判之,合而施之穴中,**穴,旧本讹"内",今据王校正。**偃一,**毕云:"偃,仰。"**覆一。**下疑当接后"下迫地"句。**柱之外,善周涂亓傅柱者,勿烧。**毕云:"'亓傅'旧作'亦传',以意改。"**柱者勿烧。**毕云:"四字衍。"**柱善涂亓窦际,**毕云:"缝也。"**勿令泄。**即下文云"无令气出也"。**两旁皆如此,与穴俱前。**毕云:"'穴'旧作'内',以意改。"诒让案:言为穴柱与凿穴俱前,犹下云"令穴者与版俱前"也。自"柱之外"至此三十四字,并说穴柱,与上下文不相冡,疑当在后文"无柱与柱交者"下,然首尾文义亦不甚相接,未敢辄移,附识于此。**下迫地,**此文不属,疑当接上"偃一,覆一"句。盖谓施罌穴中,其下迫地也。**置康若灰亓中,**毕本"灰"作"矢",云:"'康'即穅字,见说文。'矢'旧作'疾',以意改,下同。"王引之云:"毕改非也。'疾'乃'灰'之误,非'矢'之误。备城门篇'爨灰康粃',即其证。康灰皆细碎之物,故同置于穴中,矢则非其类矣。灰俗作灰,疾本作疾,二形相似,又涉下文'疾鼓橐'而误耳。"案:王校是也,今据正。**勿满。**句。**灰康长五窦,**"五",疑"亙"之误。说文木部云"榧[一],竟也。"古文作"亙"。此言竟满其窦,犹下云"户内有两蒺藜,皆长极其户"。**左右俱杂相如也。**杂犹帀也,详经上篇。**穴内口为灶,令如窑,**毕云:"说文云:'窑,烧瓦灶也。'即今'窰'字正文。"**令容七八员艾,**"员"即丸也,论衡顺鼓篇云"一丸之艾"。**左右窦皆如此,灶用四橐。**淮南子本经训云"鼓橐吹埵",高注云:"橐,冶炉排橐也。"**穴且遇,**毕云:"旧作'愚',据下改。"**以颉皋冲之,疾鼓橐熏之,必令明习橐事者**毕云:"'习'旧作'翟',以意改。"**勿令离灶口。**毕云:"通典守拒法云'审知穴处,助凿迎之,与外相

[一]"榧",原误"亙",据说文改。

遇,即就以干艾一石,烧令烟出。以板于外密覆穴口,勿令烟泄,仍用鞴袋鼓之',即其遗法。所云'以板于外密覆穴口,勿令烟泄',即下连版法也。"**连版以穴高下广陕为度,**陕,吴钞本作"狭"。苏云:"陕与狭同。"案:陕正狭俗,详备城门篇。**令穴者与版俱前,凿亓版,令容矛,**毕云:"旧作'予',以意改。"**参分亓疏数,**此言版上凿空之数。苏云:"参与三同,数读为促。"**令可以救窦。穴则遇,**苏云:"则犹即也。"**以版当之,**毕云:"'版'旧作'攸',以意改。"**以矛救窦,勿令塞窦。窦则塞,引版而郄,**毕云:"'引'旧作'弓',以意改。郄,却字俗写。"案:王改"却"。广雅释言云:"却,退也。"**过一窦而塞之,**过,王校作"遇"。**凿亓窦,通亓烟,烟通,疾鼓橐以熏之。从穴内听穴之左右,**从,旧本作"徒",毕以意改"徙"。王引之云:"毕改非也。敌人穴土而来,我于城内凿穴而迎之,此本无他穴可徙,不得言徙穴也。'徒'当为'从',谓从穴内听之也。隶书'从(從)'字作'従',与'徒'相似而误。汉书王莽传'司恭司从司明司聪',今本'从'讹作'徒'。"案:王校是也,今据正。"穴"下旧本脱"之"字,今据道藏本、吴钞本补。**急绝亓前,勿令得行。若集客穴,塞之以柴涂,令无可烧版也。然则穴土之攻败矣。**毕云:"'穴土'旧作'内土',以意改。"王引之云:"自'候望適人'至'穴土之攻败矣',凡三百四十五字,旧本亦误入备城门篇,今移置于此。'以谨候望適人'六字,文义紧相承接,不可分属他篇。且上文曰'备穴者城内为高楼',下文曰'然则穴土之攻败矣',则为备穴篇之文甚明。"案:王校是也,苏说同,今据移正。

寇至吾城,急非常也,谨备穴。穴疑有应寇,句。**急穴,**句。**穴未得,慎毋追。**似言未得敌穴所在,则勿出城追敌。毕云:"言已不[一]谨其备,且勿追寇。"

凡杀以穴攻者,二十步一置穴,穴高十尺,凿十尺,言穴

〔一〕"不"疑当作"必"。

广与高等。**凿如前**，如读为而，言穴向前凿也。**步下三尺**，谓每步则下三尺，然所下太多，疑"步"上有脱字。**十步拥穴左右横行，高广各十尺，杀。**旧本重"高"字。毕谓两"高"字疑当为"鬲"。苏云："'高'字疑误重。"案：道藏本、吴钞本并无下"高"字，是也，今据删。"杀"上疑当有"为"字。此言凡穴直前十步，则左右横行，别为方十尺之穴，谓之杀，以备旁出也。备梯篇说"置裾城外"，亦云"二十步一杀"。

俚两罂，深平城，毕云："俚同埋。"诒让案：备城门篇作"貍"，此作"俚"，并"薶"之假字。**置板亓上，𦂶板以井听。**毕云："'𦂶'未详。"案："𦂶"疑"联"之误。联版，即上文之"连版"也。**五步一密。**即上文所谓"穿井城内，五步一井"也。苏云："'井听'疑误倒，当作'井五步一'。"**用𢶡若松为穴户，**"𢶡"未详，疑当为"枱"。钟鼎古文从台者，或兼从司省，今所见彝器款识公姞敢"始"字作"㚸"，是其例也。此"𢶡"字亦当从木，说文木部："枱，耒耑也。"此疑假为"梓"字，说文："梓，楸也。从木，宰省[一]声。"与"枱"古音同部，得相通借。墨书多古文，此亦其一也。苏云"'𢶡'或'桐'字之讹"，非是。**户穴有两蒺蔾，**"户穴"当作"户内"。蒺藜，"藜"作"蔾"，与六韬军用篇同，详备城门篇。吴钞本作"藜"。**皆长极亓户，户为环，**盖著环以便开闭。**垒石外埻，**吴钞本作"厚"。毕云："'埻'即'厚'字。说文云：'垕，古文厚，从后、土。'此又俗加。"案："外厚"义难通。"埻"疑"埻"字之误，玉篇土部及集韵十九铎字并作"墎"，盖即"郭"之异文，与"墎"字别。汉书尹赏传云"致令辟为郭"，颜注云："'郭'谓四周之内也。"此云"垒石外埻"，亦谓垒石为穴外周郭，即下文云"先垒窑壁"也。**高七尺，加堞亓上。勿为陛与石，以县陛上下出入。**此皆备敌人之集吾穴也。苏云："言穴中勿为陛阶，出入者缒而上下也。"**具炉橐，**毕云："旧俱作'槖'。"**橐以牛皮，炉有两缻，以桥鼓之百十，**毕云："桥，桔皋也。"诒让案：

[一]"省"字原脱，据说文补。

"百十[一]"似言桥之重,"百"上疑脱"重"字,"十"当为"斤","斤"讹作"什",又脱其偏旁耳,下文可证。**每亦熏四十什,**亦,毕本作"丌",道藏本、吴钞本作"亦"。以文义审之,此当作"毋下重四十斤","毋"、"每","下"、"亦","重"、"熏","斤"、"什",并形近而误。**然炭杜之,**毕云:"'然'即燃正文。"**满炉而盖之,毋令气出。适人疾近五百穴,**苏云:"'五百'二字乃'吾'字之讹,下言'吾穴'是也。"**穴高若下不至吾穴,**言客穴与内穴不正相直也。**即以伯凿而求通之。**伯,吴钞本作"百",疑当作"倚"。倚,邪也,详备城门篇。言穴不正相直,则必邪凿之乃可通也。后文云"内去窦尺,邪凿之"。**穴中与适人遇,则皆圉而毋逐,**苏云:"圉与御同,言与敌相持,勿逐去之。"**且战北,**疑当作"战且北",言战而详北以诱敌,使深入穴中也。**以须炉火之然也,即去而入壅穴杀。**"壅"即拥(擁)之俗。壅穴杀,即上文所谓"十步拥穴左右横行,高广各十尺"者也。**有鼠㝉,**毕云:"俱'鼠'字之误。"案:疑即后"鼠穴",然"鼠"字不当重,毕说未塙。下一字疑即"窜"之异文,变穴形为阜耳。说文穴部云:"窜,匿也,从鼠在穴中。"鼠窜犹云鼠穴矣。**为之户及关籥独顺,**此亦谓杀也。"关籥"当读为管钥。管即锁,钥即匙也,与备城门篇"门植关"异,说详彼。"独顺"义不可通凿[二],疑当为"绳幎"二字,属"关籥"为句。"绳"从黾,"独"从蜀,偏旁相似。史记仓公传"肝气浊而静",集解:"徐广云:浊,一作'黾'。"此"绳"讹作"独",与彼相类。"幎"、"顺"二字,此书亦多互讹。前"幎䍙","幎"字今本亦作"顺",是其证也。关籥绳幎,以为门户启闭系蔽之用。备城门篇云"诸门户皆令凿而幂孔孔之,各为二幂,一凿而系绳,长四尺",亦见杂守篇,是系绳幂凿乃守门户之恒制也。或读"独顺"属下句,失之。**得往来行亓中。穴垒之中各一狗,狗吠即有人也。**

〔一〕"百十",原误"百千",据正文改。
〔二〕"凿"字疑衍。

斩艾与柴，长尺，毕云："'柴'旧作'此'，以意改。"诒让案："此"疑即"柴"之省。此书多用省借字，如以"也"为"他"，以"之"为"志"，皆其例也。备突篇亦云"充灶伏柴艾"。自"斩艾与柴长尺"至"男女相半"，凡三百九十四字，旧本错入备城门篇，毕本同。王云："以下多言凿穴之事，当移置于备穴篇，然未知截至何句为止。"案：王校甚是，而未及移正。苏谓此错文当截至"诸作穴者五十人，男女相半"为止，是也。本篇下文"五十人"三字，前后文义不相属，即错简之鯱迹未尽泯者也，今据移著于此。**乃置窑灶中，先垒窑壁，迎穴为连。**王引之云："'连'下当有'版'字，而今本脱之。上文曰'连版以穴高下广陕为度'，是其证。"

凿井傅城足，三丈一，上云"五步一井"。六尺为步，五步即三丈也。**视外之广陕而为凿井，慎勿失。**句。**城卑穴高从穴难。**毕云："二'穴'字旧俱作'内'，以意改。"苏云："言高下不相值也。"**凿井城上，**俞云："城上无凿井之理，'城上'当作'城内'，即上文'穿井城内'之事。"诒让案：疑当作"城下"。**为三四井，内新斩井中，**"斩"当为"甀"之误。毕云："当为'新罋'。"**伏而听之，审之知穴之所在，**以上文校之，"审"下"之"字疑衍。**穴而迎之。穴且遇，为颉皋，必以坚材为夫，**毕云："同趺，如足两分也。"旧本"材"作"杖"，俞云："'扙'乃'材'字之误，言必以材之坚者为颉皋之趺也。"案：俞校是也，今据正。**以利斧施之，命有力者三人用颉皋冲之，灌以不洁十余石。**毕云："若穕矢之类。"

趣伏此井中，毕云："'伏'旧作'状'，以意改。趣同促。"诒让案："此"当为"柴"，上文"斩艾与柴"，"柴"亦作"此"。备突篇亦以柴艾并举，故此下文云"置艾其上"，皆可证。**置艾亓上，七分，**"七分"义不可解，疑当作"七八员"三字。上文云"穴内口为灶，令如窑，令容七八员艾"，是其证。**盆盖井口，毋令烟上泄，旁亓橐口，疾鼓之。**

以车轮轀。轀、辒同，上当有"为"字。以车轮为辒，犹备城门篇云

"两材合而为之辒",下文云"以车两走为蒀"也。轀即辒之别体文,省作"蒀",正字当作"輗",详备城门篇。毕云:"下文作'蒀',即'薀'省文,说文云:'薀,积也。'"失之。**一束樵,染麻索涂中以束之。**染,旧本作"梁",毕云:"疑'粱'字。"苏云:"'梁'为'染'之误,染麻索以涂者,所以避烧。"案:苏说是也,备蛾傅篇云"染其索涂中",今据正。**铁锁**六韬军用篇"铁械锁参连,百二十具",又有"环利铁锁,长二丈以上,千二百枚"。此铁锁端亦有环,与彼制合。汉书王莽传云"以铁锁琅当其颈"。毕云:"当为'琐',说文无'锁'字,据备蛾傅作'琐'。"**县正当寇穴口。**毕云:"'穴'旧作'内',以意改。"**铁锁长三丈,**毕云:"通典守拒法云:'先为桔槔,县铁鏁长三丈以上,束柴苇焦草而燃之,队于城外所穴之孔,以烟熏之,敌立死。'已上罂听、连版、伏艾、县锁,备穴土之法。"**端环,一端钩。**言铁锁有两端,一端为环,一端为钩。据通典说铁锁,盖以环系于桔槔,而钩则以束柴苇焦草而燃之者也。后文又有"铁钩"。

偃穴高七尺,偃,毕本改"鼠",云:"旧作'偃',以意改。"案:前及备梯篇并作'偃',宜从旧本。"偃穴"犹爵穴,亦即备梯篇之"熏鼠"也。**五寸广,柱间也尺,**"也"疑亦"七"之误,谓穴墙两旁各为柱,其间七尺。**二尺一柱,**此谓穴墙一边二尺则一柱也。**柱下傅舄,**一切经音义引许叔重云:"楚人谓柱碣曰础。"毕云:"张衡西京赋云'雕楹玉碣',李善注云:'广雅云:碣,礩也。碣古字作舄。'"**二柱共一员十一。**"员十一"义不可通。下文两言"员士",疑"十一"即"士"字,传写误分之。然"员士"亦无义,盖当为"负土"。周礼冢人贾疏云"隧道上有负土",此为穴亦为隧道,故有负土。盖以板横载而两柱直楷之,故云"二柱共一负土",下并同。**两柱同质,**毕云:"'礩'古字如此。"诒让案:此与备城门篇"楼四植,植皆为通舄"制盖略同。**横员士。**谓负土之版横者。**柱大二围半,必固亓员士,无柱与柱交者。**似谓柱横直相交。然"无"字必误。上文错入备城门篇者,有"柱之外,善周涂其附柱者"云云三十四字,疑此下之错简,详前。

穴二窑，皆为穴月屋，王引之云："'皆为穴月屋'当作'皆为穴门上瓦屋'，谓于穴门上为瓦屋也。备突篇曰'突门各为窑窦，窦入门四五尺，为亓门上瓦屋'，是其证。隶书'瓦'字作'凡'，与'月'相似而误，又脱'门上'二字，则义不可通。"案：王校是也，苏说同。**为置吏、舍人各一人**，汉书高帝纪颜注云："舍人，亲近左右之通称也。"文颖云："舍人，主厩内小吏〔一〕，官名也。"**必置水**。盖以备饮。**塞穴门，以车两走**毕云："即车轮。"诒让案：备突篇作"车两轮"，备蛾傅篇亦云"车两走"，然车轮不当云"走"，义未详。**为蒀**，"蒀"亦即辒字，毕云"薀省文"，失之。**涂亓上，以穴高下广陕为度，令入穴中四五尺，维置之**。入，旧本作"人"。苏云："'人'当作'入'。维，系也。此亦见备突篇。"案：苏校是也，今据正。**当穴者客争伏门**，毕云："旧'穴'作'内'，'客'作'容'，以意改。"案：道藏本"客"字不误，"门"疑"斗"之误。**转而塞之**。**为窑容三员艾者**，毕云："'容'旧作'客'，以意改。"**令亓突入伏尺**，毕云："'亓突入'旧作'亦突人'，以意改。一本无'伏尺'二字。"诒让案："伏"疑即上文之"密"，二字音近，如宓羲"宓"或作"伏"，颜之推家训书证篇谓俗作"密"，是其例。**伏傅突一旁**，毕云："'傅'旧作'付'，以意改。"**以二橐守之，勿离**。**穴矛**毕云："旧作'内予'，以意改。"**以铁，长四尺半**，此疑即后文所谓"短矛"。**大如铁服说，即刃之二矛**。未详。毕云："旧凡'矛'字作'予'，俱以意改。"**内去窦尺**，"内"亦当为"穴"。**邪凿之上，穴当心，亓矛长七尺**。谓穴高则用长矛。**穴中为环利率，穴二**。六韬军用篇亦有环利铁锁，然其义未详。

凿井城上，疑亦当为"下"，详前。**俟亓身井且通**，王云："'身'者，'穿'之坏字也。隶书'身'字或作'身'，见汉处士严发残碑，与'穿'字下半相似而误。"**居版上**，毕云："居同倨。"案：疑当如字，毕说未塙。**而凿**

〔一〕"吏"，原误"史"，据汉书改。

亓一遍，“偏”之借字，毕以意改“偏”，非，下同。已而移版，凿一遍。颉皋为两夫，亦同趺。而旁貍亓植，而数钩亓两端。“数钩”义难通，吴钞本“数”作“數”，疑当读为傅，谓傅著钩于颉皋之两端也。亓，旧本作“其”，吴本作“亦”，盖当为“亓”，今校正。诸作穴者五十人，男女相半。自“斩艾与柴长尺”至此三百九十四字，并从备城门篇移此。五十人。此三字上下文义不属，盖即上文“作穴者五十人”之賸字。今本上文错入备城门篇，惟此三字尚未删去耳。攻内为传士之口，受六参，苏云：“‘士’当作‘土’，‘口’字误，盖言器之盛土者。”诒让案：“内”亦当为“穴”之误。“传”疑当为“傅”，备城门篇云“比傅薪土”。又或当作“持”，此书凡言容储物，多云持。备城门篇云“持水”、“持沙”，此下文云“持罂”、“持醯”，皆是也。备城门文旧本错入此篇者，“持水”字又讹作“传火”，窃疑此“传士”亦当为“持土”之讹。“参”疑当为“絫”，形近而误。备城门篇“参石”即“礌石”，可证。彼篇又云“五步一垒”，备蛾傅篇云“土五步一，毋下二十畾”。絫、畾、垒、藟并即虆之假字。虆，盛土笼，亦详备城门篇。约枲绳以牛亓下，可提而与投。苏云：“枲绳，麻绳也。‘牛’义未详，疑‘绊’字之误。‘与’当作‘举’。”已则穴七人守退垒之中，为大庑一，藏穴具亓中。苏云：“庑，古文‘甒’。见仪礼注。方言云：‘罂，周魏之间谓之甒。’”难穴，“难”当为“䜣”，二字形近，古书多互讹，详耕柱及经下篇，下并同。取城外池脣木月散之什，疑当作“取城外池脣木瓦散之外”。“瓦”、“月”，“外”、“什”，形近而误。斩亓穴，当作“堑亓内”，上文云“急堑城内”是也。“斩”即“堑”之省。“内”、“穴”亦形之误。深到泉。泉，旧本误作“界”，王引之云：“‘界’字文义不明，‘界’当为‘泉’。备城门篇‘下地得泉三尺而止’，是其证。隶书‘泉’字或作‘泉’，见汉郃阳令曹全碑，‘界’字作‘畀’，见卫尉卿衡方碑，二形相似而误。”案：王说是也，今据正。难近穴，为铁鈇，说文金部云：“鈇，莝斫刀也。”金与扶林长四尺，“扶林”疑当作“铁枋”。枋、柄通。周礼太宰“八柄”，外史作“枋”。财自足。财，旧本误“则”，据道藏本、吴钞本正。史记孝文纪“见马遗财足”，索隐云：“财字与才同。”汉书扬雄传“财足以奉郊庙”，颜注云：“财读为才，同。”管子度地篇云“率部校长、官佐财足”。财自足，数适足不过多也。**客即穴，**汉书西南夷传颜注云：“即，若也。”毕云“即，就也”，非。**亦穴而应之。**

为铁钩钜长四尺者，财自足，钜与距通。荀子议兵篇所谓“宛钜”。**穴彻，**苏云：“彻，通也。”案：苏说是也。毕读“穴”上属，云“才与穴等也”，非。**以钩客穴者。**苏云：“此言铁钩之用。”**为短矛**、短，道藏本作“距”，误。**短戟、短弩、蝱矢，**蝱矢，盖亦短矢也。方言云：“箭，其三镰长尺六者，谓之飞蝱。”郭注云：“此谓今射箭也。”文选闲居赋“激矢蝱飞”，李注引东观汉记“光武作飞蝱箭以攻赤眉”。广雅释器云：“飞虻，箭也。”此“蝱矢”，疑亦即“飞蝱”也。**财自足，穴彻以斗。**苏云：“矛、戟、弩、矢，所以斗。”**以金劍为难，**此义难通，疑当作“斲以金为斱”。“斲”俗书或作“㓸”，前鲁问篇又讹作“劉”。说文刃部“劒”籀文作“劍”，二形相近。“斱”讹“难”，与前同。说文斤部云：“斲，斫也。”“斫，击也。”尔雅释器云：“斫，谓之鐯。”斱即鐯之俗，详经下篇。鐯、斫音义同，此云“斫以金为斱”，即谓以铜为斫也。斫，其器之名，斱即斫，指其刃之首，故以金为之。后云“斧金为斫”，与此文例同，惟脱“以”字耳。凡斧斤之刃，以击伐为用，故通谓之斫矣。**长五尺，**盖并刃及柄之度。后斧长三尺，亦并柄计之，是其例。**为銎**、毕云：“说文云：‘銎，斤斧穿也。’案经典文凡以穿为孔者，此字假音。”**木柄，**广雅释诂云：“柄，柄也。”毕云：“说文云：‘柄，篗木柄也。’玉篇：‘丑利切。’”**柄有虑枚，**“虑”疑鑢〔一〕之省。说文金部云：“鑢〔二〕，错铜铁也。”谓于木柄为齿，若鑢错。“枚”未详。又疑“虑枚”当作“鹿卢收”，见备高临篇。**以左客穴。**左、佐古今字。“左”下疑脱一字。

戒持罂，容三十斗以上，毕云：“‘容’旧作‘客’，以意改。”诒让

〔一〕“鑢”，原误“炉”，据文义改。
〔二〕“鑢”，原误“炉”，据说文及文义改。

案:上文错入备城门篇者,云“令陶者为罂,容四十斗以上”,“斗”,旧本讹“斤”,王云:“‘斤’当为‘斗’,隶书‘斗’字或作‘斗’,因讹而为‘斤’。”案:王校是也,今据正。**貍穴中,**毕云:“‘貍’旧作‘狸’,以意改。”**丈一,**上文说为罂置井中,井五步一,又云“三丈一”。三丈即五步也。此云“丈一”,与彼不合,疑“丈”上当有“三”字,而传写脱之。**以听穴者声。**

为穴,高八尺,广,“广”下疑脱尺数。**善为傅置。**疑当作“善为傅埴”,即上文云“善周涂其傅柱者”之义。**具全牛交槀,**毕云:“疑‘茭藳’。”案:毕校非也。“具全牛交槀”,疑当作“具炉牛皮橐”。上云“具炉橐,橐以牛皮”,“橐”亦并误作“槀”。此“全”即炉(鑪)字偏旁金形之误。“皮”与“交”形亦相近。**皮及坻,**疑当作“及瓦缶”,“缶”、“去”形近,俗书或增益偏旁作“坻”,又讹作“坻”,遂不可通。上文云“炉有两瓵”。**卫穴二,盖陈靃及艾,**毕云:“郑君注公食大夫礼云:‘藿,豆叶也。’说文云:‘藿,尗之少也。’少言始生之叶。‘靃’省文。”诒让案:“盖”当为“益”,此书“益”字多讹为“盖”,详非命篇。“益陈靃及艾”,言多具此二物也。苏云“盖,当如上文‘戒持罂’之‘戒’,令也”,失之。**穴彻熏之以。**吴钞本无“以”字。案:此当作“以熏之”,今本误移“以”字著“熏”之下,校者遂疑为衍文而删之耳。上文说“铁钩钜”云“穴彻,以钩客穴者”,又说“短矛”等云“穴彻,以斗”,并与此文例同,可以互证。

斧金为斫,“斧”下疑当有“以”字。“斫”亦即斧刃。**㭒长三尺,**考工记:“车人为车,柯长三尺,博三寸,厚一寸有半,五分其长,以其一为之首。”郑注云:“谓今刚关头斧,柯其柄也。”案:此“㭒”即柯,斫即首也。㭒长三尺,与彼制同。六韬军用篇亦云:“伐木大斧,重八斤,柄长三尺以上。”**卫穴四。为垒,**疑当为“蔂”,见备城门篇。**卫穴四十,属四。**属,“斸”之省,即备城门篇之“居属”。**为斤、斧、锯、凿、鑺,**吴钞本作“镬”。毕云:“说文云:‘镬,大锄也。’玉篇云:‘居缚切。锄镬。’”案:六韬军用篇云:“棨镬刃广六寸,柄长五尺以上,三百枚。”但鑺似与镬不同,毕说未塙。玉篇金部云:“鑺[一],

〔一〕“鑺”,原误“镬”,据玉篇及说文新附改。

局虞切，军器也。”说文新附亦有此字。钮树玉谓书顾命“一人冕执瞿”，孔传“瞿，戟属”，“瞿”即“鑺”。但此“鑺”与“凿”类举，似非顾命之“瞿”，疑即韩诗之“銶”。鑺、銶一声之转。诗豳风破斧毛诗传云：“凿属曰锜，木属曰銶。”释文引韩诗云：“銶，凿属也。”**财自足。为铁校，卫穴四。**说文木部云：“校，木囚也。”周易集解引虞翻云：“校者，以木绞校者也。”铁校，盖铸铁为阑校以御敌，备蛾傅篇有“校机”，疑即此。

为中橹，高十丈半，广四尺。十丈半于度太高，疑“丈”当作“尺”。备城门篇云“百步为橹，橹广四尺，高八尺”，广与此同，而高差二尺半，彼盖小橹与？**为横穴八橹，**疑当作“大橹”，六韬军用篇有大橹、小橹。下疑有脱文。**盖具稿枲，财自足，以烛穴中。**“盖”当亦“益”之误。道藏本作“荟”，则疑“蒀”之讹，属上“橹蒀”为句，亦通。苏云：“稿枲可然以为烛。”

盖持醯，苏云：“据文义当作‘戒持醯’，‘醯’或‘醯’字之讹。”俞云：“‘醯’疑‘醯’之坏字。”诒让案：此亦当作“益持醯”，苏改“盖”为“戒”，非。广韵十二齐云：“醯，俗作‘醢’。”此“醯”即“醢”之误，下并同。醢盖可以御烟，春秋繁露郊语篇云“人之言醯去烟”，今本繁露“醯”作“酝”，亦字之误。**客即熏，以救目。救目分方鑿穴，**毕云：“‘鑿’即鼓。”苏云：“疑‘凿’字之讹。”**以益盛醯，置穴中，**苏云：“‘益’疑‘盆’字之讹。”**文盆毋少四斗。**文，道藏本、吴钞本作“丈”。今案：当作“大”。**即熏，以自临醯上，**“自”当为“目”。**及以洫目。**毕云：“玉篇云：‘洫，大水也。’未详。”俞云：“‘洫’疑‘油’之坏字。”诒让案：“洫”当为“洒”。说文水部云：“洒，涤也。”西部籀文“西”作“卤”，故讹作“田”形。“洒目”即以救目也。

备蛾傅第六十三

前备城门篇“蛾”作“蚁（蟻）”，俗“螘”字。孙子谋攻篇作“蚁附”，曹注云：“使士卒缘城而上，如蚁之缘墙。”周书大明武篇云“俄傅器橹”，“俄”

亦“蛾”之误。毕云：“蛾同蚁。说文云：‘蚁，蚍蜉也。’‘蛾，罗也。’又云：‘蟲，蚕化飞虫也。’经典多借为‘蚁’者，音相近耳。傅亦附字假音。”

禽子再拜再拜曰：敢问適人强弱，遂以傅城，后上先断，王云：“断，斩也。号令篇曰：‘不从令者断，擅出令者断，失令者断。’”**以为灋程，**毕云：“‘城’、‘程’为韵。”王云：“‘灋’者，‘法’之误。言敌人蛾附登城，后上者则断之，以此为法程也。吕氏春秋慎行篇曰‘后世以为法程’，说苑至公篇曰‘犯国法程’，汉书贾谊传曰‘后可以为万世法程’。篆书‘去’字作‘厺’，‘缶’字作‘𦈢’，二形相似；隶书‘去’字作‘去’，‘缶’字作‘𠙻’，亦相似，故从去从缶之字，传写多误。”案：王说是也。“灋”即俗“法”字。隋邓州舍利塔铭“法”作“𣴎”，与“灋”略同。吕览高注云：“程，度也。”**斩城为基，**斩，“堑”之省，或云“鏨”之省。说文金部云：“鏨，小凿也。”**掘下为室，前上不止，**毕云：“‘上’旧作‘止’，以意改。”**后射既疾，**毕云：“‘室’、‘疾’为韵。”**为之奈何？子墨子曰：子问蛾傅之守邪？蛾傅者，将之忿者也。**“忿”，旧本作“忽”。洪云：“孙子谋攻篇‘将不胜其忿，而蚁附之’，‘蛾傅’即‘蚁附’。礼记‘蛾子时术之’，释文‘本或作蚁’，古字通用。‘忽’即‘忿’字之讹。”案：洪校是也，今据正。**守为行临射之，**即“高临”，详前。**校机藉之，**备穴篇有“铁校”，亦详备高临篇。**擢之，**旧本“擢”作“擢”，今据道藏本、吴钞本正。说文手部云：“擢，引也。”“擢，爪持也。”审校文义，当以作“擢”为正。**太汜迫之，**“太汜”当为“火汤”，备梯篇云“薪火水汤以济之”。**烧荅覆之，沙石雨之，然则蛾傅之攻败矣。**

备蛾傅为县脾，毕云：“疑‘陴’字。”**以木板厚二寸，前后三尺，旁广五尺，高五尺，而折为下磨车，**“磨”当为“磿”。周礼遂师郑众注云：“抱磿，磿下车也。”当即此“下磿车”，亦即备高临篇之“磿鹿”。盖县重物为机，以利其上下，皆用此车。故周礼王葬以下棺，此下县陴亦用之。下云“为之机”，亦即此也。**转径尺六寸。**苏云：“‘转’当作‘轮’。”诒让案:圜径尺六寸,则其周四尺八寸强。**令一人操二丈四方,**毕云:"疑'矛'字。"案:毕校是也。考工记庐人云"夷矛三寻",郑注云:"八尺曰寻。"此即夷矛也。**刃其两端,居县脾中,以铁璅**吴钞本作"琐"。"铁璅"见前。毕云:"说文无'锁'字,此'璅'与'琐'皆无锁钥之义,古字少,故借音用之。"**敷县,二脾上衡,**敷、傅通。谓铁璅傅著县,系县脾之上衡也。"二",疑当为"县"之重文。苏云"'二'字误衍",未塙。**为之机,令有力四人下上之,勿**〔一〕**离。**离,旧本作"难"。俞云:"'难'乃'离'字之误。备城门篇'突一旁以二橐守之,勿〔二〕离',备穴篇'令一善射之者佐一人,皆勿〔三〕离',并其证。"案:俞校是也,今据正。**施县脾,大数二十步一,攻队所在六步一。**苏云:"此言设县脾多寡之数,盖疏数视敌为之。"

为櫐,毕云:"当为'垒'。"**苔广从丈各二尺,**王引之云:"从,音纵横之纵。'广从丈各二尺'义不可通,'丈各'当为'各丈',言苔之广从各丈二尺也。"苏说同。案:王校是也,下文云"苔广丈二尺"。**以木为上衡,以麻索大遍之,**疑当作"以大麻索编之"。**染其索涂中,为铁鏁,**毕云:"据上文当为'璅',玉篇云:'鏁俗。'"**钩其两端之县。**六韬军用篇云:"环利铁锁,长二丈以上,千二百枚。环利大通索,大四寸,长四寸以上,六百枚。"**客则蛾傅城,烧苔以覆之,连筸、**毕云:"义未详。"**抄大皆救之。**"抄大"当作"沙火"。**以车两走,**即备城门篇之"辒"也。"车两走"即两轮,此及前备穴篇并以车两轮为两走。备突篇云:"吏主塞突门,用车两轮,以木束之,涂其上。"**轴间广大以圉,**疑当作"围"。**犯之。**有误脱。**融其两端,**毕云:"'融'未详。广雅有'矜'字,云'大也'。疑此即'矜'异文。"案:毕说非也。"融"疑当为"独"之变体,广雅释诂云:"独,刺

〔一〕"勿",原作"弗",据毕沅刻本改。按:墨子旧本均作"勿",无作"弗"者,此孙刻之误。
〔二〕"勿",原作"弗",据诸子平议卷十一改,与本书合。
〔三〕"勿",原作"弗",据诸子平议卷十一改,与本书合。

也。"玉篇矛部云:"矝,刺矛也。"经典从矛字或变从卤。尔雅释诂:"矜,苦也。"释文"矜"作"鹶",是其例也。"鹶其两端",犹上云"二丈四矛,刃其两端"矣。**以束轮,**以下疑脱"木"字。**遍遍涂其上。**苏云:"'遍'字误重。"诒让案:下"遍"字疑当作"编",上云"以大〔一〕麻索编之,染其索涂中"。**室中以榆若蒸,**"室"读为窒。备城门篇云"室以樵,可烧之以待敌","窒"亦作"室"。说文草部云:"蒸,析麻中干也。"周礼甸师郑注云:"木大曰薪,小曰蒸。"**以棘为旁,命曰火捽,一曰传汤,以当队。客则乘队,烧传汤,斩维而下之,**王引之云:"'烧传汤'三字,义不相属。'烧'下当有'荅'字,而今本脱之。上文两言'烧荅',是其证。备城门篇'城上二步一荅'。"案:"传汤"即以车两走所作械名,自可烧,不必增"荅"也,王校未塙。备突篇说轮辒并云"维置之",故必斩维乃可下也。**令勇士随而击之,以为勇士前行。**当作"以勇士为前行",号令篇云"以勇敢为前行",可证。**城上辄塞坏城。城下足为下说鑱杙,长五尺,**"说"当作"锐",同声假借字。说文金部云:"鑱,锐也。""杙",旧本作"找",王引之云:"'找'当为'杙'。备城门篇曰'杙间六寸,剡其末',此亦云'剡其末为五行,行间广三尺',故知'找'为'杙'之讹。"案:王校是也,苏说同,今据正。**大圉半以上,**六韬军用篇云:"委环铁杙,长三尺以上,三百枚。"毕云:"'圉'疑'围'。"**皆剡其末,为五行,行间广三尺,貍三尺,大耳树之。**"大耳"疑"犬牙"之误,见备城门篇。

为连殳,长五尺,说文殳部云:"殳,以杖殊人也。礼,殳以积竹,八觚,长丈二尺,建于兵车,旅贲以先驱。"**大十尺。**殳不得大至丈,必有误,疑"大十"当作"大寸","十"即"寸"之讹。"尺"当为"大",属下读。备城门篇有"大梃",即此。**梃长二尺,**毕云:"梃,旧俱从手,以意改。"**大六寸,索长二尺。**即备城门篇之"连梃"。凡连殳、连梃,盖皆以索系连之。

〔一〕"大"字原脱。按:上文云"以麻索大遍之",孙校作"以大麻索编之",今据补"大"字。

椎，柄长六尺，首长尺五寸。备城门篇"长椎长六尺，头长尺"。斧，柄长六尺，御览兵部引备冲法，用斧长六尺，亦与此同。备城门篇"长斧柄长八尺"，此短二尺，与彼异。刃必利，皆葬字书无"葬"字，疑当作"皆筑"，见备城门篇。其一后。未详。苔广丈二尺，□□丈六尺，垂前衡四寸，两端接尺相覆，勿令鱼鳞三，苏云："杂守云'入柴勿积鱼鳞簪'，毕注：'疑椮字假音。'窃谓此处'三'字亦'椮'字假音也。"案：苏说是也。言为苔之法，以木〔一〕两端相衔接，以尺为度，不可鳞次不相覆也。著其后行，前有"前衡"，此疑当作"后衡"。上下文有"前行"，与此义似不同。中央木绳一，"木"疑当作"大"。长二丈六尺。苔楼不会者以牒塞，苏云："会犹合也。'牒'当为'堞'。"案：说文片部云："牒，札也。"广雅释器云："牒，版也。"谓以版塞壁隙，苏说非。数暴干，毕云："说文云：'暴，晞也。'"苔为格，令风上下。此亦未详其义。堞恶疑坏者，疑坏，谓未坏而疑其将坏也。先貍木十尺一枚一，此字疑衍。节坏，当作"即坏"。斵植以押虑卢薄于木，毕云："唐大周长安三年石刻云'爰雕爰斵'，即'斫'字。'虑'字衍文。"案："押"未详，"虑"即"卢"字之误衍，毕校得之。卢薄汉书王莽传"为铜薄栌"，颜注云："柱上枅也。"毕云："说文云：'栌，柱上柎也。''薄，壁柱。'"表八尺，"表"疑"袤"之误。苏云"'表'当作'长'"，非。广七寸，经尺一，苏云："经、径同。"诒让案：疑当作"径一尺"。数施一击而下之，击，疑即桔槔之"桔"，详备城门篇。"下之"疑当作"上下之"，桔皋可上下也。为上下钌而斵之。毕云："说文云：'芣，两刃臿也，或从金，从于〔二〕。'玉篇云：'钌同铧。铧，鍫也。胡瓜切。'"

经一。疑当作"径一尺"。钧、疑当作"钩"。上疑有脱字。禾楼、

〔一〕"木"，原误"本"，据活字本改。

〔二〕"从于"，原误"或从手"，据说文木部删改。

"禾"疑当作"木",备城门篇有"木楼"。**罗石。**"罗"疑当作"絫",声之转。絫石即礧石,见备城门篇。**县荅植内,毋植外。**谓县于荅楼之内也。备城门篇云"楼四植",植即柱也。

杜格,貍四尺,"杜格"义难通,疑当作"柞格"。国语鲁语云"设阱鄂",韦注云:"阱,柞格也。""柞"、"杜"形近而误。周礼雍氏郑注云:"擭,柞鄂也。"庄子胠箧篇〔一〕云"削格罗落罝罘之知多,则兽乱于泽矣",释文引李颐云:"削格所以施罗网也。"柞格、柞鄂、削格,盖皆阱擭之名。旗帜篇有"牲格",疑即此。**高者十尺〔二〕,木长短相杂,兑其上,**苏云:"兑同锐。"**而外内厚涂之。**苏云:"'外内'疑当作'内外',或作'外向'。"案:"外内"无误。

为前行行栈、见备城门篇。**县荅。隅为楼,楼必曲里。**吴钞本作"礼",苏属下"土"读,云:"'曲里土'疑'再重'二字之误。备穴云'为再重楼'是也。"案:"曲里"即"再重"之讹,说详备城门篇。"土"当属下读。**土,五步一,毋其二十畾。**毕云:"'絫'字。"诒让案:"土五步一",盖谓积土也。"毋其二十畾",疑当作"毋下二十畾"。此书"其"字多作"亓",与"下"形近,故互讹。"畾"读为孟子"虆梩"之"虆",古字通用,盛土笼也。见备城门篇。**爵穴,十尺一,**爵穴,制详备城门篇。**下堞三尺,广其外。**堞,旧本讹"壤",吴钞本又讹"坏"。苏云:"'壤'当作'堞',见备城门篇。"案:苏校是也,今据正。**转牖城上,**毕云:"'牖'即傅字。"诒让案:字书无"牖"字,与"傅"形声并远,未详其说。**楼及散与池**"散"疑当作"杀"。**革盆。**见备城门篇。**若转,**疑当作"若傅",谓敌傅城也。**攻卒击其后,煖失,治。**"煖"当为"缓",言不急击敌,则以法治之。**车革火。**未详。此数语与上下文义不相属,疑有讹脱。

凡杀蛾傅而攻者之法,置薄城外,盖于城外植木为藩蔽。薄,

〔一〕"胠箧篇",原误"骈拇篇",据庄子改。
〔二〕"尺",原误"丈",据毕沅刻本改。

备梯篇作“裾”,“裾”当为“椐”之误。毕云:“‘薄’疑即‘薄’字,所谓壁柱。”黄绍箕云:“说文草部:‘薄,林薄也,一曰蚕薄。’荀子礼论篇杨倞注云:‘薄器,竹苇之器。’此书所云椐,盖即编木为藩柂。‘椐’为古声孳生字,‘薄’为甫声孳生字,二字同部,声近义同。”案:黄说是也,亦详前备城门篇,毕说失之。**去城十尺,薄厚十尺。伐操之法,**毕云:“‘操’当为‘薄’。”**大小尽木断之,以十尺为断,离而深貍坚筑之,毋使可拔。**

二十步一杀,有壙,当作“鬲”。毕云:“方言云:‘墱,虞望也。’郭璞注云:‘今云烽火是也。’此从土,俗写耳。说文、玉篇无此字。”案:毕说非是。**厚十尺。**毕云:“备梯云‘杀有一鬲,鬲厚十尺’。”**杀有两门,门广五步,**毕云:“旧脱一‘门’字,据备梯增。步,备梯作‘尺’。”诒让案:门不当有三丈之广,当从“尺”为是。**薄门板梯貍之,勿筑,**毕云:“旧脱‘勿’字,据备梯增。”**令易拔。城上希薄门而置搗。**王引之云:“‘搗’字义不可通,‘搗’当为‘楬’,字之误也。楬,杙也。希与睎同,望也。言望薄门而立杙也。备梯篇‘置楬’作‘直桀’,置、直,楬、桀,并通。广雅:‘楬,杙也。’尔雅:‘鸡栖于弋为桀。’”

县火,四尺一椅,当作“檝”,毕云:“备梯作‘钩檝’。”**五步一灶,灶门有炉炭。传令敌人尽入,**毕云:“旧作‘人’,以意改。”**车火烧门,**车,备梯篇作“煇”,此疑“熏”之误,详备城门篇。**县火次之,出载而立,**毕云:“旧脱‘出’字,据备梯增。”**其广终队,两载之间一火,皆立而待鼓音而然,**毕云:“‘待’旧作‘侍’,以意改。”诒让案:旧本作“燃”,俗字,今据吴钞本正。苏读“待”字句,云“‘鼓音’上当有‘听’字”,非。**即俱发之。敌人辟火而复攻,**小尔雅广言云:“辟,除也。”此谓敌人屏除所发之火,复从旧隧而来攻,故下云“县火复下”也。备梯篇作“除火”,与此义正同。王引之读“辟”为“避”,苏读同,并非。**县火复下,敌人甚病。**

敌引哭而榆,榆,毕本作“去”,云:“旧作‘榆’,音之讹,据备梯改,备梯多有微异。”俞云：“‘哭’当作‘师’。说文帀部‘师’古文作‘𠦃’，形与‘哭’相似，故‘师’误为‘哭’也。”案：俞说近是。“榆”、“去”音不甚近，疑当为“逃”之借字，古兆声、俞声字多互通，如诗小雅鹿鸣“示民不恌”，毛传云“恌，偷也”，可证。**则令吾死士左右出穴门击遗师，**“遗”当作“遁”，苏谓“溃”之误，亦通。**令贲士、主将皆听城鼓之音而出，**“贲士”即奔士也，王引之谓“贲”当作“者”，即“诸”之省，未塙，详备梯篇。**又听城鼓之音而入。因素出兵将施伏，**苏云：“‘素’当作‘数’。”案：“素”不误，详备梯篇。**夜半而城上四面鼓噪，敌人必或，**毕云：“‘人’旧作‘之’，据备梯改。或与惑同。”**破军杀将。以白衣为服，**毕云：“旧脱‘白’字，据备梯增。”**以号相得。**

墨子间诂卷十五

迎敌祠第六十八

敌以东方来，迎之东坛，坛高八尺，月令郑注云："木生数三，成数八。"**堂密八，**盖堂为多角形。尔雅释山云："山如堂者，密。"郭注引尸子云"不知堂密之有美枞"。俞云："'密'字无义，疑当作'宓'。说文穴部：'宓，深也。'谓堂深八尺也。不言尺者，蒙上而省。'宓'、'密'相似，因误为'密'矣，下并同。"**年八十者八人，主祭青旗，青神长八尺者八，弩八，八发而止，将服必青，其牲以鸡。**月令注云："鸡，木畜。"**敌以南方来，迎之南坛，坛高七尺，**月令注云："火生数二，成数七。"**堂密七，年七十者七人，主祭赤旗，赤神长七尺者七，弩七，七发而止，将服必赤，其牲以狗。**贾子新书胎教篇："青史氏记云：南方其牲以狗，狗者南方之牲也。"此与彼合。月令"犬属秋"，注云："犬，金畜。"与此异。**敌以西方来，迎之西坛，坛高九尺，**月令注云："金生数四，成数九。"**堂密九，年九十者九人，主祭白旗，素神长九尺者九，弩九，九发而止，将服必白，其牲以羊。**贾子云："西方其牲以羊，羊者西方之牲也。"此与彼合。月令"羊属夏"，注云："羊，火畜。"与此异。**敌以北方来，迎之北坛，坛高六尺，**月令注云："水生数一，成数六。”**堂密六，年六十者六人，主祭黑旗，黑神长六尺者六，弩六，六发而止，将服必黑，其牲以彘。**月令注云：“彘，水畜。”毕云：“已上与黄帝兵法说同，见北堂书钞。”诒让案：孔丛子儒服篇孔子高对信陵君问祈胜之礼，云“先使之迎于適所从来之方为坛，祈克于五帝，衣服随其方色，执事人数从其方之数，牲则用其方之牲”，即本此。**从外宅诸名大祠，**“从（從）”当作“徙”，形近而误。谓城外居宅及大祠，寇至，则徙其人及神主入内也。**灵巫或祷焉，给祷牲。**

凡望气，有大将气，茅坤本有“有中将气”四字。**有小将气，有往气，有来气，有败气，**毕云：“今其法存通典兵风云气候杂占[一]也。”**能得明此者可知成败吉凶。举巫、医、卜有所，**谓巫、医、卜居各有所。或读“有所长”句，亦通。**长具药，**医之长，掌具药备用。**宫之，**疑当作“宫养之”，今本脱“养”字。号令篇云“守入城，先以候为始，得辄宫养之”，可证。**善为舍。巫必近公社，必敬神之。巫、卜以请守，**茅本“请”作“诸”。“守”上当依王校增“报”字。案：“巫卜”下亦当有“望气”二字。**守独智巫、卜望气之请而已。**三略中略云：“禁巫祝不得为吏士卜问军之吉凶。”旧本“气”误在“之”字下。毕云：“智、知同。言望气之请唯告守独知之。”王云：“‘请’皆读为情。墨子书通以请为情，此文当作‘巫卜以请报守，守独智巫卜望气之请而已’。智与知同，言巫卜以情报守，巫卜望气之情唯守独知之而已，勿令他人知也。号令篇曰‘巫祝史与望气者必以善言告民，以请上报守，守独知其请而已’，是其证。旧本脱‘报’字，‘气之’二字又误倒，则义不可通。”案：王校是也，苏校同，今据乙。**其出入为流言，惊骇恐吏民，谨微察之，**王云：“说文：‘覹，司也。’‘司’今作‘伺’，‘覹’字亦作‘微’。史记廉颇蔺相如传曰‘赵使人微捕，得李牧’，汉书游侠传‘使人微知贼处’，师古曰：‘微，伺间之也。’”案：亦详号令篇。**断，罪不赦。**说文

〔一〕“占”，原误“古”，据毕沅刻本改。

斤部云："断，截也。"车部云："斩，截也。"又首部云："𩠐，截也。"三字同训。此"断"盖即"𩠐"字，亦即"斩"也。商子赏刑篇云"晋文公断颠颉之脊以徇"。**望气舍近守官。**官，谓守所治官府，茅本作"宫"。**牧贤大夫及有方技者若工，弟之。**"牧"当为"收"之误。"工"谓百工。**举屠、酤者，**苏云："酤与沽通，卖酒也。"**置厨给事，弟之。**毕云："言次第居之，古次第字只作弟。"案："弟"疑当为"䄸"之省，䄸与秩同，言廪食之，毕说未允。

凡守城之法，县师受事，周礼地官有县师，上士二人，若有军旅之戒，则受法于司马，以作其众庶及马牛车辇，会其车人之卒伍，使皆备旗、鼓、兵器，以帅而至，侯国盖亦有此官，战国时犹沿其制也。**出葆循沟防，筑薦通涂，**薦与荐通。左〔一〕哀八年传"栫之以棘"，杜注云："雍也。"释文云："栫，一作'荐'。"筑荐通涂，谓雍塞通达之涂也。**修城。百官共财，**苏云："'共'读如供。"**百工即事，司马视城脩卒伍。**吴钞本"视"作"施"，"脩"作"修"。**设守门，**苏云："'门'下疑脱一'阉'字。"案：苏说非。**二人掌右阉，**旧本"二"误"三"。俞云："左右人数不应有异，疑'三人'是'二人'之误。盖门之启闭，皆四人守之。启则有左右之分，故曰'二人掌右阉，二人掌左阉'。及闭，则无左右之分，故止曰'四人掌闭'也。"案：俞说是也，茅本正作"二人"，今据正。**二人掌左阉，**阉，阖之借字，犹耕柱篇"商奄"作"商盖"。说文门部云："阖，门扇也。"左右阖，即谓门左右扉。苏读"掌右"、"掌左"句，误。**四人掌闭，百甲坐之。**左文十二年传云"裹粮坐甲"，荀子正论篇云"庶士介而坐道"。俞云："'百'乃'皆'字之误，言守门者皆甲而坐也。"案："百"字不误，城下门百甲，城上步一甲，文正相对。**城上步一甲、一戟，**备城门篇云"城上楼卒，率一步一人"。**其赞三人。**小尔雅广诂云："赞，佐也。"三人为甲戟士之佐，合之五人而分守五步，非一步有五人也。**五步有五长，十步有什长，百步有百长，**即备城门篇之

〔一〕"左"下原衍"传"字，据活字本删。

"帛尉"也。**旁有大率**,即旗帜篇四面四门及左右军之将,分守四旁。**中有大将**,即旗帜篇中军之将。**皆有司吏卒长。城上当阶,有司守之。移中中处**,"移中"不可解,疑当为"多卒"之误。盖城上每步一甲,城下每门百甲,此外多余者为多卒,犹言羡卒也。旗帜篇云"多卒为双兔之旗",商子境内篇云"国尉分地,以中卒随之"。**泽急而奏之。**毕云:"言居中者泽急事奏之,'泽'当为'择'。"俞云:"毕校是也,惟未解'奏'字之义。史记萧相国世家索隐曰:'奏者,趋向之也。'择急而奏之,谓有急则趋向也。"**士皆有职。城之外,矢之所遝**,遝,旧本作"还",苏云:"还犹至也。"王云:"'还'当为'遝',谓矢之所及也,下同。"案:王校是也,今据正,说详非攻下篇。**坏其墙,无以为客菌。**菌犹言翳也。周书王会篇有菌鹤,孔注云"菌鹤可用为旌翳",是菌有翳蔽之义。苏云:"菌疑与梱义通,意言城外有墙,是令敌人得障蔽以避矢,宜急坏之。"**三十里之内,薪、蒸、水皆入内。**水无入内之理,当为"木",上又脱"材"字。薪蒸,细木;材木,大木也。杂守篇云"材木不能尽入者,燔之",是其证。**狗彘豚鸡食其宍,**毕云:"宍,肉字异文。广韵云:'肉,俗作宍。'"**敛其骸以为醢**,说文酉部云:"醢,肉酱也。"尔雅释器云:"肉谓之醢,有骨者谓之臡。"臡醢亦通偁。**腹病者以起。**吕氏春秋直谏篇高注云:"起,兴也。"谓病瘉而兴起。但审校文意,似谓肉醢等当以养病者,则"病者"当为守圉受伤之人,不宜专举腹病,此似有讹字。窃疑"腹"或当为"腝",即"臡"之正字,属上"醢腝"为句,于义较通也。**城之内薪蒸庐室,矢之所遝**,旧本亦作"还",今据王校改。**皆为之涂菌。**苏云:"涂菌所以避矢。涂、塗同。"**令命昏纬狗纂马掔纬。**后汉书张衡传李注云:"纂,系也。"说文手部云:"掔,固也。"大戴礼记夏小正"农纬厥耒",传云:"纬,束也。"言纬纂必坚固。苏云:"纬,束也。掔,苦闲切,音悭,固也,又牵去也,与牵通。言作必防闲狗马,勿令惊逸。"诒让案:掔、牵古通,然此"掔"当读如字,似无牵义。**静夜闻鼓声而諺,**毕云:"'譟'字异文。"诒让案:周礼大司马云"鼓皆駴,车徒皆譟",郑注云:"譟,谨也。”所以阉客之气也，毕云：“阉，遏也。”所以固民之意也，故时謲则民不疾矣。“凡守城之法”以下至此，疑他篇之文错箸于此。

祝、史乃告于四望、山川、社稷，祝史，谓大祝、大史也。周礼大宗伯郑注云：“四望，五岳、四镇、四渎。”案：山川，盖谓中小山川在竟内者。先于戎，“先于戎”未详，疑当作“先以戒”，下文云“先以挥”，文例同。乃退。公素服誓于太庙，曰：“其人为不道，苏云：“‘其人’疑当作‘某人’。”案：苏校是也，孔丛子正作“某人不道”。不脩义详，脩，吴钞本作“修”。毕云：“详、祥同。”唯乃是王，疑当作“唯力是正”。“力”、“乃”，“正”、“王”，形并相近。明鬼下篇云“诸侯力正”。曰：‘予必怀亡尔社稷，苏云：“‘怀’疑当作‘坏’。”案：怀犹言思也，似不误。灭尔百姓。’二参子尚夜自厦，毕云：“当为‘厉’。”苏云：“‘参’即‘三’，下‘参发’义同。‘尚’下当脱‘夙’字，或‘尚’即‘夙’字之讹。”诒让案：孔丛子云“二三子尚皆同心，比力死守”，与此略同。以勤寡人，和心比力兼左右，各死而守。”“兼”下疑脱一字。毕云：“左右，助也。”既誓，公乃退食。舍于中太庙之右，茅本“太”作“大”。中太庙，侯国太祖之庙也。仪礼聘礼贾疏说诸侯庙制云：“太祖之庙居中，二昭居东，二穆居西，庙皆别门。”祝、史舍于社。百官具御，乃斗，毕云：“疑‘刀斗’字。”案：“斗”疑“升”之误。下云“乃下，出俟，升望我郊，乃命鼓，俄升”，此“乃升”与“乃下”文正相对。公舍在太庙右，则升殆即格于庙与？鼓于门，毕云：“‘门’旧作‘问’，以意改。”诒让案：孔丛子云“乃大鼓于庙门，诏将帅命卒，习射三发，击刺三行，告庙用兵于敌也”，依彼文则上“斗”字当作“大”，未详。右置旂、左置旌于隅，练名，谓门左右隅，一置旂，一置旌也。毕读“右”属上“鼓于门”为句，误。说文糸部云：“练，湅缯也。”名、铭古今字。谓以练为旂旌之旒，而书名于上也。尔雅释天说旌旂云：“纁帛縿，练旒九。”仪礼士丧礼云：“为铭各以其物，亡则以缁，长半幅，赪末长终幅，广三寸，书名于末。”郑注云：“铭，明旃也。今文铭皆为名。"周礼司勋云"铭书于王之大常"。是凡旃旗之属通谓之铭。此作"名",与礼今文正同。说文亦无"铭"字。**射参发,告胜,五兵咸备。**"五兵",详节用上篇。**乃下,出挨,**毕云:"当为'俟'。"**升望我郊。**侯国宫庙有门台,故可升望国郊。**乃命鼓,俄升,**公羊桓二年何注云:"俄者,谓须臾之间。"**役司马射自门右,**"役司马",盖官名,掌徒役者。**蓬矢射之,茅参发,**"茅"当为"矛"。苏属上读,云"似言束茅而射之",误。**弓弩继之,校自门左,**校,盖军部曲吏。管子度地篇有部校长官。商子境内篇云:"军爵,自一级以下至小夫,命曰校徒操士。"战国策中山策云"五校大夫",高注云:"五校,军营也。"又秦策云"亡五校"。"校"下疑脱"射"字。**先以挥,**不箸其兵,疑有佚脱。**木石继之。祝、史、宗人告社,**左传哀二十四年杜注云:"宗人,礼官也。"案:即周礼大小宗伯,侯国及都家并有之。**覆之以甑。**说文瓦部云:"甑,甗也。"此盖厌胜之术,未详其义。

旗帜第六十九

毕云:"说文云:'旗,熊旗五游,以象罚星,士卒以为期。'释名云:'熊虎为旗,军将所建,象其猛如虎,与众期其下也。''帜'当为'织',诗'织文鸟章',笺〔一〕云:'徽织也。'陆德明音义音'志',云'又尺志反',又作'识'。案汉书亦作'志',而无从巾字。"王改"帜"并为"职",云:"墨子书'旗识'字如此,旧本从俗作'帜',篇内放此。"案:"帜"正字当作"识",号令、杂守二篇"微职"字并作"职"者,假借字也。王校甚是。但司马贞、玄应所引并作"帜",则唐本如是,以相承已久,未敢辄改。

守城之法,木为苍旗,火为赤旗,薪樵为黄旗,石为白

〔一〕"笺",毕注原作"传"。按:所引见诗小雅六月郑玄笺,今据改正。

旗，毕云："北堂书钞引作'金为白旗，土为黄旗'。"案：毕据明陈禹谟改窜本书钞，不足冯，景宋钞本无。**水为黑旗，食为菌旗，**自仓英旗以上七旗，并以色别，"菌"非色名，疑当为"茜"。说文草部云："茜，茅蒐也。"茅蒐可以染绛。字或作"蒨"，左定四年传"绮茷"，杂记郑注引作"蒨旆"。**死士为仓英之旗，**苏云："'仓英'当即苍鹰。"俞云："仓英之旗乃青色旗，'仓英'即沧浪也。在水为沧浪，在竹为苍筤，并是一义。此又作'仓英'者，英古音如央，故与浪同声。"案：俞说是也。**竟士**竟，竞之借字。逸周书度训篇云"扬举力竟"，亦以"竟"为"竞"。毕云："犹云强士。"苏云："犹言劲卒。"**为雩旗，**毕云："虎字假音。"王云："'雩'即'虎'之讹，非其假音也。钞本北堂书钞武功部八引此为'虎旗'，上脱二字，而'虎'字则不误。通典兵五亦曰'须战士锐卒，举熊虎旗'。隶书'虎'字或作'凧'，见汉毂坑君神祠碑阴，与'雩'字相似而误。"**多卒为双兔之旗，五尺男〔一〕子为童旗，**五尺，谓年十四以下，详杂守篇。**女子为梯末之旗，**苏云："'梯'未详，疑当作枯杨生稊之'稊'。"**弩为狗旗，戟为莅旗，**"莅"，疑即"旌"字。月令"季秋载旌旐"，淮南子时则训"旌"作"茬"。"茬"、"莅"皆"旌"之讹。隶书"旌"或作"挓"，形相近。周礼司常九旗，"析羽为旌"。毕云："北堂书钞引作'林旗'。"**剑盾为羽旗，**盖即司常九旗之"全羽为旞"。**车为龙旗，**毕云："旧作'垄'，据北堂书钞改。车，彼作'舆'。"诒让案：旧钞本书钞仍作"车"，与今本同。**骑为鸟旗。**"骑"谓单骑，亦见号令篇。左传昭二十五年"左师展将以公乘马而归"，孔疏云："古者服牛乘马，马以驾车，不单骑也。至六国之时始有单骑，苏秦所云'车千乘、骑万匹'是也。曲礼云'前有车骑'者，礼记汉世书耳，经典无'骑'字也。刘炫谓此左师展欲共公单骑而归，此骑马之渐也。"案：单骑盖起于春秋之季，而盛于六国之初，故此书及吴子并有之。**凡所求索，旗名不在书者，皆以其形名为旗。城上举旗，备具之官致财物，**

〔一〕"男"，原误"童"，据毕沅刻本改。

句。**之足而下旗**。俞云："下'之'字衍，文本作'足而下旗'，盖城上举旗，则备具之官各致其财物，既足而后下旗也。'之'字即'足'字之误而复者，当删。"诒让案："之"当作"二"，即"物"之重文。"物足而下旗"，言致财物既足其城上之用，则偃下其旗也。

凡守城之法，石有积，樵薪有积，菅茅有积，茅，吴钞本作"茆"。说文草部云："菅，茅也。"陆玑毛诗草木疏云："菅似茅而滑泽无毛，柔韧宜为索。"茆、茅古字亦通。**雚苇有积，**说文草部云"雚，薍也"，"苇，大葭也"，雈部云"雚，小爵也"，音义并别。此"雚"当为"雚"，经典省作"萑"，或挹作"雚"，非是。周礼司几筵"萑席"，唐石经初刻亦误作"雚"。**木有积，炭有积，沙有积，松柏有积，蓬艾有积，麻脂有积，金铁有积，粟米有积，**王云："'金铁'当为'金钱'，字之误也。金钱、粟米，皆守城之要物，故并言之。若铁则非其类矣。号令篇曰'粟米、钱金、布帛'，又曰'粟米、布帛、钱金'，杂守篇曰'粟米、布帛、金钱'，皆其证。太平御览居处部二十引此正作'金钱'。"**井灶有处，**毕云："通典守拒法云'城上四队之间，各置八旗。若须木檑拯板，举苍旗；须灰炭稃铁，举赤旗；须檑木樵苇，举黄旗；须沙石甎瓦，举白旗；须水汤不洁，举黑旗；须战士锐卒，举熊虎旗；须戈戟弓矢刀剑，举鸷旗；须皮毡麻鍱锹钁斧凿，举双兔。城上举旗，主当之官随色而供'，亦其遗法。"**重质有居，**毕云："言居其妻子。"**五兵各有旗，节各有辨，**说文刀部云："辨，判也。"凡符节判析其半，合之以为信验。荀子性恶篇云"辨合符验"。周礼小宰"傅别〔一〕"，朝士"判书"，郑注引故书"别"、"判"并作"辨"，声义并相近。**法令各有贞，**广雅释诂云："贞，正也。"又疑或为"员"之讹。苏云"'贞'为'其'字之讹"，非。**轻重分数各有请，**请与诚通。**主慎道路者有经。**慎，循之假字，谓循行道路也。周礼"体国经野"，郑注云："经，谓为之里数。"

〔一〕"傅别"，原误"传别"，据周礼改。

亭尉各为帜，竿长二丈五，亭尉，即备城门篇之“帛尉”及迎敌祠篇之“百长”也。**帛长丈五，广半幅者大。**毕云：“太平御览引云‘凡帜帛长五丈，广半幅’。”案：史记高祖纪索隐引墨翟曰“帜帛长丈五，广半幅”，一切经音义五云“墨子以为长丈五尺、广半幅曰帜也”，并即据此文，是唐本已如此，御览不足据。后文城将帜五十尺，以次递减至十五尺止，亭尉卑，自当丈五尺，不宜与城将等也。又“者大”，毕本据惠士奇礼说改为“有大”，属下“寇傅攻前池外廉”为句。案：“者”字不误，“大”当为“六”，二字形近。下文“大城”，“大”又讹“六”，可互证。六即亭尉帜之数，盖每亭为六帜，以备寇警缓急举踣之用。下文举一帜至六帜，解如数踣之，并以六为最多，故此先著其总数也。惠、毕并误改其文，又失其句读。**寇傅攻前池外廉，**廉，边也，详杂守篇。**城上当队鼓三，举一帜；到水中周，**周、州声近通用，俗又作“洲”。说文川部云：“水中可居曰州，周绕其旁。”**鼓四，举二帜；到藩，**吴钞本作“蕃”。藩盖池内厓岸，编树竹木为墙落。备城门篇云“冯垣外内，以柴为藩”，即此。杂守篇云“墙外水中为竹箭”，明水在外，墙在内矣。**鼓五，举三帜；到冯垣，**盖卑垣在外堞外者，详备城门篇。**鼓六，举四帜；到女垣，**“女垣”即堞，说文土部云：“堞，城上女垣也。”𨸏部云：“陴，城上女墙，俾倪也。”此女垣在冯垣内，大城外，盖即号令篇之“女郭”，备城门篇之“外堞”也。备城门篇别有“内堞”。**鼓七，举五帜；到大城，**毕云：“‘大’旧作‘六’，以意改，下同。”**鼓八，举六帜；乘大城半以上，鼓无休。夜以火，如此数。寇却解，辄部帜如进数，**毕云：“言数如此行之，寇去始解，辄部署帜如前也。”王引之云：“‘部’读为踣，谓仆其识也。周官大司马‘弊旗’，郑注曰：‘弊，仆也。’仆、踣、部古字通。吕氏春秋行论篇引诗曰‘将欲踣之，必高举之’，踣与举正相反。故寇来则举识，寇去则踣识也。如进数者，如寇进之识数而递减之。识之数以六为最多，故寇进则自一而递加之，寇退则自六而递减之也。毕以‘部’为‘部署’，失之，又误解‘如进数’三字。”案：王说是也。**而无鼓。**苏云：“言夜以火代帜，鼓数同，寇退则无鼓也。”

城为隆，长五十尺，“城为隆”疑当作“城将为绛帜”。“绛”、“降”、“隆”声类并同。左成十八年传“魏绛”，乐记孔疏引世本“绛”作“降”，是其证。此以“隆”为“绛”，犹尚贤中篇以“隆”为“降”也。“隆”下又脱“帜”字。周礼司常郑注云：“凡九旗之帛皆用绛。”城将即大将，见号令篇，尊于四面四门之将，故帜高于彼十尺。**四面四门将长四十尺，**号令篇云“四面四门之将，必选择之有功劳之臣及死事之后重者”。戴云“‘将’疑‘墙’字声误”，非。**其次三十尺，其次二十五尺，其次二十尺，其次十五尺，高无下四十五尺。**此“四”字衍。“高无下十五尺”，即冢上“长五十尺”以次递减至此，为极短也。

城上吏卒置之背，王引之云：“‘卒’字涉下文‘吏卒’而衍。下文卒置于头上，则不得又置之背也。又案头上也、肩也、背也、胸也，皆识之所置也。说文：‘徽，识也。以绛帛，箸于背。’张衡东京赋‘戎士介而扬挥’，挥同徽，薛综曰：‘挥谓肩上绛帜。’皆其证。今不言识者，‘城上吏’之上又有脱文耳。”案：王说是也。此置背等并谓吏卒所著小徽识，与上将旗不相冢。下文“城中吏卒民男女皆辨异衣章微，令男女可知”十八字，疑即此节首之脱文，传写误错著于彼，而此小徽识遂与上旗识淆掍不分矣。尉缭子经卒令说卒五章：前一行苍章，置于首；次二行赤章，置于项；次三行黄章，置于胸；次四行白章，置于腹；次五行墨章，置于要。又兵教篇云：“将异其旗，卒异其章。左军章左肩，右军章右肩，中军章胸前，书其章曰某甲某士。”此上文“五十尺”至“十五尺”，即谓将异旗，以下乃言卒异章之事。二书可互证。**卒于头上，城下吏卒置之肩，**毕云：“旧作‘眉’，据礼说改，下同。”**左军于左肩，**毕云：“‘左军’旧作‘在他’，据礼说改。”王云：“下当有‘右军于右肩’五字，而今本脱之。”案：吴钞本亦作“在他”，道藏本作“在也”。以字形审之，疑当作“左施于左肩，右施于右肩”。**中军置之胷。**毕云：“此俗字，当为‘匈’或‘肾’。”**各一鼓，中军一三。**未详，疑当作“中军三”，言鼓多于左右军。“一”衍文。**每鼓三、十击之，**三、十击之，谓或三击，或十击，多少之数不过此也。号令篇云“中军疾击鼓者三”，又云“昏鼓鼓十，诸门亭皆闭之”。**诸有鼓之吏谨以次应之，当应鼓而不应，不当应而应鼓，**旧本作“不当应而不应鼓”，王云：“此当作‘当应鼓而不应鼓，不当应鼓而应鼓’，今本上下二句皆脱一‘鼓’字。”苏云：“下句当云‘不当应而应’，‘不’字衍。”案：苏校是也。道藏本、吴钞本“应鼓”上正无“不”字，今据删。王校增字太多，未塙。末“鼓”字或当属下读。**主者斩。**毕云：“言罪其鼓主。”

道广三十步，于城下夹阶者各二，其井置铁瓁。于道之外毕云：“说文云：‘瓁，弓曲也。’”王引之云：“‘弓曲’之义与‘铁’字不相属，且井旁亦非置弓之处，窃谓‘瓁’乃‘瓮’字之讹。瓮读若瓮，备城门篇云‘百步一井，井十瓮’，故曰‘其井置铁瓮’。”**为屏，**屏所以障圂。开元占经甘氏外官占“甘氏云：天溷七星，在外屏南”，注云：“天溷，厕也。外屏所以障天溷也。”史游急就篇云：“屏厕清溷粪土壤。”**三十步而为之圜，**亦当作“圂”。**高丈。为民圂，垣高十二尺以上。巷术周道者，**说文行部云：“术，邑中道也。”“周道”详备城门篇。言巷术通周道者。**必为之门，**毕云：“‘必’旧作‘心’，以意改。”**门二人守之，非有信符，勿行，不从令者斩。**自“巷术周道者”至此，并与旗帜无涉，疑它篇之错简。

城中吏卒民男女，皆葕异衣章微，王引之云：“‘葕’字义不可通，‘葕’当为‘辨’，‘辨异’二字连文。周官小行人曰‘每国辨异之’。隶书‘辨’字或作‘㛹’，见汉李翕析里桥郙阁颂，因讹而为‘葕’。”王念孙云：“‘衣章微’当作‘衣章微职’。说文：‘微，识也。’墨子书‘微识’皆作‘微职’，见号令、杂守二篇。章亦微识之类也，故齐策云‘变其徽章’，徽亦与微同。此言男女之衣章微识皆有别也，故曰‘皆辨异衣章微职，令男女可知’。且此篇以旗职为名，则当有职字明矣。今本‘辨’讹作‘葕’，‘微’下又脱‘职’字，故义不可通。”案：王校是也。苏引类篇曰“蔓，葕也”，非。**令男女可知。**此十八字疑当在上文“城上吏卒置之背”之首，错简在此。

诸守牲格者，牲格，盖植木为养牲阑格，守城藩落象之，因以为名。

备蛾傅篇云："杜格貍四尺，高者十尺，木长短相杂，兑其上，而外内厚涂之。"疑亦即此。彼"杜格"当为"柞格"，或此"牲"亦当作"柞"。"牲"、"杜"、"柞"形并相近。**三出郤適，**毕云："却，玉篇云'郤字之俗'。"**守以令召赐食前，**"守"即号令篇之太守。"以令"亦屡见彼篇，言传令来前赐食。**予大旗，**予，毕本以意改"矛"，属上读。苏云："予、与通用，毕误。"**署百户邑若他人财物，建旗其署，令皆明白知之，曰某子旗。**尉缭子兵教上篇云："乃为之赏法，自尉、吏而下尽有旗，战胜得旗者，各视其所得之爵，以明赏劝之心。"左哀十三年传云："弥庸见姑蔑之旗，曰：吾父之旗也。"**牲格内广二十五步，外广十步，表以地形为度。**俞云："'表'乃'袤'字之误。备穴篇'凿广三尺，表二尺'，王氏订'表'为'袤'之误，正与此同。"

靳卒，中教解前后左右，"靳"疑当作"勒"。尉缭子有勒卒令，汉书晁错传云："士不选练，卒不服习，起居不精，动静不集，趋利弗及，避难不毕，前击后解，与金鼓之音相失，此不习勒卒之过也。"盖谓部勒兵卒，将居中而教其前后左右。"解"字疑误。**卒劳者更休之。**休，旧本作"修"，今据吴钞本、茅本正。

号令第七十

苏云："墨子当春秋后，其时海内诸国自楚、越外，无称王者，故迎敌祠篇言'公誓太庙'，可证其为当时之言。若号令篇所言令丞尉、三老、五大夫、太守、关内侯、公乘，皆秦时官，其号令亦秦时法，而篇首称王，更非战国以前人语，此盖出于商鞅辈所为，而世之为墨学者取以益其书也。倘以为墨子之言，则误矣。"案：苏说未塙，令丞尉、三老、五大夫等制并在商鞅前，详篇中。

安国之道，道任地始，礼记礼器郑注云："道犹从也。"**地得其**

任则功成,地不得其任则劳而无功。人亦如此,备不先具者无以安主,吏卒民多心不一者皆在其将长。言责在将与长也。诸行赏罚及有治者,必出于公王〔一〕。毕云:"'公'旧作'功',一本如此。"案:茅本亦作"公",道藏本、吴钞本并作"功"。此对上"将长"为文,疑当作"王公"。下文云"出粟米有期日,过期不出者,王公有之",是其证,传写误倒耳。毕读以"王"字属下句,亦通。数使人行劳,赐守边城关塞、备蛮夷之劳苦者,举其守率之财用有余、不足,"率"疑"卒"之误。地形之当守边者,其器备常多者。边县邑,视其树木恶,则少用;言材木不足其用。田不辟,毕云:"辟假音字。"少食;田荒农惰,则食不足。无大屋、草盖,少用桑;毕云:"言无大屋之处当留桑以为荫。一本作'乘',非。"案:桑,道藏本、茅本并作"来",俗"桑"字。说文草部云:"盖,苫也。"释名释宫室云:"屋以草盖曰茨。茨,次也,次比草为之也。"草盖,谓以草盖屋。"少用桑"当作"少车乘"。"乘"、"来"形相近,"车"、"用"涉上而讹。言室恶民贫,则不能畜车乘马牛也。毕沿误为说,殊谬。多财,民好食。下有脱误。为内牒,"牒"疑"堞"之误。"内堞"见备城门篇。毕引说文云"牒,札也",非此义。内行栈,亦见备城门篇。置器备其上。城上吏、卒、养"养"即厮养之养。公羊宣七年何注云:"炊亨曰养。"苏云"'养'谓粮食",误。皆为舍道内,各当其隔部。吴钞本作"步"。太白阴经司马穰苴云:"五人为伍,二伍为部。"部,队也。隔部,即城上吏卒什人所守分地,皆有隔以别其疆界。下云"人自大书版,著之其署隔",则凡署皆有隔。养什二人。十人为什,言每卒十人则有养二人。吉天保孙子集注引曹操云:"一车驾四马,养二人,主炊,步兵十人。"亦十步卒二养,与此略同。为符者曰养吏一人,养吏,吏掌养为符信者。辨护诸门。辨护,犹言监治也,亦见周礼大祝、山虞郑注。山虞贾疏引尚

〔一〕"公王",原作"王公",据活字本改。按:宣统本误倒。

书中候握河纪云"尧受河图,稷辨护",注云:"辨护者,供时用,相礼仪。"案:"辨"即今辨治字。汉书李广传颜注云:"护谓监视之。"此"养吏""辨护诸门",亦谓辨治监视诸守门之事,与中候注义小异。毕云:"'辨'即今办(辦)字正文。"**门者及有守禁者皆无令无事者得稽留止其旁,**旧本重"稽"字,又"止"作"心",道藏本、吴钞本、茅本"稽"字并不重。毕云:"'心'当为'必',或衍一'稽'字。"王引之亦删"稽",又云:"改'心'为'必',义仍不可通。'心'当为'止',言勿令无事者得稽留而止其旁也。隶书'止'、'心'相似,故'止'讹为'心'。"案:王校是也,苏说同,今据删正。倭刻茅本校云"心,一作'止'",正与王校同。**不从令者戮。敌人但至,**但,茅〔一〕本作"徂",从且,疑"且"字之误。**千丈之城,**千,茅本作"十",下文仍作"千"。杂守篇云"率万家而城方三里",此云"千丈",为方五里有奇,盖邑城之大者。尉缭子守权篇云"千丈之城,则万人守之",战国策赵策云"今千丈之城、万家之邑相望也",齐策亦云"千丈之城,拔之尊俎之间"。毕云"'千'当为'十'",失之。**必郭迎之,**旧本"迎"作"近",毕云:"当为'迎之'。"案:毕校是也,今据正。**主人利。不尽千丈者勿迎也,视敌之居曲**毕云:"言所居曲隘。"诒让案:曲,部曲。又疑"与"之误。**众少而应之,此守城之大体也。其不在此中者,皆心术与人事参之。**"心"疑当作"以"。**凡守城者,以亟伤敌为上,**亟,旧本讹"函",今据王校正,说详鲁问及备城门篇。毕云:"言扞御伤敌。"**其延日持久以待救之至,明于守者也,**倭本校云:"'至'下脱'不'。"**不能此,**苏云:"'不'疑当作'必'。"**乃能守城。**

守城之法,敌去邑百里以上,城将如今毕云:"当为'令'。"王引之云:"如犹乃也。言敌人将至,城将乃今召五官百长而命之也。下文曰'辅将如今赐上卿',与此文同一例,则'今'非'令'之讹。"案:毕说是也。此

〔一〕"茅",原误"旧",据活字本改。按:孙注凡言"旧本",均指所据之底本,即毕沅刻本;凡言"茅本",指日本宝历七年翻刻茅本。字作"徂"者实为宝历本,即孙所谓"茅本"。

书军吏，有城将，即大将；有辅将，即四面四门之将。地治之吏，有守，有令，有丞，有尉，有五官。凡守城之事，皆城将及守令主之，并详后。如令犹言若令，下文"如今"亦"如令"之讹，王说失之。**尽召五官及百长，**五官，盖都邑之小吏。周制，侯国有五大夫，因之都邑亦有五官。韩非子十过篇云赵襄子至晋阳，"行其城郭及五官之藏"，此即都邑之五官，殆如后世吏有五曹之类。后文吏有比丞、比五官，则五官卑于丞也。又左传成二年晋军帅之下，有司马、司空、舆师、候正、亚旅。成十八年及晋语，悼公命官，别立军尉，而无亚旅。成二十五年传又谓之"五吏"。淮南子兵略训说在军五官，有司马、尉、候、司空、舆，与晋制同。窃疑此"五官"亦与彼相类。后文有尉都司空候，或即五官之名与？亦详节葬〔一〕篇。**以富人重室之亲，舍之官府，**府，旧本讹作"符"，王引之云："'符'当为'府'，言舍富人重室之亲于官府也。下文云'其有符传者，善舍官府'，是其证。篇内言'官府'者多矣，若云'舍之官符'，则义不可通。此涉上下文诸'符'字而误。"案：王校是也，苏说同，今据正。**谨令信人守卫之，谨密为故。**俞云："故犹事也。言务以谨密为事也。备梯篇'以静为故'，备穴篇'以急为故'，义与此同。毕属下读，失之。"

及傅城，及傅，旧本讹作"乃传"。毕云："言守符谨密，必有故乃传用也。"俞云："'乃传'当作'及傅'，字之误也。上云'敌去邑百里以上'，此云'及傅城'，其事正相次。'傅'即'蛾傅'之'傅'，备蛾傅篇曰'遂以傅城'是也。毕不能订正，而属上'谨密为故'读之，殊不可通。"案：俞校是也，今据正。**守将营无下三百人，**"守"下道藏本、吴钞本、茅本有"城"字。**四面四门之将，必选择之有功劳之臣及死事之后重者，**苏云："重者，即重室子也。"**从卒各百人。门将并守他门，**谓他小门。**他门之上**毕云："旧脱'门'字，以意增。"**必夹为高楼，使善射者居焉。女郭、冯垣一人一人守之，**"女郭"即"女垣"，以其在大城之外，故谓之郭。释名释宫室云："城上垣亦曰女墙，言其卑小，比之于城若女子之与丈夫

〔一〕"葬"，原误"丧"，据本书改。

也。"旗帜篇云:"到冯垣,鼓六,举四帜;到女垣,鼓七,举五帜。"苏云:"'一人'疑误重。"**使重室子**。室,旧本误"字"。毕云:"言重家之字子,谓富家。"王云:"'重字子'即'重室子'之讹。"案:王校是也,苏校同,今据正。"重室子"见备城门篇。**五十步一击**。文选长杨赋李注引韦昭云:"古文隔为击。"此"击"疑亦署隔之名。苏云:"'击'当作'楼'。"**因城中里为八部,部一吏**,城内为八部吏。**吏各从四人,以行冲术及里中**。毕云:"'冲(衝)'当为'衢',说文云:'通道也。春秋传曰:及衢以戈[一]击之。'"诒让案:此术[二]与旗帜篇"巷术"及后"术衢"义同,与备城门篇"冲术"异。**里中父老小不举守之事及会计者**,"老小"上下疑有脱字。王引之云:"'父老'下不当有'小'字,盖涉下文'老小'而衍。'举'读为'吾不与祭'之'与',与、举古字通,谓里中父老不与守城及会计之事者。"案:王说亦通。苏云"'小'当作'少',谓人少不敷用也",非。**分里以为四部**,此又于一里之中分之为四部。**部一长**,每里四长。**以苛往来不以时行**、周礼射人郑注云:"'苛'谓诘问之。"苏云:"苛,讥诃也。"**行而有他异者,以得其奸。吏从卒四人以上有分者**,此即八部每部之吏也。王引之云:"'分'下当有'守'字,而今本脱之,则文义不明。分守,谓卒之分守者也。下文曰'男女老小先分守者,人赐钱千',是其证。"**大将必与为信符,大将使人行守,操信符,信不合及号不相应者**,苏云:"号即夜间口号。"**伯长以上辄止之**,伯、百通,即上文"百长"。**以闻大将**。毕云:"告大将。"**当止不止及从吏卒纵之,皆斩。诸有罪自死罪以上**,旧本脱"以"字,今从王校补。**皆遝父母、妻子、同产**。旧本"遝"作"还"。王云:"'还'当为'遝',谓罪及父母、妻子、同产也,下文云'归敌者,父母、妻子、同产皆车裂'。"案:王校是也,今据正,说详非攻下篇。

〔一〕"戈"字原脱,据说文补。
〔二〕"术",据文义当作"冲术"。

诸男女有守于城上者，疑当云"诸男子"，备城门篇云"守法：五十步，丈夫十人，丁女二十人，老小十人"，此"男子"即"丈夫"也。下文别云"丁女子"，则此不当兼有女，明矣。什六弩、四兵。苏云："十人为什。兵，戎器也。言十人之中弩六而兵四之。"案：苏说是也。六韬军用篇云"甲士万人，强弩六千，戟橹二千，矛楯二千"，与此率正同。丁女子、老少，人一矛。苏云："丁女子，犹言丁女，见备城门篇。"

卒有惊事，惊读为警。文选叹逝赋李注云："警犹惊也。"苏云："言猝有警急之报。"中军疾击鼓者三，城上道路、里中巷街说文行部云："街，四通道也。"皆无得行，行者斩。女子到大军，令行者男子行左，女子行右，无并行，皆就其守，不从令者斩，离守者三日而一徇，毕云："当为'袀'。众经音义云：'三仓云：袀，遍也。'"苏云："'而'字衍。"诒让案："而一"二字疑皆衍文，此二句皆冢上文而箸其刑。"不从令者斩"，即不从男行左女行右之令也。"离守者"，即不就其守者也，与下文"离守绝巷救火者斩"义同。但无故离守罪重于不从令者，故不惟斩之，且肆其尸三日，所谓"三日袀"也。义亦详后。而所以备奸也。苏云："'而'字衍。"案："而"乃"此"字之误，非衍文。下文云"此所以劝吏民坚守胜围也"，是其证。里舌与皆守宿里门，"里正"即上文"里长"，每里四人。"与皆守"疑当作"与有守者"，下文常见。毕云"当为'与守皆'"，未塙。吏行其部，至里门，舌与开门内吏，苏云："'内'读如纳。"与行父老之守及穷巷幽间无人之处。旧本无"幽"字。俞云："'间'上脱'幽'字，'幽间'二字连文。明鬼篇作'幽涧毋人'，涧即间之假字。天志篇作'幽门无人'，'门'即'间'之坏字。"案：俞说是也，今据增。奸民之所谋为外心，罪车裂。毕云："说文云：'斩，截也。从车，从斤，斩法车裂也。'"案：周礼条狼氏"誓驭曰车轘"，郑注云："谓车裂也。"此刑与斩别，毕引说文未当。舌与父老及吏主部者不得，皆斩；得之，除，毕云："旧脱'得'字，据下文增。”案：茅本“得”字不脱。**又赏之黄金，人二镒。**镒，二十四两也，详贵义篇。苏云：“此连坐之法，唯得罪人，则除其罪，且有赏也。”**大将使使人行守，**“使人”当作“信人”，上云“谨令信人守卫之”，下云“大将使信人将左右救之”，皆其证。**长夜五循行，**苏云：“循、徇通用。”**短夜三循行。四面之吏亦皆自行其守，如大将之行，不从令者斩。**

诸灶必为屏，毕云：“旧‘必’作‘火’，‘屏’作‘井’，据艺文类聚改。”**火突高**毕云：“火，艺文类聚引作‘心’。‘突’或‘窔’字，说文云：‘窔，灶窔[一]。从穴，从火，从求省。’玉篇有‘堗’字，徒忽切，云：‘灶堗。鲁仲连子：灶而五堗也。’未详堗、突谁是。案：窔、囱音相近，今人犹呼火窗为烟囱，疑窔义为强。”案：说文本云：“窔，灶突。”广雅释室云：“灶窗谓之堗。”堗、突字同，与窔别。毕说非。**出屋四尺，慎无敢失火，**毕云：“今江浙人家有高墙出屋如屏，云以障火，是其遗制。”**失火者斩其端，失火以为事者**毕云：“言因事端以害人，若今律故犯。”诒让案：端，似言失火所始。“以为事者”，据下文当作“以为乱事者”，此脱“乱”字。**车裂。伍人不得，斩；**伍，吴钞本、茅本作“五”，下并同。毕云：“言同伍不举，罪之。”**得之，除。救火者无敢讙哗，**毕云：“说文云‘讙’、‘哗’转注。”**及离守绝巷救火者斩。**毕云：“绝，言乱。”苏云：“言守绝巷者毋得擅离，盖防他变也。”案：苏说非。**其缶及父老有守此巷中部吏，皆得救之。**“此”当作“者”，二字草书相似，因而致误。部吏，即城中八部部一吏，官尊于里正。或有适居是巷者，亦得救之。**部吏亟令人谒之大将，**毕云：“‘部吏’二字旧倒，据下移。”案：吴钞本不倒。亟，旧本讹“函”，今据茅本正，王校同。苏云：“‘人’乃‘入’之误。”案：“人”字不误。**大将使信人将左右救之，部吏失不言者斩。诸女子有死罪及坐失火皆无有**

〔一〕“窔”字原误重，据说文删。

所失，逮其以火为乱事者如法。汉书淮南厉王长传颜注云："逮，追捕之也。"围城之重禁。以上备火之禁。

敌人卒而至，苏云："卒、猝同。"严令吏民无敢讙嚣、三最并行、王引之云："'最'当为'冣'，冣与聚通，谓三人相聚，二人并行也。说文：'冣，积也。'徐锴曰：'古以聚物之聚为冣。'冣与最字相似，故诸书中'冣'字多讹作'最'。"案：王说是也。苏云"'三最'乃'无敢'二字之讹"，失之。相视坐泣流涕。若视举手相探、说文手部云："撢，远取之也。"相指相呼、相麾道藏本、吴钞本、茅本作"历"。毕云："旧作'历'，以意改。"诒让案：诗大雅无羊云"麾之以肱"，说文手部云："麾，旌旗所以指麾也。"麾，俗摩字。然作"历"义似亦可通，广雅释诂云："历，过也。"又庄子天地篇云"交臂历指"，亦足备一义。相踵、说文止部云："歱，跟也。""踵"即"歱"借字。谓以足跟相蹑也。相投说文手部云："投，擿也。"相击、相靡以身及衣、谓以身及衣相切靡。庄子马蹄篇"喜则交颈相靡"，释文："李云：'靡，摩也。'"易系辞"刚柔相摩"，韩注云："相切摩也。"靡、摩字同。讼駮言语，毕云："说文云：'駮，兽如马。''驳，马色不纯。'据此义当为'驳'。"及非令也而视敌动移者，斩。伍人不得，斩；得之，除。尉缭子伍制令云："伍有干令犯禁者，揭之，免于罪。知而弗揭，全伍有诛。"又云："吏自什长以上至左右将，上下皆相保也，有干令犯禁者，揭之，免于罪。知而弗揭者，皆与同罪。"伍人逾城归敌，伍人不得，斩；与伯归敌，队吏斩；伯，百人也。队吏，即上文之"伯长"、"百长"。与吏归敌，队将斩。队将，即四面四门之将。归敌者，父母、妻子、同产皆车裂；先觉之，除。苏云："言先觉察者，除其罪也。"当术毕云："说文云：'术，邑中道也。'"案：术、隧通作。"当〔一〕术"即备城门篇之"当队"，谓当敌攻城之道也。下云"却敌于术"同，毕说非。需敌，需，吴钞本作"舒"。"需"读为懦，考工

〔一〕"当"字原脱，据活字本补。

记辀人"马不契需",郑众注云:"需读为畏需之需。"需敌,谓却[一]敌也。苏云"需,待也",非。**离地,斩。**毕云:"言离其所。"**伍人不得,斩;得之,除。**

其疾斗却敌于术,敌下终不能复上,疾斗者队二人赐上奉。毕云:"玉篇云:'俸,房用切,俸禄也。'此作'奉',古字。"**而胜围,**戴云:"'而'读为如,'如胜围'句。"**城周里以上,封城将三十里地为关内侯,**毕云:"韩非子显学云'关内之侯虽非吾行,吾必使执禽而朝',史记春申君列传黄歇上书云'韩必为关内之侯',又云'魏亦关内侯',则战国时有关内侯也。"诒让案:战国策魏策"王与窦屡关内侯"。汉书百官公卿表:秦制赏功劳爵二十级,十九关内侯,颜注云:"言有侯号而居京畿,无国邑。"**辅将如令赐上卿,**令,旧本误"今"。苏云:"辅将,城将之次者,犹裨将也。'今'当为'令'。"案:苏说是也,今据正。辅将,即上文四面四门之将也。汉书百官表:县令长皆秦官,皆有丞尉。史记商君传云"集小都乡邑聚为县,置令丞",秦本纪在孝公十二年。国策赵策载赵受上党千户,封县令。则县有令盖七国之通制矣。**丞及吏比于丞者赐爵五大夫,**汉书百官表"秦爵:九,五大夫",颜注云:"大夫之尊也。"吕氏春秋直谏篇,荆文王时有五大夫[二]。战国策赵、魏、楚策亦并有之,则非秦制也。**官吏、豪杰与计坚守者,**毕云:"二字旧倒,以意改。"**十人及城上吏比五官者,**苏云:"'十人'疑'士人'之讹。"案:苏说是也。下文云"诸人士外使者来,必令有以执将","士人"即"人士"也。城上吏,盖即百尉之属,上云"尽召五官及百长"。**皆赐公乘。**汉书百官表"秦爵:八,公乘",颜注云:"言其得乘公家之车也。"**男子有守者爵,人二级,**九章算术衰分篇刘注云"墨子号令篇以爵级为赐",盖即指此文。**女子赐钱五千,**此亦谓有守者。**男女老小先分**

〔一〕正文"需敌",孙注读需为懦,是"需敌"为畏敌之意,注云"谓却敌","却"疑是"怯"之误。却敌是退敌、抵敌之意,非畏敌之谓。

〔二〕孙注举荆文王事,见吕氏春秋长见篇,非直谏篇。

守者人赐钱千，“先”当作“無”。说文“無”古文奇字作“无”，与“先”相似，因而致误。“无分守者”，与上文“有守者”正相对。以其本无分守，故止人赐钱千，与上有守者男子赐爵、女子赐钱五千，轻重异也。复之三岁，无有所与，不租税。汉书高帝纪“蜀汉民给军事劳苦，复勿租税二岁”，颜注云：“复者，除其赋役也。”纪又云“过沛，复其民，世世无有所与”，注云：“与读曰豫。”此所以劝吏民坚守胜围也。

吏卒侍大门中者，此谓城将所居大门。曹无过二人。杂守篇云“守大门者二人，夹门而立”。毕云：“说文云：‘曹，狱之两曹也。在廷东，从㯥。治事者，从曰。’案即两造，‘造’、‘曹’音近。而蜀志杜琼曰‘古者名官职不言曹，始自汉以来名官尽言曹，吏言属曹，卒言侍曹’，非也。”勇敢为前行，伍坐，苏云：“谓五人并坐。”令各知其左右前后。擅离署，戮。门尉昼三阅之，说苑尊贤篇“宗卫相齐罢归，召门尉田饶等二十有七人而问焉”，汉书高祖功臣侯表有“门尉彭跖”，盖亦沿战国之制。尉，吴钞本作“卫”，误。莫，毕云：“说文云：‘莫，日且冥也。’”鼓击门闭一阅。守时令人参之，上逋者名。苏云：“参犹验也。逋，谓离署者。”铺食皆于署，毕云：“此‘铺食’字义当作‘餔’，说文云：‘餔，日加申时食也。’”不得外食。苏云：“言不得离署而他食也。”守必谨微察视谒者、国策齐策“王斗见齐宣王，宣王使谒者延入”，汉书百官公卿表“谒者，掌宾赞受事”，应劭云：“谒，请也，白也。”孙子用间篇云“必先知其守将、左右、谒者、门者、舍人之姓名”。执盾、汉书惠帝纪注：“应劭云：执楯，亲近陛卫也。”高祖功臣侯表有执盾阎泽赤、缯贺、孔藂、某襄、张说。中涓史记高祖功臣侯表集解引汉仪注云：“天子有中涓，如黄门，皆中官者。”国语吴语“涓人畴”，韦注云：“涓人，今中涓也。”史记楚世家作“销人”，韦昭云：“今之中涓是。”说苑奉使篇云“緤北犬敬上涓人”，史记万石君传正义：“如淳云：中涓，主通书谒出入命也。”汉书陈胜传“故涓人将军吕臣为苍头军”，注：“应劭云：‘涓人，如谒者。’”曹参传颜注云：“中涓，亲近之臣，若谒者、舍人之类。涓，洁也，主居中扫洁也。”**及妇人侍前者**侍，旧本讹“待”。苏云：“‘待’当作‘侍’。”是也，今据正。**志意、颜色、使令、言语之请。**苏云：“请读如情。”**及上饮食，必令人尝，皆非请也，击而请故。**苏云：“上句‘请’读如情，下句如字，谓诘问也。”诒让案：“皆”疑“若”之误。末句当作“系而诘故”，谓囚系而诘问其事故也。**守有所不说**吴钞本、茅本作“悦”。**谒者、执盾、中涓及妇人侍前者，守曰断之、**断即斩也，详迎敌祠篇。**冲之、**冲与撞通，说文手部云：“撞，卂〔一〕捣也。”**若缚之，不如令及后缚者，皆断。必时素诫之。**必，吴钞本作“不”。**诸门下朝夕立若坐，各令以年少长相次，旦夕就位，先佑有功有能，**毕云：“‘佑’旧作‘估’，非。此‘右’字，俗加人。”**其余皆以次立。五日，官各上喜戏、居处不庄、好侵侮人者一。**此谓察诸门下侍从吏人之事，然五日既太疏阔，“喜戏、居处不庄、好侵侮人者”又不宜限以人数，于文义终难通。疑当作“日五阅之，各上喜戏、居处不庄、好侵侮人者名”。“阅”与“官”草书相近，“日五”误倒，下脱“之”字，“名”又讹作“一”。杂守篇说“守大门者二人”，“吏日五阅之，上逋者名”，是其证也。

诸人士外使者来，必令有以执将。谓旗章符节之属。毕云：“‘令’旧作‘合’，以意改。将，依义当为‘牂’。”**出而还。若行县，必使信人先戒舍室，乃出迎，门守乃入舍。**“门”当为“闻”，言先告守将乃入舍也。下文云“候以闻守”，是其证。**为人下者常司上之，**毕云：“‘司’即伺字。”王引之云：“司，古伺字也。之读为志。墨子书或以‘之’为‘志’字，见天志中、下二篇。言为人下者，常伺察上人之志，随之而行也。”苏云：“司上之，当言‘伺上所之’。”**随而行，松上不随下。**王引之云：“‘松’读为从。学记‘待其从容’，郑注‘从或为松’，是其例也。言从上不随下也。”**必须□□随。**

〔一〕“卂”原误“凡”，据说文改。卂捣，猛击，此处指笞挞之刑。

客卒守主人，及以为守卫，主人亦守客卒。客卒，谓外卒来助守者。主人，谓内人为守卒者。二者使互相守察，防其为奸谋也。城中戍卒，其邑或以下寇，谨备之，数录其署，汉书董仲舒传颜注云："录，谓存视之也。"苏云："此即'守客卒'之事。盖戍卒之入卫者，或其乡邑已为敌人所取，则必谨防其卒，恐生内变也。以、已通用。"同邑者，弗令共所守。与阶门吏为符，阶吏，即迎敌祠篇所云"城上当阶有司守之"是也。符合入，劳；入，旧本作"人"，今据道藏本正。符不合，牧，守言。苏云："'牧'当作'收'，谓收治之。"案：苏校是也，此当作"收，言守"，谓收而告之守也。后云"亟以疏传言守"。若城上者，城上，吴钞本、茅本作"上城"。衣服他不如令者。下有脱文。

宿鼓在守大门中，周礼修闾氏郑众注云："宿，谓宿卫也。"谓夜戒守之鼓。莫，令骑若使者、操节闭城者皆以执毚。此字误，前耕柱篇"白若之龟"，"龟"，旧本作"毚"。疑此亦当为"龟"之讹。但"执龟"义亦难通，疑当作"执圭"。说文土部云："楚爵有执圭。""圭"、"龟"音相近而讹。此谓使操节闭城者必以有爵者，亦慎重其事也。昏鼓鼓十，诸门亭皆闭之，苏云："上云'莫，鼓击门闭'，即此。"行者断，必击问行故，"击"亦"系"之误。乃行其罪。晨见，掌文鼓纵行者。诸城门吏各入请籥，开门已，辄复上籥。苏云："籥同钥。"诒让案：说文门部作"闟"。月令郑注云："管籥，搏键器也。"孔疏云："管籥以铁为之，似乐器之管籥，措于镤内以搏取其键也。"周礼司门"掌授管键，以启闭国门"，郑司农注云："管，谓籥也；键，谓牡。"有符节，不用此令。寇至，楼鼓五，有周鼓，有读为又，言楼鼓五下，又周遍鼓以警众也。杂小鼓乃应之。尉缭子勒卒令云："商，将鼓也。角，帅鼓也。小鼓，伯鼓也。"小鼓五，后从军，断。命必足畏，赏必足利，令必行，令出辄人随，省其可行、不行。人，旧本讹"入"，今据道藏本、吴钞本、茅本正。"可"字疑衍，言凡出令必以人随，而省察其行不行也。**号**，句。**夕有号**，备梯篇云“以号相得”。倭本校云：“夕，一作‘名’。”**失号，断**。句。**为守备程而署之曰某程**，苏云：“程，式也。”**置署街街衢阶若门**，当作“术街衢”，后文云“屯陈垣外术衢街皆楼”。苏云“‘街’字误重”，非。**令往来者皆视而放**。苏云：“放，依仿也。”诒让案：“放”疑当为“知”。**诸吏卒民有谋杀伤其将长者，与谋反同罪，有能捕告，赐黄金二十斤，谨罪。非其分职而擅取之**，“取之”，旧本倒。王引之云：“‘擅之取’当为‘擅取之’，与‘擅治为之’对文，今‘取之’二字倒转，则文不成义。”案：王校是也，苏校同，今据乙正。**若非其所当治而擅治为之，断。诸吏卒民非其部界而擅入他部界，辄收**，毕云：“旧作‘牧’，以意改。”**以属都司空若候**，汉书百官公卿表“宗正属官有都司空令丞”，如淳云：“都司空，主水及罪人。”说文𠂤部云：“獄，司空也，复说狱司空。”此候为小吏，与后“候敌”之“候”异。都司空、候，疑即五官之二，说详前。**候以闻守，不收而擅纵之，断。能捕得谋反、卖城、逾城敌者一人**，毕云：“当作‘归敌’，脱‘归’字。”**以令为除死罪二人，城旦四人**。汉书惠帝纪注：“应劭云：‘城旦者，旦起行治城，四岁刑也。’”**反城事父母去者**，“事”疑当为“弃”。**去者之父母妻子**。王云：“此下有脱文，不可考。”

悉举民室材木、瓦若蔺石数，瓦，旧本误“凡”。王引之云：“‘凡’字义不可通，‘凡’当为‘瓦’，字之误也。隶书‘瓦’字作‘⺙’，与‘凡’相似。若犹及也，与也。谓民室之材木、瓦及蔺石也。‘材木’、‘瓦’、‘蔺石’，即备城门篇之‘材木’、‘瓦石’、‘蔺石’，又见杂守篇。汉书晁错传曰‘具蔺石，布渠荅’。”案：王说是也，今据正。汉书晁错传注：“服虔云：‘蔺石，可投人石。’如淳云：‘蔺石，城上雷石也。’”李广传作“垒石”。说文㫃部云：“旝，建大木，置石其上，发以机，以槌敌。”**署长短小大，当举不举，吏有罪。诸卒民居城上者**，卒，茅本作“率”。案：上当有“吏”字。**各葆**

其左右，葆，吴钞本作"保"。左右有罪而不智也，毕云："智同知。"其次伍有罪。若能身捕罪人若告之吏，皆构之。顾云："'构'读为购，说文：'购，以财有所求也。'"苏云："构与购同，谓赏也。"若非伍而先知他伍之罪，皆倍其构赏。

城外令任，城内守任。言城外内，守与令分任之。"令"即县令，"守"即太守也。令、丞、尉，亡，得人当，凡守人亡，其所司令、丞、尉当受谴罚者，使得别人当以自赎，即下云"必取寇虏"是也。尉缭子束伍令云："亡伍而得伍，当之；得伍而不亡，有赏；亡伍不得伍，身死家残。"又说"亡长得长，当之"，"亡将得将，当之"。彼法，本伍亡而得别伍之人，则相抵当免其罪。亡长、亡将亦然。与此人当之法小异而大同。满十人以上，令、丞、尉夺爵各二级；百人以上，令、丞、尉免，以卒戍。苏云："言免官而遣戍。"诸取当者，苏云："当，谓其值足以相抵也。"必取寇虏，乃听之。

募民欲财物粟米以贸易凡器者，"以"字疑当在"欲"字下。卒以贾予。苏云："贾、价同。言平其值也。"诒让案：此当作"以平贾予"。杂守篇云"皆为置平贾"，可证。"平"，与隶书"卒"或作"卆"相近而误，今本又到其文，遂不可通。邑人知识、昆弟有罪，虽不在县中而欲为赎，若以粟米、钱金、布帛、他财物免出者，令许之。

传言者十步一人，稽留言及乏传者，断。苏云："稽留，谓不以时上闻。乏传，不为通也。"诸可以便事者，亟以疏传言守。亟，旧本误"函"，下同，今并据茅本正，王校同。汉书苏武传颜注云："疏，谓条录之。"苏云"函，谓封进，防漏泄也"，非。吏卒民欲言事者，亟为传言，请之吏，稽留不言诸者，断。毕云："'诸'当为'请'。"

县各上其县中豪杰若谋士、居大夫毕云："其大夫之家居者。"俞云："'居'乃'若'字之误。若谋士、若大夫，犹言或谋士、或大夫也。秦爵有大夫，有官大夫，有公大夫，有五大夫，是民间赐爵至大夫者多矣，上不能悉知，故使县各上其名也。上文‘关内侯’、‘五大夫’、‘公乘’之名，悉如秦制，则此所谓‘大夫’者，非必如周官之大夫也。”案：毕说近是。**重厚口数多少。**毕云：“重厚，言富厚。”

官府城下吏卒民家，家，吴钞本、茅本作“皆”。**前后左右相传保火。火发自燔，**说文火部云：“燔，爇也。”**燔曼延燔人，**谓延烧他人室。苏云：“曼同蔓。”案：说文又部云：“曼，引也。”廴部云：“延，行也。”糸部云：“縵，丝曼延也。”是“曼延”字古止作“曼”，苏说非。此“燔人”对“自燔”为文，止谓延烧他人室庐。毕读“燔曼延”为句，“燔人”为句，则似以“燔人”为伤人，亦非是。**断。**句。**诸以众强凌弱少及强奸人妇女**毕云：“玉篇云：‘奸同姦，俗。’”案：吴钞本作“强奸”。**以讙哗者，皆断。**

诸城门若亭，谨候视往来行者符，符传疑，周礼司关有“节、传”，郑注云：“传，如今移过所文书。”释名释书契云：“过所或曰传。传，转也，转移所在〔一〕，执以为信也。”崔豹古今注云：“凡传皆以木为之，长五寸，书符信于上，又以一板封之，皆封以御史印章，所以为信也。”未知周制同否。疑，谓疑其矫伪也。**若无符，皆诣县廷言，**廷，旧本误“延”，今据茅本正。说文廴部云：“廷，朝中也。”县廷，令所治。后汉书郭太传李注引风俗通云：“廷，正也，言县廷、郡廷、朝廷皆取平均正直也。”**请问其所使；**“请”亦当为“诘”。**其有符传者，善舍官府。其有知识、兄弟欲见之，为召，勿令里巷中。**苏云：“‘令’下脱‘入’字。”**三老、守闾**“三老”详备城门篇。**令厉缮夫为荅。**当作“令缮厉矢为荅”。杂守篇云“蔺石、厉矢诸材”，可证。说文厂部云：“厉，旱石也。”书禹贡孔疏引郑注云：“砺，磨刀刃石也。”**若他以事者微者，不得入里中。**苏云：“此句有错误，当作‘若以他事征者，不得入里中’。”**三老不得入家人。**“家人”疑到，或作“入家”。入家，谓入平民家也。**传令里中有以羽，**苏云：“‘有’当作

〔一〕“在”，原误“求”，据释名释书契改。按：释名原文次序与此引文稍异。

‘者’。”羽在三所差，家人各令其官中，倭本校云：“官，一作‘家’。”苏云：“‘三’下当脱‘老’字，而‘差’字即‘老’字之讹，误倒也。‘官’当作‘宫’。”失令若稽留令者，断。家有守者治食。吏卒民无符节而擅入里巷官府，吏、三老、守闾者失苛止，毕云：“言不诃止之。旧作‘心’，以意改。”皆断。

诸盗守器械、财物及相盗者，直一钱以上，皆断。吏卒民各自大书于傑，傑，吴钞本作“桀”。案：备蛾傅篇亦作“桀”。洪云：“傑，古通作楬字。周礼职币‘皆辨其物，而奠其录，以书楬之’，郑注：‘楬之，若今时为书以著其币。’傑、楬义同。”苏云：“‘傑’疑‘隔’字之讹，下言‘著之其署隔’是也。”案：洪说是也，“傑”即桀假字。尔雅释宫云“鸡栖于弋为傑”，傑即桀之俗。桀与楬通。详备蛾傅篇。苏说非。著之其署同，同，当从下文作“隔”。苏云“‘同’疑‘侗’字之讹”，非。守案其署，擅入者，断。城上日壹发席蓐，“日”上疑脱“三”字，后云“葆宫三日一发席蓐”。尔雅释器云“蓐谓之兹”，郭注云：“蓐，席也。”令相错发。苏云：“言互相稽察。”有匿不言人所挟藏在禁中者，断。

吏卒民死者，辄召其人与次司空葬之，“次司空”详杂守篇。勿令得坐泣。伤甚者令归治病，家善养，予医给药，赐酒日二升、肉二斤，令吏数行闾，视病有瘳，毕云：“说文云：‘瘳，疾痛也。’”辄造事上。谓病瘳即造守所共役也。诈为自贼伤以辟事者，毕云：“辟同避，言诈为废疾以避事。”族之。谓夷三族。详后。事已，守使吏身行死伤家，旧脱，今据道藏本、吴钞本、茅本增。临户而悲哀之。寇去事已，塞祷。史记封禅书“冬塞祷祠”，索隐云：“塞与赛同。赛，今报神福也。”汉书郊祀志颜注云：“塞，谓报其所祈也。”管子禁藏篇云“塞久祷”。韩非子外储说右上篇云：“秦襄王病，百姓为之祷。病愈，杀牛塞祷。”毕云：“‘塞’即赛正文。”守以令益邑中豪杰力斗诸有功者，毕云："'益'字疑衍。"苏云："'益'字误，或当为'赏'。"案：毕、苏说非。益，犹言加赏也。商子境内篇云："能得爵首一者〔一〕，赏爵一级，益田一顷，益宅九亩。"必身行死伤者家以吊哀之，身见死事之后。城围罢，主亟发使者往劳，亟，旧本亦讹"函"，今据茅本正，王校同。苏云："'劳'读去声，谓慰问也。"举有功及死伤者数，使爵禄，"使"下疑脱一字。守身尊宠，明白贵之，令其怨结于敌。

城上卒若吏各保其左右，保，上下文皆作"葆"，此当同。若欲以城为外谋者，父母、妻子、同产皆断。左右知，不捕告，皆与同罪。苏移此二十六字著"城下里中家人皆相葆，若城上之数"二句下。今案：不必移，苏校非是。城下里中毕云："'里'旧作'理'，以意改。"家人皆相葆，若城上之数。有能捕告之者，封之以千家之邑；若非其左右及他伍捕告者，及，道藏本、吴钞本、茅本并作"乃"，亦通。封之二千家之邑。

城禁：使、卒、民不欲寇微职和旌者，断。"使"当为"吏"，"吏卒"上文常见。"不"当为"下"。言吏卒民在城上者，不得擅下也。"欲"疑"效"之误。"微职"即"徽识"之借字，详后。和旌，谓军门之旌。周礼大司马职云"以旌为左右和之门"，郑注云："军门曰和，今谓之垒门，立两旌以为之。"孙子军争篇云"交和而舍"，曹注云："军门曰和门。"不从令者，断。非擅出令者，断。苏云："'非擅'当作'擅非'。"失令者，断。倚戟县下城，下，旧本讹作"不"。苏云："'不'疑当作'下'。"案：苏校是也，今据正。"倚戟县下城"，言下城不由阶陛，倚戟县身以下也。上下不与众等者，断。无应而妄讙呼者，断。而，茅本作"为"。总失者，断。

〔一〕"能得爵首一者"，清严万里校本商君书（即通行二十二子本）如此。明范钦本（即四部丛刊本）等"爵首"均作"甲首"，是。又"者"字本书原引误"首"，据商君书各本改。

"总"疑当为"纵"。纵失,谓私纵罪人也。**誉客内毁者,断。**毕云:"言称敌而自毁,以其惑众。"**离署而聚语者,断。闻城鼓声而伍,后上署者,断。人自大书版,著之其署隔,**毕云:"旧作'鄗',以意改。"诒让案:说文自部云:"隔,障也。"署隔,盖以分别署之界限者。**守必自谋其先后,**"谋"字误,杂守篇又云"令掘外宅林,谋多少","谋"疑皆为"课"之误。**非其署而妄入之者,断。离署左右,共入他署,左右不捕,挟私书,行请谒及为行书者,释守事而治私家事,卒民相盗家室、婴儿,皆断无赦。人举而藉之。**藉与籍通。**无符节而横行军中者,断。客在城下,因数易其署而无易其养。**谓厮养,详备城门篇。**誉敌少以为众,乱以为治,敌攻拙以为巧者,断。客、主人无得相与言及相藉,**苏云:"藉犹借也。"**客射以书,无得誉,**无,吴钞本作"毋"。俞云:"'誉'当作'举',字之误也。下文曰'禁无得举矢书'。"案:俞校是也。苏云"'誉'即誉敌也",非。**外示内以善,无得应,不从令者,皆断。禁无得举矢书若以书射寇,犯令者父母、妻子皆断,身枭城上。**毕云:"说文云:'県,到𥄉也。贾侍中说,此断首到县県字。'今多用枭者,说文云'梟,从鸟头在木上',义亦通。"**有能捕告之者,赏之黄金二十斤。非时而行者,唯守及掺太守之节而使者。**汉书百官公卿表:"郡守,秦官,景帝中二年更名太守。"国策赵策说韩靳黈、赵冯亭,并云太守。吴师道谓当时已有此称,以此书证之,信然。毕云:"史记赵世家云'孝成王令赵胜告冯亭曰:敝国君使胜〔一〕致命,以万户都三封太守,千户都三封县令',正义云:'尔时未合言太守,至汉景帝始加太守。此言"太",衍字。'沅案:此书亦云太守,则先秦时已有此官,张守节言衍字,非也。'掺'即'操'异文,广雅云'掺,操也',以为二字,非。言行不以时,唯守者及操节人可,余皆禁之。"

〔一〕"胜"字毕引原脱,据史记赵世家补。

守入临城，人，旧本作“人”，今据茅本正。下文云“守入城，先以候为始”。必谨问父老、吏大夫，请有怨仇雠不相解者，“请”当为“诸”。召其人，明白为之解之。周礼地官调人郑众注云：“今二千石，以令解仇怨，后复相报，移徙之。”是汉以前有吏以令为民解怨之法。守必自异其人而藉之，藉亦与籍通，即杂守篇所云“札书藏之”也。苏云：“藉，谓记其姓名也。”孤之。毕云：“‘孤’旧作‘狐’，以意改。”诒让案：谓不得与其曹伍相聚而处，皆防其为乱。有以私怨害城若吏事者，父母、妻子皆断。其以城为外谋者，三族。毕云：“史记云‘秦文公二十年，法初有三族之罪’，然家语云‘宰予与田常之乱，夷三族’，楚世家云‘销人曰：新王下〔一〕法，有敢饷王、从王者，罪及三族’，酷吏列传云‘光禄徐自为曰：古有三族’，则知三族是古军法，非始于秦。”有能得若捕告者，以其所守邑小大封之，守还授其印，尊宠官之，令吏大夫及卒民皆明知之。豪杰之外多交诸侯者，常请之，说文言部云：“请，谒也。”令上通知之，善属之，所居之吏上数选具之，“选”读为馔。广雅释诂云：“馔，具也，食也。”苏云：“具，谓供具。”令无得擅出入，连质之。谓质其亲属也。术乡长者、父老、豪杰之亲戚父母、妻子，王引之云：“‘父母’二字，皆后人所加也。古者谓父母为亲戚，故言亲戚则不言父母，后人不达，故又加‘父母’二字耳。篇内言父母妻子者多矣，皆不言亲戚。下文有‘亲戚妻子’，则但言亲戚而不言父母，是亲戚即父母也。”案：王说是也。必尊宠之。若贫人食此字衍，或当为“贫乏食”，亦通。不能自给食者，上食之。及勇士父母亲戚、妻子，王亦以“父母”二字为后人所加，是也。皆时酒肉，王云：“‘酒肉’上当有‘赐’字，而今本脱之，则文义不明。下文曰‘父母、妻子皆同其宫，赐衣食酒肉’，是其证。”必

〔一〕“下”字毕引原脱，据史记楚世家补。

敬之，舍之必近太守。守楼临质宫而善周，“质宫”即下“葆宫”。毕云：“质宫，言质人妻子之处。守楼临之，所以见远，必周防之也。古者贵贱皆谓之宫。”必密涂楼，令下无见上，上见下，下无知上有人无人。

守之所亲，举吏贞廉忠信、无害可任事者，“举”当读为与。史记萧相国世家“以文无害，为沛主史掾”，集解：“汉书音义云：文无害，有文无所枉害也。律有无害都吏，如今言公平吏。一曰无害者，如言无比，陈留间语也。”索隐：“应劭云：虽为文吏，而不刻害也。韦昭云：为有文理无伤害也。”汉书萧何传作“文毋害”，颜注：“服虔云：为人解通无嫉害也。苏林云：无害，若言无比也。一曰：害，胜也，无能胜害之者。师古云：害，伤也，无人能伤害之者。”案：“无害”又见史记、汉书酷吏赵禹、张汤、减宣、杜周诸传及续汉书郡国志，众说舛异，通校诸文，当以汉书音义“公平吏”之义为是，续汉书刘注说亦同。其饮食酒肉勿禁。钱金、布帛、财物各自守之，慎勿相盗。葆宫之墙必三重，墙之垣，守者皆累瓦釜墙上。茅本“釜”作“涂”。苏云：“此防其逾越，使有声闻于人。”门有吏，主者门里筦闭，者、诸通。苏云：“‘门里’当作‘里门’。筦、关古通用。书中管叔亦作关叔。”必须太守之节。葆卫必取戍卒有重厚者，葆卫，谓葆宫之卫卒也。请择吏之忠信者、“请”疑“谨”之误。以上文校之，“者”字当衍。无害可任事者。

令将卫自筑十尺之垣，周还墙。疑有脱误。门、闺者，非令卫司马门。吴钞本无“门”字。门、闺者，谓守大门及闺门之人。备城门篇云“大城丈五为闺门，广四尺”，公羊宣六年传云“入其大门，则无人门焉者。入其闺，则无人闺焉者”，孙子用间篇亦有“门者”，详前。“非”疑当为“并”，言吏卒卫葆宫之门闺者，并令卫司马门，犹上文云“门将并守他门”也。汉书元帝纪颜注云：“司马门者，宫之外门也。”汉官仪云：“公车司马，掌殿司马门。”三辅黄图云：“宫之外门为司马门。”史记索隐云：“天子门有兵栏，曰司马门也。”列女传辩通篇“钟离春诣齐宣王，顿首司马门外”，国策赵策云“武安君过司马门，趋甚疾”，则战国时国君之门已有司马门之称。此“司马门”则似是守令官府之门，又非公门。贾子等齐篇云“天子宫门曰司马门，诸侯宫门曰司马门”，是汉初诸侯王宫门亦有是称，盖沿战国制。

望气者舍必近太守，巫舍必近公社，必敬神之。巫祝史与望气者史，旧本作“吏”，今据吴钞本、茅本改。迎敌祠篇有“祝史”。**必以善言告民，以请上报守，**旧本作“报守上”，今据王、苏校乙。“请”读为情，并详迎敌祠篇。**守独知其请而已。**毕云：“言望气纵有不善，而必以善告民，但私以实告守耳。”苏云：“言以情上报守，故独守知之也。”**无与望气妄为不善言**王引之云：“‘无’即上文‘巫’字，因声同而误。”苏云：“‘望气’下当有‘者’字。”**惊恐民，断勿〔一〕赦。**

度食不足，句。**食民各自占家五种石升数，**倭本校云：“下‘食’恐‘令’讹。”案：所校是也。升，王校作“斗”。王云：“史记平准书‘各以其物自占’，索隐引郭璞云：‘占，自隐度也。’谓各自隐度其财物多少，为文簿送之于官也。”苏云：“五种，谓五谷。”诒让案：周礼职方氏郑注云：“五种：黍、稷、菽、麦、稻。”**为期，其在蓴害，吏与杂訾，**茅本“期”、“其”二字互易。“蓴害”疑当作“薄者”。薄，古簿字。淮南子原道训高注云：“赀，量也。”苏云“訾，谓罚也”，误。**期尽匿不占，占不悉，令吏卒敳得，**旧本“占不悉”作“占悉”，“敳”作“款”。王引之云：“‘占悉’当作‘占不悉’，‘令吏卒款得’当作‘令吏卒敳得’。敳与覹同，说文：‘覹，司也。’覹字亦作微。上文云‘守必谨微察’，迎敌祠篇曰‘谨微察之’。言使民各自占其家谷，而为之期，若期尽而匿不占，或占之不尽，令吏卒伺察而得者，皆斩也。史记平准书曰‘各以其物自占，匿不自占，占不悉，戍边一岁，没入缗钱’，即用墨子法也。今本脱‘不’字，‘敳’字又讹作‘款’，则义不可通。”案：王说是也，今据补正。**皆断。有能捕告，赐什三。**赐，吴钞本作“赏”。案：下文亦作“赏”。**收粟米、布帛、钱金，**旧本“收”误“牧”，又脱“帛”字。王云：“‘牧’字义

〔一〕“勿”，原作“弗”，据毕沅刻本改。按：墨子旧本均作“勿”，此孙刻之误。

不可通，‘牧’当为‘收’，字之误也。‘收粟米’即承上文令民自占五种数而言，布帛钱金则连类而及之耳。备城门篇‘收诸盆瓮’，备高临篇‘以磿鹿卷收’，今本‘收’字并讹作‘牧’。月令‘农有不收藏积聚者’，正义：收，俗本作‘牧’。”案：王校是也。“布”下，王又增“帛”字，苏校并同，与杂守篇合，今并据补正。**出内畜产，**苏云：“‘出内’，即出纳。”**皆为平直其贾，与主券人书之，**旧本“券人”二字倒。王引之云：“‘主人券’当作‘主券人’，谓与主券之人，使书其价也。杂守篇曰‘民献粟米、布帛、金钱、牛马、畜产，皆为置平贾，与主券书之’，是其证。今本‘券人’二字误倒，则义不可通。”案：王说是也，今据乙。**事已，皆各以其贾倍偿之。**毕云：“古‘偿’只作‘赏’，此俗写。”**又用其贾贵贱、多少赐爵，欲为吏者许之，其不欲为吏而欲以受赐赏爵禄，若赎出亲戚、所知罪人者，**出，旧本误“士”。王引之云：“‘赎士’二字义不可通，‘士’当为‘出’，谓以财物赎出其亲戚、所知罪人也。上文云‘知识昆弟有罪而欲为赎，若以粟米、钱金、布帛、他财物免出者，许之’，是其证。隶书‘出’、‘士’二字相似，故诸书中‘出’字多讹作‘士’。”案：王说是也，今据正。**以令许之。其受构赏者，令葆宫见，**宫，旧本作“官”。苏云“当作‘宫’”，是也，今据正。**以与其亲。**与，吴钞本作“予”。**欲以复佐上者，皆倍其爵赏。某县某里某子家食口二人，积粟六百石，某里某子家食口十人，积粟百石。**苏云：“此即自占其石升之数也。”**出粟米有期日，过期不出者王公有之。有能得，若告之，赏之什三。慎无令民知吾粟米多少。**无，吴钞本作“毋”。以上占收民食之法。

守入城，先以候为始，苏云：“候，谓访知敌情者。”**得辄宫养之，勿令知吾守卫之备。候者为异宫，**吴钞本作“官”。**父母妻子皆同其宫，赐衣食酒肉，信吏善待之。候来若复，就间。**小尔雅广诂云：“间，隙也。”**守宫三难，**“难”当为“杂”。杂守篇云“堑再杂”，此“三杂”，犹言三帀也。上亦云“葆宫之墙必三重”。杂训帀，详经上篇。

外环隅为之楼，内环为楼，楼入葆宫丈五尺为復道。苏云："復与複通。上下有道，故曰復。"葆不得有室，备城门篇云"城门内不得有室，为周宫"。若然，葆宫亦无室，唯为周宫也。三日一发席蓐，略视之。布茅宫中，厚三尺以上。未详其用。发候，必使乡邑忠信善重士，有亲戚、妻子，厚奉资之。必重发候，为养其亲若妻子，为异舍，无与员同所，广雅释诂云："员，众也。"给食之酒肉。遣他候，奉资之如前候，反，相参审信，苏云："参犹验也。信，谓其言不妄。"厚赐之。候三发三信，重赐之。不欲受赐而欲为吏者，许之二百石之吏，商子境内篇有千石、八百石、七百石、六百石之令，此云"二百石之吏"，下又有"三百石之吏"，盖秩视小吏。韩非子外储说右篇云"燕王收吏玺，自三百石以上，皆效之子之"。守佩授之印。毕云："佩字俗写从玉。"其不欲为吏而欲受构赏禄，皆如前。"禄"上疑当有"爵"字，上文云"其不欲为吏而欲以受赐赏爵禄，以令许之"，下又云"其构赏爵禄罪人倍之"，皆可证。有能入深至主国者，主国，国都。问之审信，赏之倍他候。其不欲受赏而欲为吏者，许之三百石之吏。"为吏"，旧本作"为利"。"三百石之吏"，旧本作"三百之侯"，道藏本、茅本"侯"又作"候"。王云："'利'当为'吏'，上文云'不欲受赐而欲为吏者'，即其证。'吏'、'利'俗读相乱，故'吏'讹作'利'。"王引之云："'三石之侯'当作'三百石之吏'。上文'候三发三信，许之二百石之吏'，此文'能深入至主国者，赏之倍他候'，故许之三百石之吏。上文云'有能捕告之者，封之以千家之邑，若非其左右及他伍捕告者，封之二千家之邑'，是其例也。今本'石'上脱'百'字，'吏'字又讹作'侯'，则义不可通。"案：王校是也，苏说同，茅本"利"正作"吏"，今并据补正。扞士受赏赐者，左传桓二年杜注云"扞，卫也"，国策西周策高注云"扞，御[一]也"。苏云："扞士，能却敌

〔一〕"御"，原误"卫"，据活字本改，与西周策高注合。

者。”**守必身自致之其亲之其亲之所，见其见守之任。**苏云：“‘其亲之’三字误重，上‘见’字疑当作‘令’。即上所谓‘守身尊宠，明白贵之’者也。”诒让案：上文云“城外令任，城内守任”，故云“守之任”，但义仍难通。**其欲复以佐上者，其构赏、爵禄、罪人倍之。**王引之云：“‘罪人’二字与上下文不相属，盖衍文。”案：“罪人”上当有“赎出”二字，王以为衍文，非。

出候无过十里。出，旧本讹“士”。王引之云：“‘士’亦当为‘出’，谓出候敌人无过十里也。下文曰‘候者日暮出之’，是其证。”苏云：“此‘候’谓斥候。”诒让案：说文人部云：“候，伺望也。”斥与候不同，详后及杂守篇。**居高便所树表，表三人守之，比至城者三表，**旧本“比”讹“北”。王云：“‘北’字义不可通，‘北’当为‘比’。比，及也。”顾、苏说同。案：茅本正作“比”，不误，今据正。王引之云：“‘三表’当为‘五表’，说见后。”**与城上熢燧相望，**毕云：“说文云：‘熢，燧候表[一]也。边有警则举火。’‘䙴，塞上亭守湠火者。𤐫，篆文省。’汉书注云：‘孟康曰：湠如覆米䉛，县著契皋头，有寇则举之。燧，积薪，有寇即燔然之也。’此二字省文。”**昼则举烽，夜则举火。闻寇所从来，审知寇形必攻，论小城不自守通者，**言城小不能自守，又不能自通于大城也。**尽葆其老弱、粟米、畜产。遣卒候者无过五十人，客至堞，去之，**至堞，谓傅城也。傅城则谍无所用，故去之。**慎无厌建。**“建”读为券，声近字通。考工记辀人“左不楗”，杜子春云：“书‘楗’或作‘劵’。”郑康成云：“劵，今倦字也。”又杂守篇作“唯弇逮”，则疑“建”即“逮”之形误。“逮”与“怠”音近古通，非儒篇“立命而怠事”，晏子春秋外篇“怠”作“建”。二义并通，未知孰是。**候者曹无过三百人，**此人数与上不同，未详其说。**日暮出之，**毕云：“据上文，‘暮’当为‘莫’。”**为微职。**毕云：“即徽织，‘微’当为‘徽’。说文云：‘徽，帜也，以绛

〔一〕“候表”，原误“表候”，据说文乙正。

帛箸于背。从巾，微省声。春秋传曰：扬徽者公徒。'东京赋云'戎士介而扬挥'，薛综注云：'挥为肩上绛帜，如燕尾。'亦即徽也。说文又无'帜'字，当借'织'为之。"诒让案：正字当作"徽识"，周礼司常郑注作"徽识"。以"微"、"徽"为"徽"，"职"为"识"，皆同声假借字，详前旗帜篇。**空队、要塞之人所往来者，**苏云："'队'当作'隧'。要塞，谓险隘之处也。'之'、'人'二字误倒。"诒让案：队、隧字通。**令可□，迹者无下里三人，平而迹。**王引之云："此当作'人所往来者，令可以迹，迹者无下里三人，平明而迹'。言人所往来之道，必令可以迹，其迹者之数，无下里三人，至平明时而迹之也。杂守篇云'距阜山林，皆令可以迹，平明而迹'，是其证。今本'可'下脱'以迹'二字，'平'下又脱'明'字，则义不可通。周官迹人注：'迹之言迹知禽兽处。'杂守篇曰'可以迹知往来者少多'。"**各立其表，城上应之。候出越陈表，**陈表，杂守篇作"田表"。"田"、"陈"古音相近，字通。田表，谓郭外之表也。**遮坐郭门之外内，**国语晋语"候遮扞卫不行"，韦注云："遮，遮罔也。昼则候遮，夜则扞卫。"说文辵部云："遮，遏也。"案：遮，杂守篇谓之"斥"。此"候"与"遮"二者不同，候出郭十里，迹知敌往来多少；遮则守郭门不远出。候、遮各有表与城上相应。盖郭外候者置表，郭内遮者置表与？**立其表，令卒之半居门内，令其少多无可知也。**旧本"半"作"少"，"无可知也"作"无知可也"。王引之云："此当作'令卒之半居门内，令其少多无可知也'，言令其卒半在门外，半在门内，不令人知我卒之多少也。杂守篇云'卒半在内，令多少无可知'，是其证。上文云'慎无令民知吾粟米多少'，意与此同。今本'半'作'少'者，涉下句'少多'而误，'可知'又误作'知可'，则义不可通。"案：王校是也，苏说同，茅本正作"无可知也"，不误，今据正。**即有惊，**毕云："'即'旧作'节'，以意改。"苏云："惊同警。"**见寇越陈表〔一〕，**毕云："说文云：'越，度也。'言逾越而来。"诒让案：陈表，即候所置表。**城上以麾指之，**毕云："'麾'即摩字异文，'摩'即麾字省文。说

〔一〕"表"，原误"去"，据毕沅刻本改。

文云：‘麾，旌旗，所以指麾也。从手，靡声。’玉篇云：‘麾，呼为切。’”**迹坐击缶期，以战备从麾所指。**毕云：“杂守篇云‘斥步鼓整旗旗以备战’，此作‘坐击正期’，即击鼓正期也。”苏云：“迹坐，当从上文作‘遮坐’，‘击’下脱‘鼓’字，谓坐而击鼓也。‘缶期以战备’，当从杂守篇作‘整旗以备战’。”案：苏校上句近是，“迹”当作“遮”，与上迹者为候不同。击缶，茅本作“系垂”，疑误。下文“五垂”，乃城上所置表，非遮者所用也。“以战备从麾所指”，谓遮者既见寇，则具战备，从城上旌麾所指，进退而迎敌。此遮者从战，而候则敌至去之，不从战，亦其异也。旧读“以战备”属上句，非。苏校从杂守篇改“战备”为“备战”，尤误。说互详杂守篇。**望见寇，**旧本脱“见寇”二字。王云：“杂守篇‘望见寇，举一烽；入竟，举二烽’，今据补。”**举一垂；入竟，**苏云：“竟同境。”**举二垂；狎郭，**毕云：“狎，近。”俞云：“狎郭、狎城，两‘狎’字并当作‘甲’，后人不达而加犬旁也。甲者，会也。诗大明篇‘会朝清明’，毛传曰：‘会，甲也。’是甲与会声近而义通。甲郭者，会于郭外也。甲城者，会于城外也。此言‘甲郭’、‘甲城’，杂守篇言‘郭会’、‘城会’，文异而义同。”案：俞说是也。但甲、狎字通，诗卫风芄兰“能不我甲”，毛传云：“甲，狎也。”释文引韩诗“甲”作“狎”。则旧本作“狎”于义得通，不必定改作“甲”也。**举三垂；入郭，**旧本脱“郭”字，王据上文补。**举四垂；狎城，举五垂。**王引之云：“‘垂’字义不可通，‘垂’当为‘表’。上文言候者各立其表，则此所举者皆表也。又此文曰‘望见寇，举一垂；入竟，举二垂；狎郭，举三垂；入郭，举四垂；狎城，举五垂’，即上文所谓‘比至城者五表’也，则‘垂’字明是‘表’字之讹。隶书‘表’字作‘衺’，‘𠂹’字或作‘㷔’，见汉鲁相韩敕造孔庙礼器碑，二形略相似，故‘表’讹作‘垂’。通典兵五曰：‘城上立四表，以为候视，若敌去城五六十步，即举一表；橦梯逼城，举二表；敌若登梯，举三表；欲攀女墙，举四表。夜即举火如表。’此‘举表’二字之明证也。又案杂守篇‘守表者三人，更立捶表而望’，当作‘更立表而望’，盖一本误作‘垂’，一本正作‘表’，而校书者误合之，浅人不知‘垂’为‘表’之误，又妄加手旁耳。”俞云：“王非也。‘垂’者邮（郵）之坏字，邮即表也。礼记郊特牲篇有‘邮表畷’，郑君说此未明。‘邮表畷’盖一物也。古者于疆界之地立木为表,缀物于上,若旌旗之旒,谓之‘邮表畷’。邮与旒通,畷与缀通。郑君引诗‘为下国畷邮’,今长发篇作‘缀旒’,是知‘邮畷’即‘缀旒’也。以其用而言,所以表识也;以其制而言,若缀旒然,此‘邮表畷’所以名也。墨子书多古言,杂守篇‘捶表’即‘邮表’也。‘邮(郵)’误为‘垂’,后人妄加手旁耳。重言之曰邮表,单言之则或曰表,或曰邮,皆古人之常语也。王氏竟改为‘表’,虽于义未失,而古语亡矣。”案:俞说是也。**夜以火,皆如此。**王云:“亦如五表之数。”**去郭百步,墙垣、树木小大尽伐除之。外空井尽窒之,**王引之云:“‘外空井’当作‘外宅井’,谓城外人家之井也。恐寇取水,故塞之。故下文云‘无令可得汲也’。杂守篇云‘外宅沟井可寘塞’,是其证。若空井,则无庸塞矣。‘外宅’二字,杂守篇屡见。”**无令可得汲也。**旧本脱“令”字。王云:“案下文曰‘无令客得而用之’,杂守篇曰‘无令寇得用之’,今据补。”**外空窒尽发之,**空窒,茅本作“室屋”。王引之云:“‘外空窒’当作‘外宅室’,谓城外人家之室也。发室伐木,皆恐寇得其材而用之也,故下文云‘无令客得而用之’。杂守篇云‘寇薄,发屋伐木’,是其证。今本‘外宅’作‘外空’,误与上文同。‘室’之作‘窒’,则又涉上文‘尽窒之’而误。”案:王校是也,苏校同。但“室”、“窒”声类同,古多通用。备城门篇云“窒以樵”,彼以“室”为“窒”,与此可互证,非误字也。汉韩敕修孔庙碑“室”字亦作“窒”。**木尽伐之。诸可以攻城者尽内城中,**苏云:“内读如纳。”**令其人各有以记之。事以,**苏云:“当作‘事已’。”案:苏说是也,以与已同,言守事毕也。**各以其记取之。事为之券,**旧本“各”下脱“以”字。毕云:“‘各’当为‘名’。”苏云:“‘各’下脱‘以’字。‘事为之券’当作‘吏为之券’。叓,古‘事’字,与‘吏’近也。”案:苏校是也,今据补。**书其枚数。当遂材木不能尽内,即烧之,**毕云:“遂同术。”王云:“遂与隧同,道也。内与纳同。旧本‘材’误‘枚’,‘即’误‘既’。”王引之云:“‘枚木’文不成义,‘枚’当为‘材’。‘既烧之’当为‘即烧之’。言当道之材木不能尽纳城中者,即烧之,无令寇得而用之也。杂守篇云‘材木不能尽入者，燔[一]之，无令寇得用之’，是其证。今本‘材’作‘枚’，涉上文‘枚数’而误。‘即’字又误作‘既’，则义不可通。”案：王校是也，苏说亦同，今据正。“当遂”即备城门篇之“当队”，毕说非。**无令客得而用之。**

人自大书版，著之其署忠。有司出其所治，忠，疑当为“中”之误。**则从淫之法，其罪射。**毕云：“谓贯耳。”俞云：“古不名贯耳为射，‘射’疑‘刖’字之误。”案：说文耳部云：“聅，军法以矢贯耳也。”“射”正字作“䠶”，与“聅”形近。毕隐据许书，义亦通。韩非子难言篇云“田明辜射”，旧注云：“射而杀之。”案：“射杀”不当云“辜”，彼注未塙。**务色谩𠯑，**苏云：“此句有误，疑当作‘矜色谩言’。”案：“𠯑”即“正”字，茅本作“正”，谓欺谩正人，不必改为“言”。**淫嚣不静，当路尼众，**毕云：“尼，止。”**舍事**毕云：“言舍其事。”**后就，**旧本有“路”字，道藏本、茅本无，今据删。言事急而后至。毕云：“言缓。”**逾时不宁，**谓不谒告也。汉书高帝纪注：“李斐云：休谒之名，吉日告凶曰宁。”**其罪射。讙嚣駴众，**毕云：“駴，‘骇’字异文。周礼云‘鼓皆駴’，陆德明音义云：‘本亦作骇，胡楷反。李一音亥。’又大仆‘戒鼓’，郑君注云：‘故书戒为骇。’则‘駴’本‘戒’之俗加也。”**其罪杀。非上不谏，次主凶言，**苏云：“‘次’字有误。”诒让案：疑当为“刺”。**其罪杀。无敢有乐器、弊骐军中，**“弊骐”疑“弈棋”之误。说文廾部云：“弈，围棋也。”**有则其罪射。非有司之令，无敢有车驰、人趋，有则其罪射。无敢散牛马军中，有则其罪射。饮食不时，其罪射。无敢歌哭于军中，有则其罪射。令各执罚尽杀，有司见有罪而不诛，同罚，若或逃之，亦杀。凡将率斗其众失法，杀。凡有司不使去卒、吏民闻誓令，**俞云：“‘去’乃‘士’字之误。”**代之服罪。**代，旧本误“伐”。王引之云：“‘伐’字义不可通，‘伐’当为‘代’。卒吏民不听誓令者，其罪斩。若有司不使之闻誓令，则当代之服罪

〔一〕“燔”，原误“烧”，据杂守篇改。

矣。”案：王说是也，苏说同，今据正。**凡戮人于市，死上目行。**此句有误，疑当作“死三日徇”，徇、侚古今字。死与尸声近义通。谓陈尸于市三日，以徇众也。周礼乡士云“肆之三日”，左襄二十二年传“楚杀观起[一]，三日，弃疾请尸”，是戮于市者，皆陈尸三日也。上云“离守者三日而一徇”，亦足互证。“三”与古文“上”作“二”相似，“日”、“目”，“徇”、“行”，形并相近，传写讹舛，遂不可通。

谒者侍令门外，为二曹，夹门坐，铺食更，无空。“铺”当为“餔”，下并同，详前。苏云：“更，代也。言餔食则遣其曹更代，勿令空也。”**门下谒者一长，**王引之云：“‘长’下当有‘者’字，而今本脱之。下文曰‘中涓一长者’，是其证。”**守数令入中视其亡者，以督门尉**文选藉田赋李注引字书云：“督，察也。”**与其官长，及亡者入中报。四人夹令门内坐，二人夹散门外坐，**“四人”、“二人”亦谓谒者。**客见，持兵立前，铺食更，上侍者名。**旧本讹“民”，今依道藏本、茅本正。上文云“上逋者名”。**守室下高楼，**室下不得为楼，“室”当为“堂”之误。“高”上疑当有“为”字。备城门篇云“守堂下为大楼，高临城”，即此。**候者望见乘车若骑卒道外来者，**道亦从也，详前。**及城中非常者，辄言之守。守以须城上候城门及邑吏来告其事者以验之，**旧本“须”误“顺”，苏云：“‘顺’为‘须’之讹。须，待也。杂守篇云‘以[二]须告之至以参验之’。”案：苏校是也，今据正。**楼下人受候者言，以报守。**毕云：“言，传其言。”**中涓二人，夹散门内坐，门常闭，铺食更。中涓一长者。环守宫之术衢，**说文行部云：“四达谓之衢。”**置屯道，各垣其两旁，高丈，为埤院。**毕云：“‘院’当为‘倪’。”**立初鸡**

〔一〕此引乃节文。又据传文，楚杀子南、观起二人，弃疾为子南之子，所请乃其父子南之尸，孙引偶误。

〔二〕“以”字原脱，据杂守篇补。

足置。此上下文有脱误。“初”疑“勿”之误。公孟篇“措忽”,“忽”作“愬”,与此相类。鸡足置,谓立物如鸡足之形。后杂守篇云“人柴勿积鱼鳞簪”,又前备蛾傅篇云“相覆勿令鱼鳞三”,此文例与彼正同。夹挟视葆食。此有脱误,疑当作“卒夹视葆舍”。葆舍犹葆宫也。而札书得,必谨案视参食者,王云:“‘参食’当为‘参验’。杂守篇曰‘吏所解,皆札书藏之,以须告之至以参验之’,是其证。此‘验’讹为‘佥’,又讹为‘食’耳。”节不法,“节”当为“即”。正请之。“正请”亦当为“止诘”。屯陈、垣外术衢街皆楼,茅本无“街”字。屯陈,即上文之“屯道”。“楼”上疑脱“为”字。高临里中,楼一鼓、聋灶。聋,垄之假字,详备城门篇。楼有一灶者,夜以举火。即有物故,句。鼓,物故犹言事故,言有事故则击鼓也。吏至而止,止,旧本讹“正”,今据茅本正。言击鼓以报吏,吏至鼓乃止也。夜以火指鼓所。城下五十步一厕,厕与上同圂。备城门篇云“城上五十步一厕,与下同圂”,与此略同。请有罪过而可无断者,“请”亦当为“诸”之误。令杼厕利之。毕云:“似言罚之守厕。”苏云:“利,似谓除去不洁,使之通利。”诒让案:“杼”当为“抒”,左传文六年杜注云:“抒,除也。”开元占经甘氏外官占引甘氏赞云:“天溷伏作,抒厕粪土。”利,疑讹。

杂守第七十一

禽子问曰:客众而勇,轻意见威,“轻意”义难通,“意”疑当为“竟”之讹,竟、竞古字通,与旗帜篇“竞士”义同。轻竞,言轻斗,犹下云“重下”、“轻去”矣。以骇主人。薪土俱上,以为羊玲,茅本作“坽”,从今。积土为高,以临民,毕云:“句脱一字。”蒙橹俱前,遂属之城,毕云:“‘民’、‘城’为韵。”诒让案:“坽”亦合韵。兵弩俱上,为之奈何?子墨子曰:子问羊坽之守邪?旧本脱“之”字,今据王校补。

羊玲者攻之拙者也，足以劳卒，不足以害城。羊玲之政，苏云："'政'当作'攻'。"远攻则远害，近城则近害，"城"当作"攻"。"害"并当为"圉"，圉与圄、御字同，此涉上文而误。言远攻则远御之，近攻则近御之也。公孟篇云"厚攻则厚吾，薄攻则薄吾"。彼"吾"亦"圉"之省，语意与此异而义同。不至城。毕云："句脱一字。"诒让案：此当作"害不至城"，即上云"不足以害城"也，因上文两"圉"字并讹"害"，此句首"害"字转涉彼而脱耳。矢石无休，左右趣射，兰为柱后，兰，疑即备城门篇之"兵弩简格"。柱，谓楮柱。毕云："'休'、'后'为韵。"望以固，毕云："句脱一字。"厉吾锐卒，慎无使顾，守者重下，攻者轻去。毕云："旧作'云'，以意改。'固'、'顾'、'去'为韵。"养勇高奋，民心百倍，多执数少，王云："'多执数少'义不可通，'少'当为'赏'，'赏'字脱去大半，仅存'小'字，因讹而为'少'。言我之卒能多执敌人者，数赏之，则卒乃不怠也。下文正作'多执数赏，卒乃不怠'。"苏说同。卒乃不殆〔一〕。毕云："旧脱'卒'字，据下文增。'倍'、'殆'为韵。"王云："怠、殆古字通。"

作士不休，"士"当作"土"，即上文之"积土"也。商子兵守篇云"客至而作土以为险阻"。不能禁御，遂属之城，以御云梯之法应之。凡待煙、冲、云梯、临之法，毕云："煙同堙。"诒让案：当依备城门篇作"堙"。必应城以御之，曰不足，则以木椁之。王引之云："'椁'字义不可通。'椁'当为'揨'，字之误也。说文：'朾，撞也。'广雅曰：'揨，撞刺也。'揨与朾同，谓以木撞其堙、冲、梯、临也。"左百步，右百步，茅本"右"作"又"。繁下矢石、沙炭以雨之，薪火、水汤以济之。选厉锐卒，慎无使顾，审赏行罚，"审赏"，旧本误倒。王云："当为'审赏行罚'，今本'审赏'二字倒转，则文义不顺。备梯篇正作'审赏行罚'。"

〔一〕"殆"，原作"怠"，据毕沅刻本改。按：各本此处均作"殆"，下文则作"怠"。此"殆"乃"怠"之通假字，故王注云："怠、殆古字通。"本书径作"怠"，系梓误。

案:王校是也,茅本正作"审赏",不倒,今据乙。**以静为故,从之以急,无使生虑,**毕云:"'生'旧作'主',以意改。"案:茅本正作"生",不误,备梯篇亦作"生"。**恚瘧高愤,**茅本作"慎",误。毕云:"说文:'恚,恨也。''恿,古文勇,从心。'则字当为'恿'。"王引之云:"毕以'瘧'为'恿'之误,是也。'恚'当为'恙',字之误也。恙与养古字通。愤与奋同。上文云'养勇高奋,民心百倍',是其明证也。"**民心百倍,多执数赏,卒乃不怠。**毕云:"旧'乃不'二字倒,以意改。'顾'、'故'、'虑','倍'、'怠'为韵。"**冲、临、梯皆以冲冲之。**

渠长丈五尺,其埋者三尺,毕云:"'埋'旧作'理',以意改。"**矢长丈二尺。**苏云:"备城门篇'矢'作'夫'。"诒让案:当为"夫",即"趺"之省,详备城门篇。**渠广丈六尺,其弟丈二尺,**苏云:"'弟'与'梯'同,下文作'梯'是也。"**渠之垂者四尺,树渠无傅葉五寸。**毕云:"'葉'即'堞'字。"苏云:"备城门篇言'去堞五寸',与此言合。"**梯渠十丈一梯。**渠之有梯者谓之"梯渠",但渠广丈六尺,则不得有十丈。若据设渠处言之,则城上二步一渠,其广丈二尺,二十步而十渠,则十二丈也,与此数皆不相应,未详。**渠荅大数,里二百五十八,渠荅百二十九。**苏云:"备城门篇言'城上二步一渠',又言'二步一荅',此'里'字疑当作'步'。"诒让案:此当作"里二百五十八步","里"字不误,今本脱一"步"字耳。里法本三百步,而云"二百五十八步"者,盖就设渠荅之处计之,所余四十二步,或当门隅及楼圂,不能尽设渠荅,故不数。

诸外道可要塞以难寇,其甚害者为筑三亭,苏云:"此言险隘宜守。害谓要害。筑亭,备瞭望也。"**亭三隅,**"亭三"二字旧本倒,今据茅本乙。**织女之,**毕云:"当云'织如之'。织,古帜字。"陈奂云:"织女三星成三角,故筑防御之亭以象织女处隅之形。"案:陈说是也。上文不言"织",则不当云"如之",毕校未塙。此言亭为三隅形,如织女三星之隅列,犹下文云"为击三隅之"也。六韬军用篇云"两镞蔾蒺,参连织女",是古书多以织女儗三角形之证。令能相救。诸距阜、毕云："'距'旧作'讵'，以意改。"苏云："距、钜通用，大也。"山林、沟渎、丘陵、阡陌、毕云："古只为'仟伯'。"郭门若阎术，可要塞说文门部云："阎，里中门也。"及为微职，毕云："同织。"案：详号令篇。可以迹知往来者少多及所伏藏之处。

葆民，先举城中官府、民宅、室署，大小调处。葆民，即外民入葆者。计度城内宫室之大小，分处之，必均调也。葆者或欲从兄弟、知识者，许之。"识"字旧本脱。王引之云："'知'下当有'识'字，而今本脱之，则文义不完。号令篇曰'其有知识兄弟欲见之'，是其证。"外宅粟米、畜产、财物诸可以佐城者，送入城中，事即急，则使积门内。事急不及致所积之处，则令暂积门内，取易致也。此下旧本有"候无过五十"云云十四字，乃下文错简，今移于彼。民献粟米、布帛、金钱、牛马畜产，皆为置平贾，号令篇作"皆为平直其价"，疑"置平"亦"平直"之误。与主券书之。

使人各得其所长，天下事当；毕云："'长'、'当'为韵。"钧其分职，天下事得；毕云："'职'、'得'为韵。"皆其所喜，天下事备；毕云："'喜'、'备'为韵。"强弱有数，天下事具矣。毕云："'数'、'具'为韵。"苏云："此八句与前后文语意不伦，疑有错简。"

筑邮亭者圜之，高三丈以上，令侍杀"侍"当为"倚"，言邪杀为梯也，备城门篇云"倚杀如城埶"，可证。苏云"'侍'当作'特'；杀，减也"，非。为辟梯。毕云："'辟'即臂字。"梯两臂，长三尺，亭高三丈以上，则梯长不得止三尺，疑"尺"当为"丈"。连门三尺，报以绳连之。"连门"疑当作"连版"。槧再杂，为县梁。"槧"当为"堑"。堑县梁见备城门篇。再杂，犹言再帀，详经上篇。聋灶，当作"垄灶"，详备城门篇。亦言每亭为一垄灶。号令篇云"楼一鼓、垄灶"。亭一鼓。寇烽、惊烽、乱烽，言举烽有此三等，以为缓急之辨。传火以次应之，至主国止，毕云："旧作'正'，以意改。"**其事急者引而上下之。**谓引烽而上下之。烽著桔槔头，故可引而上下，详号令篇。**烽火以举，**王云："以、已同。"**辄五鼓传，又以火属之，**毕云："'火'旧作'又'，以意改。"**言寇所从来者少多，**广雅释诂云："言，问也。"**旦弇还。**旦，茅本作"且"。疑当为"毋弇建"，即号令篇之"无厌建"。后文又作"唯弇逮"，则疑"还"或为"遝"之误。此书"遝"多误"还"。遝、逮同，详非攻下篇。**去来属次烽勿罢。望见寇，举一烽；入境，**毕云："号令篇作'竟'，是。"**举二烽；射妻，**"妻"疑"要"之讹。上文屡云"要塞"，下文又云"有要有害"，可证。射要，谓急趋要害。周礼野庐氏郑注云："径逾射邪趋疾越渠堤也。"毕云："当是'女垣'讹字。"案：此方入境，尚未郭会，安得至女垣？毕说非。**举三烽一蓝；**旧本脱"一"字，今据道藏本、茅本补。王校改"一"为"三"。毕读"蓝郭"句，云："蓝、爾声相近，言爾郭也，谓近之。"案：毕失其句读，不可从。**郭会，**谓寇至郭。**举四烽二蓝；**二，王校改"四"。**城会，举五烽五蓝。**王引之云："'蓝'字义不可通，盖'鼓'字之误。'鼓'字篆文作'𡔷'，上屮误为卄，中叹误为卧，下亚误为血，遂合而为'蓝'字。此文当云'望见寇，举一烽一鼓；入境，举二烽二鼓；射妻，举三烽三鼓；郭会，举四烽四鼓；城会，举五烽五鼓'。上文曰'烽火以举，辄五鼓传'，正与此'举五烽五鼓'相应。史记周本纪'幽王为熢燧大鼓，有寇至则举熢火'，是有熢即有鼓也。今本'举一烽'、'举二烽'下，脱'一鼓'、'二鼓'四字；'举三烽三鼓'，'举四烽四鼓'，'鼓'字既皆误作'蓝'；而上句'三'字又误作'一'，下句'四'字误作'二'；唯下文'举五烽五蓝'，'蓝'字虽误，而两'五'字不误，犹足见烽鼓相应之数。而自'一烽一鼓'以至'五烽五鼓'，皆可次第而正之矣。下文曰'夜以火，如此数'，正谓如五烽五鼓之数，则'蓝'为'鼓'字之误甚明。毕以'蓝郭'二字连读，又谓'蓝、爾声相近'，而以为蹂躏字，大误。"案：王说以"蓝"为"鼓"，甚塙。惟依旧本，则前二烽皆无鼓，"三烽一鼓"，"四烽二鼓"，鼓数与烽亦不必尽相应。依王说，鼓数各如烽，则增改字太多，不知塙否？今未敢辄改。苏谓"二"字及"五蓝"二字并衍，失之。**夜以火，如此数。**王引之云："号令篇'夜以火，皆如此'，亦谓如五表之数。”守烽者事急。此下疑有脱文。

候无过五十，寇至葉，随去之，唯弇逮。“寇至葉随去之”，旧本作“寇至随葉去”五字，毕以意改“葉”为“弃”。王云：“毕改非也。此当作‘寇至葉随去之’，言候无过五十人，及寇至堞时，即去之也。号令篇曰‘遣卒候者无过五十人，客至堞，去之’，是其证。今本‘去’下脱‘之’字，又升‘随’字于‘葉’字上，则义不可通。”又云：“葉与堞同，上文‘树渠无傅葉五寸’，亦以‘葉’为‘堞’。”案：王校是也，今据乙增。又此十四字，旧本误错入上文“事即急，则使积门内”下，今移于此。号令篇云“遣卒候无过五十人，客至堞，去之，慎无厌建。候者曹无过三百人，日暮出之，为微职”，与此上下文正同，则其为错简无疑矣。“唯弇逮”亦当作“无厌逮”，逮、怠通，号令篇作“无厌建”。日暮出之，令皆为微职。距阜、山林皆令可以迹，平明而迹，句。无迹，各立其表，下城之应。王引之云：“此本作‘平明而迹，迹者无下里三人，各立其表，城上应之’。言迹者之数，每里无下三人，各立其表，而城上应之也。号令篇云‘迹者无下里三人，平明而迹，各立其表，城上应之’，是其证。今本‘迹者无下里三人’七字，只存‘无迹’二字，‘城上应之’又讹作‘下城之应’，则义不可通。”候出置田表，田表，候出郭外所置之表。郭外皆民田，下云“田者男子以战备从斥”，即郭外耕田之民也。斥坐郭内外，立旗帜，苏云：“号令篇云‘候出越陈表，遮坐郭门之外内，立其表’，文校此为优。田与陈通。”诒让案：斥、遮义同，淮南子兵略训“斥阘要遮”，高注云：“斥，候〔一〕也。”此斥为遮，与候异。帜，俗字。上文“微职”并作“职”。卒半在内，令多少无可知。即有惊，惊、警同，详号令篇。举孔表，“孔”疑当作“外”，草书相似而误。见寇，举牧表。“牧”疑当为“次”，亦草书之误，若上文云“次烽”。城上以麾指之，斥步鼓整旗旗，苏云：“‘步’当作‘坐’，下‘旗’字衍。”以备战从麾所指。备战，当从旗帜篇作“战备”，即兵械之属。言斥各持战备，从城上旌麾所指而迎敌也。

〔一〕“候”，原误“堠”，据高注改。

下云“田者男子以战备从斥”，义同。旧读“以备战”三字属上句，误。指，旧本讹“止”，今据道藏本、茅本正。苏云：“号令篇作‘指’。”**田者男子以战备从斥，**谓从斥卒御敌。**女子亟走入。**亟，旧本讹“函”，王校改“亟”，茅本正作“亟”，今据正。**即见放，**“放”当为“寇”，下文可证。**到传到城止。**止，旧本误“正”。王引之云：“上‘到’字当为‘鼓’，‘正’当为‘止’。‘鼓传到城止’，见下文。上文又曰‘烽火以举，辄五鼓传’。”苏云：“上‘到’字误衍，‘正’为‘止’字之讹。”案：王说近是，茅本“止”字不误，今据正。**守表者三人，更立捶表而望。**苏云：“号令篇言‘表三人守之’，与此合。捶，号令篇作‘垂’。”案：捶表，俞谓即“邮表”，是也。王校删“捶”字，非。详号令篇。**守数令骑若吏行旁视，有以知为所为。**苏云：“‘旁’当作‘访’，上‘为’字当作‘其’。”诒让案：旁视，犹言遍视。又疑当作“行视旁”。“旁”谓城之四面也。**其曹一鼓，**言守表者，每曹有一鼓。**望见寇，鼓传到城止。**

斗食，斗，旧本讹“升”。毕云：“疑‘斗食’。”俞云：“以下文推之，则‘升’为‘斗’字之误无疑。”案：毕、俞说是也，苏校同，今据正。**终岁三十六石；**苏云：“据下言‘斗食食五升’，又言‘日再食’，是一食五升，再食则一斗，以终岁计之，当三十六石也。”**参食，终岁二十四石；四食，终岁十八石；**旧本“食”上脱“四”字，今据道藏本、茅本补。苏云：“当作‘参食，终岁二十石；四食，终岁十八石’。然‘二十’下尚当有脱字。据下言‘参食食参升’，日再食则六升，以终岁计之，当得二十一石六斗。‘四食食二升半’，日再食则五升，以终岁计之，当得十八石也。”俞云：“此数不同者，上所说是常数，下所说是围城之中，民食不足，减去其半之数也。‘参食’者，参分斗而日食其二也，故终岁二十四石也。句下脱‘四’字，当据下文补。‘四食’者，四分斗而日食其二也，故终岁十八石也。”**五食，终岁十四石四斗；**旧本作“五食，终岁十四石升”。卢云：“疑‘十四石五升’，否或‘升’字衍。”俞云：“‘五食’者，五分斗而食其二，则每日食四升，终岁当食十四石四斗。今作‘终岁十四石升’，盖误‘斗’为‘升’，又脱‘四’字耳。卢说于数不合，非也。”案：俞校是也，苏说同，今据补正。**六食，终岁十二石。**俞云：“六食者，六分斗而食其二也，故终岁十二石也。”苏云：“下言‘六食一升大半’，是每日食三升有奇，以终岁计之，当得十二石也。”**斗食食五升，**上“斗”字旧本亦讹“升”，今依毕、苏校正。**参食食参升小半，四食食二升半，五食食二升，六食食一升大半，日再食。**此申析上文“斗食”以下“日再食”每食之升数也，故末又云“日再食”以总释之。俞云：“此依前数而各减其半。斗食者每日一斗，今则为五升矣。参食者每日六升大半，今为参升小半矣，不言‘小半’者，传写脱去也。下文言‘六食食一升大半’，则此必言‘食参升小半’可知。盖参食本食六升大半，而减之为三升小半，犹六食本食三升小半，而减之为一升大半也。无‘小半’二字，即于数不足矣。四食本食五升，故减为二升半。五食本食四升，故减为二升。其数甚明。”案：俞以此为民食不足，依前数而各减其半，非墨子之旨。而谓“参食食参升”下当有“小半”二字，则甚塙，今据增。**救死之时，日二升者二十日，日三升者三十日，日四升者四十日，**“日二升”者，再食每食一升也；“日三升”者，每食一升有半也；“日四升”者，每食二升也。**如是而民免于九十日之约矣。**“约”谓危约。

寇近，亟收诸杂乡金器若铜铁亟，旧本讹“函”，今据茅本正，王校同。“杂乡”当作“离乡”，言城外别乡器物皆收入城内也。备城门篇云“城小人众，葆离乡老弱国中及他大城”。**及他可以左守事者。**顾云：“左，助也。”苏云：“左、佐通用，下同。”**先举县官室居、官府不急者，材之大小长短及凡数，**苏云：“‘凡’字误，当作‘亓’，与其通，书中‘其’多作‘亓’。”案：凡数，犹言大总计数也。周礼外史云“凡数从政者”。苏说非。**即急先发。**句。**寇薄，**苏云：“薄，谓迫近。”**发屋伐木，虽有请谒，勿听。**句。**入柴，**“入”读为内。**勿积鱼鳞簪，**毕云：“疑槮字假音，读若高诱注淮南子积柴之罧。”案：毕说是也。淮南子说林训本作“罧”，高注云：

“罛者，以柴积水中以取鱼。罛读沙椮，幽州名之为涔也。”说文作“罧”，云：“积柴水中，以聚鱼也。”备蛾傅篇说荅云“两端接尺相覆，勿令鱼鳞三”，三即参，亦即椮之省也。尔雅释器云“椮谓之涔”，郭注以为聚积柴木捕取鱼之名。小尔雅广兽云：“潜，椮也。”潜、涔字通。盖通言之，凡积聚柴木并谓之椮。椮、潜、参、簪声并相近。通典兵门说束柭云“皆去钻刊以束为鱼鳞次，横检而缚之”，杜即依此书也。太玄经礼次六“鱼鳞差之，乃矢施之”。鱼鳞簪，犹言鱼鳞次、鱼鳞差也。细绎此与备蛾傅篇文，似并谓勿如鱼鳞簪。而杜佑之意则谓束柭当为鱼鳞次。依其说，则此文“勿积”当略读，与备蛾傅篇语意不同，未知是否？**当队，令易取也。**“当队”即当隧，详备城门篇。**材木不能尽入者，燔之，无令寇得用之。**商子兵守篇云“客至，发梁彻屋，给徙徙之，不给而熯之，使客无得以助攻备”，与此同。**积木，各以长短大小恶美形相从，**大小，茅本作“小大”。**城四面外各积其内，诸木大者皆以为关鼻，**毕云：“言为之纽，令事急可曳。”**乃积聚之。**

城守司马以上，父母、昆弟、妻子有质在主所，乃可以坚守。署都司空，都司空，盖五官之一，详号令篇。**大城四人，候二人。**候，亦五官之一，详号令篇。“二”，茅本作“一”。**县候，面一。**四面面各一候。**亭尉、次司空，**亭尉，即备城门篇之“帛尉”，号令篇之“百长”，其秩盖次于县尉。次司空，亦次于都司空也。**亭一人。吏侍守所者财足，廉信，**毕云：“言厚禄足以养其廉信。”案：“财足”疑当属上读。财、才通。言吏侍守所者，才足应用，无定数也。“财足”见备城门篇，它篇亦多云“财自足”。毕读恐非是。**父母昆弟妻子有在葆宫中者，乃得为侍吏。诸吏必有质，乃得任事。守大门者二人，**“守”疑当作“侍”。号令篇云“吏卒侍大门中者，曹无过二人”。**夹门而立，令行者趣其外。**苏云：“趣，疾行也，所以防窥伺者。”**各四戟，夹门立，**此言夹门别有持戟者四人也。**而其人坐其下。吏日五阅之，上逋者名。**

池外廉外,旧本讹“水”。王云:“‘水廉’当为‘外廉’。郑注乡饮酒礼曰:‘侧边曰廉。’池外帘,谓池之外边近敌者也。下文曰‘前外廉三行’,旗帜篇曰‘大寇傅攻前池外廉’,皆其证。隶书‘外’字或作‘外’,见汉司隶校尉鲁峻碑,与‘水’相似而讹。史记秦本纪‘与韩襄王会临晋外’,正义:‘外字一作水。’”案:王校是也,今据正。苏云“廉犹察也”,非。**有要有害,必为疑人,令往来行夜者射之,谋其疏者。**苏云:“言要害之处必严密防守,至于人疏之处,亦不可不预为谋也。”俞云:“疑人,盖束草为人形,望之如人,故曰‘疑人’。‘谋其疏者’,‘谋’乃‘诛’字之误。”案:俞说是也。**墙外水中**即城外池也。“墙”,疑即旗帜篇之“藩”。**为竹箭,**毕云:“旧作‘篅’,今改,下同。”诒让案:茅本并作“箭[一]”。苏云:“‘箭’当从旧作‘篅’,汉书有此字。竹篅盖竹签也,削竹而布之水中,所以防盗涉者。”今案:“篅”字古字书所无,俗字书引汉书王尊传“篅张禁”,字如此作。考汉书各本皆作“箭”,不作“篅”,苏误据之,非也。**箭尺广二步,**言插竹箭之处广二步也。**箭下于水五寸,**“下于”二字旧倒,今依苏校乙。**杂长短,前外廉三行,外外乡,内亦内乡。**苏云:“‘于下’二字误倒,当作‘篅下于水五寸’,言藏之水中令人勿见也。杂长短,使之不齐也。‘前’亦当作‘篅’。外廉者,廉其外令有锋铓也。行读如杭,乡读如向。”案:旗帜篇云“前池外廉,前外廉三行”,谓前池之外廉,列竹箭三行也,苏说非。**三十步一弩庐,庐广十尺,袤丈二尺。**弩庐,即置连弩车之庐也。通典兵守拒法有弩台,制与此略同,而步尺数异。详备高临篇。

队有急,“队”亦谓当攻队。**极发其近者往佐,**王引之云:“古字极与亟通,‘极发’即亟发也。庄子盗跖篇‘亟去走归’,释文:‘极,急也,本或作极。’荀子赋篇‘出入甚极’,又曰‘反覆甚极’,杨注并云:‘极读为亟,急

〔一〕“并”,疑当作“亦”。明茅坤刻本实作“篅”,日本宝历七年翻刻茅本乃作“箭”,凡孙校所谓“茅本”,实指宝历本。

也。'淮南子精神篇'随其天赀,而安之不极',高注云:'极[一],急也。'"案:王说是也。"极"下道藏本有"急"字,疑衍。**其次袭其处。**汉书扬雄传颜注云:"袭,继也。"苏云:"言军有危急,则发其近者往助之,近者既发,则移其次者居之,以为接应也。"

守节,出入使,主节必疏书,主节,小吏掌符节者,与号令篇"主券"相类。周官有掌节,属地官,盖都邑亦有之。**署其情,令若其事,**"若"疑"著"之误。**而须其还报以剑验之。**王云:"'剑验'亦当为'参验',谓参验其事情也。此'参'讹为'佥',又讹为'剑'耳。隶书'参'或作'叅','佥'或作'僉',二形相似而误。"案:王校是也,苏说同。"参验"见后。**节出,使所出门者,辄言节出时掺者名。**毕云:"言操节人即出门者,当记其名。"

百步一队。上疑有脱文。

阁通守舍,说文门部云:"阁,门旁户也。"尔雅释宫云:"小闺谓之阁。"茅本作"阁",非。**相错穿室。治复道,为筑墉,墉善其上。**苏云:"善与缮通。"案:苏说未塙,此"善"下有脱字,后文说轺车云"善盖",上备穴篇云"善涂亓窦际",此疑亦当云"善盖其上",或云"善涂其上"。又此下旧本有"先行德"至"用人少易守"凡四十三字,当为前备城门篇之错简,今审定移正。

取疏,毕云:"此正字,下作'蔬',俗。"**令民家有三年畜蔬食,**畜、蓄字通,下同。**以备湛旱**王云:"论衡明雩篇曰'久雨为湛'。"毕云"言湛溺大水与旱",非。**岁不为。**王云:"毕以'岁'字绝句,'不为'属下读。案:'不为'二字与下文义不相属,当以'岁不为'连读。湛旱,水旱也。言令民多畜蔬食,以备水旱岁不为也。晋语注曰:'为,成也。'岁不为,犹玉藻言'年不顺成'也。贾子孽产子篇曰'岁适不为',是其证。"**常令边县豫种畜**

[一]"极",原误"亟",据活字本改,与高注合。

芫、芸、乌喙、祩叶，苏云："芫，鱼毒也。渔者煮之以投水中，鱼则死而浮出，故以为名。芸，香草也，可以辟蠹。乌喙，乌头别名。'祩叶'未详。"诒让案：说文草部云："芫，鱼毒也。"太平御览药部引吴氏本草云："芫华根有毒，可用杀鱼。"本草经云："乌头，一名乌喙。"广雅释草云："蕪，奚毒，附子也。一岁为萴子，二岁为乌喙，三岁为附子，四岁为乌头，五岁为天雄。""芸"非毒草，当为"芒"字之误。尔雅释草云"葞春草"，郭注云："一名芒草。"山海经中山经云："葌山有木曰芒草，可以毒鱼。"朝歌山作"莽草"，周礼翦氏及本草经同。本草字又作"茵"，并声近字通。芒与芫皆毒鱼之草，盖亦可以毒人。祩，茅本作"株"，疑当为"椒"，与椒同。急就篇云"乌喙、附子、椒、芫华"，皇象本作"乌啄、付子、椒、元华"。"芒"、"芸"，"椒"、"祩"，字形并相近。乌喙，茅本作"乌啄"，亦与皇同。椒与乌喙、芫华等皆药之有毒者，故此书及史游并兼举之。叶，不审何字之误。通典兵守拒法云："凡敌欲攻，即去城外五百步内井树墙屋并填除之，井有填不尽者，投药毒之。"**外宅沟井可窴**句〔一〕。**塞**，窴，旧本作"寘"。毕云："同填。"王校作"窴"，今据改。说文穴部云："窴，塞也。"**不可**，句。**置此其中**。毕云："言此数物有毒，可置外宅，不可置中。"顾云："左氏传'秦人毒泾上流'。"案：顾说是也。"不可，置此其中"，言井沟可窴塞则窴塞之，不可窴塞者，以上所蓄毒草置其中，毋使敌汲用也。毕说误。

安则示以危，危示以安。

寇至，诸门户令皆凿而类窍之，类，备城门篇作"慕"，毕校改"幕"。案：彼"慕"当作"幂"，此"类"当作"幎"，盖"幎"隶书形近"頪"，因又误作"类（類）"也。幎正字，幂变体，义并详彼篇，下同。**各为二类，一凿而属绳，绳长四尺，大如指。寇至，先杀牛、羊、鸡、狗、乌、雁**，毕云："说文云：'雁，鹅也。'此与鸿雁异。吕氏春秋云'庄子舍故人之家，

〔一〕此当读"外宅沟井可，窴塞"，下文孙注云"井可窴塞则窴塞"，是其读以"窴塞"连文可证。此"句"字之注本应在上"可"字下，误著于"窴"字下。下文"不可"，孙亦注"句"，可证。

故人令竖子为杀雁飨之',亦见庄子。新序刺奢[一]云'邹穆公有令,食凫雁必以秕,无得以粟',皆即鹅也。今江东人呼鹅犹曰雁鹅。"王云:"毕说是也。'乌'非家畜,不得与'牛'、'羊'、'鸡'、'狗'、'鹅'并言之。'乌'当为'凫',此凫谓鸭也,亦非'弋凫与雁'之'凫'。广雅:'凫、鹜,鸓也。'鸓与鸭同。晏子春秋外篇'君之凫雁食以菽粟'是也。故曰'杀牛、羊、鸡、狗、凫、雁'。"苏说同。**收其皮革、筋、角、脂、葥、羽。**毕云:"旧'收'作'牧','皮'作'支',俱以意改。'葥'即考工记'劁'字,本'㔉'字之讹也。"**彘皆剥之。**王引之云:"'彘'与'皮革'、'筋'、'角'、'脂'、'羽'并言之,亦为不伦。'彘'字当在上文'牛'、'羊'、'鸡'、'狗'之间,迎敌祠篇亦云'狗彘豚鸡'。"**吏樿桐卣,**"吏"疑"使"之误,下有脱字。"樿",疑"樻"之误。说文木部云:"樻,楸也。"故与"桐"并举。然文尚有脱误。卣,茅本作"自",毕云:"未详。"**为铁錍,**方言云:"凡箭,其广长而薄镰谓之錍。"郭璞注云:"江东呼锟箭。"苏云:"錍,宾弥切,音卑。说文曰:'鍫錍,斧也。'"**厚简为衡枉。**"厚"疑当为"后",与"后"声近字通。"简"疑当为"兰"之误。前备城门篇亦有"兵弩简格",即兰格也。"枉"当为"柱"。此疑即上文所谓"兰为柱后"也。**事急,卒不可远,令掘外宅林。**疑当作"材",下同。言事急,守城之卒不可令远出,则令掘外宅材木,纳城内以备用。又疑或当作"事急,卒不可遝",卒、猝同,言仓猝不及致材木也。**谋多少,**"谋"疑当为"课",详号令篇。**若治城□为击,**即号令篇所云"五十步一击"也,"城"下疑缺"上"字。**三隅之。**言击之形为三隅,不方也。**重五斤已上诸林木,渥水中,无过一茷。**重五斤以上,谓材木之小者。毕云:"说文云:'橃,海中大船。'臣铉等曰:'今俗别作筏。'案:唐隆阐禅师碑又作'栰'。此作'茷',皆'橃'假音字。"苏云:"'林'疑当作'材'。渥,渍也。"案:苏校是也。论语公冶长集解引马融云:"编竹木大者曰栰,小者曰桴。"方言云:"箄谓之筏。"通典兵门云:

〔一〕"刺奢",原误"束奢",据新序改。

"枪十根为一束，胜力一人，四千一百六十六根即成一枕。"此后世法，不知墨子所谓"一筏"数几何也。**涂茅屋若积薪者，厚五寸已上。吏各举其步界中财物可以左守备者，上。**王引之云："'步界'二字义不可通，'步'当为'部'，吏各有部，部各有界，故曰'部界'。号令篇云'因城中里为八部，部一吏'，又云'诸吏卒民，非其部界而擅入'，皆其证也。俗读部、步声相乱，故'部'讹作'步'。'上'下当有'之'字，'上之'，谓上其财物也。备城门篇云'民室材木瓦石，可以益城之备者，尽上之'，与此文同一例。今本脱'之'字，则文义不明。"又云："左与佐同。"苏云："上，谓闻之于上。"

有谗人，有利人，有恶人，有善人，有长人，有谋士，有勇士，有巧士，有使士，使士，谓可以奉使之士，又疑当作"信士"。号令篇屡言"信人"，亦或误为"使人"。**有内人者，外人者，有善人者，有善门人者，**苏云："上句'善'下疑脱一字。'善门'疑'善斗'之讹。"**守必察其所以然者，应名乃内之。**苏云："应名，言名实相应也。'内'读如纳。"**民相恶，若议吏，吏所解，**吏所解，谓民相恶，有讎怨，吏为解之者，见上号令篇。**皆札书藏之，**札，旧本讹作"禮"。王引之云："'礼书'当为'札书'，古'禮'字作'礼'，与'札'相似，'札'讹为'礼'，后人因改为'禮'耳。'札书'见号令篇。庄子人间世篇'名也者，相札也'，崔撰曰：'札或作禮。'淮南说林篇'乌力胜日，而服于雞札'，今本'札'讹作'禮'。"苏云："'禮'当作'谨'。备城门篇言'皆谨收藏'也。"案：王校是也，今据正。周礼调人云"凡有斗怒者成之，不可成者则书之，先动者诛之"，郑注云："不可成，不可平也。书之，记其姓名，辩本也。"此"札书"与彼义同。**以须告之至以参验之。**"告"下疑当有"者"字。吴钞本脱"至"字。**睆者小五尺不可卒者，为署吏，令给事官府若舍。**苏云："'睆者'二字传写错误，或为'儿童'之讹。意言弱小未堪为卒，唯给使令而已。"诒让案：孟子梁惠王篇赵注云："倪，弱小繄倪者也。"说文女部云："娊，嫛娊也。"广雅释亲云："娊、儿，子也。"此"睆"即"娊"之假字。或云"睆者小"疑当作"诸小娊"，

"者"即"诸"之省,亦通。孟子滕文公篇云"五尺之童",管子乘马篇云"童五尺",荀子仲尼篇云"五尺竖子"。论语泰伯篇"可以托六尺之孤",周礼乡大夫贾疏引郑注云:"六尺,年十五以下。"然则"五尺"者,盖年十四以下也。"舍"谓守者之私舍,号令篇云"城上吏卒养皆为舍道内"。**藺石**、见号令篇。**厉矢、诸材**毕云:"旧作'林',以意改。"苏云:"诸与储同。"诒让案:"诸"如字。**器用皆谨部,各有积分数。**号令篇云"轻重分数各有请"。**为解车以枱,城矣**说文木部云:"枱,耒耑木也。"案:"枱"即考工记车人"耒庛"之正字,与此义不相当。此"枱"当为木材,疑即"梓"之假借字。"枱"籀文从辝作"辝",与"梓"声类相近也。备穴篇"用𣓌若松为穴户","𣓌"疑亦即"枱"、"梓"之异文。苏云:"此句错误不可读。'解车'疑即'轺车',据下文是言车之载矢者。'城矣'二字或即'载矢'之讹。下'以'字衍。"案:苏说近是,但下"以"字非衍。**以轺车,**毕云:"汉书注:'服虔云:轺音瑶,立乘小车也。'"**轮轱**道藏本、茅本"轱"作"軲[一]"。"轱"亦见经说下。毕云:"此'毂'字异文无疑。广雅云:'轱,车也。'曹宪音枯,又音姑。"案:毕说未塙。"轱"疑即车前胡,字形又与轴相近,详经说下篇。轮与轱不得同度,疑亦有脱误。**广十尺,**毂广度必无十尺,此亦足证毕说之非。但胡即辀前下垂柱地者,亦不得有广度,疑指车前軓当胡处而言。下"箱"与"辕"等亦长丈,则軓长广正方矣。若为轴,则当云"长",不当云"广"。未能质定也。**辕长丈,**此盖直辕,与考工记大车同。长丈[二],当为辕出箱前者之度。下云"箱长与辕等",则并当箱与箱前二者计之,辕通长二丈也。车人"凡为辕,三其轮崇",此轮六尺,而辕二丈,赢于彼也。**为三辐,**"三辐"疑当作"四轮",备高临篇"连弩车两轴四轮",亦误作"三轮"。**广六尺,**凡轮广与崇等,考工记车人郑注:"柏车,山车。轮高六尺。"此与彼度同。**为板箱,长与辕等,**说文竹部云:"箱,大车牝服也。"考工记车人云"大车牝服二柯又参分柯之二",郑注云:"牝服长八

〔一〕"軲",原误"轱",据道藏本、茅本改。
〔二〕"丈",原误"文",据文义改。

尺，谓较也。”郑司农云：“牝服谓车箱。”此车箱长丈，盖长于大车二尺也。**高四尺，**旧本作“四高尺”。苏云：“当作‘高四尺’。”案：苏校是也，今据乙正。**善盖上，治中**〔一〕**令可载矢。**旧本脱“中”字，今据道藏本、吴钞本、茅本补。

子墨子曰：凡不守者有五：城大人少，一不守也；毕云：“旧作‘者’，以意改。”案：茅本正作“也”，不误。**城小人众，二不守也；人众食寡，三不守也；市去城远，四不守也；畜积在外，富人在虚，**苏云：“虚同墟，言不在城邑也。”**五不守也。率万家而城方三里。**尉缭子兵谈篇云：“量地肥垗而立邑，建城称地，以城称人，以人称粟，三相称，则内可以固守，外可以战胜。”毕云：“言大率万家而城方三里，则可守。”诒让案：方三里者，积九里，为地八千一百亩也。以万家分居之，盖每宅不及一亩，贫富相补，足以容之矣。

〔一〕“中”字原脱。按：孙注云“据道藏本、吴钞本、茅本补”，是正文当有“中”字而漏刻，今补。

墨子目录一卷

道藏本及明钞本、刻本并无目录，此毕氏所定，依意林为第十六卷，今从隋志，别为一卷。

卷之一

亲士第一

修身第二

所染第三魏徵群书治要引篇目同。

法仪第四治要引篇目同。

七患第五治要引篇目同。

辞过第六治要引此篇文并入七患篇，疑唐以后人所分。

三辩第七黄震、宋濂所见别本，以上七篇题曰经，盖宋人所加。

卷之二

尚贤上第八治要引篇目同。汉书艺文志颜师古注引作"上贤"。

尚贤中第九

尚贤下第十

卷之三

尚同上第十一汉书颜注引作"上同"。

尚同中第十二

尚同下第十三中兴馆阁书目云“一本自亲士至上同十三篇”,即此。黄震、宋濂所见别本,以上六篇题曰论,亦宋人所加。

卷之四

兼爱上第十四汉书颜注引同。

兼爱中第十五

兼爱下第十六

卷之五道藏本六同卷。

非攻上第十七

非攻中第十八

非攻下第十九

卷之六

节用上第二十汉书颜注引同。

节用中第二十一

节用下第二十二阙

节葬上第二十三阙

节葬中第二十四阙

节葬下第二十五

卷之七

天志上第二十六

天志中第二十七

天志下第二十八

卷之八

明鬼上第二十九阙。汉书颜注引作“明鬼神”。

明鬼中第三十阙

明鬼下第三十一
非乐上第三十二
卷之九
非乐中第三十三阙
非乐下第三十四阙
非命上第三十五治要引篇目及汉书颜注引并同。
非命中第三十六
非命下第三十七
非儒上第三十八阙
非儒下第三十九
卷之十
经上第四十晋书鲁胜传墨辩注叙云“墨辩有上下经,经各有说,凡四篇”,即此。
经下第四十一
经说上第四十二
经说下第四十三
卷之十一
大取第四十四
小取第四十五
耕柱第四十六
卷之十二毕云:“旧云‘十三同卷’者,梵本分帙如此。”诒让案:此明人编入道藏所合并,非古本也。毕谓梵本,亦非。
贵义第四十七治要引篇目同。
公孟第四十八

卷之十三

鲁问第四十九

公输第五十

□□第五十一

卷之十四

备城门第五十二明吴宽钞本无目录，其当卷篇目，以备城门为五十四，备高临为五十五。册末，吴氏手跋云："本书七十一篇，其五十一之五十三、五十七、五十九之六十、六十四之六十七，篇目并阙，当访求古本考入云。"是吴所据旧本实如此，则当阙五十二、五十三二篇。未知孰是。

备高临第五十三

□□第五十四依备城门篇所列攻具十有二，临第一，钩第二，则此篇疑当为备钩。

□□第五十五备城门篇十二攻具，冲第三，则此篇疑当为备冲。诗大雅皇矣孔疏引有备冲篇，盖唐初尚未佚也。

备梯第五十六

□□第五十七十二攻具，梯第四，堙第五，则此篇疑当为备堙。

备水第五十八

□□第五十九十二攻具〔一〕，水第六，穴第七，突第八，空洞第九，蚁傅第十，今唯阙备空洞一篇，其次又不当列水、突之间，岂为后人所贸乱与？

□□第六十

备突第六十一

〔一〕"具"，原误"其"，据文义改。

备穴第六十二十二攻具，穴在突后〔一〕，此篇次与彼不合。

备蛾傅第六十三

卷之十五

□□第六十四十二攻具，轒辒第十一，轩车第十二，则当有备轒辒、备轩车二篇，其次当在此。

□□第六十五

□□第六十六

□□第六十七

迎敌祠第六十八

旗帜第六十九“帜”俗字，王念孙校改“职”。

号令第七十九章算术衰分篇刘徽注引篇目同。

杂守第七十一

毕沅云：案旧本皆无目，隋书经籍志云：“墨子十五卷，目一卷。”马总意林云：“墨子十六卷。”诒让案：马本梁庾仲容子钞，见高似孙子略。则是古本有目也。考汉书艺文志云“墨子七十一篇”，高诱注吕氏春秋云“七十二篇”，疑当时亦以目为一篇耳。藏本云“阙”者八篇而有其目，节用下，节葬上、中，明鬼上、中，非乐中、下，非儒上是也。当是宋本如此。而馆阁书目云“自亲士至杂守为六十一篇，亡九篇”，恐是“八”讹为“九”。又七十一篇亡其九，当存六十二，而云“六十一”，亦“二”之讹也。其十篇者，藏本并无目，亦当是宋时亡之。然则宋时所存实止五十三篇耳。诒让案：荀子修身篇杨注云“墨子著书

〔一〕“后”疑当作“前”。据本书备城门篇十二攻具，“穴”列第七，“突”列第八。

三十五篇”，疑当作“五十三篇”。或唐中叶以后此书即有阙佚，篇数已与今本同也。然诗正义引备冲篇，则尚存其目，而不知列在第几。太平御览引有备冲法，正在此篇，则宋初尚多存与？诒让案：御览多本古类书，不足证北宋时此书尚有完本也。南宋人所见十三篇一本，乐台曾注之，即自亲士至上同是。而潜溪诸子辩云：“上卷七篇，号曰经，下卷六篇，号曰论，共十三篇。”诒让案：此即中兴馆阁书目所载别本，书录解题亦箸录。黄氏日钞诸子云“墨子之书凡二，其后以论称者多衍复，其前以经称者善文法。”又吴道师战国策校注五引兼爱中篇“楚灵王好士细腰”数语，云：“今按墨子三卷中无此文。”三卷者，别本也，古墨子篇数不止此。是陈直斋、黄东发、吴正传所见墨子皆止十三篇本也。又有可疑：夫墨子自有经上下、经说上下，在十三篇之后。此所谓经，乃亲士、修身、所染、法仪、七患、辞过、三辩七篇，与下尚贤、尚同各三篇文例不异，似无经、论之别，未知此说何据？以意求之，或以经上下、经说上下及亲士、修身六篇为经。诒让案：南宋别本不如是，毕说非。其说或近，以无子墨子云云故也。诒让案：此说亦非，详亲士篇。然古人亦未言之。至乐台所注，见郑樵通志艺文略，而焦竑国史经籍考亦载之，似至明尚存，诒让案：郑、焦二志多存虚目，不足据。卒亦不传，何也？若钱曾云“藏会稽钮氏世学楼本，共十五卷七十一篇，内亡节用等九篇”者，实即今五十三篇之本，内著“阙”字者八篇，钱不深核耳。

洪颐煊云：墨子今本十五卷，自亲士至杂守凡七十一篇，内阙有题八篇，无题十篇。据陈振孙书录解题称汉志七十一篇，馆阁书目有十五卷六十一篇者多讹脱不相联属。是无题十篇宋本已阙，有题八篇阙文在宋本已后。读书丛录。诒让案：道藏本即从宋本出，有题八篇宋本盖已阙，洪说未塙。

墨子附录一卷

墨子篇目考　墨子佚文　墨子旧叙

墨子篇目考毕沅述，今重校补。

汉书艺文志：

墨子七十一篇。名翟，为宋大夫，在孔子后。

隋书经籍志：

墨子十五卷，目一卷。宋大夫墨翟撰。

庾仲容子钞：见高似孙子略，毕本无，今补。

墨子十六卷。

马总意林：

墨子十六卷。案：墨子名翟，高诱曰鲁人，一曰宋人，为宋大夫，善守御，务俭啬。所著书，汉志七十一篇，隋、唐志十五卷、目一卷，宋志十五卷，杨倞荀子注云三十五篇，宋潜溪曰二卷、亲士至经说十三篇。明堂策槛刊本十五卷、七十一篇，与旧志合，阙节用下、节葬上中、明鬼上中、非乐中下、非儒上，共八篇。盖杨据篇名总计之，宋则未见全书也。明刻文多重复，似亦非古本，但次第正与此同。

君子自难而易彼，“彼”字补，同下。众人自易而难彼。亲士篇。

灵龟先灼，神蛇先暴。“先”原作“近”。

君子虽有学，行为本焉。战虽有陈，勇为本焉。丧虽有礼，哀为本焉。修身篇。

墨子见染丝而叹曰：“染于苍则苍，染于黄则黄。非独染丝然也，国亦有染。诒让案：张海鹏本“国”作“人固”二字。舜染许由，桀染干辛，“干”旧作“予”。说苑作“干莘”。原有“推哆”，韩非子曰“桀有侯侈〔一〕”。纣染崇侯也。”所染篇。

圣人为舟车，完固轻利，可以任重致远。辞过篇。

子自爱不爱父，欲亏父而自利；弟自爱不爱兄，欲亏兄而自利，非兼爱也。句非原文。盗爱其室不爱异室，故窃异室以利其室，亦非旧讹“能”。诒让案：张本不讹。兼爱。兼爱上篇。

节葬之法：三领之衣原作“衣三领”。足以朽肉，节葬篇作“蔽形”。三寸之棺原作“棺三寸”。足以朽骸，深则通于泉。原作“堀穴深不通于泉，流不发泄则止”。节葬篇亦云“下无及泉，上无通臭”。节用中篇。

诸侯不得恣己为政，有三公政之；“政之”之“政”原作“正”，下同。三公不得恣己为政，有天子政之；天子不得恣己为政，有天旧有“下”字。政之。天志下篇。案：此文两见，皆作“有天政之”。

断指以存胫，原作“腕”。下云“利之中取大，害之中取小也。害之中取小，非取害也，取利也”。以免于身者利。原作“遇盗人，而断指以免身，利也”。言虽受伤而身得免，即谓之利。大取篇。

〔一〕“侈”，原误“哆”，据韩非子说疑篇改。

君子如钟，扣则鸣，不扣则不鸣。美原作"义"。女处不出，则争求之；行而自炫，人莫之娶。公孟篇。

墨子劝弟子学曰："汝速学，君原作"吾"。当仕汝。"弟子学期年，就墨子责仕。二字补。责，求也。墨子曰："汝闻鲁人原作"语"。乎？有昆弟五人，父死，其长子嗜酒不肯预葬，其四弟曰：'兄若送葬，我当为兄沽酒。'此下与原文小异。葬讫，就四弟求酒。四弟曰：'子葬父，岂独吾父也？吾恐人笑，欺以酒耳！'今不学，人自笑子，故劝子也。"遂不复求仕。

墨子谓门人曰："汝何不学？"对曰："吾族无学者。"墨子曰："不然。岂谓欲好美，而曰吾族无此，辞不欲耶？欲富贵，而曰吾族无此，辞不用耶？强自力矣！"

甘瓜苦蒂，天下物无全美。二句原书阙，见埤雅引。下二条亦原书所无。

古之学者得一善言，附于其身；今之学者得一善言，务以说人，言过而行不及。书钞引新序"齐王问墨子曰：'古之学者为己，今之学者为人，何如？'对曰'古之学者云云说人'"，则为墨子之言甚明。

君子服美则益敬，小人服美则益骄。诒让案：今本公输篇后，兵法诸篇之前，阙第五十一篇，以上数条疑皆此篇佚文。

案：史记：墨翟"或曰并孔子时，或曰在其后"。张衡谓当子思时，出仲尼后也。抱朴子、小司马皆言在七十子后。史邹阳书曰"宋信子罕之计囚墨翟"，汉书"子罕"作"子冉"。意其生稍后孔子，而先于孟子者欤？窃谓儒与杨墨犹阴与阳，而墨较近理，故与杨同一塞路，同经孟子辞辟，而墨氏之书至今犹有传者。甚至尸佼谓孔子贵公，墨子贵兼，其实则一。韩非子显学篇孔墨并尊。史传以墨附孟，范书言墨孟之徒。韩昌黎谓孔子必用墨子，墨子必用孔子，是岂特秦越同舟已哉！荀卿书虽不醇，其礼论篇讥墨子薄葬，反覆数百言，大旨谓以倍叛之心事亲，棺椁三寸、衣衾三领，为刑余罪人之丧，又谓刻死而附生，所见实出孔鲋诘墨子上，唐开元从祀孔庭，其以此欤？诒让案：此条于墨子篇目及马氏书均无涉，姑录之，以存毕考之旧。

唐书经籍志：

墨子十五卷。墨翟撰。

新唐书艺文志：

墨子十五卷。墨翟。

宋史艺文志：

墨子十五卷。宋墨翟撰。

崇文总目：毕本无，今补。

墨子十五卷。墨翟撰。

郑樵通志艺文略：

墨子十五卷。宋大夫墨翟撰。墨翟与孔子同时。汉志注"在孔子后"。又三卷。乐台注。唐志不载，当考。

马端临文献通考经籍考：

墨子十五卷。

王应麟玉海：

书目云："墨子十五卷，自亲士至杂守为六十一篇。亡九篇。一本自亲士至上同凡十三篇者。"诒让案：此即中兴馆阁书目，王氏所引非全文。

晁公武郡斋读书志：

墨子十五卷，宋墨翟撰，战国时为宋大夫，著书七十一篇，以贵俭、兼爱、尊贤、右鬼、非命、尚衢本作"上"。同为说云。荀、孟皆非之，而韩愈独谓辨生于末学，非二师之道本然也。

陈振孙直斋书录解题：

墨子三卷，宋大夫墨翟撰，孟子所谓邪说诐行，与杨朱同科者也。韩吏部推尊孟子，而读墨一章，乃谓孔、墨相为用，何哉？汉志七十一篇，馆阁书目有十五卷六十一篇者，多讹脱不相联属。又二本止存十三篇者，当是此本也。方杨、墨之盛，独一孟子讼言非之，谆谆焉惟恐不胜。今杨朱书不传，列子仅存其余，墨氏书传于世者亦止于此。孟子越百世益光明，遂能上配孔氏，与论语并行。异端之学，安能抗吾道哉！

焦竑国史经籍考：

墨子十五卷。又三卷。乐台注。

四库全书总目：毕本无，今补。

墨子十五卷。两江总督采进本。旧本题宋墨翟撰。考汉书艺文志"墨子七十一篇"，注曰："名翟，宋大夫。"隋书经籍志亦曰："宋大夫墨翟撰。"然其书中多称子墨子，则门人之言，非所自著。又诸书多称墨子名翟，因树屋书影则曰："墨子姓翟，母梦乌而生，因名之曰乌，以墨为道。今以姓为名，以墨为姓，是老子当姓老耶？"其说不著所出，未足为据也。诒让案：周亮工说本元伊世珍琅嬛记。宋馆阁书目称墨子十五卷六十一篇。此本篇数与汉志合，卷数与馆阁书目合。惟七十一篇之中，仅佚节用下第二十二、节葬上第二十三、节葬中第二十四、明鬼上第二十九、明鬼中第三十、非乐中第三十三、非乐下第三十四、非儒上第三十八，凡八篇，尚存六十三篇者，诒让案：此未数失目十篇也，今本实存五十三篇。与馆阁书目不合。陈振孙书录解题又称有一本止存十三篇者，今不可见。或后人以两本相校互有存亡，增入二篇欤？抑传写者讹以六十三为六十一也？墨家者流，史罕著录，盖以孟子所辟，无人肯居其名。然佛氏之教，其清淨取诸老，其慈悲则取诸墨。韩愈送浮屠文畅序称儒名墨行，墨名儒行，以佛为墨，盖得其真。而读墨子一篇乃称墨必用孔，孔必用墨，开后人三教归一之说，未为笃论。特在彼法之中，能自啬其身，而时时利济于物，亦有足以自立者，故其教得列于九流，而其书亦至今不泯耳。第五十二篇以下皆兵家言，其文古奥，或不可句读，与全书为不类。疑因五十一篇言公输般九攻、墨子九拒之事，其徒因采摭其术，附记其末。观其称弟子禽滑厘等三百人已持守圉之器在宋城上，是能传其术之征矣。

钱曾读书敏求记：诒让案：毕本在焦竑国史经籍考前，今移此。

墨子十五卷，潜溪诸子辨云："墨子三卷，战国时宋大夫墨翟撰。上卷七篇号曰经，中卷、下卷六篇号曰论，共十三篇。考之汉志七十一篇，馆阁书目则六十一篇，已亡节用、节葬、明鬼、非乐、非儒等九篇，今书则又亡多矣。"潜溪之言如此。予藏弘治己未旧抄本，卷篇之数恰与其言合；又藏会稽钮氏世学楼本，共十五卷七十一篇，内亡节用等九篇，盖所谓馆阁书目本或即此欤？潜溪博览典籍，其辨订不肯聊且命笔，而止题为三卷，岂犹未见完本欤？抑此书两行于世而未及是正欤？姑识此，以询藏书家。

诒让案：墨子书七十一篇，即汉刘向校定本，箸于别录，而刘歆七略、班固艺文志因之，旧本当亦有刘向进书奏录，宋以后已不传。史记孟子荀卿传索隐：“按别录云：今按墨子书有文子，文子即子夏之弟子，问于墨子，如此，则墨子者在七十子之后也。”此即刘录之佚文。考文子今书未见，它书载子夏弟子亦无文子，唯史记儒林传云“如田子方、段干木、吴起、禽滑厘之属，皆受业于子夏之伦”，则疑文子当为禽子。又耕柱篇“子夏之徒问于子墨子曰：君子有斗乎”，子政或兼据彼文也。

又案：汉志兵技巧家注云“省，墨子重”。则七略墨子书，墨家与兵书盖两收，班志始省兵而专入墨，此亦足考刘、班箸录之异同。谨附记之。刘略入兵技巧家者，盖即备城门以下二十篇也。

墨子佚文毕沅述，今重校补。

乐者，圣王之所非也，而儒者为之，过也。见荀子，当是非乐篇文。诒让案：见乐论篇，然似约举非乐篇大意，毕以为佚文，未塙。

孔子“子”字皆鲋所更，墨本用孔子讳。见景公，公曰：“先生素不见晏子乎？”对曰：“晏子事三君而得顺焉，是有三心，所以不见也。”公告晏子，晏子曰：“三君皆欲其国安，是以婴得顺也。闻君子独立不惭于影，今孔子伐树削迹，不自以为辱，身穷陈、蔡，不自以为约。始吾望儒贵之，今则疑之。”景公祭路寝，闻哭声，问梁丘据。对曰：“鲁孔子之徒也。其母死，服丧三年，哭泣甚哀。”公曰：“岂不可哉？”晏子曰：“古者圣人非不能也，而不为者，知其无补于死者，而深害生事故也。”见孔丛诘墨篇。疑非儒上第三十八篇文。诒让案：二条并见晏子春秋外篇，或墨子亦有是文。

堂高三尺，索隐云：“自此已下，韩子之文，故称曰也。”诒让案：后汉书赵典传注首有“尧、舜”二字，韩非子十过篇亦有此文，即索隐所据也。土阶三等，茅茨不翦，采椽不刮，诒让案：后汉书、文选魏都赋注作“斫”，又文选东京赋注引作“刊”。食诒让案：后汉书注作“饭”。土簋，啜土刑，诒让案：后汉书注作“歠土铏”。粝粱之食，诒让案：后汉书注作“饭”。藜藿之羹，夏日葛衣，冬日鹿裘。其送死，桐棺三寸，举音不尽其哀。见史记太史公自序，又见文选注、后汉书注，文皆微异，今韩非子虽有之，然疑节用中、下篇文。诒让案：此司马谈约引墨子语，似未必即节用中、下篇佚文。群书治要及艺文类聚十一、太平御览八十引帝王世纪云：“墨子以为尧堂高三尺，土阶三等，茅茨不翦，采椽不斫，夏服葛衣，冬服鹿裘。”论衡是应篇云：“墨子称尧、舜堂高三尺，儒家以为卑下。”以上诸书及后汉书注、文选注，疑并据史记展转援引，非唐本墨子书实有此文也。

年逾十五，则聪明心诒让案：毕本作“思”，今据史记五帝本纪集解校正。虑无不徇通矣。见裴骃史记集解，索隐“十五”作“五十”，“无不”作“不”，云“作‘十五’非是”。诒让案：索隐云：“俗本作‘十五’，非是。案谓年老逾五十不聪明，何得云‘十五’？”盖小司马所见墨子犹是足本，故据以校正史注俗本之谬。

禽滑厘问于墨子曰：“锦绣絺纻，将安用之？”墨子曰：“恶，是非吾用务也。古有无文者得之矣，夏禹是也。卑小宫室，损薄饮食，土阶三等，衣裳细布。当此之时，黼诒让案：旧本脱，卢文弨据御览八百二十校补，今从之。黻无所用，而务在于完坚。殷之盘庚，大其先王之室，而改迁于殷，茅茨不翦，采椽不斫，以变天下之视。当此之时，文采之帛将安所施？夫品庶非有心也，以人主为心，苟上不为，下恶用之？二王者，以诒让案：旧衍“化”字，今从卢校删。身先于天下，故化隆于其时，成名于今世也。且夫锦绣絺纻，乱君之所造也。其本皆兴于齐景公喜奢而忘俭，幸有晏子以俭镌之，然犹几不能胜。夫奢安可穷哉！纣为鹿台糟邱，酒池肉林，宫墙文画，雕琢刻镂，锦绣被堂，金玉珍玮，妇女优倡，钟鼓管弦，流漫不禁，而天下愈竭，故卒身死国亡，为天下戮。非惟锦绣絺纻之用邪？今当凶年，有欲予子随侯之珠者，不得卖也，珍宝而以为饰，又欲予子一钟粟者。得珠者不得粟，得粟者不得珠，子将何择？”禽滑厘曰：“吾取粟耳，可以救穷。”墨子曰：“诚然，则恶在事夫奢也？长无用好末淫，非圣人之所急也。故食必常饱，然后求美；衣必常暖，然后求丽；居必常安，然后求乐。为可长，行可久，先质而后文，此圣人之务。”禽滑厘曰：“善。”见说苑，疑节用下篇文。诒让案：节用诸篇无与弟子问答之语，毕说未塙。

吾见百国春秋。见隋李德林重答魏收书。诒让案：见隋书本传，亦见史通六家篇。“春秋”下，毕本有“史”字，今据史通删。考德林书云：“史者，编年也，故晋号纪年。墨子又云，吾见百国春秋。史又〔一〕有无事而书年者，是重年验也。”审校文义，李书“史”字当属下为句，毕氏失其句读，遂并“史”字录之，谬也。

禽子问：“天与地孰仁？”墨子曰：“翟以地为仁。”太山之上则封禅焉，培塿之侧太平御览作“沈”。则生松柏，下生黍苗莞蒲，水生鼋鼍龟鱼，民衣焉，食焉，死焉，地终不责德

〔一〕“又”下原有“无”字，据隋书李德林传删。

焉。故翟以地为仁。”见艺文类聚，又见北堂书钞、太平御览、吴淑事类赋，文微异。

申徒狄曰：“周之灵珪，出于土石；楚之明月，出于蚌蜃。”见艺文类聚。诒让案：此即后申徒狄谓周公章之文，当并为一条。

画衣冠，异章服，而民不犯。见文选注。

墨子献书惠王，王受而读之，曰：“良书也。”见文选注。诒让案：本书贵义篇云“子墨子南游于楚，见楚献惠王”，疑即“献书惠王”之误。又余知古渚宫旧事二亦云墨子至郢，献书惠王，王受而读之，曰“良书也”，与李所引正同。彼文甚详，疑皆本墨子，但不箸所出书，今不据补录。详贵义篇。

时不可及，日不可留。见文选注。

备冲篇。见诗正义。

备冲法，绞善麻长八丈，内有大树，则系之，用斧长六尺，令有力者斩之。见太平御览。疑备冲篇文。诒让案：通典兵守拒法云：“敌若推轒车，我作粗铁镮，并屈桑木为之，用索相连。轒头适到，速以镮串轒头，于其傍便处，分令壮士牵之翻倒，弓弩而射，自然败走。”案：杜盖即本墨子遗法，而以后世名制易之。

申徒狄谓周公曰：“贱人何可薄也！周之灵珪，出于土石；隋之明月，出于蚌蜃；少豪大豪，出于污泽，天下诸侯皆以为宝。狄今请退也。”见太平御览。又一引云：“周公见申徒狄，曰：‘贱人强气则罚至。’申徒狄曰：‘周之灵珪，出于土□；楚之明月，出□蚌蜃；五象出于汉泽，和氏之璧、夜光之珠、三棘六异，此诸侯之良宝也。’”疑今耕柱篇脱文。诒让案：此文当在佚篇中，今书耕柱篇虽亦有和璧、随珠、三棘六异之文，然非申徒狄对周公语，毕说非也。通志氏族略引风俗通云：“申徒狄，夏贤人也。”林宝元和姓纂说同。庄子外物篇云“汤与务光，务光怒，申徒狄因以踣河”，此即应说所本。淮南子说山训高注则云：“申徒狄，殷末人也。”史记邹阳传集解：“服虔云：申徒狄，殷之末世人也。”索隐引韦昭又云“六国时人”，庄子大宗师释文亦云“申徒狄，殷时人”。案：依韦说，则此周公或为东、西周君。御览八百二引有和氏之璧语。又韩诗外传一及新序士节篇并云：“申徒狄曰：吴杀子胥、陈杀泄冶而灭其国。”则狄非夏、殷末人可知。疑韦说近是。

桀女乐三万人，晨噪闻于衢。服文绣衣裳。见太平御览。诒让案：此管子轻重甲篇文。以后御览所引诸条，似多误以它子书语为墨子，不甚足据也，今亦未及详校。

秦穆王遗戎王以女乐二八，戎王沉于女乐，不顾国亡，政国之祸。见太平御览。

良剑期乎利，不期乎莫邪。见太平御览。

禹造粉。见太平御览。

子禽问曰：诒让案：疑当作“禽子”。“多言有益乎？”墨子曰：“虾蟆蛙蝇诒让案：当作“黾”。日夜而鸣，舌干檘，然而不听。一引作“口干而人不听之”。今鹤鸡时夜而鸣，天下振动。多言何益？唯其言之时也。”见太平御览。

昔夏之衰也，有推侈、大戏；殷之衰也，有费仲、恶来，足走千里，手制兕虎。见太平御览。诒让案：此晏子春秋谏上篇文。

神机阴开，剞劂无迹，人巧之妙也，而治世不以为民业。诒让案：此淮南子齐俗训文。劂，彼作“劂”，此误。工人下漆而上丹则可，下丹而上漆则不可。万事由此也。诒让案：此淮南子说山训文。神明钩绳者，乃巧之具也，而非所以为巧。诒让案：此淮南子齐俗训文，“神明”作“规矩”。神明之事不可以智巧为也，不可以功力致也。天地所包，阴阳所呕，雨露所濡，以生万殊。翡翠瑇瑁碧玉珠，文采明朗，泽若濡，摩而不玩，久而不渝，奚仲不能放，鲁般弗能造，此之大巧。诒让案：此淮南子泰族训文。夫至巧不用剑，大匠大不斫。诒让案：此淮南子说林训文，下"大"字衍。夫物有以自然，而后人事有治也。故大匠不能斫金，巧治不能铄木，金之势不可斫，而木之性不可铄也。埏埴以为器，刳木而为舟，烁铁而为刃，铸金而为钟，因其可也。见太平御览，而文不似墨子，或恐误引他书。诒让案：末条淮南子泰族训文。

右二十一条，今本所脱，由沅采摭书传，附十五卷末。其意林所称，已见篇目考中，不更入也。

金城汤池。水经河水二郦道元注。

釜丘。水经济水注云："陶丘，墨子以为釜丘也。"

使造下疑脱"物"字。三年而成一叶，天下之叶少哉。广弘明集朱世卿法性自然论。案：韩非子外储说左上宋人为玉楮叶章有此文，或本墨子语也。

舜葬于苍梧之野，象为之耕。刘赓稽瑞。

禹葬会稽，鸟为之耘。稽瑞。以上二条疑节葬上、中二篇佚文，然说舜葬处与节葬下篇不合，未详。

五星光明，苣艳如旗。稽瑞。

右六条，毕本无，今校增。

墨子旧叙

鲁胜墨辩注叙　　晋书隐逸传

名者所以别同异、明是非，道义之门，政化之准绳也。孔子曰："必也正名，名不正则事不成。"墨子著书，作辩经以立名本，惠施、公孙龙祖述其学，以正别孙星衍校改"刑"。名显于世。孟子非墨子，其辩言正辞则与墨同。荀卿、庄周等皆非毁名家，而不能易其论也。必有形，当作"名必有形"。察疑脱"形"字。莫如别色，故有坚白之辩；名必有分明，分明莫如有无，故有无序之辩。是有不是，可有不可，是名两可；同而有异，异而有同，是之谓辩同异。至同无不同，至异无不异，是谓辩同辩异。同异生是非，是非生吉凶，取辩于一物，而原极天下之污隆，名之至也。自邓析至秦时，名家者世有篇籍，率颇难知，后学莫复传习，于今五百余岁，遂亡绝。墨辩有上下经，经各有说，凡四篇，与其书众篇连第，故独存。今引说就经，各附其章，疑者阙之。又采诸众杂集为刑名二篇，"刑"当作"形"。略解指归，以俟君子。其或兴微继绝者，亦有乐乎此也。

毕沅墨子注叙

经训堂本

墨子七十一篇，见汉艺文志。隋以来为十五卷、目一卷，见隋经籍志。宋亡九篇，为六十一篇，见中兴馆阁书目。实六十三篇，后又亡十篇，为五十三篇，即今本也。本存道藏中，缺宋讳字，知即宋本。又三卷一本，即亲士至尚同十三篇，宋王应麟、陈振孙等仅见此本。有乐台注，见郑樵通志艺文略，今亡。案通典言兵有守拒法，而不引墨子备城门诸篇。玉海云后汉书注引墨子备突篇，诗正义引墨子备冲篇，似亦未见全书，疑其失坠久也。今上开四库馆，求天下遗书，有两江总督采进本，谨案亦与此本同。自此本以外，有明刻本，其字少见，皆以意改，无经上下及备城门等篇，诒让案：此即余有丁子汇本。盖无足观。墨书传述甚少，得毋以孟子之言，转多古言古字。

先是，仁和卢学士文弨、阳湖孙明经星衍互校此书，略有端绪，沅始集其成。因遍览唐宋类书、古今传注所引，正其讹谬，又以知闻疏通其惑。自乾隆壬寅八月至癸卯十月，逾一岁而书成。世之讥墨子以其节葬、非儒说。墨者既以节葬为夏法，特非周制，儒者弗用之。非儒，则由墨氏弟子尊其师之过，其称孔子讳及诸毁词，是非翟之言也。诒让案：此论不塙，详非儒篇。案他篇亦称孔子，亦称仲尼，又以为孔子言亦当而不可易，是翟未尝非孔。孔子之言多见论语、家语及他纬书传注，亦无斥墨词。诒让案：墨子盖生于哀、悼间，较之七十子尚略后，孔子安得斥之？此论甚谬。至孟子始云能言距杨、墨者，圣人之徒。又云杨、墨之道不息，孔子之道不著。盖必当时为墨学者，流于横议，或类非儒篇所说，孟子始嫉之。故韩非子显学云："墨离为三，取舍相反不同，而皆自谓真孔、墨。"韩愈云"辩生于末学，各务售其师之说，非二师之道本然"，其知此也。今惟亲士、修身及经上、经下，疑翟自著，余篇称子墨子，耕柱篇并称子禽子，则是门人小子记录所闻，以是古书不可忽也。且其鲁问篇曰："凡入国，必择务而从事焉。国家昏乱，则语之尚贤、尚同；国家贫，则语之节用、节葬；国家憙音湛湎，则语之非乐、非命；国家淫僻无礼，则语之尊天、事鬼；国家务夺侵凌，则语之兼爱。"是亦通达经权,不可訾议。又其备城门诸篇,皆古兵家言,有实用焉。书称中山诸国亡于燕、代、胡、貊之间。诒让案:此非攻中篇文,旧本作"且不著何",当为"柤、不屠何",明人不解,妄改为"中山诸国",毕氏亦沿其谬。详本篇。考中山之灭在赵惠文王四年,当周赧王二十年,则翟实六国时人,至周末犹存,故史记云"或曰并孔子时,或曰在其后",班固亦云在孔子后。司马贞"按别录云,墨子书有文子。文子,子夏之弟子,问于墨子。如此,则墨子者在七十子后"。李善引抱朴子,亦云孔子时人,或云在其后。今按其人在七十子后。诒让案:文选长笛赋注。若史记邹阳传,邹阳曰:"宋信子罕之计而囚墨翟。"司马贞云:"汉书作子冉,不知子冉是何人。文颖曰:子冉,子罕也。荀卿传云:'墨翟,孔子时人,或云在孔子后。'又襄公二十九年左传:'宋饥,子罕请出粟。'时孔子适八岁,则墨翟与子罕不得相辈。或以子冉为是,不知如何也。"又文选亦作子冉,注云:"文子曰:子罕也。冉音任。善曰:未详。"诒让案:文选邹阳狱中上书自明,注误以文颖为文子。"冉音任"亦有误。沅亦不能定其时事。又司马迁、班固以为翟宋大夫,葛洪以为宋人者,以公输篇有为宋守之事。高诱注吕氏春秋以为鲁人,则是楚鲁阳,汉南阳县,在鲁山之阳,本书多有鲁阳文君问答,又亟称楚四竟,非鲁卫之鲁,不可不察也。先秦之书,字少假借,后乃偏旁相益。若本书,源流之字作"原",一又作"源";金以溢为名之字作"益",一又作"镒";四竟之字作"竟",一又作"境",皆传写者乱之,非旧文。乃若贼敖百姓之为杀字古文,遂而不反，合于遂亡之训，关叔之即管叔，寔足以证声音文字训诂之学，好古者幸存其旧云。如其疏略，以俟敏求君子。

乾隆四十八年，岁在昭阳单阏涂月，叙于西安节署之环香阁。

孙星衍墨子注后叙　经训堂本

乾隆四十八年癸卯十二月，弇山先生既刊所注墨子成，以星衍涉于诸子之学，命作后叙。星衍以固陋辞，不获命，叙曰：

墨子与孔异者，其学出于夏礼。司马迁称其善守御，为节用。班固称其贵俭、兼爱、上贤、明鬼、非命、上同。此其所长，而皆不知墨学之所出。淮南王知之，其作要略训云："墨子学儒者之业，受孔子之术，以为其礼烦扰而不说，厚葬靡财而贫民，服伤生而害事，故背周道而用夏政。"其识过于迁、固。古人不虚作，诸子之教或本夏，或本殷，故韩非著书亦载弃灰之法。墨子有节用，节用，禹之教也。孔子曰："禹菲饮食，恶衣服，卑宫室，吾无间然。"又曰："礼，与其奢，宁俭。"又曰："道千乘之国，节用。"是孔子未尝非之。又有明鬼，是致孝鬼神之义；兼爱，是尽力沟洫之义。孟子称墨子摩顶放踵，利天下为之。而庄子称禹亲自操橐耜而杂天下之川，腓无胈，胫无毛，沐甚风，栉甚雨。列子称禹身体偏枯，手足胼胝。吕不韦称禹忧其黔首，颜色黎墨，窍藏不通，步不相过。皆与书传所云"予弗子，惟荒度土功”、“三过其门而不入，思天下有溺者犹己溺之”同。其节葬，亦禹法也。尸子称禹之丧法“死于陵者葬于陵，死于泽者葬于泽，桐棺三寸，制丧三日”，当为“月”。见后汉书注。淮南子要略称禹之时，天下大水，死陵者葬陵，死泽者葬泽，故节财、薄葬、闲服生焉。又齐俗称三月之服，是绝哀而迫切之性也，高诱注云“三月之服是夏后氏之礼”。韩非子显学称墨者之葬也，冬日冬服，夏日夏服，桐棺三寸，服丧三月。而此书公孟篇墨子谓公孟曰“子法周而未法夏也，子之古非古也”，又公孟谓子墨子曰“子以三年之丧为非，子之三日当为“月”。之丧亦非也”云云，然则三月之丧，夏有是制，墨始法之矣。诒让案：孟子云：“三年之丧，齐疏之服，飦粥之食，自天子达于庶人，三代共之。”则孟子谓夏礼亦三年丧，此说与孟子不合。孔子则曰：“吾说夏礼，杞不足征；吾学周礼，今用之，吾从周。”又曰：“周监于二代，郁郁乎文哉，吾从周。”周之礼尚文，又贵贱有法，其事具周官、仪礼、春秋传，则与墨书节用、兼爱、节葬之旨甚异。孔子生于周，故尊周礼而不用夏制。孟子亦周人而宗孔，故于墨非之，势则然焉。

若览其文，亦辨士也。亲士、修身、经上、经下及说凡六篇，皆翟自著。经上下略似尔雅释诂文，而不解其意指。又怪汉唐以来，通人硕儒，博贯诸子，独此数篇莫能引其字句，以至于今，传写讹错，更难钩乙。晋书鲁胜传云：“胜注墨辨，存其叙曰：墨子著书，作辩经以立名本，惠施、公孙龙祖其学，以正刑名显于世。孟子非墨子，其辩言正词则与墨同。荀卿、庄周等皆非毁名家，而不能易其论也。”又曰：“墨辩有上下经，经各有说，凡四篇，与其书众篇连第，故独存。今引说就经，各附其章，疑者阙之。又采诸众杂集为刑名二篇，略解指归，以俟君子。”如所云，则胜曾引说就经各附其篇，恨其注不传，无可征也。

备城门诸篇具古兵家言，惜其脱误难读，而弇山先生于此书，悉能引据传注类书，匡正其失。又其古字古言，通以声音训故之原，豁然解释，是当与高诱注吕氏春秋、司马彪注庄子、许君注淮南子、张湛注列子并传于世，其视杨倞、卢辩空疏浅略，则倜然过之。

时则有仁和卢学士抱经、大兴翁洗马覃谿及星衍三人者，不谋同时共为其学，皆折衷于先生。或此书当显，幸其成帙，以惠来学，不觉僭而识其末也。

阳湖孙星衍撰。

孙星衍经说篇跋　　经训堂本

乾隆癸卯三月，星衍方自秦北征，巡抚公将刻所注墨子，札讯星衍云：“经上下、经说上下四篇，有似坚白异同之辩，其文脱误难晓，自鲁胜所称外，书传颇有引之否？”星衍过晋问卢学士，又抵都问翁洗马，俱未获报。阅数月，重读淮南齐俗训，有云：“夫虾蟆为鹑，生非其类，唯圣人知其化。”因悟与经说上“化若鼃为鹑”合。又读列子汤问篇云“均，发均县，轻重而发绝，发不均也。均也，其绝也莫绝”，张湛注云："发甚微脆，而至不绝者，至均故也。今所以绝者，犹轻重相倾，有不均处也。若其均也，宁有绝理，言不绝也。"又云"人以为不然，自有知其然也"，湛注云："凡人不达理也，会自有知此理为然者。墨子亦有此说。"今按经说下有云："均：发均县，轻而发绝，不均也。均其绝也，莫绝。""轻"下脱"重"字，"均其绝也"句。"均"下无"也"字。又列子仲尼篇云"影不移者，说在改也"，湛注云："影改而更生，非向之影。墨子曰：影不移，说在改为也。"今案经下云："过仵景不从，说在改为。"诒让案："过仵"不当属此读，孙亦袭旧读之误。详经说下篇。其文微异而义亦同，是知子家多有若说，晋时尚能读此书，唐人则不及此也。又杨朱篇，禽子曰"以吾言问大禹、墨翟，则吾言当矣"，湛注云："禹、翟之教，忘己而济物也。"亦星衍往言墨子夏教之证。比复公，而是卷已刊成，无容注处。公然其言，因据增"重"字，又命附其说于卷末。俟知十君子焉。

甲辰上巳孙星衍记。

汪中墨子序　　述学

墨子七十一篇，亡十八篇，今见五十三篇。明陆稳所叙刻，视它本为完。其书多误字，文义昧晦不可读。今以意粗为是正，阙所不知，又采古书之涉于墨子者，别为表微一卷，而为之叙曰：

周太史尹佚实为文王所访，晋语。克商营洛，祝筴迁鼎，有劳于王室。周书克殷解、书洛诰。成王听朝，与周、召、太公同为四辅，贾谊新书保傅篇。数有论谏，淮南子主术训、史记晋世家。身没而言立。东迁以后，鲁季文子、春秋传成四年。惠伯、文十五年。晋荀偃、襄十四年。叔向、周语。秦子桑、僖十五年。后子昭元年。及左邱明，宣十二年。并见引重。遗书二篇，诒让案：原作“十二篇”，今据汉书艺文志校删“十”字。刘向校书，列诸墨六家之首。说苑政理篇亦载其文。庄周述墨家之学而原其始，曰：“不侈于后世，不靡于万物，不晖于数度，以绳墨自矫而备世之急，古之道术有在于是者。”天下篇。可谓知言矣。古之史官，实秉礼经以成国典，其学皆有所受。鲁惠公请郊庙之礼于天子，桓王使史角往，惠公止之，其后在于鲁，墨子学焉。吕氏春秋当染篇。其渊源所渐，固可考而知也。刘向以为出于清庙之守。夫有事于庙者，非巫则史，史佚、史角皆其人也。史佚之书至汉具存，而夏之礼在周已不足征，则庄周、禽滑厘傅之禹者，庄子天下篇、列子杨朱篇。非也。

司马迁云：“墨翟，宋大夫。或曰并孔子时，或曰在其后。”今按耕柱、鲁问二篇，墨子于鲁阳文子多所陈说。楚语“惠王以梁与鲁阳文子”，韦昭注“文子，平王之孙，司马子期之子”，其言实出世本。故贵义篇墨子南游于楚，见献惠王，献惠王以老辞。献惠王之为惠王，犹顷襄王之为襄王。由是言之，墨子实与楚惠王同时，其仕宋当景公、昭公之世。诒让案：墨子仕宋当在昭公世，不得及景公，汪误。其年于孔子差后，或犹及见孔子矣。诒让案：墨子必不及见孔子，汪说误。艺文志以为在孔子后者，是也。非攻中篇言知伯以好战亡，事在春秋后二十七年;又言蔡亡,则为楚惠王四十二年,墨子并当时及见其事。非攻下篇言今天下好战之国齐、晋、楚、越,又言唐叔、吕尚邦齐、晋,今与楚、越四分天下。节葬下篇言诸侯力征,南有楚、越之王,北有齐、晋之君。明在句践称伯之后,鲁问篇“越王请裂故吴地方五百里,以封墨子”,亦一证。秦献公未得志之前,全晋之时,三家未分,齐未为陈氏也。檀弓下“季康子之母死,公输般请以机封”,此事不得其年。季康子之卒在哀公二十七年,楚惠王以哀公七年即位,般固逮事惠王。公输篇“楚人与越人舟战于江,公输子自鲁南游楚,作钩强以备越”,亦吴亡后,楚与越为邻国事。惠王在位五十七年,本书既载其以老辞墨子,则墨子亦寿考人与?

亲士、修身二篇,其言淳实,与曾子立事相表里,为七十子后学者所述。经上至小取六篇,当时谓之墨经,庄周称“相里勤之弟子五侯之徒,南方之墨者苦获、已齿、邓陵子之属,以坚白异同之辨相訾,以觭偶不仵之辞相应”者也。公孙龙为平原君客,当赵惠文、孝成二王之世;惠施相魏,当惠、襄二王之世,二子实始为是学。是时墨子之没久矣,其徒诵之,并非墨子本书。所染篇亦见吕氏春秋,其言宋康染于唐鞅、田不礼,宋康之灭在楚惠王卒后一百五十七年。墨子盖尝见染丝者而叹之,为墨之学者增成其说耳。故本篇称禽子,吕氏春秋并称墨子。亲士篇错入道家言二条,与前后不类,今出而附之篇末。又言吴起之裂,起之裂以楚悼王二十一年,亦非墨子之所知也。诒让案:吴起之乱，墨子似尚及见之。详亲士篇。今定其书为内外二篇，又以其徒之所附著为杂篇，仿刘向校晏子春秋例，辄于篇末述所以进退之意，览者详之。

墨子之学，其自言者曰："国家昏乱，则语之尚贤、尚同；国家贫，则语之节用、节葬；国家憙音沉湎，则语之非乐、非命；国家淫僻无礼，则语之尊天、事鬼；国家务夺侵陵，则语之兼爱、非攻。"此其救世亦多术矣。备城门以下，临敌应变纤悉周密，斯其所以为才士与！传曰：世之学老子者则绌儒学，儒学亦绌老子。惟儒墨则亦然，儒之绌墨子者，孟氏、荀氏。艺文志董无心一卷，非墨子，今亡。孔丛诘墨伪书，不数之。荀之礼论、乐论为王者治定功成盛德之事，而墨之节葬、非乐所以救衰世之敝，其意相反而相成也。若夫兼爱，特墨之一端，然其所谓兼者，欲国家慎其封守，而无虐其邻之人民畜产也。虽昔先王制为聘问吊恤之礼，以睦诸侯之邦交者，岂有异哉！彼且以兼爱教天下之为人子者，使以孝其亲，而谓之无父，斯已枉矣。后之君子日习孟子之说，而未睹墨子之本书，其以耳食，无足怪也。世莫不以其诬孔子为墨子罪。虽然，自今日言之，孔子之尊固生民以来所未有矣。自当日言之，则孔子鲁之大夫也，而墨子宋之大夫也，其位相埒，其年又相近，其操术不同而立言务以求胜，虽欲平情核实，其可得乎？是故墨子之诬孔子，犹孟子之诬墨子也，归于不相为谋而已矣。吾读其书，惟以三年之丧为败男女之交，有悖于道。至其述尧舜，陈仁义，禁攻暴，止淫用，感王者之不作，而哀生人之长勤，百世之下如见其心焉，诗所谓“凡民有丧，匍匐救之”之仁人也！其在九流之中，惟儒足与之相抗，自余诸子皆非其比。历观周、汉之书，凡百余条，并孔墨、儒墨对举。杨朱之书惟贵放逸，当时亦莫之宗，跻之于墨，诚非其伦。

自墨子没，其学离而为三，徒属充满天下，吕不韦再称钜子，去私篇，尚德篇。韩非谓之显学，至楚、汉之际而微，淮南子氾论训。孝武之世犹有传者，见于司马谈所述，于后遂无闻焉。惜夫！以彼勤生薄死，而务急国家之事，后之从政者固宜假正议以恶之哉！

乾隆上章困敦涂月，选拔贡生江都汪中述。诒让案：汪氏所校墨子及表微一卷，今并未见。此叙扬州刻本为后人窜改，文多驳异，今从阮刻本校正。

汪中墨子后序　　述学

中既治墨子，牵于人事，且作且止。越六年，友人阳湖孙季仇星衍以刊本示余，则巡抚毕侍郎、卢学士咸有事焉。出入群籍，以是正文字，博而能精。中不劳日力，于是书尽通其症结。且旧文孤学，得二三好古君子与我同志，于是有三喜焉。既受而卒业，意有未尽，乃为后叙，以复于季仇曰：

季仇谓墨子之学出于禹，其论伟矣！非独禽滑厘有是言也，庄周之书则亦道之曰：“不以自苦为极者，非禹之道。”是皆谓墨之道与禹同耳，非谓其出于禹也。昔在成周，礼器大备，凡古之道术，皆设官以掌之。官失其业，九流以兴，于是各执其一术以为学。讳其所从出，而托于上古神圣，以为名高，不曰神农，则曰黄帝。墨子质实，未尝援人以自重。其则古昔，称先王，言尧舜禹汤文武者六，言禹汤文武者四，言文王者三，而未尝专及禹。墨子固非儒而不非周也，又不言其学之出于禹也。公孟谓君子必古言服然后仁，墨子既非之，而曰子法周而未法夏，则子之古非古也。此因其所好而激之，且属之言服，甚明而易晓。然则谓墨子背周而从夏者，非也。惟夫墨离为三，取舍相反，倍谲不同，自谓别墨，然后托于禹以尊其术，而淮南著之书尔。虽然，谓墨子之学出于禹，未害也。谓禹制三月之丧，则尸子之误也，从而信之，非也。何以明其然也？古者丧期无数，黄帝尧舜垂衣裳而天下治，则五服精粗之制立矣。放勋殂落，百姓如丧考妣，其可见者也。夏后氏三年之丧，既殡而致事，则夏之为父三年矣。禹崩，三年之丧毕，益避禹之子于箕山之阴，则夏之为君三年矣。从是观之，它服术可知也。士丧礼，自小敛奠，大敛奠，朔月半荐，遣奠，大遣奠，皆用夏祝。使夏后氏制丧三月，祝岂能习其礼以赞周人三年之丧哉？若夫陵死葬陵，泽死葬泽，此为天下大水不能具礼者言之也。荒政杀哀，周何尝不因于夏礼以聚万民哉！行有死人，尚或殣之，此节葬也。敛首足形，还葬而无椁，此又节葬也。岂可执是以言周礼哉？若然，夏不节丧，史佚固节丧与？夫下殇墓远，棺敛于宫中，召公为言于周公，而后行之，若是其笃终也。先王制礼，其敢有不至者哉！墨子者，盖学焉而自为其道者也，故其节葬曰“圣王制为节葬之法”，又曰“墨子制为节葬之法”。则谓墨子自制者是也。故曰“墨之治丧，以薄为其道”，孟子滕文公篇。曰“墨子生不歌，死不服，桐棺三寸而无椁，以为法式”，庄子天下篇。曰“墨者之葬也，冬日冬服，夏日夏服，桐棺三寸，服丧三月”。韩非子显学篇。使夏后氏有是制，三子者不以之蔽墨子矣。

王念孙墨子杂志叙　读书杂志

墨子书旧无注释，亦无校本，故脱误不可读。至近时，卢氏抱经、孙氏渊如始有校本，多所是正。乾隆癸卯，毕氏弇山重加校订，所正复多于前。然尚未该备，且多误改误释者。予不揣寡昧，复合各本及群书治要诸书所引，详为校正。

是书传刻之本，唯道藏本为最优，其藏本未误而他本皆误，及卢、毕、孙三家已加订正者，皆不复罗列。唯旧校所未及，及所校尚有未当者，复加考正。是书错简甚多，卢氏所已改者唯辞过篇一条，其尚贤下篇、尚同中篇、兼爱中篇、非乐上篇、非命中篇及备城门、备穴二篇，皆有错简，自十余字至三百四十余字不等，其他脱至数十字，误字、衍字、颠倒字及后人妄改者尚多，皆一一详辨之，以复其旧。此外脱误不可读者，尚复不少。盖墨子非乐、非儒，久为学者所黜，故至今迄无校本，而脱误一至于是。

然是书以无校本而脱误难读，亦以无校本而古字未改，可与说文相证。如说文"亯"字，篆文作"𣆪"，隶作"享"，又省作"亨"，以为"亨通"之"亨"，又转为普庚反，以为"亨煮"之"亨"。今经典中"亨煮"字皆作"亨"，俗又作"烹"。"亨"行而"享"废矣。唯非儒篇"子路享普庚反。豚"，其字尚作"享"。说文："茍，读若"亟其乘屋"之"亟"。自急敕也。"今经典皆以"亟"代"茍"，"亟"行而"茍"废矣。唯非儒篇"曩与女为茍生，今与女为茍义"，其字尚作"茍"。说文："但，裼也。"今经典皆以"袒"代"但"，"袒"行而"但"废矣。唯耕柱篇"羊牛犓豢，雍与饔同。今本"雍"讹作"维"。人但割而和之"，其字尚作"但"。

又有传写之讹，可以考见古字者。城郭之"郭"，说文本作"𩫏"，今经典皆以"郭"代"𩫏"，"郭"行而"𩫏"废矣。唯所染篇云："晋文染于舅犯、高偃。"案国语晋有郭偃无高偃，"郭"即"𩫏"之借字，知"高"为"𩫏"之讹也。说文"𢦏，古文'杀'字"，今经典中有"杀"无"𢦏"，"杀"行而"𢦏"废矣。唯尚贤中篇云："率天下之民，以诟天侮鬼贱傲万民。"案"贱傲"二字语意不伦，"贱"乃"贼"字之讹，"杀"字古文作"𢦏"，与"敖"相似，知"𢦏"讹作"敖"，又讹作"傲"也。说详本篇。说文："侯，以证反。送也。吕不韦曰：有侁氏以伊尹侯女。"今经典皆以"媵"代"侯"，"媵"行而"侯"废矣。唯尚贤下篇云："昔伊尹为莘氏女师仆。"案有莘氏以伊尹侯女，非以为仆也。"侯"、"仆"字形相似，知"仆"为"侯"之讹也。说文"冲（衝）突"字本作"衝"，今经典皆以"冲"代"衝"，"冲"行而"衝"废矣。唯备城门篇云："以射衜及栊枞。""衜"、"衝"形相似，知"衜"为"衝"之讹也。衝谓衝车。

是书最古，故假借之字亦最多，如"胡"作"故"，尚贤中篇"故不察尚贤为政之本也"，"故"与"胡"同。"降"作"隆"，尚贤中篇"稷隆播种"，非攻下篇"天命融隆火于夏之城"，隆并与降同。"诚"作"情"，又作"请"，尚同下篇"今天下王公大人士君子，中情将欲为仁义，求为上士"，节葬下篇"今天下之士君子，中请将欲为仁义，求为上士"，情、请并与诚同。"拂"作"费"，兼爱下篇"即此言行费也"，下文"费"作"拂"。"知"作"智"，节葬下篇"智不智"，下智字与知同。"志"作"之"，天志中篇"子墨子之有天之"，下之字与志同，"天之"即天志，本篇之名也。"宇"作"野"，非乐上篇"高台厚榭，邃野之居"，野与宇同。"佗"作"也"，小取篇"辟也者，举也物而以明之也"，"也物"即佗物，"佗"俗作"他"。"睎"作"欣"，耕柱篇"譬若筑墙然，能筑者筑，能实壤者实壤，能欣者欣"，欣与睎同。"管"作"关"，耕柱篇"古者周公旦非关叔"，公孟篇"关叔为天下之暴人"，关并与管同。"悖"作"费"，鲁问篇"岂不费哉"，上文"费"作"悖"。"从"作"松"，号令篇"松上不随下"，松与从同。皆足以见古字之借、古音之通，他书所未有也。其脱误不可知者，则概从阙疑，以俟来哲。

道光十一年九月十三日，高邮王念孙叙，时年八十有八。

武亿跋墨子　　授堂文钞

汉书艺文志"墨子七十一篇"，注云："墨翟为宋大夫，在孔子后。"而不著其地。惟吕氏春秋慎大览高诱注："墨子名翟，鲁人也。"鲁即鲁阳，春秋时属楚。古人于地名，两字或单举一字，是其例也。路史国名纪：鲁，汝之鲁山县，非兖地。诒让案：此说误与毕同，详前。翟见诸传记，多称为宋大夫，以予考之，亦未尽举其实。盖墨子居于鲁阳，疑尝为文子之臣。观鲁问一篇，首言吾愿主君之上者尊天事鬼，下者爱利百姓，厚为皮币，卑辞令函，遍礼四邻诸侯，驱国而以事齐，又言吾愿主君之合其志功而观焉。诒让案：鲁问篇鲁君自是鲁国君，非鲁阳文君也。详本篇。案春秋左氏传“昭二十九年春，公至自乾侯，处于郓，齐侯使高张来唁公，称主君”，注：“比公于大夫。”周礼太宰“九两：六曰主，以利得民”，注：“郑司农谓公卿大夫。”调人“主友之雠”，注：“主，大夫君也。”吕氏春秋爱士篇“阳城胥渠处广门之官，夜款门而谒曰：主君之臣胥渠有疾”，注：“赵简子，晋大夫也，大夫称主者也。”然则翟之尊文子为主君，意其属于文子也。礼记礼运“仕于家为仆”，方氏曰“仆者对主之称”，故仕于家曰仆，而大夫称主是也。诒让案：此说亦误，辩详鲁问篇。翟在鲁，睠然知乡邦之重，始劝文子屈礼事齐，诒让案：文子楚臣，何必驱国事齐？此于事势亦不合。继止文子攻郑，皆反覆言子，冀以诫人。其后文子卒能受听，故于时鲁阳之民身不致重困于兵役，以保恤其家室，皆翟之赐也。

史记荀卿列传云：“翟，或曰并孔子时，或曰在其后。”索隐：“按别录云：墨子书有文子。文子，子夏之弟子，问于墨子。如此，则墨子者在七十子后也。”案外传楚语“惠王以梁与鲁阳文子”，注：“文子，平王之孙，司马子期子，鲁阳公也。”惠王十年为鲁哀公十六年，孔子方卒。又翟本书贵义篇“子墨子南游于楚，见楚献惠王”，楚世家无此名，是献惠即惠王，误衍一“献”字。审是，则翟实当楚惠王时，上接孔子未卒。诒让案：墨子之生必在孔子卒后，此说亦误。故太史公一云“并孔子时”，说非无据。自班志专谓在孔子后，后人益为推衍。至如毕氏据本书称中山诸国亡于燕、代、胡、貉之国，以中山之灭在赵惠文王四年，当周赧王二十年，则翟实六国时人，至周末犹存。愚窃以翟既与楚惠王接时，后必不能历一百九十余年尚未即化，此固不然也。中山诸国之亡，盖墨子之徒续记而窜入其师之说，以贻此谬，何可依也？予故为摭其时地始末如是，以附于篇，庶览者得以详焉。

张惠言书墨子经说解后　亦见茗柯文编

右墨子经上下及说，凡四篇。晋书鲁胜传云“胜注墨辩，引说就经，各附其章”，即此也。墨子书多奥言错字，而此四篇为甚。胜注既不传世，莫得其读。今正其句投，通其旨要，合为二篇，略可指说，疑者阙之。

古者杨、墨塞路，孟子辞而辟之。自孟子之后至今千七百余年，而杨氏遂亡，墨氏书虽存，读者盖鲜。大哉，圣贤之功若此盛矣！墨氏之言修身、亲士，多善言，其义托之尧禹。自韩愈氏以为与圣贤同指，孔、墨必相为用，向无孟子，则后之儒者习其说而好之者，岂少哉！老氏之言，其始也微，不得孟子之辨，而佛氏之出又绝在孟子后，是以蔓蔓延延，日炽月息，而杨、墨泯焉遂微。吾以悲老、佛之不遭孟子也。当孟子时，百家之说众矣，而孟子独距文编作“拒”。杨、墨。今观墨子之书，经、说、大、小取尽同异坚白之术，盖纵横、名、法家惠施、公孙龙、申、韩之属皆出焉。然则当时诸子之说，杨、墨为统宗，孟子以为杨、墨息而百家之学将销歇而不足售也。独有告子者，与墨为难，而自谓胜为仁，故孟子之书亦辩斥之。呜呼！岂知其后复有烈于是者哉！

墨子之言悖于理而逆于人心者，莫如非命、非乐、节葬。此三言者，偶识之士可以立折，而孟子不及者，非墨之本也。墨之本在兼爱，而兼爱者，墨之所以自固而不可破。兼爱之言曰，爱人者人亦爱之，利人者人亦利之，仁君使天下聪明耳目相为视听，股肱毕强相为动宰，此其与圣人所以治天下者复何以异？故凡墨氏之所以自托于尧禹者，兼爱也。尊天、明鬼、尚同、节用者，其支流也。非命、非乐、节葬，激而不得不然者也。天下之人唯惑其兼爱之说，故虽文编有“他说之”三字。悖于理，不安于心，文编有“者”字。皆从而和文编作“则”。之，不以为疑。孟子不攻其流而攻其本，不诛其说而诛其心，断然文编无此二字。被之以无父之罪，而其说始无以自立。嗟夫！藉使墨子之书尽亡，至于今何以见孟子之辩严而审、简而有要如是哉！孟子曰：“我知言。”呜呼，此其验矣。后之读此书者，览其义，则于孟子之道犹引弦以知矩乎。

乾隆五十七年十二月一日，张惠言书。

案：孙志祖读书脞录云"墨子经、说四篇，丁小疋与许周生互相阐绎，大有端绪"。是此四篇，又有丁、许二家校本，今未见，并志之，以竢访录。小疋名杰，周生名宗彦，并德清人。

墨子后语上

墨子传略第一　墨子年表第二　墨学传授考第三

墨子传略第一

墨氏之学亡于秦季，故墨子遗事在西汉时已莫得其详。太史公述其父谈论六家之旨，尊儒而宗道，墨盖非其所憙。故史记捃采极博，于先秦诸子，自儒家外，老、庄、韩、吕、苏、张、孙、吴之伦，皆论列言行为传，唯于墨子则仅于孟荀传末附缀姓名，尚不能质定其时代，遑论行事。然则非徒世代绵邈，旧闻散佚，而墨子七十一篇其时具存，史公实未尝详事校核，亦其疏也。今去史公又几二千年，周秦故书雅记百无一存，而七十一篇亦复书阙有间，征讨之难，不翅倍蓰。然就今存墨子书五十三篇钩考之，尚可得其较略。盖生于鲁而仕宋，其平生足迹所及，则尝北之齐，西使卫，又屡游楚，前至郢，后客鲁阳，复欲适越而未果。文子书偁墨子无暖席，自然篇。又见淮南子修务训。班固亦云"墨突不黔"，文选答宾戏。又赵岐孟子章指云"墨突不及污"。斯其諭矣。至其止鲁阳文君之攻郑，绌公输般以存宋，而辞楚越书社之封，盖其荦荦大者。劳者苦志以振世之急，权略足以持危应变，而脱屣利禄，不以累其心。所学尤该综道艺，洞究象数之微。其于战国诸子，有吴起、商君之才而济以仁厚，节操似鲁连而质实亦过之，彼韩、吕、苏、张辈复安足算哉！谨甄讨群书，次弟其先后，略考始末，以裨史迁之阙。俾学者知墨家持论虽间涉偏驳，而墨子立身应世具有本末，自非孟、荀大儒，不宜轻相排笮。彼窃耳食之论以为诟病者，其亦可以少息乎！

墨子名翟，汉书艺文志、吕氏春秋当染慎大篇、淮南子修务训高注。姓墨氏。广韵二十五德。通志氏族略引元和姓纂云："墨氏，孤竹君之后，本墨台氏，后改为墨氏，战国时宋人。墨翟著书号墨子。"鲁人，吕览当染慎大篇注。或曰宋人。葛洪神仙传、文选长笛赋李注引抱朴子、荀子修身篇杨注、元和姓纂。

案：此盖因墨子为宋大夫，遂以为宋人。以本书考之，似当以鲁人为是。贵义篇云："墨子自鲁即齐。"又鲁问篇云："越王为公尚过束车五十乘以迎子墨子于鲁。"吕氏春秋爱类篇云："公输般为云梯，欲以攻宋，墨子闻之，自鲁往，见荆王曰：臣北方之鄙人也。"淮南子修务训亦云："自鲁趋而往，十日十夜至于郢。"并墨子为鲁人之塙证。毕沅、武亿以鲁为鲁阳，毕说见墨子注序，武说见授堂文钞墨子跋。则是楚邑。考古书无言墨子为楚人者。渚宫旧事载鲁阳文君说楚惠王曰"墨子，北方贤圣人"，则非楚人明矣。毕、武说殊谬。

盖生于周定王时。

汉书艺文志云“墨子在孔子后”。案：详年表。

鲁惠公使宰让请郊庙之礼于天子，桓王使史角往，惠公止之，其后在于鲁，墨子学焉。吕氏春秋当染篇高注云：“其后，史角之后也。”

案：汉书艺文志墨家以尹佚二篇列首，是墨子之学出于史佚。史角疑即尹佚之后也。墨子学于史角之后，亦足为是鲁人之证。

其学务不侈于后世，不靡于万物，不晖于数度，以绳墨自矫而备世之急。作为非乐，命之曰节用，生不歌，死无服，泛爱兼利而非斗，好学而博，不异。庄子天下篇。又曰兼爱、尚贤、右鬼、非命，淮南子氾论训。以为儒者礼烦扰而不悦，厚葬靡财而贫民，久服伤生而害事，故背周道而用夏政。淮南子要略。其称道曰：“昔者禹之湮洪水、决江河而通四夷九州也，名川三百，支川三千，小者无数。禹亲自操橐耜而九杂天下之川，腓无胈，胫无毛，沐甚雨，栉疾风，置万国。禹大圣也，而形劳天下如此。”故使学者以裘褐为衣，以跂蹻为服，日夜不休，以自苦为极，曰：“不能如此，非禹之道也，不足谓墨。”庄子天下篇。亦道尧、舜，韩非子显学篇。又善守御。史记孟荀传。为世显学，韩非子显学篇。徒属弟子充满天下。吕氏春秋尊师篇。

案：淮南王书谓孔、墨皆修先圣之术，通六艺之论。主术训。今考六艺为儒家之学，非墨氏所治也。墨子之学盖长于诗、书、春秋，故本书引诗三百篇与孔子所删同，引尚书如甘誓、仲虺之诰、说命、大誓、洪范、吕刑，亦与百篇之书同。又曰"吾尝见百国春秋"。隋书李德林传。此与孔子所修春秋异。本书明鬼篇亦引周、燕、宋、齐诸国春秋。而于礼则法夏绌周，乐则又非之，与儒家六艺之学不合。淮南所言非其事实也。淮南子要略又云"墨子学儒者之业，受孔子之术"，尤非。

其居鲁也，鲁君谓之曰："吾恐齐之攻我也，可救乎？"墨子曰："可。昔者三代之圣王禹汤文武，百里之诸侯也，说忠行义取天下；三代之暴王桀纣幽厉，仇怨行暴失天下。吾愿主君之上者尊天事鬼，下者爱利百姓，厚为皮币，卑辞令，亟遍礼四邻诸侯，驱国而以事齐，患可救也。非此，顾无可为者。"本书鲁问篇。案：鲁君颇疑其即穆公，则当在楚惠王后，然无塙证。以墨子本鲁人，故系于前。鲁君谓墨子曰："我有二子，一人者好学，一人者好分人财，孰以为太子而可？"墨子曰："未可知也。或所为赏誉为是也，钓者之恭，非为鱼赐也；饵鼠以虫，疑当作"蛊"。非爱之也。吾愿主君之合其志功而观焉。"同上。楚人常与越人舟战于江，楚惠王时，渚宫旧事二。公输般自鲁南游楚焉，始为舟战之器，作为钩拒之备，楚人因此若势，亟败越人。公输子善其巧，以语墨子曰："我舟战有钩拒，不知子之义亦有钩拒乎？"墨子曰："我义之钩拒，贤于子舟战之钩拒。我钩拒，我钩之以爱，揣之以恭；弗钩以爱则不亲，弗揣以恭则速狎，狎而不亲则速离。故交相爱、交相恭，犹若相利也。今子钩而止人，人亦钩而止子，子拒而距人，人亦拒而距子，交相钩、交相拒，犹若相害也。故我义之钩拒，贤子舟战之钩拒。"本书鲁问篇。渚宫旧事在止攻宋前，今故次于此。公输般为楚造云梯之械，成，将以攻宋。墨子闻之，起于鲁，本书作“齐”，今据吕氏春秋、淮南子改。行十日十夜而至于郢，见公输般。公输般曰：“夫子何命焉为？”墨子曰：“北方有侮臣，愿藉子杀之。”公输般不说。墨子曰：“请献十金。”公输般曰：“吾义固不杀人。”墨子起，再拜，曰：“请说之。吾从北方闻子为梯，将以攻宋，宋何罪之有？荆国有余于地，而不足于民，杀所不足而争所有余，不可谓智；宋无罪而攻之，不可谓仁；知而不争，不可谓忠；争而不得，不可谓强；义不杀少而杀众，不可谓知类。”公输般服。墨子曰：“然，胡不已乎？”公输般曰：“不可。吾既已言之王矣。”墨子曰：“胡不见我于王？”公输般曰：“诺。”墨子见王，曰：“今有人于此，舍其文轩，邻有敝舉而欲窃之；舍其锦绣，邻有短褐而欲窃之；舍其粱肉，邻有糟糠而欲窃之，此为何若人？”王曰：“必为窃疾矣。”墨子曰：“荆之地方五千里，宋之地方五百里，此犹文轩之与敝舉也；荆有云梦，犀兕麋鹿满之，江汉之鱼鳖鼋鼍为天下富，宋所为无雉兔鲋鱼者也，此犹粱肉之与糟糠也；荆有长松文梓楩枏豫章，宋无长木，此犹锦绣之与短褐也。臣以王吏之攻宋也，为与此同类。”王曰：“善哉！虽然，公输般为我为云梯，必取宋。”于是见公输般。墨子解带为城，以褋为械。公输般九设攻城之机变，墨子九距之。公输般之攻械尽，墨子之守圉有余。公输般诎，而曰：“吾知所以距子矣，吾不言。”墨子亦曰：“吾知子之所以距我，吾不言。”楚王问其故，墨子曰：“公输子之意，不过欲杀臣。杀臣，宋莫能守，乃可攻也。然臣之弟子禽滑釐等三百人，已持臣守圉之器在宋城上，而待楚寇矣。虽杀臣，不能绝也。”楚王曰：“善哉！吾请无攻宋矣。”本书公输篇。公输子谓墨子曰：“吾未得见之时，我欲得宋。自我得见之后，予我宋而不义，我不为。”墨子曰：“翟之未得见之时也，子欲得宋；自翟得见子之后，予子宋而不义，子弗为，是我予子宋也。子务为义，翟又将予子天下。”本书鲁问篇。

案：墨子止楚攻宋，本书不云在何时，鲍彪战国策注谓当宋景公时，至为疏谬。详年表。惟渚宫旧事载于惠王时，墨子献书之前，最为近之。盖公输子当生于鲁昭、定之间，至惠王四十年以后、五十年以前，约六十岁左右，而是时墨子未及三十，正当壮岁，故百舍重茧而不以为劳。惠王亦未甚老，故尚能见墨子。以情事揆之，无不符合。苏时学谓即声王五年围宋时事，墨子刊误。非徒与王曰“请无攻宋”之言不合，而公输子至声王时殆逾百岁，其必不可通明矣。详公输篇。

楚惠王五十年，墨子至郢献书惠王。王受而读之，曰：“良书也。寡人虽不得天下，而乐养贤人。”墨子辞曰：“翟闻贤人进，道不行不受其赏，义不听不处其朝。今书未用，请遂行矣。”将辞王而归，王使穆贺以老辞。渚宫旧事二。穆贺见墨子，墨子说穆贺，穆贺大说，谓墨子曰：“子之言则诚善矣。而君王，天下之大王也，毋乃曰贱人之所为而不用乎？”墨子曰：“唯其可行。譬若药然，一草之本，天子食之以顺其疾，岂曰一草之本而不食哉？今农夫入其税于大人，大人为酒醴粢盛以祭上帝鬼神，岂曰贱人之所为而不享哉？故虽贱人也，上比之农，下比之药，曾不若一草之本乎？”本书贵义篇。鲁阳文君言于王曰：“墨子，北方贤圣人，君王不见，又不为礼，毋乃失士。”乃使文君追墨子，以书社五里疑当作“五百里”。封之，不受而去。渚宫旧事二。

案：楚惠王在位五十七年，墨子献书在五十年，年齿已高，故以老辞。余知古之说盖可信也。旧事一亦云“惠王之末，墨翟重茧趍郢，班子折谋”。以墨子生于定王初年计之，年盖甫及三十，所学已成，故流北方贤圣之誉矣。

尝游弟子公尚过于越。公尚过说越王，越王大悦，谓公尚过曰：“先生苟能使墨子至于越而教寡人，请裂故吴之地方五百里以封墨子。”公尚过许诺。遂为公尚过束车五十乘以迎墨子于鲁，曰：“吾以夫子之道说越王，越王大说，谓过曰：‘苟能使墨子至于越而教寡人，请裂故吴之地方五百里以封子。’”本书鲁问篇。墨子曰：“子之观越王也，能听吾言，用吾道乎？”公尚过曰：“殆未能也。”墨子曰：“不唯越王不知翟之意，虽子亦不知翟之意。吕氏春秋高义篇。意越王将听吾言，用吾道，则翟将往，量腹而食，度身而衣，自比于群臣，奚能以封为哉？抑越不听吾言，不用吾道，而吾往焉，则是我以义粜也。钧之粜，亦于中国耳，何必于越哉？”本书鲁问篇。案：疑王翁中晚年事。后又游楚，谓鲁阳文君曰：“大国之攻小国，譬犹童子之为马也。童子之为马，足用而劳。今大国之攻小国也，攻者，农夫不得耕，妇人不得织，以守为事；攻人者，亦农夫不得耕，妇人不得织，以攻为事。故大国之攻小国也，譬犹童子之为马也。”又谓鲁阳文君曰：

"今有一人于此,羊牛刍豢,雍人但割而和之,食之不可胜食也,见人之作饼,则还然窃之,曰:'舍余食。'不知明安不足乎?其有窃疾乎?"鲁阳文君曰:"有窃疾也。"墨子曰:"楚四竟之田,旷芜而不可胜辟,呼虚数千,不可胜入,见宋、郑之间邑,则还然窃之。此与彼异乎?"鲁阳文君曰:"是犹彼也,实有窃疾也!"本书耕柱篇。鲁阳文君将攻郑,墨子闻而止之,谓文君曰:"今使鲁四竟之内,大都攻其小都,大家伐其小家,杀其人民,取其牛马狗豕、布帛米粟货财,则何若?"文君曰:"鲁四竟之内,皆寡人之臣也。今大都攻其小都,大家伐其小家,夺之货财,则寡人必将厚罚之。"墨子曰:"夫天之兼有天下也,亦犹君之有四竟之内也。今举兵将以攻郑,天诛其不至乎?"文君曰:"先生何止我攻郑也?我攻郑顺于天之志。郑人三世杀其父,天加诛焉,使三年不全,我将助天诛也。"墨子曰:"郑人三世杀其父而天加诛焉,使三年不全,天诛足矣。今又举兵将以攻郑,曰:'吾攻郑也,顺于天之志。'譬有人于此,其子强梁不材,故其父笞之,其邻家之父举木而击之,曰:'吾击之也,顺于其父之志。'则岂不悖哉!"本书鲁问篇。

案:"三世杀其父"当作"二世杀其君"。此指郑人弑哀公及韩武子杀幽公而言,盖当在楚简王九年以后,郑缧公初年事也。或谓三世兼驷子阳弑缧公而言,苏时学墨子刊误、黄式三周季编略说。则当在楚悼王六年以后,与鲁阳文君年代不相及,不足据。鲁阳文君,即司马子期之子公孙宽也。鲁哀公十六年已嗣父为司马,事见左传。逮郑缧公被弑之岁，积八十四年，即令其为司马时年才及冠，亦已百余岁，其不相及审矣。

宋昭公时，尝为大夫。史记孟荀列传、汉书艺文志并不云何时，今考定当在昭公时。

案：墨子仕宋，鲍彪谓当景公、昭公时，战国策宋策注。非也。以墨子前后时事校之，其为宋大夫当正在昭公时。景公卒于鲁哀公二十六年，见左传，而史记宋世家及六国表谓景公卒于鲁悼公十七年，殊谬。下距齐太公田和元年，凡八十三年，墨子晚年及见田和之为诸侯，则必不能仕于景公时审矣。

尝南游使于卫，谓公良桓子曰："卫，小国也，处于齐、晋之间，犹贫家之处于富家之间也。贫家而学富家之衣食多用，则速亡必矣。今简子之家，饰车数百乘，马食菽粟者数百匹，妇人衣文绣者数百人。吾取饰车食马之费与绣衣之财以畜士，必千人有余。若有患难，则使数百人处于前，数百人处于后，与妇人数百人处前后，孰安？吾以为不若畜士之安也。"本书贵义篇。案：此不详何年，据云"使于卫"，或仕宋时奉宋君之命而使卫也。昭公末年，司城皇喜专政劫君，

韩非子内储说下篇云："戴驩为宋大宰，皇喜重于君，二人争事而相害也。皇喜遂杀宋君而夺其政。"又外储说右下篇云"司城子罕杀宋君而夺政"。说疑篇云"司城子罕取宋"，又二柄篇云"子罕劫宋君"，韩诗外传七、史记李斯传上二世书、淮南子道应训说并同。说苑君道篇亦云"司城子罕相宋，逐其君而专其政"。司城子罕当即皇喜。本梁履绳左通说。春秋时名"喜"者多以"罕"为字，见王引之春秋名字解诂。王应麟谓即左传

之乐喜，则非也。乐喜，宋贤臣，无劫君之事，且与墨子时不相直，史记索隐已辩之矣。吕氏春秋召类篇说前子罕相宋平、元、景三公，亦不逮昭公。梁玉绳史记志疑谓后子罕盖子罕之后，以字为氏，非是。其事史记宋世家不载。史记邹阳传称子罕囚墨子。以墨子年代校之，前不逮景公，后不逮辟公，所相直者惟昭公、悼公、休公三君。吕氏春秋召类篇高注云："春秋：子罕杀昭公。"考宋有两昭公，一在鲁文公时，与墨子相去远甚；一在春秋后鲁悼公时，与墨子时代正相当。子罕所杀宜为后之昭公。惟高云春秋时，则误并两昭公为一耳。宋世家虽不云昭公被弑，然秦汉古籍所纪匪一，高说不为无征。贾子新书先醒篇、韩诗外传六并云昭公出亡而复国。而说苑云子罕逐君专政，或昭公实为子罕所逐而失国，因误传为被杀，李斯、韩婴、淮南王书并云"劫君"，劫亦即谓逐也。亦未可知。宋世家于春秋后事颇多疏略，如宋辟公被弑，见索隐引纪年。而史亦不载，是其例矣。

而囚墨子。

史记邹阳传云"宋信子罕之计而囚墨翟"，索隐云："汉书作子冉，不知子冉是何人。文颖云：子冉，子罕也。"文选邹阳狱中上书自明，亦作子冉，注引文颖说同，又云："冉音任，善云：未详。""冉"不得有任音，疑史记"信"字汉书、文选并作"任"，此或校异文云"信作任"，误作"冉音任"也。新序三亦作子冉，盖皆子罕之误。

老而至齐，见太王田和，曰："今有刀于此，试之人头，倅然断之，可谓利乎？"太王曰："利。"墨子曰："多试之人头，倅然断之,可谓利乎?”太王曰:“利。”墨子曰:“刀则利矣,孰将受其不祥?”太王曰:“刀受其利,试者受其不祥。”墨子曰:“并国覆军,贼杀百姓,孰将受其不祥?”太王俯仰而思之曰:“我受其不祥。”本书鲁问篇。北堂书钞八十三引新序,有齐王问墨子语,盖亦太公田和也。此皆追称为王,当在命为诸侯以后事。齐将伐鲁,墨子谓齐将项子牛曰:“伐鲁,齐之大过也。昔者吴王东伐越,栖诸会稽;西伐楚,葆昭王于随;北伐齐,取国子以归于吴。诸侯报其仇,百姓苦其劳而弗为用,是以国为虚戾、身为刑戮也。昔者智伯伐范氏与中行氏,兼三晋之地,诸侯报其仇,百姓苦其劳而弗为用,是以国为虚戾、身为刑戮,用是也。故大国之攻小国也,是交相贼也,过必反于国。”同上。卒盖在周安王末年,当八九十岁。

案:墨子卒年无考,以本书校之,亲士篇说吴起车裂事,在安王二十一年;非乐篇说齐康公兴乐,康公卒于安王二十三年,自是以后,更无所见。亲士篇有孟贲,所染篇有宋康王,皆后人增益,非墨子所逮闻也。则墨子或即卒于安王末年。安王二十六年崩,距齐康公之卒仅三年。葛洪神仙传载墨子年八十有二,入周狄山学道。其说虚诞不足论,然墨子年寿必逾八十,则近之耳。互详年表。

所箸书,汉刘向校录之,为七十一篇。汉书艺文志。

案:墨子书今存五十三篇,盖多门弟子所述,不必其自箸也。神仙传作十篇,荀子杨注作三十五篇,并非。

墨子年表第二

史迁云："墨翟，或曰并孔子时，或曰在其后。"史记孟荀传。刘向云："在七十子之后。"史记索隐引别录。班固云："在孔子后。"汉书艺文志，盖本刘歆七略。张衡云："当子思时。"后汉书本传注引衡集，论图纬虚妄疏云〔一〕："公输班与墨翟并当子思时，出仲尼后。"众说舛牾，无可质定。近代治墨子书者，毕沅以为六国时人，至周末犹存，既失之太后；汪中沿宋鲍彪之说，鲍说见战国策宋策注。谓仕宋得当景公世，又失之太前，宋景公卒于鲁哀公二十六年，见左传。史记六国年表书景公卒于贞王十八年，即鲁悼公十七年，遂减昭公之年以益景公，与左氏不合，不可从也。据本书及新序，墨子尝见田齐太公和，有问答语。田和元年上距宋景公卒年凡八十三年，即令墨子之仕适当景公卒年，年才弱冠，亦必逾百岁前后方能相及，其可信乎？殆皆不考之过。窃以今五十三篇之书推校之，墨子前及与公输般、鲁阳文子相问答，见贵义、鲁问、公输诸篇。而后及见齐太公和见鲁问篇。田和为诸侯在安王十六年。与齐康公兴乐、见非乐上篇。康公卒于安王二十三年。楚吴起之死，见亲士篇，在安王二十一年。上距孔子之卒，敬王四十一年。几及百年，则墨子之后孔子，盖信。审核前后，约略计之，墨子当与子思并时，而生年尚在其后，子思生于鲁哀公二年，周敬王二十七年也，下及事鲁穆公，年已八十余，不能至安王也。史记

〔一〕孙文颠倒，应作"后汉书本传论图纬虚妄疏注引衡集云"。

孔子世家谓子思年止六十二，则不得及穆公。近代谱谍书或谓子思年百余岁者，并不足据。当生于周定王之初年，而卒于安王之季，盖八九十岁，亦寿考矣。其仕宋盖当昭公之世。邹阳书云"宋信子罕之计而囚墨翟"，史记本传。其事他书不经见。秦汉诸子多言子罕逐君，高诱则云子罕杀昭公，吕氏春秋召类篇注。又韩子说皇喜杀宋君，内储说上。子罕与喜当即一人。窃疑昭公实被放杀，而史失载。墨子之囚，殆即昭之末年事与？先秦遗闻，百不存一，儒家惟孔子生卒年月明箸于春秋经、传，然尚不无差异。七十子之年，孔壁古文弟子籍所传者亦不能备。外此，则孟、荀诸贤皆不能质言其年寿，元人所传孟子生卒年月，臆撰不足据。岂徒墨子然哉？今取定王元年迄安王二十六年，凡九十有三年，表其年数，而以五十三篇书关涉诸国及古书说墨子佚事附箸之。史记六国年表鲁哀悼、宋景昭年与左传不合，今从左传。本书贵义篇墨子尝使卫，年代无考，他无与卫事相涉者。又墨子当春秋后，非攻下篇、节葬下篇并以齐晋楚越为四大国，时燕秦尚未大兴，墨子亦未至彼国，今并不列于表。虽不能详塙，犹瘉于冯虚臆测、舛缪不验者尔。

周	鲁	晋魏、韩、赵	齐田齐	宋	郑	楚	越	墨子时事
定王元	哀公二七	出公七魏桓子、韩康子、赵襄子。	平公十三田成子。	昭公元	声公三三	惠王二十	王句践二八	亲士篇：越王句践遇吴王之丑，而尚摄中国之贤君。亦见所染、兼爱、非攻、公孟诸篇。
二	悼公元	八	十四	二	三四	二二	二九	
三	二	九	十五	三	三五	二三	三十	
四	三	十	十六	四	三六	二四	三一	
五	四	十一	十七	五	三七	二五	王鹿郢元	
六	五	十二	十八	六	三八	二六	二	
七	六	十三	十九	七	哀公元	二七	三	
八	七	十四	二十	八	二	二八	四	
九	八	十五	二一	九	三	二九	五	
十	九	十六	二二	十	四	三十	六	

续表

周	鲁	晋魏、韩、赵	齐田齐	宋	郑	楚	越	墨子时事
十一	十	十七	二三	十一	五	三一	王不寿元	
十二	十一	哀公元	二四	十二	六	三二	二	
十三	十二	二	二五	十三	七	三三	三	
十四	十三	三	宣公元	十四	八郑人弑哀公。	三四	四	鲁问篇:郑人三世杀其君。哀公即其一也。
十五	十四	四魏、韩、赵与智伯分范中行地。	二田襄子。	十五	共公元	三五	五	非攻中篇:智伯攻中行氏、范氏,并三家以为一家。
十六	十五	五智伯与魏韩围赵襄子于晋阳,魏、韩、赵反杀智伯。	三	十六	二	三六	六	非攻中篇:智伯围赵襄子于晋阳,韩、魏、赵氏击智伯,大败之。亦见鲁问篇。
十七	十六	六	四	十七	三	三七	七	

续表

周	鲁	晋魏、韩、赵	齐田齐	宋	郑	楚	越	墨子时事
十八	十七	七	五	十八	四	三八	八	
十九	十八	八	六	十九	五	三九	九	
二十	十九	九	七	二十	六	四十	十	
二一	二十	十	八	二一	七	三一	王翁元	鲁问篇：公尚过说越王，越王使公尚过迎墨子于鲁。疑为王翁中晚年事。
二二	二一	十一	九	二二	八	四二 灭蔡。	二	非攻中篇：蔡亡于吴、越之间。
二三	二二	十二	十	二三	九	四三	三	
二四	二三	十三	十一	二四	十	四四	四	
二五	二四	十四	十二	二五	十一	四五	五	
二六	二五	十五	十三	二六	十二	四六	六	

续表

周	鲁	晋魏、韩、赵	齐田齐	宋	郑	楚	越	墨子时事
二七	二六	十六	十四	二七	十三	四七	七	
二八	二七	十七	十五	二八	十四	四八	八	
考王元	二八	十八	十六	二九	十五	四九	九	鲁问篇:公输般至楚,为舟战器,亟败越人。墨子与论钩拒。公输篇:般为云梯将攻宋,墨子至郢,见楚王,乃不攻宋。渚宫旧事并在惠王五十年以前。附记于此。
二	二九	十九	十七	三十	十六	五十	十	贵义篇:墨子游楚,见惠王,王以老辞。渚宫旧事:惠王以书社封墨子,不受而归。
三	三十	幽公元	十八	三一	十七	五一	十一	
四	三一	二	十九	三二	十八	五二	十二	
五	三二	三	二十	三三	十九	五三	十三	

续表

周	鲁	晋魏、韩、赵	齐田齐	宋	郑	楚	越	墨子时事
六	三三	四	二一	三四	二十	五四	十四	
七	三四	五	二二	三五	二一	五五	十五	
八	三五	六	二三	三六	二二	五六	十六	
九	三六	七	二四	三七	二三	五七	十七	
十	三七	八	二五	三八	二四	简王元灭莒。	十八	非攻中篇：莒亡于齐、越之间。
十一	元公元	九	二六	三九	二五	二	十九	
十二	二	十	二七	四十	二六	三	二十	
十三	三	十一	二八	四一	二七	四	二一	
十四	四	十二	二九	四二	二八	五	二二	

续表

周	鲁	晋魏、韩、赵	齐田齐	宋	郑	楚	越	墨子时事
十五	五	十三	三十	四三	二九	六	二三	
威烈王元	六	十四	三一	四四	三十	七	二四	
二	七	十五魏文侯、韩武子、赵桓子。	三二	四五	三一	八	二五	
三	八	十六赵献侯。	三三	四六	幽公元韩武子伐郑，杀幽公。	九	二六	鲁问篇：鲁阳文君将攻郑，曰：郑人三世杀其父。疑当作二世杀其君，即指哀公、幽公被杀也。详本篇。
四	九	十七	三四	四七	繻公元	十	二七	
五	十	十八	三五	四八	二	十一	二八	
六	十一	十九	三六	四九	三	十二	二九	

续表

周	鲁	晋魏、韩、赵	齐田齐	宋	郑	楚	越	墨子时事
七	十二	烈公元	三七	五十	四	十三	三十	
八	十三	二	三八	五一	五	十四	三一	
九	十四	三	三九	五二	六	十五	三二	
十	十五	四	四十	五三	七	十六	三三	
十一	十六	五	四一	五四	八	十七	三四	
十二	十七	六	四二	五五	九	十八	三五	
十三	十八	七	四三	五六	十	十九	三六	
十四	十九	八	四四田庄子伐鲁，攻葛及安陵。	五七	十一	二十	三七	鲁问篇：齐项子牛三侵鲁地。此攻葛及安陵，或即三侵之一。

续表

周	鲁	晋魏、韩、赵	齐田齐	宋	郑	楚	越	墨子时事
十五	二十	九	四五伐鲁取都。田和。〔一〕	五八	十二	二一	王翳元	齐伐鲁取都,或亦三侵之一。
十六	二一	十	四六	五九	十三	二二	二	
十七	穆公元	十一	四七	六十	十四	二三	三	鲁问篇:鲁君谓墨子曰:恐齐攻我。疑即穆公。
十八	二	十二韩景侯、赵烈侯。	四八田和伐鲁取郕。	六一	十五	二四	四	齐伐鲁取郕,或亦三侵之一。
十九	三	十三	四九	六二	十六	声王元	五	

〔一〕齐宣公四十五年,伐鲁,取鲁之一城(见史记田敬仲完世家),即此"伐鲁取都"事。其时相宣公者为田庄子,田和尚未立。此文"伐鲁"上当有"田庄子"三字,句末"田和"二字当误衍。活字本无"田和"二字,是。

续表

周	鲁	晋魏、韩、赵	齐田齐	宋	郑	楚	越	墨子时事
二十	四	十四魏灭中山。	五十	六三	十七	二	六	所染篇：中山尚染于魏义、偃长。案：中山尚疑即中山桓公，为魏文侯所灭。
二一	五	十五	五一	六四	十八	三	七	
二二	六	十六	康公元	六五昭公薨。案：疑为皇喜所弒。	十九	四	八	吕氏春秋召类篇注：子罕杀昭公。史记：宋信子罕之计而囚墨翟。疑昭公实被弒，因墨子即其季年事。
二三	七	十七魏文侯二二年，韩景侯六年，赵烈侯六年，始命为诸侯。	二	悼公元	二十	五围宋十月。	九	公输篇：公输般为楚造云梯，将攻宋。墨子至郢，说止之。当在惠王时。苏时学谓即此年声王围宋时事，非是。
二四	八	十八魏二三、韩七，赵七。	三	二	二一	六	十	

续表

周	鲁	晋魏、韩、赵	齐田齐	宋	郑	楚	越	墨子时事
安王元	九	十九魏二四、韩八、赵八。	四	三	二二	悼王元	十一	
二	十	二十魏二五、韩九、赵九。	五	四	二三	二	十二	
三	十一	二一魏二六、韩烈侯元、赵武侯元。	六	五	二四	三	十三	
四	十二	二二魏二七、韩二、赵二。	七	六	二五	四	十四	
五	十三	二三魏二八、韩三、赵三。	八	七	二六	五	十五	
六	十四	二四魏二九、韩四、赵四。	九	八	二七郑人弑繻公。	六	十六	鲁问篇：鲁阳文君曰郑人三世杀君，或谓指哀幽繻三君，然与文君年不合。

续表

周	鲁	晋魏、韩、赵	齐田齐	宋	郑	楚	越	墨子时事
七	十五	二五魏三十、韩五、赵五。	十	休公元	康公元	七	十七	
八	十六	二六魏三一、韩六、赵六。	十一田和伐鲁取最。	二	二	八	十八	黄式三谓鲁阳文君将攻郑在此年，未塙。齐伐鲁或即鲁问篇三侵鲁地事。
九	十七	二七魏三二、韩七、赵七。	十二	三	三	九	十九	
十	十八	孝公元魏三三、韩八、赵八。	十三	四	四	十	二十	
十一	十九	二魏三四、韩九、赵九。	十四	五	五	十一	二一	
十二	二十	三魏三五、韩十、赵十。	十五	六	六	十二	二二	

续表

周	鲁	晋魏、韩、赵	齐田齐	宋	郑	楚	越	墨子时事
十三	二一	四魏三六、韩十一、赵十一。	十六	七	七	十三	二三	
十四	二二	五魏三七、韩十二、赵十二。	十七	八	八	十四	二四	
十五	二三	六魏三八、韩十三、赵十三。	十八	九	九	十五	二五	
十六	二四	七魏武侯元、韩文侯元、赵敬侯元。	十九田齐太公和元年，始命为诸侯。	十	十	十六	二六	鲁问篇：墨子见齐太王，即太公和。新序亦载齐王与墨子问答，即田和也。
十七	二五	八魏二、韩二、赵二。	二十田齐二，伐鲁破之。	十一	十一	十七	二七	齐伐鲁，或即鲁问篇三侵鲁地事。
十八	二六	九魏三、韩三、赵三。	二一田齐桓公元。	十二	十二	十八	二八	

续表

周	鲁	晋魏、韩、赵	齐田齐	宋	郑	楚	越	墨子时事
十九	二七	十魏四、韩四、赵四。	二二田齐二。	十三	十三	十九	二九	
二十	二八	十一魏五、韩五、赵五。	二三田齐三。	十四	十四	二十	三十	
二一	二九	十二魏六、韩六、赵六。	二四田齐四。	十五	十五	二一悼王薨，群臣杀吴起。	三一	亲士篇：吴起之裂，其事也。
二二	三十	十三魏七、韩七、赵七。	二五田齐五。	十六	十六	肃王元	三二	
二三	三一	十四魏八、韩八、赵八。	二六公薨齐亡，田齐六。	十七	十七	二	三三	非乐上篇：齐康公兴乐万。

续表

周	鲁	晋魏、韩、赵	齐田齐	宋	郑	楚	越	墨子时事
二四	三二	十五魏九、韩九、赵九。	田齐威王元	十八	十八	三	三四	以后时事，本书无所见，疑墨子之卒即在安王末年。
二五	三二	静公元魏十、韩哀侯元、赵十。	二	十九	十九	四	三五	
二六	共公元	二魏十一、韩二、赵十一。	三	二十	二十	五	三六	

墨学传授考第三

吕不韦曰："孔墨徒属弥众，弟子弥丰，充满天下。"尊师篇。又曰："孔墨之后学，显荣于天下者众矣，不可胜数。"当染篇。盖墨学之昌几埒洙泗，斯亦盛矣！公输篇墨子之说楚王曰"臣之弟子禽滑厘等三百人"，淮南王书亦谓墨子服役者百八十人，"服役"即徒属。韩非子五蠹篇云"仲尼为服役者七十人"，即指七十子而言。皆可使赴火蹈刃，死不旋踵。新语思务篇云"墨子之门多勇士"。而荆吴起之乱，墨者钜子孟胜以死为阳城君守，弟子死者百八十五人。则不韦所述，信不诬也。犷秦隐儒，墨学亦微。至西汉儒复兴，而墨竟绝。墨子既蒙世大诟，而徒属名籍亦莫能纪述，惟本书及先秦诸子略纪其一二。今勼集之，凡得墨子弟子十五人，附存三人。再传弟子三人，三传弟子一人，治墨术而不详其传授系次者十三人，杂家四人，大都不逾三十余人，传记所载，尽于此矣。彼勤生薄死，以赴天下之急，而姓名澌灭，与草木同尽者，殆不知凡几。呜呼悕已！

墨子弟子：

禽子名滑厘，本书公输篇。案：司马贞史记索隐、成玄英庄子疏并以滑厘为字，非是。滑厘，吕氏春秋当染篇作"滑釐"，尊师篇作"滑黎"，列子杨朱篇作"骨厘"，汉书古今人表及列子释文并作"屈厘"，汉书儒林传作"滑氂"，疑正字当作"屈氂"，详公输篇。与田子方、段干木、吴起受业于子夏。史记儒林传。后学于墨子，吕氏春秋当染篇。尽传其学，与墨子齐偁。庄子天下篇以墨翟、禽滑厘并传。禽子事墨子三年，手足胼胝，面目黎黑，役身给使，不敢问欲，墨子甚哀之，乃具酒脯，寄于太山，摵茅坐之，以醮禽子。禽子再拜而叹。墨子曰："亦何欲乎？"禽子再拜再拜曰："敢问守道。"本书备梯篇。又曰："由圣人之道，凤鸟之不出，诸侯畔殷周之国，甲兵方起于天下，大攻小，强执弱，吾欲守小国，为之奈何？"墨子曰："何攻之守？"禽子对曰："今之世，常所以攻者，临、钩、冲、梯、堙、水、穴、突、空洞、蛾傅、轒辒、轩车，敢问守此十二者奈何？"本书备城门篇。墨子遂语以守城之具六十六事。李筌太白阴经守城具篇六十六事，一作"五十六事"，今本书备城门以下十余篇皆其语也。楚惠王时，公输般为楚造云梯之械成，将以攻宋。墨子自鲁至郢止之，使禽子诸弟子三百人持守圉之器在宋城上而待楚寇，楚卒不攻宋。本书公输篇。禽子问于墨子曰："锦绣绨纻，将安用之？"墨子曰："恶，是非吾用务也。古有无文者得之矣，夏禹是也。卑小宫室，损薄饮食，土阶三等，衣裳细布。当此之时，黼黻无所用，而务在于完坚。殷之盘庚，大其先王之室，而改迁于殷，茅茨不翦，采椽不斫，以变天下之视。当此之时，文采之帛将安所施？夫品庶非有心也，以人主为心，苟上不为，下恶用之？二王者以身先于天下，故化隆于其时，成名于今世也。且夫锦绣绨纻，乱君之所造也，其本皆兴于齐景公喜奢而忘俭，幸有晏子以俭镌之，然犹几不能胜。夫奢安可穷哉！纣为鹿台糟邱，酒池肉林，宫墙文画，雕琢刻镂，锦绣被堂，金玉珍玮，妇女优倡，钟鼓管弦，流漫不禁，而天下愈竭，故卒身死国亡，为天下戮，非惟锦绣絺纻之用邪！今当凶年，有欲予子随侯之珠者，不得卖也，珍宝而以为饰。又欲予子一钟粟者。得珠者不得粟，得粟者不得珠，子将何择？”禽子曰：“吾取粟耳，可以救穷。”墨子曰：“诚然，则恶在事夫奢也。长无用，好末淫，非圣人之所急也。故食必常饱，然后求美；衣必常暖，然后求丽；居必常安，然后求乐。为可长，行可久，先质而后文，此圣人之务。”禽子曰：“善。”说苑反质篇。禽子问：“天与地孰仁？”墨子曰：“翟以地为仁。太山之上则封禅焉，培𡒄之侧则生松柏，下生黍苗莞蒲，水生鼋鼍龟鱼，民衣焉，食焉，死焉，地终不责德焉。故翟以地为仁。”艺文类聚地部引本书。禽子问曰：“多言有益乎？”墨子曰：“虾蟆蛙黾日夜而鸣，舌干檘，然而人不听之。今鹤鸡时夜而鸣，天下振动。多言何益？唯其言之时也。”太平御览言语部引本书。杨朱后于墨子，其说在爱己，不拔一毛以利天下，与墨子相反。荀子王霸篇杨注、殷敬顺列子释文。墨子兼爱、上同、右鬼、非命，而杨朱非之，淮南子氾论训。禽子与之辩论。荀子注、列子释文。禽子问杨朱曰：“去子体之一毛，以济一世，汝为之乎？”杨子曰：“世固非一毛之所济。”禽子曰：“假济，为之乎？”杨子弗应。禽子出，语孟孙阳。孟孙阳曰：“子不达夫子之心，吾请言之。侵若肌肤获万金者，若为之乎？”曰：“为之。”孟孙阳曰：“有断若一节得一国，子为之乎？”禽子默然。有间，孟孙阳曰：“一毛微于肌肤，肌肤微于一节，省矣。然则积一毛以成肌肤，积肌肤以成一节，一毛固一体万分中之一物，奈何轻之乎？”禽子曰：“吾不能所以答子。然以子之言问老聃、关尹，则子言当矣；以吾言问大禹、墨翟，则吾言当矣。”列子杨朱篇。列子又云：“卫端木叔者，子贡之世也。藉其先赀，家累万金，不治世故。及其死也，无瘗埋之资，一国之人受其施者，相与赋而藏之。禽骨厘闻之，曰：端木叔，狂人也，辱其祖矣。”此与墨学无与，附箸于此。

高石子，墨子弟子。墨子使管黔激游高石子于卫，卫君致禄甚厚，设之于卿。高石子三朝必尽言，而言无行者。去而之齐，见墨子曰：“卫君以夫子之故，致禄甚厚，设我于卿。石三朝必尽言，而言无行，是以去之也。卫君无乃以石为狂乎？”墨子曰：“去之苟道，受狂何伤？古者周公旦非关叔，关，管之借字。辞三公，东处于商盖，人皆谓之狂，后世称其德，扬其名，至今不息。且翟闻之，为义非避毁就誉，去之苟道，受狂何伤？”高石子曰：“石去之，焉敢不道也。昔者夫子有言曰：天下无道，仁士不处厚焉。今卫君无道，而贪其爵禄，则是我为苟啖人食也。”墨子说，而召禽子曰：“姑听之乎！夫倍义而乡禄者，我常闻之矣；倍禄而乡义者，于高石子焉见之也。”本书耕柱篇。

高何，齐人，学于墨子。吕氏春秋尊师篇。

县子硕吕览“硕”作“石”，字通。与高何皆齐国之暴者也，指于乡曲，学于墨子，为天下名士显人。吕氏春秋尊师篇。治徒娱、县子硕问于墨子曰：“为义孰为大务？”墨子曰：“譬若筑墙然，能筑者筑，能实壤者实壤，能欣者欣，“欣”读为睎。然后墙成也。为义犹是也，能谈辩者谈辩，能说书者说书，能从事者从事，然后义事成也。”本书耕柱篇。

公尚过，吕氏春秋高义篇“尚”作“上”。墨子弟子。吕览高义篇。墨子南游使于卫，关中载书甚多。弦唐子见而怪之，曰："吾夫子教公尚过曰：揣曲直而已。今夫子载书甚多，何有也？"墨子曰："昔者周公旦朝读书百篇，夕见七十士，故周公旦佐相天子，其修至于今。翟上无君上之事，下无耕农之难，吾安敢废此？翟闻之，同归之物，信有误者，然而民听不钧，是以书多也。今若过之心者，数逆于精微，同归之物，既已知其要矣，是以不教以书也。而子何怪焉？"本书贵义篇。墨子游公尚过于越。公尚过语墨子之义，越王说之，谓公尚过曰："子之师苟肯至越而教寡人，请以故吴之地，阴江之浦，书社三百，以封夫子。"本书鲁问篇作"请裂故吴之地方五百里以封子墨子"。公尚过许诺。遂为公尚过束车五十乘以迎墨子于鲁，曰："吾以夫子之道说越王，越王大说，谓过曰：苟能使墨子至于越而教寡人，请裂故吴之地以封子。"据本书鲁问篇补。吕氏春秋作"公上过往复于子墨子"。墨子曰："子之观越王也，能听吾言，用吾道乎？"公尚过曰："殆未能也。"墨子曰："不唯越王不知翟之意，虽子亦不知翟之意。若越王听吾言，用吾道，翟度身而衣，量腹而食，比于宾萌，未敢求仕。越不听吾言，不用吾道，而受其国，是以义粜也。义粜何必越，虽于中国亦可。"吕氏春秋高义篇、本书鲁问篇略同。

耕柱子，墨子弟子。墨子怒耕柱子，耕柱子曰："我毋愈于人乎？"墨子曰："我将上大行，驾骥与羊，子将谁驱？"耕柱子曰："将驱骥也。"墨子曰："何故驱骥也？"耕柱子曰："骥足以责。"墨子曰："我亦以子为足以责。"墨子游耕柱子于楚，二三子过之，食之三升，客之不厚。二三子复于墨子，曰："耕柱子处楚无益矣。二三子过之，食之三升，客之不厚。"墨子曰："未可知也。"毋几何而遗十金于墨子，曰："后生不敢死，有十金于此，愿夫子之用也。"墨子曰："果未可知也。"本书耕柱篇。

魏越，墨子弟子。墨子使之游，越曰："既得见四方之君子，则将孰先语？"墨子曰："凡入国，必择务而从事焉。国家昏乱，则语之尚贤、尚同；国家贫，则语之节用、节葬；国家憙音湛湎，则语之非乐、非命；国家淫僻无礼，则语之尊天、事鬼；国家务夺侵凌，则语之兼爱、非攻，故曰择务而从事焉。"本书鲁问篇。

随巢子，墨子弟子，汉书艺文志。梁玉绳云："随巢当是氏，或谓氏隋名巢，无据。"诒让案：隋经籍志随巢子注云："巢似墨翟弟子。"则以巢为名。墨子之术尚俭，随巢子传其术。史记自序正义引韦昭说。箸书六篇。汉书艺文志。

胡非子，广韵十一模云："胡非，复姓，齐胡公之后有公子非，因以胡非为氏。"梁玉绳云："则胡非子齐人也。"诒让案：隋经籍志胡非子注云："非似墨翟弟子。"则亦以非为名。墨子弟子，箸书三篇。汉书艺文志。

管黔敖，墨子弟子。本书耕柱篇，见前。

高孙子，墨子弟子。本书鲁问篇，见后。

治徒娱，墨子弟子。本书耕柱篇，见前。

跌鼻，墨子弟子。墨子有疾，跌鼻进而问曰："先生以鬼神为明，能为祸福，为善者赏之，为不善者罚之。今先生圣人也，何故有疾？意者先生之言有不善乎？鬼神不明知乎？"墨子曰："虽使我有病，鬼神何遽不明？人之所得于病者多方，有得之寒暑，有得之劳苦，百门而闭一门焉，则盗何遽无从入？”本书公孟篇。

曹公子，墨子弟子。墨子仕曹公子于宋，三年而反，睹墨子曰：“始吾游于子之门，短褐之衣，藜藿之羹，朝得之则夕弗得，弗得祭祀鬼神。今而以夫子之故，家厚于始也。有家享，谨祭祀鬼神。然而人徒多死，六畜不蕃，身湛于病，吾未知夫子之道之可用也。”子墨子曰：“不然。夫鬼神之所欲于人者多，欲人之处高爵禄而以让贤也，多财而以分贫也。夫鬼神岂唯擢黍拑肺之为欲哉？今子处高爵禄而不以让贤，一不祥也；多财而不以分贫，二不祥也。今子事鬼神唯祭而已矣，而曰病何自至哉，是犹百门而闭一门焉，曰：‘盗何从入？’若是而求福于百怪之鬼，岂可哉？”本书鲁问篇。

胜绰，墨子弟子。墨子使胜绰事齐项子牛。项子牛三侵鲁地，而胜绰三从。墨子闻之，使高孙子请而退之，曰：“我使绰也，将以济骄而正嬖也。今绰也禄厚而谲夫子，夫子三侵鲁而绰三从，是鼓鞭于马靳也。翟闻之，言义而弗行，是犯明也，绰非弗之知也，禄胜义也。”本书鲁问篇。

案：曹公子及胜绰二人，皆游墨子之门，而以违道见责，盖未能传其术者，今以附于诸弟子之末。

鼓轻生子问墨子曰：“往者可知，来者不可知。”墨子曰：“藉设而亲在百里之外，则遇难焉，期以一日也，及之则生，不及则死。今有固车良马于此，又有驽马四隅之轮于此，使子择焉，子将何乘？”对曰：“乘良马固车可以速至。”

墨子曰："焉在不知来。"本书鲁问篇。

孟山誉王子闾曰："昔白公之祸，执王子闾，斧钺钩要，直兵当心，谓之曰：'为王则生，不为王则死。'王子闾曰：'何其侮我也！杀我亲而喜我以楚国。我得天下而不义，不为也，又况于楚国乎！'遂死而不为。王子闾岂不仁哉？"墨子曰："难则难矣！然而未仁也。若以王为无道，则何故不受而治也？若以白公为不义，何故不受王，诛白公然而反王？故曰难则难矣，然而未仁。"同上。

弦唐子。本书贵义篇，见前。

案：以上三人并见本书，是否墨子弟子，无可质证。谨附缀于此以备考。

墨子再传禽子弟子：

许犯学于禽滑厘。吕氏春秋当染篇。

索卢参，东方之钜狡也，学于禽滑厘，为天下名士显人。吕氏春秋尊师篇。

墨子再传胡非子弟子：

屈将子案屈为楚公族箸姓，屈将子疑亦楚人。好勇，闻墨者非斗，带剑危冠往见胡非子，劫而问之曰："将闻先生非斗，而将好勇，有说则可，无说则死！"胡非子为言五勇，屈将说，称善，乃解长剑，释危冠，而请为弟子焉。太平御览四百九十二、四百三十七引胡非子五勇之论甚详。见后胡非子佚文，此不备录。

墨子三传许子弟子：

田系学于许犯，显荣于天下。吕氏春秋当染篇。

墨氏名家：传授不可考者。附钜子。

田俅子，汉书艺文志。“俅”一作“鸠”，鸠、俅音近，马骕、梁玉绳并以为一人，是也。齐人，学墨子之术。吕氏春秋首时篇、淮南子道应训高注。田鸠欲见秦惠王，留秦三年而弗得见。客有言之于楚王者，往见楚王，楚王说之，与将军之节以如秦。至，因见惠王。告人曰：“之秦之道乃之楚乎？”吕氏春秋首时篇、淮南子道应训云：“出舍，喟然而叹，告从者曰：‘吾留秦三年，不得见，不识道之可以从楚也。’”徐渠问田鸠曰：“臣闻智士不袭下而遇君，圣人不见功而接上。今阳城胥渠，今，韩子讹“令”。今据卢文弨、颜广圻校正。明将也，而措于屯伯；屯，韩子讹“毛”。今据顾校正，下同。公孙亶回，圣相也，而关于州部，何哉？”田鸠曰：“此无他故异物，主有度，上有术之故也。且足下独不闻楚将宋觚而失其政，魏相冯离而亡其国。二君者驱于声词，眩乎辩说，不试于屯伯，不关乎州部，故有失政亡国之患。由是观之，夫无屯伯之试，州部之关，岂明主之备哉！”韩非子问田篇。楚王谓田鸠曰：“墨子者，显学也。其身体则可，其言多而不辩，何也？”曰：“昔秦伯嫁其女于晋公子，令晋为之饰装，“晋”疑“鲁”之讹。从文衣之媵七十人，至晋，晋人爱其妾而贱公女。此可谓善嫁妾，而未可谓善嫁女也。楚人有卖其珠于郑者，为木兰之柜，薰桂椒之椟，缀以珠玉，饰以玫瑰，辑以羽翠。郑人买其椟而还其珠。此可谓善卖椟矣，未可谓善鬻珠也。今世之谈也，皆道辩说文辞之言，人主览其文而忘其用。其，韩子作“有”，今以意改。墨子之说传先王之道，论圣人之言，以宣告人。若辩其辞，则恐人怀其文忘其用，此字韩子无，据顾校增。直以文害用也。此与楚人鬻珠、秦伯嫁女同类，故其言多不辩。"韩非子外储说左上篇。箸书三篇。汉书艺文志墨家：田俅子三篇，本注云："先韩子。"盖班固亦谓即田鸠也。

相里子韩非子显学篇、元和姓纂。名勤，庄子天下篇。释文引司马彪云："墨师也，姓相里，名勤。"姓纂云："晋大夫里克为惠公所灭，克妻司成氏携少子李连逃居相城，因为相里氏。李连玄孙相里勤，见庄子。"案：此疑唐时谱谍家之妄说，恐不足据。南方之墨师也。成玄英庄子疏。为三墨之一，韩非子显学篇。箸书七篇。姓纂引韩子云："相里子，古贤也，箸书七篇。"案：韩子无此文。汉书艺文志墨家亦无相里子书，姑存以备考。

相夫氏，韩非子显学篇。元和姓纂二十陌有伯夫氏，引韩子云："伯夫氏，墨家流也。"则唐本"相"或作"伯"，或当作"柏"，与"相"形近。亦三墨之一。

邓陵子，南方之墨者，诵墨经，庄子天下篇。案姓纂云："楚公子，食邑邓陵，因氏焉。"据此，则邓陵子盖楚人。亦三墨之一，韩非子显学篇。有箸书。姓纂云："邓陵子箸书，见韩子。"案：韩子亦无此文。

韩非子显学篇云："自墨子之死也，有相里氏之墨，有相夫氏之墨，有邓陵氏之墨，墨离为三。"

苦获，南方墨者。庄子天下篇。

已齿，南方墨者。庄子天下篇。释文引李颐云："苦获、已齿，二人姓字也。"案："姓字"当作"姓名"，疑并楚人。

相里氏弟子：

五侯子，庄子天下篇、陶潜集圣贤群辅录。案：五侯盖姓五。五与伍同，古书伍子胥姓多作五。非五人也。相里勤弟子，与南方之墨者苦获、已齿、邓陵子之属俱诵墨经，而倍谲不同，相谓别墨。庄子天下篇。

案：墨经即墨辩，今书经、说四篇及大取、小取二篇，盖即相里子、邓陵子之伦所传诵而论说者也。

又案：陶潜集圣贤群辅录末附载三墨云：“不累于俗，不饰于物，不尊于名，庄子天下篇作“不苟于人”。不忮于众，此宋钘、尹文之墨。钘，当从庄子作“钘”，即孟子之宋牼也。裘褐为衣，跂蹻为服，日夜不休，以自苦为极者，相里勤、五侯子之墨。俱诵墨经而背谲不同，相为别墨，以坚白，此亦本庄子而文义未全，岂伪托者失其句读，抑传写有脱误邪？此苦获、已齿、邓陵子之墨。”此别据庄子天下篇为三墨，与韩非书殊异。北齐阳休之所编陶集即有此条。宋本陶集宋庠后记云：“八儒三墨二条，此似后人妄加，非陶公本意。”考庄子本以宋钘、尹文别为一家，不云亦为墨氏之学。以所举二人学术大略考之，其崇俭非斗虽与墨氏相近，荀子非十二子篇以墨翟、宋钘并偁。而师承实迥异，乃强以充三墨之数，而韩非所云相夫氏之墨者反置不取，不知果何据也？宋钘书汉书艺文志在小说家，云黄老意。尹文书在名家，今具存，其大道上篇云：“大道治者，则名、法、儒、墨自废。”又云：“是道治者，谓之善人；藉名、法、儒、墨者，谓之不善人。”则二人皆不治墨氏之术，有明证矣。近俞正燮癸巳类稿墨学论亦以宋牼为墨徒，误与群辅录同。群辅录本依托，不出渊明，而此条尤疏谬，今不据补录。

我子，六国时人，元和姓纂引风俗通。为墨子之学，箸书二篇。汉艺文志颜注引刘向别录。

缠子，广韵二仙云：“缠，又姓。汉书艺文志有缠子，著书。”案：汉志无缠子，此误。修墨子之业以教于世。儒有董无心者，其言修而谬，其行笃而庸，欲事缠子，缠子曰："文言华世，不中利民，倾危缴绕之辞，并不为墨子所修。劝善兼爱，则墨子重之。"意林引缠子。缠子与董无心相见讲道，缠子称墨家佑鬼神，引秦穆公有明德，上帝赐之十九年；董子难以尧舜不赐年，桀纣不夭死。论衡福虚篇。箸书一卷。意林。

墨家钜子：

庄子天下篇说墨云"以巨子为圣人，皆愿为之尸，冀得为其后世"，郭象注云："巨子最能辩其所是，以成其行。"释文："巨，向秀、崔撰本作'钜'。向云：墨家号其道理成者为钜子，若儒家之硕儒。"吕氏春秋上德篇云"墨者以为不听钜子不察"，又有墨者钜子孟胜、田襄子、腹䵍三人，高诱以钜子为人姓名，非也。以庄、吕二子所言推之，墨家钜子盖若后世儒家大师，开门授徒，远有端绪，非学行纯卓者，固不足以当之矣。

孟胜为墨者钜子，善荆之阳城君。高注云"钜子、孟胜二人学墨道者也"，非是。阳城君令守于国，毁璜以为符，约曰："符合听之。"荆王薨，案：即悼王。群臣攻吴起兵于丧所，阳城君与焉。荆罪之，阳城君走，荆收其国。孟胜曰："受人之国，与之有符。今不见符，而力不能禁，不能死，不可。"其弟子徐弱谏孟胜曰："死而有益阳城君，死之可矣。无益也，而绝墨者于世，不可。"孟胜曰："不然。吾于阳城君也，非师则友也，非友则臣也。不死，自今以来求严师必不于墨者矣，求贤友必不于墨者矣，求良臣必不于墨者矣。死之，所以行墨者之义，而继其业者也。我将属钜子于宋之田襄子。田襄子，贤者也，何患墨者之绝世也？”徐弱曰：“若夫子之言，弱请先死以除路。”还殁头前于孟胜。因使二人传钜子于田襄子。高注云：“二人，孟胜之弟子也。”孟胜死，弟子死之者八十三人。二人旧本无此二字，毕校补。以致令于田襄子，欲反死孟胜于荆，田襄子止之曰：“孟子已传钜子于我矣！”不听，不，旧本讹“当”，毕校正。遂反死之。吕氏春秋上德篇。

案：吴起之死在周安王二十一年，时墨子当尚在，详亲士篇。则孟胜、田襄子或亲受业于墨子亦未可知。其为钜子岂即墨子所命，为南方墨者之大师者邪？孟胜之死也，必属钜子于田襄子，明以传学为重，亦若儒家之有师承宗派，佛氏之有传授衣盋矣。

田襄子，宋之贤者。孟胜死荆阳城君之难，使弟子二人属钜子于田襄子。吕氏春秋上德篇。案：田襄子言行无考。说苑尊贤篇有卫君问田让语，疑即田襄子，附识以备考。

腹䵍为墨者钜子，居秦。其子杀人，秦惠王曰：“先生之年长矣，非有它子也，寡人已令吏弗诛矣。先生之以此听寡人也。”腹䵍对曰：“墨者之法：杀人者死，伤人者刑。此所以禁杀伤人也。夫禁杀伤人者，天下之大义也，王虽为之赐而令吏弗诛，腹䵍不可不行墨子之法。”不许惠王，而遂杀之。吕不韦曰：“子，人之所私也。忍所私以行大义，钜子可谓公矣。”吕氏春秋去私篇。高注云：“钜姓，子通称，腹䵍，字也。”毕沅云：“钜子，犹钜儒、钜公之称，腹乃其姓耳。”案：毕说是也。

孟胜弟子：

徐弱，孟胜弟子，与孟胜同死楚阳城君之难。见前。

墨氏杂家：凡治墨术而无从考其学业优劣及传授端绪者。

夷之，治墨家之道者，孟子滕文公上篇赵注。因徐辟而求见孟子。孟子曰："吾固愿见，今吾尚病，病愈，我且往见。"夷子不来。他日又求见孟子，孟子曰："吾今则可以见矣。不直则道不见，我且直之。吾闻夷子墨者，墨之治丧也，以薄为其道也。夷子思以易天下，岂以为非是而不贵也？然而夷子葬其亲厚，则是以所贱事亲也。"徐子以告夷子。夷子曰："儒者之道，古之人若保赤子，此言何谓也？之则以为爱无差等，施由亲始。"徐子以告孟子。孟子曰："夫夷子信以为人之亲其兄之子为若亲其邻之赤子乎？彼有取尔也。赤子匍匐将入井，非赤子之罪也。且天之生物也，使之一本，而夷子二本故也。盖上世尝有不葬其亲者，其亲死则举而委之于壑。他日过之，狐狸食之，蝇蚋姑嘬之。其颡有泚，睨而不视。夫泚也，非为人泚，中心达于面目，盖归反虆梩而掩之。掩之诚是也，则孝子仁人之掩其亲，亦必有道矣。"徐子以告夷子。夷子怃然，为间，曰："命之矣！"孟子滕文公上篇。

谢子，吕氏春秋去宥篇、淮南子修务训。高注云："谢，姓也。子，通称。"关东人也，学墨子之道。吕览高注。说苑杂言篇作"祁射子"。梁玉绳吕子校补云"祁乃地名，祁属太原，正是关东"，恐未塙。

唐姑果，淮南子修务训作"唐姑梁"，高注云："唐姓，名姑梁。"说苑杂言篇作"唐姑"。秦之墨者。淮南子高注云"秦大夫"，疑误。东方墨者谢子将西见秦惠王。淮南子、说苑并云"惠王说之"。惠王问唐姑果，唐姑果恐王之亲谢子贤于己也，对曰："谢子，东方之辩士也。淮南子作"山东辩士"。其为人甚险，将奋于说以取少主也。”淮南子作“固权说以取少主”。王因藏怒以待之。谢子至，说王，王弗听。淮南子云“后日复见，逆而弗听”。谢子不说，遂辞而行。吕氏春秋去宥篇。

某翟，郑人。兄缓呻吟裘氏之地。释文云：“裘氏，地名。”只三年，而缓为儒，使其弟墨。儒墨相与辩，其父助翟。十年而缓自杀。庄子列御寇篇郭注云：“翟，缓弟名。”案：未详其姓氏。

案：唐姑果媢贤自营，违墨氏尚贤尚同之旨；郑人翟争论儒墨而杀其兄，则亦非悌弟也，故附于墨学杂家之末。又孟子告子篇赵注谓告子兼治儒墨之学，其人无可考。本书公孟篇有告子，亦恐非一人。淮南子人间训云“代君为墨而残”，许注云：“代君，赵之别国，不详其名及时代。”则疑是赵武灵王子代君章，见赵世家。此并无可质证。谨附识于此，以备考。

墨子后语下

墨子绪闻第四　墨学通论第五　墨家诸子钩沉第六

墨子绪闻第四

墨氏之学微矣！七国时，学者以孔墨并偁，孔子言满天下，而墨子则遗文佚事自七十一篇外所见殊尠。非徒以其为儒者所摈绌也，其为道瘠薄而寡泽，言之垂于世者质而不华，务申其意而不驰骋其辞，故庄周谓其道大觳，使人忧，使人悲，其行难为。而楚王之问田鸠，亦病其言多而不辩。田鸠答以墨子之说传先王之道，论圣人之言，若辩其辞，则恐人怀其文忘其用。韩非子外储说上左。盖孟荀之议未兴，世之好文者固已弗心慊矣！秦汉诸子，若吕不韦、淮南王书，所采摭至博，至其援举墨子之言，亦多本书所已见，绝无异闻。然孔氏遗书自六艺外，纬候之诬，家语、孔丛之伪，集语之杂，真赝糅莒，不易别择。而墨氏之言行以诵述者少，转无假托傅益之弊。则其仅存者虽不多，或尚碻然可信与！今采本书之外，秦汉旧籍所纪墨子言论行事，无论与本书异同，咸为甄缉。或一事而数书并见，亦悉附载之，以资雠勘。而七十一篇佚文，则毕氏所述略备，固不劳缀录也。

齐王问墨子曰："古之学者为己，今之学者为人，何如？"对曰："古之学者得一善言以附其身，今之学者得一善言务以悦人。"北堂书钞八十三、太平御览六百七引新序。案：齐王当即齐太王，此与意林引本书佚文略同，而文较详，故录之。说苑反质篇又有禽滑厘问墨子语，毕氏已采入佚文，今不录。

景公外傲诸侯，内轻百姓，好勇力，崇乐以从嗜欲，诸侯不说，百姓不亲。公患之，问于晏子曰："古之圣王，其行若何？"晏子对曰："其行公正而无邪，故谗人不得入；不阿党，不私色，故群徒之卒不得容；薄身厚民，故聚敛之人不得行；不侵大国之地，不耗小国之民，故诸侯皆欲其尊；不劫人以兵甲，不威人以众强，故天下皆欲其强；德行教训加于诸侯，慈爱利泽加于百姓，故海内归之若流水。今衰世君人者，辟邪阿党，故谗谄群徒之卒繁；厚身养，薄视民，故聚敛之人行；侵大国之地，耗小国之民，故诸侯不欲其尊；劫人以甲兵，威人以众强，故天下不欲其强；灾害加于诸侯，劳苦施于百姓，故仇敌进伐，天下不救，贵戚离散，百姓不与。"元椠本讹"兴"，据卢文弨校正。公曰："然则何若？"敚曰："请卑辞重币以说于诸侯，轻罪省功以谢于百姓，其可乎？"公曰："诺。"于是卑辞重币而诸侯附，轻罪省功而百姓亲。故小国入朝，燕鲁共贡。墨子闻之，曰："晏子知道。道在为人，而失在为己。元本脱"在"字，据孙星衍校增。为人者重，自为者轻。景公自为而小国不为与，为人而诸侯为役，则道在为人，而行在反己矣。黄以周云："'行'盖'得'之剥文。"故晏子知道矣！"晏子春秋内篇问上。

景公与晏子立于曲潢之上，晏子称曰："衣莫若新，人莫若故。"公曰："衣之新也，信善矣。人之故，相知情。"有脱误。晏子归，负载，使人辞于公，曰："婴故老耄无能也，请毋服壮者之事。"公自治国，身弱于高、国，百姓大乱。公恐，复召晏子。诸侯忌其威，而高、国服其政。田畴垦辟，蚕桑豢牧之处不足，元本"牧"讹"收"，据卢文弨校正。丝蚕于燕，牧马于鲁，共贡入朝。墨子闻之曰："晏子知道，晏公知穷矣。"晏子春秋内篇杂上。右墨子遗说。

公输般为蒙天之阶，阶成，将以攻宋。墨子闻之，赴于楚，行十日十夜而至于郢。见般，曰："闻子为阶将以攻宋，宋何罪之有？无罪而攻之，不可谓仁。胡不已也？"公输般曰："不可。吾既以言之王矣。"墨子曰："胡不见我于王？"公输般曰："诺。"墨子见楚王，曰："今有人于此：舍其文轩，邻有敝舆而欲窃之；舍其锦绣，邻有短褐而欲窃之；舍其粱肉，邻有糟糠而欲窃之。此为何若人？"王曰："此为窃疾耳！"汪继培云："一作'必窃疾矣'。"墨子曰："荆之地方五千里，宋之地方五百里，此犹文轩之与敝舆也；荆有云梦，犀兕麋鹿盈溢，江汉之鱼鳖鼋鼍为天下饶，宋所谓无雉兔鲋鱼者也，犹粱肉之与糟糠也；荆有长松文梓楩柟豫章，宋无长木，此犹锦绣之与短褐也。臣以王之攻宋也，为与此同类。"王曰："善哉！请无攻宋。"艺文类聚八十八引尸子，又太平御览三百三十六引尸子云："般为蒙天之阶，阶成，将以攻宋。墨子请献十金，般曰'吾义固不杀人'，墨子再拜。"本书公输篇文略同。

公输般为楚设机，将以攻宋。墨子闻之，百舍重茧往见公输般，谓之曰："吾自宋闻子，吾欲藉子杀人。"宋本作"王"，吴师道云："一本作'𤯔'，唐武后'人'字。"黄丕烈云："公输篇文略同。"公输般曰："吾义固不杀人。"墨子曰："闻公为云梯将以攻宋，宋何罪之有？义不杀王〔一〕而攻国，是不杀少而杀众。敢问攻宋何义也？"公输般服焉，请见之王。墨子见楚王，曰："今有人于此：舍其文轩，邻有弊舆而欲窃之；舍其锦绣，邻有短褐鲍彪本"短"作"裋"。而欲窃之；舍其粱肉，邻有糟糠而欲窃之。此为何若人也？"王曰："必为有窃疾矣！"墨子曰："荆之地方五千里，宋方五百里，此犹文轩之与弊舆也；荆有云梦，犀兕麋鹿盈之，江汉鱼鳖鼋鼍为天下饶，宋所谓无雉兔鲋鱼者也，此犹粱肉之与糟糠也；荆有长松文梓楩柟豫樟，鲍本作"章"。宋无长木，此犹锦绣之与短褐也。臣以王吏之攻宋，臣，宋本作"恶"，黄云："即'恶'字。"案：恶，武后"臣"字。为与此同类也。"王曰："善哉！请无攻宋。"战国策宋策。

公输般为高云梯，欲以攻宋。墨子闻之，自鲁往，裂裳裹足日夜不休，十日十夜而至于郢。见荆王，曰："臣，北方之鄙人也，闻大王将攻宋，信有之乎？"王曰：

〔一〕据上文，"王"字似应作"人"。吴师道曰："一本三'杀王'并作'杀𤯔'。""𤯔"即"人"字。

"然。"墨子曰:"必得宋乃攻之乎?亡其不得宋,且不义,犹攻之乎?"王曰:"必不得宋,且有不义,则曷为攻之?"墨子曰:"甚善。臣以宋必不可得。"王曰:"公输般,天下之巧工也,已为攻宋之械矣。"墨子曰:"请令公输般试攻之,臣请试守之。"于是公输般设攻宋之械,墨子设守宋之备,公输般九攻之,旧本脱"公输般"三字,毕沅据御览三百二十校补。墨子九却之,不能入。故荆辍不攻宋。墨子能以术御荆免宋之难者,此之谓也。吕氏春秋爱类篇。案:吕氏春秋慎大览高注云:"墨子曰:使公输般攻宋之城,臣请为宋守之备。公输般九攻之,墨子九却之。又令公输般守备,墨子九下之。"诸书并止言输攻墨守,惟此注更有输守墨攻事,不知何据,谨附识于此。

昔者楚欲攻宋,墨子闻而悼之,自鲁趋而往,旧本脱,王念孙据北堂书钞补。十日十夜,足重茧而不休息,裂裳裹足,"裂"下旧本衍"衣"字,王据书钞删。至于郢。见楚王,曰:"臣闻大王举兵将宋攻,计必得宋而后攻之乎?亡其苦众劳民,亡,宋本作"忘"。顿兵锉锐,锉,旧本作"挫",今从宋本正。负天下以不义之名,而不得咫尺之地,犹且攻之乎?"王曰:"必不得宋,又且为不义,曷为攻之?"墨子曰:"臣见大王之必伤义而不得宋。"王曰:"公输,天下之巧士,作为云梯之械,"为"字旧本脱,据宋本补。设以攻宋,曷为弗取?"墨子曰:"令公输设攻,臣请守之。"于是公输般设攻宋之械,墨子设守宋之备,九攻而墨子九却之,弗能入。于是乃偃兵,辍不攻宋。淮南子修务训。

公输般为云梯之械，将攻宋。墨翟行自齐，行十日夜至郢。献千金于般，曰："北方有侮臣者，愿子杀之。"般不悦，曰："吾义固不杀人。"墨子再拜，曰："吾闻子之梯以攻宋。楚有余于地不足于民，杀所不足，争所有余，不可谓智；宋无罪而攻，不可谓仁；子义不杀少而杀众，不可谓知类。"般子服。翟曰："何不已乎？"曰："既言之王矣。"曰："何不见吾于王。"遂见之。墨解带为城，以褋为械。般设九攻，而墨九却之。般诎，而曰："吾知所以距子矣。"问其故，墨曰："般意不过欲杀臣，杀臣则宋莫能守。然臣弟子禽滑厘等三百人，持臣守器在宋城上以待楚矣。"王曰："请无攻宋。"渚宫旧事二。

子墨子游公上过于越。公上过语墨子之义，越王说之，谓公上过曰："子之师苟肯至越，请以故吴之地，阴江之浦，书社三百，以封夫子。"公上过往复于子墨子。子墨子曰："子之观越王也，能听吾言，用吾道乎？"公上过曰："殆未能也。"墨子曰："不唯越王不知翟之意，虽子亦不知翟之意。若越王听吾言，用吾道，翟度身而衣，量旧校云："一作'裹'。"腹而食，比于宾萌，未敢求仕。高注云："宾，客也。萌，民也。"越王不听吾言，不用吾道，虽全越以与我，吾无所用之。越王不听吾言，不用吾道，而受旧校云："一作'爱'。"其国，是旧校云："一作'退'。"以义翟也。义翟何必越？毕云："两'翟'字当是'粜'字之误。"虽于中国亦可。"吕氏春秋高义篇。本书鲁问篇文略同。

墨子至郢，献书惠王。王受而读之，曰："良书也。是寡人虽不得天下,而乐养贤人。请过,此上下有脱文。进日百种,疑当作"进粟百钟"。以待官舍人,不足须天下之贤君。"墨下脱"子"字。辞曰:"翟闻贤人进道不行,不受其赏,义不听,不处其朝。今书未用,请遂行矣。"将辞王而归,王使穆贺以老辞。余注云:"时惠王在位已五十年矣。"鲁阳文君言于王曰:"墨子,北方贤圣人,君王不见,又不为礼,毋乃失士。"乃使文君追墨子,以书社五里疑当作"五百里"。封之,不受而去。渚宫旧事二。案:首数语与贵义篇及文选注所引本书佚文略同,见附录。右墨子遗事。

墨子为木鸢三年而成,蜚一日而败。弟子曰:"先生之巧,至能使木鸢飞。"墨子曰:"不如为车輗者巧也,用咫尺之木,不费一朝之事,而引三十石之任,致远力多,久于岁数。今我为鸢三年而成,蜚一日而败。"惠子闻之,曰:"墨子大巧,巧为輗,拙为鸢。"韩非子外储说左上。淮南子齐俗训云:"鲁般、墨子以木为鸢,而飞之三日不集,而不可使为工也。"论衡儒增篇云:"儒书称鲁般、墨子之巧,刻木为鸢,飞之三日而不集。"案:本书鲁问篇说公输子削竹木以为鵲,与此略同,疑传闻之异。

夫班输之云梯,墨翟之飞鸢,张注云:"墨子作'木鸢',飞三日不集。"自谓能之极也。弟子东门贾、禽滑厘闻偃师之巧,以告二子,二子终身不敢语艺,而时执规矩。列子汤问篇。案:东门贾盖班输弟子,故云"以告二子"。或谓亦墨子弟子,非是。

墨子服役百八十人,皆可使赴火蹈刃,死不旋踵,化之所致也。淮南子泰族训。案:主术训又云"孔丘、墨翟修先圣之术,通六艺之论,口道其言,身行其志,慕义从风而为之服役者,不过数十人",与此小异。

墨子见歧道而哭之。吕氏春秋疑似篇。高注云:“为其可以南可以北,言乖别也。”贾子新书审微篇云:“故墨子见衢路而哭之,悲一跬而缪千里也。”案:荀子王霸篇又云“杨朱哭衢涂”,盖传闻之异。

墨子非乐,不入朝歌之邑。淮南子说山训。史记邹阳传云:“邑号朝歌,而墨子回车。”又说山训高注云:“墨子尚俭不好乐,县名朝歌,墨子不入。”

墨子见荆王,锦衣吹笙,因也。吕氏春秋贵因篇。高注云:“墨子好俭非乐,锦与笙非其所服也,而为之,因荆王之所欲也。”艺文类聚四十四引尸子云:“墨子吹笙,墨子非乐,而于乐有是也。”

盖闻孔丘、墨翟昼日讽诵习业,夜亲见文王、周公旦而问焉。吕氏春秋博志篇。

绕梁之鸣,许史鼓之,非不乐也,墨子以为伤义,故不听也。文选七命李注引尸子。右墨子琐事。

墨子者名翟,宋人也,仕宋为大夫。外治经典,内修道术,著书十篇,号为墨子。世多学者,与儒家分途,务尚俭约,颇毁孔子。有公输般者,为楚造云梯之械,以攻宋。墨子闻之,往诣楚。脚坏,裂裳裹足,七日七夜到。见公输般而说之,曰:“子为云梯以攻宋,宋何罪之有?有余于地而不足于民,杀所不足而争所有余,不可谓智;宋无罪而攻之,不可谓仁;知而不争,不可谓忠;争而不得,不可谓强。”公输般曰:“吾不可以已,言于王矣。”墨子见王,曰:“于今有人,舍其文轩,邻有一弊舆而欲窃之;舍其锦绣,邻有短褐而欲窃之;舍其粱肉,邻有糟糠而欲窃之。此为何若人也?”王曰:“若然者,必有狂疾。”翟曰:“楚有云梦之麋鹿,江汉之鱼龟,为天下富,宋无雉兔鲋鱼,犹粱肉与糟糠也;

楚有杞梓豫章，宋无数丈之木，此犹锦绣之与短褐也。臣闻大王更议攻宋，有与此同。”王曰：“善哉。然公输般已为云梯，谓必取宋。”于是见公输般。墨子解带为城，以幞为械，公输般乃设攻城之机，九变而墨子九拒之，公输之攻城械尽，而墨子之守有余也。公输般曰：“吾知所以攻子矣，吾不言。”墨子曰：“吾知子所以攻我，我亦不言。”王问其故。墨子曰：“公输之意，不过杀臣，谓宋莫能守耳。然臣弟子禽滑厘等三百人，早已操臣守御之器，在宋城上而待楚寇矣！虽杀臣，不能绝也。”楚乃止，不复攻宋。

墨子年八十有二，乃叹曰：“世事已可知，荣位非常保，将委流俗以从赤松子游耳！”乃入周狄山，精思道法，想像神仙。于是数闻左右山间有诵书声者，墨子卧后，又有人来以衣覆足。墨子乃伺之，忽见一人，乃起问之曰：“君岂非山岳之灵气乎？将度世之神仙乎？愿且少留，诲以道要。”神人曰：“知子有志好道，故来相候。子欲何求？”墨子曰：“愿得长生，与天地相毕耳。”于是神人授以素书、朱英丸方、道灵教戒、五行变化，凡二十五篇。告墨子曰：“子有仙骨，又聪明，得此便成，不复须师。”墨子拜受合作，遂得其验。乃撰集其要，以为五行记，乃得地仙，隐居以避战国。至汉武帝时，遣使者杨违，束帛加璧以聘墨子。墨子不出，视其颜色常如五十许人。周游五岳，不止一处。葛洪神仙传。右附。

案：墨子法夏宗禹，与黄老不同术。晋宋以后，神仙家妄撰墨子为地仙之说，于是墨与道乃合为一。阮孝绪七录有墨子枕中五行要记一卷，五行变化墨子五卷，隋志并云："梁有，今亡。"案：抱朴子内篇遐览云："变化之术大者，唯有墨子五行记，本有五卷。昔刘君安未仙去时，钞取其要，以为一卷。"葛氏所说甚详。盖五行变化即五卷之全书。要记即刘安所钞一卷也。隋书经籍志医方类有墨子枕内五行记要一卷，宋史艺文志神仙类有太上墨子枕中记二卷，皆即是书。抱朴子神仙金汋经又载墨子丹法，盖皆道家伪托之书。五代史唐家人传云"魏州民自言有墨子术，能役鬼神，化丹砂水银"，即此术也。盖即葛传所谓五行记者。明鬼之论忽变为服食练形，而七十一篇之外又增金丹变化之书，斯皆展转依托，不可究诘。魏晋之间，俗尚浮靡，嫁名伪册，榛薉编录，此亦其一矣。开元占经引墨子占，疑亦假托。稚川之传，惟与公输般论攻守事见本书，余皆肊造，不足论。以其晋人旧帙，姑录附于末，以识道家不经之谈所由肇耑。至于年代弥远，诡说日孳，生有梦乌之征，伊世珍瑯嬛记引贾子说林，谓墨子姓翟名乌，其母梦日中赤乌入室，惊觉生乌，遂名之。其说谬妄，不足辩。说林古亦无是书，盖即世珍所肊撰也。终以服丹而化，陶弘景真诰稽神枢篇云："墨狄子服金丹而告终。"若兹之类，诬诞尤甚，今无取焉。

墨学通论第五

春秋之后，道术纷歧，倡异说以名家者十余，然惟儒墨为最盛，其相非亦最甚。墨书既非儒，儒家亦辟杨墨。杨氏晚出，复摈儒、墨而兼非之。然信从其学者少，固不能与墨抗行也。庄周曰："两怒必多溢恶之言。”人间世篇。况夫树一义以为蘖楬，而欲以易举世之论，沿袭增益，务以相胜，则不得其平，岂非势之所必至乎？今观墨之非儒，固多诬妄，其于孔子，亦何伤于日月？而墨氏兼爱，固谆谆以孝慈为本，其书具在，可以勘验。班固论墨家亦云："以孝视天下，是以尚同。"而孟子斥之，至同之无父之科，则亦少过矣。自汉以后，治教嫥一，学者咸宗孔孟，而墨氏大绌。然讲学家剽窃孟荀之论，以自矜饰标识；缀文之士，习闻儒言，而莫之究察。其于墨也，多望而非之，以迄于今。学者童丱治举业，至于皓首，习斥杨墨为异端，而未有读其书，深究其本者。是暖姝之说也，安足与论道术流别哉！今集七国以逮于汉诸子之言涉墨氏者，而殿以唐昌黎韩子读墨子之篇，条别其说，不加平议。虽复申驳杂陈，然否错出，然视夫望而非之者，固较然其不同也。至后世文士众讲学家之论，则不复甄录。世之君子，有秉心敬恕，精究古今学业纯驳之故者，读墨氏之遗书，而以此篇证其离合，必有以持其是非之平矣。秦汉诸子及史传，涉儒墨者甚夥，华文泛论，无所发明，及荀韩诸子，难节葬、兼爱之论，而未明斥墨子者，今并不录。

墨子之言，昭昭然为天下忧不足。夫不足，非天下之公患也，特墨子之私忧过计也。今是土之生五谷也，人善治之，则亩数盆，一岁而再获之，杨注云："'获'读为穫。"然后瓜桃枣李一本数以盆鼓，然后荤菜百疏以泽量，然后六畜禽兽一而剸车，杨云："剸与专同，言一兽满一车。"鼋鼍鱼鳖鳅鳣以时别，一而成群，然后飞鸟凫雁若烟海，然后昆虫万物生其间，可以相食养者不可胜数也。夫天地之生物也固有余，足以食人矣；麻葛茧丝、鸟兽之羽毛齿革也，固有余，足以衣人矣。夫有余不足，非天下之公患也，特墨子之私忧过计也。天下之公患，乱伤之也。胡不尝试相与求乱之者谁也？我以墨子之非乐也，则使天下乱；墨子之节用也，则使天下贫。非将堕之也，说不免焉。墨子大有天下，小有一国，将蹙然衣粗食恶，忧戚而非乐。若是则瘠，瘠则不足欲，不足欲则赏不行。墨子大有天下，小有一国，将少人徒，省官职，上功劳苦，与百姓均事业，齐功劳。若是则不威，不威则赏罚不行。赏不行，则贤者不可得而进也；罚不行，则不肖者不可得而退也。贤者不可得而进也，不肖者不可得而退也，则能不能不可得而官也。若是则万物失宜，事变失应，上失天时，下失地利，中失人和，天下敖然，若烧若焦。杨云："'敖'读为熬。"墨子虽为之衣褐带索，嚽菽饮水，恶能足之乎？杨云："嚽与啜同。"既以伐其本，竭其原，而焦天下矣。故先王圣人为之不然。知夫为人主上者，不美不饰之不足以一民也，不富不厚之不足以管下，不威不强之不足以禁暴胜悍也，故必将撞大钟、击鸣鼓、吹笙竽、弹琴瑟以塞其耳；必将錭琢刻镂、黼黻文章以塞其目；杨云："錭与雕同。"必将刍豢稻粱、五味芬芳以塞其口，然后众人徒、备官职、渐庆赏、严刑罚以戒其心。使天下生民之属，皆知己之所愿欲之举在是于也，故其赏行；杨云："是于，犹言于是。言生民所愿欲皆在于是也。说苑亦作'是于也'。"皆知己之所畏恐之举在是于也，故其罚威。赏行罚威，则贤者可得而进也，不肖者可得而退也,能不能可得而官也。若是则万物得宜,事变得应,上得天时,下得地利,中得人和,则财货浑浑如泉源,汸汸如河海,杨云:"'汸'读为滂,水多貌也。"暴暴如山丘,不时焚烧,无所臧之,夫天下何患乎不足也!故儒术诚行,则天下大而富使有功,杨云:"'大'读为泰,优泰也。"撞钟击鼓而和。诗曰"钟鼓喤喤,管磬玱玱,降福穰穰,降福简简,威仪反反。既醉既饱,福禄来反",此之谓也。谢墉云:"'管磬玱玱',元刻作'磬筦将将'。"故墨术诚行,则天下尚俭而弥贫,非斗而日争,杨云:"墨子有非攻篇,非攻即非斗也。"劳苦顿萃而愈无功,愀然忧戚,非乐而日不和。杨云:"萃与顇同。"诗曰"天方荐瘥,丧乱弘多。民言无嘉,憯莫惩嗟",此之谓也。荀子富国篇。右难节用。

夫乐者乐也,人情之所必不免也。故人不能无乐,乐则必发于声音,形于动静,而人之道,声音动静,性术之变尽是矣。故人不能不乐,乐则不能无形,形而不为道则不能无乱。先王恶其乱也,故制雅颂之声以道之,使其声足以乐而不流,使其文足以辨而不諰,谢墉云:"礼记乐记作'论而不息',史记乐书作'纶而不息',此作'諰',乃'諰'之讹。庄子人间世篇'气息茀然',向本作'諰',崔本亦同。"使其曲直繁省、廉肉节奏足以感动人之善心,谢云:"繁省,史记同,礼记作'繁瘠'。"使夫邪汙之气无由得接焉,是先王立乐之方也。而墨子非之,奈何?故乐在宗庙之中,君臣上下同听之,则莫不和敬;闺门之内,父子兄弟同听之,则莫不和亲;乡里族长之中,长少同听之,则莫不和顺。故乐者审一以定和者也,比物以饰节者也,合奏以成文者也,谢云:"礼记作'节奏合以成文',史记同。"足以率一道，足以治万变，是先王立乐之术也。而墨子非之，奈何？故听其雅颂之声，而志意得广焉；执其干戚，习其俯仰屈伸，而容貌得庄焉；行其缀兆、要其节奏，而行列得正焉，进退得齐焉。故乐者，出所以征诛也，入所以揖让也，征诛揖让其义一也。出所以征诛，则莫不听从；入所以揖让，则莫不从服。故乐者天下之大齐也，中和之纪也，人情之所必不免也，是先王立乐之术也。而墨子非之，奈何？且乐者，先王之所以饰喜也；军旅铁钺者，先王之所以饰怒也。先王喜怒皆得其齐焉，谢云："礼记'齐'作'侪'。"是故喜而天下和之，怒而暴乱畏之。先王之道，礼乐正其盛者也，而墨子非之。故曰：墨子之于道也，犹瞽之于白黑也，犹聋之于清浊也，犹之楚而北求之也。夫声乐之入人也深，其化人也速，故先王谨为之文。乐中平则民和而不流，乐庄肃则民齐而不乱。民和齐则兵劲城固，敌国不敢婴也，如是则百姓莫不安其处、乐其乡，以至足其上矣。然后名声于是白，光辉于是大，四海之民莫不愿得以为师，是王者之始也。乐姚冶以险，则民流僈鄙贱矣。流僈则乱，鄙贱则争，乱争则兵弱城犯，敌国危之。如是，则百姓不安其处，不乐其乡，不足其上矣。故礼乐废而邪音起者，危削侮辱之本也。故先王贵礼乐而贱邪音，其在序官也，日修宪命，审诛赏，禁淫声，以时顺修，使夷俗邪音不敢乱雅，太师之事也。墨子曰："乐者，圣王之所非也，而儒者为之，过也。"君子以为不然。乐者圣人之所乐也，而可以善民心，其感人深，其移风易俗，故先王导之以礼乐而民和睦。夫民有好恶之情，而无喜怒之应则乱，先王恶其乱也，故修其行，正其乐，而天下顺焉。故齐衰之服，哭泣之声，使人之心悲；带甲婴軸歌于行伍，使人之心伤；姚冶之容，郑卫之音，使人之心淫；绅端章甫，舞韶歌武，使人之心庄。故君子耳不听淫声，目不视女色，口不出恶言，此三者君子慎之。凡奸声感人而逆气应之，逆气成象而乱生焉。正声感人而顺气应之，顺气成象而治生焉。唱和有应，善恶相象，故君子慎其所去就也。君子以钟鼓道志，以琴瑟乐心，动以干戚，饰以羽旄，从以磬管，谢云："元刻作'箫管'，与礼记同。"故其清明象天，其广大象地，其俯仰周旋有似于四时。谢云："元刻'周旋'作'随还'。"故乐行而志清，礼修而行成，耳目聪明，血气和平，移风易俗，天下皆宁，莫善于乐。谢云："宋本作'美善相乐'。"故曰乐者乐也。君子乐得其道，小人乐得其欲。以道制欲则乐而不乱，以欲忘道则惑而不乐。故乐者所以道乐也，金石丝竹所以道德也，乐行而民乡方矣。故乐者治人之盛者也，而墨子非之。且乐也者，和之不可变者也；礼也者，理之不可易者也。乐合同，礼别异，礼乐之统，管乎人心矣。穷本极变，乐之情也；著诚去伪，礼之经也。墨子非之，几遇刑也。明王已没，莫之正也。愚者学之，危其身也。君子明乐，乃其德也。乱世恶善，不此听也。於乎哀哉，不得成也。弟子勉学，无所营也。谢云："勉，元刻作'免'，古通用。"荀子乐论篇。右难非乐。

墨子称：景公问晏子以孔子而不对，又问，三皆不对。公曰："以孔子语寡人者众矣，俱以为贤人，今问子而不对，何也?”晏子曰:“婴闻孔子之荆,知白公谋而奉之以石乞。劝下乱上,教臣弑君,非圣贤之行也。”见非儒下篇。诘之曰:楚昭王之世,夫子应聘如荆,不用而反,周旋乎陈宋齐卫。楚昭王卒,惠王立,十年,令尹子西乃召王孙胜以为白公。宋咸注云:“史云‘二年’,此云‘十年’。”是时鲁哀公十五年也,夫子自卫反鲁居五年矣。白公立一年,然后乃谋作乱。乱作在哀公十六年秋也,夫子已卒十旬矣。墨子虽欲谤毁圣人,虚造妄言,奈此年世不相值何?

墨子曰:“孔子至齐,见景公,公悦之,封之于尼谿。晏子曰:‘不可。夫儒浩居而自顺,浩,宋本作“法”,明刻本作“浩”,与非儒篇同,今从之。立命而怠事,崇丧遂哀,盛用繁礼,其道不可以治国,其学不可以导家。’非儒篇作“众”,此疑误。公曰:‘善。’”见非儒下篇。诘之曰:即如此言,晏子为非儒恶礼,不欲崇丧遂哀也。察传记,晏子之所行,未有以异于儒焉。又景公问所以为政,晏子答以礼云,景公〔一〕曰:“礼其可以治乎?”晏子曰:“礼于政与天地并。”此则未有以恶于礼也。晏桓子卒,晏婴斩衰枕草,苴绖带杖,菅菲食粥,居于倚庐,遂哀三年。此又未有以异于儒也。若能以口非之,而躬行之,晏子所弗为。

墨子曰:“孔子怒景公之不封己,乃树鸱夷子皮于田常之门〔二〕。”见非儒下篇。诘之曰:夫树人,为信己也。记曰:“孔子适齐,恶陈常而终不见。常病之,亦恶孔子。”交相恶

〔一〕“景公”,原误“晏公”,据孔丛子诘墨篇改。

〔二〕“门”,原误“问”,据非儒下篇改。

而又任事，其然矣。记又曰："陈常弑其君，孔子斋戒沐浴而朝请讨之。"观其终，不树子皮审矣。

墨子曰："孔子为鲁司寇，舍公家而奉季孙。"见非儒下篇。诘之曰：若以季孙为相，司寇统焉，奉之自法也。若附意季孙，季孙既受女乐，则孔子去之；季孙欲杀囚，则孔子赦之，非苟顺之谓也。

墨子曰："孔子厄于陈、蔡之间，子路烹豚，孔子不问肉之所由来而食之；剥人之衣以沽酒，孔子不问酒之所由来而饮之。"见非儒下篇。诘之曰：所谓厄者，沽酒无处，藜羹不粒，乏食七日，若烹豚饮酒，则何言乎厄？斯不然矣。且子路为人，勇于见义，纵有豚酒，不以义不取之可知也，又何问焉？

墨子曰："孔子诸弟子，子贡、季路辅孔悝以乱卫，阳虎乱鲁，佛肸以中牟叛，漆雕开形残。"见非儒下篇。诘之曰：如此言，卫之乱，子贡、季路为之耶？斯不待言而了矣。阳虎欲见孔子，孔子不见，何弟子之有？佛肸以中牟叛，召孔子，则有之矣，为孔子弟子，未之闻也。且漆雕开形残，非行己之致，何伤于德哉！

墨子曰："孔子相鲁，齐景公患之，谓晏子曰：'邻有圣人，国之忧也。今孔子相鲁，为之若何？'晏子对曰：'君其勿忧。彼鲁君，弱主也，孔子，圣相也。不如阴重孔子，欲以相齐，则必强谏鲁君，鲁君不听，将适齐，君勿受，则孔子困矣。"今本书无。毕沅云："疑非儒上篇佚文。"诘之曰：按如此辞，则景公、晏子畏孔子之圣也。上乃云乃，宋本作"而"。"非圣贤之行”，上下相反，若晏子悖，可也，否宋本作“不然”。则不然矣。

墨子曰：“孔子见景公，公曰：‘先生素不见晏子乎？’对曰：‘晏子事三君而得顺焉，是有三心，所以不见也。’公告晏子。晏子曰：‘三君皆欲其国安，是以婴得顺也。闻君子独立不惭于影，今孔子伐树削迹，不自以为辱，自穷陈、蔡，不自以为约。始吾望儒贵之，今则疑之。’”毕云：“疑非儒上篇佚文。”诘之曰：若是乎，孔子、晏子交相毁也？小人有之，君子则否。孔子曰：“灵公污，而晏子事之以洁；庄公怯，而晏子事之以勇；景公侈，而晏子事之以俭。晏子，君子也。”梁丘据问曰：“晏子事三君而不同心，而俱顺焉，仁人固多心乎？”晏子曰：“一心可以事百君，百心不可以事一君。故三君之心非一也，而婴之心非三也。”孔子闻之曰：“小子记之！晏子以一心事三君，君子也。”如此，则孔子誉晏子，非所谓毁而不见也。景公问晏子曰：“若人之众，则有孔子乎？”对曰：“孔子者，君子行有节者也。”晏子又曰：“盈成匡，晏子春秋外篇作“盆成适”，此疑误。父之孝子，兄之弟弟也。其父尚为孔子门人，尚，晏子春秋作“尝”，古通。门人且以为贵，则其师亦不贱矣。”是则晏子亦誉孔子，可知也。夫德之不修，己之罪也，不幸而屈于人，己之命也。伐树削迹，绝粮七日，何约乎哉！明刻本作“故”，据宋本正。若晏子以此而疑儒，则晏子亦不足贤矣。

墨子曰：“景公祭路寝，闻哭声，问梁丘据，对曰：‘鲁孔子之徒也。其母死，服丧三年，丧，宋本作“哀”。哭泣甚哀。’

公曰：'岂不可哉？'晏子曰：'古者圣人非不能也，而不为者，知其无补于死者，而深害生事故也。'"毕云"疑非儒上篇佚文。"诘之曰：墨子欲以亲死不服，三日哭而已，于意安者，卒自行之，空用晏子为引，而同乎己，适证其非耳。且晏子服父礼，则无缘非行礼者也。曹明问子鱼曰："观子诘墨者之辞，事义相反，墨者妄矣。假使墨者复起，对之乎？"答曰："苟得其理，虽百墨，吾益明白焉。失其正，虽一人，犹不能当前也。墨子之所引者，矫晏子，晏子之善吾先君，先君之善晏子，其事庸尽乎？"曹明曰："可得闻诸？"子鱼曰："昔齐景公问晏子曰：'吾欲善治，可以伯诸侯乎？'伯，明刻作"霸"，今从宋本。对曰：'官未具也。臣亟以闻，而君未肯然也。臣闻孔子圣人，然犹居处倦惰，廉隅不修，则原宪、季羔侍；气郁而疾，宋本作"一食血气不休"，今从明刻本，与晏子春秋内篇问上合。志意不通，则仲由、卜商侍；德不盛，行不勤，则颜、闵、冉、雍侍。今君之朝臣万人，立车千乘，不善之政加于下民者众矣，未能以闻者。臣故曰：官未备也。'此又晏子之善孔子者也。子曰：'晏平仲善与人交，久而敬之。'此又孔子之贵晏子者也。"曹明曰："吾始谓墨子可疑，今则决妄不疑矣。"孔丛子诘墨篇。右难非儒。

三年之丧，是强人所不及，而以伪辅情也。三月之服，是绝哀而迫切之性也。夫儒墨不原人情之终始，而务以行相反之制。淮南子齐俗训。高注云："三月之服，夏后氏之礼。"右难节葬。

圣贤之业，皆以薄葬省用为务。然而世尚厚葬，有奢泰之失者，儒家论不明，墨家议之非故也。墨家之议右鬼，以为人死辄为神鬼，而有知能，形而害人，故引杜伯之类以为效验。儒家不从，以为死人无知，不能为鬼，然而赙祭备物者，示不负死以观生也。陆贾依儒家而说，故其立语不肯明处。刘子政举薄葬之奏，务欲省用，不能极论。是以世俗内持狐疑之议，外闻杜伯之类，又见病且终者，墓中死人来与相见，故遂信是。谓死如生，闵死独葬，魂孤无副，丘墓闭藏，谷物乏匮，故作偶人以侍尸柩，多藏食物以歆精魂。积浸流至，或破家尽业以充死棺，杀人以殉葬，以快生意，非知其内无益，而奢侈之心外相慕也。以为死人有知，与生人无以异。孔子非之，而亦无以定实。然而陆贾之论，两无所处。刘子政奏亦不能明儒家无知之验，墨家有知之故。事莫明于有效，论莫定于有证，空言虚语，虽得道心，人犹不信。是以世俗轻愚信祸福者，畏死不惧义，重死不顾生，竭财以事神，空家以送终。辩士文人有效验，若墨家之以杜伯为据。则死无知之实可明，薄葬省财之教可立也。今墨家非儒，儒家非墨，各有所持，故乖不合，业难齐同，故二家争论。世无祭祀复生之人，故死生之义未有所定。实者死人暗昧，与人殊途，其实荒忽，难得深知。有知无知之情不可定，为鬼之实不可是。通人知士虽博览古今，窥涉百家，条入叶贯，不能审知。唯圣心贤意，方比物类，为能实之。夫论不留精澄意，苟以外效立事是非，信闻见于外，不诠订于内，是用耳目论，不以心意议也。夫以耳目论，则以虚象为言；虚象效，则以实事为非。是故是非者，不徒耳目，必开心意。墨议不以心而原物，苟信闻见，则虽效验章明，犹为失实。失实之议难以教，虽得愚民之欲，不合知者之心。丧物索用无益于世，此盖墨术所以不传也。墨家之议，自违其术，其薄葬而又右鬼。右鬼引效，以杜伯为验。杜伯死人，如谓杜伯为鬼，则夫死者审有知，如有知而薄葬之，是怒死人也。情欲厚而恶薄，以薄受死者之责，虽右鬼，其何益哉？如以鬼非死人，则其信杜伯非也；如以鬼是死人，则其薄葬非也。术用乖错，首尾相违，故以为非，非与是不明，皆不可行。王充论衡薄葬篇。右难明鬼、节葬。

儒家之宗孔子也，墨家之祖墨翟也。且案儒道传而墨法废者，儒之道义可为，而墨之法议难从也。何以验之？墨家薄葬右鬼，道乖相反，违其实，宜以难从也。乖违如何？使鬼非死人之精也，右之未可知；今墨家谓鬼审人之精也，厚其精而薄其尸，此于其神厚而于其体薄也，薄厚不相胜，华实不相副，则怒而降祸，虽有其鬼，终以死恨。人情欲厚恶薄，神心犹然，用墨子之法事鬼求福，福罕至而祸常来也。以一况百，而墨家为法，皆若此类也。废而不传，盖有以也。论衡案书篇。右难明鬼。

墨子贵兼，孔子贵公，皇子贵衷，田子贵均，列子贵虚，料子贵别，囿其学之相非也，数世矣而已，何焯校云："'而'下疑脱'不'字。"皆弇于私也。尔雅释诂邢昺疏引尸子广泽篇。吕氏春秋不二篇云："老耽贵柔，孔子贵仁，墨翟贵廉，关尹贵清，子列子贵虚，陈骈贵齐，阳生贵己，孙膑贵势，王廖贵先，兒良贵后。"案：吕览云"墨子贵廉"，"廉"疑即"兼"之借字。

孟子曰："杨氏为我，是无君也；墨氏兼爱，是无父也，无父无君，是禽兽也。"孟子滕文公上篇。孟子曰："墨子兼爱，摩顶放踵，利天下为之。"告子下篇。

不侈于后世，不靡于万物，不晖于数度，释文云："晖，崔本作'浑'。"以绳墨自矫而备世之急，古之道术有在于是者。墨翟、禽滑厘闻其风而说之，说，成玄英本作"悦"。为之大过，大，成本作"太"。已之大顺。释文云："'顺'或作'循'。"案：成本作"循"。疏云"循，顺也"。作为非乐，命之曰节用；生不歌，死无服。墨子泛爱兼利而非斗，其道不怒；又好学而博，不异，不与先王同，毁古之礼乐。黄帝有咸池，尧有大章，舜有大韶，禹有大夏，汤有大濩，文王有辟雍之乐，武王、周公作武。古之丧礼，贵贱有仪，上下有等，天子棺椁七重，诸侯五重，大夫三重，士再重。今墨子独生不歌，死不服，桐棺三寸而无椁，以为法式。以此教人，恐不爱人；以此自行，固不爱己。未败墨子道，释文云："'败'或作'毁'。墨子是一家之正，故不可以为败也。崔云：未坏其道。"虽然，歌而非歌，哭而非哭，乐而非乐，是果类乎？其生也勤，其死也薄，其道大觳；郭注云："觳，无润也。"使人忧，使人悲，其行难为也，恐其不可以为圣人之道，反天下之心，天下不堪。墨子虽独能任，奈天下何！离于天下，其去王也远矣。墨子称道曰："昔者成本无"者"字。禹之湮洪水，决江河而通四夷九州也，名川三百，支川三千，释文云："支川，本或作'支流'。"小者无数。禹亲自操橐耜而九杂天下之川，腓无胈，胫无毛，沐甚雨，栉疾风，置万国。禹大圣也，而形劳天下也如此。"释文"橐"作"槀"，云："槀，旧古考反。

崔、郭音托，字则应作‘橐’。崔云：‘囊也。’司马云：‘盛土器也。’‘九’音鸠，本亦作‘鸠’，聚也。杂，本或作‘𠍶’，音同。崔云：‘所治非一，故曰杂也。’崔本‘甚’作‘湛’，音淫。”诒让案：此当从“橐”为是，释文本非。成本亦作“橐”，疏同司马义，又云：“舟楫往来，九州杂易。又解：凡经九度，言九杂也。又本作‘鸠’者，言鸠杂川谷以导江河也。”案：九杂，犹言九帀也，成引一解云“经九度”者是也。诸说并未得其旨。使后世之墨者，多以裘褐为衣，以跂蹻为服，日夜不休，以自苦为极，释文云：“李云：‘麻曰屩，木曰屐。’屐与跂同，屩与蹻同。”曰：“不能如此，非禹之道也，不足谓墨。”相里勤之弟子五侯之徒，南方之墨者苦获、已齿、邓陵子之属，俱诵墨经，而倍谲不同，相谓别墨；以坚白同异之辩相訾，以觭偶不仵之辞相应；以巨子为圣人，释文云：“巨子，向、崔本作‘钜’。”皆愿为之尸，冀得为其后世，至今不决。墨翟、禽滑厘之意则是，其行则非也。将使后世之墨者，必自苦以腓无胈，胫无毛，相进而已矣。乱之上也，治之下也。虽然，墨子真天下之好也，将求之不得也，虽枯槁不舍也。才士也夫！庄子天下篇。

骈于辩者，累瓦结绳窜句，游心于坚白同异之间，而敝跬誉无用之言非乎？而杨墨是已。庄子骈拇篇。

不知壹天下、建国家之权称，上功用、大俭约而僈差等，曾不足以容辨异、县君臣。然而其持之有故，其言之成理，足以欺惑愚众，是墨翟、宋钘也。荀子非十二子篇。

今以一人兼听天下，日有余而治不足者，使人为之也。大有天下，小有一国，必自为之然后可，则劳苦耗顇莫甚焉。如是，则虽臧获不肯与天子易埶业。以是县天下，一四海，何故必自为之？为之者，役夫之道也，墨子之说也。

论德使能而官施之者，圣王之道也，儒之所谨守也。荀子王霸篇。

墨子有见于齐，无见于畸；杨注云："畸，谓不齐也。墨子著书有上同、兼爱，是见齐而不见畸也。"有齐而无畸，则政令不施。杨注云："夫施政令所以治不齐者，若上同，则政令何施也？"荀子天论篇。

墨子蔽于用而不知文，杨注云："欲使上下勤力，股无胈，胫无毛，而不知贵贱等级之文饰也。"宋子蔽于欲而不知得，慎子蔽于法而不知贤，申子蔽于埶而不知知，杨云："下'知'音智。"惠子蔽于辞而不知实，庄子蔽于天而不知人。故由用谓之道尽利矣，杨云："由，从也。若由于用，则天下之道无复仁义，皆尽于求利也。"由俗谓之道尽嗛矣，杨云："'俗'当为'欲'，'嗛'与'慊'同，快也。"由法谓之道尽数矣，由埶谓之道尽便矣，由辞谓之道尽论矣，由天谓之道尽因矣。此数具者，皆道之一隅也。夫道者，体常而尽变，一隅不足以举之。曲知之人，观于道之一隅而未之能识也，故以为足而饰之，内以自乱，外以惑人，上以蔽下，下以蔽上，此蔽塞之祸也。荀子解蔽篇。

世之显学，儒墨也。儒之所至，孔丘也；墨之所至，墨翟也。自孔子之死也，有子张之儒，有子思之儒，有颜氏之儒，有孟氏之儒，有漆雕氏之儒，有仲良氏之儒，道藏本"良"作"梁"，圣贤群辅录同，今从宋本。良、梁字通。有孙氏之儒，顾广圻云："即荀卿。"案：顾说是也。群辅录作"公孙氏"，疑不足据。有乐正氏之儒。自墨子之死也，有相里氏之墨，有相夫氏之墨，有邓陵氏之墨。故孔墨之后，儒分为八，墨离为三，取舍相反不同，而皆自谓真孔墨。孔墨不可复生，将谁使定世之学乎？孔子、墨子俱道尧舜，而取舍不同，皆自谓真尧舜。尧舜不复生，将谁使定儒墨之诚乎？殷周七百余岁，虞夏二千余岁，而不能定儒墨之真，今乃欲审尧舜之道于三千岁之前，意者其不可必乎！无参验而必之者，愚也；弗能必而据之者，诬也。故明据先王，必定尧舜者，非愚则诬也。愚诬之学，杂反之行，明主弗受也。墨者之葬也，冬日冬服，夏日夏服，桐棺三寸，服丧三月，世主以为俭而礼之。“主”字旧本脱，今据卢文弨、顾广圻校补。儒者破家而葬，服丧三年，大毁扶杖，世主以为孝而礼之。夫是墨子之俭，将非孔子之侈也；是孔子之孝，将非墨子之戾也。今孝戾、侈俭俱在儒墨，而上兼礼之。韩非子显学篇。

夫弦歌鼓舞以为乐，盘旋揖让以修礼，厚葬久丧以送死，孔子之所立也，而墨子非之。兼爱、尚宋本作“上”。贤、右鬼、非命，墨子之所立也，而杨子非之。淮南子氾论训。

墨子学儒者之业，受孔子之术，以为其礼烦扰而不悦，许注云：“悦，易也。”王念孙云：“当为‘傥’。”厚葬靡财而贫民，服伤生而害事，王云：“当云‘久服’，此脱‘久’字。”故背周道而用夏政。禹之时，天下大水，禹身执虆臿，今本讹“垂”，据宋本正。以为民先，剔河而道九岐，凿江而通九路，辟五湖而定东海。当此之时，烧不暇撌，濡不给扢，死陵者葬陵，死泽者葬泽，故节财薄葬闲宋本作“閒”。服生焉。淮南子要略。

盖墨翟，宋之大夫，善守御，为节用。或曰并孔子时，或曰在其后。史记孟子荀卿传。

墨者俭而难遵，是以其事不可偏循。然其强本节用，不可废也。墨者亦尚尧舜道，言其德行，曰：堂高三尺，土阶三等，茅茨不翦，采椽不刮；食土簋，集解："徐广曰：一作'塯'。"啜土刑，粝粱之食，藜藿之羹；夏日葛衣，冬日鹿裘。其送死，桐棺三寸，举音不尽其哀，教丧礼，必以此为万民之率。使天下法若此，则尊卑无别也。夫世异时移，事业不必同，故曰俭而难遵。要曰强本节用，则人给家足之道也，此墨子之所长，虽百家弗能废也。史记自序司马谈论六家要指。

儒讥墨以上同、兼爱、上贤、明鬼，而孔子畏大人，居是邦不非其大夫，春秋讥专臣，不上同哉？孔子泛爱亲仁，以博施济众为圣，不兼爱哉？孔子贤贤，以四科进褒弟子，疾没世而名不称，不上贤哉？孔子祭如在，讥祭如不祭者，曰"我祭则受福"，不明鬼哉？儒墨同是尧舜，同非桀纣，同修身正心以治天下国家，奚不相悦如是哉？余以为辩生于末学，各务售其师之说，非二师之道本然也。孔子必用墨子，墨子必用孔子，不相用不足为孔墨。韩愈昌黎集读墨子。右通论。

墨家诸子钩沉第六

刘歆七略诸子十家，墨为第六。汉志箸录六家，自墨子书外，史佚远在周初，为墨学所从出。史佚书汉以后不传，近马国翰辑本一卷，仅录左传、周书所载史佚语及遗事数条，无由定其为二篇之佚文，今不录。胡非、隋巢二子，皆墨子弟子；田俅与秦惠王同时，似亦逮见墨子者；我子则六国时为墨学者，我子书汉以后不传，古书亦绝无援引。时代或稍后与？田俅书惟阮孝绪七录尚箸录，唐初已亡。见隋志。隋经籍志、唐经籍、艺文志及梁庾仲容子钞、见意林及高似孙子略。马总意林，仅录胡非、隋巢二家，余并不存。而别增缠子一家，则即汉志儒家董无心之书也。至宋崇文总目而尽亡。惟缠子为董子，宋时尚存，崇文目及宋史艺文志并入儒家。使非墨子本书具存，则九流几绝其一，甚足悕也。田俅以下四家之书，近世有马国翰校辑本，田俅、随巢书，别有仁和劳格辑本，不及马本之详。检核群书，不无遗阙，今略为校补，都为一篇。孤文碎语，不足以考其闳旨。然田俅盛陈符瑞，非墨氏征实之学，与其自对楚王以文害用之论亦复乖牾，或出依托。随巢、胡非则多主于明鬼、非斗，与七十一篇之旨若合符契。而随巢之说兼爱曰"有疏而无绝，有后而无遗"，则尤纯笃无疵。是知爱无差等之论，盖墨家传述之末失，后人抵巇蹈瑕，遂为射者之的，其本意固不如是也。捊而录之，以见先秦墨家沿流之论，或亦网罗放失者所不废乎？

墨家诸子箸录

汉书艺文志诸子：

尹佚二篇。周臣，在成、康时也。田俅子三篇。先韩子。我子一篇。颜注引刘向云："为墨子之学。"随巢子六篇。墨翟弟子。胡非子三篇。墨翟弟子。墨子七十一篇。名翟，为宋大夫，在孔子后。右墨六家八十六篇。墨家者流，盖出于清庙之守。茅屋采椽，是以贵俭；养三老五更，是以兼爱；选士大射，是以上贤；宗祀严父，是以右鬼；如淳曰："右鬼，谓信鬼神，如杜伯射宣王，是亲鬼而右之。"师古曰："右犹尊尚也。"诒让案：右鬼，即本书明鬼三篇。顺四时而行，是以非命；苏林曰："非有命者，言儒者執有命，而反劝人修德积善，政教与行相反，故讥之也。"如淳曰："言无吉凶之命，但有贤不肖善恶。"以孝视天下，是以上同，如淳曰："言皆同可以治也。"师古曰："墨子有节用、兼爱、上贤、明鬼神、非命、上同等诸篇，故志历序其本意也。"此其所长也。及蔽者为之，见俭之利，因以非礼；推兼爱之意，而不知别亲疏。

阮孝绪七录子录：

墨部四种，四帙一十九卷。广弘明集三。

案：阮录久佚，其细目弘明集未载。以隋志考之，盖墨子十五卷、目一卷，隋巢子一卷，胡非子一卷，田俅子一卷，隋志云"梁有"，即据阮录言之。通为四帙一十九卷，与部数正合。

隋书经籍志子：

墨子十五卷、目一卷，宋大夫墨翟撰。随巢子一卷，巢似墨翟弟子。胡非子一卷。非似墨翟弟子，梁有田俅子一卷，亡。右三部，合一十七卷。墨者，强本节用之术也，上述尧舜之道，夏禹之行，茅茨不翦，粝粱之食，桐棺三寸，贵俭兼爱，严父上德，以孝示天下，右鬼神而非命。汉书以为本出清庙之守，然则周官宗伯"掌建邦之天神地祇人鬼"、肆师"掌立国祀及兆中庙中之禁令"，是其职也。愚者为之，则守于节俭，不达时变；推心兼爱，而混于亲疏也。

旧唐书经籍志丙部子录：

墨子十五卷。墨翟撰。胡非子一卷。右墨家二部，凡一十六卷。

唐书艺文志丙部子录：

墨子十五卷。墨翟。随巢子一卷。胡非子一卷。右墨家类三家，三部一十七卷。

马总意林：高似孙子略载梁庾仲容子钞目同。

胡非子一卷。墨子十六卷。缠子一卷。随巢子一卷。

案：宋史艺文志墨家唯存墨子一种，余均不箸录，崇文总目以后诸家书录并同。并详毕氏篇目考。郑樵通志艺文略全录汉隋唐诸志，徒存虚目，无关考证，今并不录。晁公武郡斋读书志本列子杨朱篇张湛注及唐柳宗元说，以晏子春秋入墨家，与各史志并异，亦不足据。

随巢子佚文

执无鬼者曰：越兰问随巢子曰："鬼神之智何如圣人？"曰："圣也。"疑当作"贤于圣也"。越兰曰："治乱由人，何谓鬼神邪？"随巢子曰："圣人生于天下，未有所资。鬼神为四时八节，以纪育人，乘云雨润泽，以繁长之，皆鬼神所能也，岂不谓贤于圣人？"意林一。

有疏而无绝，有后而无遗。大圣之行，兼爱万民，疏而不绝。贤者欣之，不肖者则怜之。贤而不欣，是贱德也；不肖不怜，是忍人也。同上。太平御览四百一引"大圣之行"五句，"民"

作“物”,末二句作“贤则欣之,不肖则矜之”。

有阴而远者,有惮明而功者。杜伯射宣王于亩田,是惮明而功者。荀子王霸篇杨注。案:“功”疑并当为“切”。“亩田”即圃田,见本书明鬼篇。

明君之德,察情为上,察事次之。晋书石崇传自理表。

史皇产而能书。北堂书钞七。

禹产于硍石,启生于石。艺文类聚六、太平御览五十一。书钞一引“启生硍石”。案:淮南子修务训云“禹生于石,史皇产而能书”,疑并用随巢子文。史记六国表集解引皇甫谧云“禹生石纽”,“硍石”疑即“石纽”也。

禹娶涂山,治鸿水,通轘辕山,化为熊。涂山氏见之,惭而去,至嵩高山下,化为石。禹曰:“归我子。”石破北方而生启。马骕绎史十二。

昔三苗大乱,龙生于庙,犬哭于市。御览九百五。案:此与本书非攻下篇文同。

三苗将亡,天雨血,夏有冰,地坼及泉,青龙生于庙,日夜出,昼日不出。刘恕通鉴外纪帝舜纪引随巢子、汲冢纪年。疑兼用二书文。

昔三苗大乱,天命殛之。夏后受于玄宫,类聚无“殛之”及“后”字,“受”作“属”。御览八百八十二无“于玄宫”三字。海录碎事引作“天命夏禹于玄宫”。有大神,人面鸟身,降而福御览八十二作“辅”,八百八十二作“富”。之,案:此与非攻下篇文略同。司禄益食而民不饥,司金益富而国家实,御览作“宝”。司命益年而民不夭,类聚、碎事并无“益食而民不饥司金”八字,御览八十二无“司录益食”二句。四方归之。禹乃克三苗,而神民不违,御览无此句。辟土以王。类聚十引至“神民不违”。御览八十二,又八百八十二引至“四方归之”。海录碎事十节引五句。

三苗大乱，天命殛之，夏后受之。无方之泽出神马，四方归之。稽瑞。

夏桀德衰，岱渊沸。御览七十。

夷羊在牧，史记周本纪集解。飞拾满野，史记周本纪索隐。天鬼不顾，亦不宾灭。同上。案：史记周本纪："武王曰：维天不飨殷，自发未生至于今六十年，麋鹿在牧，蜚鸿满野，天不〔一〕享殷，乃今有成。维建殷，其登名民三百有六十夫，不显亦不宾灭。"集解："徐广曰：此事出周书及随巢子。"索隐亦云："亦见周书及随巢子，颇复脱错。"是随巢子盖全用彼文而多错异，今无可考。

姬氏之兴，河出绿图。书钞一百五十八。案：此与本书非攻篇文略同。

殷灭，周人受之，河出圆图也。书钞九十六。

天赐武王黄鸟之旗以伐殷。书钞一百二十，御览三百四十。案：此与本书非攻篇文同。

幽、厉之时，天旱地坼。御览八百七十九。

幽、厉之时，奚禄山坏。天赐玉玦于羿，遂以残其身，以此为福而祸。御览八百五。

召人以环，绝人以玦。书钞一百二十八、御览六百九十二。

胡非子佚文

胡非子修墨以教。有屈将子好勇，闻墨者非斗，带剑危冠往见胡非子，劫而问之曰："将闻先生非斗，而将好勇，有说则可，无说则死。"太平御览四百九十六，下云："胡非子为言五勇，

〔一〕"不"字原脱，据史记补。

屈将子悦服。”盖约引，意林引无此段。御览四百三十七引无首句，作“屈将子好勇，见胡非，刻而问曰：闻先生非斗士而好勇”，下二句同。“刻”即“劫”之讹。御览“而”下无“将”字，马本依绎史引补。**胡非子曰：“吾闻勇有五等。夫**意林无此七字。**负长剑，赴榛薄，析**御览作“折”，文选注同。**兕豹，搏熊罴，此**御览无“此”字，下并同。**猎徒之勇也；负长剑，赴深泉，**文选注引作“渊”，此唐人避讳改。**斩**御览作“折”，文选注同。**蛟龙，搏鼋鼍，此渔人之勇也；登高陟危，**御览作“登高危之上”。**鹄**御览作“鹤”。**立四望，颜色不变，此陶缶之勇也；**缶，御览作“匠”。案：说苑善说篇：“林既对齐景公云：夫登高临危，而目不眴，而足不陵者，此工匠之勇悍也。”以彼校此，则御览是也。**剽必刺，视必杀，**御览作“若迕视必杀”。**此五刑之勇也。昔齐桓公以鲁为南境，鲁公忧之，三日不食。**御览作“昔齐桓公伐鲁”，无“鲁公”二句。**曹刿闻之，触齐军，见桓公曰：“臣闻君辱臣死，君退师则可，不退，则臣请击颈以血溅君矣。”**意林作“曹沫请击颈以血溅桓公”，无“闻之”以下二十四字，御览引有之，而无“请击颈”三字，马互参校补。**桓**意林无“桓”字。**公惧，不知所措，**御览无此句。**管仲乃劝**御览作“曰许”。**与之盟而退。**意林无“而退”二字。**夫曹刿，匹夫徒步之士，布衣柔履之人也，**“柔”疑当为“枲”，形近而讹。**唯无怒，一怒而劫万乘之师，存千乘之国。此谓君子之勇，勇之贵者也。**太平御览别引云“夫曹刿匹夫，一怒而却齐侯之师，此君子之勇”，意林引作“夫曹沫，匹夫之士，布衣柔履之人，一怒却万乘之师，千乘之国，此君子之勇也”。**晏婴匹夫，一怒而沮崔子之乱，亦君子之勇也。五勇不同，公子将何处？”屈将悦，称善。乃解长剑，释危冠，而请为弟子焉。**太平御览四百三十七。意林一引无“晏婴”以下四十五字。文选王子渊圣主得贤臣颂李注引“负长剑，赴榛薄，折兕豹，赴深渊，断蛟龙”

五句。

善为吏者树其德。北堂书钞七十七。

目见百步之外,而不能见其眥。艺文类聚十七。

一人曰:“吾弓良,无所用矢。”一人曰:“吾矢善,无所用弓。”羿闻之曰:“非弓,何以往矢?非矢,何以中的?”令合弓矢而教之射。御览三百四十七。

田俅子佚文

黄帝时,稽瑞有“常”字。有草生于帝稽瑞无此字。庭阶。若佞臣入朝,则草稽瑞有“屈而”二字。指之,名曰“屈轶”。稽瑞下有“草”字。是以佞人不敢进也。文选王元长三月三日曲水诗序李注、稽瑞。

少皞生于稚华之渚,渚一旦化为山泽,郁郁葱葱焉。太平御览八百七十二。

少昊氏都于曲阜,鞬鞮毛人献其羽裘。御览六百九十。

少昊之时,赤燕一双,御览作“白鷰一衔羽”。而飞集少昊氏之户,遗其丹书。艺文类聚九十九、御览九百二十二。

尧为天子,蓂荚生于庭,为帝成历也。文选张平子东京赋注,又张景阳七命注,又王元长三月三日曲水诗序注,又陆佐公新刻漏铭注。

昔帝尧之为天下平也,出庖厨,为帝去恶。稽瑞“萐蒲”注引。“平也”二字有误。

尧时有獬廌,缉其毛为帝帐。白孔六帖九十八。御览八百九十引“有”作“获”,“毛”作“尾”,“为”上有“以”字。稽瑞“獬豸”注引云“尧时获之,缉其皮以为帐”。

渠搜之人服夏禹德，献其珍裘，毛出五彩，光曜五色。御览六百九十四。

商汤为天子，都于亳，有神手牵白狼，口衔金钩，而入汤庭。类聚九十九。

殷汤为天子，白狐九尾。稽瑞

周武王时，仓庭国献文章驺。稽瑞"文犀骇鸡"注引。"章驺"疑当作"犀骇"，末又脱"鸡"字。

缠子佚文

缠子修墨氏之业，以教于世。儒有董无心者，其言修而谬，其行笃而庸。言谬则难通，行庸则无主。欲事缠子，缠子曰："文言华世，不中利民，倾危缴绕之辞者，并不为墨子所修。劝善兼爱，则墨子重之。"意林一。

缠子曰："墨家佑鬼神。秦穆有明德，上帝赐之九十年。"论衡福虚篇。案：秦穆公事见本书明鬼篇。秦，今本讹"郑"，当据此校正。"九十"当作"十九"，本书不误。

桀为天下，酒浊而杀厨人。纣王天下，熊蹯不熟而杀庖人。太平御览九百八。

董子曰："子信鬼神，何异以踵解结，终无益也！"缠子不能应。意林。

董无心曰："无心，鄙人也。罕得事君子，不识世情。"文选陶渊明杂诗李注。又陆士衡文赋注，又陶渊明辛丑岁七月赴假还江陵夜行涂口诗注引并无"无心鄙人也"句。

董无心曰："离娄之目察秋毫之末于百步之外，可谓明矣。”文选班孟坚答宾戏注。案：以上三条并董子难语，今附于后。

马国翰云：“缠子一卷，不详何人。汉、隋、唐志皆不著此书之目，书亦佚。马总意林始载缠子一卷，引其书二节，中言与儒者董无心论难。按汉志儒家董子一篇，名无心，难墨子。王充论衡亦载董无心难缠子天赐秦穆公以年之说。文选注引缠子，亦载董无心言，盖本董子之书，取为缠子，如孔穿与公孙龙论臧三耳，孔丛子、公孙龙两书并载之类。”缠子辑本序。

案：汉书艺文志儒家董子一篇，名无心，难墨子。隋唐旧经籍、新艺文。宋诸史志并一卷。并入儒家。晁公武读书志云“吴秘注”，玉海引中兴馆阁书目云：“董子一卷，与学墨者缠子辩上同、兼爱、上贤、明鬼之非，缠子屈焉。”是缠子与董子堝为一帙，主墨言之则题缠子，郑樵通志艺文略以董子箸录，而入墨家，则非。主儒言之则题董子，无二书也。馆阁书目谓缠子屈于董子，与意林缠子不能应之言合，则是书自是先秦儒家遗籍，入墨家为非其实。其书明时尚有传本，见陈第世善堂书目。今则不复可得，佚文仅存六事，不足征其论难之旨也。

黄　跋

汉志墨子书列在为墨学者我子及随巢子、胡非子之后。其叙录偁:“墨家出于清庙之守,茅屋采椽,是以贵俭;养三老五更,是以兼爱;宗祀严父,是以右鬼;以孝视天下,是以上同。及蔽者为之,见俭之利,因以非礼;推兼爱之意,而不知别亲疏。”其文盖出别录。然则详刘向之意,七十一篇之书,多弟子所论纂。孟、荀、孔鲋诸所据以排斥墨氏者,抑亦有蔽者增附之言,其本师之说不尽如是也。墨子生当春秋之后,战国之初,愤文胜之极敝,欲一切反之质家,乃遂以儒为诟病。其立论不能无偏宕失中,故传其说者益倍谲不可训。然其哀世变而恤民殷之心,宜可谅也。南皮张尚书尝语绍箕曰:“荀卿有言,矫枉者必过其直。诸子志在救世,浅深纯驳不同,其矫枉而过直一也。自非圣人,谁能无过?要在学者心知其意,斯可矣!”自太史公叙六家,刘向条九流,各以学术名其家,独墨家乃系以姓,岂非以其博学多方,周于世用,儒家之匹亚,异夫一曲不该、姝姝自悦者与?今观其书,务崇俭约,又多名家及兵技巧家言。备城门以下二十□篇,今亡九篇。汉志兵技巧家注云“省墨子”,不言篇数。省者，别录有而志省也。西汉诸子多别行本，篇数多寡不一，观管子、晏子、孙卿书录可见。任宏因杨仆兵录之旧，专辑兵书，与刘向所定箸未必一本。汉志兵家都数注云“省十家二百七十一篇”，以兵权谋家省九家二百五十九篇计之，则技巧家之墨子仅十二篇，疑字有脱误。明鬼、非命，往复以申福善祸暴之义，与佛氏果报之说同。经上以下四篇，兼及几何算学、光学、重学，则又今泰西之所以利民用而致富强者也。然西人覃思艺事，期于便己适用，为闳侈以自娱乐而已。墨子备世之急，而劳苦其身，又善守御而非攻，而西人逐逐焉惟兼并之是务，其宗旨盖绝异。今西书，官私译润，擥览日众，况于中国二千年绝学、强本节用、百家不能废之书，知言君子其恶可过而废之乎？

往读镇洋毕氏注本，申证颇多，而疑滞尚未尽释。盖墨书多引古书古事，或出孔子删修之外，其难通一也；奇字之古文，旁行之异读，讹乱移窜，自汉以来，殆已不免，加以诵习者稀，楮椠俗书重贻牲谬，无从理董，其难通二也；文体繁变，有专家习用之词，有雅训简质之语，有名家奥衍之旨，有兵法艺术隐曲之文，其难通三也。江都汪氏中、武进张氏惠言，皆尝为此学，勒有成书，而传本未觏。世丈孙仲颂先生，旁罗异本，博引古书，集毕氏及近代诸儒之说，从善匡违，增补漏略，取许叔重淮南间诂之目，以署其书。太史公曰“书缺有间，其轶乃时时见于他说”，郑康成尚书大传叙曰“音声犹有讹误，先后犹有差舛，重以篆隶之殊，不能无失。数子各论所闻，以己意弥缝其间，别作章句”。所谓“间”者，即指音声之讹误、先后之差舛、篆隶之殊失而言。“弥缝其间”犹云弥缝其阙也。先生此书，援声类以订误读，窾文例以移错简，推篆籀隶楷之迁变以刊正讹文，发故书雅记之暗昧以疏证轶事。其所变易，灼然如晦之见明；其所弥缝，奄然若合符复析。许注淮南全袠不可得见，以视高诱、张湛诸家之书，非但不愧之而已。绍箕幸与校字之役，既卒业，窃喜自此以后孤学旧文尽人通晓，亦渊如先生所云不觉僭而识其末也。

黄绍箕谨跋。

修订后记

我校点的墨子间诂，二〇〇一年四月由中华书局出版。出版后一两年，我看到一些读者的文章，指出此书排印错误较多，我把书翻了一遍，果然错误不少。当时我打算谋之中华书局，把排印错误以及我自己的疏忽之处修订一下，以备再版重印之需。但不久就参与了续修四库全书提要史部整理稿的审稿工作，接下来又参与了多卷本中国家谱资料选编的文字审校工作，真的抽不出一点时间来修订此书。直到现在我才有点时间，并得到中华书局同意，修订此书。

修订工作是这样做的：

一、初版中发现有排错的字和排错的、不适当的标点，尽量改正。

二、原文极个别文字的校订，我在初版中失校，现在发现的就纠正。

三、整理孙诒让墨子间诂，工作底本只有一种刻本，即宣统二年刻的定本墨子间诂。但在宣统刻本之前还有一种光绪甲午（二十年）木活字印本，印量仅三百部，现在极难见到，已成"善本"。木活字本错字比刻本多，但也有木活字本不错而刻本反错的。我当时整理,尚未见到木活字本墨子间诂,乘这次修订,我利用木活字本作参校本,纠正了刻本的个别错字,虽仅二十余条,但也是还墨子间诂原面目。

四、标点体例前后不一致的地方尽量作了统一处理。关于标点体例问题,我在整理吴毓江墨子校注的点校说明和本书的前言中也提到过。虽然整体上要有个体例,但也不能过于拘泥体例而不顾古籍本身的特殊情况,例如正文中"子墨子言曰"后面的文字只加冒号,不加引号,文中明确引书或他人之言论,则加引号以标明起讫,所以"曰"后面并不一律加引号,前提是不会造成误解文意。又例如某书某篇某人注曰、疏曰、传曰,这个"注"、"疏"、"传(即注)"可当作动词"注解"处理,不加书名号,而也有人当作著作的名称而加书名号。加与不加书名号,不影响对文意理解,但前后应该统一处理。我是主张不加的,不过限于整理者、编辑和校对者的精力,个别地方也会出现不统一的情况而被疏忽。至于泛称李善文选注、服虔左传注、郦道元水经注、杨倞荀子注之类,从整体上说可看作是一部著作,则宜加书名号。这次修订,尽量在这方面分别情况,统一处理,但仍可能有疏漏而不一致之处,好在这类问题不会造成专业读者对文意的误解。

关于标点,有个问题可在这里顺便交待。就是在诸家校释中,提到错字,往往说:"'某'当为'某',字之误(也)。"现在有人在"字之误"或"字之误也"前不加逗号,标点为"'某'当为'某'字之误(也)"。这是不正确的。这里"字之误”本来是汉人校经的常用术语，比如郑玄注三礼、诗就常用此语，它的意思是指两个字因字形相近而误，即后人说的“形讹”。与“字之误”相对的，还有“声之误”，是指两个字因字音相近而误，即后人说的“音讹”。这两个传统校勘术语，为清代以至近代的学者校勘古籍时常用，“字之误”和“声之误”一样，都不能连上文读，应单独为句。假如我说“‘士’为‘土’字之误”，只是指出了错字；但假如我说“‘士’当为‘土’，字之误也”，则不仅指出错字，还说明了讹误的原因。这其中的差别是明显的。由于受到现代汉语的影响，往往不易看出这种差别，都作为一句读，所以校点的人要注意分清。

古人说，校书如扫落叶，旋扫旋生，所以这次虽然纠正、修饰、补充了近七百处，也不可能尽善尽美，但比起初版，质量应该有所提高，希望读者继续批评指正。对于初版的排印错误，造成读者利用此书不方便，我也有责任，因为校样打出时，恰逢我卧病在床，没有自己审改校样。在这里，我向读者道歉！

此书初版已经重印过了，这个修订版恐怕一时还不能付印，我就交与中华书局保存，以备下次再版重印之用。古籍是没有时效的，像墨子间诂这类清代学术名著，就过一百年仍然有人看，所以提高整理本质量的必要性，并不会因为一时需求量的大小而改变，因此我这次愿意尽义务修订。

孙启治

二○○八年九月十一日